Les Amours

Christofle de Beaujeu

Les Amours

texte établi et présenté par
Ugo Pais

ISSN 0768-0821
ISBN 978-2-86503-366-9

Diffusion-distribution : Classiques Garnier

INTRODUCTION

Il y a de cela maintenant bientôt trente ans, G. Mathieu-Castellani qualifiait Christofle de Beaujeu d'"obscur[1]". La raison en était double. D'abord, comme beaucoup d'écrivains du XVIe siècle, le déroulé de sa vie, y compris les dates qui la bornent, reste en grande partie dans l'ombre. Ensuite, et c'est sans doute une des caractéristiques de la poétique beaujellienne, la langue des *Amours*, publié en 1589 à Paris[2], est particulièrement opaque, en raison d'une édition de piètre qualité mais aussi de la volonté de l'auteur d'employer des tournures et un vocabulaire peu courants.

Ainsi l'œuvre, autant que son auteur, est-elle restée dans l'ombre. Le sonnet *A Madame, à qui je fis fort bien un enfant* est réédité dans le recueil collectif publié en 1615 par Antoine Estoc intitulé *Les satyres bastardes et autres œuvres folastres du*

---

[1] Ch. de Beaujeu, *Entouré de silence*, éd. de G. Mathieu-Castellani, Orphée, La Différence, 1995, p. 7. Le titre de ce choix de texte, qui renvoie également à l'isolement du locuteur, est tiré du sonnet TS LXII v. 6. J'ai choisi de numéroter ainsi les sonnets du *Torrent des Sonets*, ensemble de 121 pièces qui constitue comme un recueil dans le recueil. Voir le protocole de mon édition.

[2] Ch. de Beaujeu, *Les Amours de Christofle de Beau-Jeu, baron dudit Beau-Jeu, et seigneur de Jaulges, ensemble le premier livre de la Suisse composé par le mesme auteur dedie à monsieur le président Brisson*, Paris, Didier Millot, 1589, Bibliothèque Nationale de France (Rés. YE 531, et fonds Rothschild n° 2942), Bibliothèque de l'Arsenal (4-BL 2878), Bayerische Staatsbibliothek (4o Po Gall 6), Österreichische Nationalbibliothek (*38 C 36), Bibliothèque Municipale de Lyon (Rés A 492445). Ces six exemplaires conservés, auxquels il faut ajouter celui possédé par J.-P. Barbier-Mueller, semblent tous appartenir à la même édition mais sur celui de la BM de Lyon et sur celui de la Bayerische Staatsbibliothek une erreur a été corrigée : le f° 34, numéroté 24 dans tous les autres exemplaires, porte le bon numéro. Voir la description des exemplaires.

Cadet Angoulevent[1] et constitue la seule trace d'une lecture des *Amours* au XVIIe siècle[2]. Le reste du siècle et une partie du suivant semblent en revanche avoir totalement ignoré Beaujeu et il faut attendre 1752 pour que son nom réapparaisse. Dans le treizième tome de sa *Bibliothèque françoise*[3], l'abbé Goujet lui consacre quelques pages.

À partir de 1752, l'essentiel des lecteurs de Beaujeu appartient au cercle restreint des bibliophiles, des biographes ou des critiques littéraires, de Viollet Le Duc à G. Mathieu-Castellani[4], de J. Roubaud à J.-P. Barbier[5] en passant par

---

[1] F. Lachèvre, *Les recueils collectifs de poésies libres et satyriques publiés depuis 1600 jusqu'à la mort de Théophile (1626)*, Slatkine Reprints, Genève, 1968, p. 93.

[2] L'exemplaire sur lequel se fonde la présente édition a, par ailleurs, appartenu à Gaston d'Orléans, frère de Louis XIII et mécène sans qu'il soit possible d'en tirer la conclusion que ce prince a lu Beaujeu. Voir la description matérielle de l'exemplaire ici édité ainsi que TS LXXXI. Sur le mécénat de ce prince voir Gaston d'Orléans : prince *rebelle et mécène*, catalogue d'une exposition organisée par la Ville de Blois en partenariat avec la Bibliothèque nationale de France, le Muséum national d'histoire naturelle de Paris et le musée de l'Armée, sous la direction de J.-M. Constant et P. Gatulle, avec la collaboration de Maxence Hermant et F. Lafabrié, Rennes, Presses universitaires de Rennes, 2017, et, surtout, A. Schoenecker, *La Bibliothèque de Gaston d'Orléans (1608-1660). Catalogue des livres manuscrits & imprimés identifiés dans les fonds patrimoniaux et les ventes publiques, avec une description des reliures*, (non publié, déposé à la Réserve des livres rares de la Bibliothèque nationale de France en juillet 2016).

[3] Les remarques de l'Abbé Goujet, qui ne manquent pas d'intérêt, seront souvent reprises. Cl.-P. Goujet, *Bibliothèque françoise*, Paris, chez H.-L. Guérin et P. G. Le Mercier, 1752, tome XIII, p. 297-303.

[4] E. Viollet le Duc, *Catalogue des livres composant la bibliothèque poétique de M. Viollet Le Duc*, Hachette, Paris, 1843, vol. 1, p. 299 et G. Mathieu-Castellani, *Les Thèmes amoureux dans la poésie française (1570-1600)*, Paris, Klincksieck, 1975 ; G. Mathieu-Castellani, *Eros Baroque, Anthologie thématique de la poésie baroque*, Paris, Gallimard, 1979, p. 98-99, 96-97, 101, 109, 160, 172, 194, 196, 197, 211, 213 ; Ch. de Beaujeu, *Entouré de silence*, *op. cit.* ; et plus récemment G. Mathieu-Castellani, *Le Rossignol poète dans l'Antiquité et à la Renaissance*, Paris, Classiques-Garnier, 2016, p. 106-107 et 178-179.

[5] Jacques Roubaud, *Soleil du Soleil, le sonnet français de Marot à Malherbe*, Paris, P.O.L., 1990, p. 225-232 ; J.-P. Barbier, *Ma bibliothèque poétique*, partie IV, t. 1, *Contemporains et disciples de Ronsard. D'Aubigné à Des Masures*, Genève, Droz, 2001, p. 90 à 103.

les auteurs d'anthologies[1] et de dictionnaires biographiques des XIX et XXe siècles[2].

L'objectif de la présente édition est donc avant tout de donner l'intégralité des *Amours* à lire tout en proposant un certain nombre d'éclaircissements permettant de mieux comprendre la langue complexe de l'auteur. Par ailleurs, une lecture attentive du texte permet de relever des indications sur la vie de Beaujeu qui ont orienté mes recherches en archives. J'y reviendrai dans un second temps mais d'abord je présenterai justement ce texte qui déroute autant par sa langue que par son ampleur.

BEAUJEU LE POÈTE

Il faut préciser avant tout que Beaujeu a publié trois ouvrages au cours des années 1580. L'un en 1584 qui s'intitule *Traité du mépris de la mort*[3], l'autre en 1588, *Le convoy du duc*

[1] La première anthologie qui, à ma connaissance, reproduit des poèmes de Ch. de Beaujeu, est celle de L. Becq de Fouquières. *Œuvres des poètes français du XVIe siècle, contemporains de Ronsard*, publiées avec notices, notes et index par L. Becq de Fouquières, Paris, G. Charpentier, 1879, p. 345. Voir également *L'amour noir, poèmes baroques*, recueillis, classés et présentés par Al.-M. Schmidt, Monaco, Édition du Rocher, 1959 et M. Raymond, *La poésie française et la maniérisme – 1545-1610 (?)*, Genève, Droz, 1971.

[2] *Nouvelle biographie universelle depuis les temps reculé jusqu'à nos jours, avec les renseignements bibliographiques et l'indication des sources à consulter*, sous la direction de M. le Dr Hoeffer, Firmin Didot Frères, Paris, 1852, t. III, p. 930 ; *Dictionnaire de biographie française*, sous la direction de M. Prevost et Roman D'Amat, Librairie Letouzet et Ané, Paris, t. V, 1951, p. 1098 ; *Grand dictionnaire universel du XIXe siècle*, par Pierre Larousse, Slatkine, Genève, 1982 (1re éd. Administration du Grand Dictionnaire Universel, Paris, 1867), t. II, p. 436, pour n'en citer que quelques-uns.

[3] Ch. de Beaujeu, *Traité du mespris de la mort, distingué en huict livres, par Christofle de Beaujeu, seigneur de Jaulges, gentil-homme françois*, Anvers, Jacques Henric, 1584, Bibliothèque de l'Arsenal (8-BL-5585), Bibliothèque de la société de l'histoire du protestantisme français (Rés. 10992), Darmstadt Landesbibliothek, Bayerische Staatsbibliothek (Po Gall 592), Herzog August Bibliothek (M : Lm 303).

de Joyeuse[1] et le troisième en 1589, *Les Amours* qui va faire l'objet de la présente édition.

Ces trois publications poursuivent chacune des buts bien différents.

Le *Traité du mépris de la mort* est un ouvrage de poésie religieuse en huit chants publié à Anvers. Outre le lieu de publication, de nombreuses expressions semblent faire de ce texte un ouvrage marqué par le protestantisme ou une volonté de s'en rapprocher.

Le Convoy du duc de Joyeuse, quant à lui, est une œuvre de circonstance écrite après la mort du duc Anne de Joyeuse et de deux de ses frères à la bataille de Coutras, en octobre 1587. Amiral de France, très proche de Henri III, Joyeuse apparaît comme un martyr catholique mort pour la défense de l'unité du royaume. Le texte de Beaujeu, publié par deux imprimeurs début 1588 fait partie d'une série de plaquettes commémoratives qui accompagnent les funérailles des Joyeuse[2].

Enfin, dernière publication connue à ce jour de Beaujeu, *Les Amours* de 1589 constitue la pièce maîtresse de cette courte bibliographie. Ce recueil contient une version remaniée du *Convoy du duc de Joyeuse* mais est surtout orienté vers la poésie amoureuse. On y trouve également des lettres amoureuses et, nettement séparé, le premier chant d'une épopée intitulée *La Suysse*[3] que je ne reprends pas dans mon édition.

La première chose qui frappe à la lecture de ce recueil est son gigantisme : 393 pièces, 251 sonnets répartis en 8 suites

---

[1] Christofle de Beaujeu, *Convoy de Monsieur le Duc de Joyeuse, Composé par Christofle de Beau-Jeu, Baron dudit Beau-Jeu et Seigneur de Jaulges*, Paris Chez Cl. Monstr'œil et P. Le Voirrier, 1588, 16 p., Bibliothèque nationale de France (Rés. YE 15117, Rés. YE 3539 et fonds Rothschild).

[2] Denis Pallier en compte 3 en 1587 et 5 en 1588 auxquelles s'ajoutent la double édition du poème de Beaujeu. Voir D. Pallier, *Recherches sur l'imprimerie à Paris…*, Genève, Droz, 1975, p. 235, 246-247, 252-253.

[3] L'épopée occupe les feuillets 270 r° et 288 r° dans *Les Amours.*

dont la plus longue en comptabilise presque cent-vingt, trois élégies, les pièces 9, 21 et 81, dépassant chacune les sept cents vers[1]. L'hétérogénéité des pièces, pratiquée dans beaucoup de recueil de poésie amoureuse de l'époque, est ici poussée à son paroxysme. Outre les sonnets et les élégies, le lecteur peut également lire des chansons, des complaintes, des stances ou des motets mais aussi des tombeaux ou un recueil de lettres amoureuses, en prose. Certaines pièces portent même deux appellations génériques comme les sonnets-tombeaux, des stances en dialogue ou encore un sonnet précédé du terme « couppe[2] ».

Du point de vue métrique, l'inventivité du poète se situe dans l'utilisation de presque tous les types de vers à sa disposition dans des combinaisons variées. On trouve ainsi des élégies et des sonnets en décasyllabes et en alexandrins mais le jeu sur les alliances de vers apparaît surtout dans les complaintes, chansons ou odes. L'ode 146 est, par exemple, composé de quatre types de vers par strophe : à deux quatrains de type 12/12/12/6 succède un sizain de pentasyllabes. On retrouve un fonctionnement semblable dans l'ode 31 où l'emploi des alexandrins est suivi de celui de décasyllabes.

La volonté de distraire le lecteur est clairement affirmée par Beaujeu au début des *Chappons de l'auteur*. Il s'exprime ainsi :

> Je me suis apperceu que le peu de soin que nous avons des vers, fait naistre un desir en nostre cœur de voir de la prose, et apres la prose les vers, pour nous desennuyer : [...][3]

---

[1] L'élégie 9 compte 876 vers, la 21, 710 vers et la 81, 988. Sur les 16 pièces désignées « élégie » dans le recueil, 12 dépassent les 200 vers les élégies 25 et 113 dépassant même les 400 vers avec respectivement 400 et 420 vers. Par ailleurs si le mètre de ce genre de pièce semble de manière entendue l'alexandrin, Beaujeu n'hésite pas à proposer des pièces en heptasyllabes (78, 101, 141, 166), en octosyllabes (116) ou en décasyllabes (109).

[2] Il s'agit du sonnet 158 qui fonctionne ainsi : un premier quatrain est formé en 12/6/6/12 puis le second est organisé en 12/6/12/6.

[3] Pièce 270 l. 1-2.

La « diversité » revendiquée passe par une alternance de prose et de vers qui complexifie un peu plus la classification générique de ces « chappons ». L'entremêlement des deux est fait avec soin, bien qu'il soit relativement circonscrit. En effet, seuls trois passages versifiés apparaissent dans les quelques dix pages de lettres. Le plus long d'entre eux mérite l'analyse car il semble particulièrement bien refléter les ambitions de *varietas* qui président à cette partie du recueil :

> permettez moy que je me puisse nourrir des fruicts bien acquis de mon service : Faisant ainsi, vous ne serez pas meurtriere, qui sera un grand bien, quand vous aurez les mains nettes de sang, vous pourrez paroistre devant le Ciel et les hommes,
> Juste, douce, belle
> Bonne, riche, brave,
> La main non cruelle
> Sur son pauvre esclave,
> Qui n'espere rien
> En servant sa Dame,
> Que de vivre sien
> Ou bannir son ame,
> „ Quand il sera commandé
> D'un moindre clein de voz yeux,
> Aussi tost l'arc desbandé,
> Aussi tost l'esprit aux Cieux,
> Ou là bas où le destin nous conduit ordinairement[1] :

La phrase commencée en prose se poursuit en vers avant de se terminer à nouveau en prose.

L'auteur déplore dans les pièces liminaires de l'édition de 1588 du *Convoy du duc de Joyeuse* que son dédicataire, le président Brisson, doive attendre encore avant de lire « les premieres fleurs de [son] jardin » car elles sont « un peu

[1] Voir 271 l. 34-48.

longues à mettre en ordre[1] ». Il faut donc s'attacher à retrouver cet « ordre » des *Amours*.

Hormis l'homogénéité thématique des *Amours*, il est bien possible de déterminer certaines grandes articulations organisant les 393 pièces. D'un point de vue macro-structurel et simplement comptable, trois des élégies les plus longues du recueil, les élégies 9, 81[2] et 274 semblent occuper une place particulière. Ce sont des moments forts par leur structure et l'originalité des thèmes abordés. L'ouvrage aurait alors quelque chose de *l'opus cæmenticium*[3], certaines pièces constituant comme le parement en blocs bien équarris de la construction, par leur longueur, leur cohérence et leur place, tandis que d'autres jouent le rôle d'un simple mortier, succession de poèmes dont la structure et l'ordre paraissent plus anarchiques.

Ainsi la série de poèmes qui va de l'élégie 9 à l'élégie 18 paraît-elle particulièrement organisée. Prenant la suite des pièces liminaires qui placent les *Amours* sous le patronage du roi, du duc de Guise et du président Brisson, les pièces 9 à 18 ont surtout la charge de souligner l'ambiguïté de l'*ethos* du locuteur, « guerrier amoureux[4] » et, du même coup « Poëte et guerrier[5] ». Les poèmes introducteurs des *Amours* constituent un premier aperçu de la séquence biographique privilégiée[6],

---

[1] Ch. de Beaujeu, *Le Convoy du duc de Joyeuse*, *op. cit.*, p. 3.

[2] Cette élégie, la plus longue du recueil, occupe les feuillets 121 r° à 136 v°, soit le centre d'un recueil qui en compte 269 tandis que les deux autres en sont le début et la fin, se trouvant respectivement des feuillets 8 r° à 21 v° et 260 r° à 269 r°. Le *Torrent des Sonets* n'est pas pris en compte dans ma numérotation générale. S'il l'était, les trois numéros de pièce seraient 9, 200, 393, ce qui montre encore mieux l'importance de leur place.

[3] Au sens strict, le terme désigne un mélange de mortier et de pierres concassées venant former la partie centrale des bâtiments entre les parements extérieurs. Il peut être de plus ou moins bonne qualité, allant du simple remplissage à l'élément porteur essentiel. Voir J.-P. Adam, *La Construction romaine. Matériaux et techniques*, Paris, Édition A. et J. Picard, 2017 (1984), p. 79-80.

[4] Voir élégie 18 v. 130.

[5] Voir sonnet 6 v. 6.

[6] Voir sonnet 6 ou élégie 9 v. 401-410.

et ressassée dans tout le recueil : la fuite hors de France, l'exil en Suisse et le retour triomphal sont déjà présents. Ils sont suivis d'un hommage appuyé à Hercule[1] et à Ibycus[2]. Le premier, demi-dieu fêté autant pour sa force que pour son habileté est aussi connu pour ses multiples aventures féminines. Le second, plus confidentiel, est un poète lyrique grec dont la légende dit qu'il a été assassiné par des brigands.

Pour ce qui est de la fin du recueil, le *Convoy du duc de Joyeuse* est la pièce 234. Cette pièce est précédée d'une suite de sonnets qui fait la part belle aux familiers et amis du poète[3]. On trouve ensuite une série de tombeaux qui s'étend des pièces 233 à 247. Ce sont des pièces courtes, de circonstance, qui concernent essentiellement des enfants morts en bas âge[4] mais aussi des militaires[5] et même une amante[6]. La particularité de ce dernier moment est, semble-t-il, de donner un référent biographique à l'un des noms de femmes les plus récurrents du recueil : Marguerite[7]. Celui-ci réapparaît dans la dernière élégie du recueil, la 274, qui évoque, dans une mise en scène proche de la réalité contemporaine, la rencontre et la courte relation du locuteur et d'une dame, du même nom de Marguerite. Rencontrée à la sortie de l'église, cette veuve provoque chez le poète une passion irrésistible[8]. Il la rejoint chez elle et lui fait la cour avant d'apprendre qu'elle va bientôt partir[9]. Rentré chez lui, il décide de tout tenter pour l'obliger à rester et force sa porte à l'aube avant de

[1] Voir les stances 13 et le quatrain 14.

[2] Voir élégie 15 et l'épitaphe 16.

[3] Outre le traditionnel massif des pièces liminaires 1, 2, 3, 4, 6, 7, 8, on trouve mention de ces personnages historiques dans les pièces TS CXVI, 147, 201, 202, 204, 205, 206, 208, 209, 214, 216, 219, 220, 221.

[4] Voir les pièces 241-242 et 243-245.

[5] Voir 235-237 et 246.

[6] Voir 247.

[7] Voir l'Index nominum et l'élégie 247, titre et surtout 274 v. 237, 241 et 400.

[8] Voir 274 v. 59-152.

[9] *Ibid.* v. 153-260.

pénétrer dans la chambre de la jeune femme encore endormie[1]. Malgré les arguments du poète, celle-ci maintient son désir et se prépare à partir. L'élégie se clôt sur une scène pathétique dans laquelle le locuteur accompagne la dame sur le bateau dans lequel elle est censée voyager. Éconduit une nouvelle fois, il saute à l'eau pour rejoindre la rive et manque de se noyer[2].

Cette structure générale permet de mieux envisager cet énorme ensemble mais s'il n'existe pas réellement de sous-ensemble, la plus longue suite de sonnets fait tout de même office de recueil dans le recueil. De fait, Le *Torrent des sonets* est constitué de 121[3] poèmes numérotés occupant les feuillets 32 r° à 62 v°. L'ensemble est délimité par ce titre et la mention « Fin du *Torrent des Sonets* » au bas du feuillet 62 v°.

En outre, 7 sonnets sont construits autour d'allusions au *Décaméron* de Boccace dans la traduction d'Antoine le Maçon[4]. L'intertexte boccacien occupe les premiers sonnets du recueil. Les noms propres « Procide » et « Sigismonde[5] »

---

[1] *Ibid.* v. 261-432.

[2] *Ibid.* v. 433-598.

[3] En fait, ce chiffre correspond à la numérotation placée avant tous les sonnets du *Torrent des Sonets*. Les pièces TS [III], TS [IV], TS [V] et TS [VI] sont les seuls du recueil qui ne sont pas numérotés. Bien plus, soit qu'il manque deux sonnets soit que le compositeur ait fait une erreur de numérotation, les sonnets TS LXIII et TS LXIIII n'existent pas. Il n'y a donc que 119 sonnets dans le *Torrent des Sonets*. J'ai choisi de ne pas rajouter de numérotation aux sonnets du *Torrent* qui apparaît donc entre les pièces 20 et 21. Je fais donc toujours référence à ces sonnets-là sous la forme TS pour *Torrent des Sonets* suivi du chiffre romain désignant le poème.

[4] *Le Décaméron de Messire Jehan Bocace florentin*, nouvellement traduict d'italien en Françoys par Maistre Anthoine le Macon conseiller et tresorier de l'extraordinaire de ses guerres, Paris, Estienne Roffet dict le Faulcheur, 1548 [Bibliothèque de l'Arsenal 8-BL-29025]. Les gravures que Beaujeu reprend se trouvent au f° 202 r° et 314 v°. Il s'agit de celles illustrant respectivement la première nouvelle de la dixième journée du *Décaméron*, pour la page de titre des *Amours*, et pour le f° 270 r°, celle de la première nouvelle de la sixième journée.

[5] Sonnet TS I v. 10 et TS VII v. 14.

qui apparaissent dans le premier et le septième sonnets interviennent comme les marqueurs de la particularité de cette suite de poèmes. La série se clôt par un sonnet dit « en dialogue[1] ». Cette forme est identique à celle du sonnet TS CXIIII, qui se situe 7 sonnets avant la fin du *Torrent.* Dans les deux cas le sous-titre générique vient afficher l'identité de formes qui, pourtant, semblent assez dissemblables.

On peut se livrer à une rapide schématisation de cette structure globale. En tenant compte du problème des deux sonnets absents entre les numéros TS LXXIII et TS LXXV, on obtient sur les 119 pièces présentes : 7 sonnets introductifs marqués par la référence à Boccace, 105 pièces formant le cœur de cette suite dont 51[2] contiennent des emprunts à la traduction par Amyot des *Vies* de Plutarque et enfin 7 sonnets conclusifs adressés à diverses personnes[3].

L'utilisation du texte des *Vies*, œuvre d'histoire, dans les sonnets du *Torrent* marque un peu plus l'originalité de ces 119 pièces. On peut mentionner trois configurations

---

[1] Sonnet TS VII.

[2] Cette utilisation tout à fait particulière de l'historien grec par Beaujeu apparaît, sous réserve de nouvelles découvertes, dans les pièces TS X, TS XI, TS XII, TS XIII, TS XVI, TS XVIII, TS XIX, TS XX, TS XXI, TS XXII, TS XXIII, TS XXIIII, TS XXV, TS XXVII, TS XXIX, TS XXX, TS XXXI, TS XXXIII, TS XXXIIII, TS XXXV, TS XXXVII, TS XXXVIII, TS XXXIX, TS XLI, TS XLII, TS XLIII, TS LV, LVI, TS LXI, TS LXV, TS LXVI, TS LXIX, TS LXXII, TS LXXV, TS LXXVI, TS LXXVII, TS LXXVIII, TS LXXIX, TS LXXX, TS LXXXI, TS LXXXII, TS LXXXIII, TS LXXXVI, TS LXXXVIII, TS XCI, TS XCIIII, TS XCVI, TS XCVIII, TS XCIX, TS C, TS CI. Comme on le voit, pas moins de 51 sonnets sur 119 sont concernés, ce qui fait plus du tiers des pièces du *Torrent*, mais on trouve des allusions plus ponctuelles à l'historien grec dans d'autres poèmes du recueil. G. Mathieu-Castellani avait mis au jour 24 allusions parmi les sonnets cités dans son anthologie. Voir Plutarque, *Les Vies des hommes illustres*, traduction de J. Amyot, texte établi et annoté par G. Walter, Paris, Gallimard, coll. La Pléiade, 1951, t. I et II, Ch. de Beaujeu, *Entouré de silence*, *op. cit.*, p. 29, 31, 34, 37, 39, 41, 43, 45, 48, 50, 52, 54-62, 72, 73, 77.

[3] Sans entrer dans une analyse symbolique des nombres de sonnets qui composent ces différentes parties, on peut tout de même remarquer que 119, le nombre réel de pièces et 105, le nombre de celles qui composent le corps de l'ensemble, sont des multiples de 7.

différentes qui président à l'insertion du texte de Plutarque dans le recueil. Le cas le plus simple est bien sûr celui dans lequel une référence à une des vies de Plutarque s'intègre dans un seul sonnet. Dans le sonnet x, les vers 7 à 13 sont consacrés au rappel du marché passé par Numa avec deux dieux surpris dans une fontaine[1].

La seconde manière dont le poète use des *Vies* de Plutarque consiste en la réutilisation d'un épisode à plusieurs endroits à tel point qu'il devient motif. L'exemple le plus frappant en est la reprise dans les pièces TS XXIIII, TS XXXIX et TS XLI du récit d'un prodige que Plutarque évoque dans la *Vie de Fabius Maximus* : un bouclier et des épis de blé se couvrent de sang tandis qu'un écriteau tombe du ciel portant l'inscription « Mars secoue ses armes[2] ». Le bouclier en sang apparaît dès le sonnet TS XXIIII[3]. Le sonnet TS XXXIX évoque « les blonds espics » et les « escriteaux » et introduit une comparaison méta-littéraire entre écriteaux et vers du poète[4]. Enfin, le sonnet TS XLI reprend à nouveau le motif, cette fois accompagné d'un rappel du contexte d'apparition de ce présage : la bataille de Trasimène, perdue par les Romains. Le locuteur se voit en général vaincu par la dame[5].

Le locuteur s'attache aussi à réutiliser une même vie en isolant plusieurs épisodes distincts. C'est ainsi que la plupart des vies mentionnées servent plusieurs fois. Celles de Timoléon[6] et

---

[1] Voir Plutarque, *Les Vies des hommes illustres*, *op. cit.*, t. I, *Vie de Numa Pompilius*, p. 152-153, XXVII.

[2] Plutarque, *Les Vies des hommes illustres*, *op. cit.*, t. I, *Vie de Fabius Maximus*, p. 381.

[3] TS XXIIII v. 9-10.

[4] Voir TS XXXIX v. 9-13. La comparaison entre le locuteur et des figures de militaires, même si elles sont frappées de faiblesse, est régulière dans le recueil. Voir notamment les stances 13 ou la pièce 93.

[5] « Là Mars à coup de traits, et de pierres bruslantes / Fit les boucliers de sang, et ruina les humains, / Qui vaillans comme luy, hors des pompeuses tentes / Sans crainte de la mort, vindrent souvent aux mains, [...] ». Voir TS XLI v. 9-12.

[6] Voir TS LXXVIII, TS LXXIX, TS LXXX, TS LXXXVIII, TS XCI, TS CI.

de Numa Pompilius[1] apparaissent 6 fois, celles d'Alcibiade[2], de Pyrrhus[3], d'Alexandre[4] et de Solon[5] 4, celle de Cimon[6], de Sylla[7] et de Pélopidas[8] 3 et enfin celles de Lucullus[9], Valérius Publicola[10], Fabius Maximus[11] et Sertorius[12] 2. Les vies de Lycurgue, Marcus Crassus, Pompée, Thémistocle, Lysandre, Coriolan, Caton d'Utique[13] et Aristide[14] ne sont utilisées qu'une seule fois dans le recueil. Ce rapide panorama montre la variété des emprunts de Beaujeu qui ne semble privilégier ni les Grecs au nombre de 9 ni les Romains représentés par 8 de leurs grands hommes. Les deux vies les plus utilisées sont celles d'un général grec (Timoléon) et d'un roi romain (Numa), mais l'on trouve aussi les grands législateurs Solon et Lycurgue, ainsi qu'un traître, Sertorius. Les perdants Marcus Crassus, Pompée ou Caton d'Utique côtoient les vainqueurs que sont Thémistocle, Alexandre ou Sylla.

D'une manière plus générale, l'utilisation de la littérature antique étonne par la place donnée aux figures issues de récits. La pièce 5 intitulée *Au lecteur* s'organise sur une comparaison entre le locuteur et son amante d'un côté et Théagène et Chariclée de l'autre[15]. C'est à nouveau grâce

---

1 Voir TS x, TS xii, TS xiii, TS xxvii, TS xxxi, TS xxxv.

2 Voir TS xlii, TS xliii, TS lxxv, TS lxxvi.

3 Voir TS lxxxii, TS lxxxiii, TS xcviii, TS xcix.

4 Voir TS xxix, TS xxx, TS lxvi, TS xciiii.

5 Voir TS xxix, TS xxxiii, TS xxxiv, TS xxxv.

6 Voir TS xxiii, TS lxi, TS lxxvii.

7 Voir TS lvi, TS lxix, TS lxxii.

8 Voir TS xxv, TS lv, TS lxxxi.

9 Voir TS xxii, TS c.

10 Voir TS xxxvii, TS xcvi.

11 Voir TS xxxix et xli.

12 Voir TS xx, TS xxi.

13 Voir, dans l'ordre d'apparition dans le recueil TS xi, TS xviii, TS xix, TS xxxviii, TS lxv, TS lxxvii, TS lxxxvi.

14 Voir TS xvi.

15 Voir Héliodore, *L'Histoire æthiopique*, traduction de J. Amyot, édition critique établie, présentée et annotée par L. Plazenet, Paris, H. Champion, 2008. Ce roman du grec Héliodore fait partie intégrante de la culture humaniste de

au traducteur J. Amyot que Beaujeu a accès au texte de ce roman (intitulé *L'Histoire éthiopique*). Par ailleurs, la plus longue élégie du recueil, la 81, développe pendant presque 400 vers l'histoire de Philomèle et Thérée en empruntant bien sûr à Ovide mais aussi aux traductions médiévales des *Métamorphoses*, notamment l'*Ovide moralisé* et le *Grand Olympe*[1].

BEAUJEU LE SOLDAT

Aux diverses particularités déjà relevées, Beaujeu ajoute celle d'évoquer dans son recueil, de manière récurrente, une unique séquence biographique[2] : le récit de son exil en Suisse. Celui-ci intervient dès le sonnet 6 adressé au roi Henri III et ne cesse ensuite de réapparaître sous diverses formes. Avant de tâcher de comprendre à quoi elle a pu faire référence dans la vie de Beaujeu, je veux mettre en avant les découvertes le

la Renaissance et est vanté pour ses multiples qualités. En France, c'est Jacques Amyot qui le traduit en 1548. Cette traduction est rééditée de nombreuses fois, notamment en 1583 à Paris, en 1584 à Lyon, en 1585 à Paris de nouveau, en 1588 à Rouen et en 1589 à Lyon. Le texte était, comme on le voit, facilement accessible.

[1] *L'Ovide moralisé, poème du commencement du quatorzième siècle*, publié d'après tous les manuscrits connus par C. de Boer, Vaduz, 1968-1988 (1915-1938, t. II, VI, v. 130 *sq.*, ainsi que *Le grand Olympe des histoires poétiques du prince de poésie Ovide Naso en sa Métamorphose, œuvre authentique & de hault artifice, pleine de honneste récréation, traduyct de latin en françoys et imprimé nouvellement*, Lyon, Romain Morin, 1532, [BNF RES P-YC-1627], VI, f° 11 r°-18 v°.

[2] Beaujeu n'est pas le seul à pratiquer cette insertion. Cécile Alduy note ainsi dans son *Politiques des Amours* que « [d]ans le discours paratextuel la fiction d'une origine biographique à l'écriture des *Amours* permet d'éluder toute considération technique, alors même que le recueil de sonnets et les principes de leur agencement relèvent d'une science consommée. [...] La disposition de ce dernier, quelle qu'elle soit, trouve dans l'autofiction une légitimité inébranlable [...] ». Voir C. Alduy, *Politiques des « Amours ». Genèse d'un genre poétique français (1544-1560), Paris, Droz, 2007*, p. 163-164.

concernant faites dans les archives. Elles vont permettre de dessiner les premiers contours de la vie du poète.

Si l'on sait peu de chose de la vie de C. de Beaujeu, trois passages issus de document d'archive lui donne un début et une fin. Le premier est un interrogatoire conservé à la BnF et daté des 22 et 23 novembre 1602 :

> Christofle de Beaujeu, seigneur de Jaulges [...] a dict estre âgé de 47 [ans] natif au lieu de Beaujeu comsté de Bourgongne d'où il fut porté en France n'estant âgé que de neuf mois, [...][1].

Beaujeu est donc né en 1555, dans l'actuelle Franche-Comté, dans le village de Beaujeu-Saint-Vallier-Pierrejux-et-Quitteur, anciennement nommé Beaujeu-sur-Saône, près de Gray[2]. Sous le contrôle des Habsbourg, la Franche-Comté[3] ne faisait pas partie du royaume de France. Beaujeu n'arrive à Jaulges, petit village situé dans le nord de la Bourgogne

[1] BnF, Manuscrit Français 4019-4020, « Mesmoires servans à l'histoire souz le règne du Roy henry quatre depuis l'an 1600 jusqu'à sa mort qui fust en May 1610 », BnF, n° 4020, f° 121 v° – 131 v°. Ce long interrogatoire de Beaujeu est suivi, dans le même ensemble de pièces, par celui de Charles de Guise et concerne les tenants et les aboutissants de la conjuration de Biron. Ce proche d'Henri IV, maréchal de France, se pensant mal récompensé de ses services, tente de destituer le roi en 1602, avec l'aide de l'Espagne. Henri IV le fait embastiller et exécuter le 31 juillet de la même année. Cet interrogatoire est par ailleurs mentionné par A. Jouanna dans son *Devoir de Révolte*, *op. cit.*, p. 206-211. Voir le dossier biographique, doc. 1.

[2] Le village est situé à la limite entre la Franche-Comté et la province de Bourgogne.

[3] Partie des États bourguignons, le comté de Bourgogne ou Franche-Comté se trouve sous la domination des Habsbourg depuis 1477. Charles Quint puis son fils Philippe II d'Espagne possèdent ce territoire au XVIe siècle. Ce n'est qu'en 1678 qu'il sera rattaché à la France par Louis XIV. Cette rapide introduction géographique montre la position particulière de la Bourgogne et de la Franche-Comté par rapport au royaume de France. Une frontière passait le long de la Saône, frontière d'autant plus importante qu'elle séparait les possessions des Habsbourg de celles des Valois, dynasties ennemies depuis le démembrement en 1477 du royaume bourguignon. Voir A. Jouanna, *La France du XVIe siècle (1483-1598)*, Paris, PUF, coll. « Quadrige », 1996, p. 202.

actuelle[1], qu'à 9 mois. Il est le fils de François de Beaujeu, seigneur de Jaulges et de Chazeuil et de Claude de Méry[2]. On peut d'ores et déjà ajouter aussi que Beaujeu était encore vivant en 1602.

Les deux autres documents nous en apprennent un peu plus. Une note manuscrite extraite du cabinet d'Hozier indique que

> Christophe sgr de Jauges [...] fut aide puis mareschal de Camp en l'armée [commandée] de Mr de Guise en 1595 et depuis, pendant la Ligue, faisant une petite guerre en sa maison de Jauges, Mr de Dinteville eut comme mission de la faire razer. Ce qui fut faict et si voit encor une petite motte ou le sgr de Jauges du présent a commencé à faire rebastir comme j'ay veu, J'ay connu particulièrement ledis sr de Jauges Christophe estant pensionnaire du duc de Lorraine et Mareschal de camp de ses armées. Il est enterré à Moncour près le Neufchastel en Lorraine, ayant vescu plus de 80 ans[3].

[1] Jaulges se trouve cependant à l'époque dans la province de Champagne, qui bordait au nord la Bourgogne. Ces deux provinces étaient en position frontalière, très exposées dans les années 1550-1600. Bien plus, la Champagne englobait les villes de Sens et de Joigny, Auxerre jouant le rôle de frontière provinciale. Sur les relations complexes entre la Champagne, le royaume de France et l'empire, voir Laurent Bourquin, *Noblesse seconde et pouvoir en Champagne aux XVIe et XVIIe siècle*, Paris, Publications de la Sorbonne, 1994, p. 7-38 et le dossier biographique, doc. 4 et 6.

[2] Il est donc issu d'une famille d'ancienne noblesse dont la branche bourguignonne peut faire remonter ses origines jusqu'à Jean de Beaujeu, mort en 1396. Pour une vue d'ensemble de la famille des Beaujeu de Franche-Comté voir Manuscrit Français 30882-31225, « Dossiers généalogiques, formés aux XVIIe et XVIIIe siècles, cédés au roi par Charles d'Hozier en 1717 et rangés par ordre alphabétique de noms de personnes », BnF, n° 30913 ainsi que H. Jougla de Morenas, *Grand Armorial de France...*, Société du Grand Armorial de France, 1938, t. II, p. 32. On peut aussi consulter avec profit J. Bertin, *Les Beaujeu de Franche-Comté dans le duché de Bourgogne, l'Auxerrois, le Tonnerrois, la Champagne, etc.*, Dijon, Darantière, 1903.

[3] Entreprise par Pierre d'Hozier (1592-1660) et poursuivie par son fils Charles (1640-1732), ces recherches généalogiques avaient pour but de confirmer ou d'infirmer l'ancienneté des familles aristocratiques. L'objectif était, bien sûr, d'opérer un contrôle drastique sur l'accès aux charges et aux privilèges auxquels donnait droit la noblesse. Voir Manuscrit Français 30882-31225, « Dossiers

Beaujeu serait donc mort au milieu des années 1630 sans avoir fait parler de lui à nouveau. Le lieu[1] de ce décès semble prouver la proximité de Beaujeu avec les maisons de Guise et de Lorraine pendant les quarante années qui séparent la fin de la Ligue de sa mort. De fait, si la conjuration de 1602 est orchestrée par le maréchal de Biron, celui-ci est grandement aidé par la haute noblesse de ces régions[2].

Enfin, toujours dans le cabinet d'Hozier Beaujeu est évoqué en ces termes :

> Christophe de Beaujeu l'ainé, seigneur de Jauge, l'an 1584 et Mareschal des Camps és Armées du Roy l'an 1614. [fut marié l'an 1598 en 1er noce avec Mlle Marie de Burge vefve de Jean Rose bailly de Joinville[3]] ne laissa de Diane de Comitin veuve l'an 1636 et fille de Louis de Comitin, seig

généalogiques, formés aux XVIIe et XVIIIe siècles, cédés au roi par Charles d'Hozier en 1717 et rangés par ordre alphabétique de noms de personnes », [BnF n° 30913].

[1] Ce village se trouve dans l'actuel département de la Moselle et faisait partie de la province de Champagne jusqu'à la révolution. De manière assez frappante, un descendant de Beaujeu cité dans l'*Armorial général ou registres de la noblesse de France par Louis Pierre d'Hozier et D'Hozier de Sérigny*, Paris, Firmin Didot, 1865 (1738-1768), registre premier, t. I, p. 55, Charles-Louis de Beaujeu, est donné comme « lieutenant-colonel du régiment de Flandres, brigadier des armées du roi, chevalier de l'ordre militaire de S. Louis, et commandant à Marsal, où il demeuroit en 1727 ». La commune de Marsal, dans laquelle Louis XIV avait fait rebâtir une forteresse par Vauban après la prise de la ville en 1663, accueille une garnison jusqu'en 1870 et se situe à une quinzaine de kilomètres de Moncourt. Un pôle familial aurait-il suivi Christofle de Beaujeu ?

[2] Notamment Henri de la Tour d'Auvergne, gouverneur de Sedan et Claude de Lorraine, prince de Joinville, frère cadet de Charles de Guise. Ceux-ci sont également secondés par un turbulent personnage dont le nom de famille apparaît dans les *Amours* dans la pièce 237 : Edme de Malain, baron de Lux. Rallié à Henri IV avant 1590, il devient ligueur cette même année avant de revenir vers le béarnais en 1594. Il fait partie de la conjuration de Biron et est entendu par les secrétaires du roi en novembre 1602. Voir J. Boucher, « L'assassinat du baron de Lux, 1613 : une affaire bourguignonne ? » dans *L'ouvrier, l'Espagne, la Bourgogne et la vie provinciale : parcours d'un historien*, mélanges offerts à Pierre Ponsot, éd. par F. Bayard et F. Robert, Madrid, Casa Velasquez, 1994, p. 319 et BnF, Manuscrit Français 4020, *op. cit.*, f° 74 v°-76 v°.

[3] Le passage indiqué entre crochets est d'une note manuscrite apposée en marge d'une page imprimée du cabinet d'Hozier.

de la Motte, et de Louise de S. Privé, qu'un fils unique, tué serva[n]t vol[n]taire sous M. le Prince[1].

Ce passage en revue de la situation matrimoniale de Beaujeu appelle plusieurs commentaires. Tout d'abord, et cela est confirmé par la mention du décès à cette date de François de Beaujeu, seigneur de Jaulges, père du poète, Beaujeu hérite de sa terre de Jaulges le 15 octobre 1584[2]. D'autre part, il est en poste dans les armées de Louis XIII en 1614. Il se marie cependant dans la clientèle des ducs de Guise et épouse la « vefve de Jean Rose[3] bailly de Joinville », capitale des ducs[4]. La famille de sa seconde épouse, les Comitin[5] est, elle-aussi, proche des Guise. On apprend enfin que Beaujeu est mort en 1636[6], à Moncourt, en Lorraine[7].

---

[1] Voir Manuscrit Français 4019-4020, « Mesmoires servans à l'histoire souz le règne du Roy henry quatre depuis l'an 1600 jusqu'à sa mort qui fust en May 1610 », [BnF n° 4020]. Le Prince en question est sans doute toujours Claude de Lorraine, prince de Joinville, mort en 1657.

[2] *Ibid.*

[3] Le frère de ce Jean, fidèle militaire et actif soutien des Guise, n'est autre que le prédicateur ligueur, évêque de Senlis, Guillaume Rose qu'évoque la *Satyre Ménippée*. Voir *Satyre Menippée de la Vertu du Catholicon d'Espagne et de la tenue des Estats de* Paris, édition critique de Martial Martin, Paris, Honoré Champion, 2007, p. 639 et sur l'importance de cette famille pour les Guise voir W. Konnert, *Local Politics in the French Wars of Religion : The Towns of Champagne, the Duc the Guise, and the Cattholic League (1560-1595)*, Aldershot, Ashgate, 2006, p. 66 et 170.

[4] C'est à Joinville en effet qu'on trouve les deux châteaux des ducs de Guise et c'est de là que la famille étendra sa puissance à partir de Claude de Lorraine. Voir M. Meiss-Even, *Les Guise et leur paraître*, Tours, Presses Univ. François Rabelais, 2013, coll. « Renaissance », p. 130-147.

[5] Le Louis en question était sans doute le gruyer d'Esclaron, domaine important des Guise qui en tiraient des ressources forestières et s'en servaient pour la chasse. *Ibid.*, p. 221.

[6] On peut donc donner comme date de naissance et de mort 1555-1636. Elles correspondent quasiment à celles d'A. d'Aubigné (1552-1630) avec lequel Beaujeu partage beaucoup. De manière plus étrange, ce sont presque celles (1552-1635) que donne R. Sabatier dans son *Histoire de la poésie française. La Poésie du seizième siècle*, Paris, Albin Michel, 1975, p. 254. Où l'académicien avait-il glané ses informations ? Il n'en dit rien.

[7] De manière très nette, à partir des années 1595, Beaujeu se rapproche de la clientèle de la famille de Guise. Les Comitin et les Rose en font partie et y sont très

Cette trame peut être complétée par la recherche, dans les *Amours* eux-mêmes, d'éléments biographiques afin de reconstruire un parcours de vie, aussi hypothétique soit-il, au moins jusqu'en 1589.

De ses premières années de vie, le poète ne dit rien. Deux poèmes allographes qui précèdent l'épopée *La Suisse* laissent supposer que par le jeu du clientélisme et, peut-être aussi, des alliances familiales, il est entré, sans doute au début des années 1570[1], dans l'entourage du duc d'Alençon. En effet, ces sonnets sont écrits par deux gentilshommes bourguignons, Guillaume de Hautemer de Grancey[2] et Claude d'Etampes[3],

---

bien placés. Les premiers, en tant que possesseurs de la baronnie d'Esclaron sont, outre les administrateurs des nombreuses forêts présentes sur leur domaine, aux commandes du haras des ducs depuis Louis de Comitin, Italien arrivé en France au milieu du siècle. Les Rose occupent des fonctions administratives et religieuses importantes pour la Ligue dans les années 1590. Enfin, le « Dinteville » qui vient mettre fin aux ambitions militaires de C. de Beaujeu, n'est autre que J. de Dinteville, âme damnée des Guise mais aussi maître de plusieurs charges en Champagne pour le roi. Voir BnF, Ms. Fr. 30882-31225, *op. cit.*, ainsi que M. Meiss-Even, « Les chevaux des Guise », dans *Revue d'histoire moderne & contemporaine*, 2010/4 (n° 57-4), p. 7-29 sur l'importance de la famille de Comitin dans l'économie des ducs de Guise et Laurent Bourquin, *Noblesse seconde et pouvoir en Champagne*, *op. cit.*, p. 93-134 pour la carrière fulgurante de J. de Dinteville.

[1] Cette date est aussi celle à laquelle un certain J. Amyot accède à l'évêché d'Auxerre, qu'il gardera jusqu'à sa mort en 1593. L'importance de ce traducteur pour Beaujeu semble avoir été tout à fait singulière puisque l'on trouve dans de nombreuses pièces des traces et même des citations des œuvres de Plutarque ou d'Héliodore qu'Amyot traduisit.

[2] Ce personnage, né en 1537 ou 1538, issu d'une famille importante de la noblesse bourguignonne, se trouve, dès 1555, au service du duc d'Alençon qu'il va suivre une grande partie de sa vie. Il passe au service d'Henri de Navarre à la fin des années 1570. Son oscillation entre catholiques et protestants ne prend fin qu'en 1597 lorsqu'Henri IV le fait maréchal de France. Voir Ch. de Beaujeu, *Les Amours*, *op. cit.*, f° 270 r° et A.-J.-L. Dingremont, *Notice sur Guillaume de Hautemer, seigneur de Fervaques, Maréchal de France*, Lisieux, P. C. Tissot, 1824 consulté en ligne à l'adresse http://www.bmlisieux.com/normandie/hautemer.htm.

[3] Claude d'Estampes, seigneur de la Ferté-Imbault est cité deux fois dans *Les Amours*. C'est sans doute en raison de la proximité géographique de son château du Mont-Saint-Sulpice, situé tout près de Jaulges que ce gentilhomme a pu connaître Beaujeu. Il s'y installe en 1562. Il se marie en 1579 avec Jeanne de Hautemer, fille de Guillaume de Hautemer de Grancey et meurt à Avallon

alors assignés au service du plus jeune fils de Catherine de Médicis et de Henri II. Proche de ces deux nobles, Beaujeu a pu bénéficier de leur appui pour entrer au service de la famille royale[1].

Le recueil met cependant surtout en avant l'exil[2] auquel aurait été contraint le locuteur pour des raisons qu'il ne nous explique jamais complètement. Dès le sonnet 6, Beaujeu s'exprime de la façon suivante :

> Sire, depuis que moy vostre subjet espave,
> Chassé mesmes du Ciel, fus hoste des Germains,
> Estant l'unique horreur du reste des humains,
> Je vainquis ma fortune, et en devins plus brave :
> Courageux du destin je ne me fis esclave,
> Ains, content de venir avecques Mars aux mains :
> De voz Suisses Chef, en France je revins,
> Faisant trembler les monts qu'un Rosne tousjours lave[3].

Dans l'« Avis au lecteur » du *Premier livre de la Suisse*, soit dans un pièce extérieure au recueil, le poète revient dans des termes quasiment identiques sur cet exil. Il indique alors que « la fortune » s'est jouée de lui « dix ans entier » mais qu'elle « s'est lassée de [le] tourmenter » ; elle l'a laissé « en Suisse achevé[r] le reste de [son] exil, où [il a] demeuré

---

en luttant contre la Ligue en 1591. Voir sonnet 4, C. d'Est-Ange, *Dictionnaire des familles françaises anciennes ou notables à la fin du XIXe siècle*, Évreux, Charles Herissey, 1918, t. XVI, p. 240.

[1] Beaujeu semble être tout de même resté attaché aux lieux de son enfance puisque Jaulges apparaît sur la page de titre de tous ses ouvrages tandis que Claude d'Estampes, résidant au Mont-Saint-Sulpice est, lui, cité comme un personnage essentiel de sa vie. Par ailleurs, les pièces 247 et 274 évoquent une certaine Marguerite de la Rivière, « dame d'Ormoy ». Ce village se trouve aussi dans la vallée de l'Armançon, à une vingtaine de kilomètres de Jaulges et à moins d'une dizaine du Mont-Saint-Sulpice.

[2] Le terme « exil » et son participe passé « exilé » apparaissent 11 fois dans le recueil. Voir 9 v. 403, 410, 593, TS LXXVI v. 7, TS LXXXVIII v. 14, TS CI v. 10, 21 v. 38, 72 v. 18, 101 v. 159, 106 v. 9, 207 v. 1.

[3] Sonnet 6 v. 1-8.

trois ans[1] ». Dans la première élégie du recueil, parlant de lui à la troisième personne, il annonce :

> Il laissa sa maison, et traversa la plaine
> De la froide Champagne, et tira aux monts
> De la rude Suisse[2] [...]
> Et, plus loin, on peut lire à propos de lui et de sa maîtresse :
> L'un de trois fois dix ans, l'autre de cinq fois trois
> L'un thrésor de Suisse, et l'autre des François[3].

Le poète, « thrésor [...] des François » aurait donc eu environ trente ans à son arrivée en Suisse[4], où il a rencontré une jeune fille, « thrésor de Suisse », agée de quinze ans[5].

Ce n'est pas qu'en Suisse que Beaujeu a passé son exil mais dans un certain nombre de pays frontaliers de la France[6]. Plusieurs pays d'Europe apparaissent, traçant la carte d'une errance, bien sûr invérifiable. L'élégie 81 montre ainsi le locuteur :

> [En Angleterre, en Flandre[7]], aux doubles Allemagnes
> [...] et aux chaudes Espagnes[8], [...]

---

[1] Christofle de Beaujeu, *Les Amours*, *op. cit.*, f° 271 r°.

[2] Élégie 9 v. 406-408.

[3] Élégie 9 v. 555-556.

[4] La présence d'un type de paysage suisse, lac entouré de montagne, revient régulièrement dans le recueil. Voir 1 v. 12 et 25 v. 32. Par ailleurs, deux soldats suisses font partie des destinataires de poèmes. Il s'agit de « Monsieur Vallier » et de « Monsieur Balthazar ». Voir 213 et 216.

[5] Cette mention d'âge varie au cours du recueil. Voir 9 v. 555, 21 v. 581, 55 v. 9 ou 118 v. 1.

[6] Ce voyage forcé, si l'on exclut la mention de l'Espagne, se retrouve dans l'*Epistre au lecteur* du *Premier Livre de la Suisse*. Beaujeu y évoque sa soif de connaissances qui le pousse à visiter la Suisse mais aussi l'Allemagne et l'Italie. Il dresse également dans ce texte un portrait mélioratif de la nation suisse, de ses intellectuels et de ses institutions, prenant à rebours les préjugés de l'époque dont il rappelle la teneur.

[7] Le vers original, qui donne « En Angleterre, en Flandres, [...] », est fautif.

[8] Voir 81 v. 163-165.

Ce périple peut avoir été celui d'un soldat présent sur les grands champs de bataille européens, notamment ceux qui opposaient les Habsbourg aux Valois en Flandres, dans les territoires germaniques proches de la Lorraine et de la Bourgogne. La mention de l'Angleterre et de l'Espagne ne fait que compléter ce tableau géopolitique[1]. Ce tour d'Europe est déjà largement évoqué dans l'élégie 18 qui voit le locuteur poursuivi par le dieu Amour passer de la Bretagne[2], à Milan[3]. Il mentionne aussi les « Germains[4] » en deux endroits et une énigmatique « Cité du Saxon[5] ». Deux poèmes en particulier présentent une liste de villes européennes semblable qui peut faire penser que tel a été au tournant des années 1570-1580 le parcours du locuteur. Dans le sonnet 55, ses conquêtes féminines apparaissent ainsi :

„ Catin est de Milan, Roze se veut dire estre
„ Du petit Neuf-Chastel[6], Marguerite dans l'Ain
„ Se baigna maintesfois, Louyse du Ponsain[7],
„ Du Tertre de Paris, où le Ciel l'a fait naistre[8].

---

[1] Depuis l'abdication de Charles Quint, l'Espagne était dirigée par son fils, Philippe II, qui mena une guerre acharnée contre l'Angleterre anglicane d'Elisabeth Ire. L'épisode le plus retentissant de ces affrontements reste la défaite, en 1588, de l'Invincible Armada, flotte espagnole que les Anglais se vantèrent d'avoir repoussée.

[2] Voir 18 v. 69.

[3] Cette ville, qui se trouvait au carrefour des routes militaires européennes, revient plusieurs fois dans le recueil. Voir 18 v. 85, 55 v. 5, 97 v. 10, 101 v. 315.

[4] Voir 6 v. 2 et 18 v. 93.

[5] Voir 18 v. 94.

[6] La mention de l'adjectif « petit » devant ce toponyme laisser supposer qu'il ne faut pas le confondre avec l'autre Neuchâtel, le grand, sans doute celui de Suisse. Il s'agit dès lors probablement de Neuchâtel-Urtrière. Cette commune du Doubs, siège de la famille de Neuchâtel-Bourgogne se trouve à quelques kilomètres de Montbéliard sur la route qui relie cette ville à celle de Neuchâtel en Suisse. La question reste pourtant en suspend car il existe sur les cartes d'époque au moins un autre « Neufchastel » dans la région, l'actuelle Neufchâteau, dans le sud des Vosges, sur la Meuse. Voir 274 v. 563.

[7] Cette liste de conquêtes alliée aux voyages du locuteur se retrouve plusieurs fois dans le recueil. Voir notamment les pièces 71 et 97 v. 5.

[8] Voir sonnet 55 v. 5-8.

Chaque femme se voit attribuer une ville ou un élément toponymique situé entre l'Italie et la France. Ces noms de ville sont repris dans le sonnet 97 :

> [...] j'aimois plus que moy ma divine Hippolyte[1].
> Sur toute autre ma Roze, encores Marguerite,
> Ma Catin, ma Françoise, et l'œil tant desireux
> De Jeanne, à moy ravie au sejour dangereux
> Que je fis sur le Rhin, ma patrie interdite
> Resnes, le Neuf-Chasteau, Solleure, la Rochelle,
> Rome, Milan, Boulongne, et le mont de Sorelle[2].

On retrouve ici la même alliance entre les femmes et les noms de ville. Celles-ci reprennent en partie les régions et pays déjà évoqués : la Bretagne, la Suisse, la France et l'Italie. Le parcours ainsi tracé regroupe à la fois La Rochelle, un des bastions français du protestantisme, Neuchâtel, la première ville francophone à rallier la Réforme, et des villes catholiques au premier rang desquelles la capitale des États Pontificaux.

Le recueil ne permet cependant pas de mettre une date précise sur le début de l'exil. Le poète-soldat se vante de sa participation à la bataille de Dormans en 1575[3]. Cette date entre en résonnance avec plusieurs adresses présentes dans le *Traité du Mespris de la mort* de 1584. On trouve dans ce texte un sonnet dédié à Jean-Casimir du Palatinat[4], un au duc de Montbéliard-Wurtemberg, Frederick Ier[5], et un à Pierre Beutrich[6], tous protestants fortement investis dans les guerres de Religion. Le dernier de ces personnages paraît avoir eu auprès de Beaujeu un rôle particulièrement décisif

[1] Il s'agit de la reine des Amazones qu'Héraclès combattit pour lui prendre sa ceinture, cadeau d'Arès.

[2] Voir 97 v. 4-10.

[3] Voir élégie 113 v. 39-40.

[4] C. de Beaujeu, *Traité du Mépris de la Mort*, *op. cit.*, p. 6.

[5] *Ibid.*, p. 3-5.

[6] *Ibid.*, p. 7.

puisque sa devise, que signale le *Grand Dictionnaire Historique*[1] de Louis Moreri, est *Arte, Sorte, Marte* : c'est aussi celle qui apparaît à la fin des *Amours*[2] sous la forme modifiée de *Arte, Marte, Sorte*[3].

Jean-Casimir du Palatinat est un prince allemand, protestant, qui mène de nombreuses incursions en France pour tenter de venir en aide à ses coreligionnaires. C'est notamment lui qui est vaincu en 1575 à la bataille de Dormans par le duc de Guise. Malgré cette défaite, il parvient à rejoindre en Bourgogne les troupes de Henri de Navarre et de François d'Alençon, alliés de circonstance lors de la conjuration des Malcontents. Les deux princes français, Jean-Casimir du Palatinat et Pierre Beutrich d'un côté, Henri III et Catherine de Médicis de l'autre signent le 6 mai 1576 la paix d'Étigny ou paix de Monsieur avant que ne soit ratifié le lendemain l'édit de Beaulieu. Très favorables aux protestants, ces deux

---

[1] L. Moreri, *Le grand dictionnaire historique ou le mélange curieux de l'histoire sacrée et profane*, Libraires associés, 1769, tome II, p. 443.

[2] Christofle de Beaujeu, *Les Amours*, *op. cit.*, f° 288 r°. Cette devise, dont il ne semble pas être fait mention ailleurs, peut en premier lieu devoir s'entendre en latin. Dans cette langue, ces trois mots, faisant partie des faux-imparisyllabiques de la troisième déclinaison, sont ici déclinés à l'ablatif singulier. La devise signifierait « Par l'habileté (ou la vertu), par le combat, par la fortune ». Teintée de stoïcisme, elle donne trois règles d'action qui ont pu régir la vie du poète-soldat autant que celle de l'homme politique qui le premier semble l'avoir forgée. Dans une Europe fortement familière de la culture et de la langue italienne, il paraît essentiel de considérer que ces mots peuvent aussi s'entendre dans cette langue. On traduirait alors « L'art, Mars et la fortune ». On perd la valeur instrumentale de l'ablatif ainsi que l'homogénéité syntaxique de ces substantifs mais il faut noter qu'ils font tous les trois partie de la langue de Pétrarque. On les retrouve dans le *Canzonniere*, souvent à la rime. Les deux premiers interviennent d'ailleurs ensemble dans le sonnet 4 aux vers 1 et 4, ce qui pourrait expliquer pourquoi Beaujeu choisi de les placer côte à côte. *Canzoniere / Le Chansonnier*, introduction, traduction, biographie, bibliographie, glossaire, index de P. Blanc, 1988 4, v. 1 et 4.

[3] La devise de Jean de La Taille n'est pas si éloignée, du moins sémantiquement. On trouve en effet à la fin de *La famine, ou les Gabéonites*, Paris, Frederic Morel, 1573, f° 174 v°, cette locution : « *In utrumque paratus* », qu'on peut traduire par « Préparé à l'un et l'autre ». Au vu de la carrière de La Taille, il s'agit sans doute de la guerre et de la poésie.

traités montrent surtout à quel point les positions religieuses et politiques sont emmêlées au milieu de ces années 1570. Les protestants allemands repartent chez eux emmenant en otage le diplomate Pomponne de Bellièvre. Il se trouve que Beaujeu est baron de Jaulges, village situé à cinquante kilomètres au sud-est d'Étigny. La Bourgogne était au centre des déplacements de Jean-Casimir, à l'aller comme au retour et c'est peut-être à cette occasion que le poète s'est réfugié à Montbéliard puis en Suisse.

Les raisons qui poussent Beaujeu à fuir le royaume de France restent cependant floues. La recherche sur ces questions est compliquée par le fait qu'un oncle du poète, Paul de Beaujeu, capitaine protestant, semble avoir participé aux mêmes actions et combats que son neveu.

Deux épisodes historiques pouvant expliquer un départ rapide mettent en scène un mystérieux Beaujeu. Le premier, datant de 1575, est un complot contre Henri III rapporté dans les *Mémoires de Monsieur le duc de Nevers*[1]. Ourdi par François d'Alençon, il s'agit ni plus ni moins que d'une tentative d'assassinat auquel aurait participé un Beaujeu. Celui-ci est qualifié par Catherine de Médicis de « mauvais garçon » et « d'Enseigne de l'Admiral de Chastillon[2] ». Ce titre évoque plus directement Paul de Beaujeu, présent dès 1569 au côté de l'amiral[3]. Les protagonistes de ce complot sont pourtant proches de Christofle de Beaujeu. En effet, c'est

---

[1] Sur le complot de 1575 voir *Les mémoires de Monsieur le duc de Nevers, prince de Mantoue, pair de France, gouverneur et lieutenant général pour les rois Charles IX Henri III et Henri IV en diverses provinces de ce royaume. Enrichis de plusieurs pièces du temps. Premiere partie*, Paris, chez Thomas Jolly, p. 78, Louis-Pierre Anquetil, *Histoire de France, depuis les Gaulois jusqu'à la fin de la monarchie*, Paris, Ledentu, 1825, t. VII, p. 24, ainsi que A.-J.-L. Dingremont, *Notice sur Guillaume de Hautemer, seigneur de Fervaques, op. cit.* et sur la conjuration de Biron et plus largement les rapports complexes entre l'aristocratie et la royauté à la Renaissance, voir Arlette Jouanna, *Le devoir de révolte…*, *op. cit.*, p. 209 et *passim.*

[2] Voir *Les mémoires de Monsieur le duc de Nevers […]*, *ibid.*

[3] *Dictionnaire de biographie française*, *op. cit.*, p. 1102-1103.

Guillaume de Hautemer de Grancey lui-même qui avertit le premier Henri III de l'existence d'une action contre lui. Par ailleurs, le nom de Jacques de La Fin, cité comme membre du complot dans les *Mémoires de Nevers*, se trouve aussi dans l'interrogatoire déjà cité concernant la conjuration de Biron en 1602[1]. La Fin gagne la Suisse en 1575.

Un second épisode, plus tardif, met en scène un Beaujeu, sans plus de qualificatif cette fois. Il est rapporté dans les *Mémoires de G. de Saulx*[2]. En 1580, François d'Alençon continuait ses actions pour favoriser les protestants, soutenu par plusieurs nobles dont la Ferté-Imbault et Beaujeu. Henri III charge alors « Tavannes », qui n'est autre que Guillaume de Saulx, rédacteur du texte, de disperser ces troupes, massées vers Saint-Florentin, ville située à moins de 10 km de Jaulges. Guillaume de Saulx, fidèle du roi et catholique modéré qui se ralliera bientôt à Henri de Navarre, s'exécute avec zèle. Il semble que l'allusion puisse ici renvoyer à C. de Beaujeu car en deux autres endroits de ce même texte, il est fait mention d'un second Beaujeu, d'abord en 1569 puis en 1590. La première mention renvoie à la capture par les troupes royales de la « cornette » de « l'admiral [de Chastillon] » et du « sieur de Beaujeu, qui l'a portoit » lors de la bataille de Sainctes. La seconde apparition de ce Beaujeu, à nouveau « enseigne de la compagnie de l'admiral de Chastillon », évoque la mort du personnage lors de la prise du château de Montbart. Ces deux épisodes font sans doute référence à Paul de Beaujeu. En revanche, l'épisode de Saint-Florentin dans lequel le nom de Beaujeu ne fait l'objet d'aucun commentaire, semble à relier à Christofle. La

---

[1] Voir *Les mémoires de Monsieur le duc de Nevers […]*, *op. cit.*, p. 78 et BnF, Manuscrit Français 4019-4020, *op. cit.*

[2] Voir J. Bertin, *Les Beaujeu de Franche-Comté…*, *op. cit.*, p. 99 et *Choix de chroniques et mémoires sur l'histoire de France : avec notices biographiques*, « Mémoires de G. de Saulx », par J.-A.-G. Buchon, Orléans, H. Herluison, 1875, livre IV, p. 465 et 483.

proximité géographique et la présence de La Ferté-Imbault plaident en ce sens.

Ces quelques réflexions font clairement apparaître la proximité de destins entre l'oncle et le neveu, le premier ayant sans nul doute aidé le second dans ses débuts militaires. D'autres points de contact sont fournis par la courte biographie de Paul de Beaujeu que l'on trouve dans le *Dictionnaire de biographies françaises*. On y apprend notamment qu'il a participé à la bataille de Dormans, du côté protestant mais que, vaincu, il s'est mis au service du duc d'Alençon « qui l'envoya intriguer en Gueldre auprès du duc Jean-Casimir de Bavière, en 1578[1] ». On le retrouve ensuite, dans les années 1580, luttant en Franche-Comté et défendant, en tant que gouverneur, le château de Montbéliard. Les coïncidences sont si troublantes qu'elles incitent à penser que le début de sa carrière militaire, C. de Beaujeu le doit à cet oncle, tout comme ses liens avec les territoires protestants frontaliers à l'est du royaume de France.

Il faut, dès lors, s'interroger sur les opinions religieuses de Beaujeu. Comme souvent chez ses contemporains, celles-ci ne sont pas simples à préciser tant les relations familiales, amicales et hiérarchiques influent sur les positions confessionnelles. Quoi qu'il en soit, sa présence à Neuchâtel, Montbéliard ou Anvers, toutes villes protestantes, interroge. S'il est impossible d'affirmer qu'il s'est converti, Beaujeu a sans aucun doute éprouvé une forte attirance pour la Réforme dès le début des années 1580, attirance dont l'apogée est le *Traité du mépris de la mort*, réflexion théologique marquée par le calvinisme. Ce texte est en effet clairement identifié comme protestant, dans la rhétorique religieuse, ce que tendent à prouver certains des lieux où il est conservé. Un exemplaire se trouve à la Bibliothèque de la Société d'Histoire du protestantisme français, tandis que deux autres sont en Allemagne, à Munich et à Wolfenbüttel. Le second exemplaire

---

[1] *Dictionnaire de biographie française*, *op. cit.*, p. 1103.

conservé en France, à la bibliothèque de l'Arsenal est, lui, inséré dans un recueil avec trois autres textes, tous issu de la poésie religieuse protestante et imprimé par François Le Fèvre à Genève en 1609. La proximité de Beaujeu avec les milieux protestants est donc certaine, au moins entre la fin des années 1570 et 1584[1], dates qui correspondent aux « dix ans entier[2] » qu'aurait duré l'exil[3].

Si le moment du retour en France de Beaujeu est difficile à connaître, il semble qu'il ait assisté aux commémorations parisiennes de la mort du duc de Joyeuse en mars 1588[4]. Ce passage, en quelques années, de la poésie religieuse calviniste à la glorification du champion du catholicisme français, ne peut s'expliquer que par la volonté de revenir en grâce auprès du roi. Ce revirement ne s'est sans doute pas fait que sur le plan poétique.

De fait, en mai 1585, une ambassade est menée par Henri Clausse seigneur de Fleury[5] et de Marchaumont afin de lever des troupes pour Henri III. Il entre vraisemblablement en contact avec l'ambassadeur des Grisons, canton allié de la France, Jean Grangier seigneur de Lyverdis[6]. Une lettre de Catherine de Medicis du 16 mai 1585 indique que « les six mille hommes de la levée du sieur de Fleury, ambassadeur

---

[1] En tout cas, il n'est très vraisemblablement pas en France avant 1582 si l'on suppose, comme le laisse entendre l'élégie 18 v. 135-160 qu'il n'était pas présent en France lors du changement de calendrier de décembre 1582.

[2] Christofle de Beaujeu, *Les Amours*, *op. cit.*, f° 271 r°.

[3] Si Beaujeu clame avoir demeuré hors de France à ce moment-là, il est probable qu'il soit quand même revenu dans sa Bourgogne d'origine, au moins pour gérer des questions d'héritage. En effet, il apparaît dans des actes notariés en 1579 et 1584. Voir J. Bertin, *Les Beaujeu de Franche-Comté...*, *op. cit.*, p. 98 et Ms Fr 30882-31225, *op. cit.*

[4] Beaujeu y a assisté pour écrire *L'Ordre du convoy du duc de Joyeuse*. Voir pièce 234.

[5] Voir X. Le Person, *« Practiques » et « Practiqueurs », La vie politique à la fin du règne de Henri III*, Genève, Droz, 2002, p. 215.

[6] Ol. Poncet, *Pomponne de Bellièvre (1529-1607), Un homme d'état au temps des guerres de Religion*, Genève, Droz, 1998, p. 37.

du roi auprès des cantons suisses [...] marchaient droit sur Lyon par Genève et la Savoie[1]. Fleury, Lyverdis et Villeroy sont tous les trois cités dans les Amours[2]. Un sonnet leur est dédicacé : respectivement les pièces 205, 208 et 211. Fleury est chaudement remercié en ces termes :

> C'est à vous que je doibs tout fidelle service
> Puis que je suis icy par votre seul secours,
> Sans vous j'étais perdu dans les antres des Ours

Tandis qu'à Lyverdis s'adressent ces vers :

> Mais je suis bien celui, qui non tant se contente
> A plaidasser icy, heureux qui ne congnoit
> Procureurs, ny procès [...]

La mention des procès[3] revient plusieurs fois dans le recueil sans qu'il soit possible de savoir s'il s'agit de questions d'héritage ou d'accusations portées à l'encontre de Beaujeu. Quoiqu'il en soit, Fleury, Lyverdis, et même peut-être le ministre Villeroy lui-même ont pu intervenir pour réintégrer Beaujeu dans l'armée royale : d'exilé, Beaujeu serait donc devenu un des membres de la défense de la royauté en ces temps difficiles. Il se vante d'ailleurs de ce rôle dans les Amours :

---

[1] X. Le Person, *« Practiques » et « Practiqueurs »*..., *op. cit.*, p. 215.

[2] Jacques Amyot, lui aussi non cité dans le recueil mais dont les traductions jouent un rôle important dans de nombreux textes, connaissait aussi fort bien ce cercle de haut-fonctionnaires, de parlementaires, d'avocats et de diplomates. Il est précepteur des enfants de G. Bochetel de 1537 à 1546 avant de suivre J. de Morvilliers en Italie pour consulter les manuscrits grecs de Plutarque à Venise et Rome. Voir *J. Amyot (1513-1593). Une voix savante au* XVI*e siècle*, actes du colloque de Melun (18-19 octobre 2013), études réunies par M. Ballard, Melun, ouvrage publié par l'association Amicale des anciens élèves des lycée et collège Jacques Amyot de Melun, 2016, p. 8 et N. Lemaître « Jacques Amyot en son siècle » dans *J. Amyot (1513-1593) [...]*, *op. cit.*, p. 28.

[3] Beaujeu a été en procès contre sa famille, notamment en raison de la gestion des terres de Chazeuil dans l'actuelle Côte-d'Or. Voir J. Bertin, *Les Beaujeu de Franche-Comté*..., *op. cit.*, p. 100.

Je m'en revins en France environné de dars,
De piques, de canon, et courant les campagnes
De Savoye, j'en fis retentir les montagnes (f. 31, recto).

Le sonnet 6 « Au Roy », déjà cité, se poursuivait ainsi :

[...] De voz Suisses Chef, en France je revins,
Faisant trembler les monts qu'un Rosne toujours lave.

Son action fut sans doute plus modeste que cela mais elle lui permit de regagner Paris. Jean-Paul Barbier dans sa *Bibliothèque Poétique*[1], à la suite de l'abbé Goujet, fait de l'épisode de la traversée du Rhône, évoqué dans le sonnet 6, le rappel de l'entrée en France des Suisses recrutés par Harlay de Sancy en 1589. L'évènement est rapporté par De Thou qui cite plusieurs fois un Beaujeu au rang des généraux commandants les troupes suisses venant soutenir Henri III contre la Ligue des Guises. Goujet s'appuie sur le passage suivant : « Sancy passa le Rhône dans le temps dont on était convenu [...] il se contenta d'emmener Guitry, Beaujeu et de Villeneuve[2] ». Il semble possible que deux épisodes semblables se confondent ici : la levée des troupes suisses en 1585, menée par Fleury et celle de 1589 commandée par Harlay de Sancy[3]. Beaujeu participe peut-être aux deux. Rentré à Paris, il s'attelle à la publication des *Amours*, déjà en germe en 1587 et sans doute depuis le début des années 1580. Pour J.-P. Barbier le recueil a été mis sous presse avant l'assassinat des Guises

---

1 Jean-Paul Barbier, *Ma bibliothèque poétique...*, *op. cit.*, p. 101.

2 J. De Thou, *Histoire Universelle de Jacques Auguste de Thou depuis 1543 jusqu'en 1607*, Londres, 1734, t. X, livre 96, p. 653.

3 Cette datation de 1589 pose à Goujet et à Barbier un « problème de date » car l'un et l'autre considèrent que Beaujeu est rentré en France alors que la mort de Ronsard, en 1587, était « *arrivée depuis peu* » comme le dit Goujet qui met en italique, sans indiquer où il trouve une telle information. Beaujeu est assurément à Paris au début de 1588 puisqu'il assiste aux commémorations de la mort du duc de Joyeuse. Cl. P. Goujet, *Bibliothèque françoise*, *op. cit.*, XIII, p. 300 et Jean-Paul Barbier, *Ma bibliothèque poétique...*, *op. cit.*, p. 100.

en décembre 1588[1]. Sa trace se perd ensuite jusqu'en 1602 où il est interrogé sur des mouvements de troupe qui ont eu lieu en Bourgogne dans le cadre de la conjuration de Biron. La fin de sa vie ne nous est connue que par les mentions du cabinet d'Hozier que j'ai cité.

Un tel parcours amène une série d'interrogations que des recherches futures permettront peut-être de lever. Comment se fait-il que personne n'évoque Beaujeu avant Goujet ? Le poète a pourtant publié trois textes dans les années 1580, côtoyé des sociétés cultivés[2], des aristocrates. Bien plus, n'a t-il vraiment rien publié entre 1589 et sa mort en 1636 ? Il n'existe à ma connaissance, aucune réédition, même partielle des *Amours* ou du *Traité* au XVIIe siècle. Beaujeu aurait-il sciemment cessé d'écrire, échaudé par son échec de 1589 ? Quoi qu'il en soit, le nombre et la variété de pièces que contiennent les *Amours* révèle un auteur en pleine possession de ses moyens poétiques, cultivé, bon connaisseur de la tradition pétrarquiste et bien décidé à faire preuve d'originalité. C'est dans cette perspective qu'il faut aborder l'œuvre de Beaujeu et mon édition, je l'espère, apportera aux lecteurs les moyens de se faire leur propre opinion.

---

[1] Voir J.-P. Barbier, *Dictionnaire des poètes français de la seconde moitié du XVIe siècle (1549-1615)*, avec la collaboration de N. Ducimetière et M. Molins, Genève, Droz, 2015, p. 393.

[2] Beaujeu a pu, en effet, être mêlé à deux sociétés cultivées des années 1570-1580. Du côté de la noblesse de robe c'est à l'influence politique, sociale et bien sûr poétique de Madeleine de L'Aubespine, femme de Nicolas de Neufville de Villeroy, que Beaujeu a pu avoir accès avant 1575. Du côté de la haute aristocratie, l'entourage lettré de Catherine de Clermont, maréchale de Retz, pourraient avoir suscité la composition de certains sonnets de Beaujeu. On pourrait ajouter à ces deux cercles littéraires bien connus, celui des Dames Des Roches, dont le Président Brisson a fait partie et auquel Beaujeu semble faire allusion. Voir, sur Madeleine de L'Aubespine, TS XLVI et 205, sur Catherine de Clermont, 10 v. 20, 113 v. 149 ainsi que, sur les Dames Des Roches, les pièces 3 l. 5, 199 v. 45, 73, 79 et 270 l. 2.

SOURCES

EXEMPLAIRE DU TEXTE ÉDITÉ

LES / AMOURS DE / CHRISTOFLE DE / BEAU-JEU, BARON DUDIT / BEAU-JEU, ET SEIGNEUR / DE JEAULGES : / ENSEMBLE, / LE PREMIER LIVRE DE LA / Suisse, composé par le mesme Autheur. / DEDIE / A MONSIEUR LE PRESI- / DENT BRISSON. [ARTE, MARTE, SORTE. Gravure], A Paris, Chez DIDIER MILLOT, demeurant rüe de / la petite Bretonnerie, près la porte S. Jacques. / M. D. LXXXIX. / AVEC PRIVILEGE., Bibliothèque Nationale de France (Rés. – Ye – 531). Cet exemplaire est consultable sur Gallica. in 4, a^2 A-CCc^4 ($ 3 sign.) (288 f^o numérotés). Feuillets chiffrés. Le 34 est chiffré 24, le 211 est chiffré 209. Reliure en veau brun au chiffre de Gaston d'Orléans (Deux « g » entrelacés couronnés) dans chaque entre-nerf. Les plats sont entourés de deux filets dorés. « AMOUR / DE / BEAU-IEU » sur la pièce de titre. Ancienne cote en haut à gauche d'un des trois feuillets blancs avant la page de titre : « Y – 4749 – » et la cote actuelle en bas : « Ye 531 ». Tampon : « Bibliothecæ regiæ » en bas à gauche de la page de titre et « Bibliothèque royale » sur le dernier feuillet. Monogramme (initiales M et B autour d'une croix surmontée de trois fleurs à six pétales soutenues par un « 4 » renversé) d'un papetier en filigrane sur la deuxième et la troisième gardes volantes avant ainsi que sur la deuxième et la troisième gardes volantes arrière[1]. Ce filigrane semble à l'envers devant et à l'endroit à l'arrière. Trace d'écriture sur le plat de derrière, un feuillet y a été collé. *Ex libris* manuscrit en haut à droite de la page de titre : « Ex meis libris / Bonnet / 90 / Bonnet 9 ». **RQ** : Réclame au début de chaque cahier confirmant l'impression parisienne. Exemplaire dans un état très moyen : feuillets jaunis et gondolés, traces du passage d'insectes au verso du plat de devant et sur la première garde volante. Les pages ont été redécoupées en haut et à droite. Sur les feuillets 287 et 288 les titres courants sont rognés. La reliure au chiffre de Gaston d'Orléans (1608-1660) appartient aux reliures les moins ornées que ce prince ait fait faire.

AUTRES EXEMPLAIRES

LES / AMOURS DE / CHRISTOFLE DE / BEAU-JEU, BARON DUDIT / BEAU-JEU, ET SEIGNEUR / DE JEAULGES : / ENSEMBLE, / LE PREMIER LIVRE DE LA / Suisse, composé par le mesme Autheur. / DEDIE / A MONSIEUR LE PRESI- / DENT BRISSON. [ARTE, MARTE, SORTE. Gravure], A Paris, Chez DIDIER MILLOT, demeurant rüe de / la petite Bretonnerie, près la porte S. Jacques. / M. D. LXXXIX. / AVEC PRIVILEGE.

[1] Cette marque correspond, en tout cas dans les initiales et le 4 qui les soutient, à un symbole que l'on trouve au-dessous des armes de Wurtemberg, noté comme « marques allemandes : 2040 : *Armes de Wurtemberg* (utilisées en Franche-Comté) 1620, CHU, n° 275 » dans R. Gaudriault, *Filigranes et autres caractéristiques des papiers fabriqués en France aux* XVII-XVIIIe *s.*, CNRS Éditions, J. Telford, 1995, p. 161 pour la description et n° 2040, pour le dessein. Les initiales « CMB » que l'on retrouve dans le filigrane présent sur les gardes blanches des *Amours* et dans celui reproduit chez Raymond Gaudriault pourraient renvoyer à « Comté de Montbéliard ».

1. **Bibliothèque de l'Arsenal (4-BL-2878)** : in 4, a^2 A-CCc^4 ($ 3 sign.) (288 f° numérotés). Feuillets chiffrés. Le 34 est chiffré 24, le 211 est chiffré 209. Reluire en cuir brun, entre-nerfs gravés de fleurs. « AMOURS / DE CHR. / DE / BEAU-IEU » gravé sur la pièce de titre. Signet arraché. Anciennes cotes sur le verso de la garde blanche : « 6948.6480/15.L » en haut à gauche puis « Cat. denyon.1909. » en bas à droite. Gardes collées avant et arrière de couleur en papier marbré (reliure postérieure au XVIe). **RQ** : Réclame au début de chaque cahier confirmant l'impression parisienne. Exemplaire en bon état.

2. **Bibliothèque Richelieu, fonds Rothschild n° 2942** : in 4, a^2 A-CCc^4 ($ 3 sign.) (288 f° numérotés). Feuillets chiffrés. Le 34 est chiffré 24, le 211 est chiffré 209. Reluire en maroquin rouge, entre-nerfs gravés de fleurons dorés. Coiffe ornée d'une petite frise dorée ainsi que le bas du dos (les deux frises sont différentes). « LES / AMOURS / DE / CH. DE BEAU-IEU » gravé en lettres d'or sur la pièce de titre. En dessous, dans l'entre-nerf : « PARIS/1589 ». Les plats sont encadrés de trois filets dorés. Tranche et gouttières dorées. Dentelle à motifs floraux à l'intérieur. Deux filets sur les coupes. Gardes collées avant et arrière de couleur en papier marbré à motifs coquillés. Deux feuillets blancs avant et après le texte originel. Nom du relieur et date de la réalisation estampillés en haut à gauche de la garde volante avant : « DURU 1856 ». Cote du fonds et cote topographique sur le verso de la garde volante blanche : « Cat IV n° 2942 » en haut à gauche ; « IV.2.50 » au deux-tiers à gauche. Anciennes cotes sur le verso de la même garde volante : « 8993 » au milieu à gauche ; « $I^6$39-$O^8$31 » en bas à gauche et « n° leg-210 » en bas à droite. Sur la garde volante arrière : « n° 360 ». **RQ** : Réclame au début de chaque cahier confirmant l'impression parisienne. Exemplaire en excellent état. La reliure est luxueuse et signée réalisée en 1856 par H. Duru, relieur parisien prisé des bibliophiles.

3. **Bibliothèque municipale de Lyon (Res – A492445)** : in 4, a² A-CCc⁴ ($ 3 sign.) (288 f° numérotés). Feuillets chiffrés. Le 211 est chiffré 209. Reluire en parchemin. Entre-nerfs décorés de fleurons dorés. « POESIE / DE / BEAUJEU » sur la pièce de titre. *Ex libris* sur le revers du plat de devant : « *Petri Adamoli Regi à Consiliis, à portubus pontibus, transitibus que urbis Lugdunensis ac veteris Provinciæ Summi. 1733.* » Au-dessus, ancienne cote au crayon à papier : « 138-13329 » et la cote actuelle sur le recto de la garde volante : « A492445 ». Plusieurs tampons sur la page de titre « ACAD. SCIENT. LITT. ET. ART. LUGD. » sur la page de titre ainsi que « 523 » sur le côté gauche de la gravure. Deux tampons rouges de la Bibliothèque de la Ville de Lyon et la mention « Varaigne » manuscrite sous « BEAU-IEU ». Les mêmes tampons apparaissent sur le dernier feuillet du texte. Traces d'écriture manuscrite visibles en filigrane sur le dernier feuillet (deux feuillets ont été collés ensemble). **RQ** : exemplaire dans un assez mauvais état, relié de manière peu soigneuse : papier jauni, nombreuses tâches d'humidité, feuillets mal coupés (d'origine) en 209 et 210 ainsi que feuillet déchiré en 285. La page de titre a été grossièrement coupée et recollée sur un feuillet. Le dernier feuillet a été collé sur un autre qui porte les traces d'une écriture manuscrite illisible. Il faut noter que cet exemplaire (comme celui de Munich) porte la correction sur le feuillet 34, bien numéroté contrairement aux exemplaires de Vienne, de l'Arsenal, de la B.N.F (Réserve et fonds Rothschild) et de Barbier-Mueller. La correction n'a en revanche pas été faite sur le feuillet 211 numéroté 209 comme dans tous les autres exemplaires. À la mort d'Adamoli en 1769, sa collection et l'ouvrage de Beaujeu passe, en 1777, dans la collection de l'Académie des Sciences, des Belles-Lettres et des Arts[1] et, de là, en 1960, dans les fonds de la Bibliothèque municipale de Lyon.

---

[1] W. Poidebard, J. Baudrier et L. Galle, *Armorial des bibliophiles de Lyonnais, Forez, Beaujolais et Dombes*, Lyon, Au siège de la Société des Bibliophiles Lyonnois,

4. ***Bayerische Staatsbibliothek*** (4o Po Gall 6) : (Je n'ai pas vu cet exemplaire mais il est consultable en ligne sur le site de la BSB.) in 4, a² A-CCc⁴ ($ 3 sign.) (288 f° numérotés). Feuillets chiffrés. Le 211 est chiffré 209. Reliure en cuir foncé. Blason doré gravé au centre, sans doute du premier roi de Bavière, Maximilien Ier (1756-1825). *Ex Libris* manuscrit de Ferdinand Lampinet sur la garde volante : « *Ex biblioteçaFerdinandi / Lampigney D. De pugey* / 30. ss. ». Au-dessous, cote : « Oc⁵ 1920 ». Tampon au dos de la page de titre « *Bibliotheca/ Regia/Monacensis* » **RQ** : Exemplaire en bon état. Il fait partie de la seconde série des exemplaires de cette édition avec celui de la BM de Lyon : le feuillet « 34 » est correctement numéroté. Ferdinand Lampinet (1635-1710) est avocat général en 1675 puis Conseiller au Parlement de Besançon[1].

5. ***Österreichische Nationalbibliothek*** (*38 C 36) : (Je n'ai pas vu cet exemplaire mais il est consultable sur Google livre.) in 4, a² A-CCc⁴ ($ 3 sign.) (288 f° numérotés). Feuillets chiffrés. Le 34 est chiffré 24 et le 211 est chiffré 209. Deux filets dorés ornés d'un fleuron au coin encadrent les plats avants et arrières. Gardes collées de couleur en papier marbré. Cote actuelle (*38.C.36) sur une étiquette en haut à droite de la garde collée. *Ex libris* de la *Österreichische Nationalbibliothek* au milieu de cette garde collée : « *Mentem alit et excolit / K. K. Hofbibliothëk / ÖSTERR. NATIONALBIBLIOTHEK* / *38.C.36 ». Tampon au v° de la

Maison du Palais Royal, 1907, p. 4-6 et pour un aperçu précis des pérégrinations des collections (livres, médailles, monnaies et objets divers) de Pierre Adamoli voir Y. Sordet, *L'Amour des livres au siècle des Lumières. Pierre Adamoli et ses collections*, préface de D. Roche, Paris, École des Chartes, 2001, p. 369-384.

[1] La Médiathèque Pierre Bayle de Besançon possède 7 livres ayant appartenu aux Lampinet, famille d'avocats et de parlementaires bisontins. Notre *ex libris* apparaît sur 3 livres ayant tous trait à la poésie française : *La Défense et illustration de la langue françoise, avec l'Olive de nouveau augmentée, la Musagnoeomachie, l'Antérotique de la vieille et de la jeune amie, vers lyriques, etc.*, le tout par Joach. Du Bellay Ang., Paris, F. Morel, 1561, *Frédéric. Tragicomédie*, par Monsieur Boyer, Paris, A. Courbé, 1660 et *Recueil de chansons choisies. Seconde Édition revue, corrigée & augmentée. Tome premier*, Paris, S. Benard, 1698.

page de titre : « Kaiserliche Koenigliche Hofbibliothek ». Code barre sur la garde volante arrière. **RQ** : *A priori* exemplaire sans signe distinctif particulier. En bon état.

6. **Bibliothèque de J.-P. Barbier-Mueller** : (Je n'ai pas vu cet exemplaire mais il est décrit aux pages 90-103 de l'ouvrage *Ma bibliothèque poétique*, Partie IV, t. 1, *op. cit.*).

AUTRES ŒUVRES DE C. DE BEAUJEU

TRAITE / DU MESPRIS DE LA / MORT, DISTINGUE EN / HUICT LIVRES. / PAR CHRISTOFLE / DE Beauieu Seigneur de Iaulge / Gentil-homme François / [Rom. 7 / Làs moy miserable qui me delivrera du corps / de ceste mort ?] / A Anvers / Par Iaques Henric. / 1584.

CONVOY / DE MONSIEUR / LE DUC DE / JOYEUSE, / Composé par Christofle de Beau-Ieu, / Baron dudit Beau-Ieu et Seigneur de Iaulges. / Fleuron / A PARIS, / Chez Pierre le Voirrier Imprimeur du Roy és / Mathematiques, rue S. Iacques, à / l'Escu de Bourgongne. / M.D.LXXXVIII.

CONVOY / DE MONSIEUR / LE DUC DE / JOYEUSE, / Composé par Christofle de Beau-Ieu, Baron dudit Beau-Ieu et Seigneur de Iaulges. / Fleuron / A PARIS, / Chez Claude Monstr'œil en la cour du / Palais, au nom de Jésus / M.D.LXXXVIII.

ÉDITION MODERNE DE C. DE BEAUJEU

Entouré de silence, éd. et près. par Gisèle Mathieu-Castellani, Paris, La Différence, coll. Orphée, 1995.

PROTOCOLE D'ÉDITION

Le texte qui suit est celui de l'édition des *Amours, de Christofle de Beaujeu, [seigneur] de Jeaulges, ensemble le premier livre de La Suisse*, publiée en 1589, chez Didier Millot (B.N.F. Res. Ye 531). Le *Premier Livre de La Suisse* mentionné dans le titre de l'ouvrage et qui occupe les feuillets 270 à 288, n'apparaît pas ici : seuls les 269 premiers feuillets sont transcrits car le dernier de ceux-ci porte la mention « FIN DES AMOURS ». Ne connaissant à ce jour qu'une édition des *Amours* de Christofle de Beaujeu, je n'ai pu proposer d'étude des variantes.

Beaujeu suit les règles métriques de son temps (synérèse sur « meurtrier », « sanglier » ou « bouclier » par exemple) sauf en ce qui concerne le mot « ruine ». Il faut toujours faire une synérèse sur ce mot contrairement aux habitudes de l'époque. Beaujeu n'hésite également pas à faire rimer deux mots identiques[1]. L'impression est souvent très fantaisiste dans les graphies employées ce qui pose des problèmes de métrique. Ainsi les mots « ore/ores », « avec/avecques », « jusques aux / jusqu'au », « doncques/donc » ou « avecques/ avec » ont régulièrement été substitués les uns aux autres pour corriger les vers faux. La forme du texte original est indiquée en note sous la forme suivante : « 1589 : *encores.* » J'indique de la même façon d'autres corrections faciles à réaliser. En revanche, pour des vers faux ou des mots visiblement mal

[1] Voir 21 v. 7-8, 24 v. 221-222, v. 367-369, 407-409, 84 v. 12-13, 100 v. 4-5, 101 v. 135-136, 113 v. 255-256, 160 v. 2-3, 228 v. 147-148, 234 v. 198, 272 v. 1-3, 274 v. 135-136.

lus par le compositeur, j'ai conservé le texte original et ai proposé une solution en note.

Pour ce qui est de l'orthographe, celle de l'édition originale est respectée. Je me suis borné à restituer les graphèmes *n* ou *m* à la place du tilde, à adopter les graphèmes modernes *j* et *v* à la place de *i* et *u*, à résoudre les abréviations et à ajouter systématiquement un accent aigu sur les finales des noms, adjectifs ou participes passés terminés par *é, ée, ées* ainsi qu'un accent grave en finale absolue (ex : *près, après*, ...). L'emploi du trait d'union ainsi que les diverses agglutinations d'adverbes ou de conjonctions de coordination sont conformes à l'édition originale. Par ailleurs, l'esperluette a été systématiquement remplacée par « et ». Dans les rares cas où il n'y était pas, l'accent sur le « où » adverbe relatif, pronom et adverbe interrogatif, a été ajouté. J'ai également modifié, en l'indiquant en note, les termes « plaine » pour « pleine » ou « Pernasse » pour « Parnasse ». Par ailleurs, le "s" de seconde personne est très souvent omis sans qu'il soit possible de donner une raison convaincante[1]. Enfin, il faut noter que le "e" final qui suit une voyelle se prononce souvent conformément aux usages de l'époque[2].

La ponctuation est dans la plupart des cas celle du texte original sauf quand elle entravait vraiment la compréhension du texte. Les changements concernent essentiellement des ajouts de points d'exclamation et d'interrogation ou de guillemets français dans les parties dialoguées.

J'ai aussi ajouté des majuscules aux noms propres quand elles n'y étaient pas.

---

[1] Voir TS XLVI v. 9, TS XLIX v. 10, TS L v. 5, et TS LVIII v. 5, TS LXX v. 9, TS LXXXII v. 5 et 8, TS CIII v. 9-10, TS CVI v. 13, 21 v. 43, 23 v. 24 v. 60, 25 v. 322, 338, 26 v. 3, 31 v. 23, 33 v. 42, 45, 48, etc.

[2] Ronsard dans ses *Amours* en use parfois. Voir chez Beaujeu 18 v. 229, TS XII v. 11, TS XXIIII v. 5, TS XXX v. 11, TS XLVI v. 10, TS LX v. 2, TS LXI v. 8, etc. ainsi que Ronsard, *Œuvres Complètes*, édition préparée par Paul Laumonier et complétée par Isidore Silver et Raymond Lebègue, Paris, Hachette-Droz-Didier, 1914-1975, t. XIV, p. 21, l. 330-350 et IV, LXV v. 5.

L'une des particularités du texte de Beaujeu est l'emploi massif des guillemets en début de vers. Ils ont été conservés partout, sous la forme de guillemets anglais mais il est souvent bien difficile de leur trouver une explication satisfaisante. Tous les alinéas, les paragraphes et les sauts de page sont ceux du texte original.

Les titres des différentes pièces sont, dans l'édition originale, écrits dans des polices très variées, que ce soient des majuscules ou des minuscules. Devant ces formes multiples qui n'obéissent pas, semble-t-il, à une règle unique, l'harmonisation de tous les titres a paru la meilleure solution : ils sont tous en majuscules.

J'ai respecté la notation en chiffre romain des sonnets et j'ai signalé par un chiffre romain entre crochets les rares sonnets qui ne sont pas numérotés dans l'édition originale. J'ai numéroté en chiffre arabe toutes les pièces du recueil, à l'exception de celles du *Torrent des Sonets*, pour plus de clarté dans les renvois et les notes. Ainsi les renvois au *Torrent des Sonets* se feront-ils avec les initiales « TS » suivi du chiffre romain du poème puis du numéro de vers concerné, tandis que les renvois aux autres poèmes se feront simplement à l'aide du chiffre arabe ajouté par moi et du numéro de vers.

Tous les termes de vocabulaire qui ont paru devoir être expliqués – soit parce qu'ils ont disparu de la langue moderne, soit parce que le sens en a changé – sont rassemblés dans un glossaire, en fin de volume. Pour ne pas entraver la lecture, les termes figurant au glossaire ne sont pas signalés mais j'invite le lecteur à recourir au glossaire dès qu'un doute sur le sens d'un mot apparaît.

LES AMOURS DE CHRISTOFLE DE BEAU-IEU, BARON DUDIT BEAU-IEU, ET SEIGNEUR DE IEAULGES[1]

[2 r°]

[1] ENSEMBLE, / LE PREMIER LIVRE DE LA / Suisse, composé par le mesme Autheur / DEDIE / A MONSIEUR LE PRESI- / DENT BRISSON. / [ARTE, MARTE, SORTE] / A PARIS / Chez DIDIER MILLOT, demeurant ruë de / la petite Bretonnerie, près la porte S. Iacques. / M. D. LXXXIX. / AVEC PRIVILEGE.

[1] A L'AUTHEUR, SONET.

Je dirois volontiers injure à Cupidon,
Blasmant la dureté de noz Dames fascheuses,
Pour n'estre tour à tour, tes douces amoureuses,
Afin que ton pays eust tes œuvres en don :

Dames qui tant aimez, quel tort se feroit-on ?
D'aimer ce jeune Mars, aux armes furieuses :
Vous seriez je vous jure, au monde trop heureuses
D'aimer ce Corebus[1], fils aisné d'Apollon.

Je le tiens pour aisné, car les guerres de France[2],
Nous ont fait voir à l'œil, sa gentille vaillance :
Et ces vers la faveur, dont le ciel l'a chery.

O Suisse[3] contente, ô grande Germanie !
Soubs les ans ton honneur s'en alloit bien pery :
Mais ores pour tousjours ta grandeur est fleurie.

A. D. L[4].

[2 v°]

---

[1] Sur ce nom voir P. de Ronsard, *Œuvres complètes*, édition préparée par Paul Laumonier et complétée par Isidore Silver et Raymond Lebègue, Paris, Hachette-Droz-Didier, 1914-1975, p. 8, sonnet 4.

[2] Ce sont les guerres de Religion (1562-1598) auxquelles Beaujeu a participé au moins entre 1570 et 1589.

[3] La métrique commande de faire la diérèse sur « Suisse » comme partout ailleurs dans le recueil.

[4] Ces initiales restent mystérieuses. Voir sonnet 2.

[2] A L'AUTHEUR,
SONET.

Ceux dont l'ardeur de Mars la poitrine espoinçonne,
Le sainct chant des neuf Sœurs[1] mesprisent volontiers,
Et ceux qui de Parnasse[2] ont frayé le sentier
Destestent, aime paix, la guerriere Bellonne :

BEAU-JEU esgallement, à Mars, aux Muses donne
Quartier, dedans son ame et Poëte et guerrier,
En l'estour, en l'assault, ores est le premier :
Ores d'un luth doré[3] maintenant il fredonne.

L'ennemy tant de fois assailly, combatu,
Renversé, monstre assez sa guerriere vertu
Et son chant, l'amitié des filles de memoire.

Il combat deux combats, il est vainqueur és deux[4],
Afin qu'à son mérite esgalle soit sa gloire,
Ornons de deux Lauriers son front victorieux.

D. M[5]. [3 r°]

---

[1] Il s'agit des Muses.

[2] Je corrige ici la graphie qui, dans l'original, est « Pernasse ». Voir 16 v. 3, TS XII v. 14, 73 v. 50.

[3] L'expression fait penser au premier vers de « L'Hymne de la France » de Ronsard où le poète s'écrit « Sus, lut doré [...] ». P. de Ronsard, *Œuvres complètes*, *op. cit.*, t. I, p. 24, v. 1.

[4] Ces deux combats sont ceux de l'écriture et du conflit guerrier. Cette alliance est revendiquée plusieurs fois dans le recueil. Voir les pièces 5 l. 80, 85 v. 1-8.

[5] Comme les précédentes, ces initiales restent inconnues mais l'homogénéité thématique de ces sonnets avec le reste du recueil pourrait laisser penser que Beaujeu lui-même en est l'auteur, d'autant plus que ce sonnet apparaît déjà comme pièce liminaire d'une autre œuvre de Beaujeu, le *Traité du mespris de la mort*. Voir *Traité du mespris de la mort* [...], à Anvers, par Iaque Henric, 1584, p. 2.

[3] A MONSIEUR LE PRESIDENT BRISSON.

MONSIEUR[1], pour si peu de chose que je vous dedie, je ne feray un long poesme, et me ressouviens que celuy qui presente ces lettres, fait autant de tort aux bonnes nouvelles qui sont dedans, s'il s'amuse à en discourir.

Il n'y a rien qui m'aye esmeu de vous dedier ces petites Amours, que la vertueuse reception que vous faites des escrits[2] que l'on vous offre, pour accompagner vostre vertu, en passant à travers de ce siecle facheux : Vous suppliant de croire que si j'avois mieux, vous seriez tousjours celuy à qui je l'offrirois.

---

[1] Barnabé Brisson (1531-1591) est président à mortier du Parlement de Paris à partir de 1580. Après la fuite du roi Henri III en mai 1588 qui laisse la ville aux Guise et à la Ligue, il devient président du Parlement de Paris, à la place de Achille Harlay de Sancy, emprisonné à la Bastille. Il trahit ainsi le roi avant d'être assassiné par la Ligue en 1591 pour avoir libéré un accusé contre l'avis du parti ultra-catholique. Voir le titre des pièces 8 et 234.

[2] La réalité d'une telle assertion est difficile à vérifier. Deux textes portent la trace de l'activité de protecteur des lettres de Brisson. Un sonnet adressé au président se trouve dans le recueil de poèmes, paru en 1565, de Jacques Bereau, poitevin lui aussi. En 1579, R. Garnier dédie au magistrat sa tragédie *Antigone ou La Piété*, révélant sa notoriété à l'orée des années 1580. En outre, Barnabé Brisson, auteur de nombreux ouvrages de droit, ainsi que de la compilation d'arrêts connue sous le titre de *Code Henri III*, a participé à au moins une entreprise poétique, celle initiée par E. Pasquier en 1579 dans le cercle de Catherine et Madeleine Deroches. On trouve en effet un certain nombre de poèmes du juriste dans *La Puce de Madame Desroches*, publié à Paris en 1582. La bibliothèque du magistrat, qui ne comportait pas moins de 3076 volumes imprimés dont 353 manuscrits, était également vantée. Voir 199 v. 45, 73 et 79, 270 l. 2 ainsi que *Œuvres poétiques de Jacques Béreau, poitevin*, avec préface, notes et glossaire par J. Hovin de Tranchère et R. Guyet, Paris, Librairie des Bibliophiles, 1884, p. 183, *La Puce de Mme Desroches*, *op. cit.*, f° 6 v°-7 v°, P. Gambier, *Le Président Barnabé Brisson, ligueur (1531-1591)*, Paris, Librairie académique Perrin, 1957, p. 32-35 et p. 137-138, R. Garnier, *Antigone ou la Pieté, tragédie*, édition établie, présentée et annotée par J.-D. Beaudin, Paris, Honoré Champion, 1997, p. 57 et Albert Cremer, « L'empire ottoman, modèle de l'état moderne » dans *Comparaisons, raisons, raisons d'état. Les Politiques de la Républiques des lettres au tournant du XVIIe siècle*, dir. A. Lefebvre, Munich, R. Oldenbourg Verlag, 2010, p. 63.

Mais recongnoissant que c'est si peu de chose que ce que je vous envoye, je me suis advisé de vous dedier mon cœur, et mon service, que je vous supplie de recevoir ensemble, d'aussi bon cœur que je prie Dieu :

Monsieur, qu'il vous departe le comble de ce que vous desirez, et me face la grace d'estre toute ma vie vostre serviteur

CRETOFLE DE BEAU-JEU.

[3 v°]

[4] A MONSIEUR DE LA FERTE IMBAULT[1]. SONET.

Vous qui m'avez aimé, vous à qui je desire
L'honneur du brave frere, et le bien du cousin,
Qui armé contre nous empescha le Tesin[2]
Quatre jours de couler, de mouvoir et de bruire.

Je vous offre ces vers, non pour vous faire vivre
Haut en marbre eslevé, ce n'est pas mon dessein :
Le marbre dur, l'acier, et le bois prennent fin,
Et soubs les ans perit la statue de cuyvre[3] :

Mais icy je vous fais une image divine,
Et si le feu la brusle au Ciel est l'origine,
Au cabinet des Dieux mes vers furent escrits.

---

[1] Claude d'Estampes (1526-1598), seigneur de la Ferté-Imbault, a été garde du corps de François d'Alençon. Il vient habiter en 1562 sa propriété de Mont-Saint-Sulpice près d'Auxerre, à quelques kilomètres de Jauges où il se lia sans doute d'amitié avec Beaujeu. Sa fille épouse Guillaume de Hautemer seigneur de Grancey, futur maréchal de Fervaques en 1579. Il est tué à Avalon en 1591 par la Ligue.

[2] Le Tessin est un fleuve suisse et italien. Il arrose notamment la ville de Pavie. En 1525 les troupes françaises y subissent une lourde défaite à la suite de laquelle François Ier est capturé. Beaujeu n'a pu y participer, ni d'ailleurs le dédicataire de ce sonnet. La mention du « frère » et du « cousin » reste tout à fait énigmatique. Il s'agit sans doute de parents célèbres de Claude d'Estampes. Le conflit rapporté ici a, en revanche, vraisemblablement eu lieu lors de la cinquième guerre de Religion. Le « *Tesin* » apparaît par ailleurs dans le sonnet 148 du *Canzoniere*. Voir Pétrarque, *Canzoniere-Le Chansonnier*, introduction, traduction, biographie, bibliographie, glossaire, index de P. Blanc, 1988, p. 286, s. 148, v. 1.

[3] Cette hiérarchisation qui place les vers plus hauts que la sculpture en marbre, en bois ou en cuivre pour ce qui concerne la pérennité se trouve déjà chez Pétrarque qui la tient lui-même d'Horace. Voir ici même 216 v. 11 et Horace, *Odes, épodes...*, traduction du latin, introduction et notes par J. Mayer, Minos-La Différence, 2006, III, 30, v. 1-5 et *Canzoniere, op. cit.*, p. 205, s. 104, v. 5-8.

Ce monde icy nous est un pays tout estrange,
Nous n'avons pas besoin icy bas de loüange[1] :
„ La Terre est pour les Corps, le Ciel pour les esprits[2].

[4 r°]

[1] Ce guillemet semble noter un énoncé gnomique. L'emploi massif de ce signe de ponctuation par Beaujeu est largement mystérieux. Voir par exemple 9 v. 464-475.

[2] Sur ce dernier tercet voir saint Paul, épitre aux Philippiens, 3, 20-21. Ce vers est en partie repris en 9 v. 90.

[5] AU LECTEUR.

Il ne se peut voir au monde rien de si admirable que l'Histoire de Theagenes et de Cariclea[1], non seulement admirable, mais du tout estrange, toutesfois nous en avons tant de preuves, que nous devons croire qu'elle est vraye, par permission du Ciel advenuë pour l'exemple de nous.

Je n'en reciteray rien icy, Lecteur, m'asseurant bien que tu l'auras leuë, taschant d'amoindrir ton soucy : mais je te veux faire juge des beautez et richesses du Ciel, de ma Rose et de Cariclea, des effets aussi de l'amour de Theagenes et de moy, pour sçavoir laquelle de ces deux amours est la plus tragique.

Si nous voulons premierement faire comparaison de leurs patries, nous trouverons que la Suisse surpasse en tout l'Ethiopie.

Secondement que l'aage de Rose est plus florissant, m'ayant aimé à treze ans, de taille neantmoins assez forte pour porter le plus pesant amour du monde.

Tiercement que l'extreme beauté de Cariclea procedoit d'une grande defectuosité[2].

---

[1] La majeure partie de ce *Au Lecteur* est consacrée à une comparaison entre le couple formé par le poète et Rose et celui formé par Théagène et Chariclée. Ces deux amants sont les personnages principaux du roman du grec Héliodore d'Émèse nommé l'*Histoire æthiopique*. Il raconte les aventures d'une jeune fille, Chariclée, qui, après bien des péripéties au côté de son amant Théagène apprend la vérité sur ses origines en débarquant en Éthiopie : princesse abandonnée, elle avait été adoptée par un Grec du nom de Chariclès. Le roman est traduit en 1547 en français par Jacques Amyot, dont l'influence sur l'œuvre de Beaujeu est constante. Voir Héliodore, *L'Histoire æthiopique*, traduction de Jacques Amyot, édition critique établie, présentée et annotée par L. Plazenet, Paris, H. Champion, 2008.

[2] Dans l'ouvrage, la beauté extraordinaire du personnage provient en partie du fait qu'elle est née avec la peau blanche alors que ses parents, roi et reine d'Éthiopie, sont noirs. *Ibid.* p. 522.

Outre cela, la condition legitime est plus à craindre que celle qui fait naistre avecques soy un soupçon si estrange[1].

Bien veux-je confesser que la naissance, et la vie [4 v°] de Cariclea esmeuvent, non les cœurs seulement, mais les rochers à pleurer aussi tendrement, geumaines[2] creatures, ayant esté exposée si jeune, honnorant les larrons de son corps en tel aage, et rendue à la fin captive avec un rameau d'olivier, entre les bras de Theagenes son amy, lequel fit un grand marché de sa liberté[3].

D'abondant ce nom de Cariclea est rude, succedant au nom de Caricles, qui estoit un Prestre Grec, et celuy de ma belle Rose represente tout le beau du Prin-temps et des fleurs, et diray sans en avoir honte, ny trompé de ma passion, que l'on ne sçauroit trouver nom au monde qui s'accommode plus à la beauté excellente d'une femme.

Quant à Theagenes je serois trop marry de me comparer à luy, pour beaucoup de raisons dont j'en diray icy quelques unes.

Premierement il estoit trop beau, ceste beauté tant parfaitte n'appartient aux hommes.

Après il avoit une grandissime imperfection, c'est qu'il estoit couard, non seulement en amour, mais aussi aux armes, et me semble qu'il meritoit à bon droict d'estre frustré de la jouyssance de ses amours, pour avoir esté si timide, ou pour mieux dire l'un des malhabiles homme[4]s du monde, et le moins digne d'une si bonne fortune[5].

---

[1] La couleur de sa peau rend la jeune princesse suspecte et elle est abandonnée à la naissance par sa mère, la princesse Persina. *Ibid.* p. 303.

[2] Il faut sans doute comprendre : « créatures qui se lamentent ». Voir le mot au glossaire.

[3] La dernière proposition de cette phrase renvoie peut-être à l'enlèvement de Chariclée par Théagène, alors que Chariclée vient de donner la palme de la victoire à la course, lors des jeux Pythiques, à son jeune amant. *Ibid.*, p. 294 et p. 316.

[4] 1589 : *homme*.

[5] L'un des reproches qu'Amyot, traducteur du roman, fait à sa matière, c'est justement l'absence de « grandeur » due au fait que Théagènes « n'execut[e] nulz memorables exploitz d'armes ». Est-ce dans ce jugement qu'il faut trouver l'origine des reproches de Beaujeu ? Voir Héliodore, *L'Histoire ætiopique*, *op. cit.*, p. 161.

Voilà beaucoup de choses inceantes à un homme, principalement qui aime en lieu haut, où coustumierement il y a autant de peril que de beauté. Telle amour donc à un lasche courage n'apporte que ruine, si le destin pour se moquer du monde ne passe son temps à cela, voulant assembler sans tonnerre le feu [5 r°] et l'eau, à la confusion et au mespris d'amour qui est assez variable pour consentir au blasme de luy et de tous ceux de sa maison, s'il ne vous plaist ainsi, je diray qu'il est peu soucieux de son honneur, et de la conservation de noz vies.

Pour tout cela neantmoins l'amour de Theagenes fut fort heureuse, et le contentement de Cariclea digne d'une si belle creature, et m'asseure qu'il n'y a homme de jugement au monde, qui ose dire que le mal-heur qui les travailla pour quelque temps, aye jamais aspiré à les ruiner.

Au contraire nous voyons clairement qu'il a cedé lors qu'il pouvoit aisément tout perdre, et mesmes a favorisé à leur bonne fortune.

Voyez en quel hazard estoit Theagenes, sans la fidelité de sa maistresse, quand elle pour l'amour de luy se presenta volontairement au supplice, sans qu'il l'en eust advertie, ny priée[1].

La fin de leurs travaux a esté fort heureuse, jouyssans en plain pays du bien qu'ils avoient si ardamment[2].

En sorte qu'ils se peurent bien venger de leurs peines escoulées devant un si extreme bien.

Je ne suis jamais arrivé à la jouyssance toute entiere, et sont les flots de mon amour roulez tout autrement, car à la fin ma maistresse m'a esté ravie, sans y avoir peu mettre remede, dont j'ay receu un si extreme desplaisir, que je n'ay point aimé ma vie depuis.

---

[1] À la fin du roman, un concours de circonstances conduit les Éthiopiens à souhaiter sacrifier Théagène. Leur coutume voulant que soit immolée une victime de chaque sexe, Chariclée demande à son père, le roi éthiopien qui préside au sacrifice, d'être la seconde victime pour tenter de sauver son amant. Voir Héliodore, *L'Histoire æthiopique*, *op. cit.*, p. 529.

[2] On peut gloser par : « avoir de manière à en jouir intensément ».

L'on peut juger bien aisément aussi à lire les diversitez de mon amour, de quelle source sont sortis mes vers, pour estre tres-rudes et remplis d'une legitime consonance, suffisante preuve qu'ils ont ruisselé au [5 v°] long d'un rivage bordé de cailloux ennemis, qui les ont attendus et fait passer entre eux pour leur faire desplaisir, en mon exil qui a esté aussi long et facheux que le pays où j'ay esté relegué est rude[1].

Je me suis apperceu des premiers, qu'ils degenerent à la vertu et elegance de leur mere, laquelle a tousjours esté mal menée en sa grossesse[2], et en ses couches assaillie d'une infinité de maux.

De moy je puis dire avec verité, que mon heur est incomparable, et mon mal-heur aussi des plus ennuyeux, lequel n'aura jamais fin. C'est ce qui me gardera de rougir des fautes que j'ay faites en escrivant de mes douleurs, ayant observé une chose qui est tres-requise à ceux qui escrivent : c'est que la vérité de mon mal y est painte au vif.

Je me fusse volontiers gardé de traitter de mes passions, mais il m'a semblé que toutes choses que je pourrois avoir mal faites, trouveront une excuse assez legitime. En ce qu'il n'est permis à nul, soit pour le bien ou mal dire de celer un bien si cher que d'estre aimé d'une si belle et honneste fille, laquelle a autant de perfections pour le moins que la mer a de flots, et qui voudroit la considerer, l'on trouveroit que le Ciel luy a fait d'aussi beaux presens qu'à Cariclea, te laissant entretenir aux discours de mes passions, je te diray adieu, esperant de sçavoir si tu auras pour aggreable que je continue, afin de te faire voir d'autres fleurs de mon jardin, qui sont un peu plus odorantes, et desja cueillies et prestes pour te les presenter, encores diray-je ce mot.

Pour t'esclaircir entierement, amy Lecteur, de toutes les choses qui te pourroient estre des-aggreables [6 r°] en mes

---

[1] Beaujeu reprend cette image liquide pour définir ses œuvres dans le *Au Lecteur* du *Torrent des Sonets*. Voir 20, l. 9.

[2] Voir TS LXXXI.

œuvres, je t'advertiray de deux choses : La première, C'est que toutes mes Elegies, Quadrains, Odes, Sonnets, Lettres en prose, sont esté envoyées où je ne pouvois aller[1] : Joint qu'en beaucoup d'endroits il y a des vers hors de rime, et de raison, prens garde là, et tu trouveras que ce sont des noms tournez, Anagrammes, Significations, ou jargon[2], qui ne sont point intelligibles, qu'aux Deesses du Temple où mes sacrifices estoient faits, qui est une chose à quoy j'ay voulu mettre remede, et ne m'en estant advisé que bien tard, j'ay cuidé tout gaster, ayant fait en sorte que mon œuvre en sera moins recommandable, et au hazard de m'apporter du blasme : Toutesfois j'espere que les sçavans hommes me tiendront pour desireux de sçavoir, les mediocres pour compagnon, et les ignorans pour elegant, qui est la plus grande partie du monde, et qui durera le plus, si les armes ont tousjours autant de credit en France, qu'elles ont eu depuis que je me suis mis à escrire, ayant laissé maintesfois ancre, livre et papier pour courir aux alarmes, que je voudrois estre aussi esloignées de nous, qu'elles en sont pres. A dieu.

[6 v°]

---

[1] Cette formule indique peut-être que le poète n'était pas présent lors de l'impression de son texte, c'est-à-dire qu'il n'était pas à Paris en 1589. On pourrait dès lors voir là une justification des complexités et des erreurs du texte.

[2] L'expression « noms tournés » semble du cru de Beaujeu et est sans doute une forme de définition de l'anagramme que E. Tabourot appelle « Noms renversés », le principe de l'anagramme étant de recomposer un mot ou une phrase à partir des lettres d'un nom propre. Les « Significations », quant à elles, semblent évoquer des procédés de cryptage divers allant de la simple antonomase à l'allégorie en passant par la périphrase. Le « jargon » désigne ici sans doute les latinismes ou les hellénismes employés par l'auteur ainsi que certaines de ses créations lexicales. E. Tabourot, *Les Bigarrures du Seigneur des Accords*, notes et variantes par F. Goyet, Genève, Droz, 1986, chap. IX, p. 102 et ici même 65 v. 4 et 251 v. 1 et 14.

[6] AU ROY.
SONET.

Sire[1], depuis que moy vostre subjet espave,
Chassé mesmes du Ciel, fus hoste des Germains,
Estant l'unique horreur du reste des humains,
Je vainquis ma fortune, et en devins plus brave :

Courageux du destin je ne me fis esclave,
Ains, content de venir avecques Mars aux mains :
De voz Suisses Chef, en France je revins,
Faisant trembler les monts qu'un Rosne tousjours lave[2].

Mais comme Phaeton, et plus remply de gloire,
Mon heur ne me laissa de luy, que la memoire,
Et me veis renverser trop loing de mon projet.

Alors je remontay vainqueur de ma tristesse,
Sur les monts my-deserts, où se tient ma maistresse,
Et chantay mes amours faute d'autre subjet.

[7 r°]

[1] Signe de la complexité des approches biographiques concernant Beaujeu, le nom même de ce roi peut prêter à confusion puisque les *Amours* sont publiés en 1589 année où Henri III est assassiné par Jacques Clément, le 2 août. Selon Jean-Paul Barbier, il semble que ce soit bien à lui que soit destiné ce sonnet. De fait, pour ce critique, le recueil a été mis sous presse avant l'assassinat des Guise en décembre 1588. Voir Jean-Paul Barbier, *Dictionnaire des poètes français de la seconde moitié du XVIe siècle (1549-1615)*, t. 1, avec la collaboration de N. Ducimetière et M. Molins, Genève, Droz, 2015, p. 393.

[2] Voir note 3 du sonnet 1 ainsi que les pièces 9 v. 401-410, 18 *passim*, 75 v. 137, 81 v. 143-148, 101 v. 154-199, 113 v. 17-56.

[7] A MONSEIGNEUR LE DUC DE GUYSE.
SONET.

Monsieur[1] depuis dix ans que vostre main tient serre,
Digne de posseder celle-là qui vous suit,
Je me suis arresté pour entendre le bruit
Qui court, qu'estes l'honneur de toute nostre terre :

Ainsi, sans me mouvoir mon cœur me fait la guerre,
Aussi content que moy, mon desir en l'air fuit,
Amour ne me tourmente, et le silence duit
A vous porter faveur, d'un doux plaisir m'enferre :

Le demon qui me guide ambitieux s'envole,
Estimant que je suis pour jamais sans parole,
Et au ray de mes yeux athome[2] fait maint tour :

Mais sçachant que mon ame à bon droict est ravie,
Tous reviennent à moy, et n'estiment ma vie
Heureuse, sans vous faire un bon service un jour.

[7 v°]

---

[1] De même que pour le sonnet « au Roy », il n'est pas aisé de mettre un personnage derrière ce titre. On peut cependant penser qu'il s'agit d'Henri de Guise dit « le Balafré », chef de la Ligue, meneur des ultra-catholiques et assassiné sur ordre du roi en décembre 1588 avec son frère l'archevêque Louis de Lorraine. Cela accréditerait la thèse de J.-P. Barbier. Voir sonnet précédent.

[2] Le sens du mot n'est pas aisé à cerner. Il faut sans doute comprendre que le démon est presque invisible à l'œil nu. Voir le glossaire.

[8] A MONSIEUR LE PRESIDENT BRISSON.
SONET.

Soubs la seule beauté d'une Rose nayve
Je me suis asservy, et tousjours amoureux
De l'œil dont je me rends tousjours plus desireux,
Plus l'absence me guide à la mortelle rive[1].

Soubs la seule faveur de mon Brisson[2] j'arrive,
Au doux port, ayant fait mes voyages heureux,
Mes escrits supportez par ce temps rigoureux,
Et mon ame contente icy bas que je vive :

Mon cœur absent se brusle, et mon ame presente,
Et tous deux embrasez de flame differente
Chantent pour dedier ce qu'ils feront de mieux.

Le cœur tout plain d'amour qui me retient en vie,
Veut que l'ame resiste à tous leurs envieux,
En vous offrant, Monsieur, ce que je vous dedie.

[8 r°]

---

[1] La « mortelle rive » est celle du Styx que les morts devaient traverser avant d'arriver aux enfers.

[2] Voir note 1 de la pièce 3.

[9] ELEGIE.

Amour pour me blesser, despit de ma souffrance,
M'assaillit courroucé, je me mis en deffense,
Me retirant au pas, pour n'estre plus pressé
De combattre les Dieux comme par le passé :
Je faisois ma retraitte, luy en fin las de suivre[1],
Il s'arresta tout court, fasché de me veoir vivre
Avec peu de douleurs, de flames et de soing,
Alors pour me tuer, et frapper de plus loing :
Il estuya les traits dont il me fit la guerre,
Et deux fois soubs son pied courbe son arc en terre[2],
Il en oste la corde, et en sa manche il prent
Une fisselle neuve, et de nouveau la tent,
Il l'engresse de suif, et de la mesme gosme
Dont il empoisonna le cœur du premier homme,
Riant d'aise à part soy, mais ainsi qu'il tenoit
Son arc par le milieu, et qu'il le rebandoit,
La corde s'est rompue, un bout de l'arc luy donne

[1] Ces premiers vers sont très proches du premier quatrain du sonnet 110 du *Canzoniere* qui donne : « Amour me poursuivant aux endroits coutumiers, / retranché comme un homme qui attend le combat, / se prémunit, et ferme aux enceintes les voies, / je me tenais armé de mes anciens pensers. » Voir Pétrarque, *Canzoniere*, *op. cit.*, p. 215, s. 110, v. 1-4.

[2] Le début de cette élégie, son vocabulaire guerrier et la situation du poète assailli par Amour, dont les qualités guerrières sont loin d'être uniquement allégoriques, rappellent fortement une ode d'Anacréon, nommée « Qu'il est vaincu d'Amour », traduite en 1556 par Rémy Belleau : « [Amour] se courrouçe, / Il prend son arc et sa trousse, / Et me provoque en camp clos, / Pour le combattre, dispos / D'un corcelet je me charge, / Je pren la hache, et la targe / Et fais teste d'assaillant / Comme un Achille vaillant. / Cent et cent trais il me tire, / En parant, je me retire, / Puis quant il eut d'esempli / De trais son quarqois rempli, / Il se transforme en sagette, [...] ». La fin de cette ode retrouve le mode allégorique puisqu'Amour reprend sa place dans le cœur du locuteur. Voir *Les odes d'Anacréon teien*, traduites de grec en Francois, par Remi Belleau..., Paris, André Wechel, 1556, [BnF RES-X-2536], p. 23.

En l'œil gauche, et luy creve, il crie et se retorne,
Il tombe à la renverse, et au son de ses cris
Sa mere vient du ciel avecques cent esprits[1].
L'un le prend par les pieds, et l'autre par la teste,
Ils emportent ce corps, et laissent là de reste,
L'arc de ce Dieu meurtrier[2], et sa trousse et les trets,
Et en dueil arrangez suivent le corps de près,
Il baigne tout en sang, il se plaint et souspire,
Il deteste le Ciel, et le souverain Empire[3], [8 v°]
Il se plaint à sa mere, elle luy dit ainsi :
Mon enfant taise toy, ce n'est rien que cecy ?
Ce coup n'est pas mortel, ce disant elle essaye,
Marchant à son costé, d'essuyer ceste playe.
La paupiere luy enfle, et l'œil en sang caillé,
„ Participe son mal à son jumeau sillé,
Il ne voit plus le jour, un frisson se pourmeine
Au[4] dos, aux mains, aux pieds, et puis de veine en veine :
En vomissant il tremble, et n'a plus forme d'yeux,
Il souspire implorant le seur secours des Dieux.
Une dent l'autre choque, on luy jette sa robbe,
Pour aider à son feu, qui peu fort se desrobbe,
Il gele, et sent former un violent accés,
„ Heraut accoustumé d'un maladif decés
Il est environné de la bande legere,
Sa mere auprès de luy crie et se desespere :
Et les tristes demons, en plaintes et en pleurs,
Vont mettre cét enfant dessus un lict de fleurs.

---

[1] 1589 : *Sa mere vient du ciel avec cent esprits.*

[2] Il faut faire une synérèse sur « meurtrier » comme partout dans le recueil. Voir par exemple 9 v. 855, 18 v. 184, TS XIX v. 14.

[3] Le vers est faux si l'on ne lit pas « souv'rain » comme Ronsard le fait lui-même dans son poème « La salade » et comme il le conseille dans son *Abrégé de l'art poétique*. P. de Ronsard, *Œuvres complètes*, *op. cit.*, t. XIV (1949), p. 22 l. 360 et suivants et t. XV p. 76 v. 32.

[4] 1589 : *Aux.*

Le tour du lict musqué, est de bruslantes flames
Qui attiedissent l'air, et adjournent les ames
Errantes par ce bois, où maint homme amoureux
S'est veu tres-mal content descendre au tombeau creux.
„ Ils cerchent le plantin, la chaude marjolaine,
„ La fueille du Rosier, les costes de pyvoine,
„ Du gosme jaunissant, et du guy porte-fort[1],
„ Pour appareil premier, à l'enfant demy-mort.
A force de flambeaux, pour la pompe funebre,
Ils font luire la nuict, en chassant le tenebre,
L'on diroit à les veoir, que c'est le guerrier Mars
Qui campe au seur milieu de ses vaillans soldars[2].
Le silence est par tout, les gardes sont posées
Au pied d'un jeune ormeau, les herbes sont pressées, [9 r°]
Ils en tirent du jus, liquide comme l'eau
„ Qui seule peut tirer un corps froid du tombeau.
Un pellican est pris, on le tue, on l'esgorge,
On recueille le sang qui coule de sa gorge[3],
Tout est meslé ensemble, et longuement battu,
Et viennent pour penser cét enfant abbattu.
N'agueres triomphant de Neptune et de l'onde,
Des hauts Cieux et du vent, et des grands Rois du monde,
L'enfant porte-bandeau, celuy qu'on craignoit tant,
Est à terre couché, où il s'en va mourant.

---

[1] Ce terme n'est pas attesté dans la lexicographie mais on trouve dans les *Epithètes* de M. De La Porte, le terme « porte-fruit » à l'entrée « gui ». L'adjectif « porte-fort » en semble dérivé et signifie sans doute « fructifère » ou « fécond ». Par ailleurs, conformément aux exigences de Du Bellay concernant la création lexicale, Beaujeu emploie 25 adjectifs composés sur le modèle grec d'un substantif et d'un verbe ou d'un substantif et d'un adjectif, la plupart de son propre cru. Voir M. de La Porte, *Les Épithètes*, Genève, Slatkine, 1973, 119 v° et 120 r°.

[2] Cette orthographe de « soldat » que Beaujeu utilise fréquemment, permet la rime avec « Mars ». Voir 9 v. 712, 18 v. 231, 152 v. 3, 166 v. 5 et 13.

[3] Le pélican, symbole du Christ pour sa capacité à se sacrifier pour ses enfants, permettrait ici de ressusciter Amour. Voir également 199 v. 159 et, pour la tradition symbolique liée au pélican, voir le *Physiologos, Le bestiaire des bestiaires*, éd. Arnaud Zucker, Grenoble, Jérôme Millon, 2004, p. 69-74.

Une tourte amoureuse est d'un chesne abbatue,
Uriel[1] la[2] r'amasse, et soudain il la tue,
Il l'ouvre chaudement, et prend le cœur tout vif,
Pour espaissir le jus du doux preparatif.
D'une mousse jeunette ils font de la charpie,
Et de la tourte, l'os, qui non morte pepie
En font une esprouvette et vont penser ainsi,
Amour ce brave enfant, qui va disant cecy.
Que j'estois abusé de croire ma nature,
„ Estre toute du ciel, sans fin, sans geniture,
J'estimois estre Dieu, immortel, indomté,
Non subjet au malheur dont je suis surmonté,
„ Je croyois que ma fin de ce monde heritiere,
Ne fust si près de moy, je pensois sans matiere
Mon corps estre formé, et mes os increés
D'un feu premier là haut avoir été creés.
Tout facile m'estoit, et pensois pouvoir estre
„ De la Terre et du Ciel le seigneur et le maistre :
Mais je voy maintenant qu'il n'en va pas ainsy,
Toutesfois de ma mort je n'ay point de soucy,
„ Puis que je suis mortel, mon ame est immortelle,
„ La Terre est pour mon corps, et le Ciel est pour elle[3]. [9 v°]
Tout au pis je seray comme sont ces esprits :
En achevant ces mots il fendoit l'air de cris :
L'on approche de luy un Cirurgien celeste
Qui luy couppa la peau, qui pendoit à sa teste,
D'une esguille d'espine au dessoubz du sourcy
On luy tire trois points, luy endure cecy,
Comme s'il fut ja mort, car sa douleur se pasme,

[1] L'Archange Uriel (nommé dans le quatrième livre apocryphe d'Esdras) est évoqué entre autres par Henri Corneille Agrippa dans le *De Occulta Philosophia*, Cologne, 1533, l. III, chap. 28, p. 271. Il est « notaire des hauts cieux » par sa connaissance des choses divines.

[2] 1589 : *l'a*.

[3] Ce vers est fait sur le même modèle que le vers 14 de la pièce 4.

Et n'attent rien si tost que de rendre son ame.
On luy lave le front d'un peton gracieux,
Sur la playe nouvelle, et à l'entour des yeux
Pour en oster le feu on essuye sa bouche,
Après estre pensé doucement on le couche.
Ce premier appareil s'attache promptement,
A la contusion qui brusle estrangement,
Et fait tous ces efforts, comme c'est sa nature
De contredire au mal, autant que le mal dure,
Ils luy bandent le chef d'un beau lin que l'on voit
Courir en l'air, depuis que Jupiter semoit
„ Le champ de sa maistresse, et dés lors plain de gloire
Il en para le Ciel, pour joye et pour mémoire
Digne de son labeur : Ainsi l'enfant blessé
Demeure en son repos où chacun l'a laissé.
Les rideaux sont tirez, par tout est le silence,
„ Le sommeil desiré devant le mal s'advance,
Il glisse en resvassant aux antres gracieux,
„ N'ayant nom-plus[1] de mal, que de clarté aux yeux.
Son esprit se transporte en tous les coings du monde,
Tantost sur les hauts monts, et tantost dessoubs l'onde,
„ Voltige, vient, court, va, et d'un cours effrené,
Parmy les ombres noirs s'est long temps promené,
A la fin retourné au son d'un souspir tendre,
Que son mal irrité un resveil luy fait rendre, [10 r°]
Il appelle sa mère et pleure chaudement,
Disant les premiers mots de son beau testament.
Il veut sage prevoir au tourment qui l'adjourne
A comparoistre au ciel, et peu de temps luy donne[2]
Pour congnoistre sa faute, et pour se repentir

---

[1] Il faut comprendre « n'ayant pas plus de mal, que de clarté aux yeux ». On retrouve cet adverbe composé en TS XXV v. 5, 21 v. 86, 24 v. 72, 41 v. 14, 81 v. 12, 211 v. 9, 225 v. 37, 274 v. 127.

[2] Cette rime, qui ne joue que sur l'assonance des deux termes, semble une imitation de Ronsard qui fait parfois rimer « autonne » avec « retourne ». Voir

Des inhumanitez qu'il nous a fait sentir,
„ Sur tout du meurdre grand qu'il commit en mon ame,
„ Quand il tua mon cœur par les yeux de madame.
Il demande Uriel Notaire des hauts cieux,
Et le noir Secrettaire encores des bas lieux[1],
Il leur fait apporter leur eternel registre,
Et lire en sa presence une mortelle Epistre
Que Dido amoureuse, et preste de mourir
Escrivoit à Junon pour l'aller secourir[2].
Il s'assied sur son lict, et d'une voix tremblante,
Prie les immortels : « Dieux, dit-il, mon attante
Avoit tousjours esté, Prince de Voz Palais,
„ De vivre sans fortune, et ne mourir jamais,
„ Je pensois plus durer que Mars et que la guerre,
„ J'estimois estre seul immortel sur la terre,
Mes ans n'estre veuz[3], ny de nul limitez,
Et me moquois de ceux que j'avois irritez :
J'avois sur les humains estably mon Empire,
Et rendu vous Jupin serf de l'arc que je tire,
J'en faisois un trophee, et me plaisois au sang,
Je changeois tout le monde, et de place et de rang,
Je gouvernois tout seul ceste fille amoureuse,
Et son oysive mere en son lict langoureuse,

---

ici même TS IX v. 13-14, TS LXXXV v. 9-10, 157 v. 12-14, 234 v. 381 ainsi que Ronsard, *Œuvres complètes*, *op. cit.*, t. XIV (1949), p. 18 note 2.

[1] Ce secrétaire est sans doute Hadès, roi des enfers.

[2] Ce second hémistiche signifie « pour qu'elle [Junon] vienne la secourir ». Le locuteur s'inspire peut-être ici des *Héroïdes* d'Ovide dans lesquelles Didon prend la parole pour dénoncer Énée, amant volage. Cependant, le motif de Didon invoquant Junon au moment de mourir est très présent dans la pièce de Jodelle *Didon se sacrifiant*. Voir Ovide, *Héroïdes*, texte établi et traduit par H. Bornecque et M. Prévost, Paris, Les Belles Lettres, 1991, épître VII et É. Jodelle, *Didon se sacrifant*, édition critique, établie, présentée et annotée par J.-Cl. Ternaux. *in Théâtre Complet*, t. III, publié sous la direction de Ch. de Buzon et J.-Cl. Ternaux, Honoré Champion, Paris, 2002, acte II, p. 84, v. 1367-1368.

[3] Le vers est faux dans le texte original. On pourrait corriger par : « Mes ans n'estre ve[n]uz, ni de nul limitez, [...] ».

Morte de jalousie, et le cœur tout pourry
Des grands vomissemens de son yvre mary[1].
Je travaillois le monde, et avois esperance
D'estre un jour plus humain, je sçavois d'asseurance [10 v°]
Que vous plus Justicier aviez prins à desdain
La mort de tant d'enfans que j'occis de ma main.
Je sçay bien que le sang à vous Dieux de Justice
Est sur tout odieux, je sçay que le service
Ny l'amour ne vous plaist du frere abandonné
Au coup qu'il a receu, que la sœur a donné[2].
Je sçay que de mes faits vous aviez mille plaintes,
Que voz dignes grandeurs en estoient trop contraintes,
Je sçay bien que le mal que par tout je faisois
Offençoit vostre nom, et voz divines lois
Et que d'un mal-faisant vous ne prenez point cure,
J'ay cent fois leu cela en la saincte Escriture[3],
J'ay leu tout voz Edicts, et n'ay rien retenu,
Sinon que l'homme droict au tourment retenu
„ Attend vostre secours, des bons la seule force
Qui le tire des fers, et toute prison force,
Appaise les liens et la rage des flots,
Vostre nom les appaise, et fait unir leur dos[4].
Vous conduisez chacun à la fin meritée
Vous faites arrester la fortune tentée,
Des meschants qui ne sont contens que dans les bois,
A rompre nuict et jour l'ordre des sainctes lois :
O Dieux, il me desplaist, d'avoir plein d'artifice

---

[1] Cette référence est bien obscure. La mention de l'ivresse semble renvoyer à Bacchus qui a été un temps marié à Ariane. Celle-ci pourrait être « ceste fille amoureuse », d'abord de Thésée puis de Bacchus. La mère d'Ariane est Pasiphaé peut-être « langoureuse » en raison de sa relation avec un taureau blanc mais la référence à sa mort est difficile à interpréter puisque la mythologie ne l'évoque pas.

[2] Une telle allusion ne semble renvoyer à rien de précis sinon à une situation incestueuse résolue dans le sang insupportable pour les dieux.

[3] Sur cette allusion à la tradition chrétienne voir v. 468.

[4] L'image signifie que les flots s'apaisent en une surface plane.

Duré si longuement, obstiné en mon vice,
Oyez icy grands Dieux, ceste confession,
Afin que vous tiriez de mon peché raison.
Premierement j'ay fait ondoyer vostre terre
Du sang de voz humains, à qui j'ay fait la guerre,
Pour mon plaisir je feis, après ces[1] cruautez
Brusler voz Temples saincts, et les quatre Citez
Où Hector tout l'honneur de voz bandes guerrieres,
Mourut en combattant[2], j'ay forcé voz barrieres, [11 r°]
Et fait soubs les brandons de ma main allumez,
Cendroyer voz Palais, j'ay les corps inhumez
Osté de leur repos, j'empruntay vostre foudre
Pour mettre voz Convents et voz Vierges en poudre,
Que je fis peu devant par les miens violer,
J'endormis voz bergers pour les ensorceler,
Je fis changer leurs corps, et en douleurs ameres,
Fis tuer les enfans aux peres et aux meres.
J'ay fait engrosser Myrre, et de son frere et fils
„ Amoureuse, à la mort ma Citere[3] j'en fis[4].
De mes traits acerez j'ay fait plus de massacre
Que la mort n'en fit onc, de son jus noir et acre,
Et des rapports mortels que j'ay par tout semez,
J'ay rendu les amis, ennemis animez.
J'ay pipé le grand Roy, j'ay troublé ses Provinces,
J'ay fait en mes combats arriver tous voz Princes,
J'ay amolly le cœur de ce vaillant Thebain,

[1] 1589 : *ses.*

[2] On a ici un vague rappel de la guerre de Troie, déclenchée lorsque Pâris amoureux enlève Hélène. Beaujeu évoque souvent cet épisode en faisant d'Amour le responsable de cette guerre. Voir ici même v. 749, TS XIII v. 7-8, TS LXV v. 12-14, TS XCV v. 14, 81 v. 315-316, 551 et 82 v. 44.

[3] Il s'agit d'un des adjectifs liés à Vénus qui possédait un temple sur l'île de Cythère, au large du Péloponnèse.

[4] Voir TS CXII v. 2, 226 v. 101 et Ovide, *Les Métamorphoses*, traduit du latin, présenté et annoté par Danièle Robert, Arles, Actes Sud, coll. Thesaurus, 2001, X, v. 298-518.

„ Et pendu la quenouille à son indompté sein[1],
J'ay remply les enfers, par cinq ou six fois d'ames,
Et aux aziles creux j'envoyay de mes flames.
J'ay troublé vostre Olympe, et vous partiaux Dieux,
Je vous ay fait sentir quelques fois de mes feux.
Vous m'avez redouté, et j'ay plein d'arrogance
Receu le chastiment de mon outrecuidance,
J'osé contre vous, Dieux, impudent me dresser,
Et en vous mesprisant tout le monde offenser.
J'ay ruiné[2] mes amis, et fait monter le fleuve,
Contre l'étroit canal qui l'Ocean abreuve[3],
J'ay irrité les eaux, et le sacré vaisseau
Où la pucelle estoit, je l'abismay soubs l'eau.
Je changeay Philenus[4], et soubs la rive mole,
Il est eau maintenant, et non pas sans parole, [11 v°]
„ Car depuis en ces flots il a parlé à moy,
Dont sans raison je feis augmenter son esmoy.
Du vaillant Paladin, je vainquis l'exercite[5],

[1] Hercule, lors de ses travaux, tombe amoureux de la reine Omphale et va jusqu'à accomplir des travaux féminins comme ceux du filage. Voir les stances 13 v. 49-51, l'élégie 18 v. 209 et le sonnet TS LXXI.

[2] Contrairement à un usage répandu parmi les poètes de la Renaissance, Beaujeu ne fait pas de diérèse sur le substantif « ruine » ou ses dérivés. Voir par exemple J. Du Bellay, *Les Regrets et autres œuvres poétiques suivis des Antiquitez de Rome plus un Songe ou Vision sur le mesme subject*, texte établi par J. Joliffe introduit et commenté par M. A. Screech, Genève, Droz, 1979, p. 209, sonnet 134, v. 3.

[3] L'allusion est énigmatique. On peut, peut-être, reconnaître là un rappel du lieu dans lequel se joue la fable de Léandre et Héro, le premier rejoignant, à la nage, la seconde, à travers le détroit du Bosphore. Voir Ovide, *Les Héroïdes*, *op. cit.*, *Léandre à Héro*, p. 128, v. 136-142 et *Héro à Léandre*, v. 119-128 et 185 et ici même sonnet 38 et 81 v. 173.

[4] Ce nom latinisé mais de racine grecque semble formé sur la racine « phil- », signifiant « aimer » et l'adjectif « aineias », « de cuivre ». Sous ce nom commun on reconnaît le nom grec d'Énée. Il est cependant très délicat de rapprocher « Philenus » du héros latin. Par ailleurs, l'anecdote rapportée renvoie à Aréthuse, nymphe changée en source qui révèle à Déméter la direction prise par Hadès et Perséphone. Voir ici même 435 v. 131 et Ovide, *Les Métamorphoses*, *op. cit.*, V, 572-661.

[5] C'est chez Desportes qu'il faut aller chercher cette expression qui renvoie à Roland. Le contexte d'utilisation est d'ailleurs le même. Dans une adresse

J'ay fait armer l'Hebreu contre l'Amalecite,
J'ay rendu dans les Cieux la cheute de ses tours,
„ Et par tout l'univers le bruit de ses amours[1].
Tout trembloit soubs ma main, et me faisois accroire
Que je vivrois sans fin, en triomphe et en gloire.
„ Invaincu, indomptable, et plein d'authorité,
„ Je serois eternel en ceste Majesté.
Mais helas maintenant il faut que je trespasse,
Et que par ce bateau avec Caron je passe,
Il faut que sans honneur, de regret en mourant,
Je quitte le sejour que je desirois tant.
Il faut que je descende au tombeau plain de cendre,
Où la mort en un jour cruelle me veut rendre.
Helas beau Chef frisé, tu seras dans ce puits
Un champignon pourry, en moins de trente nuits !
Helas il faut pourrir ! J'aurois espoir encore
D'avoir en mon tombeau, que je crains et abhorre,
Quelque felicité, s'il ne falloit pourrir.
„ Ce seroit un plaisir, sans cela de mourir.
O mort je pensois bien, que ta main rigoureuse
Ne m'assaudroit jamais ! Ô mort trop impiteuse,
Dure sœur que j'aimois, je ne pensois, helas
Estre subjet à toy, ny subjet à ce pas,
Dont mon pied se recule ! Helas que veux-je faire

« Au Roy », Desportes commence par chanter la puissance d'Amour contre qui personne ne peut rien : « Ce grand dieu des amours, dieu de telle puissance / Qu'encore il n'a trouvé qui luy fist resistance, / Un jour blessa Roland le redouté guerrier, / Le vaillant palladin, le brave avanturier : [...] ». Voir Ph. Desportes, *Les Premières œuvres*, *op. cit.*, p. 442, v. 17-20.

[1] Il s'agit peut-être ici d'une allusion à Esther, l'une des femmes du roi perse Assuérus qu'Haman, descendant des Amalécites, persuade de tuer avant d'assassiner tous les juifs. Esther lutte contre cet homme avec Mardochée en convaincant son mari d'abandonner son macabre projet. Cette histoire était bien connue en 1589 puisque Pierre Mathieu en avait tiré trois tragédies, *Esther, Vasthi et Aman* parues en 1585 et 1589. Voir P. Mathieu, *Théâtre complet*, édition critique par L. Lobbes, Paris, Honoré Champion, 2007 et Esther, VII, 3-8.

Contre mon cruel mal, qui m'est tant adversaire !
Je vous donne mon arc, ô vagabonds esprits,
Mes traits et mes flambeaux, mes filets où j'ay pris
Tant de Dieux, et de cœurs, et tant de Princes braves
Monstrez-les seulement, vous aurez des esclaves [12 r°]
Autant que vous voudrez, car chacun pensera
Que ce soit moy de vous, quand mon arc l'on verra :
Prenez une perruque, avec un fer frisée,
Et vous verrez combien ma puissance est prisée.
Appellez d'entre vous, le plus malicieux
Amour, Roy des mortels, dominateur des Cieux,
Et luy faites honneur, gardez vous bien de dire
Que je sois trespassé, vous aurez mon Empire,
La crainte de mon nom, et donnez moins de coups,
L'on dira que ce coup m'a fait devenir doux :
„ Ainsi gouvernera Amour en pourriture,
„ Comme autresfois vivant, le monde et la nature :
Voilà ce que je veux dire en mon Testament,
Ma mere dites donc, adieu à vostre enfant,
Si vous n'avez au Ciel, ny faveur, ny puissance,
Je ne puis aux Tonnents faire plus resistance,
Il faut, il faut mourir, car de plus endurer,
Ce n'est que vainement soy-mesme martyrer,
C'est irriter le fort, et vouloir faire en sorte,
Que l'eau viste du fleuve à passer soit plus forte
Que la gesne des os, et le mal de mourir,
Soit de nous augmenté, au lieu de nous guerir.
„ Helas qui eust pensé la mort estre si fiere,
„ Quand elle assaut la vie, en son corps toute entiere. »
Venus à ce propos, les larmes dans les yeux,
Outrageant son beau sein s'envola vers les Cieux,
Elle frappe à la porte, aussitost le Concierge,
Heures dedans sa main, tient les clefs et le cierge,
Pour voir qui c'est si tard, car minuict a sonné,

Avant que la dolente aye le coup donné
A la porte sacrée : Elle de haste touche
L'eau coulante des yeux, et des cris à la bouche, [12 v°]
Elle ne peut attendre, et dit injure aux Dieux
De condamner si tost la porte de leurs Cieux,
A la fin on luy ouvre, et vient au devant d'elle
Ganimede le beau, qui porte la chandelle
Devant le viel Jupin, et Mars à son costé,
Aussi tost un Huissier a le sceptre apporté,
Jupiter le recoit, en sa dextre il le porte,
Et commande aussi tost que l'on ferme la porte.
Il regarde Venus qui se plaint tendrement,
Pour les fieres douleurs qu'endure son enfant,
De son ancien amy aux pieds elle se jette,
Ne pouvant lors parler, deux souspirs elle jette
Qui font que le ruisseau decoulant de ses yeux,
Roule dedans son sein, comme un flot furieux,
Car si estrangement elle plaint et souspire
Que les Dieux estonnez ne luy sçavent que dire.
Lors d'une basse voix dit : « Ô Dieux immortels,
Je n'ay là bas voulu empescher voz autels,
„ D'agneaux, de vins, de miel[1], ny de sang, ny de flames,
Dont l'on vous sert là bas, pour delivrer les ames
Que vous tenez au feu, ny de ma triste vois,
Je n'ay voulu fausser l'estat des sainctes lois :
Mais triste si jamais le fut vostre servante,
Je viens me plaindre à vous du mal qui me tourmente,
Sçavez vous bien, ô Dieux, que ce meschant garson

---

[1] Ces offrandes aux dieux sont largement inspirées des *Géorgiques* de Virgile et reviennent plusieurs fois dans le recueil. De fait, le poète latin évoque le retour du printemps, moment où « les agneaux sont gras » et où les sacrifices à Cérès sont constitués de « rayons de miel [dilués] avec du lait et un doux Bacchus ». Voir ici même 65 v. 11-14, 21 v. 321-331, 111 v. 28 et Virgile, *Œuvres complètes*, édition bilingue établie par J. Dion et P. Heuzé, avec A. Michel pour les *Géorgiques*, Gallimard, coll. La Pléiade, 2015, p. 109, v. 341 et 344.

S'est blessé de son arc, n'oyez vous pas le son
Encores de ses cris, helas quelle advanture !
Combien ceste blesseure en mon cœur je sens dure.
Las mon enfant est mort si vous ne le sauvez !
Je vous apprens cela si vous ne le sçavez,
Ne soyez point cruels, ottroyez moy sa grace,
„ Un Dieu ne fait point mal quelque chose qu'il face, [13 r°]
„ Tout est dessoubs sa main, il peut de tout user,
„ Et à sa volonté des humains disposer,
„ S'il vous a offensé, c'est un moyen qu'il preste
„ Pour faire voir quelle est vostre grace celeste,
„ Les humains allechez des douces voluptez,
„ Donnent un large champ à voz douces bontez :
„ Mon fils est plus qu'humain, car les humains il dompte,
„ Je le nomme du Ciel, je n'en ay point de honte,
„ Et peut estre quelqu'un comblé de mon esmoy,
„ Qui m'entend souspirer en sçait autant que moy. »
Jupiter courroucé, plain d'ardante cholere,
Se tourne, et dit : « Ton fils sçait bien qui est sa mere,
Et son pere s'il veut, je ne m'enquiers jamais
De chose qui me touche aussi peu que tu fais.
Je sçay bien que de moy il n'a point prins naissance,
Et qu'il n'est point créé de ma chere semence,
Si tu as follement aimé quelque Berger[1],
„ A toy en est le bien, le mal et le danger.
S'il eust esté mon fils, il fust ores en terre
Mon Lieutenant aimé, et en paix et en guerre,
Et de mes chers secrets il eust sceu le projet :
„ Le fils d'un si grand Dieu n'est à la mort subject,
Je suis tout immortel, et de ma haute race
Nul parmy les humains, en terre ne prend place,

[1] Jupiter évoque ici le père d'Amour en des termes méprisants mais il est difficile de mettre un nom sur ce « Berger » d'autant que dans la mythologie romaine c'est Mars lui-même qui est le père de Cupidon.

Le Ciel est fait pour eux. Quoy ? Je suis bien tenu
D'ouvrir si tard ma porte, et au premier venu
Respondre à son plaisir. Non, non, je faits deffence
„ Que l'on n'ouvre jamais, sinon par ma licence,
„ Et par ce sceptre fort, si l'on le fait jamais,
„ Je vous chasseray tous hors de mon sainct Palais. »
Nous estions en conseil quand elle est arrivée,
Il faut à ses discours employer la soirée, [13 v°]
„ Nous sommes bien ceux-là qui sont ses servants[1].
„ Que vous en semble Mars, et vous Princes des vents ? »
« Il luy semble je croy que nous n'avons affaire
Qui ne doive cesser[2] ». « Ha, bien je feray faire
Une telle deffence, et demain si je puis,
Que l'on n'approchera sans danger de cét huis.
Car ainsi tous les jours nous aurions des alarmes,
Et ne voir rien que cris, que femmes et que larmes,
Nous serions, disoit-il, subject aux passions[3]
Des meschans, et d'avoir sur leurs afflictions
Tousjours les yeux collez, non, non, il n'est pas heure
De nous rien demander, s'il n'est mort, donc, qu'il meure,
Je m'en rapporte à luy, son arrest est donné,
Et pour te dire vray je l'ay abandonné,
Je sçay qu'il est meschant, mais de propre malice,
Je sçay qu'il ne hait rien, que moy et ma Justice.
Il faut qu'il soit puny : comment est-ce bien fait
De tuer des enfans, que merite ce fait ?
D'avoir mal-gré mon fils, et la race sacrée,
Animé vous, Eol, contre la flotte ancrée[4]

[1] Le vers est faux dans le texte original. On pourrait corriger par « Nous sommes bien ceux-là qui sont [de] ses servants ».

[2] C'est sans doute Éole qui répond ici mais Jupiter reprend aussitôt la parole.

[3] 1589 : *passion*.

[4] L'allusion renvoie peut-être au début de l'*Énéide*, pendant lequel Héra demande à Éole de provoquer des tempêtes pour faire couler le navire d'Énée, en promettant au dieu des vents la main de la nymphe Déiopée. Énée n'est

Au port selon mon vueil, qui voudroit escouter
Le mal que l'on m'a sceu de ton fils rapporter,
Nous y serions dix ans. Voilà, la nourriture[1]
Sans doute fait changer une bonne nature,
Tu l'as ainsi perdu dedans sa liberté,
L'ayant nourry au sang et à la cruauté.
Il a tant fait de mal que tout le monde crie
Sans cesser après moy pour luy oster la vie,
J'ay la teste rompue et de nuict et de jour,
Et n'entends que des voix qui se plaignent d'Amour.
Je n'entends de là bas, ny prieres, ny plaintes
Que des filles de Rois, qui sont de luy attaintes, [14 r°]
Et des fortes Citez, le peuple tourmenté
Ne se plaint que d'Amour trop plein de cruauté.
Je ne veux plus ouyr ces plaintes ordinaires,
Ny voir de mes amis dans les bois solitaires,
Le cœur en mille parts blessé des traits d'Amour,
Qui meurent, sans mourir dix mille fois le jour.
Si l'on m'en parle plus, par ma force je jure
Que celuy-là sçaura, combien ma main est dure,
Ou bien il sentira de ma foudre les feux,
Je vous veux dire icy qu'a fait ce Roy des Dieux[2],
Il faut que vous sçachiez que sur les rives vertes[3],
En tous temps d'orangers, et de lauriers couvertes,

---

cependant pas le fils de Zeus et, de même, dans cet épisode, les bateaux ne sont pas au port. L'expression « race sacrée » semble pourtant bien reprise du latin « gens » employé au vers 67 du livre I de l'épopée où se trouve ce passage. Voir Virgile, *Œuvres complètes*, *op. cit.*, I, v. 50-80.

[1] Il s'agit ici de l'éducation et non des aliments.

[2] Pour la première fois du recueil, une note apparaît, imprimée en marge : « Jupiter se moque d'Amour, l'appelant Roy des Dieux. » Voir stances 169 v. 105, 118, 121 et 129.

[3] Un récit enchâssé se met en place qui semble refléter l'histoire amoureuse du narrateur des *Amours*. On pourrait parler d'argument du recueil entier. Voir également Pétrarque, *Canzoniere*, *op. cit.*, s. 301, v. 4 : *« che l'una et l'altre verde riva affrena »*.

Il s'alloit promenant le soir au long des eaux,
Parmy les douces fleurs, et les[1] arbres nouveaux,
Et regardoit venir des trouppes sautelantes,
De filles et d'enfans, ensemble blanchissantes,
Après un homme noir, triste, pensif et las[2],
De vivre si longtemps, à contre-cœur là bas,
Desirant tous les jours une lame plus dure,
Pour se voir mal-mené de sa mes-advanture,
Ou cy bas soubs les eaux, que sa memoire et luy
Ne fussent comme ils sont encores aujourd'huy.

Ce pauvre homme chargé d'ennuyeuses pensées,
Tachoit de vaincre là ses fortunes passées,
Il estoit exilé de son pays François[3],
Et n'avoit pour seurté, que les monts et les bois,
Privé de tout le sien. Or pour s'oster de peine,
Il laissa sa maison, et traversa la plaine
De la froide Champagne, et tira droit aux monts
De la rude Suisse, où ce Roy des demonts,
„ Le Prince mal-aisé, faisoit lors demeurance,
Que j'avois aussi bien, exilé de la France. [14 v°]

Pour vous achever donc de ce pauvre homme icy,
Et comme ce galland en fait tousjours ainsi,
Sur ce pauvre homme icy il fit une entreprinse,
Et avoit peu devant, sa trousse pleine, prinse
Où il avoit deux traits, sur tout empoisonnez
Dont il a deux grands coups à cét homme donnez.

Aussi tost sur le front une eau froide luy coule,
Et sur ce pauvre corps universelle roule,

---

1 1589 : *ses*.

2 Ce récit de Zeus annonce celui de l'élégie 101 v. 163-207. Voir également Pétrarque, *Canzoniere, op. cit.*, s. 35, v. 1-2 : « *solo e pensoso, i piu deserti campi / vo mesurando* ».

3 Cette précision conduit inévitablement à assimiler cet homme à Beaujeu lui-même, tel qu'il s'est présenté dans la pièce 6. On retrouve les mêmes caractéristiques à plusieurs endroits du recueil. Voir les pièces 6, 18 *passim*, 75 v. 137, 81 v. 143-148, 101 v. 154-199, 113 v. 17-56.

Il m'addressa sa voix : Oyez comme il disoit.
« Helas, Dieux immortels, qui est cil[1] qui pourroit
Endurer sans mourir une douleur si forte,
Qui malgré voz bontez à la fosse m'emporte ?
Helas, ô Dieu puissant, que j'endure de maux !
Comment pourray-je aller au logis sans chevaux,
Faut-il icy mourir par faute d'assistance ?
Et que ne suis-je mort sans sortir de la France !
Après tant de mal-heur venir mourir icy :
O Dieux oyez mes cris ! Quoy, finiray-je ainsi ?
Me lairrez[2] vous, ô Dieux, puis que vous ay remise
Ma vie, et sur voz bras mon esperance mise ?
Auray-je en tant de lieux eschappé de hazards,
Et des fortes Citez applany les remparts ?
Auray-je sur les eaux irrité le naufrage,
„ Et me disant à vous, fait appaiser l'orage ?
Faut il qu'après avoir le monde traversé,
Que je meure en ces prez, d'un chacun delaissé ?
Je le veux s'il le faut, à vous je m'en rapporte,
Dieux qui estes au ciel, ouvrez moy donc la porte.
„ Mais avant que mourir, je veux penser à moy,
Et vous veux asseurer des seuretez de ma foy[3],
Tu le sçay bien, O Dieu, mais il faut que la bouche,
„ Tesmoigne contre cil à qui le peché touche, [15 r°]
Il faut encores, Dieu, que tu nous ayes[4] faits,
Que tu sois tout sçavant, te dire noz forfaits,
Et en te les disant avoir ferme fiance,
Qu'ils nous seront remis par nostre repentance,
Aye un peu de loisir, donne moy temps assez
Pour te crier mercy de mes forfaits passez,

1 1589 : *qui est celuy qui pourroit*. Le vers est faux dans le texte original.
2 La forme est courante pour « laisserez ». Voir 274 v. 484.
3 Afin de respecter la métrique il faut élider le « e » intérieur de « seuretez ».
4 Il faut prononcer « ayes » en deux syllabes.

Et te recommander mon ame obeyssante
A la voix de son Dieu, où elle a seure attante,
Au lieu d'estre affligée en ce monde fascheux,
En paix elle vivra bien-heurée aux Cieux,
Je treuve aigre ma vie, à passer importune,
„ Où je n'ay jamais eu que mal et que fortune.
„ Je me suis addonné à toutes voluptez,
„ Je n'ay jamais suivy tes sainctes volontez,
„ Aisé je me baignois aux ondes de mes vices,
„ Et me bandois les yeux d'un bandeau de delices,
„ J'ay mesprisé le pauvre, et n'ay point à sa fain
„ Envoyé charitable, un morceau de mon pain,
„ Je ne l'ay revestu, et à sa soif bruslante
„ Je n'ay donné de l'eau, c'est ce qui me tourmente[1] :
„ Je me plaisois armé, et aux combats guerriers
„ Pour un si fol honneur, je donnay des premiers,
„ Glorieux en ce monde, en ma tendre jeunesse
„ Je mesprisay de vous, la divine hautesse,
„ En faisant un thresor de ma confusion
„ Et vint, de vanité, ma reputation[2].
„ Je ne te priois point, et pensois sans te dire
„ Une saincte oraison, que me deusses conduire,
„ Encores bien tenu, ton devoir seulement :
„ Comment l'as-tu souffert, helas Seigneur comment !
„ Je t'en crie mercy, faits moy donc ceste grace
„ De retourner à moy ta gracieuse face, [15 v°]
„ Pardonne moy Seigneur[3]. » « Voilà les propres mots[4]

[1] Ce passage reprend, de manière négative, l'évangile selon saint Matthieu, 25, 35-36.

[2] Ce passage, pourtant adressé à Jupiter, est nettement inspiré du texte biblique, notamment de Luc, 3, 11 ou des Proverbes 22, 9. Voir ici même v. 166.

[3] Cette fois ce sont plutôt les Psaumes qui semblent mis à contribution, par exemple le psaume 21.

[4] Sans transition, après ce passage de repentance toute chrétienne, la narration faite par Jupiter reprend son cours. Ce changement de tonalité pourrait

De ce pauvre affligé, qui sentoit en ses[1] os
Courir un mal de mort, et ja glisser son ame
Aux gouffres chaloureux, où est l'orgique[2] flame.
„ Sçaurois-je à ce meschant une grace donner,
„ Un acte si meschant se peut-il pardonner :
„ Vous Mars qu'en dites vous, et toy belle pleureuse,
„ Veux-tu nier cela ? N'es-tu pas mal-heureuse
„ D'avoir mis en ce monde un si pervers enfant ?
„ Ce follet là, se dit, Dieu des Dieux triomphant.
Ses affaires vont mal, je luy feray paroistre,
S'il est du sainct Olympe, ou le Dieu ou le maistre.
Ce n'est pas tout encore, nous trouverons demain[3],
En vous faisant sçavoir que fit cét inhumain
Une heure après cela, il monta sur les croupes
De ces monts tousjours vers, où les gaillardes trouppes
De filles et d'enfans, s'esgayoient en ce lieu[4],
Il tira la plus jeune, est-ce un acte d'un Dieu,
Deux fiers traits il luy lance et cache en sa poitrine,
„ Et puis tout est bien-fait par le fils de Cyprine[5],

---

expliquer la présence des guillemets qui semblent accompagner l'envolée de lyrisme chrétien du personnage.

[1] 1589 : *ses*.

[2] Ce terme n'est référencé par FEW VII 413a : *orgia* comme un régionalisme jurassien signifiant « scandaleux » qu'au XIXe siècle. Il ne semble cependant pas y avoir à la Renaissance de composé du type « orgique », « orgiaque », « orgistique » et même « orgiastiquement » que l'on ne relève en français qu'à partir du XIXe siècle, toujours selon FEW. Le terme « orgie » apparaît en 1469 dans son sens antique et pas avant 1631 dans son acception moderne : « utilisation excessive de qqch., débauche ». L'emploi beaujellien est donc tout à fait singulier. On ne peut le comprendre que comme une allusion aux mystères divins dont la flamme est le symbole et qui accueilleront bientôt le personnage dont il est question. Le mot révèle l'inventivité lexicale de l'auteur et recule peut-être l'apparition de ce composé de trois siècles.

[3] L'expression signifie « nous pouvons discuter jusqu'à demain des méfaits d'Amour ».

[4] Cette description d'un *locus amœnus* qui semble propice à l'action d'Amour est déjà apparue aux vers 385 et suivants.

[5] Il s'agit d'Amour, « Cyprine » étant l'une des épithètes de Vénus, renvoyant à Chypre, où la déesse avait un temple.

Il s'enfuit vers sa mere, et entre ses[1] deux bras
Il rit d'aise, ayant fait ces deux meurtres là bas.
Ceste fille blessée en l'herbette se couche,
Et tire doucement tous ces mots de sa bouche.
« O pere Jupiter qui gardes les humains
De mal et de peril par tes puissantes mains,
Et qui faits d'un clin d'œil, ta volonté en terre,
Qui escroule les monts d'un esclat de tonnerre,
Sauve ta suppliante, et faits que mon cœur fort
Puisse en nostre maison aller trouver la mort,
Oste moy de ces prez, faits que ce pont je passe
Et ses rapides eaux, avant que je trespasse : [16 r°]
Pere si ton plaisir est de m'avoir aux Cieux,
Pour immortaliser, mon ame avec les Dieux,
Fais s'il te plaist cesser ceste douleur amere,
Pour aller dire adieu, à ma dolente mere
Qui n'eust jamais que moy, et qui voudroit mourir,
Ou donner tout son bien, pour me faire guerir
De ceste maladie, helas qui tant m'affole. »
„ « Je fus si courroucé que d'une aigre parole,
„ Je prononçay l'arrest de ton fils inhumain,
„ L'ayant dicté moy-mesme et escrit de ma main.
Je veux qu'il meure aussi, si mon conseil y treuve
Par trop de cruauté, et qu'au Stix on l'abreuve[2],
Afin qu'après sa mort il ne soit tourmenté,
Je hay trop les meschans et leur meschanceté.
Il fit encores pis, sur l'herbe damacée[3],
Il rangea ce pauvre homme, et la fille blessée,
L'un vieux et l'autre jeune assis dessus les fleurs,
L'un à l'autre disoient l'aigreur de leurs malheurs[4],

---

[1] 1589 : *ces.*

[2] 1589 : *qu'au Stix on l'abreuve.* Cet hémistiche est faux dans le texte original.

[3] On retrouve la même tournure au vers 42 de la pièce 15.

[4] Cette première mise en scène de la rencontre entre l'amant et la dame sera reprise en 81 v. 621-624. Elle est peut-être inspirée d'un sonnet de Ronsard dont

Rudement agitez de la flame nouvelle,
Qui d'une egalité aux cœurs croissoit en elle :
Amour dont nous parlons, ayant fait ces maux là,
S'en va trouver Piton[1], et luy conta celà.
Pour le faire venir en demon invisible,
Mettre à fin sa menée, et luy rendre paisible
Les cœurs nouveaux blessez, Pithon prend son bonnet,
Ses mules, et sa robbe, et d'un langage net[2],
„ Discourant doctement du nouveau mariage[3],
„ Dont les derniers plaisirs sont de mal et de rage.
„ « Il est bien plus qu'heureux qui n'est point marié[4],
„ Et plustost qu'à la femme au tombeau parié,
„ Heureux celuy qui peut domter sa chaude flamme
„ Et vivre seul à luy, sans se charger de femme : [16 v°]
„ D'affaires importuns, et qui peut approcher
„ Sa fin, sans acheter, peu de plaisir si cher,
„ Et le payer au pris du bien et de la vie,
„ Et en outre encourir la fortune et l'envie
„ D'une beauté parfaitte, heureux celuy qui vit
„ Franc du commun mal-heur qui sans cesse nous suit.
„ La paix des cœurs nourrice, est seulement parfaitte,
„ Où l'amitié sans peur, tient la cause subjette :
„ Et seulement l'on voit, durer sans pair le bien,
„ Où la personne entiere en soy ne souffre rien ».
Donc l'Advocat du Ciel, et Amour qui le guide

---

le premier quatrain donne : « Dedans un pré je veis une Naiade, / Qui comme fleur marchoit dessus les fleurs ». Le lien entre femme et fleur est, par ailleurs, constant chez Beaujeu. Voir ici même TS XXI v. 9-14 et Ronsard, *Œuvres complètes*, *op. cit.*, t. IV (1992), p. 54, v. 1-2.

[1] Sur ce personnage voir Ronsard, *Œuvres complètes*, *op. cit.*, t. VIII « Hymne du treschretien Roy de France Henry II de ce nom », v. 437 et t. VII, sonnet X, v. 8.

[2] Peitho prend ici toutes les apparences d'un membre d'une cour de justice.

[3] Les guillemets, présents jusqu'au vers 548, semblent employés, de manière moderne, comme introduisant la parole de Peitho.

[4] Sur cette apologie du célibat voir saint Paul, 1 Corinthiens, 7, 7-8. Voir également la pièce 258.

S'en viennent discourant, et ja la rive humide
Apparoist à leurs yeux : où les deux tristes corps
Restent, d'Amour lassez, sur les murmurans bords.
L'un rompu de travail, l'autre plain de jeunesse,
L'un, bon vieux serviteur, l'autre jeune maistresse,
L'un de trois fois dix ans, l'autre de cinq fois trois[1],
L'un thresor de Suisse[2], et l'autre des François,
Par amour assemblez, et doucement arrive
Le babillard Piton, sur la bruyante rive,
Il s'assiet, invisible, entre les deux amants,
Et sorcier, les endort, par ces enchantemens,
Leur fait ouyr sa vois, soubs des ombres obscures.
Disant : « Je suis Amour, Roy des images dures[3]
Qui sont soubs les rochers du theatre Indien[4],
Je suis le seul Autheur, et du mal, et du bien
Qui fais vivre et mourir, et du monde le maistre,
Je ruine qui me plaist, qui je veux je fais estre,
S'il me plaist je suis doux, ou rude : car je puis
Sans doute, mettre à fin tout ce que je poursuis,
Je conduis les humains, et leurs fais recompense,
Si je les voy avoir de mon nom congnoissance [17 rº]
Et s'ils sont patiens : mais à ceux qui me font
De la rebellion, ha jamais ils ne sont
Sans peine, et sans travail, car moy seul je commande
Au tonnerre amoureux, que ceste main desbande.
Ceux qui pour me servir s'exposent aux hazards,
Je leur sers de bouclier[5], aux nuées de dards,

---

[1] L'âge de la dame, ici quinze ans, varie quelque peu selon les poèmes mais il est ici égal à celui que Ronsard donne à Cassandre à partir de 1584, lorsqu'il évoque « une beauté de quinze ans enfantine ». Voir 21 v. 581, 24 v. 266, 55 v. 9, 118 v. 1 et Ronsard, *Œuvres complètes*, *op. cit.*, t. IV (1992), p. 21, XVIII, v. 1.

[2] Voir 1 v. 12.

[3] Piton, inspiré par Amour, reprend la parole ici jusqu'au vers 599.

[4] L'allusion est énigmatique.

[5] Il faut faire ici comme dans l'ensemble du recueil une synérèse sur « bouclier ».

J'aime fort les guerriers, gens de haute advanture,
Et les filles qui n'ont aggrandy leur ceinture[1].
Je les marie ensemble, il faut que les guerriers
Soient au combat du lict[2], comme aux champs des premiers :
Aux bons soldats il faut l'entière forteresse,
Aux hommes courageux une rude maistresse,
Qui n'a dedans le sein, ny desir, ny brandon,
Et qui ne me congnoist pour le beau Cupidon[3] :
„ Toy donc homme sans peur qui par toute la terre
„ As vaincu la fortune, et en paix, et en guerre,
„ Qui as veu de ton pied, le charactere empraint,
„ Où le beau donne-jour, et s'allume, et s'estaint,
„ Qui as fait au midy, tes chaudes promenées,
„ Et au Septentrion usé quatorze années[4],
„ Je veux te rendre serf de ceste fille icy,

[1] Cette expression fait sans doute allusion à la virginité des femmes dont le vêtement n'a pas été encore élargi par la grossesse. On trouve une tournure analogue chez Ronsard qui écrit, dans la *Défloration de Lede* : « Et ja de peu à peu [Leda] sent / Haute eslever sa ceinture. » Nicolas Richelet, dans son commentaire des *Odes* inséré dans les *Œuvres* de 1604 indique que l'expression signifie « Devenir grosse » avant d'ajouter que « les anciens parloient ainsi [...] pour représenter honnestement les œuvres d'amour ». Voir ici même la pièce 117 v. 28 et Ronsard, *Œuvres complètes, op. cit.*, t. II, p. 79, v. 232 ainsi que, pour le commentaire de Richelet, *Les Œuvres de P. de Ronsard, gentilhomme vendomois [...]*, Paris, N. Buon, 1604, t. II, p. 447.

[2] Cette expression vient de Virgile qui parle de « *nocturnaque bella* ». Elle a été reprise par Ronsard dans ce vers : « Je veux mourir ès amoureux combats ». Voir v. 672, Virgile, *Œuvres complètes, Énéide, op. cit.*, chant XI, v. 736 et Ronsard, *Œuvres complètes, op. cit.*, t. I, s. 47, v. 12.

[3] C'est ici la doctrine néo-pétrarquiste refondue dans l'idéal aristocratique et militaire qui est énoncée on ne peut plus clairement. On la trouve de manière quasiment identique au sonnet VIII de l'*Hécatombe à Diane* d'A. d'Aubigné. Voir A. d'Aubigné, *Hécatombe à Diane*, texte établi et annoté par J. Gœury, Saint-Étienne, Publications de l'Université de Saint-Étienne, 2010, p. 87, sonnet VIII.

[4] On peut voir dans ces mentions géographiques un renvoi aux conflits religieux des années 1570-1580 qui se déroulent entre le sud de la France et les Flandres. Les vers 587-590 énumèrent les points cardinaux pour rendre compte de l'errance de l'amant blessé dans son discours autobiographique.

„ Tu en auras l'honneur, le mal et le soucy,
„ Et veux par ton exil, qui te fait miserable,
„ En estant amoureux te rendre desirable.
„ Car moy, qui sçais de tous, le merite et l'honneur,
„ Je l'ay digne de toy, prise comme une fleur
Qui a parmy les prez, sceu gagner l'advantage
Sur les plus beaux œillets, qui luy doivent hommage,
Pour t'en faire un present, reçois la mon amy ».
Ainsi parlait Pithon à cét homme endormy.
Puis d'un langage doux, il flate la pucelle,
Luy remonstrant le bien de ceste amour nouvelle, [17 v°]
Et luy fait voir en songe un homme langoureux
Semblable à celuy-cy, qui est d'elle amoureux.
Il luy fait à l'instant caresser l'ame esprise,
D'un langage affetté, il la flatte, et la prise,
Et fait les beaux combats de son serf[1] retentir,
La resveille et luy fait, un petit feu sentir,
Il resveille l'amant, à tous deux il dessille
Les yeux pour s'entre-voir, et se perd de la fille[2].
Ils pensent à leur songe, et sont fort estonnez
D'estre de tout le monde aussi loin destournez,
Ils ne disent mot, l'un cueille des fleurettes
Où n'aguere il dormoit, l'autre des violettes[3]
Où reposoient ses os, et du beau serpollet,
La marguerite double, et le sauvage œillet :
Ils ont les yeux à terre, à la fin le courage
Vient à l'amant nouveau, par la force et par l'aage :
„ Car une fille est douce, et a honte d'aimer,
„ Bien que l'on voye à l'œil son amour s'enflamer.
Amour qui voit les cœurs de ceste couple sainte

---

[1] C'est de l'amant militaire dont il est question.

[2] Cette construction est attestée. « Se perdre de » signifie « être éperdu de ». Le sujet de ce verbe doit être « Pithon ». Voir FEW, VIII, 222a : *perdere*.

[3] 1589 : *n'agueres*.

Eschauffer leur mesure, et que leur flame emprainte,
,, Gagne ja le cerveau où se tient le soucy,
Suit son bel Orateur, et puis s'en vont ainsi.
,, L'Eternel messager[1] couchoit son espousée,
,, Et en son lict de feu, brusloit la fleur prisée,
,, La nuict doubloit le pas, et les sçavans oiseaux
Remplissoient de musique, et la terre et les eaux.
Tout estoit en silence, ainsi l'amant qui pasme
D'amour, et de desir, s'approche de sa Dame
Doucement il la baise, et la prend soubs le bras,
Et droit à la maison s'en vont au petit pas.
Il luy tient la main droite, il luy baise, il luy serre,
Elle de ses beaux yeux luy fait semblable guerre, [18 r°]
Ils s'en vont devisans, et tous deux à dessein,
L'amy preste la bouche, et l'amante le sein.
L'un prie, l'autre accorde, et sans avoir de honte,
S'entrebaisans d'amour, chacun son songe conte,
Et ne sçavent comment ils doivent commencer
A estaindre le feu qui les sent embraser,
Au gré de leur desir, du jour ils n'ont plus cure,
,, Ils desirent, secrets, chacun la nuict obscure,
,, A pas forcez ils vont, et devisent des lieux
,, Où ils ont tant donné de repos à leurs yeux.
Ils chantent tour à tour, tour à tour ils se baisent :
Mais pour tant de baisers, leurs chaleurs ne s'appaisent :
Au contraire le feu qui se sent attisé,
S'augmente tant plus fort, d'eux mesmes embrasé,
Tout le sein leur pantelle[2], et leurs ames malades,
D'une fievre d'amour se guerroyent d'œillades,
L'un de l'autre ennemis, et s'en donnent si fort,

---

[1] Il s'agit très probablement d'une allusion à Hélios même si elle reste très énigmatique notamment en raison de l'allusion à la « fleur prisée » au vers suivant. On trouve au vers 657 la mention de la « brune messagère », la nuit, qui donne de la cohérence à ce passage.

[2] 1589 : *phantelle.*

„ Qu'il faut choisir d'amour, le doux jeu, ou la mort.
„ Ainsi la fille Edon[1] au grand mont assignée,
„ Se moquoit de ses feux, mais elle y fut trompée :
„ Car ainsi que bruslante elle couroit à l'eau,
„ Elle trouva plus près, en cendre son tombeau.
La brune messagere estendoit ja son ælle,
Qui ostoit de la honte à la jeune pucelle[2],
Et donnoit du courage à l'amant plain d'ardeur,
Qui profera ces mots : « Arreste icy mon cœur :
C'est icy que le sort forcé de mon envie,
Doit combler de bon-heur ma miserable vie :
Car il doit m'affranchir maistre de ta beauté,
Du peril et du mal, où j'ay tousjours esté
Depuis dix ans en ça, et chasser ma tristesse
Entre les bras aimez de toy chere maistresse, [18 vº]
Que j'ayme, que j'estime, et que je serviray
Tousjours d'un mesme cœur, autant que je vivray[3]. »
Il l'embrasse, il la baise, et sur les fleurs la couche,
Leurs bras entrelassez, et bouche contre bouche,
Demy sur le costé, et leurs yeux enflammez
A ce combat nouveau[4], semblent feus allumez.
Elle se plaint d'Amour, et luy fort s'en contente,
Elle à ce mestier neuve, un peu s'experimente,

[1] Ce nom renvoie à la version la plus ancienne du mythe de Philomèle. Il est d'ailleurs directement issu du mot grec « ædon » qui veut dire « rossignol ». Les vers qui suivent, en revanche, évoquent plutôt la mort de Créuse, rivale de Médée dans le cœur de Jason. La magicienne lui offrit une tunique couverte d'un produit inflammable qui provoqua non seulement la mort de la jeune fille mais aussi celle de son père ainsi que l'incendie de son palais. Voir ici même TS LXVI v. 12 et TS XCIIII v. 8.

[2] Cette périphrase renvoie à l'avancée de la nuit. Voir vers 625.

[3] Beaujeu réécrit ici une chanson de Marot « Tant que vivray en Aage florissant / Je serviray Amour le dieu puissant [...] C'est la premiere / c'est la dernière, / que j'ai servie et que je serviray ». Voir Marot, *Œuvres poétiques*, édition critique établie, présentée et annotée avec variantes par G. Defaux, Paris, Classiques Garnier, 1993, t. I, chanson XI, p. 185-186.

[4] Voir v. 580.

Luy autresfois vainqueur suit le doux chemin pris,
Tenant pour asseuré, le gain d'un si grand pris
Estre digne de luy, et des vœux de sa peine,
Estimant ja tenir la victoire certaine :
„ Qui n'aime le combat, fuye les ennemis,
„ L'or s'epreuve sans plus, quand il est au feu mis[1].
Et bien qu'en dites vous, n'est-ce pas là l'Histoire ?
Ouy, je[2] vous jure Mars, j'en ay bonne memoire,
Jugez si ce galland a ce coup merité :
Est-ce à faire à un Dieu d'aimer la cruauté,
Le des-honneur du monde, et des honnestes femmes,
Et brusler les humains comme il fait de ces flammes.
Il fit encore pis, il ne les tint qu'un mois,
Jouyssans de leur bien soubs ces fascheuses lois :
Mais jaloux et meschant il fit un sacrifice
D'un taureau de cent mois, de cent jours la genice,
De dix jours le chevreau, le bouc de six cens jours,
Et jetta au beau sort, leur vie et leurs amours,
Immolant à Pluton ceste trouppe beante,
Et conjura l'Enfer par sa voix murmurante,
„ Jurant mes deitez et mes faits du passé :
Et bien, Mars, n'a-il pas tout l'Olympe offensé ?
Non content il a fait d'un jus de sicorée[3]
Un sacré lave-pied au Roy des vents Borrée, [19 r°]
Et au divin Eole il donna cent bateaux,
Pour s'aller promener le soir dessus les eaux[4].
Mon couvert ennemy[5] il a fait une offrande

[1] C'est-à-dire que l'on voit la qualité de l'or lorsqu'on le met au feu. Les guillemets mettent en relief la théorie de la relation amoureuse énoncée par Piton aux vers 575-584.

[2] C'est toujours Jupiter qui parle depuis le vers 325.

[3] Sous cette graphie se dissimule le terme « chicorée ».

[4] Voir vers 366.

[5] Le groupe nominal n'est pas aisé à comprendre mais renvoie sans doute au fait qu'Amour agit dans l'ombre, de manière dissimulée.

De cent flambeaux dorez à un de nostre bande,
Qui luy avoit promis, mais je le dy tout bas,
De le faire immortel, et Dieu seul de là bas.
Ce bastard n'a-il pas beaucoup d'outrecuidance
D'avoir osé broüiller nostre saincte puissance.
Il avoit ja gagné tous mes esclairs luisans,
Par accord fait entr'eux, l'espace de dix ans,
Je jure par ma cuisse où repose mon sceptre,
Qu'il pensoit de mes Cieux estre desja le maistre :
Il commandoit en terre ayant de toutes parts
Gagné des garnisons, tous les meilleurs soldars,
Il avoit bonne part aux fosses tenebreuses :
Car il tient le party des ames amoureuses,
Lesquelles s'il pouvoit faire sortir dehors,
Il vaincroit les vivans, et le reste des mors.
Et me prendroient d'assaut ces bandes estrangeres,
Pensez, mortes d'amour, si elles sont legeres
Pour voller icy haut, je jure sur mon chef,
Que j'ay long temps douté de cheoir en ce meschef :
Mais j'y ay bien pourveu, car il faut à ceste heure
Que je vous parle icy, que ce gallant là meure,
Et s'il en guerissoit, je jure par les Dieux,
Que pour l'assassiner je descendrois des Cieux.
Qu'on ne m'en parle plus, car je suis en cholere,
Que l'on mette dehors à ceste heure sa mere,
Je ne veux de son mal avoir nulle pitié,
Je luy ay autresfois, trop porté d'amitié :
Elle en abuse trop, c'est une chose estrange,
„ Que les femmes sans plus, n'aiment rien que le change,
[19 v°]
„ De nature inconstante, et semblables au vent
„ De toutes les couleurs, n'aiment que le changeant[1],

[1] 1589 : *n'aiment rien que le changeant*. Cet hémistiche est faux dans le texte original. Les guillemets notent ici un proverbe qui paraphrase le fameux mot

Je ne sçaurois loüer une femme volage,
Au fort des accidens l'ame doit estre sage,
Maistresse de soy-mesme et de l'affection
Qui maistrise noz cœurs par nostre passion.
Mars, vous la congnoissez, vous estes en sa grace,
Vous aimez mieux la voir, que porter la cuirasse,
La sallade à la teste, et les grillans brassals,
L'on se bat tous les jours, et vous n'y estes pas,
Aux combats generaux vous guidez vostre armée,
Et donnez quelques coups pour vostre bien-aimée[1] :
Mais dites verité, n'avez vous des humains,
Sentu[2] la pesanteur des armes et des mains,
Seulement Diomede[3] a osé de sa lance,
Bien près de vous, dit-on, vous monstrer sa vaillance,
Et n'eust esté l'acier de voz armes qui luit,
Son espée flambante eust un grand Dieu destruit.
Qui vous mit au combat ? Ces deux meschantes femmes[4]
Qui ont plus d'amoureux que le ciel n'a de flames,
Ils ont voulu sçavoir quels sont les bergerots,
Ces chasseurs des forests, des mers les matelots[5].
Te moques tu des gens de courir des fortunes

---

de Virgile : « *Semper mutabile femina* ». Voir ici même 69 v. 179 et Virgile, *Œuvres complètes*, *Énéide*, *op. cit.*, IV, v. 569-570.

[1] On trouve ici le topos du guerrier manipulé par Amour. Voir stances 13.

[2] La graphie est attestée. Voir FEW XI, 467a : *sentire* et 21 v. 51.

[3] Au chant VI de l'*Iliade*, Diomède, guerrier grec, entre dans une telle fureur guerrière qu'il blesse Mars. Voir Homère, *Iliade*, texte établi et traduit par Paul Mazon, Paris, Les Belles Lettres, 1987, t. I, v, v. 846 et suivants.

[4] Il s'agit de Vénus et Hélène, les deux instigatrices de la guerre de Troie. Lors de l'épisode du « jugement de Pâris » c'est l'amour d'Hélène que Vénus promet au jeune homme s'il déclare que la déesse de l'amour est la plus belle. Hélène, quant à elle, en suivant Pâris, déclenche la colère de Ménélas et l'engagement des Grecs. Voir ici même 9 v. 186 et 29 v. 32.

[5] Ces trois types de personnes sont bien hétéroclites mais paraissent faire référence à différentes métaphores employées pour désigner les amoureux, celles de la conversation pastorale, de la chasse et de l'errance en mer. Voir ici même 9 *passim*, 18 v. 1-68 et la figure d'Actéon en 10, TS XX, TS CXI, TS CXII et 129.

Pour ces femmes qui sont aux humains si communes,
Tu es ferme en aimant, je n'en suis pas ainsi,
„ Si tost que j'en ay fait, je n'en ay plus soucy :
„ J'ayme pour mon plaisir, et non pour la durée,
„ Mon bien est-il passé, ma peine est endurée,
„ Aux hommes il sied bien, de changer leurs amours,
„ J'ayme autant de beautez, que je passe de jours.
Si une fois au change une femme est rendue,
Je luy baise les mains, elle est bien tost perdue ». [20 r°]
Mars escoutoit en peine, et ne sçavoit comment
Eschapper des hauts Cieux pour guerir cét enfant,
En fin tout resolu, comme il est à la guerre,
Il dit à Jupiter : « Moy qui suis de la terre
Le Prince et le Seigneur, je ne saurois souffrir
La peine de Venus, et son enfant mourir.
Que dira-on de nous, car nous avons puissance
De sauver qui nous plaist, et remettre l'offence
A ce petit enfant qui nous promet un jour,
„ De prendre un autre nom, plus brave que d'Amour.
Ce sont de faux rapports que l'on fait d'ordinaire,
De dire qu'il t'en veut, je ne le sçaurois croire,
S'il ne meurt où il est, il s'en doit ressentir,
Je croy qu'il le fera, et qu'il fera mentir
Tous ceux qui te l'ont dit, bien qu'il ne soit en aage,
Si ne manque-il pas de force et de courage,
Je te veux donc prier, que nous allions là bas
Reconduire sa mere, et puis qu'on ne sçait pas
Que tu es courroucé, il faut que tu le face
Guerir, par ma priere, et r'entrer dans ta grace :
Nous te servirons tous, si tu nous faits ce bien
Pour moy plus que jamais je demeureray tien.
Tu es assez vengé, d'avoir comme bon pere,
Deschargé dessus luy un brin de ta cholere.
Les Cieux n'ont point tonné, les esclairs ennemis

Par ton commandement, aux champs ne se sont mis.
Le reste de l'Olympe endormy de bonne heure,
Ne sçait si tu veux bien que ce pauvre enfant meure,
Ny moins qu'il soit blessé, et quand on le sçauroit
„ Tu es maistre des Dieux, qu'est-ce qu'il en seroit ?
Que dira-on de toy, si l'on voit ta vengeance
Ruiner ce pauvre enfant, enfant dis-je d'enfance, [20 v°]
Il est si peu meschant que tu ne dois peser
Les maux qu'il a commis, il n'y faut plus penser,
Tout le mal qu'il a fait avecques ses sagettes,
Il a rendu soubs luy quelques filles subjettes,
„ Qui veut avoir du bien, il faut du mal souffrir,
„ Et faut ainsi qu'ainsi, de quelque mort mourir :
Si quelque femme encore a fait la beste folle,
Ce n'est pas cét enfant qui de ses traits l'affolle,
Elle sçait bien que c'est que d'amour mieux que luy,
Elle en a le plaisir, luy le mal aujourd'huy,
Il ne fait que tirer, et peu souvent il blesse,
Et si pour tout cela de tirer il ne cesse,
Pour frapper une fois il tirera cent trets,
Et puis comme un enfant s'en va joüant après.
Les enfans des mortels ont bien des arbalestes,
Dont ils tirent sans fin, aux oiseaux et aux bestes,
Bien qu'ils ne tuent rien, ils n'ont autre soucy
Que de passer leurs temps à tirrotter ainsi.
Tu m'as icy conté l'une de ces blesseures,
Il n'y a rien pareil aux sanglantes morsures
Du serpent venimeux que tu as irrité[1],
Pour te couvrir là bas de ta desloyauté :
Je t'en parle en amy, tu m'as là fait un conte,
Je ne sçay pas si tu n'as ny vergongne, ny honte
De t'en fascher ainsi, tu ne sçay que tu fais,

[1] C'est à Amour que Mars fait ici allusion, à travers une comparaison peu commune et peu flatteuse.

Je veux bien si tu veux ne t'en parler jamais,
Je croy que tu pensois en quelque autre folie,
Et bien s'il a blessé ceste rose jolie,
Et ton Prestre sacré, Pithon, comme tu dis
Les a de leur blesseure, à mesme instant gueris,
Que veux-tu d'avantage, il faut que tu me donne
La grace de ton fils, et que tu luy pardonne : [21 r°]
Je t'en prie pour luy, il appartient aux Dieux
„ D'estre plains[1] de bonté, bons, justes, et pieux
„ La cruauté ne doit toucher l'ame divine,
Je ne veux de sang froid que l'homme on extermine,
Je suis brave au combat, et ne me haste pas,
Sur tout quand il y va de l'ame ou du trespas.
„ L'homme meurt une fois, une fois il habite
„ La terre, et une fois sans plus il ressuscite.
Secoue ton blanc chef, et jure dans ma main
Que tu ne seras plus si rude et inhumain
Envers ce pauvre enfant, qui attend d'heure en heure
Le retour de sa mere, et qu'en ses bras il meure.
Si tu m'en esconduits, je seray par mes yeux,
Homme pour ne venir jamais dedans les Cieux.
Si je t'avois laissé, Pluton me voulust croire,
„ Tu n'aurois tant d'honneur, ny d'amis, ny de gloire,
Quand Amour seroit mort, nous sommes assez forts,
„ Estans Roy des bas lieux, des vivans et des morts,
Et des obscurs enfers, tu aurois des estoilles,
„ Des foudres et des feux, nous des mats et des voiles
„ Des humains et des vents, des eaux et des forests,
Nous aurions bien Phebus, en se baignant après,
Car il est amoureux, je m'en mets en cholere :
Certes je te pensois mille fois meilleur pere,
Et tout plain[2] de pitié : Je voy bien que sans nous,

[1] Il faut comprendre « pleins ». Voir v. 851.
[2] Voir v. 828.

Tu serois pour un rien transporté de courroux,
Donne moy donc sa grace, et sur mon chef je jure,
Que s'il te fait jamais ou despit ou injure,
„ Moy-mesmes de mon bras, meurtrier des hommes vieux,
Je le feray mourir, si tu n'aime trop mieux
Le punir de ta main ». Alors Jupiter pense
Qu'il peut avoir de Mars pareille recompense, [21 v°]
Il renverse l'Arrest qu'il avoit ja donné,
Venus le va baiser, il luy a pardonné.
Voilà comme il fait seur des hauts Dieux s'entremettre,
L'on n'a honneur ny bien de courroucer son maistre,
Les ennemis d'Amour qui l'avoient fait juger,
Sont bien plus que jamais en peine et en danger,
Il s'en ressouviendra, et fera sans le faire
Punir ses[1] ennemis, et peu à peu deffaire.
Tousjours pour se venger, il blessera leurs cœurs
De traits d'antres[2] sanglans, qui portent les mal-heurs,
L'ennuyeux pensement, la peine et la tristesse,
Pour changer sans nul fruict, chasque heure de maistresse,
Ne faire que servir, et n'avoir jamais rien.
Si Amour le veut faire, il le fera fort bien.
J'aimerois mieux mourir qu'aimer sans asseurance,
Et n'entendre[3] jamais de mon mal recompense.

FIN.

[1] 1589 : *ces*.

[2] La graphie est visiblement fautive. La confusion entre « n » et « u » est possible mais ne semble pas clarifier le sens. Il faut peut-être comprendre : « De traits autres sanglants [...] qui portent les mal-heurs [...] ».

[3] La graphie est peut-être ici aussi fautive. On pourrait, de fait, lire « attendre » au lieu d'« entendre ».

[10] ODE.

Belle qui sur les monts couvers
De figuiers, et de lauriers vers,
Allois à la chasse :
Change je te prie mon nom,
Donne moy quelque beau surnom
Plain de bonne grace.

Mon cœur je t'en donne deux cens,
Du coffre d'or les excellens :
Que la bande immortelle
Mit à part pour mieux repriser
La blonde fille à baptiser
A ta saincte mammelle. [22 r°]

Je te nomme Royne des eaux,
Des beaux jardins, et des preaux.
O ma belle Elaphie[1],
Deesse des plaisans vallons,
Des costaux, des rochers, des monts,
En qui tant je me fie.

A cause de ces beaux rais d'or,
Dictyne[2] je te nomme encor,

---

[1] Création lexicale à partir du mot grec *elaphos* qui veut dire « cerf ». On peut gloser par : « O ma belle au cerf ». Dans le contexte de la référence à Diane, ce cerf renvoie à Actéon, changé en cerf pour avoir observé la déesse en son bain. Voir sonnets TS XX, TS CXI, TS CXII et 129 ainsi que Ovide, *Métamorphoses*, *op. cit.*, livre III, v. 131-252.

[2] Ce mot grec est l'une des épithètes de Diane et signifie « chasseresse au filet ». Par jeux de mot avec « retz », il a pu être attribué à Claude Catherine de Clermont, Maréchale de Retz. Voir élégie 113 v. 149 et, pour une mise au point éclairante sur les rapports entre la Maréchale de Retz et les poètes de son temps,

Et pour l'amour de Delle,
Ma Dellyenne[1] je te veux
Donner ce surnom gracieux,
Puis que tu m'es fidelle.
Celle heureuse qui te porta
Le thresor du monde enfanta,
O beaux pilliers d'yvoire,
Des ombres elle n'avoit soing,
Le tenebre en estoit trop loing,
Lampe de ma victoire.

Je seray tousjours amoureux
De ton œil et de tes cheveux,
O ma belle Theante[2],
Princesse du mont Avantin[3],
Avanturiere du matin
Qui seule me contente.

FIN.

[22v°]

E. Buron « Le mythe du salon de la maréchale de Retz. Éléments pour une sociologie de la littérature à la cour des derniers Valois » dans *Henri III mécène des arts, des sciences et des lettres*, *op. cit.*, p. 305-315.

[1] Ce surnom est donné à Vénus qui avait un temple célèbre sur l'île de Délos. Le nom de l'île apparaît d'ailleurs dans le vers précédent sous la graphie « Delle ».

[2] Ce nom semble une invention du poète. On peut supposer qu'il est construit autour de la racine « théa » qui veut dire « déesse » en grec. Il est repris sous la forme « Thoante » dans l'élégie 25 v. 293 et sous celle de « Toante » dans l'ode 72 v. 102.

[3] Sur ce mont de la ville de Rome se trouvait le principal temple de Diane en Italie.

[11] ODE.

C'est de la propre main
De ce demon vainqueur
Que le trait m'est au sain[1]
Fiché, blessant mon cœur.
Il a de son espée
Defillé mes beaux jours ;
Helas de mes amours
La fisselle est couppée.

O Dieux il m'a deffait
Trop mal-heureusement,
De sa main j'estois fait,
Mais trop hastivement,
Son obstiné courage
Ne s'est point addoucy :
Mais plus remply de rage
Comme un roc endurcy.

Las il m'a en danger
Mille fois exposé,
Ayant sceu eschauffer
Le subjet opposé.
Devant ma triste veuë,
Il fit par mes travaux
Ma fievre continue[2],
Et l'ardeur de mes maux.

FIN. [23 r°]

---

[1] Cette orthographe pour « sein » apparaît plusieurs fois dans le recueil. Voir TS XVII v. 10 ou TS XXVIII v. 6.

[2] Voir vers 69 pièce 18 et 11 pièce 44.

[12] A MADAME, QUI NE M'A JAMAIS VOULU AIMER. ODE.

Que ne vous changent les Dieux
En la Deesse d'Ormine[1],
Qui en arbre gracieux,
Porte la rose et l'espine,
L'une pour sa cruauté,
Et l'autre pour sa beauté.

Moy j'ay cueilly de ces fleurs,
Sans danger et sans piquure,
Mais de voz yeux tous les cœurs
N'esvitent l'aigre bruslure,
Dont le mien en cendre mis
Loüe ces beaux ennemis.

O ennemis trop felons,
Ennemis dont je me fie,
Jettez moy tous voz brandons,
Puis que je m'en glorifie,
Et me bruslant peu à peu
Renforcez tousjours mon feu.

---

[1] Ce nom propre pourrait bien provenir d'une déformation de celui du village grec d'Orménio, cité par Homère dans l'*Iliade*, situé à la frontière avec la Bulgarie. Dans la mythologie ce lieu était censé être frontalier du territoire des Hyperboréens, peuple mythique dont Artémis serait la reine. Cependant, la déesse associée aux rosiers et surtout à leurs épines, est bien Aphrodite qui, s'y piquant en secourant Adonis, aurait teint leurs fleurs en rouge. Une autre version du mythe rapporte que ce sont des larmes de la déesse que les roses sont nées. Le propos de Beaujeu, pour obscur qu'il soit ici, n'en est pas moins original : le poète demande aux dieux de changer sa dame en rose, fleur inoffensive pour lui comme le dit la seconde strophe, contrairement aux yeux de la dame qui sont les véritables dangers. Voir Homère, *Iliade*, *op. cit.*, II, v. 734 et P. Grimal, *Dictionnaire de la mythologie grecque et romaine*, *Dictionnaire de la mythologie grecque et romaine*, Presses universitaire de France, Paris, 1996, p. 13.

Obstiné comme je suis,
Tirez[1] des flames sans cesse :
Comme vous fort je poursuis
La fin de ceste tristesse :
Si je fais ce que je doy,
C'est pour honnorer ma foy. [23 v°]

O beaux yeux que j'aime tant,
Assaillez tousjours mon ame,
Pour me rendre aussi contant
Que mon sort et que Madame,
Tant que je vivray je veux
Brusler tousjours de ces feux.

Si elle veut me nourrir
Et tirer de mon service,
Je le veux, s'il faut mourir
Mourons, pourveu que je puisse
Avant qu'entrer au tombeau,
Baiser un coup son œil beau.

O beaux cheveux deliez[2],
Mes beaux fers que je vous aime
D'avoir mes deux bras liez,
Prisonniers d'un bien extreme,
Vous estes belle prison
Ma mort et ma guerison.

FIN.

[1] 1589 : *Tirois.*

[2] Il y a peut-être sur ce mot une syllepse puisque, si l'on peut bien comprendre que c'est la délicatesse des cheveux qui est ici vantée, la rime avec l'adjectif « liez » laisse entendre que la coiffure de la dame a été dénouée pour mieux entraver les « bras » du locuteur. La rime est déjà présente chez Ronsard. Voir ici même 143 v. 108 et Ronsard, *Œuvres complètes*, *op. cit.*, t. IV (1992), p. 20, XVII, v. 1-4.

[13] STANCES.

Hercule[1] finissant son deuxiesme an nouveau,
Se leva courroucé, et sortit du berceau
Pour occire, hardy, les bestes venimeuses[2] :
Voilà pourquoy l'on voit aux bruslantes moissons[3],
Au chariot doré quatre serpens felons,
Passer plaines et monts, et forests espineuses[4].

O Deesse[5] à bon droict tu l'appelois ton cœur,
Il fut des plus vaillans le redouté vainqueur, [24 r°]
Maintenant tu le pleure, or pleure bien ta faute :
Car tu avois alors puissance entre les Dieux,
Qui eust peu contredire à ta volonté haute ?
Il fust ore immortel pour te servir aux Cieux[6].

Il fut digne d'amour, et devoit estre aimé,
Te servant il deffit maint animal armé

---

[1] Ce demi-dieu antique est particulièrement important dans ce début de recueil car il intervient, avec Mars, comme la figure du guerrier. Beaujeu a notamment pu trouver un récit de ses exploits dans les *Métamorphoses*. Voir Ovide, *Métamorphoses*, *op. cit.*, IX et, pour un aperçu complet des différentes versions de sa légende voir P. Grimal, *Dictionnaire…*, *op. cit.*, p. 187 *sq.*

[2] Dans cet épisode, le jeune Hercule, qui s'appelle encore Alcée, tue deux serpents envoyés par Héra. Voir Ovide, *Métamorphoses*, *op. cit.*, IX, v. 85 *sq.*

[3] La constellation portant le nom d'Hercule est visible durant l'été, ce qui peut expliquer la mention des « moissons », ces travaux agricoles ayant lieu en période estivale.

[4] Ce passage énigmatique a pu être inspiré à Beaujeu par le récit de l'apothéose d'Hercule par Ovide. Le poète latin montre ainsi Jupiter enlevant Hercule sur un « char attelé de quatre chevaux, dans la splendeur des astres ». Voir Ovide, *Métamorphoses*, *op. cit.*, IX, v. 271-272.

[5] Il s'agit d'Héra. Elle avait rendu Hercule fou en le poussant à assassiner sa femme, Mégara, et ses enfants pour se venger de l'adultère commis par Zeus avec Alcmène, qui donna naissance au héros. Elle pousse Eurysthée à imposer à Hercule les fameux travaux pour tenter de se racheter.

[6] Le vers est faux dans l'original en raison de la forme « ores ».

D'ongles, et de venin, tesmoing un essartée[1],
Un serpent, un lion, mille monstres encor[2],
Sans cesse souvenant de ces beaux cheveux d'or,
Qui devint pour te plaire un miserable Anthée[3].
Miserables je tiens tous les presomptueux,
Qui faschoient ton amy, de tous victorieux,
Il arracha la corne à ce Roy d'Etolie[4],
Fleuve tousjours mutin en quoy il fut mué
La perte de Gnacus[5] lance-feu transmué
Aux tortillans esclairs de la foudre noircie[6].

---

[1] Le terme est énigmatique. Il ne se trouve pas dans le dictionnaire et sa graphie interpelle. Il pourrait s'agir d'une substantivation du participe passé « essartée » qui signifie « détruit ». Dans le contexte de rappel des exploits d'Hercule, cet « essartée » pourrait bien être le sanglier d'Erymanthe. Voir glossaire et P. Grimal, *Dictionnaire…*, *op. cit.*, p. 192.

[2] Ce vers fait référence au lion de Némée et à l'Hydre de l'Herne.

[3] Le pronom relatif en tête de ce vers signifie « Lui qui ». « Anthée » n'est sans doute pas le géant, fils de Gaïa, qu'Hercule étrangle en l'empêchant de se régénérer au contact de sa mère, la terre. P. Grimal évoque un autre Anthée, otage à la cour du tyran de Milet, Phobios. Ce jeune homme résiste aux avances de la femme du roi qui décide de se venger en l'envoyant chercher une coupe d'or au fond d'un puits. Une fois Anthée au fond du puits, elle lui lance une pierre et le tue. Prise de remord elle se pend elle-même. Le nom agirait ici comme une antonomase pour qualifier un amant manipulé par sa maîtresse. P. Grimal, *Dictionnaire…*, *op. cit.*, p. 38.

[4] 1589 : *roy de Tollie*. Il s'agit ici d'Acheloos, fleuve d'Étolie. Ce dieu avait la faculté de se métamorphoser. Il était le voisin d'Œnoé, roi de Calydon qui lui donna sa fille, Déjanire. Celle-ci, gênée d'un tel mari, accepta la main d'Héraclès dès qu'elle le vit. Acheloos combattit pour conserver sa femme et se transforma en taureau. Héraclès lui arracha une corne et emporta la victoire. Acheloos réclama sa corne et aurait donné la corne d'abondance au demi-dieu en échange. Voir P. Grimal, *Dictionnaire…*, *op. cit.*, p. 4.

[5] Il n'est pas impossible que derrière cette graphie obscure se cache le simple nom de Nessus qui, aidant Déjanire et Hercule à traverser une rivière, tenta de violer la jeune fille. Tué par Hercule, le centaure donne quelques gouttes de son sang à Déjanire en le présentant comme un puissant philtre d'amour. Jalouse, Déjanire enduit la tunique de son mari du sang en question qui brûle la peau du héros et s'enflamme au soleil. Peut-être est-ce là l'origine de l'épithète « lance-feu » et du complément « aux tortillans esclairs ». Voir P. Grimal, *Dictionnaire…*, *op. cit.*, p. 192.

[6] La construction de ces deux vers est à rattacher au verbe « arracha » du vers 21, le participe passé « transmué » étant épithète de « il » qui renvoie à Hercule. Le vers 24 est plus compliqué à interpréter mais on peut émettre l'hypothèse que ce groupe nominal complète « lance-feu ». Cette description de

„ Amour est tout du Ciel, tout divin, fait d'un Dieu,
Tenant tousjours de soy il s'addresse en haut lieu,
Qu'est-ce que de tuer les gardes esperides[1] :
O divine, aussi tost tu le devois ravir,
Puis qu'il se plaisoit tant à t'aimer et servir,
Si tost qu'il eut tué les oiseaux stimphalides[2].
Il occit les trois corps de ce preux Gerion[3],
Cela meritoit bien qu'il fust en ton giron,
Ou luy faire un beau lict de tes gerbes mignonnes,
Ceste biche en mourut, qui plus vite couroit
Qu'Eolle couroucé, son souffle ne poussoit[4],
„ Et puis quel acte encor de planter les collonnes[5].
Les Gnades[6] sçavoient bien qu'un tonnent Jupiter

---

la souffrance d'Hercule avant sa mort est peut-être à nouveau tirée d'Ovide. Voir Ovide, *Métamorphoses*, *op. cit.*, IX, v. 170-175.

[1] Trois nymphes gardaient le jardin où se trouvaient les pommes d'or. Apollodore dit bien que « Les Hespérides en [les pommes] avaient la garde avec lui [un dragon] ». Apollodore, *Bibliothèque*, traduite, annotée et commentée par J.-C. Carrière et B. Massonie, Paris, Les Belles Lettres, 1991, III, p. 72, 114.

[2] Oiseaux innombrables et, selon certaines légendes, mangeurs d'hommes, qu'Hercule tue en les effrayant à l'aide de castagnettes d'argent avant de les abattre de ses flèches. P. Grimal, *Dictionnaire…*, *op. cit.*, p. 192.

[3] Géryon, monstre à trois têtes et trois corps, vivait sur l'île d'Érythie. Il possédait des troupeaux de bœufs qu'Hercule vint lui voler. *Ibid.* p. 193.

[4] Ces deux vers instaurent une comparaison entre la vitesse de la biche et celle du « souffle » d'Éole. De fait, « Eolle » est bien le sujet du verbe « poussoit ». On peut gloser par : « la biche courait plus vite qu'Éole, courroucé, ne poussait son souffle ». Il s'agit du quatrième travail imposé par Eurysthée à Hercule sur les ordres d'Héra. Le héros doit ramener l'une des biches qu'Artémis avaient trouvées en train de paître sur le mont Lycée. La biche était si rapide qu'Hercule dut la poursuivre un an et la blesser avant de pouvoir la rattraper. P. Grimal, *Dictionnaire…*, *op. cit.*, p. 192.

[5] Lors de l'épisode des bœufs de Géryon, Hercule aurait élevé deux colonnes de chaque côté du détroit de Gibraltar, les rochers de Ceuta et de Gibraltar. P. Grimal, *Dictionnaire…*, *op. cit.*, p. 194.

[6] Cette appellation est mystérieuse. Ovide mentionne les « matres Cadmeides », de Cadmus, fondateur mythique de Thèbes, femmes âgées qui président à l'accouchement d'Alcmène. Ce nom, francisé en « Cadme » et mal lu pourrait se dissimuler sous l'énigmatique « Gnades ». On peut aussi faire l'hypothèse qu'il s'agisse d'une invention de Beaujeu à partir du terme « Gnide », lui, bien attesté. Cette ville possédait un temple de Vénus bien connu et des jardins consacrés à la déesse. Ronsard les évoque dans ses *Amours*. On pourrait dès lors voir dans ce nom la

L'avoit fait dans le lict d'une nimphe enfanter,
Il fut nommé Alcide, et pour l'amour d'Alcée,
Laxe son bras robuste en tout temps soustenoit, [24 v°]
Le fleuve Saguany[1] pour un Dieu le tenoit,
Et devost l'adoroit sur l'herbe damacée.
A je me doute[2] bien pourquoy tu l'as laissé
Brusler dans le tissu de son mal-heur chassé,
Qui luy fut envoyé par ceste Dejanire[3],
C'est pour l'amour d'Omphelle à qui ton amoureux
Portoit tant d'amitié, qu'il en fut odieux
A ceux qui d'un enfant deffendoit cét Empire[4].
Il fut si fort espris du feu beau de ses yeux,
Que d'elle ensorcelé il mesprisa les Cieux,
Et filloit sa quenouille ainsi qu'une pucelle,
Il baloya sans cœur tous les jours la maison,
Perdant pour ses combats la plus belle saison,
Et laissa soubs les eaux enfoncer sa nasselle[5].

FIN.

---

désignation par métonymie des nymphes suivant Vénus. Voir Ovide, *Métamorphoses*, *op. cit.*, IX, v. 304 et Ronsard, *Œuvres complètes*, *op. cit.*, t. IV, sonnet XCIX.

[1] Le nom de ce fleuve est inconnu de Grimal. La légende du demi-dieu est traditionnellement rattachée à l'Acheloos, avec lequel il se bat, ou au Scamandre, qu'il est supposé avoir créé. Le nom de fleuve le plus proche, phoniquement, cité dans la mythologie grecque, est le « Sangarios » mais ce cours d'eau n'a rien à voir avec Hercule. Voir P. Grimal, *Dictionnaire…*, *op. cit.*, p. 414.

[2] 1589 : *doutes*.

[3] Déjanire imprègne une tunique de ce qu'elle croit être un philtre d'amour et qui n'est autre qu'un poison fabriqué à partir du sang du centaure Nessos, qu'Hercule avait tué. Elle l'envoie à Hercule, alors amoureux de Iole avec qui il vit, pour le faire revenir.

[4] Cette reine d'Épire ou de Lydie qui réduit Hercule à une forme d'esclavage amoureux est plus connue sous le nom d'Omphale. S'habillant avec les attributs du héros, la massue et la peau du lion de Némée, elle oblige son amant à filer le lin à ses pieds. Cette dernière partie du mythe herculéen explique la mention de la « quenouille » du vers 51. P. Grimal, *Dictionnaire…*, *op. cit.*, p. 328 et ici même 18 vers 209 et TS LXXI.

[5] Selon certaines légendes, brûlé par la tunique de Déjanire, Hercule se jette dans un fleuve voisin de Trachis où résidait Déjanire. Selon d'autres, il regagne la Grèce en bateau avant de s'immoler par le feu sur une colline surplombant la ville de Trachis. Le locuteur semble mêler les deux versions. P. Grimal, *Dictionnaire…*, *op. cit.*, p. 202-203.

[14] QUADRAIN.

„ Il est plus d'Hercules[1], qu'il n'a[2] de renommée,
„ Il est plus de Cesars, qu'à Rome il n'y en eut[3],
„ Plus de sages vieillards, que Thebes onques n'eut
„ Et faute d'en avoir, la France est bien ruinée.

[15] ELEGIE.

Près du bord verdissant de la douce riviere,
Qui retourne trois fois, chacun jour en arriere[4] :
Sur les fleurs Ibicus[5] se reposoit seulet,

---

[1] Il faut prononcer ce mot [ɛrkulɛs] et considérer qu'il s'agit là du pluriel d'Hercule. Faute d'une telle prononciation, le vers est faux.

[2] La tournure signifie « il n'y a ».

[3] 1589 : *il n'en fut*.

[4] Il pourrait s'agir d'un souvenir d'Ange Politien qui évoque dans ses *Sylves* « comment depuis une vallée profonde, les ondes d'un fleuve suivirent la lyre d'Orphée d'un pied liquide en remontant leur cours [...] ». Voir 199 v. 351 et A. Politien, *Les Sylves*, texte traduit et commenté par P. Galland, Paris, Les Belles Lettres, 1987, *Nutricia*, p. 318, v. 285-286.

[5] Ibycos, poète grec du VIe siècle av. J.-C. dont il ne reste qu'une douzaine de fragments de quelques vers, est surtout connu pour la légende entourant sa mort sur laquelle brode ici Beaujeu. Originaire de Rhégium en Grande Grèce, il aurait vécu à la cour du tyran Polycrate à Samos. Vivant en ermite, il est un jour attaqué par des brigands et tué en appelant des grues à l'aide. Quelques temps après, les brigands, apercevant des grues, s'écrient en riant : « Voici les vengeurs d'Ibycos ! ». Les gens autour d'eux en appellent aux magistrats et les brigands sont condamnés. À la Renaissance, Ange Politien dans les *Sylves* et Érasme dans ses *Adages* évoquent aussi ce personnage. Voir Plutarque, *Œuvres morales*, t. VII-1, *Du bavardage*, texte établi et traduit par Jean Dumortier, Paris, Les Belles Lettres, 1975, 509 D, p. 245, *Anthologie grecque*, texte établi par P. Waltz, Paris, Les Belles Lettres, 1960, t. V, « Épigrammes Funéraires », n° 714 et 745, A. Politien, *Les Sylves*, *op. cit.*, *Nutricia*, p. 344, v. 614-617 et Érasme, *Les*

Composant main Quadrain, mainte[1] Ode, maint Sonet,
Son luth auprès de luy, dont la douce harmonie,
Faisoit naistre les fleurs, des jardins d'Armenie[2] : [25 r°]
Sans travail, sans semence, et au peuple noircy[3],
Donnoit maint gris œillet, et maint doré soucy,
Estant Prince de ceux qui sur ce roc antique,
Ensorceloient le Ciel d'une douce musique.
Un jour se promenant à la fraischeur du bois,
Sonnant une Ode saincte, au seul Prince des Rois,
Que n'aguiere il avoit à son los composée[4],
Au chant des Rossignols sur la rive accoisée,
Où il chantoit sans cesse aux fraischeurs du matin,
Enferré des beautez d'une jeune Catin[5],
Qui cherement l'aimoit, et qu'il avoit choisie[6]
Pour martyre amoureux de son heureuse vie.
Or comme la fortune en noz jours glorieux,
Nous veut souvent lever jusques dedans les Cieux,
Nous desrobbant ainsi ses cheveux et sa face,
Elle nous va plongeant pour jamais en disgrace,
Ou si nous revenons à elle pour la voir,
Elle n'est rien sinon que des maux le miroir,

Adages, sous la direction de J.-Ch. Saladin, Paris, Les Belles Lettres, 2011, t. I, adage 822, « Les grues d'Ibycus ».

[1] 1589 : *maint.*

[2] Cette mention ne semble pas avoir de référent précis. L'Arménie est cependant considérée dans l'Antiquité comme une terre froide et hostile : si le poète parvient à y faire pousser des fleurs, c'est qu'il est divin. Voir par exemple Horace, *Odes, Épodes…*, *op. cit.*, II, ode 9, p. 167.

[3] C'est probablement le soleil et le travail en plein air qui donne cette couleur au « peuple ».

[4] 1589 : *n'aguieres.*

[5] Catin, nom topique de la jeune femme dans la poésie amoureuse, diminutif familier de Catherine. Le nom de Catin est souvent associé à une poésie érotique sans la connotation péjorative actuelle du nom propre substantivé. Voir *index nominum*, Marot, *Œuvres complètes*, *op. cit.*, *Épigrammes*, livre III, épig. 87, livre IV, épig. 8 et Ronsard, *Œuvres complètes*, *op. cit.*, t. V, *Folastries*, III, v. 5, 17 et *sq.*

[6] 1589 : *qui l'avoit choisie.*

Qui nous fait souvenir, comme c'est sa nature,
Du bien esvanouy par la mesaventure.
Ainsi donc ce vieillard assis en ces vallons,
Fut surprins en sursault de trois brigans felons,
Qui luy ostent manteau, chausses, pourpoint, chemise,
Et son luth, et ses vers, où sa richesse est mise,
Le tirassent à terre ainsi que lions fiers,
Voulant de son chef docte estre desja meurtriers.
Ainsi le blanc vieillard avoit l'ame esperduë,
Tenant son thresor prins, et sa vie perduë :
Mais les brigans esmeus de honte et de pitié,
Demandent au vieillard qui mouroit à moitié,
Où estoit son thresor, et à l'instant luy dirent :
« Qui es tu ? D'où es tu ? » Puis après luy permirent [25 v°]
De leur dire son nom, d'où il estoit venu :
Le pauvre homme estonné, d'estre ainsi prevenu,
Tremble, souspire, plaint, car sa prompte disgrace,
Luy fait changer de voix, de façons, et de face.
Tant il a de frayeur, il ne sçait que penser,
Et n'oseroit craintif son propos commencer.
A la fin reprenant par la main sa science,
Se r'asseurant un peu, son propos il commence.
« Je suis, dit-il, meurtriers, de ce pays icy,
Et n'eus onc en ma vie enprise, ny soucy
De troubler tant soit peu l'Estat des Republiques,
Et moins de reformer les loix Ecuminiques,
Des honneurs de ce monde et de l'ambition,
Je ne cherché[1] jamais ma libre affection,
Ny d'estre auprès des Rois je n'eus oncques envie,
Ayant tousjours voulu rendre libre ma vie.
Si c'estoit pour souffrir maintenant le trespas,
Ou aller à la Cour, je ne le voudrois pas,
Je sçay bien que la Cour est chose peu prospere,

[1] Sous cette graphie simplifiée, il faut comprendre « cherchai ».

Si un est bien-heureux, cent vivent en misere,
Les rossignols sans plus furent mes courtisans,
Mes compagnons aimez, mes chantres mieux disans,
Et ce vallon icy mon Palais ordinaire,
Où je fais residence en repos solitaire.

En pur or je n'ay beu le vin delicieux,
La douce malvoisie, et le suc precieux
De l'arbre donne-miel[1], ains sur la verte croupe
De ce rocher plain d'eau, en tout temps est ma coupe[2].

Je ne dormis jamais sur un lict recouvert
De riche broderie, ains sur quelque pré vert
Je me suis reposé, à la voix de mes chantres
Et par l'orage fort, je me mets en ces antres[3] : [26 r°]
Je ne vis jamais sang ruisseler à mes pieds,
Mais en me promenant par les champs espieds,
J'ay cent fois delivré et Bergers, et Bergeres
Des ongles affamez des bestes forestieres.

D'un air gros et espais, je n'ay mon sein repu,
Mais bien de celuy-cy qui n'est point corrompu :
Le sucre doux amer, d'une Cour hypocrite
Ne m'a sceu empescher d'estre Norocrittique[4].

---

1 Cet adjectif hellénisant qui met en avant la profusion de la nature est certainement en partie inspiré de Virgile. Dans les *Géorgiques* celui-ci évoque la fin d'un âge d'or décidé par Jupiter qui fait notamment chuter « les miels [...] des feuilles ». C'est, cependant, dans les *Bucoliques* que l'on trouve la mention la plus claire de ce motif lorsque Virgile annonce qu'à la lecture des « louanges des héros [...] les chênes rigides feront suinter des rosées de miel. » Voir Virgile, *Œuvres complètes*, *Bucoliques*, *op. cit.*, IV, v. 30 et *Géorgiques*, I, v. 131.

2 Ce motif est repris au sonnet 161 v. 7.

3 1589 : *hantres*.

4 Si le vers est juste, le mot, lui, n'est pas attesté dans la lexicographie et pose problème à la rime. On peut y voir une erreur de composition pour « onirocrite » bien attesté dans Cotgr. et FEW VII, 355a/b : *oneiros* depuis Rabelais. Il s'agit de la francisation du grec *oneirokritikos*, « qui interprète les rêves », titre d'un traité d'Artémidore d'Éphèse. Le mot est aussi employé par Plutarque dans sa *Vie d'Aristide*. Ce terme pourrait renvoyer ici à l'activité du poète, attentif aux rêves et à la nature plus qu'à la communauté des hommes dont il s'est détaché. Le mot a également l'avantage de rétablir une rime satisfaisante mais il faut alors

Les sciences sans plus, sont mes belles amours,
Et du secret des Dieux, je parle tous les jours,
Le hardy diamant, le rubis, la topase[1],
Ny perles n'ont jamais fait[2] honneur à ma face,
Seulement d'un laurier, ou d'un sacré œillet,
De roses, et de lis, j'ay fait maint chapelet :
J'en parfume mon sein, l'or en pesante chesne
Attachée à mon col ne m'a donné la gesne :
Mais d'une belle ysope, et d'un romarin beau
J'ay fait, en m'esbattant, maint odorant chappeau[3],
Je n'eus onc bracelet sinon de giroflée,
Qui ne me fit jamais la main grosse et enflée[4].
Je ne fus onc assis aux places où l'on fait
Enqueste des meschans, par tesmoins du forfait,
Je ne jugeay jamais l'innocent en justice,
Ny n'ay jamais veu corps estendu au supplice,
Seulement je suis Juge en ce climat de bois,
Lequel de mes oiseaux a la meilleure vois,
Ma richesse est mon luth, et mes Odes divines
Sont les riches thresors que je tire des mines,
De la seule vertu de mon contentement.
Ma barbe s'est blanchie, ainsi non autrement :
Pourquoy me faites vous, meschans, ce tort extreme,
Qui de douleur me fait sortir hors de moy-mesme ? [26 v°]

---

modifier le vers qui deviendrait : « Ne m'a sceu empescher d'être [un onirocrite]. Voir Artémidore, *La Clef des songes*, traduction de A.-J. Festugière, Paris, Librairie Philosophique J. Vrin, 1975, et Plutarque, *Les Vies des hommes illustres*, traduction de Jacques Amyot, texte établi et commenté par G. Walter, Paris, Gallimard, 1953, t. II, *Vie d'Aristides*, LXVI, p. 750.

[1] 1589 : *tompase.*

[2] 1589 : *fais.*

[3] Ce motif du chapeau fait de fleurs ou sur lequel sont disposées des fleurs revient souvent dans le recueil. Voir 17 v. 19-22, 24 v. 326, 78 v. 48, 107 v. 43, 116 v. 162.

[4] Ce long passage qui glorifie la vie champêtre et comporte en creux une satire des milieux curiaux et courtisans est peut-être issu d'un souvenir de Politien. Voir A. Politien, *Les Sylves*, *op. cit.*, *Rusticus*, v. 17-30.

Ha combien je me sens de voz coups tourmenté,
Quel tort vous ay-je fait pour estre ainsi traitté ! »
« Tu es, dit un brigand, quelque riche personne,
Qui sur chacun proffite, et qui à nul ne donne :
Sus, il nous faut donner de quoy nous secourir,
Et si tu ne le fais, tu es seur de mourir :
Car nous ne scaurions vivre icy trois que nous sommes,
Estant banny des Dieux, des villes et des hommes,
Sans avoir des moyens de ceux qui en ont tant,
Et pour ce[1] il faut mourir, sinon argent contant ».
« O Dieux dit Ibicus, qui m'avez en ma vie,
Monstré tant d'amitié par la bonté benie,
Dont vous usez sans fin envers voz serviteurs,
S'il vous plaist ostez moy des mains de ces volleurs.
Hé comment ô meurtriers, oseriez vous bien mettre
Voz homicides mains, sur moy vieil, qui suis Prestre,
Interprette des Dieux, et Secrettaire encor,
Ne congnoissez vous pas ceste plume icy d'or :
Riche present des Dieux, las ! je n'ay pour richesse
Que mon luth, et mes vers, ma voix, et ma vieillesse. »
A ce mot les meschans de peur d'estre surpris,
Ont de cent coups mortels envoyé ses esprits,
Et son ame grondante aux rives oublieuses[2],
Où elle est en repos avec les bien-heureuses.

FIN

---

[1] Il faut élider ce « e » pour prononcer le vers justement.

[2] Lors de sa descente aux Enfers, Énée aperçoit le séjour des bienheureux le long des rives où les âmes boivent « les longs oublis ». Virigile, *Œuvres complètes*, *op. cit.*, *Énéide*, chant VI, v. 638-639 et surtout 713-715.

[16] EPITAPHE D'IBICUS.

Icy gist Ibicus Concierge d'Elicon[1],
Qui vainquit autresfois par sa docte chanson.
Le sacré Rossignol, et de Parnasse l'auge[2],
Repose[3] au bruict des flots de son renommé Geauge[4].

[27 r°]

Icy gist Ibicus, le Roy des mieux disans,
L'honneur des belles sœurs[5], chef de leurs courtisans,
„ Intendant de leur source[6], et crainte de fortune,
„ Qui souffrit mille morts[7], au lieu d'en souffrir une.

FIN.

---

[1] Le mont Hélicon était, avec le Parnasse, l'un des monts de l'Attique où étaient censées résider les Muses.

[2] Le mot a ici très probablement le sens astronomique d'« apogée ».

[3] Il s'agit sans doute ici d'un subjonctif de souhait devant lequel il faut sous-entendre « qu'il ».

[4] Le terme « Geauge », sous sa graphie complexe, renvoit sans doute simplement au toponyme, « Jaulges », domaine du locuteur.

[5] Il s'agit des neuf Muses.

[6] La source Hippocrène, issue du sabot de Pégase, située sur le mont Hélicon.

[7] Cette expression hyperbolique de la souffrance amoureuse, caractéristique du pétrarquisme apparaît huit fois dans le recueil. On trouve aussi les variantes « cent mille morts » en 81 v. 370 et « dix mille morts » en 247 v. 102 et 274 v. 298. L'expression est présente chez Pétrarque, *Canzoniere*, *op. cit.*, p. 303, s. 164, v. 13 et Scève, *Délie*, *op. cit.*, p. 16, dizain XXII, v. 2 ou p. 72, dizain CXLVII.

[17] ODE.

« Belle fille que je voy[1],
Donne moy le bout du doy,
Baise moy douce fillette
Pour l'amour de ma Rosette,
Vrayment je te recongnoy[2]
Pour estre fille discrette[3].

Ne viens-tu pas du jardin,
Dy moy ma belle Catin,
Ta Rose est elle fleurie,
Mon cœur, ma petite amie,
Ne sera-ce que demain
Qu'elle sera espannie[4].

Ce beau soucy jaunissant
N'est-il pas ja florissant ?
Et ta belle giroflée
N'est-elle pas boutonnée ?
Et ton œillet rougissant
Monstre-il sa fleur plissée ?

Me veux-tu faire un chappeau ?
De ta main, je le veux beau,

---

[1] Cette pièce est l'unique citée dans les *Œuvres des poètes français du XVIe siècle, contemporains de Ronsard, publiées avec notices, notes et index par Louis Becq de Fouquières*, Paris, G. Charpentier, 1879, p. 345.

[2] Le vers est faux dans le texte original où l'on trouve « Vrayement je te recongnoy ». L. Becq de Fouquières corrige déjà en « Vrayment je te recongnoy ». Voir *Ibid.* et TS CVIII v. 3.

[3] Cette pièce est mentionnée dans Ph. Martinon, *Les Strophes*, Genève, Slatkine, 1989 (1912), p. 564 sous la rubrique sixain d'heptasyllabes de la forme aabbab.

[4] Il y a sans doute derrière ce passage un souvenir de Ronsard. Voir par exemple Ronsard, *Œuvres complètes*, *op. cit.*, t. V, p. 196.

Bigarré de cent fleurettes,
Grises, blanches, violettes[1], [27 v°]
En ce doux Prin-temps nouveau,
Faits moy un lict de rosettes. »

« Ouy me respondit Catin,
Je reviendray du matin
En faire un à la rosée. »
« Mon cœur tu seras baisée
Plus de mille fois demain, »
Puis là, j'ay Catin laissée.

FIN.

[18] ELEGIE.

Que l'on ne blasme plus Thetis[2] d'estre inconstante,
Ny les vents enragez sur elle murmurante,
Assaillir les rochers tousjours à coups de flots,
Ny avoir[3] pour jamais Eole sur le dos,
Où les hauts temps[4] divers et murmurans orages,
Perdent hommes et or, au retour des voyages.
Fors que moy tout prend cesse, et ne peut mon amour
Cesser tant seulement demie heure le jour[5].

---

[1] Sur ce motif du chapeau de fleurs voir 15 v. 88.

[2] Déesse de la mer, Téthys n'apparaît ici que comme antonomase de la mer.

[3] Comme le verbe « assaillir » au vers précédent, cet infinitif est à rattacher à la tournure « que l'on ne blâme plus Thétis d'[…] ». Il faut donc sous-entendre un « d' » avant ces deux verbes.

[4] Il s'agit bien du vent d'autan. Voir le glossaire à « hault-tans ».

[5] L'idée selon laquelle les éléments naturels finissent toujours par se calmer contrairement à la souffrance amoureuse de l'amant provient du sonnet 151 du *Canzoniere* qui débute ainsi : « Les flots tempétueux et sombres de la mer / jamais n'a fuit au port nautonier fatigué, / comme moi, loin des troubles et noires

Amans, voyez Amour, faites luy recongnoistre
Comme il prend son plaisir, me faisant tousjours estre
Joüet de sa tempeste, ayant moins de repos,
Que soubs les plus forts vens, n'ont les plus legers flots[1].
La mer tousjours n'est pas en tourmente eternelle,
Le vaisseau tourmenté, n'est pas tousjours sans voile[2],
Ny les vents ennemis, immortels des lieux hauts,
Ne sont pas obstinez pour jamais sur les eaux,
Les Nochers peu souvent, voyant briser leur hune,
Ne vont espouvantez tousjours courant fortune, [28 r°]
Ny[3] le cor de Tritton lassé de les fascher,
Vuide de voix enfin, cesse de les hucher.
Les moites Citadins[4] ne sont parmy les ondes[5]
Montez ou descenduz aux cavernes profondes,
Ny[6] l'agille rouseau, sur les bords estandu,
N'est tousjours assailly des ondes espandu,
„ Un jour vient que Neptun fait sonner la retrette
„ Et des eaux, et des vents, par sa blonde trompette :
Cela fait, et les mers, et tout ce qui les suit
Demeurent en silence, et ne font plus de bruit.
Fortune a beau courir au long des cois rivages,

---

pensées, / je fuis où m'aiguillonne et pousse un haut désir. » Voir Pétrarque, *Canzoniere*, *op. cit.*, p. 289, s. 151, v. 1-4.

[1] Ce motif qui compare l'amant au pilote pris dans la tempête vient de Pétrarque et a été repris par Ronsard. Voir par exemple Pétrarque, *ibid.*, p. 327, s. 189 ou Ronsard, *Œuvres complètes*, *op. cit.*, IV, p. 48, XLV v. 9-14, IV, p. 92, XCII v. 9-14 XVII-2, p. 199.

[2] La rime est rendue possible par la prononciation ancienne du graphème « oi » en [wɛ].

[3] Il semble qu'ici, comme au vers 15, la conjonction de coordination « ny » ait la simple valeur de « et ». Sur ce point voir S. Lardon et M. C. Thomine, *Grammaire du français de la Renaissance, étude morphosyntaxique*, Paris, Éditions Classique Garnier, 2009, p. 375-376.

[4] Il s'agit sans doute des habitants des eaux qui suivent « Tritton ».

[5] Cette description mythologique des habitants des océans est plus ou moins reprise dans la pièce 228 v. 108 et suivants.

[6] Voir les vers 15 et 29.

Les haut-temps[1] beau pousser de tous nouveaux nuages,
Sur les flots adoucis, et les Cieux beau plouvoir,
Avant que tout paisible essaye à se mouvoir.
Tout demeure en silence, et sur les moites plaines,
L'on oit chanter souvent les divines Sereines,
Un devot *TE DEUM*[2], retraissant leurs cheveux,
Aux raits d'un beau Phebus[3] qui rayonne sur eux :
Jupiter courroucé contre l'humaine bande,
Tousjours un dur esclat sur noz chefs ne desbande,
Mais vengé, il retire, et sa foudre et son feu,
En r'appaisant le Ciel, doucement peu à peu,
Guerrier il n'entrechoque, aymant la fin du monde,
Ses flames, ses rochers, et les eaux de son onde :
Ains humain les separe, et à part enfermez,
Ne sortent des enclos que sa bouche a nommez.
Les demons invitez de sa hautaine trouppe,
Comme traits vont au Ciel le reconduire en pouppe[4],
Et parmy tant d'esprits le doux silence court,
Au grand Palais Royal où tousjours est la Court.
Bref la rumeur des mers, et des Cieux la furie
Ne sont pas tousjours forts, mais l'action varie, [28 v°]
Et les corps desireux de fuyr le plus haut,
Ne sont tousjours attaints de leur contraire chaut[5].
Mais l'ardeur qui me brusle, et le mal que j'endure,
Plus je vois[6] en avant, et plus croist et plus dure
Car fortune me pousse à son vueil sans arrest,

---

[1] Il s'agit du vent d'autan. Voir le glossaire.

[2] Ce sont les premiers mots d'un cantique d'action de grâces chanté d'ordinaire à la fin des mâtines mais qui est aussi donné pour célébrer une victoire ou un événement heureux.

[3] Ce qualificatif d'Apollon n'a ici d'autre rôle que celui d'antonomase du soleil.

[4] Le locuteur présente les démons formant comme un navire dont Jupiter occupe la « pouppe » c'est-à-dire l'arrière.

[5] Il s'agit des foudres de Jupiter qui, lui aussi, suspend parfois sa colère contre ses ennemis.

[6] Il s'agit d'une graphie de « vais ». Voir également le sonnet TS XXXII.

Tantost bien, tantost mal, la part où il luy plaist[1].
Ce bien, c'est de brusler, et le mal c'est l'extreme,
C'est ce mal qui me fait mescognoistre moy-mesme,
Transporté de douleur, au lieu de me guerir,
Je cerche les moyens pour me faire mourir.
Amour tousjours me suit, et de ma mort complice,
Me fait user ainsi, ma vie à son service,
Et ne veut obstiné, sans cesse m'offenser,
Sans me donner loisir seulement d'y penser,
Si je pouvois, helas ! au moins luy faire entendre
Que mon cœur et mes jours sont d'advis de se rendre,
Mais en vain je le prie, et veut sans m'escouter
De ces amoureux traits tousjours me tourmenter.
En Bretagne[2] je pris la fievre continue
Qui dure tousjours une, et point ne diminue,
Au long de mon voyage et depuis mon retour,
A force de doux feux, il me garnit d'amour,
Tousjours dedans mon sein il me fait mille peines :
Mon cœur est un fourneau, et mes yeux deux fontaines,
L'un est chaud, l'autre est froid, et tousjours en combat
Je sens, et jour et nuict, cet eternel debat.
Paravant forcené d'une douleur plus forte,
Je languissois gesné au mal qui me transporte,
Toutesfois que j'y pense, il m'a deux ans tenu
Aux liens où je suis maintenant retenu :

---

[1] La structure de ce passage introductif, initié au vers 1, reprend celle de l'ode IX du livre II d'Horace. Plus près de Beaujeu, Ronsard emploi le même mouvement dans le sonnet CXXXVIII et surtout dans l'*Ode à Melin de Saint Gelais*. Robert Garnier s'en souvient également dans sa *Porcie*. Voir Horace, *Odes, Épodes, Chant séculaire*, *op. cit.*, II, ode 9, p. 167, Ronsard, *Œuvres complètes*, *op. cit.*, t. IV (1992), p. 133, v. 1-8 ainsi que t. V (1968), p. 165, 1-30 et R. Garnier, *Cornélie*, texte établi et présenté par R. Lebègue, Paris, Société Les Belles Lettres, 1973, Acte III, p. 109, v. 1212-1228.

[2] Après ce long mouvement mythologique, l'élégie raconte en détail l'errance du locuteur dans différentes parties de l'Europe. Cette errance est reprise dans d'autres endroits du recueil. Voir pièces 9 v. 406-410 et 556, sonnet 55, 95 et 97.

Mais plus heureusement que je ne suis en France,
Ne pouvant de mon bien avoir la jouyssance. [29 r°]
Si mourant je pouvois en avoir de l'honneur,
Puis que je ne jouys, je mourrois de bon cœur.
A Milan plus heureux, la fin de mon voyage,
Avoit douce appaisé la douleur de ma rage,
Là la serve beauté que mon œil adoroit
Comme son propre cœur doucement me traittoit,
Qui devine d'Amour me predit la souffrance
Où je suis maintenant pour une telle absence,
„ Car je ne sceu jamais en amour m'asseurer,
Ny plus haut de six mois en un lieu demeurer.
N'ayant veu des Germains l'incroyable fontaine,
La Cité du Saxon[1] je me remis en peine,
Et sans laisser vivante, au moins preste à mourir
Celle qui avoit sceu mon mal cuisant guerir,
De la belle cité j'abandonnay la porte,
Sans amoindrir en rien le regret que je porte,
Tousjours la souvenance en mon ame tient fort,
Et n'en veut pas sortir, si ce n'est par la mort.
Navré comme d'Amour de revoir ma patrie[2],
Je supportay un temps l'aigreur de ma partie,
Mais aussi tost lassé de demeurer chez moy,
Amour me presenta le pourtraict de ma foy,

---

[1] La construction grammaticale, bien que floue, ainsi que la parenté sémantique entre les mots « Germains » et « Saxons », invitent à faire de « La Cité du Saxon » une apposition à « l'incroyable fontaine ». Sans doute ne faut-il pas entendre au sens propre ce dernier terme qui peut autant renvoyer à une source ou à un fleuve qu'à un réel ouvrage d'art. Il s'agit peut-être d'une évocation de la ville de Dresde, que traverse l'Elbe, à l'époque capitale de l'Électorat de Saxe, et centre de la Réforme. On comprend mieux les raisons qui poussent Beaujeu à masquer cette référence. L'hypothèse reste cependant bien fragile.

[2] La construction est très ramassée car « d'amour » et « de revoir ma patrie » sont compléments du participe passé « navré » tandis que le comparant introduit par « comme » est placé avant le comparé. On peut comprendre que le locuteur est autant blessé par l'Amour que par le souvenir de son pays natal.

Se plaisant à me faire injure sur injure,
„ Tousjours à mon costé, mon guide et mon parjure,
Me donna de nouveau à la jeune beauté
Qui se voyant servie, accreut sa cruauté,
Sept mois je fus en peine, et pour ma rescompense,
Je fus trois jours content, puis je revins en France[1] :
Amour ne fait-il pas ce qu'il peut pour les siens,
Leur donnant peu de mal, et amplement des biens,
Traistre qui m'as perdu, qui d'une chaude flame,
Tiens en mal eternel, ta servante mon ame, [29 v°]
Tu me guidas icy, tousjours passionné
„ Du doux aigre congé qu'elle m'avoit donné :
Je ne fus pas si tost, bien que je fusses[2] brave,
Que je fus enchesné, et fait d'une autre esclave,
Au lieu que je pensois icy libre me voir,
Il me faut des tourmens, et des peines avoir :
Et bien que je sois fait pour estre miserable,
Si est-ce que je hay un homme variable,
Qui me fit ayant veu, mon beau destin passer,
Remettre en un voyage, et les hauts monts passer,
Vous mes plus chers amis qui par toute la terre
M'avez fait tant cercher, et en paix et en guerre,
Et qui pensiez que Mars, contre moy despité,
M'eust au champ d'Ilion[3] prisonnier arresté,
Je n'estois dans le hot[4] du vaillant Moscovite[5],

---

[1] Si l'on rapproche ces deux vers d'autres indications parsemées dans le texte, il faut considérer que ce que Beaujeu nomme son « exil », n'a été qu'intermittent. Voir sur ce point 18 v. 109-110.

[2] 1589 : *fusses*.

[3] Ce nom est l'un de ceux donné à la ville de Troie.

[4] Il faut lire « ost ». Voir ce mot au glossaire.

[5] Bien que ce nom vaille plutôt pour ses connotations d'exotisme et de brutalité, on peut tout de même supposer que le locuteur fait ici allusion à Ivan IV dit « Le Terrible », tsar de Russie de 1547 à 1584, qui mena plusieurs campagnes contre les territoires bordant la Baltique et défit l'Empire ottoman en 1572.

Ains guerrier amoureux[1], je poursuivois la fuitte
„ De mon cœur entouré de desirs ennemis,
Qui tous avecques luy s'estoient en route mis,
Ainsi que du beau lict le vainqueur de Morée
Traversoit engourdy le Palais de Borrée[2].
Un verglas delicat n'argentoit mon harnois,
Mais Amour de mon sang esmailloit son carquois,
Je partis d'Allemagne, et tousjours à la guerre
Soubs ce mauvais garson, je rechangeay de terre,
En cuidant m'en deffaire, ainsi j'allois passant
Par le monde peu grand, pour perdre cét enfant,
Enclos dedans les eaux des sources eternelles[3],
Je ne vins m'embarquer aux publiques nasselles,
Du riche Vénitien[4], ains par vaux et par monts,
Je m'en vins affronter la terre des Grisons,
A Lucerne de là, et puis dessoubs la rive,
Où je voudrois user ce qu'il faut que je vive, [30 r°]
„ Du dou saulte-rochers, où j'appris que les jours
„ N'estoient pas devenus en France encore cours[5],

---

[1] Cette revendication est déjà apparue en filigrane dans les pièces précédentes et va être, avec la thématique de l'exil qui précède, l'un des fils conducteurs du recueil. Voir les pièces 2, 6, 9 v. 401-410, 75 v. 137, 81 v. 143-148, 93, 101 v. 154-199, 113 v. 17-56.

[2] Ce dieu est celui du vent du nord et réside en Thrace. Dans ce contexte il pourrait s'agir ici d'une référence à l'Empire ottoman et à ses alliés Tatars du Khanat de Crimée dont les armées sont défaites par celles du tsar Ivan IV en 1572.

[3] Cette indication topographique est trop floue pour être élucidée mais on pourrait y voir une référence allégorique aux yeux du locuteur, pleurant abondamment en quittant ses amantes.

[4] Le trajet européen du locuteur, qui vient d'Allemagne, ne se poursuit pas sur mer, vers le sud, mais vers l'est et la Suisse. Il ne participe pas, dès lors, à l'autre défaite importante que subit l'Empire ottoman, celle de Lépante en 1571.

[5] Le poète fait ici référence au changement de calendrier décidé par Grégoire XIII en 1582 et appliqué en France sur ordre d'Henri III à la fin de l'année : on passe du 9 au 20 décembre du jour au lendemain. Montaigne s'en fait l'écho notamment au chapitre XI du livre III de ses *Essais*. Ce dernier commence par cette phrase « Il y a deux ou trois ans qu'on accourcit l'an de dix jours en France. » dont la formulation rappelle celle choisie par Beaujeu. Par ailleurs, cette mention est un

Qui me fit redouter la chaleur violente,
De mon bruslant pays, qu'ores j'experimente,
Non le chaud des beaux yeux où je brusle aujourd'huy,
Je craignois bien un feu plus violent que luy.
Mes chevaux non lassez de me faire service,
Firent bientost retour au pays de Suisse[1],
„ Où sans commoditez qui fait l'homme durer,
Vainqueur de ma misere il fallut endurer
L'Hyver aspre suivant, la froideur de la neige,
Les estrangeres mœurs, qu'une mort seule pleige,
Où sans perdre mon mal, sans qui j'estois heureux,
De ma belle Clio, je devins amoureux.
Aussi tost plein d'ardeur, et d'estranges envies,
Les Muses de mon cœur furent tousjours suivies,
Sans cesse je chantois, et au gré de mon sort,
Le Cigne j'imitois[2], ignorant de ma mort,
Cuidant avec mes vers amollir la rudesse,
Et le brave desdain de ma jeune maistresse.
Mais las quand je congneu implacable mon mal,
Laissé[3] de ma raison, j'imitay l'animal

élément intéressant qui permet de dater l'écriture du texte d'après décembre 1582. De plus, la précision « en France » peut laisser penser que Beaujeu, lui, se trouve en un endroit où le changement de calendrier s'est effectué plus tôt. Il pourrait s'agir de l'Italie qui met en place la réforme en octobre, passant du 4 au 15, si l'on suit la référence au « Vénitien » au vers 143. Ainsi, si Beaujeu écrit son élégie au plus tôt fin décembre 1582, il relate des événements s'étant déroulés entre octobre et décembre de la même année. Voir M. de Montaigne, *Les Essais*, *op. cit.*, III, XI, p. 1071 ainsi que, pour une mise au point général sur le problème, N. Deltour « Noël le 15 décembre : la réception du calendrier grégorien en France (1582) » dans *Bibliothèque de l'École des Chartres*, Paris/Genève, Droz, 1999, t. 157-2, p. 369-416.

[1] Voir 1 v. 12. Ce retour serait donc postérieur à 1582 et serait le début de la relation avec Rose dont le locuteur dit qu'elle a duré « trois ans » dans la pièce 24 v. 266. Cette chronologie qui verrait Beaujeu revenir en France en 1585 peut correspondre également à la pièce 234 dans laquelle Beaujeu assiste au convoi du duc de Joyeuse, en 1588 à Paris.

[2] Sur cette comparaison horacienne, voir 146 v. 111 et Horace, *Odes, Épodes…*, *op. cit.*, II, 20.

[3] 1589 : *laissay*.

Qui plein de desespoir seul tyran de sa vie,
A force de crier pert ame et fantasie,
Ou s'il voit que le temps ne soit pas assez prompt,
En cent mille façons son estomach il rompt,
Justement despité contre la mort cruelle,
„ Je treuve fort mauvais que nous n'avons mort qu'elle,
Il la faut mille fois au besoing demander,
„ Avant que l'on l'esmeuve à son arc desbander.
L'honneur de ma patrie ennemy trop cholere,
Me souffloit à l'oreille une chose contraire, [30 vº]
Et me blasmoit d'avoir rendu si promptement,
Mon cœur soubs la beauté que je sers maintenant.
Comment me disoit-il, n'as-tu point de courage
De perdre icy ton temps en la fleur de ton aage,
„ Maintenant que la France et ses braves enfans
„ Sont meurtriers de la paix, et de Mars partisans,
Maintenant que ton roy, frayeur des plus grands Princes,
Disperse les honneurs de ses belles Provinces[1] :
Sors d'icy et le treuve, il faut l'aller servir,
Un plus grand Roy que luy tu ne sçaurois suivir[2],
„ Heureux est le subjet de despendre sa vie,
„ Acquerant de l'honneur, secourant sa patrie.
Ne sçais-tu pas, dit-il, que l'humeur et les lois,
De ces hommes icy desplaisent aux François,
Et que bien tost fasché de ceste residence,
Tu laisseras ces monts pour retourner en France.
Tu y perdras ton temps, et faschant tes amis,
Tu donneras à rire à tous tes ennemis,

---

[1] « L'honneur de [la] patrie » qui prend ici la parole pour tancer le locuteur, fait sans doute référence à la manière dont Henri III distribue les privilèges à ses deux « mignons », Jean-Louis de Nogaret, seigneur de La Valette et Anne de Joyeuse. En effet, à partir de 1580-1581, le roi s'emploie à renforcer les possessions et les pouvoirs de ces deux nobles qui lui sont dévoués pour contrer l'influence des Guise, des Montmorency et, bien sûr, d'Henri de Navarre. Voir sur ce point l'utile mise au point de M. Pernot dans *Henri III, le roi décrié*, Paris, Le Livre de Poche, 2017, p. 496-501.

[2] Forme du verbe *suivre* encore attestée au XVIe siècle. Voir Hug.

Laissant abastardir ceste guerriere audace,
Dont tu es heritier de toute ancienne race :
Ton nom vainqueur du temps, et tes faits glorieux
N'iront plus occuper de place dans les Cieux,
Mais tous ensevelis, sans honneur et sans gloire,
Meneront avec eux au cercueil ta memoire[1].
D'autre part, mon amour, toute pleine de feux,
Des beaux yeux où mon cœur, absent, revit en eux,
Me tenoit en furie, et mes larmes cuïsantes
Ne faisoient qu'irriter mes flames violentes,
A ce cruel debat je souspirois tousjour
Ne scachant lequel prendre, ou la France, ou Amour,
Et despourveu de sens, comme le Thebain fille[2],
„ J'estois ensorcelé de ceste belle fille. [31 r°]
Mais ayant remaché en ma follatre erreur,
Que c'estoit de la France, et que de mon mal-heur[3],
De mon Roy naturel, du lieu de ma naissance,
Ma maison, mes amis, et de ma demeurance.
Tout cela mis ensemble en un pesant fardeau,
Broüilla plus que jamais mon amoureux cerveau,
Car alors je sentis l'air de ma frenaisie,
Et miray mes desirs dedans ma fantasie,
Où m'avoit mis Amour, et du Ciel recongnu,
Je suis au premier estre à la fin revenu.
Lors j'admiray les mots de ce nouveau Mercure[4],

[1] 1589 : *avecques*.

[2] Il semble qu'il faille lire [filə] malgré la graphie « fille » et ce pour les vers 209 et 210 afin de respecter la rime. Il s'agit sans doute d'une référence à Hercule et à l'aventure qui lui fit pratiquer le tissage, réservé aux femmes, sous la houlette de la reine Omphale. La même rime est reprise dans la pièce 113 v. 409-410. Voir également la pièce 13 v. 46 *sq.*, et le sonnet TS LXXI.

[3] Il faut comprendre « ce que c'estoit de la France et ce que [c'était] de mon mal-heur ».

[4] Le poète se compare à Énée qui reçoit, par l'intermédiaire de Mercure, l'ordre de quitter Carthage et de se diriger vers l'Italie. Voir élégie 81 v. 335 et suivants et Virgile, *Œuvres complètes*, *Énéide*, *op. cit.*, livre IV, p. 120, v. 265-275.

Ne sçachant toutesfois d'où venoit ceste augure,
Ny au vray que c'estoit, qui m'avoit redressé,
Au lieu où ma raison m'avoit tant delaissé.
„ Je laissay mon oreille à tous venans ouverte,
Puis qu'à demy remis je congnoissois ma perte,
Pour ouyr si en France, et dedans mon pays
L'on parloit de la guerre, alors tous envays[1]
„ De gens et de chevaux, d'armées et de flames,
Alors je laissay là, la Suisse et les Dames,
L'amour et les douceurs, et suivy de soldars
Je m'en revins en France environné de dars,
De piques, de canons, et couvrant les campagnes
De Savoye, j'en fis retentir les montagnes.
Mais ainsi que le sort aux hommes trop commun,
Se plaist à decevoir une fois un chacun
Me fit[2] abandonner mes enseignes guerrieres,
Et me fit retourner sur mes voyes dernieres,
Ne m'ayant rien laissé de tout ce que j'avois,
Que le bras bien entier, et le cœur bon François.

FIN

[31 v°]

---

[1] Sous cette graphie il faut lire « envahis ».

[2] Il faut comprendre « Il me fit ».

[19] QUADRAIN.

Humains qui voyagez aux cabinets des Princes
Qui assis sur un coffre avez le monde pris,
Avant que d'achever le reste des Provinces,
Recongnoissez bien là, ce qu'avez entreprins[1].

[20] AU LECTEUR.

Amy Lecteur, je donne plustost ce nom[2] à ces Sonets suivans, pour te donner courage de les lire, que pour autre chose, neantmoins je t'ay bien voulu advertir que si tu y prends bien garde, tu trouveras, non des vers frians et doux : mais rudes, et soubs la rudesse de leur consonance, de fort belles Histoires, et aussi esmerveillables que mal mises en œuvre. Quoy que ce soit, je te prie y prendre soigneusement garde, et ce ne sera pas sans avoir du contentement, que je te desire, en rescompense de tant d'honneur qu'il te plaist de me faire, si tu daignes me recongnoistre pour celuy qui te fera à jamais service.

ADIEU.

[32 r°]

---

[1] Ce quatrain laisse perplexe. On comprend que le locuteur s'en prend à des personnages riches et ambitieux dont le « coffre », qui renvoie à l'endroit où l'on conservait l'or, permet la puissance. Ces personnages qui semblent agir à l'insu du pouvoir royal sont invités à avouer leur forfait.

[2] Ce nom est *Le Torrent des Sonnets* que l'on trouve à la page suivante. Le déterminant démonstratif semble ici cataphorique. Cette allusion au « torrent » pourrait trouver son référent biographique dans le séjour de Beaujeu dans les montagnes suisses. Voir 5, l. 49 et suivantes.

SONETS
LE TORRENT DES SONETS DE L'AUTHEUR.

SONET I.

Autresfois, autresfois, Amour m'estoit plus doux,
Et la fortune humaine, autant qu'elle est cruelle.
Ceste Nymphe fut prinse et mise en la nasselle,
Pour la mener au Roy qui en fut tant jaloux.
Son heur l'abandonna, comme il nous laisse tous,
Pour la livrer au sort et à ceste bourrelle,
Qui la mit au poteau de ceste place belle,
Nue, et tournant le dos à son fatal espoux[1].
Ainsi est-il de moy avec ceste homicide,
Sans espoir de secours, comme eut le beau Procide[2],
Voisin du feux cruel pour leur faute apresté.
Je suis en mesme peine, et puis, asseuré, dire
Que leur mal n'est si faux, comme est vray mon martyre,
Lequel sera vaincu de ma fidelité.

---

[1] Il s'agit de Gianni de Procida qui, en apprenant l'enlèvement de sa jeune amante par des marins siciliens, décide de partir à sa recherche et la retrouve dans un château appartenant au roi de cette île, où elle est maintenue enfermée. Il parvient, nuitamment, à la rejoindre et les deux amants jouissent de leurs retrouvailles tout en planifiant de s'échapper. Ils s'endorment et sont découverts au matin par le roi qui ordonne qu'on les attache dos à dos à un poteau pour qu'ils soient exposés ainsi avant d'être brûlés. L'amiral du roi de Sicile reconnaît Gianni pour être le fils d'un allié du roi et demande à celui-ci la grâce du jeune homme. Il l'obtient et le roi marie les amants. Voir *Le Décaméron de Messire Jehan Bocace florentin*, nouvellement traduict d'italien en Françoys par Maistre Anthoine le Macon conseiller et tresorier de l'extraordinaire de ses guerres, Paris, Estienne Roffet dict le Faulcheur, 1545, f° 130 v°-132 r°.

[2] Le nom que retient le poète est celui, francisé, que donne A. Le Maçon, de l'île de Procida, au large de Naples, dont est originaire Gianni. *Ibid.*

SONET II.

Yeux cruels et felons, qui après la mort dure,
Faites autant de maux, que vivans de rigueurs,
Voyez à la Pinniere[1] une des grecques sœurs[2]
Combien soubs ces mastins de tourments elle endure.
Voyez ce Chevalier, dont la noire figure
Estonne les plus fiers, fondre en chaudes sueurs,
Estre pour se vanger des eternels veneurs[3],
Celuy seul qui tousjours peut venger son injure.
O beaux yeux que je sers, comme Dieux en un Temple,
Sur ceste Histoire icy prenez au moins exemple[4],

---

[1] Le mot de « Pinniere » est repris tel quel de la traduction du *Décaméron* d'Antoine Le Maçon. La majuscule même a été conservée. *Ibid.*, f° 135 v.

[2] Le locuteur convoque ici la huitième nouvelle de la cinquième journée du *Décaméron*. Elle narre l'histoire de Nastagio degli Onesti, amoureux d'une dame qui ne veut pas de lui. Particulièrement malheureux, il erre dans un bois de pin dans lequel il voit soudain apparaître une jeune femme en pleurs poursuivie par des chiens. L'expression « une des grecques sœurs » est cependant propre à Beaujeu et renvoie peut-être à la grande beauté de la dame qui la fait ressembler à une des Muses ou bien à une nymphe. La traduction donne : « une très-belle jeune fille nue, courant à luy, deschevelée ». L'épisode est bien connu à la Renaissance. Botticelli le représente dans une série de quatre bois intitulée *L'Histoire de Nastagio Degli Onesti* aujourd'hui conservée au Musée du Prado à Madrid et au palais Puzzi à Florence. Plus proche de Beaujeu et environ trois ans avant la traduction de Le Maçon, qui s'en est peut-être inspiré, c'est dans les *Contes amoureux par Madame Jeanne Flore* que l'on trouve une rapide traduction de l'histoire de Nastagio. Voir *Le Decameron de Messire Jehan Bocace…*, *op. cit.*, f° 134 v°-136 v°, *Les Contes amoureux par Madame Jeanne Flore*, Saint-Étienne, Publication de l'Université de Saint-Étienne, coll. « textes et Contre-Textes », 2005 p. 146-156 et H. Hauvette, « Les plus anciennes traductions françaises de Boccace » dans *Études sur Boccace*, Torino, Bottega d'Erasmo, 1968, p. 259-268.

[3] Beaujeu se souvient ici très précisément de la traduction du *Décaméron*. De fait, la jeune fille est poursuivie par « deux mâtins grands et fiers » ainsi que par un « chevalier bru[n] » monté sur un « coursier noir ». Ce « chevalier » s'est tué par amour pour la dame. Celle-ci, morte quelque temps après, est condamnée à être pourchassée et tuée chaque semaine dans le même endroit. Voir *Le Decameron de Messire Jehan Bocace…*, *op. cit.*, f° 135 r°-135 v°.

[4] La conclusion de ce sonnet suit de près celle de la nouvelle du *Décaméron* puisque Nastagio organise un banquet la semaine suivante, là même où il a vu le chevalier massacrer son amante. Il invite évidemment la jeune fille cruelle qui

„ Et soyez moy plus doux si vous aimez les Cieux.
Vous vous damnez beaux yeux, et non contens encore
De ruiner[1] vostre gloire, et courir aux bas lieux,
Vous perdez devant vous celuy qui vous adore[2]. [32 v°]

SONET [III[3]].

L'ombre qui nous conduit aux amours perilleuses,
N'empesche nostre sens que d'un obscur fascheux,
Nous faisans voir l'ennuy qui soubs un corps hideux
Commence le discours de noz fins mal-heureuses.
Belle[4] qui eus le pris des filles amoureuses,
Dont la fidelité te sied encores mieux,
Je pleure ton mal-heur, et employe mes yeux,
Et mes souspirs bruslans, pour tes peines fascheuses.
Quelle fut ta pensée ainsi que ton amy[5]
N'agueres tout vivant, par la mort endormy,
Te jetta deux sanglots, et trois douces paroles :

---

refuse son amour. Frappée par la violence du spectacle qui vient de se dérouler devant elle et qui semble un avant-goût de ce qu'elle aura à subir, elle épouse, sans plus tarder, Nastagio degli Onesti. *Ibid.*, 136 r°-136 v°.

[1] Voir 9 v. 213.

[2] Ces tercets rappellent dans Ph. Desportes, *Les Premières amours*, éd. de F. Rouget et B. Petey-Girard, Classiques Garnier, 2014, p. 315, les vers 1-8 : « O beaux yeux inhumains, pourquoy m'embrasez vous, / Allumant d'un regard tant d'ardeurs en mon ame ? / […] Pour dieu faites moy grace et me soyez plus doux. / Brullez vos ennemis, donnez leur mille coups, / Et les gardez de voir les beautez de madame. / Mais moy qui vous adore, et qui seuls vous reclame, / Beaux yeux, d'un si grand heur ne me soyez jaloux. […] ».

[3] Ce poème est cité par G. Mathieu-Castellani dans son anthologie. Ch. de Beaujeu, *Entouré de silence*, éd. et près. par Gisèle Mathieu-Castellani, Paris, La Différence, coll. Orphée, 1995, p. 23. Voir également TS XCIII v. 9.

[4] Il pourrait ici s'agir de Chariclée, décrite comme d'une beauté telle qu'on la prend pour une déesse. Voir Héliodore, *L'Histoire æthiopique*, *op. cit.*, p. 169.

[5] Cet ami est peut-être Théagenes qui, au début du roman est si mal en point après le naufrage de son bateau sur la côte, qu'il paraît mort aux yeux de Chariclée. Prête à se tuer pour le rejoindre, celle-ci en est empêchée par quelques paroles que prononce alors son amant. Voir Héliodore, *L'Histoire æthiopique*, *op. cit.*, p. 170.

Puis qu'Amour me hait tant, et qu'il cerche ma mort,
Finissant ma misere et mes amours frivoles,
Je mourray tout content pour me venger du sort.

SONET [IV[1]].

Thetis[2] trop infidelle à ma ruine[3] si prompte,
Pourquoy des vens legers ne prends tu les abbois
Pour froisser à ton vueil les naux de ce Gregeois[4]
Et du Perse felon les navires sans conte[5] ?
Eolle tu devrois icy rougir de honte,
De laisser là les eaux pour fracasser ces bois,
Où je cherche[6] ma Rose aux plaintes de ma vois[7],
Rompue des souspirs que ma constance donte.
Que ne suis-je monté sur l'arbre, et que ma veue

---

[1] Cité dans *Entouré de silence*, *op. cit.*, p. 24.

[2] Il s'agit ici de la déesse marine, dont la graphie habituelle est « Thétys », et non de la mère d'Achille. Voir 18 v. 1 et suivants.

[3] Voir 9 v. 213.

[4] Le Grec est sans doute Ulysse, qui se voit offrir une outre pleine de vents par Éole. Ainsi, il poursuit son voyage sous des vents favorables. Poussés par la curiosité, les compagnons du héros ouvrent l'outre et tous les vents mauvais s'échappent, ramenant Ulysse à son point de départ. Ovide, *Les Métamorphoses*, *op. cit.*, XIV, 223-232.

[5] Ce vers est construit autour d'un souvenir d'Hérodote qui rapporte que les Athéniens firent des prières à Borée, dieu du vent du nord, pour qu'il détruise la flotte du roi perse Xerxès pendant les guerres médiques. Voir Hérodote, *Histoires*, texte établi et traduit par Ph.-E. Legrand, Paris, les Belles Lettres, 1986, t. VII, p. 206-207, 189-190.

[6] 1589 : *Où cherche ma Rose aux plaintes de ma vois.*

[7] C'est à nouveau à une histoire du *Décaméron* que le locuteur fait ici allusion. Il s'agit de la nouvelle trois de la cinquième journée dans laquelle Pietro, un Romain, décide d'enlever son amante car leurs parents ne leur permettent pas de se marier. Ils s'enfuient à cheval, se perdent dans la forêt et sont attaqués par des brigands. La jeune fille parvient à fuir mais Pietro est capturé. Alors qu'il est en train de se faire dépouiller, les brigands sont eux-mêmes attaqués et défaits. Pietro s'échappe et passe la journée à appeler son amante. Beaujeu adapte l'histoire à sa situation en donnant à l'amante le nom de Rose. *Le Decameron de Messire Jehan Bocace...*, *op. cit.*, 124 v°-127 r°.

Pleine d'ameres pleurs[1] de ma desconvenue,
Ne voye un tel cheval à ces loups devorer.
Et que ne suis-je encor conduit par ces Bergeres,
Au Chasteau où mon cœur se voudroit desirer,
Pour retrouver sa perte aux terres estrangeres[2]. [33 r°]

SONET [V[3]].

Ainsi me fait Amour pour l'avoir bien servie,
Que le pere cruel de la jumelle sœur,
Après avoir tué son fatal serviteur,
Voulant tyranniser sa mort, comme sa vie[4].
J'ay comme cét amy de mourir mesme envie,
Et veux bien que le sort et sa fiere rigueur,
M'arrachent pour luy plaire ainsi le pauvre cœur,
Puis que pour l'aimer tant ils en ont prins envie.
Vien donc cruelle main, que mon sein se decoupe,
Que l'on mette mon cœur en ceste riche couppe,
Et que l'eau venimeuse autour face une mer[5],

---

[1] Lorsqu'il est au pluriel, ce terme est régulièrement employé au féminin dans le recueil. Voir FEW IX, 77a : *plorare* et TS XIIII v. 13, TS CXX v. 4, 24 v. 336, 92 v. 12, 152 v. 8, 194 v. 4, 199 v. 47 et 330.

[2] Pietro passe la nuit au sommet d'un arbre d'où il voit une meute de loup dévorer son cheval avant d'apercevoir un campement de bergers qu'il rejoint. Ceux-ci le mènent à un château. Il y retrouve son amante aux côtés de la châtelaine. Elle leur reproche leur imprudence mais reconnaît la force de leur amour et les accompagne à Rome où elle organise la réconciliation avec les parents et le mariage. *Ibid.*, f° 126 v°.

[3] Cité dans *Entouré de silence*, *op. cit.*, p. 25.

[4] Tout ce sonnet est à nouveau bâti autour d'une comparaison entre le couple du locuteur et l'un des nombreux couples qui parcourent le *Décaméron*. La nouvelle une de la quatrième journée rapporte comment la fille du roi de Salerne, Ghismonda, mariée tard et veuve tôt, s'éprit d'un jeune valet nommé Giscardo. Découvrant par hasard la chose, Tancrède, roi de Salerne, tue Giscardo et envoie à sa fille le cœur du jeune homme dans une coupe. Voir *Le Decameron de Messire Jehan Bocace...*, *op. cit.*, f° 95 r°-98 v° et ici même annexes 5 et 6.

[5] Ce vers suit de très près la traduction de Le Maçon qui décrit Sigismonde commandant de se faire apporter « des herbes et racines venimeuses, qu'elle distill[e], et en f[ait] de l'eau » qu'elle « vers[e] en la couppe où estoit le cueur lavé de plusieurs de ses larmes ». *Ibid.*, f° 97 v°.

Cela se peut bien faire, et que l'on le reçoive :
Mais je ne pense pas que ma maistresse en boive,
Puis que d'un si beau fait le boire est si amer[1].

SONET [VI[2]].

Ha cœur que j'aimois tant, et qui m'as tant aimée,
Tu merites mon cœur, un si riche cercueil !
Mais pour monstrer que moy digne d'un si grand dueil,
Doit mourir, ça mourons d'une mort animée.
Je ne veux de tourmens avoir l'ame pasmée,
Ny noyer mon courage aux larmes de mon œil[3],
Mais me venger de tout et plaire à mon orgueil[4],
M'estant contre la mort moy-mesmes desarmée.
Je ne puis plus heureuse arriver à ces bords,
Que d'y accompagner la Princesse des morts
J'en auray de l'honneur, et du bien tout ensemble :
L'honneur d'en estre morte, et le bien de la voir,
Je ne tiens pas celuy que la mort desassemble,
Digne d'un si grand pris s'il ne le fait sçavoir. [33 v°]

---

[1] S'identifiant à Guyschart, le locuteur reproche à sa maîtresse de ne pas être à la hauteur de Ghismonda. De fait, celle-ci, en recevant le cœur de son amant dans une coupe d'or la remplit de ses larmes avant d'y verser un flacon de poison. Elle boit alors le liquide et meurt devant son père. L'amante du locuteur du *Torrent des Sonets* ne possède ni ce courage ni cette fidélité. Beaujeu se réapproprie ici, à travers la référence à Boccace, un *topos* pétrarquiste. Dans la chanson 23, en particulier, la dame arrache le cœur de l'amant. Voir TS XCVII, 106 v. 141, *Ibid.*, f° 97 v.-98 v° et Pétrarque, *Canzoniere*, *op. cit.*, ch. 23, p. 79, v. 72-74.

[2] C'est probablement l'âme de Guyschart qui parle ici. Voir les sonnets V et VII. Cité dans *Entouré de silence*, *op. cit.*, p. 27.

[3] Ce vers fait sans doute toujours référence à la tragique histoire de Sigismonde. Le terme « courage » agit ici en syllepse puisqu'il désigne à la fois le cœur de l'amant noyé des larmes de sa dame et le courage des amants mourant par amour. *Le Decameron de Messire Jehan Bocace…*, *op. cit.*, f° 97 v.-98 v°.

[4] 1589 : *et plaire à mon œil.* G. Mathieu-Castellani propose de corriger par « orgueil ». *Entouré de silence*, *op. cit.*, p. 27.

DIALOGUE.
SONET VII.

Approche toi Caron, amene ta nasselle.
Paravant fol esprit[1], tu me diras pourquoy,
Je viens tout maintenant de passer un grand Roy[2],
Qui m'a bien fait sçavoir sa fortune cruelle.
Je[3] ne me soucie pas de la bande immortelle,
De ton Roy, de ta barque, et moins encor de toy,
Celle pour qui je viens ne reçoit point de loy,
Passe deçà vieux fol, puisqu'ainsi je t'appelle.
Non feray, si feras, non feray je te jure[4],
A c'est trop, tu me fais une trop grande injure[5],
Ainsi l'ame se jette en l'eau qui le[6] soustient.
Faisant fuyr Caron, il[7] gagne l'autre rive,
Où sur le glissant bord, rame et barque il retient,
Attendant tout joyeux, que Sigismonde[8] arrive[9].

---

[1] Le lecteur doit recréer les différentes prises de parole : ce vers et les deux suivants sont prononcés par Caron.

[2] S'agit-il de Tancrède, père de Sigismonde qui fait montre de son malheur à la fin de la nouvelle mais ne meurt pas ? *Le Decameron de Messire Jehan Bocace…*, *op. cit.*, f° 98 v°.

[3] L'âme de Guyshart reprend la parole.

[4] Le vers est presque théâtral puisqu'il rend trois répliques. Voir 91 v. 13-14.

[5] C'est l'âme de Guyshart qui prononce ces mots avant de se jeter à l'eau.

[6] Le pronom référentiel reste ambigu. Il s'agit sans doute de Guyschart.

[7] La référence est ici de nouveau ambigüe. On peut supposer qu'elle fonctionne ici en métonymie. On passe de l'âme à son propriétaire. Le pronom personnel masculin renvoie à Guyschart qui se bat avec Caron pour pouvoir attendre sur la rive des enfers l'arrivée de Sigismonde. À moins, plus simplement, que le pronom ne se réfère à « esprit » mentionné au vers 2.

[8] Le nom de l'amante est enfin prononcé dans la graphie retenue par Le Maçon et aide à clarifier l'origine de l'allusion.

[9] Ici ce clôt ce que l'on peut nommer la « série boccacienne » du *Torrent des Sonets*, les sept premières pièces étant les seules à comporter des allusions au *Décaméron*. Cet effet d'introduction est renforcé par la forme du sonnet TS CXIIII, lui-aussi intitulé « Dialogue ». Le *Torrent des sonets* est ainsi construit sur un schéma symétrique, 7/107/7, si l'on prend la numérotation des pièces. Il n'y a, en fait, que 119 poèmes puisque les numéros TS LVIII et TS LVIIII n'existe pas.

SONET VIII.

O Cité dont l'amour, et ses nourrissons vivent[1],
Où nous sommes instruits en noz adversitez,
Nous avons, nous avons d'excellentes beautez,
Que noz yeux et noz cœurs en mesme peine suivent.
Les divers accidens qui chaque jour arrivent,
Ne me donnent secours à tant de nouveautez :
Car je suis trop subjet à mes fidelitez,
Et je voudrois ne fuyr les maux qui me poursuivent.
Je croy que l'on sçait bien que mes amours chantées,
Ne sont que feu, que traits, flames ressuscitées,
Un feu n'agueres nay a fait l'embrasement.
Que ne puis-je mourir tout ainsi de froidure,
Elle aussi de regret, à mon enterrement,
Puis que nostre mal-heur, plus cruel tousjours dure
[34[2] r°].

SONET IX[3].

Petite follion que j'ay pour toy d'envie,
Que pour toy je me deuls, comme suis-je vivant,
Veu que de tes beautez, qui me vont decevant,
Je me pare tousjours au hazard de ma vie.
Je mets dessus mon front ta chaude jalousie,
Ton amour en mon sein, et fourre plus avant,
Les deux traits de tes yeux, qui vont mon cœur perçant
Et qui mettent mon ame en telle frenaisie :
C'est en ce mois de May, où je prends plus de cure

---

[1] Serait-ce simplement une allusion au cœur de l'amant, comme ville où vit l'amour ? Ou bien à la ville de Troie ?

[2] Dans l'exemplaire original, le feuillet n° 34 est numéroté 24. L'exemplaire de la BM de Lyon et celui de la Bayerische Staatsbibliothek ont été corrigés et portent bien le n° 34. Voir la description des exemplaires dans la bibliographie.

[3] Cité dans *Entouré de silence*, *op. cit.*, p. 28.

D'offrir de mes douleurs à ce sçavant Mercure,
Estimant m'embellir de tant de cruautez[1].
Mais quand de ce sommeil[2] tout en eau je retourne,
Je voy mon sacrifice avecques tes beautez,
Me damner, me brusler[3], dont bien fort je
m'estonne[4].

SONET X.

Je confesse, Madame, helas ! je le confesse
Que vous m'avez surpris en pensant à voz yeux :
Mais sentez s'il vous plaist, de mon cœur soucieux,
Le double battement, qui n'eust jamais de cesse.
Ay-je donc si grand tort de vous dire maistresse,
La peine que j'endure au dueil devotieux

---

[1] Le sonnet est vraisemblablement une description, à mots couverts, de l'utilisation du mercure ainsi que de la pratique des bains d'eau chaude, prescrits dans le traitement de la syphilis dès le début du XVIe siècle. On pensait en effet que la sudation permettait d'évacuer la maladie. On conseillait aussi au malade de se soigner l'été. Quant au mercure, dont l'utilisation perdurera jusqu'au milieu du XXe siècle malgré de destructeurs effets secondaires, il faisait momentanément disparaître les ulcères dues au tréponème pâle. U. von Hutten, lui-même atteint de la maladie, décrit bien les douleurs subies par les malades, exposés à des chaleurs insoutenables, empêchés de boire et intoxiqués par le mercure dans l'espoir de voir leurs ulcères se résorber. Voir à ce sujet U. von Hutten, *La vérole et le remède du gaiac*, Paris, Les Belles Lettres, coll. Le miroir des humanistes, 2015, IV, p. 109 pour les bains d'eaux chaudes et de mercure et XIV p. 173.

[2] Cette mention est énigmatique. Doit-on considérer que tout cela n'est qu'un cauchemar du locuteur ou bien faut-il envisager qu'il s'est endormi pendant le traitement ? Quoiqu'il en soit et en raison de l'utilisation du motif de la vérole dans le domaine de la satire, littéraire, sociale et politique, on ne peut conclure de ce passage que Beaujeu ait lui-même été atteint. Cela est cependant probable. Pour un aperçu global et original des discours multiples que la Renaissance a produit sur la syphilis voir *Le siècle des vérolés : la Renaissance européenne face à la syphilis*, une anthologie sous la direction d'A. Bayle avec la collaboration de B. Gauvin, Grenoble, J. Millon, 2019.

[3] De manière inattendue, les effets de la beauté de la dame sont comparés à ceux de la cure syphilitique. Cette analogie donne au sonnet un caractère franchement grivois, la syphilis étant une maladie vénérienne.

[4] La rime est ici construite sur une simple assonance. Voir ici même 9 v. 125-126, TS LXXXV v. 9-10 et 234 v. 381.

Que je mene en ce bois, comme firent les Dieux,
Surpris par le grand Roy dont Rome a sa hautesse[1].
Ce fut luy qui surprint ces Dieux en la fontaine,
Qui ne sçeurent jamais fuyr sa main hautaine :
Mais contrains d'enseigner le remede des Cieux
Pour arrester la foudre, et destourner les flames
Par les contraires mots des immortelles ames,
Maistresse ainsi tu fais avecques tes beaux yeux. [34 v°]

SONET [XI[2]].

Insatiable main de sang et de vacarmes,
Yeux qui tuez tousjours amis et ennemis,
Faites moi ce plaisir que par vous je sois mis
Au tombeau[3], pour le moins exempt de toutes flames.
Belle main, et vous yeux, tenez, tenez mes armes,
Je ne puis resister, ny ne veux mes amis :

---

[1] C'est le premier sonnet dans lequel on trouve une citation de la traduction des *Vies des hommes illustres* de l'historien grec Plutarque par J. Amyot, ecclésiastique et traducteur, entre autres, de toute l'œuvre de l'écrivain antique. L'épisode, dont Plutarque donne deux versions dans un souci d'exhaustivité, rapporte que Numa Pompilius surprit deux dieux sur le mont Aventin, au bord d'une fontaine qu'ils avaient remplis de vin et de miel. Incapables de s'échapper les deux divinités enseignent à Numa le moyen de se préserver de la foudre et du tonnerre. Le lien entre le premier quatrain et la dernière moitié du deuxième où apparaît la longue référence à Plutarque qui se poursuit jusqu'à l'avant dernier vers du sonnet, n'est cependant pas très évident. Il faut sans doute comprendre que le poète est, comme les dieux, menacé par les yeux de la dame, et non par Numa, et obligé de livrer ses secrets. L'allusion à la « foudre » serait dès lors à rapprocher du contexte pétrarquiste mais si l'on peut admettre que les « immortelles ames » sont les dieux, en revanche les « contraires mots » restent obscurs. Quoiqu'il en soit, les deux mots directement tirés du texte d'Amyot, « fontaine » et « foudre » semblent avoir permis, par leur utilisation topique en contexte pétrarquiste, le transfert du domaine historique au domaine poétique. Voir Plutarque, *Les Vies des hommes illustres*, *op. cit.*, t. I, *Vie de Numa Pompilius*, p. 152-153, XXVII.

[2] Cité dans *Entouré de silence*, *op. cit.*, p. 29.

[3] Le rejet détache de manière intéressante le terme « tombeau ». Voir TS XLVI v. 8, TS CXVI v. 14, 21 v. 202, 209, 316, 25 v. 116, 38 v. 4, etc.

Voilà doncques mon cœur, que je vous ay remis
Pour le traitter ainsi que le veulent voz flames[1].
Il faudroit ce taureau sur Tagete monté,
Pour tarir ce grand fleuve au bas du mont planté[2],
Ainsi [que] mille amants pour vous faire service[3] :
Et si[4] tous les hazards, les pleurs, et les tourmens
Ne sçauroient contenter de mal vostre malice,
Ny soüiller voz desirs de tant de changemens.

SONET [XII].

Helas maistresse, helas, pourquoy es tu si belle,
Pense-tu que les Dieux en leur divinité,
N'ayent pas jetté l'œil sur ta grande beauté,
Et desjà resolu de t'enlever vers elle,
Ou bien si tu leur es ainsi qu'à moy cruelle,
Ordonné leur oiseau[5], qui en l'obscurité,
D'une grondante nue a tousjours apporté
La foudre, pour punir cil qui leur est rebelle.
Les feux du haut-tonnant l'on a bien veu descendre
Sur l'abrie[6] des loix : où fut la riche cendre

---

[1] La rime de ces deux quatrains est pauvre puisqu'elle ne repose que sur [mə]. Par ailleurs, Beaujeu n'hésite pas à reprendre le mot « flames » à la rime dans les deux quatrains. Voir TS CVI v. 2 et 6.

[2] Il s'agit à nouveau d'une référence à Plutarque qui rapporte ce mot d'un ancien spartiate, Géradas, à qui l'on demandait quelle peine on faisait subir, à Spartes, pour punir l'adultère : « Il faudrait [...] qu[e l'accusé] payât un taureau si grand, qu'il pût boire de dessus la montagne de Taugète, dans la rivière Eurotas. – Voire, mais comment serait-il possible de trouver un taureau si grand ? » dit l'étranger. Et Géradas en riant lui répondit : "Et comment serait-il aussi possible de trouver à Spartes un adultère ?". Le nom de la montagne dominant la ville, le Taygête, sans majuscule et mal orthographié, laisserait supposer une absence de relecture de la part de l'auteur. Ces lois spartiates sur le mariage sont évoquées de nouveau sur un mode léger en 104 v. 15-18. Voir Plutarque, *Les Vies des hommes illustres*, *op. cit.*, t. I, *Vie de Lycurgue*, p. 107, XXXI.

[3] Le vers est faux dans le texte original qui donne « Ainsi mille amant ».

[4] « Si », ici, a le sens de « pourtant ».

[5] Il s'agit sans doute de l'aigle, oiseau associé à Zeus.

[6] Cette graphie n'est pas attestée.

Pour ravir ce thresor aux Grecs, tant precieux[1] :
Ainsi je crains de voir le bien que je pourchasse,
A ma ruine[2] monter, par le vouloir des Dieux,
Au sejour estoillé, et non dessus Parnasse. [35 r°]

SONET XIII[3].

Quoy tu me veux laisser, fuyant impitoyable
Le son de mes douleurs, mes cris, et mes travaux,
Et te veux ceste nuict embarquer en tes naux,
Me laissant icy seul chetif et miserable[4] ?
Où voudrois-tu aller, dy belle variable ?
Souviens toy de ce fort qu'Amour print par assaults,
Et la Cité bruslante avec douze chevaux,
Pour venger ceste Nymp[h]e aux Dieux tant aggreable[5].
Egerie, des Cieux, à Tatia succede[6] :
Mais icy je ne treuve un semblable remede,
Puis qu'elle m'a laissé tout, tout m'est ennemy,

---

[1] Cette anecdote concernant l'action de Zeus ou de son aigle sur un ouvrage conservant des tables de lois fait sans doute référence à un passage de la fin de la vie de Numa, bien que ce personnage fût romain. Plutarque raconte en effet que les lois faites par Numa, enterrées avec lui dans un sarcophage de pierre, furent découvertes « quatre cents ans depuis [...] [par] un grand ravage d'eaux et de pluies, qui fendit la terre [...] ». Un sénateur lut ces lois et, trouvant qu'il serait mal venu que le peuple les connaisse, décida de les brûler. Plutarque ne mentionne pas Jupiter ou l'action d'un dieu, seul le locuteur met au jour l'aspect miraculeux d'un tel fait. Voir Plutarque, *Les Vies des hommes illustres*, *op. cit.*, t. I, *Vie de Numa Pompilius*, XXXV, p. 161-162.

[2] Voir 9 v. 213.

[3] Cité dans *Entouré de silence*, *op. cit.*, p. 31.

[4] On retrouve un épisode semblable dans l'élégie 274 v. 561.

[5] Il y a sans doute ici une allusion à la guerre de Troie provoquée par le rapt d'Hélène, fille de Zeus. Voir élégie 9 v. 186, TS LXV v. 12-14 et élégie 81 v. 315-316 et 551.

[6] Le poète fait ici allusion à la relation entre Égérie et Numa Pompilius après la mort de sa femme, Tatia. Voir Plutarque, *Les Vies des hommes illustres*, *op. cit.*, t. I, *Vie de Numa Pompilius*, p. 135, VI.

Le cœur mesme me faut : que dis-je cœur, en ay-je[1] ?
Elle l'a, la cruelle, et me laissa demy[2],
Quand elle s'en alla demeurer en Liege.

SONET XIIII[3].

Puis qu'il faut que je meure, adieu cruelle Dame,
Je cedde volontiers à ce luisant vainqueur,
Adieu belle qui as un roc au lieu du cœur,
Et un demon perfide, au lieu d'une belle ame.
Vien querir ton pardon, et baiser ton fantasme,
Ton mort, et ton amy, et ton vray serviteur,
Cruelle voudrois-tu au fort de ma langueur,
Me faire en desespoir entrer dessoubs la lame.
Je ne veux pas pourtant, que l'on face tigresse
A mon enterrement[4] monstre de ta richesse,
„ Amassant sur mon corps des montagnes de fleurs.
Mais je veux que ta main seule m'ensevelisse[5],
Respandant sur mes yeux un bain de chaudes pleurs[6],
Cela seul peut payer mon fidelle service[7]. [35 v°]

---

[1] Cette rime équivoquée rappelle ce dizain de Marot « Anne, par jeu, me jeta de la neige / Que je cuidais froide certainement. / Mais c'était feu : expérience en ai-je, […] ». Voir ici même TS LVIII v. 13 et Marot, *Œuvres poétiques*, *op. cit.*, t. II, « Les Épigrammes », I, p. 215, XXIV, v. 1-3.

[2] Il faut voir dans ces derniers vers la trace de la lecture de Ficin. Dans son commentaire au *Banquet* de Platon, le philosophe et traducteur italien insiste au chapitre huit sur le fait que l'amant meurt puisqu'il donne son âme à son amante : « [L'] amoureux est une ame en son propre corps morte, et vive au corps d'autruy ». *Discours de l'honneste amour sur le Banquet de Platon, par Marsile Ficin […]*, traduits de toscan en françois par G. Le Fèvre de La Boderie, Paris, Jean Macé, 1578, VIII, p. 65.

[3] Cité dans *Entouré de silence*, *op. cit.*, p. 33.

[4] Cette mise en scène ce retrouve dans la chanson 112 et préfigure la série des tombeaux aux pièces 234-247.

[5] 1589 : *seulette*. La correction proposée ici est celle de G. Mathieu-Castellani. *Entouré de silence*, *op. cit.*, p. 34.

[6] Voir TS IV v. 10.

[7] On pense ici à Thisbée se tuant sur le corps de Pyrame. Voir sonnet 39.

SONET XV.

Je ne veux plus de toy, ores je te mesprise,
Ne pense plus avoir sur moy d'authorité :
Car je congnoy trop bien ton infidelité,
Et le ret decevant où mon ame fust prise.
Seme autre part qu'icy ta friande faintise,
Renouvelle en tes yeux la nayve beauté,
Et en ta belle bouche un doux ris affetté,
Pour voir si tu auras pouvoir sur ma franchise.
J'ay estains tous les feus de ma chaude poitrine,
D'autant qu'ils mesprisoient ceste grandeur divine,
Y mettant en leur place un feu sainct et nouveau
Que le Grec[1] apporta au peril de sa vie,
Et puis mourant de joye, ô j'iray au tombeau,
Afin de contenter mon sort et ton envie.

SONET XVI.

Puis que tu le veux bien, je te promets Rosette
Tout autant de bon-heur, de service et de foy,
La mesme rescompense, ainsi je te la doy,
Puis que tu t'es fiée au serment que je preste :
Je t'aimeray tousjours, car tu es fort discrette,
Il ne s'en treuve aussi un si discret que moy,
Ny qui aime ses maux comme je les reçoy,
Car tout ce ce qui te plaist, je l'aime et le souhaitte.
Pour confirmer ta foy jette icy ma maistresse,
Du fer rouge en la mer, comme ils firent en Grece,
Afin de provoquer les Dieux au chastiment[2],

---

[1] Il s'agit de Prométhée, qui, dans la mythologie, vole le feu aux dieux pour le donner aux hommes.

[2] Cette allusion succincte provient à nouveau de Plutarque, plus précisément de la *Vie d'Aristide.* Ce général contemporain de Thémistocle, institua la ligue de Délos et fit jurer à tous les Grecs de respecter le traité. Lui-même, « comme

Qu'une ame si legere à juste droict punie,
Doit recevoir si tost que toute inconstamment,
Elle fausse la foy d'une amour si unie. [36 r°]

SONET XVII.

Amour je te supplie appaise ta cholere[1],
Ne tire plus Amour, o Dieu pourquoy veux-tu
Offenser de tes dards cil[2] qui est abbatu,
Demy-mort à tes pieds[3], et ne t'est plus contraire.
Faut-il qu'un si grand Prince[4] avance la misere
De celuy que fortune a si bien combatu,
Après avoir dix ans l'honneur seul debatu,
Vuide de toute force, et qui rien plus n'espere ?
Helas il me souvient que sur l'eau de Penée[5],
Tu as lancé trois fois ceste fleche empenée

---

capitaine général, [...] jura au nom des Athéniens ; et en prononçant les exécrations et malédictions à l'encontre de ceux qui fausseraient leur serment, fit jeter des masses de fer ardent dans la mer [...] ». Ici, c'est le locuteur qui exhorte sa maîtresse à le lier d'un serment de même nature. Voir Plutarque, *Les Vies des hommes illustres*, *op. cit.*, t. I, *Vie d'Aristide*, p. 746, LX.

[1] Ce premier vers semble reprendre celui du sonnet VII des *Premières œuvres* de Desportes : « Je te supplie, Amour, arreste ma guerrière ». La composition du vers est la même ainsi que la rime. L'expression « Amour, je te supplie » revient dans le recueil en TS CVI v. 9, et 40 v. 7. Voir Ph. Desportes, *Les Premières œuvres*, *op. cit.*, s. VII, p. 78, v. 1.

[2] Ici comme au vers 5 le locuteur parle de lui-même.

[3] Voir TS XIII v. 13.

[4] Il s'agit d'Amour.

[5] Ce fleuve coule en Thessalie, et forme les célèbres gorges de Tempe. L'anecdote qui est ici rapportée pourrait évoquer le mythe de Daphné tel qu'il est raconté par Ovide. En effet, la jeune fille serait née du fleuve. Le dieu Amour aurait par ailleurs envoyé deux flèches, et non trois : l'une pour qu'Apollon tombe amoureuse de la jeune fille, la seconde, de plomb, pour que Daphné refuse ses avances. Elle est finalement transformée en laurier par son père. Beaujeu a-t-il voulu augmenter la charge symbolique de son sonnet en remplaçant deux par trois ? Voir 127 v. 4 et Ovide, *Les Métamorphoses*, *op. cit.*, I, v. 469-470.

Des cheveux de Thetis[1], quand[2] je vois en mon sain
Ce trait, doux homicide, envoyé plain de flame
Et de ses[3] cheveux d'or qui entourent la main,
D'une fortune haute au Ciel guident mon ame[4].

SONET XVIII[5].

Tu n'eus point de pitié, je le voy bien cruelle,
Ta douceur est si peu que je n'y pense pas,
Je suis tout asseuré de descendre là bas[6],
Mon tourment fait luy seul une barque nouvelle[7].
Je suis le sort moy-mesme, et ma fiere bourrelle
Je forge de ma main le mal dont je suis las,
Je me donne des coups, et puis je dis helas !
Je me plais au subjet qui à mourir m'appelle
Ainsi que les corbeaux passant sur le théatre,
Furent contraints de cheoir, et vivans de s'abatre
Faute d'air, estonnez de tant de cris en un[8],
Ainsi je fais blessé, de mes cris lamentables

---

[1] Cette mention opacifie un peu plus ce sonnet, Thétis pouvant renvoyer soit à la mer en général, soit à une néréide, mère d'Achille. Ces cheveux renforcent semble-t-il la puissance de la flèche d'amour. Doit-on y voir une figure masquant la déesse Aphrodite, élevée par des divinités marines ?

[2] Cette proposition circonstancielle de temps qui se poursuit jusqu'à la fin du poème est à comprendre comme le complément de « il me souvient » au vers 9. Il faut comprendre « quand je vois [...], il me souvient que [...] ».

[3] Ceux de la dame.

[4] La construction syntaxique de ce tercet laisse perplexe puisque le sujet du verbe « guident » n'est pas explicité. Il semble qu'il faille lire « entourant la main » au vers 13 pour faire de « ses cheveux d'or » le sujet de « guident ».

[5] Cité dans *Entouré de silence*, *op. cit.*, p. 34.

[6] Aux Enfers.

[7] Cette « barque » fait référence à celle de Caron qui transportait les morts.

[8] C'est dans la vie de Pompée qu'est relaté ce phénomène. Passant au-dessus d'un théâtre d'où une grande clameur s'élève, un corbeau s'écroule, frappé par la « tourmente de l'air ». Gisèle Mathieu-Castellani rapproche également ce passage des vers 138-140 des stances I du *Printemps*. Voir Plutarque, *Les Vies des hommes illustres*, *op. cit.*, t. II, *Vie de Pompée*, p. 251-252, XXXIX, *Entouré de silence*,

Fendre l'air, et les Cieux, et le cœur d'un chacun,
Et tomber les oiseaux à mes mots veritables. [36 v°]

SONET XIX[1].

Et bien que ferez vous avecques vostre gloire,
Quand je serois ja mort ? Seriez vous mieux pourtant ?
Je vous rendray le cœur en cela tout contant,
Mon ame volontiers vous donne la victoire.
En mon fascheux amour j'euz tousjours en memoire
D'obeyr à mes maux, et n'estre mal-contant
Pour toutes tes rigueurs, et ton desdain, d'autant
„ Que faillir est ma honte, et durer est ma gloire.
A l'Arabe cruel qui faisoit tant du brave,
Et au fils de la mer à son amy Agave,
Il sied bien d'abbreuver leurs passions de sang[2] :
Mais à toy qui es belle, et qui n'es Parthienne[3]
Tu ne dois imiter celle qui dans le bang
Des Juges fit honneur à la meurdrière ancienne.

---

op. cit., p. 34 et A. d'Aubigné, *Œuvres complètes*, t. III, par MM. E. Réaume et de Caussade, Genève, Slatkine Reprints, 1967, p. 71.

[1] Cité dans *Entouré de silence, op. cit.*, p. 36.

[2] Cette allusion obscure provient sans doute de la fin de la vie de Marcus Crassus. Le vers 10 pose de nombreux problèmes de compréhension. De fait, le passage de Plutarque fait état de la scène suivante : au moment où l'on apporte au roi perse la tête de Crassus, un acteur est en train de réciter la tragédie *Les Bacchantes* d'Euripide. Dans cette pièce, Agavé, mère de Penthée, est habitée par Bacchus, auquel Penthée refuse de rendre un culte et, dans un accès de folie, elle démembre son fils. Cependant, l'expression « la mer à son amy » est-elle à comprendre comme un génitif ou bien sûr le même plan que « à l'Arabe » et « au fils », comme un complément d'objet indirect ? L'« Arabe cruel » peut en tout cas renvoyer au meurtrier de Crassus, tandis que « à son amy Agave » ferait référence à la mère infanticide. Le « fils de la mer » reste obscur. Plutarque, *Les Vies des hommes illustres*, *op. cit.*, t. II, *Vie de Marcus Crassus*, p. 97, LXII.

[3] La maîtresse, qui n'est pas une Parthe, ne doit en adopter les coutumes cruelles.

SONET XX.

Atis le Syrien, Atis de l'Arcadie,
Moururent d'un sanglier[1], les divers Acteons
Se firent devorer, et des deux Scipions
Carthage en l'un souffrit, soubs l'autre elle est perie.
Troye[2] par les chevaux congneut la tromperie
D'Hercule, Carideme, et puis des Grecs felons
Homere print naissance, et mourut aux fleurons,
Ainsi des sors pareils vont consommant ma vie[3].
Je feus de Marguerite eschauffé en jeune aage,
Fleur d'espine depuis me mit au cœur la rage,
Blanche fleur m'a gesné de sa belle beauté,
Rose m'a fait au cœur une playe incurable[4],
Voyez si tous les maux dont je suis tourmenté,
Sont autre que des fleurs qui m'ont fait miserable[5].

[37 r°]

---

[1] Il convient de faire une synérèse sur ce terme, comme partout dans le recueil.

[2] Il faut prononcer ce mot en deux syllabes pour respecter la métrique.

[3] Tout ce passage est une adaptation en vers de Plutarque dans lequel l'historien se livre à un étrange exercice : il compile les personnages dont les noms diffèrent mais à qui l'on prête des aventures semblables ou bien ceux ayant le même nom mais une vie différente. Ainsi, il relève que « deux hommes qui ont eu nom Attys [...], l'un en la Syrie et l'autre en l'Arcadie » ont été tué par un sanglier, puis que « de deux qui eurent nom Actéon, l'un fut déchiré par ses chiens, et l'autre par ses amoureux » et, enfin, que « des deux renommés Scipions, les Carthaginois furent premièrement vaincus par l'un, et depuis entièrement ruinés et détruits par l'autre ». Le cas de Troie est un peu à part puisqu'il est cité parce que Hercule, Agamemnon et « Charidèmus » ont envahi Troie à cause d'un vol de chevaux ou à l'aide de chevaux. Homère, quant à lui, rejoint cette liste car il est né et mort dans deux villes différentes mais qui, toutes deux, portent un nom de fleur. Voir Plutarque, *Les Vies des hommes illustres*, *op. cit.*, t. II., *Vie de Sertorius*, p. 107, I.

[4] Ce vers évoque fortement le sonnet 21 de Louise Labé et la fin du premier quatrain : « Qui fait plus tôt une playe incurable ». Voir L. Labé, *Œuvres complètes*, édition critique et commentée par Enzo Guidici, Droz, Genève, 1981, sonnet XXI.

[5] Ces quatre noms dérivés de fleurs sont motivés dans l'économie du poème par le mot « fleurons » qui fait référence aux villes de naissance et de mort d'Homère. Deux de ces noms, seulement, Rose et Marguerite, réapparaissent effectivement dans les *Amours*. Voir les pièces 29 v. 4, 55 v. 4, 83 *passim*, 107 titre et 166 v. 23-25.

SONET XXI.

Ce petit Myrmidon[1] qui me fait tant de peine,
Et qui se fait loüer plus qu'Anthée[2] le fort,
Me fait tousjours penser, si après qu'il fut mort[3]
Tinga[4] ce preux Thebain si tost luy fut humaine.
O pensée qui m'es tousjours si incertaine,
Seroit-il bien possible… ? Ouy ils firent l'accort
Entre les sainctes sœurs, et les enfans du Nort[5],
Voulant avoir le pris de la pasle Syrene[6].

---

[1] Il s'agit ici d'Amour.

[2] Antée était un géant, fils de Gaïa, qui retrouvait sa puissance à chaque fois qu'il touchait terre. Il terrifiait les voyageurs qui traversaient la Lybie.

[3] Le pronom personnel de troisième personne renvoie ici à Antée.

[4] Il est possible qu'ici il y ait la trace d'une composition du livre à l'oreille, suivant une lecture du poème. Il faudrait donc lire « Tinge, à ce preux Thébain, si tost lui fut humaine ». La construction n'en reste pas moins complexe mais on peut comprendre : « Tinge, aussitôt, fut humaine envers ce preux Thébain ». Hercule, alors à la recherche du jardin des Hespérides, se heurte au géant Antée, dont les blessures se soignent dès qu'il touche sa mère, la terre. Le demi-dieu le soulève alors pour que ses pieds ne touchent pas terre et ainsi l'étrangle. Plutarque raconte que la femme d'Antée, nommée Tingès, se donna à Hercule après la mort de son mari et qu'ils eurent un fils, Sophax, qui bâtit une ville du nom de sa mère. Voir Plutarque, *Les Vies des hommes illustres*, *op. cit.*, t. II, *Vie de Sertorius*, p. 116.

[5] Voir sonnet TS LXXVIII v. 14.

[6] Ces trois vers sont complexes et semblent fonctionner à la manière d'une énigme dont il est bien difficile de trouver le sens. Un mystérieux « ils » rassemblent « les sainctes sœurs » et « les enfans du Nort » pour emporter l'approbation d'un juge féminin, « la pasle Syrene ». « Les sainctes sœurs » sont sans doute des nymphes ou des Muses tandis que, dans un cadre mythologique, les « endans du Nort » peuvent être assimilés aux Hyperboréens, habitants d'un territoire flou que les anciens situaient au nord de la mer Noire. Ces deux interprétations semblent faire référence à la figure d'Aristéa de Proconnèse, poète dont on trouve la trace chez Hérodote et Pline et qui passait pour avoir effectué, au côté d'Apollon, un voyage chez les Hyperboréens avant de revenir écrire son poème des *Arimaspes*. Beaujeu imagine-t-il que le poète aurait tenté de séduire une femme ? En revanche, le mot « Syrène » dans ce contexte paraît pouvoir être la trace d'une confusion entre le poète Aristéas et le personnage mythologique Aristée, fils d'Apollon et de la nymphe Cyrène. L'emmêlement des deux noms peut d'ailleurs correspondre au début du poème précédent qui jouait sur le même procédé en s'appuyant sur Plutarque. Cette même confusion pourrait expliquer le « ils » du vers 6. Quant au lien avec le poème et notamment avec le personnage d'Hercule, il est difficile de l'établir avec certitude mais on peut conjecturer

Or puis que tu es nay d'une si brave fame,
Et d'un pere qui mit tout le monde en alarme,
Fais moy si bon te semble encores plus de maux[1] :
Mais aussi souviens toy que de bon cœur j'endure,
Et n'oublie, ô Amour, à punir ces yeux beaux,
Et le cœur de crystal de ma maistresse dure.

SONET XXII.

A moy, à moy souspirs estrangers de ma vie,
Maintenant que je suis tout prest de m'en aller
Aux deserts où mes maux pensent me receler,
Revenez mes souspirs avec ma frenaisie.
Et vous, et vous aussi venez ma jalousie,
Amenez mon desir, car je luy veux parler
D'Amour qui a bien sceu mes peines estaller
Pour plaire au beau lien dont ce meschant me lie.
Les fluteurs de Lybie, et pontiques trompettes,
Me monstrerent jadis le feu des trois Comettes,
Et comme la Deesse aidoit aux assiegez[2].
Las Amour ! au contraire evite mes alarmes
Et les squadrons bruslans de mes souspirs rengez,
Pour me laisser deffaire avec mes propres armes. [37 v°]

---

qu'Aristéas a tenté l'impossible pour accomplir son œuvre et conquérir la « Syrène » de même qu'Hercule. Voir Hérodote, *Histoires*, *op. cit.*, IV, XIII-XV, p. 50-57, Pline, *Histoire Naturelle*, texte traduit, présenté et annoté par S. Schmidt, Paris, Gallimard, coll. La Pléiade, 2013, VII, 9 et P. Grimal, *Dictionnaire…*, *op. cit.*, p. 51.

1 Il s'agit ici d'allusions à la naissance du dieu Amour, qui, dans la tradition romaine, sous le nom de Cupidon, est considéré comme le fils de Vénus et Mars.

2 Le tercet renvoie à un passage de la vie de Lucullus dans lequel plusieurs présages apparaissent pour encourager la défense de Cyzique, alors assiégée par les troupes du roi du Pont, Mithridate. Proserpine prononce cette mystérieuse phrase devant un nommé Aristagoras : « Je suis venue pour amener le fluteur de Lybie contre la trompette Pontique […] ». Elle annonce par là un vent du sud qui détruit les engins de siège de Mithridate. En même temps, à Ilium, Minerve apparaît, « toute trempée de sueur », semblant revenir de Cyzique, où elle aurait aidé les assiégés. Plutarque, *Les Vies des hommes illustres*, *op. cit.*, t. I, *Vie de Lucullus*, p. 1121-1122, XX et TS C.

SONET XXIII.

Belle je vois[1] mourant, si tu n'y remedie,
Au moins s'il faut mourir, il me sera permis
De plaindre mon mal-heur, blasmant mes ennemis
Pour me venger un peu de ceste maladie.
Cependant que je suis en ma couche engourdie,
Il faut que je me plaigne à mes privez amis,
Avant que pasle et froid je sois au tombeau mis,
Afin que je n'y porte aucune fascherie.
Si j'en meurs, je suivray tousjours ton ame fiere
„ Cleonyce en tenebre abbatit la lumiere,
Lors son amy luy fut adversaire inhumain[2].
Ainsi, comme elle donc, je te diray sans cesse,
Repens toy de ma mort : et en criant soudain
Je t'appelleray tigre, et non pas ma maistresse.

SONET XXIIII.

Voulez-vous donc ainsi tousjours estre si dure,
Sans m'escouter jamais, Madame dites moy
S'il y a en ce monde une semblable loy,
Ny cœur qui soit si dur, veu le mal que j'endure.
Allons en ce bocage où la gaye verdure,
Servira de tesmoin à mon fascheux esmoy,
Et si là je ne fais ce qu'en Amour je doy,

---

[1] Il s'agit bien de la forme "vais".

[2] Plutarque raconte que Pausanias, général grec, se trouvant dans la ville de Byzance demanda les faveurs de Cléonice, jeune fille noble. Les parents de la jeune fille acceptent et celle-ci se prépare à aller retrouver Pausanias. Elle demande que toutes les chandelles soient éteintes mais trébuche en entrant dans la chambre du militaire qui, averti par ce bruit et croyant qu'on vient l'assassiner, la tue. L'esprit de la jeune fille apparaît ensuite à Pausanias et lui intime d'agir justement à l'avenir. Amyot traduit en vers les paroles du fantôme : « Chemine droit et révère justice / Mal et méchef à qui fait injustice ! ». Voir Plutarque, *Vies des hommes illustres*, *op. cit.*, t. I, *Vie de Cimon*, p. 1084, XI.

Je vous offre mon cœur, à mourir je vous jure.
Je ne vous offre pas le sainct bouclier d'airain,
Esmaillé du beau sang que respand vostre main[1],
Ny le feu qui consume une pille embrasée[2] :
Mais un monde de vœux, de service et de foy[3],
Que mon ame reserve aux tourmens abbaissée
Soubs les austeritez d'une si rude loy. [38 r°]

SONET XXV.

Que voulez vous de moy ? Cessez vostre furie !
Le sage courroucé doit tousjours s'enquerir,
Si j'ay fait si grand mal qu'il en faille mourir,
Mon ame laissera mon cœur, ja peu en vie.
Vous l'avez tant blessé, qu'il n'a nom-plus d'envie
De vivre, que vostre œil a de le bien guerir,
Il souhaitte plustost, de doucement mourir,
Que de vivre tousjours en peine et fascherie.
Je ne deffends le feu d'une sanglante espée,
Et non-pair je ne fais de ma chair decouppée
Le sacrifice afreux aux Aulides[4] voué :

---

[1] Dans la vie de Fabius Maximus, Plutarque rapporte que des boucliers ensanglantés tombent du ciel. Voir Plutarque, *Les Vies des hommes illustres*, *op. cit.*, t. I, *Vie de Fabius Maximus*, p. 381 et TS XXXIX et TS XLI.

[2] Il s'agit sans doute d'une référence à la pratique grecque consistant à brûler les parties des animaux réservées aux Dieux. Dans le recueil cette expression renvoie aussi au Phénix, s'immolant lui-même pour renaître ensuite de ses cendres. Voir le quatrain 200 et Pline, *Histoire Naturelle*, *op. cit.*, X, 4.

[3] Ce sonnet est construit sur un schéma rimique un peu particulier qui ne comporte que quatre rimes : ABBA ABBA CCDBDB.

[4] Il est très probable que cette allusion à un sacrifice non fait provoquant la défaite provienne d'un passage de Plutarque dans lequel l'historien grec évoque la réticence de plusieurs rois grecs à accomplir des sacrifices humains commandés par les dieux à travers des rêves. Le songe du capitaine Pélopidas, dans lequel un père ayant vu ses filles tuées sous ses yeux lui demande de sacrifier une « vierge rousse » sur leurs tombes, provoque ces réflexions. Plutarque évoque dès lors le cas du roi spartiate Agésilas partant en guerre de la ville d'Aulide, « des mêmes lieux qu'était anciennement parti le roi Agamemnon

Mais en vous suppliant[1] je vous fais resistance,
Car le pauvre vaincu du Ciel desadvoué,
N'a point d'autre remede, ayant fait telle offense.

SONET XXVI[2].

Ha que je te redoute, o bel œil plain de flame !
Que tu me fais de peur, quand je te voy si beau,
Si clair, et plain d'ardeur d'un feu tousjours nouveau !
En quel soing pense-tu que vivote mon ame ?
O bel œil, si tu es moins cruel que Madame,
De grace mon bel œil, dy moy si ton flambeau
Voudroit bien à ma mort entrer en mon tombeau,
Tu serois le premier qui aux fosses s'enflame.
Ce Prophete sentit après sa mort cruelle,
R'embraser tout son corps en la flame eternelle :
Ainsi après ma mort, je redoute ces yeux[3],
Qui m'ayant ja bruslé au rais de leur lumiere,
Ne se contenteront de la faute premiere,
Ains voudront cendroyer mon cœur encore mieux.

[38 v°]

SONET XXVII.

O berceau desiré, quand le Ciel favorise
A celuy qui se monstre aux parens estonnez !
Vierge donc viens te mettre aux endroits ordonnez,

---

du temps de la guerre de Troie ». Il reçoit en rêve le présage de sacrifier sa fille. Il refuse et doit rentrer chez lui. Ce passage est réutilisé en TS LV. Voir aussi 218 v. 11 et Plutarque, *Les Vies des hommes illustres*, *op. cit.*, t. I, *Vie de Pélopidas*, p. 642, XXXVII-XXXVIII.

[1] 1589 : *suppleant*.

[2] 1589 : *Ha que je* redoute. G. Mathieu-Castellani signale la fausseté du vers et propose l'ajout du pronom objet [te]. Cité dans *Entouré de silence*, *op. cit.*, p. 38.

[3] Il s'agit du rappel de la mort du prophète Élie. Rois 2:11.

Pour voir nostre naissance au feu celeste emprise[1].
Voyez vous point Amour qui me desfavorise
Aux cieux tenant les noms de nous infortunez,
Assisté du destin qui nous a adjournez,
Devant nostre naissance à naistre par surprinse ?
Numa nasquit le jour que Rome florissante,
Leva les fondemens de sa force puissante,
Estallant pour les siens un honneur triomphant[2].
Et moy le mesme jour que ma Deese saincte
Mit le fatal tison aux mains de cét enfant,
Où mon ame en tourment de brusler est contrainte.

SONET XXVIII.

Est-ce chose impossible, helas ! ne puis-je rendre
Ma maistresse plus douce ? Ô Dieux que faites vous
Pour appaiser Jupin, et Mars qui en courroux
„ Tonnent, bruyent, et font la terre et le ciel fendre ?
Demy-Dieux oyez moy s'il vous plaist de m'entendre
Le sain de ma maistresse ores n'est que courroux !
Je ne l'ose approcher, Amour en est jaloux,
Et seulement ma voix elle ne veut entendre.
Ainsi que les vieillards n'estoient du temps passé
Que pour appaiser l'ire, à leur Dieu courroucé[3],
De mesme je voudrois appaiser ma Deese.

---

[1] L'expression n'est pas très claire. On peut sans doute gloser par : « nostre naissance allumé par le feu céleste ». Le locuteur fait référence au commencement de son amour. Voir le mot « emprise » au glossaire.

[2] On trouve, dans la vie de Numa Pompilius, cette indication : « [...] Numa Pompilius [...] ét[ait] par une divine rencontre né le même jour que la ville de Rome fut premièrement fondée par Romulus [...] ». Plutarque, *Les Vies des hommes illustres*, *op. cit.*, t. I, *Vie de Numa Pompilius*, p. 134, VI.

[3] Ce collectif des « vieillards » se retrouve plusieurs fois dans le *Torrent des sonets*. Il s'agit sans doute tout simplement d'une allusion aux chœurs des tragédies grecques, incarnations de la sagesse. Voir TS LVIII v. 13, TS LXXIV v. 13 et TS XCVI v. 8.

Mais quoy que je luy offre, et ma vie et mes pleurs
    Despité contre moy, tousjours, tousjours ne cesse
    D'augmenter mon ennuy, et ces fieres rigueurs. [39 r°]

SONET XXIX.

Avez vous sans pitié un si ferme courage,
    Une ame si cruelle, un cœur si endurcy,
    Qu'il faille que je meure en demandant mercy,
    „ Me faisant plus de honte ainsi que de dommage ?
Ce n'estoit pas assez, o maistresse volage,
    Contre toute raison, de me tuer ainsi,
    „ Mais helas il falloit damner mon ame aussi[1],
    „ Et mettre ciel et terre en un mesme servage !
De Canobe fut l'œil où le Nil innondeux,
    Laisse la sepulture au triangle des deux,
    N'ayant retint[2] pour luy que ceste renommée[3].
Tout ainsi de ma mort, tu veux avoir le nom,
    Et que ta belle main cruelle soit nommée,
    Ayant nourry de sang ton courage felon.

---

[1] 1589 : *Mais helas il me falloit.*

[2] La forme « retint » est bien une forme de participe passé.

[3] Plutarque fait au moins deux fois mention de la tombe de Canopos, pilote de Ménélas, mort vers Alexandrie. Dans la vie d'Alexandre, il rapporte : « [...] Pharos, laquelle était pour lors un peu au-dessus de la bouche du Nil, que l'on appelle Canobique [...] c'est comme une langue ou une encolure de terre assez [...] large [...] ». Dans la vie de Solon, l'historien grec cite deux vers de Solon qui font une description semblable de la ville de Canopos : « Là où du Nil l'un des bras creux et large, / Près de Canope en la mer se décharge. » L'utilisation d'un lexique anatomique pour exprimer les particularités géographiques de l'embouchure du Nil a pu donner à Beaujeu l'idée de parler d'« œil », partie du visage située au-dessus de la bouche. On peut rapprocher cette référence aux pilotes d'épopée du sonnet TS LII qui concerne Palinure, pilote malheureux d'Énée. Voir aussi TS XCVI, TS XCVI et Plutarque, *Les Vies des hommes illustres*, *op. cit.*, t. II, *Vie d'Alexandre*, p. 354, XLVIII à XLIX, ainsi que t. I, *Vie de Solon* p. 203, LIII et Pierre Grimal, *Dictionnaire...*, *op. cit.*, p. 78.

SONET XXX.

Je sçay bien que l'amour, qu'une maistresse porte
A son fidelle amant, ne se peut retirer,
Sans faindre un desplaisir, et long temps souspirer,
Voire dire tousjours je voudrois estre morte.
Je sçay que mon absence un beau subjet t'apporte,
Pour attaindre à ce but que tu veux desirer,
Sans me donner loisir en mon cours d'aspirer,
Tu me donnes congé en ceste estrange sorte.
Je ne suis un Janus[1], et entre les volages
Pour te tromper mon cœur, je n'ay pas deux visages,
Je ne fis jamas rien, que je ne l'aye dit :
Mais si tu m'accusois d'avoir l'ame legere,
Pour desnoüer le nœud que Jupiter fendit[2],
„ Je serois estranger, non pas toy estrangere[3]. [39 v°]

SONET XXXI.

Pourquoy divines sœurs en voz parfaictes graces,
Avez vous trempé l'œil qui me tourmente icy ?
Pourquoy avez vous sœurs, trempé[4] mon cœur aussi,
En l'eau saincte là haut, pour souffrir ces disgraces ?

---

[1] Ce dieu romain a la caractéristique d'avoir un double visage, l'un souriant et l'autre attristé.

[2] Il est fort probable que le locuteur fasse ici allusion au fameux nœud gordien qu'Alexandre trancha ou défit selon la légende. Voir Plutarque, *Les Vies des hommes illustres*, *op. cit.*, t. II, *Vie d'Alexandre*, p. 343, XXXI.

[3] Doit-on comprendre que devant l'accusation le poète serait innocent, non la dame ? Celle-ci ne serait donc pas « étrangère » à ses déboires ?

[4] Beaujeu joue ici sur le sémantisme du verbe. En effet, il évoque à la fois le fait de mouiller quelque chose, en l'occurrence « l'œil » et le « cœur », mais aussi l'action de rendre dur le métal en le trempant dans un liquide choisi. Et « l'œil » de la dame et le « cœur » du locuteur sont endurcis, l'un pour blesser, l'autre pour souffrir. Voir 274 v. 463.

Voyez moy sur le pré où je fais mille places,
Je ressemble un lyon, pour me veautrer[1] ainsi,
Que celuy qui au flanc a le trait sans mercy,
Qui trespasse tout vif avecques ses menaces.
Voyez Poupo, Pynus, Calpus, et Mamercus[2],
Enfans jumeaux de cil qui trois Mars a vaincus[3],
Transportez comme moy d'une amour violante :
J'ay bien le mal des Dieux, les Dieux n'ont pas le mien,
Car je ne puis jouyr du fruict de mon attante,
Et eux peuvent avoir, sans empesche tout bien.

SONET XXXII.

Adieu, maistresse, adieu, je veux quitter la France,
Ton service, et mon mal, je vois passer les mers,
Tarissant de mes yeux les flots creux et amers,
Agitez de souspirs, et de toute souffrance.
Je m'en vois[4] cependant, en bien ferme creance
Que tu as deja mis un autre cœur aux fers,
Ayant basty pour luy de tous nouveaux enfers,
Et laissé le trespas au mien pour esperance.
L'on ne mettra jamais mon cœur en sepulture,
Sans mettre mes escrits en l'autre pierre dure,

---

[1] La graphie « veautrer » est courante à l'époque mais on peut y voir un jeu graphique entre le mot « veau » et le verbe « vautrer ». Ainsi, ici, le « lion » devient un veau sous l'action de l'amour. Par ailleurs, le verbe vient du latin **volutulare*, FEW XIV, 618b, et n'a donc aucun rapport avec « veau ».

[2] Plutarque donne les noms des fils de Numa à la fin de la vie du roi romain. Plutarque, *Les Vies des hommes illustres*, *op. cit.*, t. I, *Vie de Numa Pompilius*, p. 160, XXXIV.

[3] Cette allusion qui évoque sans doute possible Numa Pompilius, n'est pas aisée à expliquer. Numa n'a pas été particulièrement un roi guerrier, en revanche, ce fut un grand réformateur. Il changea, en particulier, le calendrier. Plutarque précise ainsi qu'« il remua aussi l'ordre des mois : car le mois de mars, qui auparavant était premier, il le mit en troisième [...] ». C'est peut-être à cette modification calendaire que renvoie Beaujeu ici. *Ibid.* p. 156, XXXI.

[4] Comme au vers 2, il faut comprendre ici « vais ».

Afin que tes beautez durent autant que moy.
L'on trouvera mes os, et l'heur de ma jeunesse,
Dont j'ay avec mon sang, fait service à mon Roy,
Adorant et servant le nom de ma maistresse. [40 r°]

SONET XXXIII.

O pauvre miserable, et que penses-tu faire,
D'aimer une beauté qui est digne des Dieux ?
Pourrois-tu soustenir le feu chaud de ses yeux ?
Tu es trop peu vrayement[1] pour un tel adversaire.
Tu offenses les Cieux, tu te rends leur contraire,
Beau-Villain[2], mon amy, le Ciel est furieux,
„ Tu ne merite pas, qu'il te donne rien mieux
„ Qu'une semblable à toy, encore est-ce trop faire[3].
Le Grec qui tant aima, deffendit aux Villains
De musquer leurs habits, ny de s'huiler les mains[4],
Aux esclaves, Amour ne fait point de courvées[5],

---

[1] Il faut élider le « e » de « vrayement » pour conserver la métrique.

[2] Ce nom ou ce surnom désigne ici un mauvais amant, qui ne mérite pas les attentions du dieu Amour. Il ne semble pas faire référence à un personnage extérieur au recueil de Beaujeu. D'ailleurs, le ton général de la pièce laisse penser que le locuteur s'adresse ici à lui-même.

[3] 1589 : *encores est ce trop faire.*

[4] Cette allusion trouve sa source dans *La Vie de Solon*. Plutarque, évoquant le législateur athénien, met en avant l'attrait de Solon pour le sentiment amoureux. Pour prouver ce fait, l'historien grec rappelle une loi qui « défend que le serf ne se parfume ni ne soit amoureux des enfants ». Le texte original est διαγορεύοντα δοῦλον μὴ ξηραλοιφεῖν μηδὲ παιδεραστεῖν que les éditions modernes traduisent par « défendre aux esclaves de s'adonner à la gymnastique et d'aimer les jeunes gens ». Beaujeu omet le second terme mais développe le premier élément. Il s'inspire ici du terme grec ξηραλοιφεῖν que l'on peut traduire littéralement par « se frotter d'huile à sec ». Amyot n'évoquant pas la notion d'huile, il est probable que Beaujeu ait eu le texte grec sous les yeux. Voir Plutarque, *Les Vies des hommes illustres*, *op. cit.*, t. I, *Vie de Solon*, p. 172, II et Plutarque, *Vies*, textes établi et traduit par R. Flacelière, E. Chambry et M. Juneaux, Paris, Les Belles Lettres, 1961, t. II, p. 10-11 et la note.

[5] La graphie est possible pour « corvées ». Voir FEW II-2, 1226b : *corrogata*.

Il ne dresse jamais sur ces autels sanglans,
„ Les branches de percil[1], de cent ans reservées
Pour honnorer les cœurs des indignes amans.

SONET XXXIIII.

Quelles inventions Amour a controuvées,
Pour conduire à la fin, ceux qu'il condamne à mort ?
Mais tous injustement, Amans qu'Amour est fort,
Puisqu'il dompte les Rois, comme femmes privées.
L'on ne voit que Citez de sa trame esprouvées,
Que peuples en querelle, ausquels il fait grand tort,
Les donnant sans pitié, pour joüet à leur sort,
Qui ruina pour jamais les Citez embrasées.
Voyez comme il trouva ce riche trepied d'or,
Empeschant ce grand peuple, et les Princes encor[2]
De se venger sur luy de leurs pertes anciennes[3].
O quelle invention de tromper ses amis,
Et l'enfant courroucé qu'il avoit aux rets mis,
Que l'on fit delivrer par les deux Cintiennes[4]. [40 v°]

---

[1] L'allusion à cette plante donne un caractère antique et presque historique à ce sacrifice. Le persil faisait partie des plantes utilisées pour honorer les vainqueurs, comme l'ache. Voir TS CI v. 11 et TS CXVIII v. 2.

[2] Le premier vers de ce tercet reprend la seconde rime des quatrains donnant le schéma rimique suivant : ABBA ABBA BBCDDC.

[3] La référence est énigmatique mais il est possible que le poète fasse ici allusion à un passage de la vie de Solon qui rapporte que, sur le chemin qui la ramenait vers la Grèce, Hélène jeta à la mer « un trépied d'or massif [...] pour la souvenance d'un ancien oracle, qui lui vint lors en mémoire. » Quelques années plus tard, des pêcheurs de l'île de Cos jetèrent leur filet à cet endroit. Des Milésiens achetèrent, à l'avance, le produit de la pêche. Le trépied se trouvant dans le filet, les pêcheurs de Cos ne voulurent pas le vendre comme convenu et s'ensuivit une dispute qui engagea bientôt les deux villes. On consulta alors l'oracle d'Apollon et celui-ci commanda de remettre le trépied au plus sage des sages. Thalès, Solon et Bias ayant refusé, on offrit finalement le trépied au temple de Delphes. Voir Plutarque, *Vies des hommes illustres*, *op. cit.*, t. I, *Vie de Solon*, p. 175, VII.

[4] Ce qualificatif est l'une des épithètes de Diane. Voir 274 v. 487 et M. de La Porte, *Les Épithètes*, *op. cit.*, 74 v°.

SONET XXXV[1].

Amour je te remonstre, et suis marry dequoy
Tu es ainsi cruel de sang insatiable,
Ce n'est pas que le mal qui me rend miserable
Me contraigne à me plaindre aux despens de ma foy :
Mais c'est que je t'honore et aime comme moy,
Et que je suis marry que les discours de table,
Des cabinets des Rois, sont[2] du mal incroyable
Que tu me fais souffrir trop indigne de toy.
Je sçay bien que les loix sont depuis les Quirites,
Et la perte des Grecs de nos tre sang escrites,
Si tu fais un statut, il faut qu'il soit de sang[3] :
Change ceste façon, pour te servir de larmes,
Quand tu voudras du sang, j'en ay dedans mon flang
Assez pour esmailler, tout le monde, et tes armes.

SONET XXXVI[4].

Je vous l'ay dit mon cœur, n'est-ce pas trop le dire
Je le vous dis encore[5] une dernière fois,
Que je ne suis icy que pour mourir cent fois,
Ou souffrir pour vous seule, une mort en martyre.
Si mon sang vous contente, et que je vous souspire,

[1] Cité dans *Entouré de silence*, *op. cit.*, p. 39.

[2] L'expression « les discours de table des cabinets des Rois » renvoie à la parole des courtisans. Le locuteur fait ici référence à un discours extérieur porté sur la relation amoureuse, discours qu'il juge « indigne » de lui et de la dame. Sur ce motif voir 21 v. 555, 24 v. 142-145, 61 v. 1-4.

[3] Ce premier tercet mêle deux allusions à Plutarque que l'on trouve respectivement dans la vie de Numa Pompilius et dans la vie de Solon. Les « Quirites » sont les romains appelés ainsi en raison de la ville de Cures, ville d'importance des Sabins. En revanche ce sont les lois de Dracon qui sont écrites avec du sang. Voir Plutarque, *Vies des hommes illustres*, *op. cit.*, t. I, *Vie de Numa Pompilius*, p. 134, VI et *Vie de Solon*, p. 191, XXVIII.

[4] Cité dans *Entouré de silence*, *op. cit.*, p. 40.

[5] 1589 : *encores une dernière fois.*

Ouvrez par tout mon sein, et vous orrez ma vois
Souspirer vostre nom, helas que j'estimois
Estre mon heur, mon bien, mais ma perte il desire.
La cruauté, Madame, est un lieu de plaisir,
Mais quand l'on s'y est mis, l'on n'en sçauroit sortir,
Il y faut à tousjours demeurer homicide,
Si vous avez desir de tuer tous les jours,
Tuez moy mille fois, je deviendray Cleside[1],
Pour souffrir tant de morts que j'en mourray tousjours.

[41 r°]

SONET XXXVII[2].

Helas j'avois pensé que ce n'estoit que feinte,
Que finesse, et que jeu, mais helas je voy mieux,
Que c'est foudre, tonnerre, et tempeste des Cieux,
Vray orage d'Amour, dont mon ame est attainte !
Qui eust jamais pensé, que ma Sibylle saincte,
Minerve et Apollon, Jupin maistre des Dieux,
Eussent voulu souffrir qu'un mal si furieux,
Eust de leur enfançon la vie ainsi estainte !
Tu veux faire meschante, ainsi que le Romain,
Qui beut le sang d'un homme, et froissa de sa main

---

[1] Ce nom est celui que donne les éditions anciennes de Pline pour le peintre Ctésilochus. L'artiste est mentionné en raison du tour qu'il joua à la reine Stratonice. Fâché de n'être pas récompensé à la hauteur de son talent, il exposa dans le port d'Éphèse un tableau représentant la reine et son amant, un pêcheur, dans une position équivoque, avant de prendre la mer. Au lieu de s'en offusquer, la reine trouva le tableau fort beau et surtout très ressemblant. Pline ne dit cependant rien de la mort de ce peintre. Doit-on comprendre que face à la froideur de la dame le locuteur annonce ici les poèmes où il présente son amante dans des poses érotiques et éloignées du code néo-pétrarquiste, comme le fit Clésides ? Voir ici-même TS CVIII, 21 v. 569-572, 118 ou 73, ainsi que Pline, *L'Histoire du monde de C. Pline Second [...] À quoy a esté adjousté un traité des pois et mesures antiques, réduites à la françoise [...]*, le tout fait et mis en françois par Antoine Du Pinet, seigneur de Noroy, Lyon, 1562, t. II, p. 656, l. 23, [RES-S-432 (½)], et Pline, *Histoire naturelle*, *op. cit.*, XXXV, 140.

[2] Cité dans *Entouré de silence*, *op. cit.*, p. 41.

Les entrailles au feu d'un si haut sacrifice[1] ?
O tien voilà mon cœur, prens-le[2] et le mets à mort,
Et si tu as tant soif, boy de mon pleur qui glisse
Si doucement, au sein que tu blesse si fort.

SONET XXXVIII.

Bergers, filles des champs, pastorelles gentilles
Et vous Silvains, oyez la plainte que je fais,
Vous Echo, mon amy, chantez-le à tout jamais[3],
Et que de siècle en siècle, on l'apprenne à ces filles.
Satyres amoureux, sortez de voz aziles,
Et venez voir à l'œil comme je me deffais,
De misere accablé, gemissant soubs le fais,
Mon temps mal employé, et mes maux inutiles[4].
Madame escoutez moy, et ne faites cruelle,
Moins que Arthemysie, en la mer infidelle,
Qui trouva par fortune Ariamenes[5] beau.
En me tirant des flots pour me noyer de larmes,
Ne seray-je pas mis en un riche tombeau,
Pour m'estre fait mourir avec voz belles armes[6]. [41 v°]

---

[1] Il s'agit encore d'une allusion à Plutarque. Dans la vie de Publicola, le serment prêté par les fils de Brutus lors d'une conjuration est le suivant : ils « boiv[ent] tous ensemble du sang et touch[ent] des mains aux entrailles d'un homme qu'ils immole[nt] ». Voir Plutarque, *Vies des hommes illustres*, *op. cit.*, t. II, *Vie de Publicola*, p. 217, VI.

[2] Il faut élider le « e » de « prens-le » pour respecter la métrique.

[3] Il faut élider le « e » de « chantez-le » pour respecter la métrique.

[4] Ce second quatrain ne partage pas exactement la même rime que le précédent puisque l'on passe de « gentilles/filles » à « aziles/inutiles » et donc d'une rime en [ij] à une rime en [il]. Voir 9 v. 125-126.

[5] L'épisode est tiré à nouveau de Plutarque. L'historien rapporte que la femme d'un des généraux de Xerxès, retrouva son mari, mort, ramené par la mer : « le corps duquel [Ariamène] la reine Artémise reconnut flottant entre les autres naufragés, […] ». Voir Plutarque, *Les Vies des hommes illustres*, *op. cit.*, t. I, *Vie de Thémistocle*, p. 262, XXVIII.

[6] Il semble que Beaujeu se souvienne ici d'une autre histoire, celle d'Artémise qui construisit un tombeau magnifique pour son mari, Mausole. On trouve un

SONET XXXIX[1].

Ne vous estonnez pas, mes amis je vous prie,
Si vous me voyez pasle, et vivre sans couleur,
C'est au plus creux du sein, où me tient ma douleur,
Dont il faut que j'en perde en peu de temps la vie.
Celle que j'aime tant, et que j'ay tant servie,
A fait en rescompense un meurtre de mon cœur,
Et se plaist tous les jours à croistre ma langueur,
Elle me fait mourir ainsi de fascherie.
Elle a taint de mon sang, la verdoyante plaine,
Comme les blonds espics, de la plaine Romaine
S'esmaillerent un jour, signe de grands mal-heurs[2],
Au lieu des escriteaux qui tomberent en terre,
L'on rencontre mes vers, preuve de ces rigueurs,
Qui presagent ma mort, au lieu de ceste guerre.

SONET XL[3].

Accourez, accourez, tout le monde au recours,
Au feu, au meurtre, helas ! Messieurs Amour me vole
Amour pille mon bien ! Ô Dieux je me desole
Bien en vain, puis que nul ne vient à mon secours.
Il faut crier encore[4] : « Au feu, sont mes amours
Qu'Amour me vient d'oster ! » Croyez à ma parolle.

---

jeu onomastique semblable dans l'*Hécatombe à Diane*. A. d'Aubigné, *Hécatombe à Diane*, *op. cit.*, p. 91. Voir également la pièce 60 v. 1-4.

[1] Cité dans *Entouré de silence*, *op. cit.*, p. 43.

[2] Le poème reprend un passage de Plutarque et va même jusqu'à en citer un extrait : « au quartier des Phalériens, le ciel sembla s'entr'ouvrir, et en tomba plusieurs petits écriteaux, en l'un desquels y avait écrit de mot à mot : "Mars secoue ses armes" ». Le même passage a déjà été employé aux sonnets TS XXIV v. 9 et XLI v. 9-10. Voir Plutarque, *Les Vies des hommes illustres*, *op. cit.*, t. I, *Vie de Fabius Maximus*, p. 381, IV.

[3] Ce vers reprend en partie le premier du sonnet I de l'Hécathombe à Diane d'Aubigné : « Accourez au secours de ma mort violente ». Voir *Hécathombe à Diane*, *op. cit.*, sonnet I, v. 1.

[4] 1589 : *encores*.

Helas ! C'est ce meschant, qui sans cesse m'affolle,
Par les yeux dont il veut ores jouyr tousjours.
Las ce n'est pas un Roy, qui m'oste ma maistresse
Ny le fort ennemy des Princes de la Grece,
Moins les coleres, fors des puissans Myrmidons[1] :
C'est ce couard enfant, ce jaloux, ce fantasque,
Qui m'avoit incongneu, promis tant de beaux dons :
Mais aujourd'huy meschant, il a levé le masque. [42 r°]

SONET XLI[2].

Icy voz yeux premiers[3] qui souloient estre dous,
Eschauffèrent mon cœur d'une flame doucette,
Que je tenois en moy, si cachée et secrette,
Que nul n'en sçavoit rien, non pas seulement vous :
Mais depuis je senty de plus furieux coups,
Et mon ame tenu en prison plus estroitte[4],
En ce mesme lieu là, je fis ceste retraitte,
Qui me fit fantastique, et de mon mal jaloux.
Là Mars à coup de traits, et de pierres bruslantes
Fit les boucliers de sang, et ruina les humains,
Qui vaillans comme luy, hors des pompeuses tentes
Sans crainte de la mort, vindrent souvent aux mains[5],

---

[1] Ce tercet fait référence à plusieurs épisodes de la guerre de Troie dont la fameuse colère d'Achille ou l'active participation des Myrmidons.

[2] Cité dans *Entouré de silence*, *op. cit.*, p. 44.

[3] L'adjectif « premiers » marque le début de la relation des deux amants et la bonté de la dame à ce moment-là.

[4] Afin de respecter l'identité de la rime entre les deux quatrains, il convient de prononcer ce mot [-oɛtə] malgré la graphie « oitte ». Voir 73 v. 25.

[5] Beaujeu fait à nouveau référence au même passage de la vie de Fabius Maximus que précédemment, qui met en scène une série de prodiges avant la bataille du lac Trasimène, pendant la deuxième guerre punique : boucliers et épis couverts de sang, messages tombés du ciel. Le vers onze peut être interprété comme un rappel du mauvais présage que constituent ces signes pour les Romains qui vont perdre cette bataille. Voir Plutarque, *Les Vies des hommes illustres*, *op. cit.*, t. I, *Vie de Fabius Maximus*, p. 381, IV ainsi que TS XXIV v. 9 et TS XXXIX v. 10-12.

„ Là mesmes voz beautez ont planté leur victoire
„ Pour deceler mes os, et leur hautaine gloire[1].

SONET XLII.

Amans voyez icy la targe que je porte,
Je suis armé à blanc[2] contre ce Dieu vainqueur
„ Qui d'un mesme coup, tue ame, cuirasse, et cœur,
Voyez combien de traits ensanglantez je porte.
C'est abus de s'armer d'une armure plus forte,
Car si on luy resiste il verse du mal-heur,
Du chagrin, de l'ennuy, du mal, de la rancueur,
„ Qui ne frappent le corps, que l'ame ne soit morte.
Ainsi l'Athenien porta l'escu doré,
Où Cupidon tout d'or fut de Mars honoré,
Et sans pair le tesmoin de ses grandes proüesses[3] :
Ainsi je porte au cœur[4] la fleche dont je meurs,
Pour monstrer que je sers le Phenix des maistresses,
Et celle qui plus a de cruelles rigueurs. [42 v°]

---

[1] Ce tercet est construit sur un schéma rimique original que l'on ne retrouve pas dans le recueil et qui n'est pas celui du sonnet français. On trouve ici CDCDEE qui fait terminer le tercet par une rime plate, là où on l'attendrait plutôt au commencement. Voir TS XXXIX.

[2] L'expression n'est pas aisée à comprendre car elle semble pouvoir recevoir plusieurs sens distincts. Ainsi, on peut y voir simplement la référence à une armure d'acier mais il semble aussi que ce soit un terme héraldique précis renvoyant à l'absence de signe distinctif sur l'écu d'un chevalier qui serait dès lors uniquement de couleur argentée. Dans le contexte du sonnet, la première proposition est la plus simple à envisager puisque le locuteur regrette qu'Amour transperce sa cuirasse avant d'avouer qu'il est inutile de « s'armer d'une armure plus forte ». Voir notes suivantes.

[3] Plutarque rapportant les excentricités d'Alcibiade en cite une de plus : « et portait à la guerre un écu doré, sur lequel il n'y avait aucune enseigne ni devise ordinaire des Athéniens ; mais y avait l'image de Cupidon, tenant la foudre en sa main. » Voir Plutarque, *Les Vies des hommes illustres*, *op. cit.*, t. I, *Vie d'Alcibiade*, p. 435, XXVII.

[4] Le mot est ici dans un emploi polysémique complexe car, dans la tradition héraldique, le « cœur » correspond au centre de l'écu. Ce sens spécifique est réactualisé par la référence au bouclier d'Alcibiade qui précède.

SONET XLIII[1].

Ne pense pas, maistresse, un si lache courage
Au sein de ton amy, je ne suis si meschant,
Que pour un mal si fort qui va mon cœur trenchant,
Je te vueille maudire. O non je suis trop sage.
J'ay plus de patience, et plus de doux langage,
L'yre qui de son fiel va les cœurs alleschant,
„ Ny le malin qui va tousjours l'homme preschant,
„ N'ont jamais peu sur moy gagner cét advantage.
Ansi que Teano, belle je te puis dire,
Que je te veux benir, et non pas te maudire[2],
Puisque je suis sacré Religieux d'Amour :
Mais non que je ne sçache, o miserable trame,
Que j'ay occasion de maudire tousjour
Celle qui a damné, pour son plaisir, mon ame.

SONET XLIIII.

Si les yeux par pitié changent de contenance,
Que[3] de secs on les voye ondoyer dans les eaux,
Agitées plus fort de souspirs tous nouveaux,
Voyez les miens, amis, tous remplis de violance
Lamenter ce pourtrait où le sanglier s'eslance,
„ Contre le demy-Dieu en ce fort de chesneaux,
Qui mourant renversé, regrette les yeux beaux
De son amie absente[4], et sa mort qui s'advance.

---

[1] Cité dans *Entouré de silence*, *op. cit.*, p. 45.

[2] Ce vers condense la remarque rapportée par Plutarque d'une prêtresse grecque, Théano, lors de la condamnation d'Alcibiade. Tous les prêtres devaient, sur ordre du peuple d'Athènes, maudire Alcibiade. Seule cette prêtresse répondit « qu'elle était religieuse pour prier et bénir, non pour détester et maudire. » Plutarque, *Les Vies des hommes illustres*, *op. cit.*, t. I, *Vie d'Alcibiade*, p. 445, XLI.

[3] 1589 : *qui*.

[4] Il pourrait s'agir de Vénus dont l'amour pour le mortel Adonis provoqua la jalousie de certains dieux qui encouragèrent un sanglier à se jeter sur le jeune

Sur des couches de fleurs ceste image estoit painte,
Qui lavoit Adonis, dont la poitrine attainte
Jette par le costé, de sang un fleuve chaut :
Voyez moy paindre, icy, amans je vous supplie,
Vous verrez que mes yeux prompts à aimer si haut,
Coulent avec mes pleurs, ma miserable vie. [43 r°]

SONET XLV.

Miserable insensé[1], penses-tu que la foudre
Du mont inhabité de telles gens que toy[2],
Soit si loing de ton chef, non, non, je l'apperçoy,
Qui bourdonne et fremit, pour t'escraser en poudre.
Repens toy, mal-heureux, Amour se va resouldre
De punir ton peché, fait, au moins que je croy,
Plus par temerité, qui t'en donna l'ottroy,
Que par bon jugement qui te fist passer outre[3].
Garde, ô pauvre esgaré, d'estre proye infernalle,
Et sors si tu me crois du Temple de Menalle,
L'homme ne vit jamais sa face en ce miroir[4] :

---

homme. Cependant, Pline évoque également un tableau ayant pour thème la mort d'un certain Ancée, tué par un sanglier sur l'île de Samos. Voir Pline, *Histoire naturelle*, *op. cit.*, XXXV, 138 et 9 v. 195 et TS XX v. 2.

[1] Une série semble s'esquisser ici, mettant en scène un censeur faisant des remontrances à un mauvais poète. On ne sait si ce mauvais poète est Beaujeu lui-même ou bien un tiers. La série prend fin en TS LI. Sur ce motif voir Ovide, *Les Amours*, *op. cit.*, III, 1, v. 11-32 et P. de Ronsard, *Œuvres complètes*, *op. cit.*, IV, XIX.

[2] Il s'agit sans doute du Parnasse ou de l'Hélicon.

[3] Les deux derniers vers de ce quatrain sont des compléments du participe passé « fait » et mettent en perspective le péché fait, c'est-à-dire la transgression du destinataire et son absence de lucidité.

[4] Dans la mythologie grecque, c'est sur le mont Ménale, en Arcadie, que Callisto révèle qu'elle est enceinte lorsqu'elle se baigne dans une source en compagnie de Diane et des autres nymphes. Elle est dès lors traitée d'impure, transformée en ourse et bannie. La mention du « miroir » dans lequel seuls les dieux peuvent se voir fait peut-être référence à cette source où se reflète la jeune fille ? Voir 25 v. 113, 129 v. 1, 230 v. 4 et Ovide, *Métamorphoses*, *op. cit.*, II, p. 91, v. 441 et suivants.

Ains les Dieux seulement y voyent leur figure,
Comment voudrois-tu donc en ces beaux yeux te voir,
Puis qu'ils ne sont pas faits pour l'humaine nature.

SONET XLVI.

Je ne sçay si Jamain[1] est de ta congnoissance[2],
Ou s'il t'a presenté ces Sonets assemblez,
Ou bien si tu les as grossierement emblez,
Pour nous faire icy voir de ces nuicts la substance.
O Dieu que ne pend-on tous les larrons en France,
Je deviendrois bourreau de tous ces[3] desolez,
Que je ferois mourir, cruellement collez
En croix, ayant brisé le thresor de science.
Tu te vante icy bas, d'invoquer des Cieux mesmes
Les Dieux, et d'Acheron les furies tant blesmes,
Que tu es effronté, d'oser en tel mespris :
Pense qu'après ta mort tu seras miserable,
Tourmenté tour à tour, des vagabonds espris :
Car les Dieux d'aujourd'huy n'ont ton sort aggreable.

[43 v°]

SONET XLVII.

Ignorant, mon amy, je l'avois ouy dire,
Que tu ne sçavois pas qui estoit ce grand Dieu[4],
Mais j'en suis plus certain quand j'ay veu en ce lieu,

---

[1] Le poète et secrétaire de Ronsard, Amadis Jamyn. On ne sait si Beaujeu le connut mais ils semblent avoir fréquenté les mêmes milieux au début des années 1570, notamment l'entourage de Nicolas de Villeroy et de sa femme Madeleine de L'Aubespine. Voir introduction Th. Graur, *Un disciple de Ronsard, Amadis Jamyn (1540 ?-1593). Sa vie, son œuvre, son temps*, Slatkine, Genève-Paris, 1981 (1929), p. 88-106.

[2] Ce mépris des mauvais poètes est repris dans la pièce 225.

[3] 1589 : ses.

[4] Il pourrait s'agir d'Apollon, dieu protecteur des poètes, dont le soutien est dénié à la victime du locuteur.

Que d'un je ne sçay quoi, tu as tant de martyre.
C'est bien je ne sçay quoy qui en ton cœur desire
Oser si hautement, en saisissant l'espieu
Dont l'enfant fut tué, et mis soubs le moyeu
Du chariot grondant que l'Aigle tout seul tire[1] :
Mais en parlant ainsi, je me trompe moy-mesme,
Tu n'entends rien je croy, en mon style supresme
Et sainct, par la faveur de ceux qui m'ont formé.
Voilà pourquoy je veux, pour ne te mettre en peine,
Faire taiser ma Muse, et tirer fort la resne
A mon brusque genet par le Ciel animé[2].

SONET XLVIII.

C'est adieu, sans adieu que de revoir encore,
Ce que l'on ne devroit approcher qu'une fois,
De peur de faire offense, et aux Dieux et aux lois,
Empruntant de Ronsard, la divine mandore[3].

---

[1] Cette référence reste énigmatique et semble un montage de plusieurs éléments mythologiques afin de produire un effet grandiose, le sonnet mettant en avant les qualités poétiques du locuteur. La complexité du motif – l'enfant abattu par une lance avant d'être écrasé par un char tiré par un aigle – semble agir comme l'exemple parfait de la comparaison épique. Une des origines de ce motif peut bien sûr se trouver dans l'*Iliade*, lorsqu'Achille traine le corps d'Hector sous les murs de Troie. Dans cette épopée, les chars merveilleux ne manquent d'ailleurs pas, notamment celui d'Athéna, plusieurs fois évoqué. Virgile, lorsqu'il raconte les combats d'Énée en Italie, évoque longuement les exploits du roi Turnus monté sur son char : il écrase plusieurs guerriers après les avoir atteints de sa lance. Voir Homère, *Iliade*, *op. cit.*, XXII, p. 484 et Virgile, *Œuvres complètes*, *Énéide*, *op. cit.*, XII, p. 881, v. 371-376.

[2] Le « genet » évoque sans doute la traditionnelle métaphore de Platon dans le *Phèdre*, où il évoque l'âme sous la forme d'un char tirée par deux chevaux, l'un blanc et l'autre noir. Beaujeu représente ici son propre esprit particulièrement inspiré. Voir Platon, *Phèdre*, notice de L. Robin, texte établi par Cl. Moreschini et traduit par P. Vicaire, Paris, Les Belles Lettres, 1985, p. 48, 253c.

[3] Cette première apparition de Ronsard, après celle de Jamyn, confirme l'homogénéité relative de ces quelques pièces, ainsi que la connaissance par Beaujeu, elle aussi relative, des milieux poétiques. Voir TS CXV, 41 v. 9, 65 v. 1, 113 v. 147, 202 v. 14, 203 v. 1, 274 v. 20.

Offrant le bien d'autruy au sainct que l'on adore,
L'offrande est ennemie, et la flame du bois,
Du sacrifice faux, irrite mains et vois,
Du Dieu que l'homme fol, par Procureur honore.
Ce mot à toy Alcide[1], aux trouppes plaidoyantes,
Pour le moins qui[2] le crois, en tes fables plaignantes
Te fera discourir du chemin que tu tiens :
Mais garde d'approcher l'excellent fruict de vie,
„ Ny te donner en l'air[3], ce mal dont j'ay envie,
„ Tu ne merites pas tant d'heur, ny tant de biens. [44 r°]

SONET XLIX.

Ces doux pensers icy qui de leur gentillesse,
Esperent d'esmouvoir ce feu divin enclos,
Ont en Beausse[4] couru, et sont ore en despos[5]
„ Au cabinet afreux de la mort piperesse.
Celuy qui les pensa, en servit sa maistresse,
Et pensant ne pensoit, qu'un jour mal à propos,
Tu vinsses deterrer la moüelle de ces os,
La succant entigré[6] soubs l'ombre larronnesse[7].

---

[1] Dans ce poème à connotation satirique, ce nom est sans doute celui de la cible du poète, ironiquement calqué sur la première appellation d'Hercule.

[2] La construction grammaticale est complexe. Il semble qu'il faille voir derrière le « qui » un pronom sujet équivalent à « celui qui ». Le mauvais poète, plagiaire, est admiré par des ignorants qui le croient grand artiste.

[3] Il faut comprendre « de manière fausse ».

[4] Il s'agit sans doute de la région de la Beauce, plaine agricole située à l'ouest de la région de Sens, où a vécu Beaujeu.

[5] Le vers est faux dans le texte original qui donne la forme « ores ».

[6] Il y a peut-être ici un souvenir de Ronsard : « Un soing meurtier, soit que je veille ou songe, / Tigre affamé, le cuœur me mange et ronge, / Suçant tousjours le plus doux de mon sang ». Voir Ronsard, *Œuvres complètes*, *op. cit.*, IV, p. 82, LXXXI.

[7] Le mauvais poète, toujours incapable de créer la moindre œuvre de ses propres forces, devient un pilleur de tombe qui va jusqu'à dévorer les restes de ses prédécesseurs pour tenter d'acquérir une part de leur génie. On trouvait déjà quelque chose de semblable au sonnet TS XXXII, le locuteur souhaitant être enterré avec ses écrits. Voir également TS LXXXII.

Du brave Bondaré, gentil fils de Minerve[1],
Tu as tiré ces vers, ainsi tu les reserve,
Pour en tromper le nom d'une qui vaut les cieux.
C'est toy qui te deçois, car elle qui merite
Tant de los, elle seule à bon droict se despite,
„ Pauvre est qui n'a dequoy louanger ses beaux yeux.

SONET L.

A l'escolle mon fils, tu as perdu ta peine,
Ton temps, et ton argent, tu ne sçais pas rimer,
Il faut estre du Ciel, qui[2] veut bien exprimer
La blesseure et le mal d'une flesche inhumaine.
Le bel œil que tu chante en a une soudaine,
Sur toutes qui depart, si viste pour aimer,
Qu'il faut dés la maison, au droit du cœur s'armer
Car tousjours après elle une mort elle treine.
Mais penses tu, mon fils, que ce vaillant Hector
Eust daigné advancer à un goujat la mort ?
Non, non, il tenoit bien plus chere sa vaillance.
„ Ainsi cét œil divin ne tue que des Dieux,
„ Et sur les plus grands Rois il fait experience,
„ Des traits qu'il veut lancer puis après dans les Cieux.

[44 v°]

SONET LI.

Ce n'est qu'or et argent, que chiffres, et que larmes,
Que cœurs, flames et traits, fermesses[3], et palmiers,

---

[1] Ce personnage reste inconnu à ce jour. Le fait qu'il soit « fils de Minerve » indique tout au plus son rapport à la science et à la culture.

[2] Ce pronom a ici le sens de « si l'on ».

[3] Ce terme renvoie à un signe qui provient d'un jeu de mot entre « fermesse », nom synonyme de « fermeté » et « ferme esse », autrement dit une « s » fermée par une ligne reliant les deux extrémités de la lettre majuscule. Le signe a été

Que petits archerots, que rameaux de lauriers,
Et dedans leur enclos, sans raison force carmes :
Ces petits cupidons, ont encores leurs armes
Ainsi qu'on les forgea, chez les sçavans ouvriers,
Nettes de sang humain, ils n'ont esté meurtriers,
Ils n'ont pas le courage animé aux alarmes.
Puis qu'il n'y a point d'or en tes pauvres esprits,
Tu fais bien mon amy de dorer tes escrits,
Y faisant paindre Amour aux ælles d'esperances.
C'est double espoir pour toy, temeraire et hautain,
Car si tu y parviens, dés or aye asseurance
Que tu perdras la vie, avecques ton butin.

SONET LII[1].

Scaches que Palynure enseigna son vestige
Au Prince descendu sur les Stygiens bords,
Errant là bas en peine[2], à cause que le corps
Qui n'a point de tombeau, cent ans son ame afflige.
L'amoureuse pitié, Marie ainsi t'oblige
De donner sepulture, à moy las, qui m'endors,
D'un sommeil effroyable, et qui parmy les mors,
Laissant mes yeux gelez, ombre noire voltige.
Helas quel voltiger[3], quel chemin faut-il prendre,

---

prisé à la Renaissance. Voir notamment E. Tabourot des Accords, *Les Bigarrures*, *op. cit.*, p. 7 ou L. Papon, *Œuvres*, précédées d'une notice sur sa vie et ses œuvres par Guy de la Grye, Genève, Slatkine reprints, 1969, p. 81.

[1] Cité dans *Entouré de silence*, *op. cit.*, p. 46.

[2] Le locuteur fait allusion à la catabase d'Énée. Aux enfers, le héros troyen rencontre son pilote, Palinure, mort en mer. Celui-ci lui indique l'endroit de la côte où son corps a été rejeté afin qu'Énée puisse enterrer ses restes. Le mot « vestiges », employé au premier vers, signifie d'ailleurs, étymologiquement, la trace, physique, de quelqu'un ou de quelque chose. Voir les sonnets TS XXIX, TS XCVI et TS XCVII ainsi que Virgile, *Œuvres complètes*, *op. cit.*, VI, p. 505 *sq.*

[3] G. Mathieu-Castellani fait remarquer l'emploi par Virgile du terme « volitare » pour qualifier des âmes volant aux abords des enfers. Voir *Entouré de silence*, *op. cit.*, p. 46 et Virgile, *Œuvres complètes*, *op. cit.*, VI, p. 524, v. 293.

En l'eternelle nuict, par où puis-je descendre ?
„ Je m'estonne de voir tant de sombres desers.
Dieux, songes, qui dormez soubs la fueille immortelle[1],
Venez à moy quelqu'un, me conduire aux Enfers,
Où seroit Paradis, si vous aviez ma belle[2] ! [45 r°]

SONET LIII.

O que j'ay bien failly, mon Dieu la belle faute
D'avoir aimé tes yeux ! Tout le monde s'en plaint !
Helas je le confesse ! Helas je suis attaint,
Sans le pouvoir nier, d'une entreprinse haute !
Quoy que mon cœur soit ferme, et mon ame plus caute,
Je suis vaincu du crime, Amour me la maintint.
N'y a-il point de grace au Ciel, comme l'on faint ?
Quoy ? Le Dieu qui me guide au besoin fait-il faute ?
C'est tout un je vivray, par mon honneste offence,
Plus chanté que ne fut ceste Dirse à Numance[3],

---

[1] Il semble que cette expression renvoie à la description, par Virgile, d'un orme peuplé de rêves multiples aux portes de l'enfer. Le poète latin, que Beaujeu suit ici assez fidèlement, évoque ainsi « un orme sombre, immense, que songes vains tiennent en foule pour demeure, dit-on, et ils se fixent sous toutes ses feuilles. » *Ibid.*, VI, p. 524, v. 282-283 et ici même sonnet 265 v. 14.

[2] Ce rêve des retrouvailles de l'amant avec la dame aux enfers est plus longuement développé dans l'élégie 81 v. 425-484.

[3] L'alliance de ces deux termes pose problème. Si Numance est une ville ibérique connue pour la résistance qu'elle opposa aux romains et notamment à Scipion Émilien dit le « Second Africain » ou le « Numantin », en revanche le nom « Dirse » laisse perplexe. Ce nom est connu dans la mythologie pour le supplice auquel il est associé. Parce qu'elle avait maltraité leur mère, Amphion et Zéthos attachèrent Dircé à la queue d'un taureau indompté qui la traina derrière lui et la mit en pièce. Elle fut changée en fontaine. Bien que Beaujeu évoque ailleurs ce mythe, il semble hors de propos ici puisqu'il s'agit de personnages loués. Les grands héros de la guerre de Numance furent Scipion Émilien, Jugurtha, général numide dont Salluste a rapporté la vie, et Caius Marius. Aucun de ces trois hommes ne semble avoir porté un patronyme, un prénom ou même un surnom approchant de « Dirse ». Voir TS XCII, 113, 199 ainsi que Salluste, *La Guerre de Jugurtha*, texte établi et traduit par A. Ernout, Paris, Les Belles Lettres, 1989, p. 136-137, VII-VIII et Plutarque, *Les Vies des hommes illustres*, *op. cit.*, t. I, *Vie de Marius*, p. 119, III.

Ny les Telcides sœurs par la mort d'Anthenon[1].
Le tourment que je souffre est sur tous honorable,
Ayant de mon mal-heur l'impassible renom,
Qui fera vivre en moy la cause veritable.

SONET LIIII.

„ Scay tu pas que promettre est une chose saincte,
„ Et que tenir sa foy est un acte d'un Dieu ?
Sçay-tu pas que la foy est d'honneur le milieu ?
La foy mesmes des Dieux ne peut estre contrainte.
Au cœur des gens de bien, elle y est si bien painte,
Sa figure demeure enclose en ce doux lieu,
Où jamais Amour n'entre, et si ce petit Dieu
Y entre, il va jurant de garder sa loy saincte.
Donnons nous donc la foy sur ceste sepulture[2],
Un serment ainsi fait, contre les longs ans dure,
Yole, en est tesmoin, du serment que tu fais[3].

[1] Ce vers contient à une allusion aussi obscure que la précédente. On peut cependant émettre l'hypothèse selon laquelle derrière l'énigmatique « Telcines » se cache les « Telchines », peuple ou groupe de démons originaire de l'île de Rhodes. Quels qu'ils aient été, la mythologie leur prête des actions peu nobles, notamment l'empoisonnement des terres et une lutte contre Vénus. Rien en revanche en rapport avec un « Anténon ». Le nom « Anthénor » est en revanche bien connu, non seulement des mythographes mais aussi des historiens français. En effet, compagnon de Priam dans la matière troyenne, Anthénor passait pour avoir fondé certaines villes en Italie du nord et en Gaulle. Bien plus, plusieurs rois des Francs étaient censés avoir porté ce nom. L'un deux serait mort en traversant la Meuse. Beaujeu semble une fois de plus construire un montage mythologico-historique destiné à tromper le lecteur tout en faisant jouer un imaginaire onomastique. Voir, pour les Telchines, Diodore de Sicile, *Bibliothèque historique*, texte établi et traduit par M. Casevitz et présenté et commenté par A. Jacquemin, Paris, Les Belles Lettres, 2015, V, LV-LVI et, pour Anthénor, Homère, *Iliade*, *op. cit.*, III, v. 202 et J. Bouchet, *Les Généalogies, Effigies et Epitaphes des Roys de France*, chez Jacques Bouchet, Poitiers, 1545, f° 3-6, f° 10.

[2] Plusieurs tombes ont été évoquées dans les sonnets précédents, à commencer par celle de Palinure au sonnet TS LII ou du mystérieux « Bondaré » en TS XLIX.

[3] La promesse de la dame est faite en présence du dieu du vent, ce qui semble renforcer le début du sonnet qui mettait en doute la capacité de la dame à tenir un serment.

Par la fidelité dont mon ame est esprise,
Je jure de t'aimer, et servir à jamais,
Maudit soit qui rompra la foy ainsi promise. [45 v°]

SONET LV.

Que diriez vous amans, de ce meschant Amour,
Qui sans ælles, sans traits, erroit parmy la prée,
Où ma Rosette il a par hazard rencontrée,
Ainsi que ce blond feu nous emportoit le jour ?
Faisant le marmiton ainsi qu'il fait tousjours,
Après avoir dit : « Rose ! » à la bonne vesprée,
Il a de mille fleurs sa coiffe diaprée,
Et me l'a desrobée. Est-ce pas un bon tour[1] ?
Si donc je le maudis de m'oster ma maistresse,
Celuy qui se tua, sur ces filles en Grece
Devoit maudire ainsi ces hostes mal-heureux[2].
Se dire mon amy, et suborner Madame,
L'Enfer n'est que trop doux, pour chastier son ame,
Que dy-je ame, demon de ces[3] infernaux lieux.

SONET LVI.

Je n'ay onc entendu qu'un meurtrier miserable,
Libre comme devant, se vante de ses fais,
Et croy qu'autres que moy ne le virent jamais,
Voilà qui rend Amour, au monde insupportable.

---

[1] Sur ce motif voir 9 v. 389-391.

[2] Il s'agit d'un certain Scedasus, père malheureux, qui vit ses filles « enterrées, après avoir été violées et forcées par des hôtes spartiates passants ». Fou de douleur et ne parvenant pas à obtenir réparation, il maudit les meurtriers avant de « se tu[er] lui-même sur les tombeaux de ses filles ». Ce passage a déjà été évoqué en TS XIX. Voir Plutarque, *Les Vies des hommes illustres*, *op. cit.*, t. I, *Vie de Pélopidas*, p. 641, XXXVII.

[3] 1589 : *ses*.

A tous ces courtisans, qui mangent à sa table,
Il ne fait autre conte, et dedans son Palais
Voilà comme il discourt de tout ce que je fais,
Pour me rendre d'Amour serviteur aggreable[1].
Après que ce tyran de mon ame enchantée,
A de mon sang vermeil, la plaine ensanglantée[2],
Il lave dans mes pleurs ses tant cruelles mains.
Ainsi ce fratricide[3], ayant livré la teste,
Sans honte alla soüiller l'eau sacrée aux divins,
N'estant pas moins cruel, qu'il estoit des-honneste.

[46 r°]

SONET LVII.

Ce n'est pas donc assez de te faire service,
Aussi fidellement, que mal rescompensé,
Mais il faut chasque jour, sans t'avoir offensé,
Tirer mon cœur des fers, pour en faire justice,
Helas je congnois bien que ce n'est qu'injustice[4],
Ou trop de fermeté à la mort l'a poussé,
Ou trop d'affection, de mon bon-heur passé,

---

[1] La construction de cette strophe est particulièrement chaotique en raison de la référence du pronom personnel de troisième personne « il ». Si celui-ci renvoie bien à Amour, alors le dernier vers du quatrain est étrange. En fait, dans un esprit de parallélisme, il faut sans doute comprendre que le « il » de la seconde strophe renvoie au « meurtrier » du premier vers, particulièrement pervers puisqu'il se vante de ses mauvaises actions. Amour fonctionne de la même manière.

[2] Voir TS XXXV et TS XXXIX.

[3] Plutarque rapporte que lors des proscriptions ordonnées par Sylla en 82 avant notre ère, Lucius Catilina, après avoir fait assassiner son frère, « pria Sylla qu'il le mît au nombre des proscrits, comme s'il eût été encore vivant, ce qu'il fit [...] ». Pour remercier Sylla de cet acte qui lui permettait de capter tous les biens de son frère, Catilina tua et décapita l'un des ennemis de son protecteur, puis « lui en apporta la tête publiquement [...] et cela fait s'en alla laver ses mains souillées de sang dans le bénitier du temple d'Apollon qui était près de là ». Voir Plutarque, *Les Vies des hommes illustres*, *op. cit.*, t. I, *Vie de Sylla*, p. 1063, LXVII.

[4] C'est ainsi que l'on pourrait caractériser cette nouvelle série, centrée autour de la différence entre amant fidèle et amante cruelle.

A force de souffrir, inventa son[1] supplice.
Tu te dois contenter de m'avoir fait la guerre,
Sans m'envoyer ainsi en une estrange terre,
Soubs la protection d'un autre nouveau Dieu.
Et puis que tu le veux, j'en ay bien l'asseurance,
Belle donc je m'en vois, en te disant adieu,
„ Avec autant de dueil, que j'ay de patience.

SONET LVIII.

N'oserois-je venger une injure si grande,
N'est-il permis qu'à toy de faire son plaisir,
Je n'en mentiray point, quand j'en devrois mourir,
Si faut-il une fois que ce mal je te rende.
Je sçay bien que le Ciel veut que tu me commande,
Que tousjours je te serve, et bien c'est mon desir,
Si je ne voy tes yeux, je meurs de desplaisir,
Je n'ay peine qui soit en ce monde si grande.
Je ne t'ay point donné ce vray nom de cruelle,
Avant que le destin te nommast infidelle,
Amour en escrivit en ce terme à Venus.
Pourquoy me blasmes-tu, d'avoir osé le dire ?
Ils[2] fussent les vieillards qui sont icy venus,
Je dirois le subjet[3] de mon cruel martyre[4]. [46 v°]

---

[1] Comme pour le vers six, ce pronom fait référence au « cœur » du locuteur, mentionné au vers quatre.

[2] Ce pronom personnel pluriel renvoie sans doute au « destin », à « Amour » et à « Vénus » évoqués dans les vers précédents.

[3] Le vers treize est une proposition concessive dont la principale est le vers 14. On pourrait gloser par une expression du type « s'ils avaient été ». La concordance des temps est par ailleurs conforme à l'infinitif passé du vers douze. L'allusion aux « vieillards » se retrouve plusieurs fois dans le seul *Torrent des sonets* et renvoie sans doute aux chœurs des tragédies antiques, groupe proche du locuteur, compatissant, mais dont le jugement pèse tout de même sur le recueil. Voir TS XXVIII v. 10, TS LXXIV v. 13, TS XCVI v. 8.

[4] L'expression apparaît trois fois dans le recueil, ici même et en 81 v. 493 et 91 v. 10. Desportes l'emploie aussi. Les *Épithètes* de M. de La Porte mentionne ce

SONET LIX.

Pour tant de cruautez, que je souffre sans cesse,
Je n'ay point conspiré contre ta Majesté :
Au contraire, mon cœur, je suis tousjours esté
Subjet jusqu'à la mort, à ce nom de maistresse.
Je retire le trait qui jusqu'au cœur me blesse,
Tout aussi doucement que ta main l'a jetté,
Furieuse et bruyante en mon adversité,
Je suis aussi content, que mon mal grand me presse.
Mes amours je ne suis en si grand desespoir,
Que d'un œil appaisé, je ne te puisse voir,
„ C'est le propre des cœurs qui ont de la vaillance.
Je pardonne à tes mains, les maux qu'elles m'ont fais,
A la charge, Catin, de n'en faire jamais,
Si tu veux de mon dueil m'oster la souvenance.

SONET LX.

Tu as beau me baiser, inconstante meurtriere,
Si j'oublie les maux que j'endure pour toy,
J'en suis si indigné quand je m'en ramentoy,
Que tousjours je voudrois que tu me fusses fiere.
Je voudrois que tousjours ta rigueur fust entiere,
Et que tousjours ton feu s'irritast contre moy,
Afin que l'on congneust plus clairement ma foy,
Mon amour, mon desir, et ma constance entière :
Si j'estois jeune enfant, comme Amour mon contraire,
Je me r'appaiserois de ce baiser, pour faire
Que la saincte Themis[1] vint joüer icy bas :
Mais je ne suis enfant, ains esclave qui dure

---

groupe nominal. Voir *Les Épithètes*, *op. cit.*, et Ph. Deportes, *Les Premières œuvres*, *op. cit.*, XIII, p. 82, v. 1.

[1] Il s'agit de la déesse de la justice.

Aux tourmens, pour souffrir le mal jusqu'au trespas,
Où mon ame sans plainte, en telle peine endure. [47 r°]

SONET LXI[1].

L'ame qui en secret voit enterrer son corps,
„ Fait tout ce qu'elle peut pour en monstrer la place,
„ Afin de recevoir des vivans ceste grace,
„ Qu'il soit mis au sepulchre honnorable des morts.
Cependant animée elle se plaint des torts
N'aguiere à elle faits en suivant à la trace
Le meurtrier incongneu, qu'elle tousjours menace
Des furies d'enfer, où elle habite alors.
Ainsi tousjours viendra mon ame miserable,
Mettre devant tes yeux un fantasme effroyable
Te bannissant du lieu, où tu me fais mourir.
Comme Quinnasiarque en la sanglante estuve
Effroya ses meurtriers, qu'il fit depuis perir,
Laissant pour tout jamais, son sang dedans la cuve[2].

SONET LXII[3].

O Nuict où je me pers, tenebre afreux et sombre,
Pourquoy durez vous tant ? Faites place aux flambeaux
Que vous tenez là bas, arrestez souz les eaux,
Pour rendre à mon mal-heur plus obscure vostre ombre.

---

[1] Cité dans *Entouré de silence*, *op. cit.*, p. 48.

[2] Cette tragique histoire provient encore de Plutarque qui rapporte qu'un nommé Damon, après avoir assassiné un romain, semait la terreur autour de la ville de Chéronée. Pour s'en débarrasser, les habitants le nommèrent Gymnasiarque, « c'est-à-dire maître des exercices de la jeunesse », avant de le tuer alors qu'il se faisait masser dans une étuve. Celle-ci dut par la suite être condamnée car certains y entendaient d'affreux cris et y avaient des visions. Voir Plutarque, *Les Vies des hommes illustres*, *op. cit.*, t. I, *Vie de Cimon*, p. 1078, III.

[3] Ce poème est cité par G. Mathieu-Castellani dans son anthologie et le premier hémistiche du vers 6 lui donne son titre. *Entouré de silence*, *op. cit.*, p. 50.

J'aime mieux demeurer pour jamais en encombre,
Entouré de silence, entre ces deux tombeaux,
Que d'estre en rien tenu à ces deux Soleils beaux,
Deux Soleils, mais deux nuicts, semblables à vous ombre :
Je veux mourir plustost, qu'invoquer la lumiere
De tes yeux trop luisans, en frappant la chaudiere
Du Prestre au sacrifice en la nuict estonné[1] :
Mais je desire bien publier leur rudesse,
Et la peine qu'ils m'ont pour leur plaisir donné,
Faignant de m'acquerir une douce maistresse. [47 v°]

SONET LXIII[2].

La mort est tousjours douce, et tousjours gracieuse,
Au milieu des combats où elle va riant,
Là son dard ennemy, ne va point variant,
Ains droit, assault le cœur en la poitrine creuse[3] :
Mais quand nous sommes seuls, elle vient furieuse
Nous trouver desarmez, quelquesfois en pleurant,
Menant ce triste Amour, qui nous va devorant,
Estant aux deux costez de nostre couche afreuse[4] :

---

[1] Cette allusion reste énigmatique. G. Mathieu-Castellani émet l'hypothèse que le poète rappelle ici, bien succinctement, le supplice réservé au philosophe Anaxarque d'Abdère. Celui-ci, ayant froissé Nicocréon, l'un des généraux d'Alexandre, se trouva, après la mort du roi de Macédoine, à la merci du général. Il fut dès lors condamné à être « jeter dans un mortier » et il fut « meurtr[i] avec des pilons de fer ». Le philosophe se serait alors écrié : « Brise le sac d'Anaxarque ; mais Anaxarque tu ne le broieras pas ». Est-ce à cette anecdote que renvoie la « chaudiere » évoquée par Beaujeu ? Voir *Entouré de silence*, *op. cit.*, p. 50, D. Laërce, *Vie et doctrine des philosophes illustres*, *op. cit.*, IX, p. 1097 et Plutarque, *Les Vies des hommes illustres*, *op. cit.*, *Vie d'Alexandre*, t. II, p. 331, XII et p. 357, LII.

[2] *Entouré de silence*, *op. cit.*, p. 51.

[3] Il faut sans doute ici comprendre « au creux de la poitrine ».

[4] Cette opposition entre la mort du soldat et celle du malade peut être rapprochée du sonnet XII de l'*Hécatombe à Diane*. Voir A. d'Aubigné, *Hécatombe à Diane*, *op. cit.*, sonnet XII.

Il ne faut seulement, resister aux furies
De ces deux ennemis qui assaillent noz vies,
Mais à l'hostilité du sort si peu constant :
Et puis l'œil qui nous tue, o plus grand adversaire,
Il faut estre là ferme, aussi bien combattant
Ces quatre demy-Dieux[1], qu'un plus foible contraire.

SONET LXIIII.

Qui est cil d'entre vous[2], qui n'a senty la flesche
De ce mutin archer ? Qui peut estre celuy
Qui n'eut onc mal au cœur, puis que j'ay d'aujourd'huy
Seulement esvité sa bruslante flamesche ?
Mon ame à ses flambeaux estoit devenue seche,
Mes poulmons estoient cendre, et n'avois onc jouy
Du fruict de mon desir, que depuis ce jourd'huy,
Mon cœur auparavant n'estoit rien qu'une breche.
Sylene[3], ce beau fils de ce Dieu reluisant,
Sentit ainsi que nous, d'Amour le trait cuisant,
Qui le rendit Amant, non devin des fatales[4].
Heureuse affection, si ta diversité
Ne conduisoit noz pieds aux fureurs infernales,
Et l'ame et le courage à l'infidelité. [48 r°]

---

[1] Ces « quatre demy-Dieux » sont la mort, Amour, le sort et l'œil. Voir TS CXIV v. 9-14.

[2] 1589 : *qui est celuy d'entre vous.*

[3] Cette référence est énigmatique car Silène est à la fois le satyre censé avoir élevé Dyonisos et le nom générique des satyres âgés. On peut, de plus, se demander de qui cet être mythologique était amoureux, si ce n'est de sa boisson fétiche, le vin. Voir P. Grimal, *Dictionnaire…*, *op. cit.*, p. 422.

[4] Si la mythologie grecque attribue bien à l'état d'ivresse des vertus particulières, en ce qui concerne la divination ou la poésie, en revanche, le terme « fatales » reste, lui, étrange. Il pourrait s'agir des Moires, Parques et Sybilles que les romains désignaient sous le nom de « fatum » ou « fata » au pluriel. *Ibid.*, p. 157.

SONET LXV[1].

Voyez autour de moy tant de fers ennemis,
Qui ont percé mon cœur ! Maintenant sont en terre
Hors de leur bois meurtrier, qui m'a tant fait la guerre,
Qui gisoit là rompu, où Amour l'avoit mis[2].
Le champ m'est demeuré, mais ces costez blesmis
Ont tant versé de sang, que la mort ja m'enferre
Le cœur de son long dard, qui de regret se serre,
Laissant mal à propos, Madame et mes amis.
Si la claire fontaine, où ce Dieu despravé,
En naissant furieux tout soudain fut lavé,
Me vouloit recevoir, ô bien-heureuse source[3].
Plaine des javelots, dont le champ Tracien[4]
Fut esmaillé de sang, arreste icy ta course,
Pour recevoir encor les traits du Paphien[5].

SONET LXVI[6].

O regards ensouffrez, yeux de Linxs homicides,
Qui tirez voz amis, leur bruslant ame et cœurs,

---

[1] Cité dans *Entouré de silence*, *op. cit.*, p. 52.

[2] La succession de propositions relatives de cette première strophe laisse perplexe. Si la première semble bien avoir pour antécédent le terme « fers », les deux suivantes sont à rattacher au substantif « cœur ». Par ailleurs, l'hémistiche « maintenant sont en terre » est sans doute lui aussi régi par le pronom relatif « qui ».

[3] G. Mathieu-Castellani propose de voir ici une référence à la source Cissusa où Dionysos fut souvent baigné par ses nourrices car l'eau y avait couleur de vin. Plutarque, *Les Vies des hommes illustres*, *op. cit.*, t. I, *Vie de Lysandre*, p. 1012, LIII.

[4] Il faut sans doute moins voir ici un rappel de la Thrace réelle que de la réputation de cruauté qu'on prêtait à ses habitants. On peut gloser par « le champ souffrant de cruautés ».

[5] L'épithète « Paphien » renvoie à Amour en raison du temple d'Aphrodite qui se trouvait dans la ville de Paphos, en Crête. La proposition principale « arreste ici ta course » semble faire de la « plaine des javelots » un élément mobile qui pourrait s'apparenter au corps même du locuteur recevant « les traits du Paphien ». Voir élégie 9 v. 186 et sur l'épithète « paphien » TS XCVI v. 11 et 274 v. 15.

[6] Cité dans *Entouré de silence*, *op. cit.*, p. 53.

Qui estes de noz jours trop aisément vainqueurs,
Des hautains demy-Dieux, les patrons et les guides.
Vous en despit des eaux, de mes yeux tant humides,
Vous bruslez, foudroyez, et tonnez en fureurs,
Des tourbillons esclairs, où naissent mes douleurs,
Et qui rendent mes mains, de mes trespas avides.
„ Yeux de Naphete, emplis[1] ardamment vous lancez
„ Tant de feuz à mon cœur, que vous en offencez
„ Les ombres, où je pleure une mort si bruslante.
„ O fille de Creon, presage de ma mort,
„ Combien ce voile mis en flames me contente,
„ Et le vaisseau sacré qu'on fit brusler au port[2]. [48 v°]

SONET LXVII.

Or fus mon cœur pasmé, ne suis-je pas Prophete,
Ne vous ay-je adverty du depart de mes sens,
De la peine où vous estes au grief mal que je sens,
Et de l'acte meschant de mon ame indiscrette :
Ne vous ay-je pas dit que pour ceste Rosette,
Elle nous laisseroit, ainsi que les enfans
Pour un petit estœuf, vont leur mere laissans,
N'ayant rien que le jeu en leurs ames folettes[3] :
Ha nous devions lier ceste ame accorte[4],
Je devois m'en saisir, en ceste mesme sorte
Qu'Apollon Tirien[5] fut des siens retenu :

---

[1] 1589 : *Yeux de Naphete, remplis* [...] ». Voir *Entouré de silence*, *op. cit.*, p. 53.

[2] L'anecdote est rapportée par Plutarque dans la vie d'Alexandre. Médée, voulant se débarrasser de Créuse, fille du roi de Corinthe Créon, dont Jason est amoureux, aurait enduit la couronne et la robe de la jeune fille de « cette liqueur de naphte » pour qu'elle s'enflamme au soleil. Voir 9 v. 653, XCIIII v. 8 et Plutarque, *Les Vies des hommes illustres*, *op. cit.*, t. II, *Vie d'Alexandre le grand*, p. 367, LXV.

[3] 1589 : *folette.*

[4] Le vers est faux. On pourrait proposer la correction suivante : lier ceste ame trop accorte ».

[5] Le dieu possédait un temple dans la ville de Tyr, au Liban.

Remettant au destin les assaults ordinaires,
Dont je fus, non forcé, mais cautement deceu,
Par les subtilitez de mes braves contraires.

SONET LXVIII.

Vaut-il pas mieux mourir, qu'estre toujours en peine,
A s'esloigner du dard qui sans cesse nous suit,
Fuyant helas, en vain, la mort qui nous poursuit,
Nourrissant nostre cœur d'une esperance vaine ?
Pour noz courses, la mort n'en devient plus humaine,
Nous ressemblons celuy qui soy-mesmes se fuit,
Qui pensant s'asseurer, au trespas se conduit,
Et s'empestrer aux rets d'une mort plus soudaine[1].
„ Le destin se peut voir, et non pas esviter,
„ Fortune en notre fin, veut son œil contenter,
„ Et saouler ses desirs en nostre entiere ruine[2].
„ Je voy bien que ma mort descend de tes beaux yeux
„ Qui sont favorisez de la trouppe divine,
„ Ayant mesmes pouvoir, en la Terre, qu'aux Cieux. [49 r°]

SONET LXIX[3].

Je ne sçaurois plus vivre en ma folle ignorance,
Il faut que les devins m'enlevent ce soupçon,
Qui me gesne le cœur d'une estrange façon,
Je ne fais que mourir et vivre en apparence :
Je ne veux plus de toy mal-heureuse esperance,
Qui d'un plaisir en l'air me faits payer ranson,
Et qui soubs ce pretexte accrois mon marrisson,

---

[1] La construction est ici fautive. Pour conserver la justesse du vers on pourrait remplacer l'infinitif par « Et puis s'empetre [...] ».

[2] Voir 9 v. 213.

[3] Cité dans *Entouré de silence*, *op. cit.*, p. 55.

Ne donnant à mes maux, ny fin, ny asseurance.
Cave Trophonienne[1], ô lieu de prophetie,
Donne moy s'il te plaist, augure de ma vie,
Ou du cruel trespas que je dois endurer.
O belle à qui je fais, maintenant sacrifice,
Viens en ce lieu profond, où je veux demeurer,
Pour ouyr de ta voix l'oracle d'Erenice[2].

SONET LXX[3].

Autresfois ce sommeil, qui tant ores me nuit,
Me donnoit le loisir de passer en la pleine,
D'aller deçà, delà, mais il est ceste nuit
Si long, que je m'en treuve en une extreme peine.
Paresseuse beauté, qui m'es tant inhumaine,
Tu devois t'esveiller justement à minuit,
La courriere du jour, ja sur moy se promene,
Et le monde levé, commence à faire bruit :
Belle Rose tu dors, et moy tousjours je veille,
Resveille toy, mon cœur, las sans fin tu sommeille,
Me laissant en frayeur, attendant ce felon :
O Satyre endormy, qui fus mené en vie
Devant celuy qui eut la victoire d'Elon[4],
Que n'as tu d'abondant le sommeil de m'amie ! [49 v°]

---

[1] Plutarque parle de « la cave de Trophonius ». Plutarque, *Les Vies des hommes illustres*, *op. cit.*, t. II, *Vie de Sylla*, p. 1042, XXXVII.

[2] G. Mathieu-Castellani propose de voir ici une référence à la source d'Hercyna située près de la grotte de Trophonius. *Entouré de silence*, *op. cit.*, p. 55 et P. Grimal, *Dictionnaire…*, *op. cit.*, p. 206.

[3] Cité dans *Entouré de silence*, *op. cit.*, p. 56.

[4] Il s'agit de Sylla, dont l'armée trouve un satyre endormi à côté de la ville d'Apollonie. On l'apporte au chef qui le réveille et tente de lui parler. Le satyre, n'émettant que des bruits de bouc, est chassé. Plutarque, *Les Vies des hommes illustres*, *op. cit.*, t. II, *Vie de Sylla*, p. 1054, LV.

Aux Suisses d'Orithie[1].
SONET LXXI.

L'on vous print mes amis, pour fermer ceste porte
Aux ennemis mortel du maistre de ceans,
Moy qui suis son amy je dois entrer dedans
A toute heure du jour, la nuict en mesme sorte :
Suisses mes amis, elle n'est pas si forte,
Qu'on ne la rompist bien, et en un mesme temps,
Si vous faisiez du bruit, l'on vous romproit les dens,
Mais tenez dix escuz qu'icy je vous apporte :
Dames qui vous cachez pour faire sacrifice
Aux femmes de Fannus[2], en ce divin service,
Souvenez vous de moy, et en prenez pitié :
Laissez moy desguiser soubs un habit de fame,
Je me rendray content en ma ferme amitié,
Faisant un bon service à ce soir à Madame.

SONET LXXII[3].

Ces feux ne sont plus feux, leur douceur est perdue,
Ce sont orages forts qui esclattent sur moy,
Plains de souffres bruslans, de gresles et d'effroy,
Ce ne sont plus les rets de ceste belle veue :

[1] Orithye est la fille d'Érechtée, roi d'Athènes et la sœur de Procris. Borée est amoureux d'elle mais Érechtée interdit le mariage par peur du caractère des Thraciens. Elle est enlevée par Borée qui la ramène et l'épouse en Thrace. Ses enfants, ailés comme leur père, accompagneront Jason dans sa quête de la Toison. Voir Ovide, *Métamorphoses*, *op. cit.*, livre VI, p. 261-263, v. 675-721.

[2] Au vu de la teneur érotique et comique de ce sonnet, il semble que l'allusion renvoie ici à Faunus ridiculisé par Hercule et Omphale dans les *Fastes* d'Ovide. Amoureux d'Omphale, Hercule prend ses vêtements et elle revêt ceux du héros, peau de lion et massue. Faunus, profitant de leur sommeil s'introduit dans leur grotte et, croyant trouver Omphale, se couche au côté de celui qui porte une robe. Lorsqu'il déshabille celui-ci, il s'aperçoit de son erreur et Hercule, réveillé, le repousse et se moque de lui. Ovide, *Les Fastes*, préface de A. Fraschetti, Paris, Les belles Lettres, 1990, p. 53-54.

[3] Cité dans *Entouré de silence*, *op. cit.*, p. 57.

Ce n'est plus la lumiere en mon cœur attendue,
Ce n'est plus ce flambeau qui nourrissoit ma foy,
Ce n'est plus elle aussi, ny je ne suis plus moy,
Mon ame en ceste amour erre toute esperdue.
Ce flambeau qui sortit de l'afreuse caverne,
Qui s'estendit du Ciel, au fonds de ceste Averne[1],
Fut presage certain du courroux des Tonnants[2].
Ainsi ce feu souffré où mon cœur se conserve,
Attend la mesme fin que les vieillards sçavans[3],
„ N'ayant pas l'ame libre, ains miserable et serve. [50 r°]

SONET LXXV[4].

Est-ce la rescompense ? Hé faut-il miserable,
Que pour t'avoir aimée, il me faille mourir ?
As-tu si peu de soing de me vouloir guerir ?
Y a-il ourse au monde en cruauté semblable ?
Ay-je esté dy le moy, ay-je esté variable ?
Tu devois paravant, un peu mieux t'enquerir
De ma fidelité, où il me faut perir,
M'accusant d'une faute au monde insupportable :
Neantmoins je t'ay belle encores plus aimée,
Que l'ennemy des Dieux n'aima oncques Timée,

---

[1] G. Mathieu-Castellani propose de voir ici encore une allusion à la vie de Sylla. Celui-ci rapporte en effet un présage pendant lequel « un grand feu et une flamme claire » sortirent de la grotte nommée l'Averne. Le présage est cependant favorable dans le texte de Plutarque. Plutarque, *Les Vies des hommes illustres*, *op. cit.*, t. II, *Vie de Sylla*, p. 1025, XII.

[2] Il s'agit des dieux de l'Olympe dont le roi, Zeus, gouvernait à l'aide de la foudre et du tonnerre.

[3] L'allusion est vague et pourrait simplement renvoyer à un préjugé sur l'apathie et la peur des doctes âgés. Voir TS XXVIII v. 10, TS LVIII v. 13, TS XCVI v. 8.

[4] Il manque deux numéros, le LXXIII et le LXXIIII. S'agit-il d'une simple erreur de numérotation ou bien deux sonnets ont-ils été oubliés par le compositeur ?

Qui nomma son enfant des deux noms ennemis[1] :
Mais que vaut mon amour, que proffite ma peine,
Le mal, ny les hazards où je me suis ja mis,
Pour n'avoir que le nom d'une amitié si vaine ?

SONET LXXVI.

Hé je ne pensois pas mourir en ceste sorte,
Estant si esloigné de voz yeux que j'aimois !
Je puis bien dire ainsi, car j'estois autresfois,
„ Et mon ame vivoit, maintenant elle est morte :
Je ne suis plus moy-mesme ! Helas ma douleur forte,
M'a changé, m'a miné, et m'a mis à la fois,
Pour jamais en exil, et si loing que ma vois[2]
Ne viendra jusqu'à vous, dont je me desconforte.
Que le Ciel appaisé à vous me puisse rendre,
Comme ce brave Grec au giron de Tymandre,
Afin que mon tombeau soit d'un feu gracieux[3] :
Helas que dy-je, n'y a-il apparance[4]
Que le feu qui me tue au sortir de voz yeux,
Puisse estre avec mon mal, mon unique esperance ?

[50 v°]

---

[1] Ce tercet renvoie à une anecdote de Plutarque qui raconte qu'Alcibiade aurait eu une relation avec Timéa la femme du roi de Spartes. Celle-ci tombe enceinte et accouche d'un enfant nommé Léotychide. Très éprise d'Alcibiade, Timéa appelle en privé son fils du nom de son amant et use du nom officiel en public. Plutarque, *Les Vies des hommes illustres*, *op. cit.*, t. I, *Vie de Alcibiade*, p. 447, XLIV.

[2] Il s'agit ici d'une graphie du mot « voie ».

[3] L'historien grec rapporte qu'Alcibiade s'était retiré dans un lieu secret avec une concubine nommée Timandra. Ses assaillants, n'osant entrer dans la maison, y mirent le feu. Après avoir vainement tenté de l'éteindre, Alcibiade sortit précipitamment de sa cachette et fut criblé de flèches à sa sortie. Timandra vint récupérer son cadavre, l'enveloppa de draps et l'enterra. *Ibid.*, p. 469, LXXX.

[4] Le vers est faux. On peut corriger par « Helas que dy-je [là] [...] ».

SONET LXXVII[1].

Mangeur de confiture, ô gourmand invincible,
Qui n'es jamais content de manger abricots,
Et qui la tasse en main, mettrois à sec dix pots[2],
Contente toy vilain d'estre seul miserable !
Penses-tu que mon cœur ait un desir semblable ?
Non, non, je ne voudrois qu'estre tousjours enclos
Dedans un cabinet, où sans prendre repos,
Je me voudrois joüer à ta sœur désirable :
Que les mangeurs de glan par Apollon nommez[3],
Soient dedans ta maison, maintenant enfermez,
Et que dessus ton chef la branche ne soit mise
De l'arbre tousjours seul, et tousjours visité,
Des trois Dieux ordonnez[4], si que par l'entremise[5]
De ma saincte oraison, tu sois precipité.

SONET LXXVIII.

Il faut que je decele, o Amour ta surprinse,
Afin que tout le monde en sçache la façon,
Chacun sçait que tu es un fort mauvais garçon,

---

[1] Cité dans *Entouré de silence*, *op. cit.*, p. 58.

[2] Il y a peut-être ici un souvenir de Ronsard qui disait à Astrée : « Le premier jour que l'heureuse aventure / Conduit vers toy mon esprit et mes pas / Tu me donnas pour mon premier repas / Mainte dragee et mainte confiture. » Les confitures en question, à l'époque, sont plutôt des fruits confits. Voir Ronsard, *Œuvres complètes*, *op. cit.*, t. XVII, p. 186.

[3] Ce vers ne prend son sens qu'à la lecture d'un passage où Plutarque, rapportant l'utilisation du chêne pour célébrer la vertu d'un citoyen romain évoque les Arcadiens qui « furent jadis appelés mangeurs de gland par l'oracle d'Apollon ». Plutarque, *Les Vies des hommes illustres*, *op. cit.*, t. I, *Vie de Coriolan*, p. 474, IV.

[4] On pourrait voir ici une seconde allusion à Plutarque, issue de la vie de Cimon, cette fois. L'historien rapporte que pour honorer ce guerrier on lui permit d'ériger trois Hermès de pierre, honneur que lui seul a jamais reçu à Athènes. Plutarque, *Les Vies des hommes illustres*, *op. cit.*, t. I, *Vie de Cimon*, p. 1085, XII.

[5] 1589 : *entrevise*.

Mais non digne pourtant d'une telle entreprise :
Amans sçachez qu'Amour, qui tant vous favorise,
Assembla les destins, la Parque, et Phlegeton[1]
Pour me faire mourir, ou faire ce dit-on,
Un Sisiphe[2] de moy, voilà son entremise.
Pour ce faire il presta, à l'esprit qui me guide,
D'une Françoise l'œil, qui est mon homicide,
Ainsi l'Adramitain[3] tua l'un des premiers :
Tout se fait par les sors, tout suit la destinée,
Vous voyez revenir du Nort[4] les deux premiers,
Et non pas le second de la Cité ruinée. [51 r°]

SONET LXXIX.

C'est un peché mortel d'accuser faussement
Un homme de vertu, de quelque horrible offence,
Ainsi je jure, Amour, sçait bien mon innocence,
Et me met sus d'aimer sur tous legerement[5].
J'en suis si fort troublé en mon entendement,
Que j'en meurs de despit, et en pers patience,
Je n'estime rien tant que ma belle constance,
C'est un honneur divin d'aimer fidellement :
Mes esprits estonnez en mes veines batues,

---

[1] Il s'agit de l'un des fleuves des enfers, constitué uniquement de feu.

[2] Sisyphe a été condamné à remonter en permanence un rocher au sommet d'une montagne pour avoir défié les dieux et notamment Hadès et Thanatos en trompant le premier et enchaînant le second.

[3] Ce vers semble résumer un épisode de la vie de Timoléon, dans lequel un habitant de la ville d'Adrane, qu'Amyot nomme « Adramitain », abat l'un des deux assassins envoyés par les carthaginois pour tuer Timoléon, car il reconnaît en lui le meurtrier de son père. Il est à noter que le vers 12 est un condensé des réflexions de l'historien à la suite de ce récit, louant la fortune qui « rassemble toutes choses ». Plutarque, *Les Vies des hommes illustres*, *op. cit.*, t. I, *Vie de Timoléon*, p. 541-542, XXIV.

[4] Voir sonnet TS XXI.

[5] « Sur tous » est à attendre au sens de « plus que tous ». On peut gloser par : « Amour me met au-dessus d'aimer plus légèrement que tous ».

D'inconstance accusez, ainsi que les statues
Furent mises au feu, malgré leur Geleon[1] :
Mon ame qui demeure au lieu du Capitaine,
Veut la fin de son mal, comme ce Peleon[2]
Qui me predit au vray ta nature inhumaine.

SONET LXXX.

Les sors pour quelque temps favorisent aux Dames,
Se courrouçans si tard, que nous en souffrons tous,
Neantmoins je sçay bien que les sors ont des coups
Estrangement cruels pour chastier les fames :
Ils leur bandent les yeux, et en ostent les flames,
Ils empeschent leurs bras d'un vieux mary jaloux,
Qui jusques au tombeau par ce seul nom d'espoux
Les broüillent, voire encor dessoubs les froides lames[3] :
Cruelle penses-tu que sur l'eau de Crimesse,
Les Dieux encourtinez de foudre tant espesse,
Ayent en ta faveur battu les Pheniciens[4] ?
Non, non, ne pense pas que ma mesavanture,
Comme la desfaveur de ces Amans anciens,
Sans secours de Jupin, tousjours à ton gré dure. [51 v°]

---

[1] Il s'agit sans doute du tyran de Syracuse, Gélon, auquel ses sujets rendirent hommage après que la ville eut été libérée par Timoléon. Les habitants de la ville décidèrent de détruire les statues de tous les tyrans, sauf celle de Gélon. Plutarque, *Les Vies des hommes illustres*, *op. cit.*, t. I, *Vie de Timoléon*, p. 549, XXXIII.

[2] La référence à ce personnage ainsi que l'image précédente qu'elle est censée expliquer reste énigmatiques.

[3] 1589 : *larmes*. À la fois pour la rime et pour le sens, il faut lire « lames » : c'est bien au tombeau que les femmes continuent de poursuivre leurs époux.

[4] Chez Plutarque la rivière est nommée « Crimèse ». Sur son bord, à la faveur d'un orage dont le vent pousse la pluie sur les Carthaginois, Timoléon les vainc et les chasse de Sicile. La rime pousse Beaujeu à commettre une erreur historique en évoquant les Phéniciens. Cependant, il est historiquement avéré que la civilisation carthaginoise provient d'un mélange entre les marchands phéniciens et les peuples autochtones, notamment berbères. Plutarque, *Les Vies des hommes illustres*, *op. cit.*, t. I, *Vie de Timoléon*, p. 553-554, XXXVIII.

A Madame, à qui je fis fort bien un enfant.
SONET LXXXI[1].

Madame c'est icy qu'il vous faut enfanter,
Prenez moy par le col, estendez[2] vous à terre,
Vous souffrirez icy le mal de nostre guerre,
Mais ce mal, non la mort, il en faut redouter :
Ne criez pas si haut, l'on vous peut escouter,
Que diroit-on, Madame, ô Dieu qu'elle me serre,
„ Je voy bien que l'Amour plus durement enferre
Que le barbier ne peut le fer du trait oster :
Non soubs le sainct Cyprès, mais entre deux fontaines,
La Deesse accouchant sentit les mesmes peines,
Faisant sortir un fils d'un tout semblable lieu :
Le sanglier[3], le geant, et le serpent Numide[4],
Vindrent pour l'effroyer, mais ce champestre Dieu
Luy servit comme moy, d'asseurance et de guide[5].

SONET LXXXII.

O Petit Cyprien[6], autresfois en ma vie,
Tu me fis mal-heureux en me faisant aimer

---

[1] Cité dans *Entouré de silence*, *op. cit.*, p. 59.

[2] 1589 : *estenduz*.

[3] Voir TS XX v. 2.

[4] Tout ce sonnet est construit autour de la référence comique et légère aux circonstances de l'accouchement de Latone, mère de Diane et Apollon, poursuivie de la vengeance d'Héra. Elle se réfugia sur l'île d'Ortygie où apparurent un « sanglier [...] [le] serpent Pytho, et [le] géant Tityus » et fut protégée par son fils. Beaujeu suit une fois de plus Plutarque pour les détails mais pour une vue d'ensemble du mythe il a pu se reporter aux *Fables* d'Hygin. Hygin, *Fables*, Paris, Les Belles Lettres, 1997, p. 51, LV ou 107, CXL, Plutarque, *Les Vies des hommes illustres*, *op. cit.*, t. I, *Vie de Pélopidas*, p. 636, XXX. Voir aussi 141 v. 11 et TS LXXI.

[5] La teneur comique et irrévérencieuse d'un tel sonnet se retrouve dans les pièces TS CVIII, 21 v. 569-572, 118 ou 73.

[6] L'un des nombreux surnoms d'Amour qui vient de ce que Vénus, sa mère, aurait été menée sur l'île de Chypre (Cypris) après sa naissance marine. Elle était

Le Tertre[1] qui me fut plus sourde que la mer,
Luy disant qu'elle estoit de moy si bien servie :
Maintenant près de moy tu asseure ta vie,
Tu ne devois pas tant ce bel œil animer,
Comment as-tu osé en mes bras t'enfermer,
Ayant tant offensé cil en qui tu te fie.
Ça donne moy l'escorce, et l'ardillon doré,
Pour escrire le mal que j'ay tant enduré[2],
Puis avec un caillou le jetter à la rive :
Je veux sauver l'enfant dont je suis conducteur[3],
Afin qu'après ma mort heureusement je vive
En reputation de ferme serviteur. [52 r°]

SONET LXXXIII[4].

Vous ay-je veu bel œil, ou est-ce que je resve ?
Est-il vray ? Est-il faux ? Las je ne sçay comment
Amour m'a transporté de mon entendement,

---

appelée la Cyprienne et un temple fameux lui était consacré sur cette île. Voir 9 v. 494 ou le sonnet 265 v. 11.

[1] Première apparition de ce nom qui revient à plusieurs reprises dans le recueil. Voir TS CXVII v. 1, TS CXX v. 1 et les pièces 35 v. 1, 49 v. 9, 50 v. 5, 52 v. 12, 55 v. 4, 8, 14, 63 v. 13, 64 v. 12, etc.

[2] L'écorce gravée devient métaphore de la pratique poétique. Cette image est reprise en 21 v. 35-37.

[3] C'est à l'aide d'une citation précise de Plutarque que le locuteur construit ces deux tercets. De fait, l'historien grec rapporte dans la *Vie de Pyrrhus* que, encore nourrisson, celui-ci fut obligé de fuir, emporté par quelques serviteurs, devant la rébellion des Molosses. Arrivés devant une rivière, les fuyards se trouvent bloqués car ils ne peuvent traverser avec l'enfant. Ils aperçoivent alors des gens de l'autre côté du fleuve et tentent de demander de l'aide mais le bruit de l'eau couvre leurs paroles. L'un deux a alors l'idée « d'arracher de l'écorce d'un chêne, sur laquelle il écrivit avec l'ardillon d'une boucle la fortune et la nécessité de l'enfant ». Il jette ce message entouré sur une pierre. Comprenant la situation, ceux qui se trouvent sur l'autre rive coupent des arbres et créent ainsi un pont qui permet à Pyrrhus et ses serviteurs de traverser. L'anecdote est illustrée par Poussin en 1634 dans un tableau nommé « Le jeune Pyrrhus sauvé ». Voir TS XCIX v. 9, TS XCVIII v. 9 et Plutarque, *Les Vies des hommes illustres*, *op. cit.*, t. I, *Vie de Pyrrhus*, p. 867, IV.

[4] Cité dans *Entouré de silence*, *op. cit.*, p. 60.

Ne donnant à mon cœur un quart d'heure de treve :
Je croy que de ma mort, l'heure tant crainte est breve.
„ Que dy-je crainte, non, j'en aime le tourment,
Car j'espere de luy avoir allegement,
Et tarir le torrent de mes pleurs qui m'abreve[1].
Je n'ay point veu en songe ou veillant en pensée,
Au Prince du Soleil un cheval de Nissée[2],
Me promettant l'honneur que j'ai tant pourchassé :
Mais je croy avoir veu ceste nuict en mon songe,
Amour qui prend plaisir en mon cœur tant persé,
De verser le chagrin qui nuict et jour me ronge.

SONET LXXXIIII.

Graces des puissans Dieux, invincibles Deesses,
Qui gouvernez Amour, ainsi que vous voulez,
Qui le cachez souvent, et qui le recelez,
Faites moy rendre helas mon cœur qu'a ma maistresse :
Amour me l'ayant pris par ordonnance expresse,
D'elle et de mon destin, qui ont mes sens vollez,
Il jetta deux discords en serpentes roullez[3],
Pour rendre de mes maux ceste main vengeresse.
Cymmeriennes sœurs, infernales potieres,
Qui maintenez tousjours voz legions entieres,
Voulez vous endurer qu'Amour fausse voz lois

---

[1] Sur cette forme d'« abbreuver » voir 9 v. 96.

[2] Pyrrhus fait un rêve prémonitoire avant une bataille où Alexandre lui apparaît monté sur un cheval originaire de la ville de Nisée. Plutarque, *Les Vies des hommes illustres*, *op. cit.*, t. I, *Vie de Pyrrhus*, p. 877, XXI.

[3] L'image développée dans ce vers est complexe car elle emmêle des éléments concrets et abstraits. De fait, si les « discords » semblent bien relever du champ lexical du « cœur » et des « sens », en revanche le verbe « jetta » et les « serpentes » apparaissent comme un rappel de l'épisode des serpents jetés par Héra dans le berceau d'Hercule nouveau-né. Dès lors, Amour donnerait les moyens à la dame de troubler l'esprit du locuteur de la même façon qu'Héra tentait de tuer le héros à l'aide des animaux venimeux.

Mettant ainsi chacun aux gesnes eternelles,
Où il ne sceut avoir la puissance autresfois,
D'en retirer un ombre avecques ses chandelles ? [52 v°]

SONET LXXXV.

Qui eust helas pensé, que perdant sa patrie,
Ses amis, sa maison, l'on fust moins transporté,
Que d'esloigner pour bien une ingrate beauté,
Ayant d'elle tousjours au cœur l'idolatrie ?
A l'oreille son nom, ainsi qu'Amour nous crie,
„ Nous voyons en ce mal une immortalité.
Je ne pensé jamais estre tant tourmenté,
Mon cœur de son retour au partement me prie :
Neantmoins je m'entends en mes douleurs estroites
Parler en Lybien de ces estuves froides[1],
Transporté comme luy en mon adversité :
Mais helas en six jours je n'estaindray ma vie[2],
Si le secours ne vient de l'infidelité
De celle que mon cœur a aimée et servie.

SONET LXXXVI[3].

Je meurs, o doux baisers, et sens dedans mon ame
Estaindre mon amour, brandon après brandon,
Et preste de voller sur le bord où Caron

---

[1] La rime est fondée sur une simple assonance. Voir ici même 9 v. 125-126, TS IX v. 13-14 et 234 v. 381.

[2] Il est bien compliqué de découvrir l'allusion qui se dissimule derrière ces quelques étranges éléments. Le rappel des « estuves froides » et des « six jours » peut cependant être rapproché des descriptions de la mort d'Alexandre. Atteint d'une fièvre soudaine, le roi macédonien se baigne régulièrement pendant les six jours que dure son agonie. Les « Lybiens » restent en revanche bien énigmatiques. Voir Plutarque, *Les Vies des hommes illustres*, *op. cit.*, t. II, *Vie d'Alexandre*, p. 411, CXXI-CXXII.

[3] Cité dans *Entouré de silence*, *op. cit.*, p. 61.

Blesse le sein des eaux de son ancienne rame[1] :
Et puis je sens encore, en vous baisant Madame,
De mes terribles maux, la douce guerison,
Ne baisant plus je meurs, puis en vostre giron,
Rebaisant je sens bien revivre et cœur et l'ame.
O bouche guerissante, et ensemble meurtriere[2],
Tu me remplis le sein d'haleine douce et fiere.
En guerissant je meurs. Qu'est-ce que j'entreprends ?
Mon mal m'estoit plus doux, que ma santé mortelle.
O Psilles[3] qui succez où mordent les serpens,
Ma peine en guerissant, tousjours se renouvelle. [53 r°]

SONET LXXXVII.

Qui ne prendroit pitié d'une mort si estrange,
Celuy qui me la donne en pleure tous les jours,
C'est un terrible fait que de voir mes amours,
Et ma mort se joüer au mal-heur qui me change.
Moy-mesme pour autruy, contre moy je me vange,
Ce qui me devroit suivre, helas me fuit tousjours,
Sans espoir, et sans fin, sans bien, ny sans secours,
Je dure en vivotant, sans honte ny loüange :
Ce qui est à chacun plus doux et desirable,
Contre mon doux espoir, m'est le plus effroyable,
Il faut tousjours prier pour mes fiers ennemis.
Beaux yeux pour qui je prie, o beaux yeux dont j'endure[4],

---

[1] Cette allusion mythologique évoque les bords du Styx sur lequel Charon fait traverser les morts.

[2] Voir 9 v. 23.

[3] 1589 : *Opsilles*. Il s'agit du nom d'un peuple africain, mentionné par Plutarque dans la vie de Caton d'Utique. L'historien évoque « les Psilles, lesquels guérissent les morsures des serpents, et sucent le venin avec la bouche, [...] ». Plutarque, *Les Vies des hommes illustres*, *op. cit.*, t. II, *Vie de Caton d'Utique*, p. 585, LXXIV et Ch. de Beaujeu, *Entouré de silence*, *op. cit.*, p. 31.

[4] Il faut comprendre que l'emploi de « endurer » est ici intransitif.

Pensez vous que l'enfant, hors des deux corps blesmis,
Ne recongnoisse plus son ayeulle verdure[1] ?

SONET LXXXVIII[2].

Puis qu'il faut demeurer en ce bois ombragé,
Et sur ces doux ruisseaux plaindre ma desfortune,
Je ne veux plus avoir de ma peine commune,
Les frissons peu mauvais, car mon mal est changé :
Amour ainsi que moy est au mal engagé,
Nous courons desplaisans, une mesme fortune,
Sans crainte je diray que vous estes importune[3].
Que n'avez vous au moins cét enfant soulagé[4] ?
Sçachez que les deux sœurs, Deesses trespuissantes,
Parlerent dessus l'eau, aux vierges gemissantes,
Pour faire le voyage avec ce Grec douté[5] :
Ainsi amour dormant a predit nostre absence,
Et promis de venir, fuyant ta cruauté,
En exil avec moy, souffrir en patience. [53 v°]

---

1 Cette fin de sonnet est rendue encore plus énigmatique par la difficulté de donner un sens clair au mot « verdure ». S'agit-il d'un synonyme de vigueur ou bien note-t-il la couleur verte ? On peut faire plusieurs hypothèses sur le référent qui se trouve derrière les « deux corps blesmis ». Ce sont peut-être les amants eux-mêmes, les yeux de la dame ou bien les « amours » et la « mort » citées au premier quatrain. Quoi qu'il en soit, dans le contexte, « l'enfant » semble bien être Cupidon lui-même, toujours jeune, malgré sa présence parmi les hommes depuis l'antiquité.

2 Cité dans *Entouré de silence*, *op. cit.*, p. 62.

3 Le vers est faux. Le suivant laisse penser que le premier hémistiche du vers sept introduit des paroles au discours direct. On pourrait ôter le « que » et le remplacer par deux points et des guillemets.

4 Il s'agit bien sûr d'Amour dont il est question au vers douze.

5 Il semble que ce passage provienne d'un prodige rapporté par Plutarque. Le « Grec douté » serait alors le général corinthien Timoléon, qui prit la Sicile des mains des Carthaginois. Lorsqu'il partit pour cette île, Cérès et Proserpine lui apparurent et dirent qu'elles voulaient le suivre. Plutarque, *Les Vies des hommes illustres*, *op. cit.*, t. I, *Vie de Timoléon*, p. 531, x.

SONET LXXXIX.

Tes yeux si enflambez monstrent que la vengeance
De ma mort n'est assez, pour tant de cruauté,
Je m'estonne comment une telle beauté,
S'accompagne tousjours d'une telle puissance :
Que tu es redoutable, ô quelle basse offence
Impunie demeure, ha quelle austerité,
Jamais soubs ce beau sein ne soit humanité,
Puis que je meurs à tort, sçachant mon innocence :
Si tu te monstres douce, après ma mort soudain,
L'on dira que tu n'as voulu tremper ta main
Au sang de cil, à qui tu fais assez d'injure :
Mais si tu fais mourir, mon cœur après sa mort,
Estonnant les humains, tu leur feras augure
Du mal-heur qui advint à Eaque[1] le fort.

SONET XC[2].

Amour qui en mon sein, gresle, tonne, flamboye,
Et qui fait dans mon cœur d'un homicide trait,
De Madame cruelle un si divin pourtrait[3],
Me force, me destruit, me ruine, me desvoye :
Je luy sers de berceau, d'aliment et de proye,
De force, et de plaisir, c'est ce qui plus l'attret

---

[1] Ce personnage mythologique est le fils de Zeus et le frère de Rhadamante et de Minos. Père de Pelée et Telamon, grand-père d'Achille et d'Ajax, roi des Myrmidons, il est, avec ses frères, le juge des enfers, vivant après sa mort. Est-ce là le « malheur » dont parle le locuteur ?

[2] Cité dans *Entouré de silence*, *op. cit.*, p. 64.

[3] Ces deux vers, qui introduisent le thème du portrait de la dame gravé sur le cœur de l'amant, sont imités de Ronsard qui s'inspire de Pétrarque : « [...] d'un si poignant trait / Le fier destin l'engrava dans mon ame, / Que vif ne mort jamais d'une aultre dame / Empraint au cuœur je n'auray le portraict. » Voir ici même pièce 54 et Pétrarque, *Canzoniere*, *op. cit.*, p. 197, s. 96 ainsi que Ronsard, *Œuvres complètes*, *op. cit.*, t. IV, p. 6-7, II.

A me faire du mal, tant il est indiscret,
Indiscret, mais ingrat, de tant d'heur, et de joye :
Ainsi le papillon naissant de la rousée,
Mange quand il est vif, la feuillette arrousée,
Et se nourrit ingrat de son riche berceau[1] :
Tout ainsi cét enfant, qui en moy print naissance,
Va devorant mon cœur d'un appetit nouveau,
Demeurant impuny d'une si grande offence. [54 r°]

SONET XCI.

Vous donnez vostre bien, Madame, je m'envie
De vous voir appauvrir, et vieille devenir,
„ Du milieu de la vie il nous faut revenir,
En l'eternel berceau qui bannit nostre vie :
Qui a veu onc que vous durer en ceste envie[2],
Les Dieux sans arrester vous devroient bien punir,
Et nul destin plus doux jamais vous survenir,
D'or, ny de voz beautez, n'estant jamais suivie :
Ainsi l'on vit mourir les filles de Leptines[3],
Maudissant leurs beautez, et blessant leurs poitrines,
N'ayant plus sur le sein, d'or, ny de diamens :
Mais seulement au dos une pauvre vesture,
Madame gardez donc avec voz changemens,
De tirer aprés vous une telle advanture.

---

1 La comparaison est originale et semble s'inscrire dans une veine réaliste après l'allusion au « mangeur de confiture ». Voir TS LXXVII.

2 On peut gloser ce vers par « qui a jamais vu personne, à part vous, persister dans cette envie ».

3 Ce passage renvoie aux malheurs des filles de Leptinès, frère de Denys l'Ancien, premier tyran de Syracuse, réduites en servitude lors de l'exil de leur père, qui passent du statut de princesses à celui de prisonnières politiques. Plutarque, *Les Vies des hommes illustres*, *op. cit.*, t. I, *Vie de Timoléon*, p. 540, XXI.

SONET XCII.

Adieu maistresse, adieu, je m'en vois à la guerre[1],
Plus mal-content d'Amour, que je ne suis de toy,
Par ce qu'il me jura autresfois sur sa foy,
D'oster mon cœur du mal, qui maintenant le serre :
Et puis il m'a celé que tu fusses de pierre,
Mais maintenant trop tard, las je m'en apperçoy,
Il en sera puny des Dieux, comme je croy,
Aussi bien a-il fait trop de maux sur la terre :
Qui avez vous trompé, race de Cour maudite ?
Un amant plus loyal que ne fut onc Frondite,
Ny les beantes sœurs[2], au Scamander en ris !
Ainsi je veux perir, s'il faut qu'un Diomede[3]
Treuve en ma seule mort, de cent morts le remede,
Mourant mieux sans jouyr, que Dirce ny Paris[4]. [54 v°]

---

[1] 1589 : *Adieu maistre, adieu, je m'en vois à la guerre.* Cette construction de premier vers est reprise dans la pièce TS XCVIII.

[2] Tout ce passage reste complètement obscur. Le lien fait entre le « Scamander », « les beantes sœurs » et « Paris » pourrait provenir d'une page des *Illustrations de Gaule et Singularitez de Troie*. Lemaire de Belge, en évoquant les amours de Paris et d'Œnone le long du Scamandre évoque l'histoire de Procris, mariée à Térée. Celui-ci viole la sœur de sa femme et, en représailles, les deux sœurs tuent et démembrent le jeune Itys, fils de Térée et Procris. Tous sont transformés en différents oiseaux. Le *locus amoenius* décrit par Lemaire expliquerait la vision d'un fleuve riant. On pourrait gloser par : « Vous avez trompé un amant plus loyal que Frondite ou les béantes sœurs devant le Scamandre riant ». Voir 81 v. 599 et *sq.* ainsi que J. Lemaire de Belges, *Illustrations de Gaule et singularités de Troie [...] avec lacouronne Margaritique et plusieurs autres œuvres de luy, [...]*, Lyon, Jean de Tournes, 1549, chap. XXVIII, p. 86.

[3] Diomède est l'un des héros grecs dont la fureur apparaît plusieurs fois dans l'*Illiade* notamment parce qu'il blesse Mars et Vénus.

[4] La *Bibliothèque* d'Apollodore rapporte l'histoire de Dircé, femme du roi Lycos qui maltraita Antiope. Celle-ci, séduite par Zeus avait été chassée par son père, frère de Lycos, alors roi. Elle se réfugie dans une ville voisine mais Lycos, obéissant aux ordres de son défunt frère, prend cette cité et ramène sa nièce, enceinte, avec lui. La jeune fille accouche en chemin de deux jumeaux Zéthos et Amphion, avant d'être emprisonnée par Lycos et maltraitée par Dircé. Les enfants sont recueillis par un berger et, une fois adultes, libèrent leur mère. Ils

SONET XCIII[1].

En Grece fut la mort visiter Laodamie[2],
Après avoir cruelle occis ce qu'elle aimoit,
Portant dessus ses oz, l'ombre qu'elle animoit,
Sur le rivage pris pour en tromper Laimie[3] :
Ouvrant de ses beaux yeux, la paupiere endormie,
Toute moite de pleurs, la belle s'endormoit :
N'aguieres d'un sommeil, que son ame estimoit
La fin de son tourment, ainsi que de sa vie :
Voyant l'ombre amoureux, elle toute amoureuse
Se leve, court, l'embrasse, en mourut bien-heureuse[4],
Si la mort aux mal-heurs peut donner une fin :
Je n'en douté jamais, puis que sa patience
Fit naistre au fort du mal si prompte delivrance,
Rompant par ses efforts les forces du destin.

---

capturent Dircé et l'attache à la queue d'un taureau avant de la tuer. Quant à Pâris, il s'agit sans doute du fils de Priam, frère d'Hector qui enleva Hélène et provoqua la guerre de Troie. Comme Dircé, il meurt tragiquement, tué par les flèches de Philoctètes, après avoir connu, pendant un bref moment, le bonheur avec son amante. Voir ici même 9 v. 186 et Apollodore, *Bibliothèque*, *op. cit.*, III, 5, 5, p. 91.

[1] *Entouré de silence*, *op. cit.*, p. 65.

[2] Laodamie est la fille d'Acaste et épouse de Protésilas. Son mari ayant été tué par Hector, elle fit faire une statue de lui. Émus, les dieux décidèrent de ramener Protésilas pour trois jours. Lorsqu'il disparut, son épouse se tua. Le sonnet entier développe cette histoire. Voir *Ibid.*, *Épitomé*, III, 30, p. 132.

[3] Le nom renvoie à une des amantes de Zeus dont Héra tue, par jalousie, tous les enfants. Folle de douleur, Lamie se met à tuer les enfants des autres pour se venger et son visage se déforme horriblement. Zeus lui permet alors d'enlever ses yeux lorsqu'elle est chez elle et de les remettre lorsqu'elle sort. Plutarque, *Œuvres morales*, *op. cit.*, t. VII-1, *De la curiosité*, 515 D, p. 267.

[4] Le locuteur déforme légèrement l'histoire en imaginant que c'est la Mort elle-même qui vient, sous la forme de Protésilas, visiter Laodamie. Le thème de la mort amoureuse est déjà présent en TS III v. 1.

A Madame qui estoit prisonniere.
SONET XCIIII[1].

Je ne voudrois, ma belle Thracienne[2],
Estre semblable à l'homicide vieux,
Ny d'une hache entamer je ne veux
Le sein poly de la molle Argienne[3] :
Je ne veux pas, que semblable on me tienne
Au Parthe noir[4], qui au feu rigoureux
Brusla l'enfant, ny encor mal-heureux,
Venger autruy soubs la chemise ancienne[5] :
Mais dans le Ciel j'oserois entreprendre
Pour te venger, ou service te rendre,
„ Ayant le mal de Mars, comme d'Amour :
Tu as receu de moy trop d'asseurance,
Pour t'espargner maintenant ma vaillance,
Je te veux donc ouvrir l'huis de la tour[6]. [55 r°]

---

[1] *Entouré de silence*, *op. cit.*, p. 66-67. Ce sonnet est en décasyllabes.

[2] L'adjectif « thracienne » renvoie sans doute simplement à la réputation de cruauté de ce peuple dans l'Antiquité, comme en atteste le personnage de Térée. Voir pièce 81 v. 602 et Ovide, *Métamorphoses*, *op. cit.*, VI, p. 261, v. 682.

[3] L'adjectif renvoyant à Argos on peut penser que le poète fait ici référence à Clytemnestre, meurtrière d'Agamemnon et qui fut tuée par son beau-fils Oreste. La « hache » est cependant de l'invention de Beaujeu. Voir 68 v. 14.

[4] L'allusion au Parthe serait inexacte et la mention de la couleur inventée de toute pièce si l'on considère que tout ce quatrain provient de la vie d'Alexandre où est mentionnée une expérience des propriétés du naphte, substance hautement inflammable, dans laquelle un jeune page nommé Stephanus sert de cobaye. C'est sur les conseils d'un athénien qu'Alexandre tente cette expérience. Il est possible qu'ici, Beaujeu cite de mémoire. Plutarque, *Les Vies des hommes illustres*, *op. cit.*, t. II, *Vie d'Alexandre*, p. 367, LXIV.

[5] L'allusion est floue. Beaujeu a déjà évoqué l'histoire de Médée offrant à Créuse une tunique couverte de naphte et prête à s'enflammer mais on peut aussi voir dans la « chemise ancienne » celle que Déjanire donna à Hercule et qui provoqua la mort du héros. Voir TS LXVI v. 12, 9 v. 653 et Plutarque, *ibid.*

[6] L'allusion est mystérieuse et sans nul doute allégorique. Le poète évoque-t-il son corps où se trouve son cœur, siège du courage guerrier ? En tout cas, il semble se souvenir ici du sonnet CXLVIII des *Amours* de Ronsard qui débute ainsi : « Amour et Mars sont presque d'une sorte, / L'un en plein jour, l'autre

SONET XCV.

Tu mourus Pelagie[1], entre les bras heureux
De ta sœur, dans les flots garands de ta justice,
Et toy, ma Sophronie[2], evitant ce supplice,
Tu en choisis un autre encor plus genereux :
Moy je tierce[3] en mourant, mais un sort dangereux,
N'est cause de ma mort, ains la rage et malice
De ces siecles divers, dont l'impie justice
A force m'a ravy ce que j'avois sur eux.
Ton honneur assailly te fit perdre la vie,
Et le tien menacé fit que tu l'as suivie,
Ce que j'aimois ravy, me fait ainsi perir :
Heureuses toutes trois, moy beaucoup plus heureuse,
Car en despit du sort, je suis morte amoureuse,
Et vous en desespoir il vous fallut mourir.

SONET XCVI[4].

Pleine de peur, de malades, d'orage,
Fut ceste nau, ou le divin paoureux,
N'osoit redire au Prince avantureux,

---

combat de nuict, / L'un au rivaux, l'autre aux gendarmes nuit, / L'un rompt un huis, l'autre rompt une porte. » Inspiré des *Amours* d'Ovide, ce poème vise à rapprocher Amour et Mars dont les effets sont les mêmes sur l'homme : « l'un enfonce les portes d'une ville, l'autre celles d'une maison » écrit le poète latin. Voir Ovide, *Les Amours*, *op. cit.*, IX, 28, v. 20, Ronsard, *Œuvres complètes*, *op. cit.*, IV (1992), p. 142, CXLVIII, v. 1-4.

[1] Plusieurs femmes historiques portent ce nom mais aucune ne semble avoir vécu l'aventure ici rapportée par Beaujeu.

[2] Ce nom renvoie à l'un des personnages de la *Jérusalem délivrée* du Tasse. Au chant II de cette épopée est en effet rapportée l'histoire de Sophronie et Olinde, deux amants qui s'accusent l'un l'autre du vol de la Vierge à Jérusalem et sont pourchassés par le roi du lieu, Aladin. Le Tasse, *La Jérusalem délivrée*, présentation par Françoise Graziani, Paris, Garnier-Flammarion, 1997, p. 62.

[3] Le locuteur « tierce », c'est-à-dire qu'il complète le trio en mourant à son tour.

[4] Cité dans *Entouré de silence*, *op. cit.*, p. 68.

Pourquoy le Ciel refrongnoit son visage[1] :
Outré d'ennuy, esloigné du rivage
Fut ce beau corps, ô tyran dangereux,
Marry de voir au peuple genereux,
Rendre aux vieillards, l'amour et le pillage[2] :
Heureuse helas, si ta main homicide
Eust esgorgé ce beau neveu d'Atride[3],
Et le jumeau du blond fils Paphien[4] :
„ Lucrece[5] en fit sur soy-mesmes vengeance,
„ Bien que l'aigreur du peché ne fust sien
„ Comme l'effet par force de l'offence. [55 v°]

A Amour.
SONET XCVII[6].

Pour te venger du beau fils Palamide[7],
Cache de l'or dessoubs mon pavillon,

[1] Ce « Prince » pourrait aussi bien être Énée qu'Ulysse ou Ménélas, tous les trois pourchassés par la vindicte des dieux après la guerre de Troie. Voir TS XXIX, TS LII et TS XCVII.

[2] L'allusion est complexe. Voir TS XXVIII v. 10, TS LVIII v. 13, TS LXXIV v. 13.

[3] Les descendants d'Atride subissent tous un sort tragique dû à la malédiction qui pèse sur la famille. Voir P. Grimal, *Dictionnaires...*, *op. cit.*, p. 59.

[4] On peut supposer ici que c'est à l'un des enfants mortels de Vénus que le poète fait allusion. Il pourrait à nouveau s'agir d'Énée. Voir TS LXVI v. 14 et 274 v. 15.

[5] Il s'agit de l'héroïne romaine qui se donna la mort après avoir été violée par l'un des fils de Tarquin le superbe. L'épisode, légendaire, précipite l'avènement de la République romaine. Voir ici même 82 v. 43 et Tite-Live, *Histoire romaine*, texte établi par J. Bayet et traduit par G. Bayet, Paris, Les Belles Lettres, 1985, livre I, t. I, p. 92-94, LVII-LVIII et Plutarque, *Les Vies des hommes illustres*, *op. cit.*, t. I, *Vie de Valérius Publicola*, I, p. 214.

[6] *Entouré de silence*, *op. cit.*, p. 70-71 et ce sonnet est en décasyllabes.

[7] Toute cette première strophe rappelle l'un des épisodes de la guerre de Troie. Ulysse, ne voulant pas participer au conflit, se fait passer pour fou et Palamède, pour le démasquer, menace Télémaque avec son épée. Ulysse se dévoile alors et est contraint de partir. Arrivé devant Troie, pour se venger, il cache de l'or sous la tente de Palamède et fait une fausse lettre émanant de Priam et adressé à Palamède. Accusé, à tort, de trahison, celui-ci est lapidé. Beaujeu a pu trouver une version relativement détaillée du mythe dans *Les Métamorphoses*. Ajax y accuse

Et contrefaits du vieil Roy d'Ilion,
Le grave sein de sa fortune guide :
Faits assemblée, et que l'on me lapide,
Sers toy des yeux des filles d'Arion[1],
En me blessant, crie tout haut ton nom,
Si verras-tu un jour vomir Caribde[2] :
Tu congnoistras, perissant Capharée[3],
Collé de peur à l'anthenne dorée,
Tes mariniers perdus dedans la mer[4] :
Car de mes pleurs, et de mes souspirs doubles,
J'en fais des eaux, dont les montagnes troubles,
Te feront dire un jour s'il est amer[5].

SONET XCVIII.

Adieu France, adieu bois qui en es la frontiere[6],
Adieu plaisant vallon, où estant sur les fleurs
Je sonnois d'un doux luth mes cuisantes douleurs,

Ulysse en rappelant le personnage de Palamède. Voir Apollodore, *Bibliothèque*, *op. cit.*, *Épitomé*, III, 7, p. 128, Ovide, *Les Métamorphoses*, *op. cit.*, XIII, v. 36 et suiv.

[1] Ce nom peut renvoyer autant à un cheval mythique qu'à un poète mais aucun ne semble avoir eu de descendance ni d'ailleurs être lié aux aventures d'Ulysse. Voir 128 v. 8 et 228 v. 113.

[2] Ce monstre avalait la mer et la recrachait trois fois par jour. Ulysse l'évite grâce aux conseils de Circé.

[3] C'est sur ce promontoire que Nauplius, le père de Palamède, allume un grand feu qui trompe les navires grecs au retour de la guerre de Troie : ils font naufrage. Seul le navire d'Ulysse en réchappe. Voir Apollodore, *Bibliothèque*, *op. cit.*, *Épitomé*, VI, 11, p. 140.

[4] La fin de ce tercet évoque plutôt l'épisode des sirènes, pendant lequel Ulysse se fait ligoter à son mât par ses marins aux oreilles bouchées pour ne pas céder à la beauté du chant des sirènes.

[5] Le passage au singulier de ce dernier vers laisse perplexe. On peut considérer qu'il y a là une forme de syllepse grammaticale, le « il » reprenant « le pleur », l'hyperonyme de « mes pleurs, et de mes souspirs ». Quoi qu'il en soit cette fin de sonnet est très proche de celle du sonnet TS v à tel point qu'on peut se demander si ce « il » ne renvoie pas au « boire ». Voir TS v v. 14.

[6] Voir TS xcii.

Ayant des oiselets une responce entiere :
Je m'en vois par despit de ma belle meurtriere,
Accusant mon cœur faux, Prince de lasches cœurs,
Je ne m'estonne plus, s'il cedde à mes mal-heurs,
Je ne m'esbahis plus de ma faute premiere :
Danaus en priant Apollon Lycien,
S'asseura au combat du taureau Argien,
Et du grand loup vainqueur, dont il vit la vaillance[1] :
Mais helas au contraire, à mon dam je congnois
Que sortant aujourd'hui des bornes de la France,
Je vois celuy vaincu, qui vainquoit autresfois[2]. [56 r°]

SONET XCIX.

L'univers despeuplé, et soubs les ondes molles,
Le champ de la Phrygie ensemencé de mors,
N'eut si tost entr'ouvert le cercueil à ces corps,
Que le reste mit fin à ses volontez folles[3] :
„ A peine avoit le Ciel estouppé ses fiolles,
Et la mer ne faisoit que r'entrer en ses bors,

---

[1] Ce détail provient de la vie de Pyrrhus et explique la présence sur la place d'Argos d'une statue de loup et de taureau. Fuyant son frère Egyptos, Danaos aperçut avant d'entrer à Argos un taureau et un loup combattant. Il espère que le loup l'emporte car il voit dans la bête un reflet de lui-même, étranger venant s'installer en pays inconnu. Le loup gagne effectivement et Danaos crée le temple d'Apollon Lycien. Voir TS LXXXII v. 9, TS XCIX v. 9 et Plutarque, *Les Vies des hommes illustres*, *op. cit.*, t. I, *Vie de Pyrrhus*, p. 913, LXXIV.

[2] L'allusion est d'autant plus énigmatique qu'elle établit, comme le fait Danaos lui-même, un parallèle entre l'épisode mythique évoqué dans le tercet précédent et la situation du locuteur, mentionnée au début du sonnet. Exilé, comme Danaos, hors de France, Beaujeu semble regretter des défaites françaises à l'étranger, voyant le loup vaincu par le taureau. On peut, avec prudence, rapprocher ces regrets du très sévère revers subi par les troupes de François d'Anjou lors de l'attaque d'Anvers en janvier 1583.

[3] Cette première strophe décrit l'état de la terre pendant le déluge, noyée et jonchée de morts. Le substantif « reste » renvoie sans doute aux éléments qui provoquent cette catastrophe. La Phrygie est une région située au nord de l'actuelle Turquie dont les habitants ont fait de nombreuses incursions en Grèce.

Que Pelagus força à bon droict les plus fors,
Et Phaëton remit les divines escolles :
Ce sont les premiers Rois qui après ce deluge,
Sceurent en leur pays establir un bon Juge,
„ Et des Thesprotiens[1] gagner l'authorité :
Ainsi amour premier de la celeste bande
„ Entreprint sur mon cœur plain de temerité,
„ D'avoir osé servir de peché et d'offrande.

SONET C[2].

Absence, Absence, Absence, ô cruelle divorce,
Pitié des affligez, maison d'obscurité[3],
Qui ruine tout le monde, et dont l'authorité,
Fait de nouveaux enfers, congnoissant bien sa force :
Pourquoy, helas pourquoy, o miserable amorce,
De mes soudainetez, as tu precipité
Mon cœur sur tous les cœurs, amoureux esventé[4],
Indomptable et hautain, et qui n'a que l'escorce :
Las au moins si j'avois pour augure l'estoille,
La Deesse suante avecques ce gris voille,
Tout fraischement rompu des machines de bois[5] :

---

[1] Ce passage est construit autour de l'introduction de la vie de Pyrrhus qui rapporte brièvement la généalogie de ce roi et de son peuple. Plutarque évoque ainsi que, « après le déluge », le premier roi des « Thesprotiens et des Molosses » a été Phaéton, venu en Epire avec « Pelasge ». Voir Plutarque, *Les Vies des hommes illustres*, *op. cit.*, t. I, *Vie de Pyrrhus*, p. 865-866, I, TS LXXXII v. 9 et TS CVIII v. 9.

[2] Cité dans *Entouré de silence*, *op. cit.*, p. 73.

[3] Les deux groupes nominaux sont des appositions à « absence ».

[4] Le sens est flou mais l'on peut sans doute comprendre « amoureux dissipé, qui se précipite de conquête en conquête ».

[5] Dans la vie de Lucullus, alors que ce général combat Mithridate, des prodiges se succèdent qui rassurent les habitants de Cyzique, ville située sur le détroit du Bosphore, et les troupes que le général romain y a envoyées. Plusieurs machines de guerre des assiégeants sont ainsi détruites par des vents étranges. La déesse Minerve apparaît alors, à Ilium, suante et avec ses vêtements déchirés, annonçant qu'elle vient de secourir les Cyzicéniens. Il semble qu'il faille voir là

Ou que les vents plus forts sur la mer agitée,
M'apportassent le nom, ou le son de la vois
De Madame, j'aurais ma fortune tentée[1]. [56 v°]

SONET CI.

L'on voit bien à me voir, que je crains peu l'audace
D'Amour mon ennemy, et que tes cruels yeux
Invoquent[2] nuict et jour à ton secours les Cieux,
Mais en vain, car je sçay que j'ay leur bonne grace :
Je faignois beaucoup craindre, et faut que je le face
Encore maintenant pour contenter les Dieux,
„ Quiconque est le plus fort, doit le plus gracieux
Recevoir l'ennemy qui luy quitte la place :
Je ne puis plus celer que mon ame animée,
D'un si cruel exil croist aux yeux de Nemée[3],
L'ache, et non pas le Pin[4] luy devoir retourner :

---

l'origine de cette référence. Plutarque, *Les Vies des hommes illustres*, *op. cit.*, t. I, *Vie de Lucullus*, p. 1122, XX et TS XXII.

[1] La construction de la phrase semble passer par la reprise de « si » par « que ». Cette structure sera recommandée par Vaugelas et impose un changement de mode au profit du subjonctif. La comparaison rapproche la déesse apparue devant les habitants d'Ilium et la dame qui se manifeste aux yeux du locuteur. Voir S. Lardon et M. C. Thomine, *Grammaire du français de la Renaissance*, *op. cit.*, p. 382.

[2] 1589 : *Invoquant*.

[3] Le nom de cette ville était lié, dans l'Antiquité, aux jeux fondés par Hercule en l'honneur de Zeus lorsqu'il eut tué le lion de Némée.

[4] Le lien entre ces deux plantes, utilisées pour couronner les vainqueurs des divers jeux grecs, semble à nouveau provenir de la vie de Timoléon de Plutarque. L'historien y évoque la surprise de l'armée grecque à la vue d'ânes chargés d'ache. Timoléon les rassure en rappelant que le « chapeau d'ache » est réservé aux victorieux athlètes. Plutarque indique alors que la pratique est répandue aussi bien à Corinthe qu'à Némée et qu'il « n'y a pas longtemps que dans les jeux Isthmiques on a commencé à user des branches de pin ». Érasme parle du pin comme d'un symbole phallique. L'ache aussi passait pour être un aphrodisiaque. Voir les sonnets TS XXXIII v. 13, TS CXVIII v. 2 et Plutarque, *Les Vies des hommes illustres*, *op. cit.*, t. I, *Vie de Timoléon*, p. 551, XXXV, et Érasme, *Les Adages*, *op. cit.*, t. I, 989, 713 et vol. II, 1547, p. 352-353.

N'est-il pas vray-semblable[1] ? Ayant de la constance,
„ Jamais un brave cœur ne se doit estonner,
„ Ny secourir sa ruine au lieu de sa vaillance[2].

SONET CII[3].

Divine estoille, astre clair de ma vie,
Qui va guidant ma fortune en tous lieux,
Qui en amour me rend esgal aux Dieux,
Hausse tousjours ton invincible envie :
Faits moy ce bien, belle qui m'as suivie
Par tant de fois, en ces vaux tenebreux,
De m'esclairer en ce voyage heureux,
Et tu seras, sans fin de moy servie :
Recompensant ce bien par mon service,
Je te feray de mon cœur sacrifice[4],
Et de mes vœux, qui m'ont tant eslevé :
Si que l'honneur d'une telle conduite,
Fera qu'absent je ne seray bravé,
Par celle-là que maintenant je quite. [57 r°]

SONET CIII[5].

Quel bon-heur est-ce icy ? Je n'attendois mignonne,
D'estre rescompensé de mes afflictions.
Je l'avois bien songé en mes affections,
N'esperant toutesfois ce qu'ores tu me donne :

---

[1] Il faut sans doute comprendre : « N'est-ce pas vray-semblable ? ».

[2] Une ponctuation moderne donnerait sans doute deux-points après « N'est-il pas vray-semblable ». La tournure semble pouvoir être cataphorique ou anaphorique, servant surtout de cheville entre les deux tercets.

[3] Le sonnet est en décasyllabes.

[4] 1589 : *de mon cœur absent sacrifice*. Le vers est un alexandrin alors que le sonnet est en décasyllabes.

[5] Cité dans *Entouré de silence*, *op. cit.*, p. 74.

Attends encore un peu, car si tu m'abandonne
Tu n'auras qu'attisé mes chaudes passions.
L'on pense que je sois en ces derisions,
Où ce peuple là haut, danse, bruit, saulte, tonne :
Ces baisers que je prend sur ta bouche divine,
Sont ainsi desrobbez qu'au milieu de la ruine
D'une ardante Cité l'on desrobbe chez soy,
Ce que l'on aime mieux. Ainsi ma belle Dame,
Je cueille ce doux fruict en un semblable effroy,
Craignant de voir ravir ce doux bien à mon ame.

SONET CIIII.

Amans ne faites pas comme moy qui me meurs,
En voz adversitez ne perdez point courage,
„ A l'exemple d'autruy l'on doit devenir sage,
S'aimant, avant qu'aimer Apollon ny ses sœurs :
Helas ils m'ont deceu, ce ne sont que trompeurs,
Je me suis abusé, et perdu mon jeune aage,
Mais ayant bien servy, j'ay ce bel advantage
Que mon cœur est plus fort que toutes mes douleurs :
L'on me doit pardonner, si en amour je quite
Ce cœur abandonné, et mon ame despite,
A qui voudra lancer des traits pour les avoir :
Par ce qu'Amour hautain m'osta mon esperance,
M'ayant si peu laissé de force et de pouvoir,
Que j'aime autant mourir, que vivre en ceste absence.

[57 v°]

SONET CV.

Mes amis vous voyez, Madame pitoyable,
Quand il est en saison[1], car je luy ay predit

[1] 1589 : *Quand il est saison.*

Ceste mort que j'attens en cét ocieux lit,
Où je suis trop long temps malade et miserable :
Malade de l'ennuy, que j'avois aggreable,
Miserable dequoy elle n'a nul despit,
De me voir en ce poinct où sa rigueur me mit,
Elle faint neantmoins estre en peine semblable :
L'on voit à mes regards que ma misere est dure,
Mes yeux tirent tousjours en quelque place obscure,
Ne pouvant soustenir la lumiere du jour :
Madame donc pourquoy prenez vous tant de peine,
De venir voir celuy qui n'eut onc fruict d'amour,
Que les maux et la fin d'une amitié si vaine ?

A Madame, qui frappe où elle veut estre frappée.
SONET CVI.

Amour puis que tu as conseillé à Madame,
„ De vuider ces beaux yeux, plains de traits en mon cueur[1]
Voudrois-tu te monstrer plus timide vainqueur
M'ostant en trahison, par derriere mon ame :
O Amour par le sein je veux que tu m'entame,
Mon cueur n'en est pas loin, tire donc à ce cueur,
Qui n'est plus ce cueur bon, mais mon propre mal-heur,
Et le fourneau bruslant où se nourrit ma flame :
Puis qu'il faut que je meure, Amour je te supplie[2],

[1] Cette graphie permet de conserver la rime pour l'œil entre « cueur » et « vainqueur ». Elle est respectée sur tout le sonnet où le terme apparaît quatre fois en quelques lignes, dont deux fois à la rime. Voir, sur la variété des sémantismes du mot, le sonnet TS XLIII v. 13.

[2] Ce tercet semble inspiré de Ph. Deportes, *Les Premières œuvres*, *op. cit.*, p. 87, s. XIX, v. 9-14 : « Misericorde, Amour, je te supply / Fay tant pour moy que je mette en oubly / Ceste beauté, dont ma douleur procede. » L'expression « Amour, je te supplie » revient dans le recueil en TS XVII v. 1 et 40 v. 7.

Frappe moy par devant pour m'arracher la vie,
„ Afin que[1] ma maistresse aye honneur à ma mort :
Icy donc, o Amour, que ce trait se descoche,
Si tu me frappe au dos, tu me feras grand tort,
„ Et ma maistresse un jour en aura du reproche[2]. [58 r°]

SONET CVII[3].

Pourquoy me blasmez vous d'estre si effronté,
Que de mettre la main en ce lieu desirable ?
Je fais ce que je doy, le honteux miserable,
N'ose jamais toucher une fiere beauté[4] :
Je suis assez certain de vostre cruauté,
Et de vostre douceur, mon desir est loüable,
Je voudrois que Phebus, eust mis en son estable
Ses chevaux, pour avoir tant plus de liberté :
Amour n'aime jamais un lasche de courage,
Il veut que de soy-mesme[5] on prenne l'advantage,
Sans craindre d'un tel fait, peine ny chastiment :
„ Mars ne promet jamais à l'absent la Couronne,
„ Et moins le riche pris, au triste fait-neant,
„ Mais à celuy-là seul à qui vertu la donne.

---

[1] 1589 : *Afinque.*

[2] Il y a peut-être ici aussi une réminiscence d'un long développement de Plutarque sur le bataillon dit « la bande sacrée » car uniquement constitué d'amants. L'historien évoque « l'exemple » d'un soldat, à terre, demandant à son ennemi de le frapper bien de face « de peur que son aimé voyant son corps mort blessé au dos n'en roug[isse] de honte ». La situation est, dans ce sonnet, un peu plus complexe puisque c'est la maîtresse qui pourrait être mal vue pour avoir, par l'intermédiaire d'Amour, frappé au dos son amant. Voir Plutarque, *Les Vies des hommes illustres*, *op. cit.*, t. I, *Vie de Pélopidas*, p. 639, XXXIV.

[3] Cité dans *Entouré de silence*, *op. cit.*, p. 75.

[4] Sur le caractère grivois de certaines pièces voir 21 v. 600 et 696 ainsi que 118 v. 11, 198 v. 4 et 258 ou 274 v. 430.

[5] 1589 : *il veut que soy-mêmes.*

SONET CVIII[1].

Dequoy vous faschez vous, est-ce trop que cinq fois ?
Encore[2] une autrefois, vous seroit-ce grand peine ?
Vrayment[3] vous en aurez une demie douzeine,
Je le fais bien debout, deux postes à la fois :
Mignarde attens un peu, je pense que tu crois
Que je manque de force. Ha ta pensée est vaine !
J'ay dequoy pour fournir à l'envie soudaine.
Penses-tu que je vueille attendre une autresfois[4] ?
Non, non, je sçay qu'Amour n'a ce bien limité,
Aimant en ces combats la magnanimité,
Encor qu'il soit enfant, si est-il des plus braves :
Il n'aime le couard, mais le brave vainqueur,
De ces faits doux piquans, il rend noz cœurs esclaves,
Et nourrit de ces fruicts le plus genereux cueur[5].

[58 v°]

SONET CIX.

Je crains de vous fascher, je crains de me desplaire
Et de souffrir en moy un mortel ennemy,
Vivant en ceste crainte, ha je vis à demy[6],
M'estant comme voz yeux immortel adversaire :
Je n'ose vous fascher, je suis vostre forsaire,
Et maintesfois mon bras plain de rage a fremy,
Plain d'ardeur, de cholere, ainsi que l'ennemy
Qui assault, mais en doute, un redouté contraire :
„ Je redoute de faire une offence si belle

---

[1] Cité dans *Entouré de silence*, *op. cit.*, p. 76.
[2] 1589 : *encores*.
[3] 1589 : *Vrayement*.
[4] Sur cette veine grivoise voir la note du vers 4 du sonnet précédent.
[5] Pour la graphie, voir le sonnet TS CVI.
[6] Voir TS XIIII v. 13.

„ Qui rendroit à ma mort une gloire immortelle,
Et à mon desplaisir un tres-doux changement :
Mais je n'ay pas le cœur, de ce que je vous conte,
De le dire sans plus, j'en tremble extremement,
„ Ainsi tousjours la peur accompagne la honte.

SONET CX.

Je pensois, mais en vain, que tu me serois douce,
Quand Amour me seroit, comme il m'est, rigoureux,
Et estimois ainsi estre moins mal-heureux,
En souffrant du destin la moins forte secousse :
Mais au contraire helas, toy-mesmes tu me pousse
Par tes mortels desdains, plus avant aux mal-heurs.
De ta fiere beauté viennent tant de rigueurs,
Que mon ame cedant cherche une autre recousse[1] :
Où pense-tu helas, qu'elle cherche son bien ?
En la mort qui m'ayant, je ne seray plus tien,
Exempt de ta main rude, au Styx je m'iray rendre :
Helas que dy-je icy, en pourrois-je mourir ?
Ouy, car ta belle main ne me voulant guerir,
„ Me monstre qui fuyr, mais nul pour me deffendre.

[59 r°]

---

[1] La graphie est courante pour « rescousse ». La délivrance ici recherchée n'est autre que la mort comme le montre le vers dix. Voir FEW III, 289a : *excutere*.

SONET CXI[1].

Vous qui n'ensorcelez les trouppes vagabondes,
Mais tousjours tourmentez, endurez tant de maux
Voyez tant seulement baigner les animaux,
Et destournez voz yeux de ses sacrées ondes[2] :
Gardez l'orage sainct, ce sont les Nymphes blondes[3],
Actheon, serf fuyant, après tant de travaux,
Fut en fin dévoré, et court par monts et vaux
Encores celuy-là des cavernes profondes[4] :
„ Indigne fut Saunio[5], de ces vertes vallés,
„ Indigne fut Siphos[6], des ames recelées,
„ Dans les jongs verdoyans des eternels palus :
„ Indigne fut Cheron[7], de l'ancienne Prestresse,

[1] Cité dans *Entouré de silence*, *op. cit.*, p. 77.

[2] Cette première strophe ne prend son sens qu'après lecture de la seconde où il est question d'Actéon. Les « ondes » sont sans doute celles dans lesquelles Diane et les nymphes se baignent. Les « animaux » sont-ils ceux qu'Actéon et ses compagnons ont tués ? Voir sonnets TS CXI, TS CXII et 129 Ovide, *Métamorphoses*, *op. cit.*, livre III, v. 131-252.

[3] La ponctuation rend la compréhension de ces allusions encore plus difficile. Les « nymphes blondes » sont sans doute celles qui suivent la déesse Diane. Le premier hémistiche est plus énigmatique. Peut-être faut-il comprendre l'impératif comme une tournure de défense du type « Gardez-vous de ». Mais à quoi renvoie « l'orage sainct » ?

[4] Ce dernier vers est énigmatique. « Celuy-là » renvoie bien à Actéon qui a pénétré dans la grotte où Diane se baignait. Faut-il comprendre qu'est sous-entendue la tournure « indigne fut », qui revient ensuite dans les vers suivants ?

[5] Les « vertes vallées » sont sans doute celles des Champs-Élysées, lieu idyllique où se retrouvaient les héros et hommes de bien, après leur mort. Quant à l'allusion à « Saunio », qui n'y peut rentrer, elle reste obscure.

[6] G. Mathieu-Castellani voit dans ce nom une référence masquée à Sisyphe, célèbre pour son supplice : il était obligé de remonter au sommet d'une montagne un rocher qui toujours retombait à son pied. La mention des « éternels palus » renvoie sans doute aux alentours du Styx, fleuve des enfers, où se concentraient les âmes des suicidés ou ceux dont la sépulture avait été négligée. Voir *Entouré de* silence, *op. cit.*, p. 77.

[7] S'agit-il d'une graphie déformée de Chiron, centaure qui enseigna à Hercule et Achille ? Voir P. Grimal, *Dictionnaire…*, *op. cit.*, p. 90.

„ Indigne fut l'amant de la divine tresse,
„ Et du ruisseau fatal, où baigne Tantalus[1].

SONET CXII[2].

Ganimede[3], Uranie, Io[4], Læde[5], Leandre,

---

[1] Ces deux vers sont à comprendre ensemble puisque la conjonction de coordination du vers 14 oblige à lier « la divine tresse » et « du ruisseau fatal ». « L'amant » en question se voit donc refuser à la fois l'accès à une relation amoureuse valorisante et à une mort honnête. Le « ruisseau » en question n'a pas de nom dans les légendes mais Tantale en est, comme cet « amant », indigne puisqu'il ne peut jamais en boire. Voir Ovide, *Les Métamorphoses*, *op. cit.*, IV, v. 458-459.

[2] Cité dans *Entouré de silence*, *op. cit.*, p. 79-82.

[3] Ces deux premiers quatrains fonctionnent sur le mode du sonnet rapporté. Un jeu de piste commence alors qui doit permettre au lecteur d'attribuer à chaque élément de la première énumération l'élément correspondant de la seconde pour rétablir une phrase correcte du type : X (« Ganimède », « Uranie », etc.) « ont peu rendre [...] contens » Y (« le Ciel », « les nourrissons », etc.). Dans le cas présent, à l'onomastique obscure s'ajoute l'ambiguïté des références, ce qui trouble un peu plus la compréhension littérale du texte. De plus, les dix-huit termes du premier quatrain correspondent, dans le désordre semble-t-il, à seulement dix-sept termes dans le second quatrain ce qui conduit G. Mathieu-Castellani à dissocier « roc Crétis » pour en faire deux noms. À cela s'ajoute le fait que les majuscules des noms propres du premier quatrain forment le nom Guillemette de Vaude ou d'Evaude, personnage qui reste inconnu. « Ganymède », jeune homme enlevé par Zeus/Jupiter sous la forme d'un aigle et devenant échanson des dieux fonctionne sans doute avec « Jupiter ». Voir ici même pièce 25 v. 165-170 ainsi que, pour des exemples réguliers de sonnets rapportés, É. Jodelle, *Les Amours*, texte établi et annoté par E. Buron, Saint-Étienne, Publication de l'université de Saint-Étienne, 2003, sonnet II, p. 36 et J. de Sponde, *Œuvres littéraires*, éditées avec une introduction et des notes par A. Boase, Genève, Droz, 1978, sonnet XII, p. 264 et, également, sur Ganymède, Ovide, *Les Métamorphoses*, *op. cit.*, X, 155-161.

[4] En tant que muse de l'astrologie et de l'astronomie, « Uranie » semble correspondre au « Ciel » qui ouvre le vers 5. « Io », quant à elle, après avoir été séduite par Zeus, fut transformée en génisse par le dieu afin d'être soustraite à la vengeance d'Héra. La mention de « l'herbe tendre » semble faire signe vers cet épisode. Voir Ovide, *Les Métamorphoses*, *op. cit.*, I, v. 568-779.

[5] Léda, séduite par Zeus sous la forme d'un cygne, accouche de deux œufs : dans l'un se trouve Hélène et Clytemnestre, femme meurtrière d'Agamemnon et mère d'Oreste. Dans l'autre les jumeaux Castor et Pollux, célébrés pour leur ardeur au combat et transformés en constellations. Elle serait donc à relier avec

Eron[1], Mirre[2], Enée[3], Taonyce[4], Thetis[5],
Elucie[6], Danaé[7], Erigonne[8], Urotis[9],

« les nourrissons ». Voir pièce 113 v. 343-346 et Ovide, *Les Métamorphoses*, *op. cit.*, VI, v. 109.

[1] Ces deux personnages, habitants du Bosphore, sont notamment connus pour la force de leur amour. Léandre, jeune homme amoureux de la prêtresse Héro, parcourait de nuit et à la nage la distance qui séparait sa propre ville, Abydos, de l'île sur laquelle vivait son amante, qui, elle, maintenait un flambeau allumé pour le guider. Il est tué lors d'une tempête. Il semble dès lors possible de mettre en relation « Léandre » avec « les flots » et « Héro » avec « le feu ». Voir Ovide, *Les Heroides*, *op. cit.*, *Léandre à Héro*, p. 128, v. 136-142 et *Héro à Léandre*, v. 119-128 et 185 et ici même sonnet 38.

[2] Myrrha, fille de Cyniras, roi de Chypre, tombe amoureuse de son père et parvient à coucher avec lui avec l'aide d'une servante. Elle enfante Adonis alors qu'elle a déjà été transformée en arbre à myrrhe par les dieux pour la châtier de son crime. Il faut sans doute la rapprocher de « l'enfant ». Voir 9 v. 195.

[3] Énée, héros troyen fondateur de Rome, put descendre aux Enfers pour recueillir la prophétie de son père Anchise. L'épisode, rapporté au chant VI de l'*Énéide*, peut permettre de le relier à « la mort » au vers 6. Voir Virgile, *Œuvres complètes*, *Énéide*, *op. cit.*, livre VI.

[4] Ce nom est d'autant plus problématique qu'il apparaît plusieurs fois dans le recueil sans qu'il soit possible de déterminer à qui il fait référence. G. Mathieu-Castellani propose d'y voir une anagramme de Chtonia, la terre et de le rapprocher de Gaïa, mère de Zeus et femme de Saturne. Si l'on admet la dissociation du groupe nominal « roc Cretis », « Taonyce » aurait à voir avec « le roc ». Voir ici même 81 v. 15, 233 v. 3, 247 v. 2, 248 v. 66 et Ch. de Beaujeu, *Entouré de silence*, *op. cit.*, p. 81.

[5] Thétis est ici la mère d'Achille qui avait remporté un prix de beauté face à Médée. Le juge en était Idoménée, roi de Crête, ce qui expliquerait la mise en relation de « Thetis » et de « Cretis ». Voir P. Grimal, *Dictionnaire...*, *op. cit.*, p. 228.

[6] G. Mathieu-Castellani propose de voir ici l'anagramme d'Ulysse et de rapprocher ce nom du substantif « l'essourdement » situé au début du vers 7. Le locuteur rappellerait par là le fameux épisodes des sirènes pendant lequel Ulysse ordonne à ses compagnons de se boucher les oreilles et de l'attacher à un mât. Voir Homère, *Odyssée*, *op. cit.*, XII, 177-178 et Ch. de Beaujeu, *Entouré de silence*, *op. cit.*, p. 81.

[7] « Danæ » n'est autre que Diane fécondée par Jupiter sous la forme d'une pluie d'or. Cet élément apparaît dans le vers 7. Voir Ovide *Métamorphoses*, *op. cit.*, IV v. 611, VI v. 113, XI v. 117 et ici même 25 v. 218 et 114 v. 356.

[8] « Erigonne » fut séduite par Bacchus sous la forme d'une grappe de raisin, mentionnée ici par « les fleurs ». Voir pièce 114 v. 368 Ovide, *Métamorphoses*, *op. cit.*, livre VI, p. v. 125.

[9] Sous ce nom se cache peut-être la figure d'Oreste, poursuivi par les Érynnies venues des Enfers lui rappeler sans cesse le meurtre de sa mère. Il serait donc à rapprocher du terme « l'enfer ». Voir Ch. De Beaujeu, *Entouré de silence*, *op. cit.*, p. 81.

Actheon[1], Udamie[2], Dorillée[3], Evandre[4] :
Le Ciel, les nourrissons, Jupiter, l'herbe tendre,
Les flots, le feu, l'enfant, la mort, le roc Cretis,
L'essourdement, les fleurs, l'or, l'enfer, le tapis,
Les chiens, l'horreur, les nuicts, contens les ont peu rendre :
Moy Ixion[5], sans elle absent, d'elle martyre,
Je ressemble à celuy qui à la chesne tire,
Luy, sa rame, sa nef sur des rocs perilleux[6],
Je fais ainsi de moy, n'aimant que l'esperance,
J'aime un monde de gens, une subjette enfance.
Qu'en dites vous, ne suis-je en amour mal-heureux[7] ?

[59 v°]

---

[1] Actéon, chasseur invétéré, surpris Diane en train de se baigner et fut changé en cerf avant d'être dévoré par ses propres chiens, mentionnés au vers 8. Voir les sonnets TS CXI, TS XX, 130 et Ovide, *Métamorphoses*, *op. cit.*, livre III, v. 131-252.

[2] G. Mathieu-Castellani retrouve sous le mystérieux « Udamie » le terme grec « oudemia » signifiant « personne » au féminin et renvoyant à Pénélope, femme d'Ulysse. De fait, lorsque que le cyclope Polyphème lui demanda son nom, il avait répondu « Mon nom est personne ». Cette interprétation permet de donner à « Udamie » l'attribut « le tapis » renvoyant à la tapisserie filée par Pénélope. Voir Homère, *Odyssée*, *op. cit.*, IX, 365-366 et Ch. de Beaujeu, *Entouré de silence*, *op. cit.*, p. 81.

[3] Ce nom reste obscur.

[4] Évandre est bien connu par la mythologie puisqu'il s'agit d'un des ancêtres mythiques du peuple romain, à la fois civilisateur des rives du Tibre et compagnon d'Énée dans sa conquête du territoire rutule. P. Grimal évoque la fuite d'Évandre loin de sa terre natale, l'Arcadie : le héros aurait tué son père ou sa mère. On pourrait donc lui attribuer le terme « horreur » présent au vers 7. Voir P. Grimal, *Dictionnaire...*, *op. cit.*, p. 156.

[5] Le mythe d'Ixion est prisé à la Renaissance et particulièrement par les poètes néo-pétrarquistes. Ce personnage, amoureux d'Héra, s'était uni à une nuée ayant l'apparence de la déesse. Il fut pour cela châtié par Zeus qui l'attacha à une roue enflammée et le lança en l'air. Voir Apollodore, *Bibliothèques*, *op. cit.*, *Épitomé*, I, 20 et P. Grimal, *Dictionnaire...*, *op. cit.*, p. 240.

[6] Sur ce motif voir 18 v. 12.

[7] Ces deux tercets ne sont pas beaucoup plus clairs que les quatrains précédents. La mention des « rames » et de la « nef » ne semble pas à relier à Ixion mais plutôt à un exemple d'action destructrice. Le dernier tercet laisse perplexe car si le dernier vers est tout à fait limpide, en revanche le second est relativement obscur. L'expression

SONET CXIII.

L'image Où Voz Yeux Sont Enflamez D'une Envie,
Fletrissent, Les Œillets Revivants Amoureux,
Nostre Veu Imparfait, Les Louanges En ceux[1]
A qui la vive image a redonné la vie :
Jadis ce beau pourtrait où ceste ame ravie,
Divine s'abusa, trompoit les plus clairs yeux,
Attrayant tous les cœurs, mesmes l'Amant des Cieux,
Après le jeune enfant la receut pour amie :
Mais quoy ? Ce n'estoit rien, ce n'estoit qu'une image
Où s'arrestoit en vain l'œil d'une ame volage,
„ Qui d'un tableau faisoit la guerre à ses espris :
Vostre œil est tout divin, et l'image estoit morte,
Leur amour fut un vent, mon amour est plus forte,
Et retient de l'ardeur dont l'origine est pris. [60 r°]

Dialogue.
SONET CXIIII.

L'AMANT[2].

Mourant[3] pour toy, je meurs content de ma fortune,

« monde de gens » fait-elle référence au premier quatrain dont les personnages seraient vus par le locuteur comme des alliés aimés ? La « sujette enfance » est-elle par ailleurs à entendre comme le rappel de la jeunesse de la dame, « sujette » de l'amour ?

[1] Le nom de Louyse de Floranville est lisible dans les majuscules des mots des deux premiers vers. La famille de Florainville eu une certaine importance entre le XV et le XVIIe siècle en Lorraine et notamment à Bar-le-Duc où l'actuel hôtel de ville se trouve dans la demeure que les Florainville occupaient. Une Louise de Florainville est mentionnée comme femme de l'architecte d'origine italienne François de Tavigny. Elle est morte en 1570. Voir Y. Drian, *L'œuvre de François de Tavagny*, Nancy, Wotan édition, 2014, p. 15.

[2] Cette structure est la même que celle du sonnet TS VII, donnant au *Torrent des sonets* un aspect exactement symétrique puisque la numérotation des sonnets va jusqu'au numéro CXXI.

[3] Ce sonnet semble être un acrostiche : les initiales de chaque vers lues verticalement forme le nom « Marie de Choisei ». Si la ville de Choisey existe bien en Franche-Comté, le nom, lui, reste inconnu.

LE CŒUR.

Aux mal-heureuses fins, un long trespas desplaist,

L'ESPRIT.

Rudes sont les sanglots d'une mort, quand elle est
Inesperée et veuë au fort d'une infortune :

L'AME.

Estant preste à sortir du feu qui me consume,
Damnée je me sauve en un lieu qui me plaist,

LE DEMON.

Estonné je n'en suis, tout l'Enfer me congnoist,

LA MORT.

Ce m'est un grand mal-heur que d'estre à tous commune :

LES YEUX.

Hastez vous, puis qu'il faut, sans grace, ny mercy,
Ou languir, ou mourir presentement icy,

LE DESTIN.

Je ne le veux encor, c'est moy seul qui commande :

LA MAISTRESSE.

Si faut-il qu'il en meure, et des traits de mes yeux,

LA CONGNOISSANCE.

Et quoy faut-il icy, que vaincu je me rende,

LE DESIR.

J'aime mieux n'aimer point cét œil seditieux[1]. [60 v°]

---

[1] Voir TS LXIII v. 14.

SONET QUE L'AUTHEUR FIT
le jour de la Toussainct[1], à Paris, estant avec
feu Monsieur Ronsard[2], lequel luy avoit promis
de le mettre dedans ses œuvres[3].
SONET CXV[4].

Le jour des Trespassez que l'usage ordinaire
Commande de prier sur les tombes des mors,
J'admirois le cercueil de tant et tant de cors,
Estenduz pesle et mesle au doz d'un Cymitiere :
L'un Marchand, l'autre Noble, et l'autre populaire,
Filles, femmes, enfans, jeunes, vieux, foibles, fors,
Un torrent[5] de mes yeux je fis sortir dehors,
Pleurant d'yeux, et de cœur, des hommes la misere :
Tous ces corps qui sont là, ce disois-je en courroux,
Aimoient, alloient, parloient, discouroient comme nous,
Et maintenant en rien leur forme est consommée :
Aimons donc nostre vie, et ne la trompons pas,
Car aussi bien, amis, après nostre trespas,
Nous ne serons qu'un ombre, un songe, une fumée.

[61 r°]

---

[1] Il s'agit du 1er novembre.

[2] Voir TS XLVIII v. 4, 41 v. 9, 65 v. 1, 113 v. 147, 202 v. 14, 203 v. 1, 274 v. 20.

[3] Le sonnet aurait donc été écrit avant décembre 1585, date de la mort de Ronsard.

[4] Cité dans *Entouré de silence*, *op. cit.*, p. 83.

[5] Voir TS LXXXIII.

TOMBEAU,
que l'Autheur fit, pour le Sieur
de Refuge[1], à Vitré en Bretagne.
SONET[2] CXVI.

Soldat qui t'en reviens, tout sanglant des assaux,
Arreste toy icy, ou retourne en arriere,
Ne doutes mon amy, que la Parque meurtriere,
Qui m'a mis en ce lieu, ne nous y rende esgaux :
Si tu te sens chargé, du fardeau de tes maux,
O guerrier, oubliant ta durté coustumiere,
Quelques larmes espand, en faisant ta priere,
Dessus ton compagnon, de guerre et de travaux :
„ Pour esprouver noz cœurs, nous avons pris les armes,
„ Tu battois de furie, et je battois de larmes,
Toy l'ennemy felon, moy l'Amour plain d'esmoy :
„ Tu voulois escaller une muraille forte,
„ Et moy voulant gagner, un cœur de mesme sorte,
„ Je mourus[3] : et aussi mourras tu comme moy. [61 v°]

---

[1] La famille de Refuge occupe un certain nombre de charges importantes au Parlement de Paris ou à la chambre des comptes. Jean de Refuge fut conseiller au parlement de Bretagne avant 1564 avant d'occuper le même poste à Paris. Il meurt en 1580. Son fils Eustache de Refuge, né en 1564, sera très lié à Pomponne de Bellièvre tandis que sa fille Anne de Refuge épousera Timoléon Grangier, seigneur de Lyverdis que Beaujeu semble avoir aussi fréquenté. Notre sonnet fait cependant assez nettement référence à la pratique guerrière du sieur de Refuge. S'agit-il d'un membre militaire de cette même famille ? Voir Ol. Poncet, *Pomponne de Bellièvre (1529-1607), Un homme d'état au temps des guerres de Religion*, Paris, Écoles des Chartes, 1998 et suivantes.

[2] La double mention générique (sonnet/tombeau) est intéressante et semble faire écho aux nombreux tombeaux contenus dans le recueil. Voir par exemple les pièces 235-237 et 239-247.

[3] Le rejet est ici particulièrement expressif. Voir TS XI v. 4.

SONET CXVII.

Si tu ne veux m'aimer du Tertre[1] ma Cillie[2],
Ma Nymphe, tout mon cœur, ce que j'aime aujourd'huy,
Ne cheris point Amour, ne t'approche de luy,
Tu es trop jeune encore, et pour luy trop jolie :
Porte tousjours du blanc, afin qu'il ne te lie,
Tant que tu en auras, tu seras sans ennuy,
Mais si tu veux aimer, n'aime point sans appuy,
Un amy sans valeur, ruine en fin son amie :
Si tu me veux aimer, et estre ma maistresse,
Je te serviray bien, je t'aimeray sans cesse,
Et jusques à la mort, tu me commanderas :
Encore[3] après cela, si tu reste vivante,
„ Je feray, Ange bon[4], tout ce que tu voudras,
Et dedans le tombeau, tu seras mon amante.

SONET CXVIII.

Que je desire, helas ! Sur le buscher d'Elise[5],
Aux branches de persil, de myrtes, d'oliviers,
D'ache[6], l'honneur des Rois, et de sçavans lauriers
Me brusler, mais la mort ne m'est ores permise :
Me couppant les cheveux, je serois en franchise,
Mes armes à mes pieds, en presence de Tiers[7],
Je trancherois le fil de mes deux jours premiers,

---

[1] Voir note TS LXXXII v. 3 et *index nominum*.

[2] Ce nom féminin semble lié, par le poète, aux légendes entourant les amours d'Apollon. Voir 109 v. 139.

[3] 1589 : *Encores*.

[4] 1589 : Auge. Voir pièces 16 v. 3 et 25 v. 13.

[5] Est-ce une allusion au bûcher sur lequel s'immola Hercule avant d'être porté vers les cieux ? Il faudrait alors lire « Elide » au lieu de « Elise ». Ce bûcher est cependant censé avoir été allumé en Thessalie et non en Élide. Voir 13 v. 54.

[6] Voir TS CI v. 11 et TS XXXIII v. 13.

[7] S'il s'agit d'un nom de personne, je n'ai pu l'élucider.

Attiedissant de pleurs mes flames ja esprises :
„ Mourant j'espancherois des œillets dessus ceux,
„ Qui remplis de pitié, vanteleroient mes feux,
„ Afin de bien finir ma miserable vie :
„ Helas que n'ay-je un pere, une tour, une mer,
„ Je verrois mon Soleil, et cheut au flot amer[1],
„ Je finirois heureux avecques mon envie. [62 r°]

SONET [CXIX].

Si[2] de mon amitié, la mort est rescompense,
Si pour t'avoir servie, il faut du mal avoir,
Je suis rescompensé, mais chacun peut sçavoir,
Si c'est icy le bien où j'avois esperance :
L'on sçait bien si j'aimois, si j'avois patience,
L'on sçait si j'ai parlé, si l'on m'a veu le soir,
Le nez dans le manteau, manquer à mon devoir,
Bref si j'ay fait peché esgal à ma souffrance :
Si cela est, je veux à ma mort que l'on puisse
Me declarer indigne, en tout de ton service,
Et pour me chastier inventer un tourment :
Tu me veux assez mal, belle donc je te prie,
S'il faut que pour t'aimer je souffre injustement,
Choisis de quel supplice il faut m'oster la vie.

---

1 Icare pour s'échapper de Crête avec son père utilisa des ailes de cire. Il vola malheureusement trop près du soleil, brûla ses ailes et tomba dans la mer. La référence n'en pose pas moins problème puisque la mention de « la tour » ne fait pas partie de la légende originelle. Voir 73 v. 37 et Ovide, *Métamorphoses*, *op. cit.*, VIII, v. 183-235.

2 Le texte original donne le numéro CIX à ce sonnet.

SONET CXX.

Du Tertre[1] mon soucy, par qui je vis et meurs,
Et par qui je ressents mon cœur lascher et prendre,
Quand j'ay veu sur ton front ce petit mont descendre,
J'ay pensé me noyer en mes ameres pleurs[2] :
Je disois en courroux, ô estranges mal-heurs,
J'ay failli mille fois, de jouyr, et de prendre
Du bien, en ces baisers, dont il me faudra rendre
Conte, n'en ayant eu que peines et douleurs :
N'as-tu pas bien ouy la voix du sacré Prestre,
Dire tu es de cendre, et en cendre il faut estre,
Souviens toy de ces mots, belle que j'aime tant :
Mon cœur quand tu seras cheute[3] en ta sepulture,
Ces beaux yeux ne seront que cendre et pourriture,
Et ton ame peut estre en peine et en tourment[4].

[62 v°]

SONET CXXI.

De voz yeux Moleon[5], les flambeaux ordinaires
Ont subtils et cuisans, mon cœur en cendre mis,
Des braves de la Cour, courageux ennemis,
Ont fait de vostre sein, mes esprits tributaires :
Mes vagabonds esprits, à servir volontaires,
Voz humbles prisonniers se sont à vous sousmis,

---

[1] Voir note TS LXXXII v. 3.

[2] Voir TS IV v. 10.

[3] Il s'agit du participe passé du verbe « choir » accordé au féminin. La forme est à peine mentionnée dans le FEW. Voir FEW II-1, 24a : *cadere* et pièce 185 v. 3.

[4] C'est ici à l'aide d'une citation biblique que Beaujeu reprend le fameux *carpe diem* si cher à Horace et Ronsard. Voir Genèse, 3, 19, Horace, *Odes, Épodes, Chant séculaire*, *op. cit.*, I, 11 et Ronsard, *Œuvres complètes*, *op. cit.*, t. XVII, p. 265.

[5] Ce nom est celui de l'une des conquêtes amoureuses de l'amant. Voir TS CXXI v. 1, 97 v. 12.

„ A charge de durer comme fit d'Othemis[1]
„ L'ame, qui dura plus, que ses bruslans contraires :
„ De feu fut ce beau corps, en feu fut ce tison,
„ De flames fut sa mort, de brasier sa maison,
„ De brandons sulfurez fut sa Comette ardante :
„ Puis qu'il faut que je brusle, ainsi que luy absent,
„ Amour donc brusle ainsi, celle qui me tourmente,
„ Afin qu'elle soit mise au semblable tourment.

FIN DU TORRENT DES SONETS. [63 r°]

[1] Ce nom reste obscur mais apparaît plusieurs fois dans le recueil. La mention de la « Comette ardante » peut cependant faire penser à Hercule, mort par le feu et enlevé dans un char enflammé. Voir 13 v. 54.

[21] ELEGIE.

Fascheuse opinion[1], bourrelle de ma vie,
Qui de nouveaux brandons r'enflame mon envie,
Cruelle, laisse moy glisser au doux repos,
Que je sens désirer, sans cesser à mes os,
De grace laisse moy fermer, et yeux, et bouche,
Et de deux ou trois jours n'approche de ma couche.
Martyre je ne veux icy bas me tenir,
Si tu veux en tourment sans cesse me tenir,
Je feray dans le Ciel une prompte entreprise,
Et en rendray bourgeois[2] mon esprit que je prise,
Prenant de mes amours un honneste congé,
Afin que de mon mal je me voye allegé.
Laisse moy donc, va t'en, retire un peu ta flame,
Et laisse reposer, et mon cœur, et mon ame,
Ce soir tant seulement : Hé quoy donc tu ne veux
Me deslier les bras, et ces cruels cheveux[3] :
Hé quoy, ne veux-tu pas, opinion cruelle,
Que je change d'advis, ne serviray-je qu'elle,
Seray-je pour jamais captif de sa beauté,
Et sans bien le seul but de tant de cruauté,
Si tu le veux, au moins donne moy jouyssance,
Sinon en mes tourmens trouve une patience.
Ha je voy bien que c'est, tu ne veux me guerir,

---

[1] Cette adresse que l'on retrouve aux vers 17, 39, 99, 121, 179 et 237 est un latinisme traduisant par « opinion » le terme latin « opinio », que le *Dictionnaire françois-latin* de R. Estienne donne comme synonyme de « fama » et traduit par « renom » ou « renommee ».

[2] Le locuteur veut que son « esprit » soit « bourgeois » du « Ciel », le terme étant pris ici dans son sens large d'habitant.

[3] Le sens de « deslier » est ici double, à la fois « libérer » et « dénouer », en raison des deux compléments d'objet direct qui le complète.

Et si tu ne veux pas me faire aussi mourir,
M'esloignant chaque jour de la Parque cruelle,
Afin que je ne face un accord avec elle, [63 v°]
Afin que je ne face, en despitant Amour,
Qu'elle m'oste d'un coup, et le mal, et le jour,
Heureusement tué. Si la pasle ennemie
M'avoit sacrifié au giron de m'amie,
Plus heureux mon esprit[1], qui avec un baiser,
S'en iroit aux champs noirs[2] seulet se reposer,
Où se ressouvenant de ma grande misere,
Feroit là une vie encore plus austere,
Las sans perdre le temps soubs les arbres mortels,
Il graveroit l'aigreur de mes maux immortels,
„ En ceste escorce grise où l'enfant de Pirene,
„ Tout son exil durant, grava si bien sa peine[3] :
Escoute, opinion, ne t'en va point mon cueur,
Reviens, je te veux dire et conter ma douleur,
Je te veux faire dire, ô ma douce ennemie,
Quelle raison Madame a de m'oster la vie :
Je veux que tu congnoisse, et son sort et mon droit,
Et si nul comme moy tant supporter voudroit :
Je ne veux embellir ce vers plain de tristesse,
Mais simplement conter le tort de ma maistresse,
Si elle veut au moins que je la nomme ainsi,
Et si tu veux ouyr, mon mal et mon soucy.

---

[1] Il faut sous-entendre le verbe « serait » ici.

[2] Il s'agit des enfers.

[3] Plusieurs personnages portent le nom de Pirène ou Pyréné. C'est aussi le nom d'une source qui se trouve à Corinthe. L'exilé pourrait bien être Arion, poète et musicien voyageur qui, en tentant de revenir à Corinthe se trouva en but à la cupidité des matelots qui le transportaient. On pourrait ainsi expliciter « l'escorce grise », métaphore du papier sur lequel le poète écrit. Elle était déjà apparue au sonnet TS LXXXXII v. 9-14. La multiplicité des références pour « Pirene » rend cependant l'hypothèse bien fragile car aucun lieu ou personnages de ce nom n'apparaît dans la légende d'Arion. Voir P. Grimal, *Dictionnaire…*, *op. cit.*, p. 377 et 403.

Or sus depuis deux ans que je luy fais service[1],
L'ay-je aimée par art, ou bien par artifice ?
Me suis-je ressentu[2] au pris de mon tourment,
De la moindre faveur ? Dès le commencement
Que je fus de ces yeux le but trop miserable,
A elle esté plus douce à mon mal secourable ?
Un million de fois, je luy ay dit bon-soir,
Et elle ne faisoit nul semblant de me voir :
Le matin outragé de ma douleur plus forte,
Elle m'a mille fois au nez fermé la porte, [64 r°]
J'en avois beau me plaindre, et mon mal souspirer,
Rien ne m'estoit plus beau que de me retirer :
Hé que n'avois-je[3] lors de mon mal congnoissance,
Du rude traittement, et de ma patience,
Mais je n'eus onc le cœur d'inconstance surpris,
Et n'en seray jamais que je sçache repris :
J'aimerois mieux mourir, et envoyer mon ame
Au feu pour jamais grief[4], que[5] de changer Madame,
Et si en la servant j'apperçois tous les jours
Assez de beaux subjets pour changer mes Amours,
Il n'a tenu qu'à moy, et je jure ma vie,
Que jamais je n'en eus, ny desir, ny envie :
Maintes femmes voyant mon cœur de mal pressé,
Ont à l'occasion mon desir caressé,
Mais ils[6] ont veu à l'œil leurs traits tomber en terre,
Au mespris de moy seul, et non pas de leur guerre :

[1] On peut supposer donc que cette élégie a été écrite en Suisse. Voir 18 v. 109-110.

[2] La graphie est attestée. Voir 9 v. 178.

[3] 1589 : *n'avos-je*.

[4] « Grief » semble être un adjectif ayant le sens de « douloureux ». La locution « pour jamais » a le sens de « à jamais ».

[5] « Que » a le sens de « plutôt que ». Voir v. 81.

[6] Le nom le plus proche est « femmes » et l'on attendrait une référence au féminin. Cependant, ce « ils » semble renvoyer aux « sujets » du vers 68 et permet ainsi au poète de construire un alexandrin régulier.

L'on m'en estimoit sot, et homme sans cerveau,
Je dis que pour un temps l'on me tint pour un veau,
Je fus pour quatre mois leur parler ordinaire,
Cela me faschoit bien, et il m'en falloit taire :
Mais à la fin voyant que je n'estois si sot
Pour tant d'indignitez, que d'en dire un seul mot[1],
Loüant ma fermeté, et luy disant injure,
Toutes avoient pitié de ma peine si dure,
Je n'aimois sinon elle et n'aime[2] rien encor
Que ses beaux yeux cruels, et ses beaux cheveux d'or :
Et j'aime d'abondant ma peine trop amere,
Ny ne voudrois sortir nom-plus de ma misere,
J'aime mieux m'abbreuver de mes pleurs tous les jours,
J'aime mieux achever en tourment mes amours,
Et durer patient en mon cruel supplice,
Que de changer d'amie, et quitter son service : [64 v°]
Pour le moins j'en auray, et le mal, et l'honneur,
M'estimant bien-heureux d'estre son serviteur,
Je vivray en mourant, au Ciel ira mon ame,
N'ayant servie icy que son unique Dame,
Et d'autre amour pucelle, elle aura ce credit
D'entrer au lieu sacré où tout le monde vit,
J'entends le monde aimant, qui exempt de misere,
Celestement logé, est en vie prospere.
O douce opinion, qu'elle ne pense pas,
Que je craigne le jour de mon heureux trespas,
Je ne le doute point, mais tant je le desire,
Je te prie, mon cœur, que tu luy face dire,
Que si je m'apperçois qu'elle y prenne plaisir,
Je ne feray jamais rien sinon pour mourir,

---

[1] Ce vers semble fonctionner sur une rupture de construction. « Pour » prend le sens de « en ce qui concerne ». L'adverbe « que » introduit une proposition consécutive qui complète le syntagme « si sot ». On peut gloser par « je n'étais pas assez sot pour en dire un seul mot ». Voir v. 66.

[2] 1589 : *n'aimes*.

J'iray chercher la mort, et si vueille non vueille[1],
Je luy feray piler ceste fatale fueille,
Puis ayant beu le jus, vers elle je viendray[2],
Et entre ses deux bras, doucement je mourray,
Voilà ce que je puis : mais sa main delicate
De mon affection demeurera ingrate,
Elle en sera blasmée, et moy des ponts noircis
Le redouté portier, par mes maux addouci[3] :
Je n'auray plus de soin, sans dueil, et sans tristesse
J'auray rendu contente une rude maistresse.
Mais helas je crains bien, qu'il ne faille oublier,
Les fers dont Atropos[4] m'aura sceu deslier,
Ne serez vous là bas, ô ma chere ame esprise[5]
Du feu de ces beaux yeux, que j'aime et que je prise ?
Si je croyais que non, je ne voudrois tenir,
Errant tousjours icy pour m'en ressouvenir :
Et bien, opinion, n'est elle aussi cruelle
Pour le moins, pour le moins, que je la trouve belle ?[65 r°]
A que dy-je, nenny, je l'osé tant aimer,
Que je mourrois plustost, que de l'ouyr blasmer :
Est-ce faute d'amour, ou bien de congnoissance,
Que je n'ay de mon mal entiere rescompense ?
Ha, c'est faute d'amour, car elle congnoist bien
„ Mon cœur, mais elle faint de n'en congnoistre rien,
Elle sçait bien mon mal, et ma tristesse dure,

[1] Il faut comprendre : « et ainsi qu'elle le veuille ou non [...] ».

[2] Il s'agit sans doute de la cigüe, poison préparé à partir des feuilles de cette plante.

[3] 1589 : *addoucis*. La construction est complexe. L'expression « redouté portier » semble cependant faire référence à Charon, passeur des âmes vers les enfers. On peut supposer que le locuteur, mort à cause de sa dame, parviendra à toucher le sinistre nocher grâce à ses vers.

[4] Atropos est l'une des trois Moires.

[5] « Eprise » est à entendre comme le participe passé de « serez ». L'âme se souviendra de ses sentiments envers la dame, même dans les enfers, sinon le locuteur refuse de mourir.

Et le temps qu'il y a que ma misere dure.
Je le dois bien sçavoir, puis que j'ay sceu sentir
Le grand mal qui cuida m'en faire repentir,
Je le sens tousjours un, et jamais ne se change,
J'en fais de jour en jour, une complainte estrange,
Car les bois ennuyez de m'ouyr souspirer,
Voudroient outre les mers, loin de moy demeurer,
Tout a pitié de moy, et tout icy s'offence
De ma fidelité, et de son inconstance.
Mes amis, mesmes ceux qui luy sont de plus près,
Me sont venus trouver en mon logis exprès,
Où me trouvant couché soubs les pieds de ma peine,
Me blasmoient de souffrir une amitié si vaine :
Et regrettant pour moy, mon temps et ma saison[1],
Se courrouçoient à moy, et avoient bien raison :
Mais ils ne faisoient rien, que par leur doux langage,
Animer tant plus fort, mon amour et ma rage.
J'en crevois de despit, et ne cessay jamais
Que je ne fusse à terre, accablé soubs le fais.
Je faignois n'aimer point, mais mon mal fantastique
Monstroit bien qu'au cerveau estoit ma sciatique,
J'avois bel[2] asseurer à mes sages amis,
Que j'avois la collique, et l'estomach desmis,
„ Ils n'en faisoient que rire, et disoient que Madame,
En changeant de propos, faisoit damner mon ame : [65 v°]
Comparant mon amour aux thresors peu montrez,
Ny des communes gens du logis rencontrez[3],
Disant[4] il aime seul, il en a plus de peine,

[1] Il s'agit du jeune âge du locuteur qui est gâché par sa détresse amoureuse.

[2] Cet emploi de la forme simple de l'adjectif « beau » est archaïsant.

[3] Ce sont sans doute les « amis » du locuteur qui parlent ici. La conjonction « ny » permet la coordination de « peu monstrez » et de « rencontrez ». On peut gloser par une tournure du type : « le trésor peu montré ni rencontré des communes gens du logis ».

[4] Le verbe de parole s'applique toujours aux amis.

Plus on est à aimer, et moins l'amour est vaine,
Car des tas de guerriers qui cherchent l'ennemy,
Il n'est pas que quelqu'un ne le trouve endormy[1] :
„ Qui[2] à ses compagnons absens de la victoire,
„ Donne part au pillage[3], et non pas à la gloire,
Il a les premiers coups hazardeux advancez,
Et dans le fort surpris, les siens outrepassez,
Riche de son butin, et content de sa prise,
Au bout de quelque temps fait une autre entreprise,
Laissant à gouverner les ramparts faits amis,
Au plus brave des siens qu'il aura dedans mis[4] :
Ne sçaurois-je gagner son cœur en mesme sorte ?
Ne sçaurois-je surprendre une fois ceste porte ?
Non, je n'espere plus par services avoir,
Ce que j'avois tousjours enclos en mon espoir,
Je n'attends que la mort pour toute rescompence,
Mais avant que mourir, il faut de ma science,
Et de mes braves sors à l'advenir user,
Puis qu'en vain de mes yeux l'eau s'est sçeu espuiser,
De ma bouche les cris, et les vers de ma Muse,
„ Pour penser amollir le fier cœur qui m'abuse :

---

[1] La tournure de cette phrase est complexe en raison de la négation qui agit à la fois dans la principale et dans la subordonnée. Il semble cependant que le « ne » soit explétif. On peut gloser par : « il n'arrive jamais que quelqu'un le trouve endormi ».

[2] Ce « qui » a le sens de « celui-qui ».

[3] Le complément de « donner » est double puisqu'il s'agit à la fois de « à ses compagnons » et de « part au pillage ». Ce vers signifie que le guerrier vaillant se porte en avant de la bataille et emporte toute la renommée de l'action mais pas tous les bénéfices de la prise.

[4] Cette comparaison entre le siège d'une ville et la relation amoureuse n'est pas simple à déchiffrer d'autant qu'on ne sait si ce sont toujours les « amis » qui parlent ou bien le locuteur lui-même. Le locuteur amoureux est comparé à un militaire courageux qui, devançant ses compagnons, prend seul une place forte et laisse le butin aux retardataires avant de repartir dans de nouvelles conquêtes. On peut émettre l'hypothèse que les amis soient envisagés ici comme des renforts pouvant aider le locuteur à conserver ce qu'il a déjà acquis et lui permettre de continuer ses efforts pour persuader la dame de l'aimer.

O douce opinion, escrivons luy un peu,
Si tu le trouves bon, les aigreurs de mon feu,
Faignons n'estre plus sien, ains tout libre en cholere,
Disons que je n'ay plus, ny amour, ny misere :
Mais enfin toutesfois de l'Epistre d'Amour,
Nous luy ferons sçavoir que je l'aime tousjour,
Que je suis tousjours sien, et que si je l'offence,
Elle doit s'asseurer que j'en faits penitence, [66 r°]
Cruellement puny, et qu'elle le sçait bien,
Mais que de mon mal-heur ores naist tout mon bien.
Non, non, je ne veux plus, je ne veux plus Madame[1],
Vous prier de m'aimer, car aussi bien mon ame
Congnoist qu'elle se damne au chemin qu'elle prend,
Et mon cœur perdre[2] temps à ce qu'il entreprend :
„ J'aimerois mieux du Ciel trop hardy adversaire,
„ Mettre Eolle en son puits[3], et de Titan deffaire
„ Le beau lict emperlé, et en despit des eaux,
„ Vouloir passer le monde en l'un de ses rideaux[4] :
„ J'aimerois mieux lever du chaud Levant les voilles[5],
„ Et fournir chasque jour tout l'Ocean de toilles,

---

[1] Le destinataire change ici de façon abrupte. Voir note du vers 1.

[2] Cette phrase met sur le même plan deux constructions possibles du verbe « connaître ». La première, au vers 191, est régie par « que » et la seconde, au vers 192 est une proposition infinitive dont le sujet est « cœur ».

[3] Cette allusion est énigmatique mais peut renvoyer à plusieurs épisodes. Dans l'*Odyssée*, Ulysse accoste dans l'île d'Éole qui lui fournit une outre pleine de vent pour se diriger. D'un autre côté, le titan Typhon passait pour avoir été emprisonné sous l'Etna. Voir Homère, *Odyssée*, *op. cit.*, X, v. 1-4, Ovide, *Les Métamorphoses*, *op. cit.*, XIV, 223-232 et Apollodore, *Bibliothèque*, *op. cit.*, p. 33-34, I, 39-44.

[4] Cette double référence est complexe car si l'on ne sait qui est ce titan on ne comprend pas non plus tout à fait si les trois vers sont à envisager ensemble ou non. Le locuteur semble se référer à une forme de passage dans un autre monde ou dans un au-delà du monde.

[5] Le locuteur évoque peut-être la flotte turque, située à l'est par rapport à l'Europe et qui faisait des incursions régulières en Méditerranée. La bataille de Lépante, qui avait vu sa défaite, était encore fraîche dans les mémoires puisqu'elle s'était déroulée en 1571.

„ Et de tant d'estandars dont il brave tousjours[1],
„ Que d'essayer à vaincre ou gagner voz amours :
Trop libre je me suis à voz beaux pieds Madame
Jetté, perdant l'honneur qu'avoit acquis mon ame,
Car en ce mesme lieu les sors que vous n'aimez,
Se sont cruellement à ma perte obstinez,
Ils m'ont assassiné, et n'ay point d'esperance,
D'avoir de mon tourment aucune rescompense.
Je suis tousjours en peine, et le feu de voz yeux
Ne veut pas me damner, ny que je monte aux Cieux,
Me laisser, ny me prendre[2] : ô cruauté divine,
„ Est-ce bien fait cela d'attenter à ma ruine,
„ Vouloir pour[3] vous servir, et n'aimer rien que vous,
„ Me tuer de regards, de mespris et de coups :
Je vous dis donc adieu, qui voudra qu'il vous aime,
Qui[4] veut perdre son grain, et sa peine qu'il seme
Sur le sable bruslant, je me veux reposer,
Madame c'est assez de l'avoir sceu oser,
C'est assez d'avoir sceu congnoistre vostre gloire,
Pour en avoir le mal, l'honneur et la memoire : [66 v°]
„ Eviter dés le bord cét outrageux desdain,
Qui a blessé mon cœur sortant[5] de vostre main :

[1] Depuis le vers 191, tout ce passage est construit autour de la figure de l'adynaton qui accumule les impossibilités pour mieux rendre compte de l'exceptionnelle situation de l'amant, en bien ou en mal. Voir par exemple M. Scève, *Délie*, *op. cit.*, dizain XVII.

[2] Il y a à nouveau un jeu entre la syntaxe et la métrique puisque les infinitifs « laisser » et « prendre » sont régis par « veut » au vers 208. En insérant la tournure « ny que je monte aux Cieux », Beaujeu crée un effet de rupture qui démembre la phrase et place en position de rejet « Me laisser, ny me prendre ». Voir ici même les vers 202 et 316.

[3] La conjonction de subordination a le sens de « parce que » tandis que les deux infinitifs ont bien pour sujet « je ». On peut gloser par « parce que je vous sers et n'aime rien que vous ».

[4] Ce « qui » comme celui du vers 213, a le sens de « celui qui ».

[5] Le participe présent se rapporte, comme la proposition relative qui le précède, à « l'outrageux dédain ».

Pensez vous qu'un tel meurtre au gré de la Justice,
Ne vous face conduire une fois au supplice,
„ Vous lisant en chemin le beau de mes escris,
„ Comme on monstre le mort au meurtrier qui est pris.
Helas que dy-je icy, je resvasse en ma rage,
De despit forcené je vous tiens ce langage,
Voulez-vous que je coure à ceste heure au trespas ?
Ne le voulez-vous belle ? Et bien je ne veux pas,
Voulez-vous que je vive, ou voulez-vous, Madame,
Que je ne die[1] mot des douleurs de mon ame ?
Voulez-vous, mes amours, que vostre prisonnier
De nouveau je m'enferre, et que tout le premier
D'un poignard ennemy, je broche ma poitrine,
Qu'à moy-mesme je brasse une nouvelle ruine,
„ Et que de ma misere une fois le devin,
„ Je predise le vueil d'amour et du destin ?
Or sus, opinion, voilà la lettre escritte,
Du beau commencement elle[2] a esté despite,
„ Mais en fin elle a veu que l'orage d'Amour,
„ Changeoit deux ou trois fois de langage le jour.
Elle sçait maintenant que j'ay dans la poitrine[3],
Mais il me faut trouver, ou devin, ou devine
Qui me face certain par ses enchantemens,
Quel est son desir brave, et ses beaux pensemens,
Il faut que je m'enquiere à ceux de ceste rive[4],
Si en peschant la nuict, nul demon n'y arrive,

[1] Voir 9 v. 248.

[2] Il s'agit ici de la dame. Le sens de l'adjectif « despite » est problématique. La dame a-t-elle été fâchée ou affligée des premières déclarations de l'amant ? Sans doute éprouve-t-elle un mélange des deux puisque le « beau commencement » en question est une fausse déclaration de rupture. Voir les vers 179 et suivants.

[3] Le pronom relatif peut remplacer la locution « ce que ».

[4] Cette rive peut renvoyer à celle, symbolique, du lieu amoureux. On peut aussi y voir un rappel discret du paysage du lac de Neuchâtel, qui reste le cadre naturel général du recueil. Voir pièces 9 v. 406-410 et 556, sonnet 55, 101 v. 169 *sq.* et sonnets 97.

Et si tirant le fil qui nage dans les flots,
Ils n'ont point veu de feux voltiger sur leur dos.
Vien ça, moite pescheur, ennemy des baleines,
Aide moy à m'oster de mes fascheuses peines : [67 r°]
„ Sçais-tu point mon amy, si en ce prochain bort,
„ L'on n'a pas enterré jamais quelque corps mort,
„ Dont l'esprit vigilant revient le soir sur place,
„ Pour entendre les pleurs de quelqu'un de sa race ?
„ N'as-tu en retournant, avec ton poisson pris,
„ Entendu en ce lieu, de quelque ame les cris ?
Dy moy la verité, beau pescheur je te prie,
Et si tu veux sçavoir qui est cil qui supplie[1],
Sçaches que c'est le fils, et le mignon des Dieux[2],
Qu'ils ont mis pour apprendre, en ces terrestres lieux,
Les secrets plus cachez, des eaux et de la terre,
Et cil à qui Amour sans cesser fait la guerre :
Sçaches que c'est celuy qui ne [se] veut aider[3],
Sinon de la vertu, et qui se veut bander,
Contre tout le mal-heur qui chacun importune,
Et sans aide du Ciel rembarrer la fortune :
Des sciences sans plus je me veux secourir,
Et plustost que me rendre, en brave homme mourir.
Je fus mis icy bas, pour suivre des neuf filles[4],
Le carosse volant, et pour voir les esguilles
Brillantes dans le Ciel[5], et aux mers tour à tour,

---

[1] 1589 : *qui est cil qui te supplie.*

[2] Le narrateur fait de lui un portrait flatteur en se montrant proche des divinités et des secrets de la création.

[3] 1589 : *Sçaches que c'est celuy qui ne veut s'aider.*

[4] Il s'agit sans doute des Pléiades.

[5] Dans le contexte, ce « carrosse » prolongé par ses timons, est sans doute la Grande Ourse, aussi appelé « grand chariot » et que les Romains nommaient « septem triones », les « sept bœufs de labour » qui donne le français « septentrion », le nord. Du Bartas emploie dans sa *Sepmaine* l'expression « quelle aiguille, quelle Ourse / Mesure le chemin de vostre longue course ? ». Voir G. Du Bartas, *La Sepmaine ou Creation du monde*, édition dirigée par J. Céard, Paris, Classiques Garnier, 2011, t. I, p. 266, v. 179-180.

Nous faire recongnoistre en la flottante tour,
Espions du Midy[1], voir aux chaudes années,
Combien du sainct verger, il est de fleurs fanées,
Et bref de ce haut mont[2] les faveurs diviser,
En donner çà et là, et des Dieux deviser[3] :

Mais ainsi que la mort, avant qu'estre si forte,
A passé la premiere en l'eternelle porte,
Souffrant des mesmes maux qu'elle nous fait souffrir,
Achetant le pouvoir de nous faire mourir,

Ainsi avant que moy eusses sceu presque lire,
Je suis esté contraint une maistresse eslire, [67 v°]
Qui m'ayant trouvé foible, au lieu de m'enseigner
Comme il faut vaincre Amour, elle me vint seigner
Du trenchant de ses yeux, et m'a mis en grand peine,
Car je voy de mon sang tousjours une fontaine,
Par tout où je me porte esmailler prez et fleurs,
Et deux qui dés mes yeux portent le nom de pleurs :
Trois sources donc de moy, sans cesse tousjours coulent.
J'en voudrois arrester les flots qui en bas roulent,
Et trouver un esprit qui m'enseignast comment
Je pourrois me guerir, et finir mon tourment.

---

[1] Les différents éléments de ces deux vers ne sont pas simples à décrypter. Le groupe nominal « espions du Midy » est attribut du sujet « nous » et semble accréditer la thèse selon laquelle est ici dépeinte une vue du ciel depuis la mer puisque la « flottante tour » correspond sans doute à un mat surmonté d'une vigie. Le « Midy » a le sens de « sud », s'opposant dès lors à la vision de la Grande Ourse qui indique le nord.

[2] Quittant le domaine astronomique, le locuteur revient ici à l'image du Parnasse, « le haut mont », sous-jacente dans la mention des « neuf filles » au vers 269. Le « sainct verger » renvoie à l'image topique de la prairie des muses, *locus amoenius* propice à la création artistique tandis qu'on peut voir dans les « fleurs fanées » une référence à des poètes dépassés ou à des œuvres de mauvaises qualités. Quoi qu'il en soit, la multiplication des allusions et des images obscures, rend ce passage bien difficile à interpréter. Voir 9 v. 394.

[3] Tous les verbes des propositions principales de ce passage sont régis par la conjonction « pour » du vers 270. Il faut donc comprendre « [pour] nous faire reconnaître », « [pour] voir », « [pour] diviser », « [pour] deviser ».

Le pescheur aussi tost a dit[1] : « Fils de Deesse
Toute la cruauté du monde est ta maistresse,
Mais aye bon courage, et resiste tousjour
A ces douces beautez, qui te font pis qu'Amour :
J'ay pitié de ton mal, car je suis pitoyable,
Et non tant seulement d'un pauvre miserable,
Mais des petits poissons qui se fient aux gros,
Quand ils viennent se prendre en mon rets soubs les flots,
En l'eau je les remets, et n'ay pas le courage
De les faire mourir en l'avril de leur aage[2],
Car de la cruauté il ne vient jamais bien,
Ny de vouloir par force avoir d'autruy le bien.
Là en ce fleuve noir où s'abbreuvent les Daches
Qui ont dessus le corps un million de taches,
Diverses en couleurs, demeure[3] en ce flot noir
Un esprit qui se cache, ainsi qu'on le veut voir.
Peschant je l'ay bien veu. C'est un demon qui volle,
Un ombre glorieux qui voit souvent Eolle,
Quand il vient s'esgayer en l'Isle du beau mont[4],
Au bruit impetueux que ces braves eaux font :
Un brouillars par sillons s'entremesle à mesure
Que pas assaults divers ceste tourmente dure, [68 r°]
Ce demon là le guide, et leger ennemy
Des vents, rend en un rien le grand flot endormy.
Par l'ancre de tes sors, l'esprit dans les aziles,
Montera sans douter à tes flames subtiles,

---

[1] Le dialogue qui s'instaure ici entre ce pêcheur et le narrateur semble prendre sa source dans le vers 250. Le pêcheur veut connaître l'avenir en invoquant le mystérieux démon.

[2] L'expression revient plusieurs fois dans le recueil. Elle est topique du discours pétrarquiste. Ainsi on la trouve chez Scève, *Délie*, *op. cit.*, p. 9, dizain VI, v. 1 ou chez P. de Ronsard, *Œuvres complètes*, *op. cit.*, IV, XLIX, v. 12.

[3] La construction est bien « Là [...] demeure en ce flot noir [...] ».

[4] Il s'agit sans doute toujours de la Sicile et de l'Etna, sous lequel Typhon était enterré vivant à moins que Beaujeu ne fasse simplement référence aux monts de Suisse qui entourent les lacs. Voir note du vers 194.

Et par force glouton des odeurs de ton feu,
Te dira l'advenir, s'asseurant peu à peu. »
        Aussi tost sur les bords je fis mon sacrifice.
Là, je n'y immolay, ny chevreau, ny genice,
Seulement d'un laurier qui n'est plus en verdeur,
J'en ay fait un buscher, et l'ay mis en ardeur,
Versant souventesfois de mes pleurs sur la flame,
Et du sang de mon cœur qu'avoit blessé ma Dame,
Invoquant le Demon, pour le faire venir,
Et pour me rendre conte ainsi de l'advenir :
        Je vis dessus les eaux renaistre une tourmente,
Qui me donna espoir de ma douteuse attente,
Je redoublay mon cerne, et fis par mes propos[1],
Que l'esprit despité se jetta hors des flots,
Ayant d'une Sereine emprunté la poitrine,
Animé les beaux yeux, la[2] belle voix divine[3],
Et de ses cheveux d'or il en cachoit le sein[4],
Estonné de me voir en un si haut dessein,
Il veut parler à moy dedans les eaux dormantes[5],
Et commença de dire : « Ô cruelles amantes… »
« Non, non, ce dy-je lors, il te faut approcher
Paravant que parler, tout contre mon buscher. »
Alors il s'approche de ceste rive mole,
Et puis auprès du feu telle estoit sa parole :

---

[1] Ce sacrifice revient plusieurs fois dans le recueil avec quelques variantes. Voir 9 v. 301, 21 v. 321-331 et 111 v. 28.

[2] 1589 : *sa*.

[3] Cette construction complexe est issue du vers 333. « Emprunté, animé » semblent être régis par le participe présent « ayant » tandis que « sa belle voix divine » est objet de « animé », au même titre que « les beaux yeux ».

[4] La présence de l'adverbe « en » est étrange puisqu'il reprend « ses beaux cheveux ». La construction grammaticale bancale paraît ici servir la métrique.

[5] Ce passage est peut-être issu d'un croisement entre deux souvenirs de Ronsard, le sonnet XXXI des *Amours* où le démon est présenté de manière positive mais peu décrit, et une scène d'exorcisme de la *Response aux injures*. Voir Ronsard, *Œuvres complètes*, *op. cit.*, IV (1992), p. 34, v. 1-8, XI (1990), p. 124-125, v. 138-150.

« Puis que tu es si brave, et que maistre des sors,
Par eux tu peux forcer les vivans et les mors,
Je me suis courroucé dequoy tu veux grand Prestre,
Par eux et par tes arts privément me congnoistre. [68 v°]
Sçaches si tu ne veux me rendre mal-faisant,
Que je feray si bien que tu seras content :
Mais en faveur des eaux, où pour jamais je loge,
Ne m'envoye la nuict pour surprendre à la gorge
Une fille en dormant, ny de son jeune amy,
Espouvanter l'esprit, en ses bras endormy :
Je n'aime à faire mal à nulle creature,
Je suis tousjours esté d'une douce nature. »
A ce mot je luy di : « Que je[1] sçache de toy,
Tout l'heur, et le mal-heur, qui est là haut à moy,
Et si en mon amour il me faut prendre garde
Au peril qui peut estre à arriver ne tarde,
Peril que je ne puis seurement eviter,
Sans avoir sceu de toy, si je puis irriter
Mon celeste ennemy, destin qui me conjure,
À tramer par mes mains une semblable injure,
Dont le sort enferré aux plaisantes prisons,
Fit d'amoureux travaux, ses blonds cheveux grisons.
Je veux sçavoir si Mars, que je sers à la vie,
N'a point esté jaloux de ma cholere envie,
Et si les Dieux unis en toutes factions,
N'ont prins à contre-cœur l'art de mes passions.
„ Car pour servir Amour, il faut du monde brave,
Mettre en despit de tous en liberté l'esclave,
Renverser, et les lois, et le gouvernement
„ Des hommes ordonnez pour nostre chastiment.
Il faut, maistre d'Amour, et servant de sa Dame,

[1] C'est un subjonctif d'ordre dans une tournure elliptique que l'on peut rétablir sous sa forme complète : « qu'il faut que je sache ». C'est le narrateur qui reprend la parole ici.

Mespriser les hazards, sa fortune, et sa trame,
Et mettre soubs ses pieds, le destin mal-faisant,
Pour monstrer qu'en ce monde Amour est tout puissant :
Il faut pour bien aimer faire encor d'avantage,
Plustost il faut mourir, que manquer de courage. [69 r°]
Voilà ce que je veux, mais mon hoste nouveau,
Ne pense pour ce soir de retourner en l'eau,
Où plus sçavant que nul, tu juges de l'attente
Des pauvres mariniers, au fort de la tourmente :
À longs traits de mon feu, attire les douceurs,
Repais en ton cerveau, et tes sainctes fureurs,
Boy de mes sainctes eaux, et par mes herbes fortes,
Descouvre moy du Ciel l'estat en maintes sortes :
Dy moy qui est Amour, et celle que je sers,
Et du monde amoureux despains moy les enfers,
Dy moy s'il faut aimer, ou ferme ou variable,
Si je seray Amant, heureux ou miserable,
Si je dois estre froid, ou bruslant en amour,
Si je dois peu durer, ou bien durer tousjour,
Si d'une indignité je dois mon congé prendre,
Ou si je dois vainqueur, pour tout mal ne me rendre,
Souffrir tousjours constant, et sans pleurs, et sans cris,
Et si tu me le dis, par les autres espris,
Qui fidelles me sont, de tout mon cœur je jure,
Que je t'estimeray plus sçavant que Mercure,
Qui des Cieux est courrier, et seul qui nous predit,
Ou annonce les mots que Jupiter luy dit :
Qu'en mon triangle noir[1] ta veuë soit assise,
Et que de mon buscher une branche soit prise,
Pour en faire trois tours, et tant qu'il soit estaint.
„ Je dy le feu sacré que j'ay par sort empraint.
Que du laict consommé dessus l'ardante braise,

[1] Il a été plus haut question d'un « cerne », qui renvoie à un cercle tracé, mais le triangle entre aussi dans les cérémonies d'invocation. Voir le vers 331.

Tu faces que le Ciel par prieres s'appaise,
Et du miel savoureux qui est autour jetté,
„ Tu rendes le destin, aussi doux qu'irrité :
Dy moy si des chaleurs qu'à ceste heure j'endure,
Je n'auray en eschange une extresme froidure, [69 v°]
Comme ce Prince grand qui pour avoir brilé[1]
L'Empire tousjours craint, est en glaces gelé[2] :
Or sus mon beau devin desploye ta science,
Et de tout le futur donne moy cognoissance. »
« Puis[3] que les chers enfans[4] ont par arts, et par sors
Sceu r'assembler les nerfs, avec les oz des mors,
Et que par le discours de leur bouche divine,
Ils ont des bas enfers tiré l'ame maline,
Le Demon des forests, et Mercure des Cieux,
Pour sçavoir que Pluton fait aux infernaux lieux,
Puis qu'ils ont sceu forcer les vigilans Pantheucres[5]
De sortir à leur gré des plus anciens sepulchres,
Puis qu'ils ont sceu de nous, et l'estre, et le séjour,
Je ne me dois fascher des sottises d'Amour,
Car je sçay qu'il a fait de tes sors l'artifice,
Pour nous voir invisible en ce beau sacrifice.
Sçaches que ce bastard, ce foulletot malin,
Nuict et jour ne fait rien, que tenir à la main
Son arc, ses traits, ses feux, et travaille sans cesse
Pour te fascher, au gré de ta belle maistresse,
„ Tu sçay bien que du Ciel il fut un jour chassé,

---

[1] Pour le sens, il faut sans doute comprendre « brulé ».

[2] L'allusion à ce conflit politique et à ses conséquences reste obscure.

[3] C'est le démon fluvial qui reprend ici la parole.

[4] Il s'agit probablement des alliés d'Amour.

[5] Le terme reste à ce jour inconnu. On peut simplement souligner sa probable relation avec la racine « penta- » qui signifie cinq en grec et qu'on trouve par exemple dans « pentagramme ». Cette absence de certitude concernant le sens du mot est renforcée par le caractère problématique de la rime « pantheucres/ sepulchres ».

Pour avoir Jupiter griefvement offensé[1] :
„ Son Palais abbattu, et ses chambres royalles,
Mises au grand desert, où les ames loyalles
Des Amans mal traittez, dans le cercueil enclos,
Ont pour leur fermeté un tranquille repos,
„ Car là bas aux champs noirs[2] ne vont les ames pures,
Pour y souffrir du mal, des torts et des injures :
Seulement les esprits aux Enfers l'on peut voir,
Qui ont laissé leurs corps par le seul desespoir
De leur amour ardante, au fort de leur martyre,
Voilà donc pour ce fait ce que je te veux dire : [70 r°]
Ta maistresse a du Ciel une faveur[3] aux yeux,
Et porte le beau nom de l'arbre gracieux,
„ Où l'or parmy le suc en la couppe dorée,
Tourne trois fois le jour sur la table sacrée[4] :
Le fruict meurement doux de cét arbre est subjet
Aux rudesses du Ciel, ne paroist sur son jet
Que de six, en six ans, et au troisiesme terme[5],
„ Pour trois cens douze mois, chaque renouveau germe,
Ce nom est riche et beau[6], et celuy qui donna
Le coup premier en terre[7], au Ciel abandonna
Aux descendans futurs une honorable place,
Et dequoy augmenter de richesses sa race :
Mais congnoissant ce bien qui entre nous la suit,

[1] Si ces deux vers peuvent sans doute renvoyer à quelques épisodes des amours de Zeus, on peut aussi y voir une référence à l'élégie 9 de ce recueil. Voir 9 v. 349 suivants.

[2] Il s'agit des enfers.

[3] C'est bien le démon qui parle.

[4] 1589 : *trois fois le jour sur table sacrée.*

[5] 1589 : *de six ans, en six ans, et au troisiesme terme.*

[6] Ce nom est celui de Rose, ce qui justifie les rêveries sur le caractère extraordinaire de la plante dans les vers qui précèdent. Celles-ci semblent sortis de l'imagination de Beaujeu.

[7] Il faut peut-être entendre par là que le premier qui planta un rosier permit à ses descendants d'accéder au « Ciel » avant de faire fortune.

De son heur abusée, incessamment te fuit,
Et neantmoins son cœur brusle de ton service,
Imitant le tien, mis au bruslant sacrifice,
Elle t'aime d'amour, et dispute les nuicts,
Bruslante au feu piquant de ses rudes ennuits,
Soubs la discretion d'une mine hypocrite,
Qui monstre du vray coup, la part la plus petite,
Et parle ainsi de toy, à part-elle en son lit[1] :
« Amour que tu me rends le courage despit,
Que t'ay-je fait, Amour, pour m'avoir amoureuse,
Mise en ce pensement, chetifve et langoureuse ?
N'avois-je assez d'amis, qui importuns de moy,
Me rendoient asseurée au discours de leur foy,
D'un service immortel, sans m'amener encore
Ce nourrisson du Ciel, qui plus qu'autre m'honore,
Et qui peut me forcer par ces bruslans discours,
De le faire jouyr de ses cheres amours ?
Il a cela de plus, car en en prose, et en rime
Il me dit ses douleurs, qu'il m'aime, et qu'il m'estime,

[70 v°]

Et me despaint son feu si vivement, que j'ay
Moins de mal de l'aimer, que luy donner congé,
Car l'aimant je ne puis qu'en tirer du service,
Et ne l'aimant j'ay peur, que le Ciel me punisse,
D'avoir outre son gré, choisi la cruauté
Pour compagne envieuse à ma douce beauté :
Si par merite on aime, il faut ô mal-heureuse,
Qu'en despit de mon cœur j'en demeure amoureuse,
Et que luy faisant part de mon cœur demy sien,
Il n'attende jamais de mon sort plus de bien :
Or sus, mon ame, icy comparons son merite,

[1] C'est bien ici la dame qui parle. On se trouve dans un dispositif assez complexe d'un discours rapporté dans un discours rapporté.

Au mal que je feray, si je n'en fais eslite[1].
Premierement, il est de la race des Rois,
Qui ont en Orient fait trembler soubs leur vois,
Le grand peuple estonné d'un si brave voyage,
Sçachans estre les Chefs en l'avril de leur aage,
Qui dessoubs les rangs forts de leurs soldats felons,
,, Faisoient tarir les eaux, et applanir les mons.
Il a servy François, qui crainte de l'Espagne
A veu de ses amis ondoyer la campagne,
Du riche Cambresy, et chassa devant luy,
Ce qui nous fait penser à la guerre aujourd'huy[2] :
Depuis que le destin luy a osté son maitre[3],
Qui luy fit tant d'honneur, il n'a pas voulu estre
Le triomphe du sort : mais à son brave Roy,
Il a donné son cœur, sa parole et sa foy,
Et puis il a au Ciel attaché ses eschelles[4],
Il a esté aimé des grandes et des belles,
Il a sceu discourir de ses douces amours,
Et du secret du Ciel il parle tous les jours :
Il est ferme en amour, et jamais n'abandonne
La maistresse qu'il sert, pour mal qu'elle luy donne, [71 r°]
Plus il a de douleur, et tant plus il soustient,

---

[1] L'expression est un peu mystérieuse mais on peut sans doute la gloser par « si je ne lui donne pas la préférence ». Voir le glossaire.

[2] Ce « François » est sans doute François d'Alençon, frère cadet des rois François II, Charles IX et Henri III. Frustré dans ses volontés de devenir roi à son tour lors du retour de son frère Henri de Pologne en 1574, il entreprend une politique agressive envers les Pays-Bas et tente de s'y faire élire roi en 1579, alors que les Espagnols sont en mauvaise posture. L'allusion au « Cambrésy » renvoie bien sûr à la région frontalière avec les Pays-Bas, théâtre de campagnes régulières. C'est là qu'avait été signé par Henri II le traité de Cateau-Cambrésy en 1559, qui mettait fin aux guerres d'Italie.

[3] L'échec de la prise d'Anvers en 1583 conduit François d'Alençon à abandonner ses ambitions au Pays-Bas. Il meurt de la tuberculose à Chateau-Thierry en 1584.

[4] Le locuteur emploie cette image concrète pour signifier son désir de grimper dans les plus hautes sphères. Voir pièce 24 v. 151.

D'un courage indompté fidelle il s'entretient,
Sans esgarer son pied du sentier de constance,
Voulant vaincre à la fin par sa perseverance.
Il n'est point variable, et croit que les tourmens,
Ne sont occasion des subits changemens
D'une ame trop legere, ains croit que c'est foiblesse,
Et faute de courage à changer sa maistresse,
„ Qui par discretion fait une cruauté,
„ Pour conserver le pris de sa riche beauté :
Heureuse si j'estois de cét homme servie,
Autant qu'il en auroit le desir, et l'envie.
Si des[1] indignitez que nous faisons souffrir,
L'on doit plustost quitter l'Amour, que d'encourir
Les aggreables morts, dont le riche martyre,
Plus de bien mille fois, que de mal, en retire[2].
Celuy-ci seul pourroit, par armes, et par vers,
Ensevelir mon nom, et eschapper des fers,
Dont par armes il peut eviter la souffrance,
Et tirer par ces vers de moy toute vengeance :
Je sçay que d'un despict l'effect est furieux,
Et que la passion d'un bravache amoureux,
Luy trouve des moyens pour venger sa querelle,
Et pour en rendre seul la memoire immortelle.
Celuy bruslant d'amour qui se sent offensé
D'un mespris dont son cœur est rudement blessé,
„ Ne cherche que les dards au peril de sa vie,
Et ne luy chaud de rien, pourveu que son envie,
Luy face ressentir au fort de son debat,
Le fait du juste dueil qui le mene au combat.
Amour que m'as-tu fait, ô meschant adversaire,

[1] Ce « des » a le sens de « à cause de ».

[2] Ces deux vers sont construits selon une tournure elliptique complexe. Le pronom « en » semble ainsi se rapporter aux « aggreables morts » mentionnées au vers précédent.

D'avoir guidé mes yeux au cœur de mon contraire, [71 vº]
„ Qui m'eschauffe le sang du feu de ses amours,
Et qui me fait trembler par ses braves discours ?
Je n'oserois l'aimer, je ne puis l'esconduire,
Las que feray-je icy ? Amour viens me conduire
„ Par les aspres sentiers des peines où je suis,
Pour voir si je le chasse, ou bien si je m'enfuis,
Si je suis sa servante, ou sa brave maistresse,
Si je parle de peur, ou bien de hardiesse :
„ Si je ne l'aime point, il me viendra tuer
Un matin dans mon lict, faignant de me baiser,
Ses vers seront tous plains de cruelles menaces,
Pour essayer d'avoir par la force mes graces,
Si je cheris un autre, un jour entre mes bras
Il viendra l'esgorger si je ne l'aime pas,
D'un mespris eternel il chassera ma vie,
Et nul pour me servir onc ne prendra envie,
Je seray le propos des tables et des Cours.
Voilà le seul proffit de mes rudes amours,
Je ne pourray passer seulement une rue,
Que l'on aye tousjours sur ma face la veue,
Chascun me blasmera, et dira-on de moy
Que je fais la sucrée[1] : Amour en quel esmoy,
Sans pitié m'as-tu mise, et pourquoy miserable
Me seras-tu si rude, et non pas secourable ?
L'on dira que je fais la brave en son endroit,
Que je le traitte mal pour voir si l'on croiroit
À force de desdains que je n'ay point d'envie
D'estre aimée de nul, adorée et servie,
Et que je tiens esprès cét homme en action,
Pour monstrer qu'à l'amour je n'ay l'affection
Ny le desir tourné, et que soubs main je prise,

[1] Sur ce développement depuis le vers 549 voir la note du vers 1.

Un affecté vallet maistre de ma franchise, [72 r°]
Qui me sert tous les jours, et auquel je pourray
Faire celer ma faute autant que je voudray[1].
L'on dira que ma face est trop audacieuse
Et que mon pasle taint en la nuict gracieuse,
Par l'exercice doux[2] a perdu sa couleur,
Que je n'ay ny amour, ny desir dans le cœur.
L'on dira : « Dites moy, n'est-ce pas chose estrange,
Ce pauvre homme la sert, il chante sa loüange,
Il l'aime plus que luy, il se nomme tout sien,
Et son cœur de rocher ne s'en esmeut en rien[3],
„ Elle n'a que seize ans[4], elle a la teste blonde,
Les yeux tous plains de feu, il n'y a rien au monde
Qu'Amour desire tant, que par ces trois beautez[5]
Braver du Ciel divin les deux arcs indompte. »
Les Muses, les rochers des sources Castalides,
„ Et les sçavantes eaux des fontaines humides[6],
Les armes du grand Mars, et la faveur de luy,
Sans cela ce Demon ne seroit aujourd'huy
Si redouté qu'il est, cela seul me despite,
Voilà que l'on dira de mon trop de merite.
Au contraire je sçay que si je veux l'aimer,
En ces braves escrits on verra m'estimer.
Par tout bruira mon nom, et pour moy à la guerre,
Il couvrira de morts la moitié de la terre,
Et dans les ennemis il portera de cœur,

[1] Cette scène qui tient de la comédie peut être rapprochée de celles où le locuteur doit échapper aux jaloux ou à une vieille gardienne. Voir TS LXXXII, TS CVIII et pièces 73, 118 274 v. 310-312.

[2] Sans doute est-ce là une référence à l'acte sexuel.

[3] 1589 : *ne s'émeut en rien.*

[4] L'âge de la dame, ici seize ans, varie quelque peu selon les poèmes. Voir 9 v. 555, 55 v. 9, 118 v. 1.

[5] L'âge, les cheveux et les yeux précédemment cités.

[6] L'adjectif est formé à partir du nom propre « Castalie » qui désigne une fontaine consacrée aux Muses à Delphes.

Au feu des pistolets brusler une faveur,
„ Que moy-mesme au brassal du costé du courage[1]
Je luy attacheray pour un amoureux gage.
J'en auray de l'honneur, et dira-on : « Voilà
La belle à qui un tel fait bien souvent cela[2].
Je ne m'estonne pas s'il en a l'ame esprise,
Tant plus je voy ses yeux, et tant plus je les prise. » [72 v°]
« Ha[3] que je t'aime belle, et estimes dequoy
Tu as receu de luy le gage de sa foy,
Il est digne sur tous de ton divin service,
Et que pour tout jamais, il l'aime et le cherisse,
L'esperance de nous te favorisera,
Et le Maistre des Dieux à jamais t'aimera.
„ Que fait une maistresse, hors de raison despite,
De vouloir mal de mort à cil qui ne la quitte
Pour tous les changemens de son œil rigoureux,
Dont il est pour jamais le butter mal-heureux ?
Elle offense le Ciel, et cruelle Megere[4]
Veut acquerir le nom d'inconstante et legere,
Inconstante en amour, et legere dequoy
Elle change celuy qui l'aime mieux que soy :
Estimez-vous, Amans, que voz rudes maistresses
Ne vous facent mourir par les sainctes caresses,
Plus que par la rigueur, des regards ordonnez
„ Du jour ensorcelé que vous estes donnez
Pour entrer au service, et dommageable envie
Qui vous couste souvent, et l'honneur, et la vie ?

---

1 L'amant ira combattre au plus près du danger avec un ruban aux couleurs de sa dame accroché du côté du cœur. La pratique était courante pendant les tournois jusqu'à leur interdiction en 1560 suite à la mort d'Henri II.

2 La référence est un peu complexe mais il s'agit sans doute de l'acte de l'amant : partir en guerre avec les couleurs de sa dame. À moins qu'il ne s'agisse d'une allusion plus grivoise. Voir vers 696 et les pièces 51 v. 14, 118 v. 11, 198 v. 4 et 274 v. 430.

3 C'est sans doute ici le démon qui reprend la parole. Voir les v. 703 et 705.

4 Mégère est, dans la mythologie grecque, l'une des trois Erinnyes.

Le miel empoisonné cache soubs sa douceur
Le vipere cruel qui nous tue le cueur,
Aussi tost que le sang plain d'une ardante flame
„ Donne la mort au corps, et le congé à l'ame.
La mort douce se boit, l'aigre poison nenny,
Et puis l'empoisonneur seroit tousjours puny
Sur le champ qu'il auroit donné la Malvoisie,
Où le poison congneu assaudroit[1] nostre vie :
Prenez un mal-faicteur en faisant son peché,
Il est par le bourreau en un rien despeché,
„ Le mal fait veu à l'œil, le condamne sans preuve,
Mais celuy qui s'enfuit, et qu'au fait on ne treuve [73 r°]
Il treuve[2] un aliby, et à force d'amis,
Il esvite les fers des justes ennemis.
Quand le Juge incertain du mal fait l'interrogue,
Il a l'œil asseuré, et la parole rogue,
Il dit : « Ce n'est pas moy, je suis homme de bien,
Cependant le meschant en son cœur ne vaut rien. »
Ainsi font ses beaux yeux qui sans cesse nous blessent,
De traits chargez des feux, qui en amour nous pressent.
Surprenez les au fait, ils seront bien contens
D'estre de deux baisers quittes et penitens,
Mais laissez les tourner autre part leur lumiere,
Ils ne confesseront leur faute coustumiere,
Et maintiennent encore, au cœur trop offensé
Qu'ils n'ont à ceste offense aucunement pensé.
O traistres basilics, qui le danger des fames,
Nous tuez jusqu'au cœur, et bannissez noz ames[3]
Des douces voluptez, et qui feriez accords

---

[1] Cette forme provint du verbe « assaillir ». Il faut comprendre « assaillirait ». Voir 21 v. 242.

[2] 1589 : *preuve.*

[3] 1589 : *jusques.*

De voz regards bruslans, ressusciter les morts
Et mourir les vivans, voudriez vous ô perfides
Estre tousjours ainsi de noz cœurs homicides ?
Ennemis recherchez d'amitié tous les jours,
Vous nourrissez la peste au lieu de noz amours,
Estes vous la terreur des hommes solitaires,
Et des hommes de Cour les fleaux ordinaires ?
Avez vous esté mis au lieu que vous tenez,
Pour estre à nostre mort pour jamais obstinez,
Et pour faire courir ce vers[1] parmy les ames,
Que la cruauté est aux courages de fames ?
Que dy-je s'elle y est ! A je suis insensé,
De douter de mon mal estant si offensé,
Car de ce feu aux oz la moüelle est bruslée,
Voire dans le tombeau de mille morts gelée, [73 v°]
La main fait peu de mal, la parole de peur,
Le desdain desplaisir, la menace frayeur,
Mais l'œil plein de furie en douceur animée,
Tue, perd, gaste, force, une ame plus armée
De constance, de froid, de peu d'amour, et d'art.
Rien ne les peut sauver, la fainte, ny le fart,
Et moins le corselet de l'esprit fantastique,
Qui se pare de rien au couteau qui le pique.
Depuis que la raison laisse l'entendement,
L'œil pour se mettre à l'ombre accourt au feu ardent,
Et pour fuyr les eaux accourt à la mer haute.
Bref craignant de faillir il fait premier la faute,
Mais voicy le mal-heur que l'on meurt sans mourir,
Sans blesseure blessé, dont l'on ne peut guerir,
Et rien n'est d'asseuré en l'amoureuse rage,
Que le peril commun d'un general naufrage.
Tousjours saulte la mer du penible amoureux,
S'il est aujourd'huy mal, demain il est heureux,

[1] Le déterminant démonstratif est ici en emploi cataphorique.

Aujourd'huy s'il en meurt, demain il ressuscite,
Ou mesme il vit content, soudain il s'y despite,
Et n'a mal si cuisant, que de changer soudain,
Comme l'objet se change en grace ou en desdain. »
« Or sus, vien ça Demon, dy moy quand elle y pense,
Croit-elle qu'un baiser peust estre rescompense
Des maux de mon Enfer[1] ? » « Non, non[2], elle sçait bien,
Que puis que tu te rends pour jamais estre sien,
Qu'il faut que tu la tienne une fois toute nue
En tes bras. Je sçay bien qu'elle y est resolue,
Et qu'elle retournant du mont où elle alla,
De ton amour content tu luy feras cela[3],
De ton digne labeur tu auras asseurance,
Et de ton aigre mal bien douce rescompense, [74 r°]
Mais si tu veux sçavoir d'avantage de moy,
Trouve toy dans trois jours au lieu où je te voy.
Je reviendray sans faute, apportant la painture
De l'advenir douteux, et verras l'escripture
En mon docte miroir, et le nom de ces yeux
Qui te feront un jour un plaisir gracieux,
Et d'autant qu'ils sont fiers, ils seront aggreables,
D'autant qu'ils sont meurtriers, ils seront secourables. »
« Je le veux beau Demon, je le veux bien ainsi,
Car puis que tu le veux, je le veux bien aussi. »
À ce mot dans les eaux le messager s'eslance,
Et va querir chez luy plus qu'il n'a de science.

FIN.

---

[1] Le locuteur reprend ici la parole.

[2] Le démon répond de nouveau.

[3] Le démonstratif renvoie ici clairement à l'acte sexuel. Voir ici même le vers 600, et les pièces 51 v. 14, 118 v. 11, 198 v. 4 et 274 v. 430.

[22] COMPLAINTE.

Que me sert de pleurer
Que me sert de me plaindre,
Que vaut mon souspirer,
Quand mon mal n'en est moindre ?
Que me sert-il, helas ! de plus rien esperer,
Veu que mon grief tourment ne fait rien qu'empirer ?
Que m'allegent mes pleurs
Eternelles fontaines,
Sources de mes douleurs,
Souvenir de mes peines,
Et vous mes hautains cris dequoy me servez vous,
Puis que vous n'esmouvez à pitié ces jalous ? [74 v°]
Que me vallent les nuicts
Que triste j'ay passées,
Accablé des ennuits
De mes fortes pensées,
Que me vont soulageant un million de jours,
Helas que j'ay perdus en mes vaines amours ?
Où sont tant de faveurs
Dont l'on paissoit mon ame,
Où estes vous douceurs
Des beaux yeux de Madame ?
Helas vous n'estes plus, et si estes encore,
Mais pour aigrir plus fort le mal qui me devore :
Que m'a servy le temps
Et longue patience,
Que m'ont servy deux ans
De mon obeyssance,
Que j'ay fait pour Amour, mon mal-heur enduré ?
Rien, sinon que d'avoir mon ennuy mesuré.

Que m'a servy de voir
Les traits de ton visage,
Que m'a servy d'avoir
Un si brave courage,
Puis qu'absent je me deuls, et puis qu'à l'impourveuë[1]
Je me suis veu bannir, pour jamais de ta veuë ?
Que me sert de porter
En mon sein ta painture,
Et tousjours de baiser
Ceste belle figure ?
Hé que ne sont les mains de ma belle Cillie[2],
La cause de ma mort, puis que j'en tiens la vie ? [75 r°]
Mon esprit transporté
Fait follier mon ame,
Mon sang est caillotté,
Je ne suis qu'un fantasme,
Et mon cœur fait rocher où la neige entassée,
Estouffe mes poulmons de ma peine passée.
Que puis-je en escrivant
Alleger mon martyre[3],
Que pousser plus avant
Le mal dont je souspire ?
Dequoy me peut servir de chanter ma maistresse,
Puis qu'absent je n'en puis jamais avoir caresse ?
Helas dequoy me sert
Ceste douce esperance,
De voir en ce desert
La fin de ma souffrance ?
Dequoy me peut servir tout ce que je puis faire,
Puis que je suis sans moy, en ce lieu solitaire ?
Il faut doncques mourir.

---

[1] 1589 : *et qu'à l'impourveuë.*

[2] Sur ce nom féminin voir 109 v. 139.

[3] Cette interrogation semble être une incise dans la construction de la phrase.

„ Ouy qui[1] le pourroit faire,
Il se faut resjouyr,
Le temps est trop contraire.
Si tout est contre moy, comme auray-je puissance,
De resister sans cœur à ceste longue absence ?

FIN.

[75 v°]

[23] COMPLAINTE.
STANCES.

Je ne suis plus sur les montagnes[2],
Mais au milieu de ces[3] campagnes,
Pleines d'importuns laboureurs,
Loin du beau subjet de ma vie,
Où je déplore mes mal-heurs,
Ennemy de ma propre vie[4].
Au lieu de ces eaux foudroyantes,
De roche, en roche murmurantes,
Je voy des ruisseaux plats de bors
Bruire, si peu qu'une Musette
Par le doux son de ses accors,
S'entendroit sur eux hautelette[5].

---

[1] On peut gloser par : « Ouy si on le pourroit faire ».

[2] Cette pièce porte deux noms différents. La tentative de clarification générique laisse perplexe. De fait, ni « complainte » ni « stance » ne sont des genres définis. Le premier terme renvoie plutôt à un contenu, pathétique, et le second, issu du terme italien « stanza » qui signifie « strophe », n'a pas de définition formelle claire. Il s'agit en général d'une lamentation lyrique. Voir les pièces TS CXIV ou TS CXVI.

[3] 1589 : *ses*.

[4] La pièce est mentionnée dans Ph. Martinon, *Les Strophes*, *op. cit.*, p. 541 sous la rubrique « sixain d'octosyllabes de forme aabcbc ».

[5] Sur ce motif de l'eau musicienne voir 111.

J'estois n'aguiere en l'antre noire[1]
Où tout plain d'honneur, et de gloire,
Je logeois Amour chez autruy :
Maintenant comme cheut des nues
Je n'ay plus de jour qu'aujourd'huy,
Et toutes mes peines perdues.
Considerant ma peine dure,
Je discours de mon advanture,
Triste, desesperé, hideux,
Aimant du monde la plus belle,
Mais toutesfois si glorieux,
Que je n'aimeray jamais qu'elle.

FIN.

[76 r°]

[24] MOTTETS.

O chers souspirs, qui faites en l'air vuide
Tous voz efforts pour attaindre les Cieux,
Attendez là celuy-cy, qui pour guide
Vous va trouver sur l'ælle de mes yeux !
Mes chers souspirs vous en irez bien mieux,
Car après vous mon ame se descoche,
Mais gardez vous des deserts oublieux
Mon cher esprit, vous en allez bien proche :
Chantez oiseaux, resumez ma tristesse,
Resveillez vous rossignolet du bois,
Ne dites mot, corneille couasseresse[2],

---

[1] 1589 : *autre noire*. Voir pièce 16 v. 3 et TS CXVII v. 13.

[2] Il faut effectuer une synérèse sur le « coua- » de « couasseresse ». Voir ce mot au glossaire.

Laissez m'ouyr tant de divines vois,
Dehors hibous[1], c'est pour une autresfois,
Que sans pardon chanterez ma fin triste,
Mais quand j'y pense, à vous en soit le chois,
Car plus je vis, et tant plus je m'attriste.
Le vin bruslant dont par fois l'on mesuse,
Nous fait souvent advancer nostre jour,
Ainsi donc moy de ma mort je m'accuse,
Car j'ay trop pris de breuvage d'Amour.
N'auray-je pas de toy, belle, secour ?
Un seul baiser me peut sauver la vie.
Baise moy donc, car j'espere tousjour
Ne point mourir, si tu n'en as envie.
Combien de mal mon pauvre cœur supporte,
Combien de pleurs versent icy mes yeux ! [76 v°]
Que de regrets ceste absence m'apporte,
Sans esperer à la fin d'avoir mieux !
Combien les jours me sont plus ennuyeux,
Et les flambeaux que je ne puis estaindre[2] !
Mais si un coup je baisois ces beaux yeux,
Jamais, jamais, je ne me voudrois plaindre.
Le feu ardant qui dedans me devore,
Et les glaçons qui me gelent dehors,
Me font souffrir le tourment tiede encore,
Le vray miroir de mes diverses mors,
O pauvres yeux qui sentez là dehors,
Un froid Hyver dedans une fournaise,

[1] Cet oiseau est, depuis l'antiquité, considéré comme l'annonciateur des mauvais présages. Dans les *Métamorphoses*, un certain Ascalphe est transformé en hibou pour avoir dénoncé Proserpine à Hadès : la jeune fille ayant mangé une grenade provenant du royaume des morts, elle ne pourra pas retourner définitivement dans le monde des vivants. La corneille et la chouette sont associées par Ovide qui évoque leur rivalité auprès de la déesse Athéna. Voir ici même pièce 225 v. 5, 6, 41, 46, 81 ainsi que Ovide, *Métamorphoses*, *op. cit.*, II, v. 536-595 et V, v. 538-550.

[2] Ce vers est le complément d'objet du verbe « sont ».

Voyez vous pas, ô mal-heureux les bors
De l'Acheron où tout le mal s'appaise[1].
Pour mon plaisir je me suis venu rendre
A tes beaux yeux qui taschoient de long temps,
De leurs beaux rets m'enlacer et me prendre,
Fillets à cœurs fort subtils et prenans,
Mais puis qu'à toy de bon cœur je me rends
Que je ne sois mis en la fosse obscure,
Je te dy vray tout exprès je me prends[2]
Pour voir la fin de mon mal qui trop dure.
Triste maison que tu m'es importune,
N'auray-je pas ce bien que d'en sortir ?
Nenny, je croy, trop rude est ma fortune,
Qui ne veut pas que j'en puisse partir,
Je retiendray ce que je puis sentir
De mon amour, soubs meilleure esperance.
Que dy-je, helas ! Ma douce delivrance
Ne voudroit pas le destin ressentir. [77 r°]

Rose au depart.

Mourir plustost que d'oublier absente[3],
Les doux baisers de mon cher amoureux,
O souvenir, tant plus tu me tourmente,
Tant plus mon cœur est de toy desireux,
Je sçay qu'il est loing de moy langoureux,
Dont mon amour accroist tant plus extreme,
„ Face le sort qu'il soit aussi heureux
Qu'il le merite, et encor que je l'aime.
Le mal-heureux qui par outrecuidance

---

[1] Il s'agit de l'un des fleuves des enfers sur lequel Charon transportait les morts.

[2] Le complément d'objet est sous-entendu. Il s'agit des rets. L'image est topique surtout dans l'entourage de la maréchale de Retz, Claude-Catherine de Clermont. Voir pièce 10 v. 20.

[3] Comme le mentionne l'intertitre en italique, c'est Rose qui prend la parole pour se lamenter de l'absence de son amant.

Rompit le pont où le monde passoit[1],
Jugea premier que la prompte esperance
Au vuide fonds de la boite restoit[2] :
O le meschant, je croy qu'il luy laissoit[3]
Pour decevoir l'humaine creature,
„ Estimant bien que jamais ne mourroit
„ Le faux espoir nom-plus que la nature,
O mon desir que tu as peu de force !
En vain tu es contre tant d'ennemis,
Tu es ainsi comme la tendre escorce,
Qu'un forgeron au beau verger a mis[4],
Pendant que l'œil du desdaigneux Narsis
Au fonds de l'eau à sa mort veut attaindre[5],
Et comme l'arbre, où les rameaux blesmis
Vont d'un beau vert leur escorce retaindre.
Ce faux Amour devroit aimer[6]
Mon cœur pour luy estre fidelle,
Et pour luy, toutesfois s'armer
Qu'il[7] auroit à voz yeux querelle,
Au contraire il est infidelle,
Et souvent combat contre toy, [77 v°]
O mon cœur, fais à la pareille,
Pour luy rendre, manque de foy.
Si vous avez des traits mes yeux,

---

[1] Cette allusion est mystérieuse mais peut-être s'agit-il d'Épiméthée, mari de Pandore.

[2] Dans le mythe de la boite de Pandore, c'est l'espoir qui reste au fond de la boite lorsque toutes les maladies et tous les vices s'en sont échappés.

[3] Le complément d'objet de « laissoit » se trouve au vers 73.

[4] Un tel vers reste énigmatique.

[5] L'histoire de Narcisse est bien connue. Fasciné par sa propre image reflétée au fond d'une fontaine, le jeune homme ne peut s'en détacher et meurt en la regardant. Voir Ovide, *Métamorphoses*, *op. cit.*, t. III, v. 402-510.

[6] Le vers change du décasyllabe à l'octosyllabe jusqu'au vers 120. C'est sans doute le locuteur qui reprend la parole. Voir dans cette même pièce le vers 153.

[7] Ce « que » introduit ici le complément de « toutesfois » qui a le sens de « toutes les fois ».

Il est bien temps que l'on les lance,
Non, jamais vous ne sçauriez mieux
Esbranler sa forte constance,
Là tirez, pendant qu'elle y pense,
Tirez mes yeux, il est saison,
Tirez donc, la perseverance
Des coups force l'affection.
Tu ressemble au bon oiseleur,
Qui deux ou trois arbres englue
Pour prendre maint oiseau voleur,
Qui y porte la main ou glue[1],
Cuidant laisser la branche nue,
Aux gluaux apprestez se prend[2],
Mais en vain le ret de ta veue,
En vain pour mon desir se tend.
Departez vous, ô mes desirs,
Allez vous en mourir en France,
Sortez après, ô mes plaisirs,
Et vous arrestez à Constance[3],
Mais vous, ma penible souffrance,
Faites à Solleure[4] sejour,

[1] Sans doute doit-on par-là comprendre que même « l'oiseleur » se laisse prendre au moment même où il tente de mettre son piège.

[2] Cette comparaison est issue de Pétrarque, par exemple au sonnet 257 où le poète indique que son « cœur, pris là, comme un poisson à l'hameçon, / [...] / au vrai n'appliqua pas ces sens tout occupés / ou, comme un jeune oiseau, à la glu des branchages [...] » ou des rondeaux de Charles d'Orléans notamment en CLIII : « Fortune, par ses faulx atraits, / En pipant, a pris a la glus / Mon cueur [...] ». Ronsard la reprend dans ses *Amours* et évoque au sonnet LXVIII « Amour qui seul les bons espris englüe [...] ». C'est cependant peut être chez Desportes qu'on trouve la formulation la plus proche de celle de Beaujeu : « Comme le simple oyseau qui s'empestre et se prend / Au piege et à la glus que l'oyseleur luy tend ». Voir Pétrarque, *Canzoniere*, *op. cit.*, p. 405, s. 257, v. 5-8, Ch. d'Orléans, *Poésies*, t. II, éd. par P. Champion, Paris, H. Champion, 1923, rondeaux CLIII, p. 378, Ronsard, *Œuvres complètes*, *op. cit.*, t. V, p. 120, sonnet LXVIII, v. 5 et Ph. Desportes, *Les Premières œuvres*, *op. cit.*, p. 447, 135-136.

[3] Il s'agit de la ville de Constance au sud de l'Allemagne.

[4] La ville suisse de Soleure se trouve sur un affluent du Rhin, l'Aar, à l'ouest de Constance. La présence de la Suisse et de ses paysages est régulière

Je ne veux que mon esperance
Pour compagnie en mon amour.
Helas tourmens où allez vous ?
Je ne puis moy tout seul suffire
Pour appaiser vostre courroux,
Je me sens foible pour vostre ire,
Arrestez là, je vous veux dire
Où vous serez mieux employez, [78 r°]
Suivez Amour qui se retire,
Qui vers moy vous a envoyez.
Que dites vous, Amans, qui me voyez[1]
Si tourmenté ? Auriez vous le courage
De tant souffrir ? Je vous prie soyez
Plus advisez, que je n'ay esté sage !
Gardez vous bien de suivre ce volage[2],
Trop abusez, car tel me fait mourir :
Helas je suis en la fleur de mon aage,
Et si ne veut de mon mal me guerir.
Tousjours ainsi je me plains de ma peine,
Mais c'est en vain, changer donc je me veux
En un ruisseau : Philenus[3] en fontaine
Fut transmué, par le vouloir des Dieux,
En un beau pré verdissent ses cheveux,
Et ses pleurs vont d'une eternelle course,
Ainsi tousjours mes yeux soyez pleureux,
Mais que mon mal se change en mesme source.
Osez vous bien, Madame l'effrontée
Lever les yeux après m'avoir deceu,
Sçavez vous pas, importune, affettée,

dans le recueil. Voir pièces 1 v. 12, 9 v. 406-410 et 556, 24 v. 106-113, sonnet 55, 95 et 97.

1 Le mètre redevient le décasyllabe jusqu'au vers 153.

2 Il s'agit d'Amour qui tourmente le locuteur.

3 Ce personnage reste inconnu mais les transformations en fontaine sont nombreuses dans la mythologie antique. On peut citer par exemple Byblis ou Aréthuse.

Combien de fois je m'en suis apperceu,
Qui eust pensé, brunette, à mon inceu
Qu'eussiez causé, de moy donc vous mesdites
Petite sotte, a si je l'eusses sceu,
J'eusses bien fait mes amours plus petites[1].
De quel tourment est-ce qu'Amour m'agite,
Est-ce une rage, ou bien une douleur,
Est-ce un esprit, qui sans cesse m'irrite,
Faisant muer chaque heure ma couleur ?
J'ay tort aussi d'aimer tant la valeur,
Et de planter dans le ciel mes eschelles[2], [78 v°]
Non, ce n'est rien, qu'une commune ardeur
Qui sort de l'œil de la belle des belles.
Que deviendrez vous mes chansons[3]
Quand je ne seray plus en vie ?
Allez vous-en vers les Grisons[4],
De là passez en Italie[5],
Allez vous ma chanson jolie,
De ce beau pays sur les flots,
Prenez terre en l'Assyrie[6],
Et tousjours allez sans repos.
Souspirez vous encor mon cœur,

---

[1] Le locuteur révèle encore une fois la raillerie dont il est victime de la part d'une dame indiscrète. Voir TS XXXV v. 5-8, 21 v. 555, 24 v. 142-145, 61 v. 1-4.

[2] Le locuteur emploie cette image concrète pour signifier son désir de grimper dans les plus hautes sphères. Voir pièce 21 v. 501.

[3] Le mètre change pour l'octosyllabe jusqu'au vers 184. Voir plus haut le vers 81.

[4] 1589 : *Allez vous vers les Grisons*. Le nom « Grisons » regroupe les régions frontalières avec l'Italie.

[5] Durant les guerres de Religion, en raison des relations compliquées entre le Dauphiné, la Savoie et la France, le chemin de l'Italie se faisait régulièrement par la Suisse et les Grisons. Voir sur ce point A. Outrey, « Le sonnet 139 des *Soupirs* d'Olivier de Magny et le passage des Grisons au XVIe siècle » dans *Revue du seizième siècle*, t. XIX, 1932-1933, p. 133-135.

[6] Le vers est faux. On pourrait proposer comme correction « Prenez terre [dans] l'Assyrie ». L'Assyrie est une région du Moyen-Orient correspondant au nord de la Mésopotamie, sur les bords du Tigre, au nord de l'actuel Irak.

Des maux que pour vous seul j'endure,
Pensez vous que ceste douleur
Me soit, ou moins forte, ou moins dure ?
Nenny, mon cœur, je vous asseure,
Et m'en rapporterois à vous :
„ Mais de celle[1] qui est future,
„ Dites mon cœur qu'en ferons nous.
Je suis cruellement pressé,
De l'estre plus, il n'est possible,
Ny voir nul qui soit oppressé
Comme moy, de son mal terrible[2],
Las ! Amour, n'est-il pas possible
Que de toy j'aye guerison ?
Autresfois tu estois paisible,
Maintenant un mauvais garson.
A dire vray, aimer et vivre,
Ne se fait pas si aisément,
Fuyr Amour, et puis le suivre,
Le servir chaud et froidement,
Sentir son feu discrettement,
Changer de loix, et de nature, [79 r°]
Il faut faire ainsi en aimant,
Si l'on veut faire un jeu qui dure.
Pardonnez moy, Madame la fortune[3],
Si je vous dy que trahy vous m'avez,
Je suis marry qu'estes ainsi commune,
Comme un miroir la face vous avez,

[1] Il s'agit sans doute de la « douleur ».

[2] Cette tournure est elliptique. On peut gloser par : « Il n'est pas possible d'être plus pressé que je ne le suis, ni voir quelqu'un qui soit plus oppressé que moi par la douleur d'Amour ».

[3] Le mètre redevient le décasyllabe jusqu'à la fin du poème. Ces changements multiples inciteraient à voir dans ce long texte intitulé, au pluriel, « mottets » une suite de huitains, indépendants les uns des autres, mis, à la publication, les uns à la suite des autres.

Laissez moy donc, puis que vous observez
Le changement, peu ferme et si volage,
Et en trompez d'autres si vous pouvez,
Je ne veux plus voir vostre faint visage.

J'aime en haut lieu, c'est sur une montagne[1],
Une qu'Amour me commanda d'aimer :
J'aime en bas lieu, c'est en une campagne,
L'œil beau de feu qui me peut consommer,
Mon bien est doux, mon mal n'est guiere[2] amer,
J'aime en Berger, pleine est ma jouyssance,
Et qui plus est, vous devez estimer,
Qu'aimant, je fais ma douce penitence.

Helas douleurs, que me voulez vous faire,
Faut-il mourir, ou mercy vous crier ?
Bien, je me rends, cruel est l'adversaire
Si de sang froid il tue son prisonnier,
S'il faut mourir, je ne sçaurois nier
Que mon forfait ne vaille plus de peine,
Mais je voulus en mon mal me fier,
Et je congnois ma fiance ores vaine.

Voilà que c'est, voilà la rescompence
Que j'attendois d'avoir si bien servy,
O mal-heureuse et pleine d'inconstance,
N'ay-je, en t'aimant, autre bien desservy, [79 v°]
O doux regards qui m'avez tant suivy
Pour me ruiner par mon obeyssance,
Vous verrez bien un jour comme je vy,
Le mesme mal de vous faire vengeance.

Larmes, or sus, destouppez voz conduis,
Puis que mes yeux ne voyent plus ma belle !

---

[1] La mise en page de l'édition originale donne, de manière erronée, les deux hémistiches sur deux lignes différentes.

[2] Le vers est faux dans l'original qui donne « mon mal n'est guieres amer ». Il faut rétablir la forme courte « guiere ».

Allons encore une fois à son huis[1]
Sonner du luth, et souspirer pour elle.
Je parle à vous, pauvre cœur, qui pour elle[2]
Tant regretez vostre creation :
Mais riez-en, car mourant si fidelle,
Vous vous mettez en reputation.

Si j'ay du mal, vrayment je le merite[3],
Et doucement je le dois endurer,
Car mon offense en effect n'est petite,
D'avoir manqué où je devois durer,
C'est vous mon cœur qui devez endurer,
Comme meschant et nourry d'inconstance,
Vous perdez temps de plus en murmurer,
„ Un tel peché merite penitence.

Je ne vis plus, ains je meurs ma mignonne,
Et mon regret me fait du mal assez,
Doux neantmoins, car rien il ne me donne
Qu'un souvenir de mes tourmens passez,
Beaux yeux cruels que je n'ay offensez,
Sçavez vous bien le mal que je supporte,
J'eusses plustost tous les Cieux renoncez
Que d'approcher seulement vostre porte.

Jamais, jamais, je ne suis celuy mesme
Que j'ay esté, non jamais je ne suis
Cil qui vivoit content, hors de soy-mesme
Et en autruy supportait ses ennuis : [80 r°]
O souvenir si mourir je ne puis,
Ne m'approchez maudite souvenance,
Je vous hay trop, et si[4] las je vous suis,
Faute d'avoir de mon mal congnoissance.

---

[1] 1589 : *encores.*

[2] Beaujeu fait ici rimer le pronom avec lui-même. Voir ici même 367-369, 407-409 et 21 v. 7-8.

[3] 1589 : *vrayement je le merite.*

[4] « Si » a ici le sens de « pourtant ».

Mon grief tourment je souffre en patience,
Puis que mon cœur ne le veut autrement,
De noz pechez nous faisons penitence,
Du mal d'autruy de nostre peine absent[1],
Cil qui fait mal merite chastiment,
Mais celuy-là qui ne fit onc offense,
Et est puny, c'est bien injustement,
Voilà d'Amour, l'œuvre et la conscience.

Si je sçavois que vous prissiez plaisir
A mon tourment, je voudrois ma mignonne[2],
Ne point changer mon cruel desplaisir,
Ny le chagrin que l'absence me donne,
Sus desplaisir, que l'on ne m'abandonne,
Fuyez mon bien, car vous me desplaisez,
Puis qu'au tourment ma pauvre ame s'addonne,
Je veux souspirs que soyez appaisez.

Voicy trois ans que je vy d'esperance[3],
Et de mon mal, n'est-ce pas grand pitié ?
Je ne sçay pas quand j'auray allegeance,
Ny le guerdon de ma ferme amitié,
Si je pensois te voir, douce moitié,
Moins je serois en ceste deffiance,
D'où vient, destin, la forte inimitié
Que nous avons, t'ay-je fait quelque offence ?

Ce faux Amour si rudement me presse,
Qu'il me deffait, mais à force de trets,
Parce qu'il hait à la mort ma maistresse,
Mais si je puis eschapper de ces rets, [80 v°]
Je luy diray faux Amour qui transgresse
Le grand Arrest de tes commandemens,

---

[1] « Du mal d'autruy » et « de nostre peine » sont compléments de « absent ».

[2] 1589 : *mon tourment, je ne voudrois ma mignonne.*

[3] Cette mention permet d'évaluer à peu près la longueur du temps passé en Suisse par l'exilé Beaujeu. Voir sur ce point 18 v. 109-110.

Fy des rigueurs de ta loy qui m'oppresse,
Je ne veux plus souffrir tant de tourmens.
Puis que de toy je n'ay autre faveur,
Je veux mourir pour braver ma fortune,
Et suis content de vivre en desfaveur,
Servant cét œil qui tousjours m'importune,
Ma passion en moy est tousjours une,
Je suis d'Amour martyre accoustumé,
Mais si je veux changer mon infortune,
Je le puis faire, et n'en seray blasmé.
Si j'ay failly presumant trop de moy,
D'avoir osé aimer ma belle Rose,
J'en suis puny, car mon fascheux esmoy
Venge en mon cœur encore une autre chose,
Un brave cœur qui tout entreprendre ose,
Ne peut fuyr à la fin son mal-heur,
Car si souvent au danger il s'expose
Qu'il se mesfait par sa propre valeur.
„ Je suis blessé d'une fleche mortelle
„ Dedans le cœur dont je suis estonné,
„ Mais je ne sçay si c'est ma Rose belle,
„ Ou bien Amour qui ce coup m'a donné,
„ Amour m'avoit du tout abandonné,
„ Et ma maistresse ainsi qu'on dit oublie,
„ Je ne sçay pas si mon mal destiné,
„ Vient, ou d'Amour, ou de sa main jolie.
O souvenir, ô dure souvenance,
Allez vous en, je vous donne congé,
Vous me perdez, trop longue est mon absence,
Trop vous m'avez le cœur endommagé : [81 r°]
Las je pensois un jour estre allegé,
Au lieu d'avoir le mal que je supporte,
Mais du subjet j'en suis bien corrigé,
N'ayés pas peur que j'approche la porte.

Si tu sçavois Amour comme il me dure
Depuis hier que ne vis ma Catin,
Tu m'osterois de ceste peine dure,
Si tu voulois, aujourd'huy, ou demain.
As-tu rien veu, si beau que son tetin ?
N'est-elle pas en beauté la premiere ?
Mais je te dis aussi, faux inhumain,
Que tu la rends sur toutes la plus fiere.

Nature un jour, de son amy jalouse,
Fit un Prin-temps, sur tous les autres beau,
Si[1] que le Ciel regardant son espouse,
De maints œillets luy vit un grand manteau,
La cotte verte, un odorant chappeau[2],
De ses beautez son ame fut esprise,
Ma Rose vint, en ce temps là nouveau
Ça bas, m'estant dès lors du Ciel promise.

Vous donc mes yeux puis que avez fait l'offence,
Vous meritez à bon droict ce tourment,
Faites en donc à ce coup penitence,
Vous ne sçauriez pleurer plus justement,
En voz ruisseaux noyez moy vistement,
Et sans pitié n'esconduisez ma plainte,
Je veux mourir, et tout presentement,
Mes douces pleurs[3], je vous prie à main jointe.

O qu'il mourut bien justement en l'onde
Ce beau Narsis, n'avoit-il honte aussi
De mespriser les plus belles du monde,
Sans en avoir, ny pitié, ny soucy, [81 v°]
Je voudrois bien qu'il fust vivant icy,
Pour voir un peu ma petite Rosette,
Vous congnoistriez si son œil sans mercy,

---

1 « Si » a le sens de « de telle façon que ».
2 Sur ce motif du chapeau de fleurs voir 15 v. 88.
3 TS IV v. 10.

Empescheroit la fin que je souhaitte.
Allez souspirs je n'eusse oncques pensé
Que vostre ardeur fut si fort violente,
Laissez moy donc, vous m'avez offensé
Par le fier mal qu'icy j'experimente,
Je ne veux plus, ny d'espoir, ny d'attante :
Allez vous en, souvenir rigoureux,
Je veux garder le mal qui me tourmente,
Et en mourir content, et amoureux.
O que mon luth me donne de liesse,
Quand je m'esgaye au soir dessus les eaux,
En respondant à sa delicatesse,
De mille vers composez tous nouveaux,
Il n'est pré vert, bois, saules, ny ormeaux,
Ny belles fleurs, qui n'y prestent l'oreille[1],
Mesmes le feu, qui sort de mes yeux beaux,
Vient sauteler à sa douce merveille.
Vous me guidez mes yeux en ce desert,
Où vous n'avez onc esté en voyage,
Vous me perdez, helas ! Dequoy vous sert
De m'absenter de ce divin visage ?
Que ferons nous dans cét espais bocage,
Je ne veux voir, les Nymphes, ny les yeux,
Ny demeurer long temps soubs cét ombrage,
Mais retourner soudain voir mes beaux yeux[2].
Helas beaux gands que vous estes heureux[3]
De tant baiser ceste main deliée,
Et moy d'autant je me rends langoureux,
De voir ainsi ma maistresse esloignée : [82 r°]
Au plus profond de ceste grand vallée,

---

[1] Toute cette description du lieu dans lequel compose le poète tient du *topos*. Voir 9 v. 389-391 et ici même v. 410-413.

[2] Voir ici même v. 221-222 et 407-409 ainsi que 21 v. 7-8.

[3] Ce *topos* est déjà présent dans le dizain 169 de *Délie*. Voir M. Scève, *Délie*, *op. cit.*, dizain 169.

Loing de mes cris, au desceu de mes yeux,
Loing de l'aigreur de ma rage afillée,
Et du sejour qui m'est tant ocieux.
    Je te supplie, o belle tourterelle,
Après avoir pleuré ton amoureux,
Pleure mon cœur le tourment de ma belle,
Et mon mal-heur qui m'est tant rigoureux
Chante en pleurant, seroit-il pas heureux
Qui jouyroit des amours de ma Rose :
Mais chante bas, je suis d'elle amoureux,
Et je ne veux qu'on sçache que je l'ose.
    O belle nuict tu es esvanouye,
Où sont logez tes chevaux furieux,
Qui brunissoient d'une haleine obscurcie,
Les monts, les vaux, les plaines et les Cieux[1].
Las, où es tu, tenebre gracieux,
Et vous, Jupins, qui souliez me conduire ?
Donnez secours à mon mal ennuyeux,
Car soubs vostre ombre à son bien il aspire.
    O liberté, trop cherement vendue,
Autre que moy n'en voudroit pour le pris :
O liberté si long temps attendue,
Combien de maux pour vous avoir j'ay pris ?
Te congnoissant douce je fus espris,
Et pensois bien estre hors de ma peine :
Mais de ma fievre, à l'instant, las repris,
Je jugeay bien que tu n'estois que veine[2].
    Souvenez vous de vostre foy, la belle.
Est-ce bien fait que de se parjurer ?
Que pensez vous, aimant estre infidelle ?

[1] De même que le Soleil est, dans la mythologie grecque, représenté sur un char, Beaujeu imagine la Nuit à cheval et répandant l'obscurité sur la terre. Voir Pétrarque, *Canzoniere*, *op. cit.*, p. 303, s. 164, v. 3.

[2] Cette graphie est archaïque. Voir FEW XIV, 163-164 : *vanus*.

C'est pour plaisir le Ciel injurier : [82 v°]
Souvenez vous qu'aimant il faut durer
Au joug pesant de toute Amour fidelle,
C'est un mal-heur, quand il faut l'endurer,
„ Mais bien ou mal il faut estre fidelle.

« Allons aux bois soubs la verte ramée,
Joüer nous deux, à ces ombres plaisans,
Disoit Amour, à ma Rosette aimée,
Cueillir des fleurs en ces prez fleurissans[1] ! »
J'estois derriere : « Ha Amour, je vous prends,
Petit vilain, subornant ma maistresse,
Sortez d'icy, car bien je vous apprends
Que je ne veux que luy faciez caresse ! »

Les bruyans flots, ainsi que la nuict serre
Au dos du jour son obscure maison,
Volontiers font à leurs rochers la guerre,
Aidez des vents, et en toute saison,
Ainsi me fait cét enfant Cupidon,
Aidé de Rose, où mon mal je souspire,
O fermeté de rochers, se dit-on,
L'assault d'Amour, plus que des flots est pire.

Repentez vous de vostre vaine gloire,
D'avoir hautains, attendu follement
Vostre ennemy au fort de la victoire,
Puis que vaincus fuyez si laschement :
C'est bien raison que souffriez vrayment[2],
O pauvres yeux, miserables esclaves,
Vous vous rendez indignes du tourment,
Et vous faisiez n'aguieres tant les braves.

FIN DES MOTTETS.

[83 r°]

[1] Voir ici même vers 354-359.

[2] 1589 : *C'est bien raison que vous souffriez vrayment.*

[25] ELEGIE.

Roze, c'est pour te voir, que tousjours je m'obstine
Contre ce brave enfant, qui seul me predestine
A nourrir mon mal-heur, et traverser mes jours :
Helas ! c'est pour te voir que je cuide tousjours
Amollir de mes pleurs ce dur roch de Phrygie[1],
Où sans cesse je voy la durté[2] de ma vie :
Je ne suis estonné d'une telle rigueur,
Puis que tu as au sein un caillou pour un cueur[3],
Des diamans aux yeux, qui ont au lieu de veue,
Une pointe qui mord, et qui tousjours me tue :
Je ne sçaurois trouver le moyen de te voir,
Si pour mourir au moins je le[4] pouvois avoir :
Pense belle, que moy desireux de ta grace,
Je voudrois mille morts, pour voir un coup ta face,
En baisant tes beaux yeux, bien-heureux je mourrois,
Et puis à mon supplice incontinent j'irois
Trouver une autre mort aussi dure et fascheuse,
Que celle du baiser me seroit gracieuse,
Car il n'est rien si doux, que mourir ayant fait,
Et sans se repentir un si brave forfait.
Je ne sçaurois dormir, à minuict je me couche
En quelque coing seulet, où sur mon luth je touche
„ Quelques vers composez en mon adversité,
Où je ne chante rien que ta belle beauté :

---

[1] Il s'agit sans doute du mont Ida situé à proximité de Troie et qui est très lié à la légende de Pâris. Celui-ci y est abandonné par ses parents, y rencontre sa femme, avant d'y prononcer son fameux jugement concernant la beauté des déesses Athéna, Diane et Aphrodite. Voir 29 v. 32.

[2] La graphie note la nécessaire élision du « e » interne.

[3] Il s'agit d'une locution proverbiale signifiant « avoir un cœur de pierre ».

[4] Ce pronom fait sans doute référence au cœur mentionné vers 8.

À l'ombre de la nuict, au coing de quelque rue,
Tousjours ton huis fermé je conduis de la veue, [83 v°]
Et quand le jour revient, aux fraischeurs du matin,
Je m'en vois promener auprès de ton jardin,
Pour t'attendre en cachette, et tousjours je chemine
Sans espoir de salut, sans cesser vers ma ruine,
Estant las, je me couche, et au rivage chaut,
Du lac je me complains ayant les yeux en haut.
Amour que t'ay-je fait, helas de quel peché
Aurois-je toy, l'Olympe, et le beau Ciel fasché ?
Seray-je pour jamais en ta mauvaise grace,
Retenu prisonnier au filet qui m'enlace ?
Alors n'esperant plus, ny secours, ny salut,
Je reprens, forcené, plein de rage, mon luth,
„ Priant les immortels d'estre à ma mort, voisine,
„ Je chante pour mon ame une chanson divine,
La bouche toute en feu, là je me ressouviens
De la soif de Bacchus, aux doux champs Lybiens[1],
Attaint, ainsi que moy, de chaude maladie,
Et de peine, et de soif, cherchant son elludie[2] :
Ce Dieu ne pouvant plus, ny vivre, ny marcher,
Ny ses douces amours d'avantage chercher
Sur le sable couché, voyant sa mort prochaine,
Se plaignoit, en pleurant, à ceste chaude areine,
Et luy recommandoit, après sa dure mort,
Son corps, et le pourtrait de celle que si fort
Il desiroit de voir. Disant[3] : « Plaine dorée,

[1] Cet épisode est sans doute issu d'une source encore inconnue. Le voyage de Bacchus est, lui, bien connu. De fait, Apollodore rapporte qu'à la sortie de l'adolescence, Bacchus fut reconnu par Héra qui le rendit fou, l'obligeant à errer en Égypte et en Syrie. Beaujeu brode sans doute à partir de cette allusion. Voir Apollodore, *Bibliothèque*, *op. cit.*, III, v, 1.

[2] Le terme n'est présent dans aucun dictionnaire et il est bien difficile de lui donner un sens.

[3] Bacchus prend la parole à partir de ce vers. Le pronom « je » se réfère donc au dieu.

Où il faut maintenant, que ma langue alterée,
Meure soubs la rigueur d'un coutelas bruslant,
Au moins, après ma mort, couvre moy doucement
Des fleurs que ton Zephire apporte des bocages,
Où ma maistresse chante aux frais des beaux ombrages,
Devant qu'il soit deux jours elle me cherchera,
Au moins presente moy quand elle passera. [84 r°]
O Jupiter, dit-il, qui m'as esté nourrice,
Et qui m'as engendré, non dedans la matrice,
D'une belle Leda, qui soubs les bois ombreux,
Succottoit le doux miel de ton bec amoureux[1],
Mais au bruyant giron des flames foudroyantes[2]
Cher pere tu me fis, Roy des cuves fumantes,
Prends donc pitié de moy, et maintenant icy
Appaise ceste soif, qui me tourmente ainsi,
Estant prest de mourir soubs mes bruslantes peines. »
À ce mot, Jupiter fait sortir deux fontaines
D'une teste de bouc, et voire sur Bacchus
Saillirent les ruisseaux à ces cornes pendus[3],
L'yvroigne voit ce bouc, dont la teste ruisselle,
Ne cherche en sa besace une claire vaisselle,
Ains de soif panthelant, se leve et fait un saut
Pour se venger du tort que luy faisoit le chaut :

---

[1] La mortelle Léda, aimée de Zeus, est fécondée par lui sous la forme d'un cygne. Voir le vers 166, le sonnet TS CXII et Ovide, *op. cit.*, *Métamorphoses*, VI, v. 109.

[2] Il s'agit sans doute d'une allusion à la naissance de Bacchus, arraché par Zeus du corps brûlé de Sémélé qui avait souhaité voir son amant, Zeus lui-même, dans toute sa majesté et n'avait pu le supporter.

[3] À nouveau, Beaujeu semble s'inspirer de mythes existant tout en les déformant. Dans certaines versions du mythe, c'est bien à une chèvre qu'est arrachée la corne d'abondance mais c'est par Zeus que ce prodige est accompli. Une autre version, déjà évoquée ici, met en scène le combat entre le fleuve Acheloüs, transformé en taureau, et Hercule. Le demi-dieu arrache une corne à son adversaire et, en échange de celle-ci, le dieu fleuve lui donne la corne d'abondance. Le lien entre Bacchus et la corne d'abondance a sans doute été inspiré au poète par la traditionnelle apparence caprine des satyres qui le suivent et par son lien avec les excès. Voir ici même 13 v. 21 et P. Grimal, *Dictionnaire…*, *op. cit.*, p. 30 et 4.

Il boit tant qu'il s'estanche, et laisse aller la corne
„ Du secourable bouc, qui au Ciel s'en retourne :
Si ainsi à mes[1] cris, Amour me secouroit,
Mon tourment si cruel, au moins s'appaiseroit,
„ Et ma soif amoureuse à l'instant accoisée[2],
Si j'avois seulement ma Rosette baisée,
Mais il est plus cruel, que Jupiter n'est doux,
Au lieu de me bien faire, il me tue de coups.
Et pour bannir mon cœur des yeux de ma maistresse,
Il dit, las ! que je suis le fleau qui l[3]'oppresse,
En se cuidant cacher, et sa meschanceté[4],
Soubs le ressentiment d'une importunité[5],
Qui me fait, transporté d'un autre mal nouveau,
Laisser là ma priere, avecques mon manteau,
Pour aller insensé, au long de ces rivages
Faire danser les flots au son de mes passages, [84 v°]
Qui n'oyans ma chanson, ne surpassoient alors
Leur closture ordinaire, et le bas de leurs bors[6] :
Mais assis auprès d'eux, tristement je souspire,
Et s'esmeuvent sans plus au bruit de mon Zephire,
Puis je sortois de là, de mon tourment outré,
Et suppliois ainsi le premier rencontré :
« „ Arreste, toy qui passe, au moins fais moy la grace,
Que je puisse d'Amour r'avoir la bonne grace !
„ Le feras-tu ? Nenny ! Je ne le veux aussi,
Je te donne mon mal, et mon cruel soucy. »

---

[1] Le locuteur reprend la parole.

[2] Il semble que le verbe de la principale soit sous-entendu. Il faut comprendre « Et ma soif amoureuse à l'instant (serait) accoisée ».

[3] Le pronom défini renvoie à « ma maistresse ».

[4] La conjonction de coordination fonctionne avec « se » et « sa méchanceté » est donc complément d'objet direct de « cuidant ».

[5] Amour accuse ici, traîtreusement, le locuteur d'être la cause des souffrances de la dame.

[6] Les flots restent calmes avant d'avoir entendu l'amant et lui répondent ensuite.

„ Ainsi j'allois errant, d'Amour tout fantastique,
Comme l'on voit fuyr le joüet que l'on pique,
Au bout de la passade, où il s'est retourné,
Sans temps et sans raison, à son vueil addonné[1].
Mais mon guide fatal[2] print pitié de ma vie,
N'estant toutesfois fort pour m'oster ma furie,
Me suivant, estonné d'un si estrange esmoy,
„ Se rendit pour un temps, à mon mal comme moy :
Or combien que je fusse alors plain de tristesse,
Si congnoissois-je bien encor[e][3] ma maistresse :
„ Et comme un Otheon en rocher eschangé[4],
„ Je congnoissois tousjours ce qui m'avoit changé,
„ Et ressemblois Flautus[5], qui d'une brusque course
„ Courut vers son meurtrier[6] qui l'eschangea en ourse.
Ce n'estoit pas de joye, et quelle joye ont ceux
De voir, et ne toucher le thresor precieux,
Ce n'estoit pas de peur, qu'eust mon ame estourdie,
La peur, de mon courage, est de tout temps bannie :
Je ne sçay que c'estoit, qui me fit sans raison
Demeurer immobile auprès de ta maison :

[1] Le jeu en question est le bilboquet, ici métaphore du destin prévisible du locuteur.

[2] Il s'agit d'Amour. Le terme « fatal » s'entend à la fois comme la marque de l'impossibilité pour le locuteur de lui échapper, mais aussi comme celle d'une mort certaine.

[3] 1589 : *encor ma maistresse.*

[4] Niobé, qui avait moqué le peu de fécondité de Léto, mère d'Apollon et d'Artémis, est transformée en rocher, après que ses enfants ont été tués. Faut-il voir dans « Othéon » une mauvaise graphie de « Oibéon » anagramme imparfait de « Niobé » ? Voir dans cette pièce le vers 168 et *Métamorphoses*, *op. cit.*, VI, 148-287.

[5] Dans les *Métamorphoses*, Callisto, prêtresse de Diane, est transformée par Héra en ourse après avoir été mise enceinte par Zeus. Sur le même modèle que la référence précédente, on peut se livrer à un hasardeux exercice anagrammatique et voir dans « Flautus » une graphie erronée pour « Clautus » voir « Clætis », sous laquelle il faudrait retrouver « Caliste ». Voir ici même TS XLVI v. 11 et Ovide, *Métamorphoses*, *op. cit.*, livre II, 401-496.

[6] Voir 9 v. 23.

Voilà comment tu fis reculer mon courage[1],
Par les divins attraits qui sont en ton visage, [85 r°]
Ou bien de tes beaux yeux les rayons offusquans,
Qui peuvent aveugler les oiseaux bequetans
„ Chaque jour une fois du beau Phebus[2] la face,
Sans qu'il puisse brusler leur prunelle de glace[3].
O genereux oiseaux, puissiez vous dans les Cieux
Dire combien de pleurs je verse de mes yeux,
Combien je pers de nuicts, et combien de martyre
Mon cœur sceut augmenter, tant plus il en souspire,
Afin que Jupiter se puisse souvenir
De sa jeunette Yo[4], et pour me survenir
En mon affliction meu de ceste merveille
Il preste à mes clameurs humainement l'oreille :
Ainsi braves oiseaux allez rasant les mers,
Et chantez mes doux maux, et mes souspirs amers.
Helas ! Heureux Hymen[5], qui toute force donte,
Si tu sçais mon tourment, tu en dois avoir honte,
D'endurer ce faux Dieu[6], qui par despit de toy,
Deschire les contracts de ta divine loy,
Qui ça bas autresfois, sur les monts, et en l'onde
Gouvernoit sagement la police du monde,
Si que la liberté de noz douces amours
Souloit conduire ensemble, et nostre heur, et noz jours,

[1] On attendrait que les deux points du vers précédents apparaissent plutôt ici.

[2] Le nom renvoie ici simplement au soleil.

[3] Ces deux vers sont compléments du participe présent « bequetans » et indiquent simplement que si les oiseux peuvent sans risque s'approcher du soleil, en revanche, ils ne peuvent subir le regard de la dame. Traditionnellement ce sont les aigles qui ont le pouvoir de regarder en face le soleil.

[4] Il s'agit de Io, l'un des premiers amours de Zeus. Voir *Métamorphoses*, *op. cit.*, livre I, 568-624.

[5] Hymen est le dieu du mariage.

[6] Il semble que la construction oblige à une mise en facteur commun de la proposition « tu en dois avoir honte ». Celle-ci devient la proposition principale de « si tu sçais mon tourment » et de « d'endurer ce faux Dieu ».

Posant avecques nous en nostre sepulture,
Nostre contentement, comme nostre nature :
Mais je voy bien que c'est, il faut cedder au temps,
Et souffrir sans se plaindre, aux mal-heurs inconstans,
Pardonnant aux meschans, qui jaloux de ma vie,
Se bandent contre moy d'une incroyable envie.
Or sus, j'annonce icy leur pardon general,
Que pour eux j'ay obtins[1] du grand Dieu, admiral
Des mers où noz souspirs font tousjours un orage,
Sans submerger noz cœurs qui cherchent le naufrage. [85 v°]
Il me plaist bien dequoy ils[2] gardent tous les jours
La beauté des beautez, de mon cœur les amours,
Je voudrois pour jouyr de mon mal desirable,
Leur[3] servir de portier, et leur estre aggreable,
Je ne dormirois point, tousjours les yeux ouvers,
J'aurois à me garder d'autant de buissons vers,
De fleurs de lis, d'œillets, de douces giroflées,
De lauriers, et de pins, en un corps recelées[4],
Je dy les fleurs de Mars[5], et les arbres des bors,

---

[1] La forme du participe passé semble avoir été forgée pour les contraintes métriques du vers.

[2] Il s'agit ici sans doute des « meschans » du vers 149 qui gardent la dame et que l'amant finit par accepter.

[3] Ce pronom renvoie toujours aux mêmes « meschans » dont le locuteur devient le « portier ».

[4] Ce passage énigmatique prépare celui des vers 165 à 170. Le locuteur, s'imaginant gardien de sa dame, énumère les différentes métamorphoses que pourraient adopter les dieux venus lui ravir sa belle. Hormis les « lauriers » et les « pins » aucuns de ces noms de fleurs ne renvoie à des épisodes précis. Voir la note du vers 170.

[5] L'expression « les fleurs de Mars » semble issue d'un souvenir des *Fastes* d'Ovide dans lequel le poète latin rapporte une légende concernant la naissance de Mars. Vexée que Zeus ait pu mettre Minerve au monde seul, Junon tente de demander l'aide de Neptune mais, fatiguée, elle s'arrête devant l'endroit où vit Flora. Celle-ci, à l'écoute des malheurs de la reine des dieux, consent à lui donner un moyen d'enfanter seule. C'est grâce à une « fleur [...] reçue des champs d'Olène » que la déesse obtient ce qu'elle désire. Elle accouche bientôt de Mars. Voir 112 v. 65 et Ovide, *Les Fastes*, *op. cit.*, V, p. 150-151.

Transmuez au divin qui forma tous les cors[1].
Car le sacré Senat[2] ne trouve point estrange
S'il descend icy bas, si en Cigne il se change,
En arbrisseaux, en fleurs, en lauriers, ou en pins,
En rochers, en chameaux, en vignes, en sapins[3],
„ Pour tromper, fait absent, de sa saincte nature
Les plus rares beautez, cherchant son advanture[4].
Mais si je luy[5] trouvois, je ne le veux nier,
Au peril de ma vie il seroit prisonnier,
„ Ou bien sans m'esloigner de la chose conquise
„ Il ne jouyroit point du doux fruit de sa prise,
Si en Cigne il venoit nageant dessus les eaux,
Je m'en irois cacher aux plus espais rouseaux
Pour tousjours l'espier, et sur la rive verte
J'irois tous les matins faire la descouverte :
Ma Rose sur son chef, n'auroit nul chappelet
De branches d'olivier, de roses, ny d'œillet,

---

1 Il s'agit sans doute de Jupiter qui s'est pourtant rarement transformé en arbre mais auquel étaient consacrés les chênes.

2 Cette assemblée est celle que les dieux forment au sommet de l'Olympe.

3 Sur la présence de l'arbre dans le recueil voir 120 v. 5.

4 Cette liste renvoie semble-t-il aux métamorphoses de Zeus pour approcher ses amantes mais fait appel à des éléments issus d'autres épisodes mythologiques voire à des éléments purement fantaisistes. Ainsi, si le « Cygne » renvoie bien à l'histoire de Léda, déjà mentionnée au vers 61, les « arbrisseaux » peuvent renvoyer aux légendes de Myrrha, transformée en myrrhe ou bien de Cyparisse, transformée en cyprès, tandis que les « fleurs » peuvent aussi bien évoquer Narcisse mué en narcisse ou Adonis transformé en anémone. Le « laurier » renvoie spécifiquement à Daphné, le « pin » à Atys, les « rochers » à Niobée et ses enfants, la « vigne » à Bacchus tentant de séduire Érigone. Reste les « chameaux », mention saugrenue qui semble issu de l'imaginaire exotique de notre auteur, et les « sapins » qui paraissent redoubler les « pins » tout en permettant la rime. Cette liste mélangeant les transformations heureuses ou malheureuses des amants et des amantes, des dieux et des hommes, semble valoir autant pour l'effet stylistique virtuose qu'elle suppose que pour la précision mythologique. Voir ici même les vers 62, 111, 160-164 et le sonnet TS CXII ainsi que Ovide, *Métamorphoses*, *op. cit.*, I, 452-567, III, 339-510, VI, 125 et surtout X, *passim*.

5 L'utilisation du pronom tonique est inattendue. Il faut comprendre : « Mais si je le trouvois ». C'est bien toujours de Zeus qu'il est question.

Que je ne sceusses bien ce grand lance-tonnerre,
Là sus dedans le Ciel, et non pas à la terre.
Car pour me reveler toutes ses actions,
J'aurois et nuict et jour un millier d'espions,
Si qu'il ne sortiroit de la voute estoillée,
Que sa partie ainsi ne me fust decelée. [86 r°]
L'on dit qu'un jour Phebus espoinçonné d'amour,
Poursuivit panthelant Daphn[ée][1] tout un jour,
Où lassée à la fin, la belle fut contrainte
D'invoquer Dieux et Ciel, humblement à maint jointe,
Afin de l'eschanger en l'arbre glorieux[2],
Pour la sauver des mains du flambeau gracieux[3],
Qui riant dans le cœur de la voir tant lassée,
Cuidoit desja tenir son amour tant chassée.
„ O mal-heur coustumier, de nature, du vent,
„ Aux plus fascheux chemins tu nous laisses souvent,
„ Pour perdre nostre temps, et se moquer des fames,
„ Et pour mettre aux enfers, sans offense noz ames :
„ Pourquoy fut donc Biblis[4] submergée en ses pleurs,
„ Et les quatre jumeaux aux quatre jaunes fleurs,
„ Le mary fortuné, en impudent Satyre,
„ Et les sœurs aux rochers dont se vante la lyre[5] ?

---

[1] Le texte original comporte une coquille et donne « Daphene tout un jour ». Voir note du vers 170.

[2] Le laurier.

[3] Cette périphrase renvoie bien sûr à Apollon Phébus, dieu du soleil.

[4] Byblis tombe amoureuse de son frère Caunos qui la rejette. Elle le cherche partout en Grèce et en Asie mineure. Épuisée, elle meurt en pleurs et est transformée en source. Voir Ovide, *Métamorphoses*, *op. cit.*, IX, v. 446-665.

[5] Cette suite de métamorphoses est d'autant plus complexe à percer que la construction grammaticale apparaît très floue. L'expression « submergée en ses pleurs » qui correspond exactement à la légende de Byblis semble sous-entendue pour le vers 202. Celui-ci peut faire référence aux filles de Niobé dont les cadavres furent changés en pierre, ou bien aux Propétides, sorcières cannibales, également changées en rochers. Pour les vers 200 et 201 la chose est plus compliquée. Ainsi, faut-il voir dans chaque vers la mention d'un personnage et de sa métamorphose ou bien ces deux vers sont-ils liés par l'évocation d'une triple métamorphose en

„ Pourquoy fit le flageot de ce fin messager,
„ Un si grand nombre d'yeux, en un ombre eschanger[1] ?
Ce ne sont faits d'Amour, ains pure tromperie :
Puis qu'il est tout là haut, là haut qu'il se marie,
„ Sans broüiller les humains, voulant à chacun jour
„ Changer deux ou trois fois, de maistresse, et d'Amour :
„ J'en appelle à tesmoing, la belle violée,
„ Qui fut ainsi deceuë en la brusque vollée
„ De l'oiseau chante-doux, la bergere quittant,
„ Pour sa jeune compagne, à qui il despleut tant[2].
Du pasle Emphitryon[3] je sçaurois l'artifice.
Je congnois de long temps, l'astuce et le service
Dont ce puissant Jupin, pour se donner plaisir,
Sçait conduire à la fin l'effect de son desir,
Sçachant bien joindre l'or aux pleurs d'une rosée,
„ Dont il fut si content, et la fille engrossée[4] : [86 v°]

---

satyre ? Il faut aussi compter sur une tournure un peu particulière commandée par la préposition « en ». « Le mary fortuné » « submergé » « en impudent satyre » pourrait, dès lors, être Zeus séduisant Antiope sous la forme de cet être mythique.

[1] Ayant transformé Io en génisse, Zeus la cacha dans un troupeau. Héra demanda à Argus, géant aux multiples yeux de la retrouver et de la capturer, ce qu'il fit. Zeus envoya alors Hermès qui tua le géant à l'aide de sa flûte de pan. Héra le changea en paon pour le consoler. Voir 73 v. 7 et Ovide, *Métamorphoses*, *op. cit.*, I, v. 568 et suivants.

[2] Le pronom « il » renvoie ici à « l'oiseau chante-doux » de même que le participe présent « quittant ». Depuis le vers 209 et la mention de la « belle violée », le locuteur rappelle l'histoire de Philomèle, violée par son beau-frère Térée qui lui coupe la langue et l'enferme. Procné, sœur de Philomèle, apprenant la chose, délivre sa sœur et, ensemble, elles tuent le fils de Procné et Térée, Itys. Devant un tel massacre, Zeus transforme Térée en huppe, Philomèle en rossignol et Procné en hirondelle. Il faut semble-t-il comprendre que « la belle violée » a été arrêtée dans son désir de vengeance par sa transformation en rossignol. La présence de ce mythe est régulière dans le recueil. Voir, sur l'hirondelle, dans cette même pièce, les vers 231-245 ainsi, surtout, que la pièce 81 v. 596. Voir Ovide, *Métamorphoses*, VI, v. 424 et suivants. Pour une analyse du mythe de Philomèle et Procné.

[3] Mari d'Alcmène, Amphitryon était un général grec dont Zeus prit l'apparence alors qu'il était à la guerre. De cette union naquit Alcide, futur Hercule.

[4] C'est Danaée qui fut fécondée par Zeus transformé en une pluie d'or. Le verbe « être » fonctionne à la fois avec « content » et « engrossée ». La présence

Pourquoy ne puis-je pas discourir sans avoir
Tant de cholere au cœur, que je voudrois sçavoir
Où se tient mon deceds, et mourir comme Emille[1]
Qui portoit avec soy la mort de sa famille ?
A qui me veux-je plaindre, et dire mon soucy ?
Il n'est que l'irondelle[2] aux oiseaux d'aujourd'huy
Qui plaigne mon mal-heur, et ma mesavanture,
Car elle sçait fort bien que mon mal tousjours dure,
„ Elle s'en entretient, cherchant pour ses petits
„ L'admirable caillou de la riche Thetis,
„ Qui[3] touchez par les yeux de ces pierres funebres,
Soudain voyent changer en un jour leurs tenebres[4].
Au temps de mes douleurs ceste irondelle estoit
En mon obscure chambre, où personne n'entroit,
Faisant son beau logis à l'endroit de ma table,
D'où lire elle pouvoit mon escript lamentable,
Et ne faisois[5] souspir, tant fust-il retenu,
Non pas un seul, helas ! qu'elle n'aye entendu.
Je n'ay fait un seul cry au fort de ma souffrance,
Pleuré, plaint, souspiré, sinon en sa presence :
„ Car je n'osois gemir, outré de marrisson,
„ Qu'au plus secret endroit de ma triste maison.
Elle donc toute seule entendoit ma complainte,
Seule aussi de mon mal elle avoit l'ame attainte,

de l'intensif « si » rend la tournure presque comique. Voir Ovide *Métamorphoses*, *op. cit.*, IV v. 611, VI v. 113, XI v. 117.

[1] Pour les nécessités de la rime, il est ici obligatoire de prononcer [emij]. S'agit-il d'une anagramme bancale pour Milètos, ancêtre fondateur de Milet et père de Byblis, citée au vers 199 ?

[2] La place de l'hirondelle est particulière dans le recueil puisque l'élégie 81 va développer longuement le mythe de Philomèle et de sa sœur Procné, transformée en hirondelle après avoir tué son propre fils. Voir 81 v. 973.

[3] L'antécédent du pronom relatif est « les petits ».

[4] Il n'a pas été possible de trouver l'origine de cette énigmatique allusion. Beaujeu évoque ici une pierre magique visiblement capable de maintenir la vie ou de soigner.

[5] Le pronom personnel de première personne est sous-entendu.

Et si le plus souvent, ainsi que je pleurois,
Elle guidoit mes pleurs d'une piteuse vois,
„ Bequetant ses petits pour avoir souvenance
De la triste maison où ils prenoient naissance[1].
O cela redoubloit mes tourmens, et mon dueil,
Si que pleurs, dessus pleurs bondissoient de mon œil,
Ainsi qu'en l'Ocean saulte l'eau courroucée,
Qu'une tempeste forte a devant soy poussée : [87 r°]
Pour me venger, sur moy je rompois mes cheveux,
Me complaignant ainsi de mon mal-heur fascheux :
« Dieux qui sçavez mon mal, et ma mort d'heure en heure,
Faut-il, ô miserable, hé faut-il que j'en meure ?
Las si vous le voulez, je le veux bien aussi :
Mais je vous veux conter mon amoureux soucy
Avant que je trespasse. Et toy belle hirondelle,
Je te prie dis-le une fois à ma belle. »
A ces mots douloureux je me plaignoy si fort,
Que soudain devant moy comparoissoit la mort,
Triste de mon mal-heur, mais n'ayant point d'envie
Pour cela de m'oster, ny le mal, ny la vie,
Ainsi que vous voyez, des amis sans desir[2],
Ils vous jurent beaucoup, sans vous faire plaisir,
Et faites au besoing de leur faveur espreuve,
L'amy n'aguieres fait, nulle part ne se treuve :
Ainsi la mort, qui fait semblant de m'aimer bien,
Se plaint de n'avoir pas son corseque Indien,
Ny la flame sacrée, où souvent elle brusle,
„ Le pair moitié ennuye au par-terre de tulle[3],

---

[1] Voir plus haut les vers 209 et suivants.

[2] Le complément du nom de « désir » est bien « des amis ».

[3] Ce vers pose de multiples problèmes de sens et de syntaxe. Le mot « tulle » à la rime n'est attestée dans son sens moderne de « tissu léger » qu'à partir de la fin du XVIIe siècle tandis qu'on peine à comprendre le sens de l'expression « par-terre de tulle ». Par ailleurs, la construction de la phrase est sujette à caution puisque le mot « ennuye » ne semble pas faire sens en contexte. Sur ce dernier

Je l'allois suppliant, et luy disoit ainsi :
« Douce mort, n'as-tu point de moy nulle mercy,
Voy mon cœur qui t'attend, et humble te supplie
De me ravir du monde, et luy oster la vie,
De grace, belle sœur, oste moy de prison,
De toy seule j'attends ma vraye guerison :
Delivre nous, ô mort, de ta main forte et brave,
Mets donc en liberté, ce pauvre cœur esclave,
Delivre nous ensemble, ensemble mal-heureux. »
Mais elle congnoissant que j'estois amoureux
De ma belle Rosette, aussi tost print la fuitte,
Comme une fleche Parthe[1] en l'air haute conduite, [87 v°]
„ D'un pesnon precieux, que l'oiseau chante-gros
„ Porte au fort de l'Hyver[2], pour se couvrir le dos.
Ainsi je demeurois seul, avec l'hirondelle,
Plaignant et souspirant mon mal-heur avec elle :
« Quel recours ay-je donc, ce disois-je en courroux,
Sinon que me tuer de larmes et de coups
Afin de reposer aussi loing de mon ame ?
Comme je suis voisin du feu qui me r'enflame[3],
Il me faut de moy-mesme à ceste heure tuer ».
Mais quand je me voulois sans plus evertuer,
Un brin du souvenir de ma belle Thoante[4],
Rendoit de mon dessein, mon ame mal contente,
M'ayant si bien lié, que pour plus m'offenser,
Je ne pouvois, ny bras, ny jambes redresser :

---

terme, on peut considérer qu'il s'agit d'une erreur du typographe et qu'il faut lire « en vie », ce qui permet de faire de ce vers le complément d'objet du verbe « brusle » au vers précédent. Le sens de l'expression finale reste cependant tout à fait mystérieux.

[1] Les Parthes, peuple originaire de l'actuel Iran, étaient dans l'antiquité réputés pour leur archers.

[2] Il n'a pas été possible de déterminer le nom de ce drôle d'oiseau.

[3] Le locuteur pense ici qu'en se tuant il se trouvera loin de son amante.

[4] Ce nom semble une invention du locuteur. Il est peut-être à mettre en rapport avec le nom de « Theante » déjà mentionné dans l'ode 10 v. 33.

Proigne[1] voyoit mon mal, et me douloir en peine,
Faisoit de son bel œil couler une fontaine,
Sortant de son gosier, bigarré proprement,
Un monde de souspirs, esmeuz de mon tourment,
Gringottant courroucée un chant trop lamentable,
Ouvroit[2] l'ælle et fondoit, comme un trait sur le sable.
Des rivages du lac[3], où elle se tenoit,
De mon mal-heur sans cesse elle se lamentoit,
Parlant aux flots ainsi : « O beau lac dont la face
„ Au soleil est semblable à l'eternelle glace,
„ Qui resveille les ans par son eternité,
„ A reculler aux bords d'où elle perd l'Esté[4],
„ Si tu voulois me croire, une douce Musique
„ Sonneroit ton renom en ce Vucie[5] antique,
„ Et aux trois cabinets où les seize Seigneurs
„ Des forges de Phrygie[6], ont trouvé les mal-heurs

---

[1] Sous cette graphie se cache Procné femme de Térée transformée en hirondelle. Voir dans cette pièce les vers 209 et suivants.

[2] Le sujet de ce verbe est bien « Proigne ».

[3] C'est ici la première apparition d'un motif récurent, qui s'articule à l'importance du paysage suisse dans le recueil. Le terme « lac » revient lui-même 22 fois dans le recueil. Voir 1 v. 12 et ici même v. 305 et 352 ainsi que 31 v. 34, 69 v. 35, 81 v. 170, 262, 506, 101 v. 177, 181 et 186, 109 v. 23, 29, 114 v. 25, 116 v. 113, 141 v. 229, sonnet 156 v. 13, 166 v. 52 et 209 v. 14.

[4] La tournure est complexe. Faut-il comprendre que c'est « par son eternité » « à reculler » que le lac « resveille les ans » ? Et que signifie « aux bords d'où elle perd l'Esté » ? Doit-on comprendre que ce sont les endroits du lac qui restent gelés même en été ? On pourrait gloser par : le printemps revient au moment où le lac n'est couvert de glace que là où il ne dégèle presque jamais. Cette description s'apparente à la Suisse en raison de la présence du « lac » et de la « glace » mais ne peut pas évoquer les lacs de Neufchâtel ou Léman qui ne gèlent que rarement l'hiver et sont totalement libres en été. Sur la présence des paysages suisse dans le recueil voir 1 v. 12 et 25 v. 305.

[5] Il semble qu'il faut voir dans ce mot une erreur du typographe pour « Bucin » ou « Buccin », forme masculine de la « buccine » antique, attestée dans DMF ou Gdf.

[6] Il s'agit des habitants mythiques du mont Ida, créateurs de l'art de la forge. Strabon indique que leur nombre est sujet à caution. Voir Strabon, *Géographie*, texte établi et traduit par Fr. Lasserre, Paris, Les Belles Lettres, 1971, X, 3, 23, C 473-474, p. 82.

„ Du corsaire de l'air[1], si tu voulois me croire,
„ L'on auroit de tes flots à tout jamais memoire. [88 r°]
„ Bruire je te feray aux rivages des eaux,
„ Qui nourrissent des feux, au lieu des blonds roseaux,
„ Dont coustumierement ton rivage se pare,
„ Je te feray chanter, où le Soleil separe
„ Le tenebre, et l'esclair, sorty de ses beaux yeux,
„ Qui pleurent le beau fils qui s'est banny des Cieux[2],
„ Pourveu qu'en ma faveur, tu faces quelque chose,
„ Dont je te veux prier. Et si faire tu l'ose,
„ Tu laisseras ton nom sans pair, et plein de los,
„ Pour estre reveré comme le Roy des flots.
„ Hausse toy maintenant, et submerge tes rives,
„ Mais sans te courroucer, tant qu'icy tu arrives,
„ Puis quand tu y seras, demeure constamment,
„ Et ruisselle au foyer[3] du premier bastiment :
„ Puis demeurant un jour paisible en ceste sorte,
Hausse le lendemain ton eschine plus forte,
Et submerge le sueil[4] des secondes maisons,
Sans faire, courroucé, ny ondes, ni sillons,
Et le troisiesme jour, hausse toy d'avantage,
Et faits soubs le lict mol ton amoureux rivage :
Alors j'iray volante, et par monts, et par vaux,
Annoncer le sejour de tes dormantes eaux,
Si que les habitans de ceste rive basse,
S'estonneront dequoy tes limites tu passe.
Ainsi je leur diray[5] : « Neptune courroucé
L'a par despit de vous jusques icy poussé,
Et faut, si vous voulez en avoir benefice,

[1] Il semble que ce soit à nouveau à un volatile que le poète face allusion.

[2] L'allusion reste énigmatique.

[3] 1589 : *fouyer.*

[4] La graphie est possible pour « seuil ». Voir FEW XII, 39a : *solea.*

[5] Il s'agit d'un discours enchâssé. L'hirondelle s'adresse aux habitants des bords du lac.

Luy faire un solemnel et riche sacrifice,
Ou bien, en vous perdant, vous verrez en danger,
Voz biens, et voz enfans, dessus les flots nager ».
Alors tous estonnez d'une telle sentence,
Diront : « Nous n'avons fait à Neptun' nulle offense,[88 v°]
Nous n'avons, insolens, sçachans quel il estoit,
Chanté sa pauvreté, comme Eolle vouloit,
Nous ne l'avons blasmé de la perte des hommes,
Qui perirent és eaux comme presque nous sommes,
Mais nous sçavons fort bien que si luy se monstroit,
Incontinent ce lac en ses bords descendroit.
Nous l'avons surnommé le grand Egnosigée[1],
Et avons sa statue en la place erigée,
Nous l'avons surnommé le brave Istyvien[2],
Et pour luy faire honneur le grand Tenarien[3],
„ Nous ne sçaurions sçavoir pourquoy il se courrouce,
„ Ny quelle occasion à ceste ire le pousse.
Nous sçavons de long temps, que pour peupler les Cieux
De Prophetes d'Amour, la Terre d'amoureux,
Il frappa le costé de la blonde montagne,

---

[1] Ce terme est la francisation de l'épithète homérique attribuée à Poséidon *ennosigaïos* qui signifie « qui ébranle la terre ». Ce mot rare apparaît notamment dans le *Microcosme* de Scève et dans *Les premières centuries* de Nostradamus. Voir le glossaire, M. Scève, *Œuvres complètes*, t. V, *Microcosme*, éd. M. Clément, Paris, Classiques Garnier, 2013, p. 209, v. 412 et Nostradamus, *Les Premières centuries ou Prophéties*, par P. Brind'amour, Paris, Droz, 1996, I, 87, v. 1.

[2] Devant cette épithète qui semble créée de toute pièce, on ne peut que faire des hypothèses. La graphie « istyvien », francisée par l'auteur ou déformée par le typographe, ne se trouve nulle part mais elle peut être rapprochée de l'adjectif latin *æstivus* qui signifie « d'été ». Le lien avec Poséidon est compliqué à comprendre. Cependant, l'une des épithètes de Jupiter est *æstuosus*, le brûlant, qui peut aussi signifier « bouillonnant ». Horace, dans ses *Odes* emploie d'ailleurs l'expression *freta æstuosa* qui signifie « les mers houleuses ». Beaujeu reprend-il à son compte cette expression pour construire une épithète originale ? Voir Horace, *Odes, Épodes…*, *op. cit.*, II, 7, v. 16, p. 158.

[3] Le cap Ténare, à l'extrémité sud de la péninsule du Péloponnèse, était un des lieux de culte de Poséidon. Un temple célèbre consacré au dieu s'y trouvait.

Là nasquit le cheval, maistre de la campagne[1],
Chargé d'hommes sçavans, de discours, et de vers,
Qui font, enfans du Ciel, reluire l'univers
Par leurs douces chansons, et qu'avons nous à faire
Si quelqu'un d'entre nous lui[2] aye osé desplaire ?
Souffrirons nous pour luy, ce n'est pas la raison.
„ Sur celuy qui fait mal, soit la punition.
Qu'il nous pardonne donc, et n'estant si severe,
Qu'il nous face congnoistre en fin qu'il nous est pere[3] ».
Alors je[4] parleray, et leur diray ainsi :
« Implorez de bon cœur, ensemble sa mercy,
N'estes vous souvenans de la somme notable,
„ Qui rendit devant luy ce Prince inexcusable[5] ?
N'estes vous pas recors quelle instance il en fit,
„ Les murs qu'il enleva, luy mesme les deffit ?
Sçachez que c'est celuy qui aime la vengeance,
Et qui ne manque pas, d'amis et de puissance : [89 r°]
„ Pour plaire à Jupiter, voulut-il des Troyens,
„ Richesses, ou presens, filles, femmes, ny biens,
„ Non, non, pour appaiser sa cholere terrible,

---

[1] Ce passage est sans doute inspiré du récit de la fondation d'Athènes. Athéna et Poséidon se disputant la ville, la première offrit aux habitants un olivier et le second fit jaillir un cheval en frappant la terre de son trident. La ville revint cependant à Athéna. Voir *L'Ovide moralisé, poème du commencement du quatorzième siècle*, publié d'après tous les manuscrits connus par C. de Boer, Vaduz, V tomes, 1968-1988 (1915-1938), t. II, livre VI, p. 295, v. 161-162 et *Le grand Olympe des histoires poétiques du prince de poésie Ovide Naso en sa Métamorphose, œuvre authentique & de hault artifice, pleine de honneste récréation, traduyct de latin en françoys et imprimé nouvellement*, Lyon, Romain Morin, 1532, [BnF RES P-YC-1627]., VI, f° LIII r°.

[2] 1589 : *l'aye osé desplaire.*

[3] Ici s'achève le discours des habitants commencé en 346.

[4] L'hirondelle répond.

[5] L'hirondelle évoque ici les mythes qui entourent la construction des murailles de Troie. Pour punir Poséidon et Apollon, Zeus les oblige à construire les murailles de la ville de Troie pour le roi Laomédon. Une fois la tâche finie, celui-ci ne paye pas le prix convenu et les deux dieux se vengent. Poséidon envoie un monstre qui dévore les habitants et vomit de l'eau de mer. Cet épisode est évoqué dans les vers 375-376.

Il ne fut aux Troyens, ny mesme aux Dieux possible[1]
De le rendre content, mais las ! il luy fallut
La plus belle pucelle, alors qu'en Troye fut[2].
Non content d'avoir beu le sang de la pucelle,
De son tort souvenant, embrassa la querelle
Des Grecs, fors ennemis, ruina ceste Cité[3],
Et dont luy mesme avoit le fondement jetté.
Ne soyez plus jaloux de ceste Roze belle,
Qui maintiendroit Neptun en dispute eternelle,
Elle est fille du Ciel, et ses belles beautez
Encloses entre vous, vous rendroient tourmentez,
Ores des bruyans flots, ores de la tempeste,
Vous seuls estans l'object de la foudre celeste,
Puis que le Ciel le veut, voulez-le tous ainsi[4],
Permettez luy d'aimer, sans regret, ny soucy
En cét amas de gens ». Telle estoit sa[5] parole,
Et puis en s'escriant, vers les eaux elle vole,
Aussi tost au doux son de son chant plein d'accords,
Les eaux en un clin d'œil, r'entrerent dans les bords.

FIN.

[89 v°]

---

1 L'original donne ici un vers faux en raison de la forme « mesmes ».

2 Le vers n'est juste que si l'on prononce le « e » de « Troye ». Par ailleurs, cet hémistiche est un complément circonstanciel de temps qu'on peut gloser par : « qui alors en Troye fut ». La « pucelle » est Hésione, fille de Laomédon, que celui-ci offre en sacrifice à Poséidon. Elle est sauvée par Héraclès. Voir Ovide, *Métamorphoses*, XI, v. 199-217.

3 L'hirondelle fait démarrer l'engagement de Poséidon aux côtés des Grecs à partir de l'offense faite par Laomédon.

4 Il semble que l'hirondelle réussisse à persuader les habitants du bord du lac de laisser Rose aimer le narrateur après avoir provoqué magiquement une inondation qu'elle met sur le compte de la colère de Neptune qui tenterait de venir chercher la jeune fille.

5 C'est bien l'hirondelle ou Procné dans sa forme humaine qui tient ce long discours depuis le vers 305.

[26] ODE.

Mignonne je me meurs,
Las je ne puis plus vivre
Si tu ne me delivre,
Car j'ay trop de douleurs.
Si tu es, mes amours,
Tousjours en ceste audace,
Que veux-tu que je face,
Sinon finir mes jours ?

Tire un traict de tes yeux,
En mon cœur, pour le fendre,
Tire, sans plus attendre,
Je seray bien-heureux :
Faits moy mourir, au moins,
Ma petite maistresse,
Tire moy de la presse
Des regrets inhumains.

Je voudrois maintenant
Estre en ma sepulture,
Que de douleurs j'endure,
Je meurs en grand tourment :
Ne passe point ceste eau
Que d'un ray de ta veuë,
Que ma belle me tuë[1],
Puis entre en ton bateau.

Par ta douce amitié,
Oste moy hors du monde,

[1] Voir chanson 28 et élégie 274.

C'est acte de pitié,
Ne te mets sur ceste onde[1] : [90 r°]
Que je sois si heureux,
Par ta main, douce et belle,
Que mon ame fidelle,
Puisse voler aux Cieux.

Faits moy doncques mourir,
Ou me donne la vie,
Belle je te supplie,
Si tu veux me guerir,
Aye pitié de moy,
Ou d'une main cruelle,
Delivre moy, ma belle,
Et de vie, et d'esmoy.

[27] QUADRAIN.

Amour sans cesse nous fait plaindre
De noz tourmens, ses grands plaisirs :
Mais quand nous voulons peu le craindre,
Amour n'est plus en noz desirs.

[1] Le lien logique doit être recréé par le lecteur. Il semble que ces vers aient un sens proche des vers 21-23. La dame menace de fuir sur une étendue d'eau au grand dam de l'amant.

[28] ODELETTE.

Las ! Où es tu maintenant,
O ma belle Panacée[1] ?
Comment seras-tu passée
Sur ces flots, par ce grand vent ?
Que ceste eau est courroucée,
Je suis en soucis comment[2].
O mon Dieu quelle tempeste !
Garde sur tout son bateau,
Que n'as-tu prins mon manteau
Pour mettre dessus ta teste,
O ma gentille Rosette,
Que j'ai soucy de ceste eau[3]. [90 v°]

[1] Cette déesse, fille d'Asclépios, prodigue aux hommes des remèdes par les plantes. Ronsard, *Œuvres complètes*, *op. cit.*, *Hymnes*, « L'Hymne de France », p. 54, v. 54.

[2] La ponctuation correspondrait mieux au vers précédent. Le verbe « soucier » semble ici employé comme un verbe introduisant une interrogative indirecte et « comment » serait alors un adverbe à mettre sur le même plan que l'interrogatif du vers 3.

[3] Le motif de la navigation sur le lac apparaît déjà dans la pièce 26 et sera repris dans l'élégie 274.

[29] CHANSON.

Amour m'avoit ordonné
D'aimer des Roses l'eslite,
Maintenant il m'a donné
Le cœur d'une Marguerite[1],
Voyez donc[ques], comme Amour[2]
Veut que je serve tousjour[3].

L'une me vient baisotter,
A l'envy de sa guerriere,
L'autre, qui m'a sceu dompter,
Me veut baiser la première :
Voyez doncques les faveurs
Que me font ces belles fleurs.

Ma Roze, chaque matin,
Amoureuse, sur ma teste
Met un chappelet de thin,
En signe de sa conqueste :
N'est-ce pas une faveur
Que me fait ma belle fleur.

Marguerite d'un soucy
Parseme toute ma robbe,
Et veut me gagner ainsi

---

[1] Ce lien entre les femmes et les fleurs à travers les prénoms est déjà présent en de nombreux endroits du recueil. Voir TS XX v. 14, 55 v. 4, 83 *passim*, 107 titre et 166 v. 23-25.

[2] Le vers est faux dans l'original qui donne : « Voyez donc comme Amour ». La tournure « Voyez doncques [...] » revient plusieurs fois dans le poème à cette place comme une sorte de refrain. Voir vers 11, 29, 35.

[3] Voir le sonnet TS XLIII v. 13 et la note.

Le cœur, qu'elle me desrobbe :
Voyez ceste belle fleur
Caresser son serviteur. [91 r°]

L'une dit qu'elle a ma foy,
L'autre dit qu'elle est à elle,
Et l'autre dit que je doy
Servir des deux la plus belle,
Oyez doncques le discours
Que me font mes deux amours.

Pour juger ce different,
Je prins Amour pour arbitre[1],
Elles Venus seulement,
Et leur beauté pour leur tiltre :
Voyez doncques ces deux fleurs
En procés de mes douleurs.

Amour près de moy se tient,
Ses fleches bien acerées,
Venus par la main le print,
De mille beautez parées,
Voyez pour avoir leurs cueurs
Ce que font mes belles fleurs.

Amour pour moy plaide ainsi[2]
Ma cause pleine d'oppresse,

---

[1] Ce « procès » rappelle évidemment celui arbitré par Pâris entre Diane, Aphrodite et Héra. Lors du mariage de Pelée et Thétis, la déesse de la discorde, Eris, n'ayant pas été conviée, se vengea en jetant une pomme d'or au milieu de l'assistance, cadeau destiné à la plus belle des déesses. Pâris fut désigné comme juge et choisit Aphrodite qui lui avait promis l'amour. La passion du jeune troyen pour Hélène provient de là. Voir ici même 9 v. 749, 29 v. 32 et 78 v. 88, et, pour une description fort détaillée de ce mythe J. Lemaire de Belges, *Illustrations de Gaule et singularitez de Troyes*, *op. cit.*, chap. XXX-XXXIII ainsi que, en poésie, Ronsard, *Œuvres complètes*, *op. cit.*, VI, p. 12, v. 43-50.

[2] 1589 : *Amour plaide pour moy ainsi.*

Pour ces beaux debats icy
Il se consume en tristesse,
Moy je sçay bien les douleurs
Que j'endure pour ces fleurs.

Plus que je ne fais mon cœur
Je les cheris et les aime,
Cent fois le jour je me meur
De les voir en ceste peine,
Considerez les douleurs
Que je souffre pour ces fleurs. [91 v°]

Amour qui me sent blessé
En ceste guerre mortelle,
Aussi tost il a lancé
Une fleche à la plus belle :
Voyez, voyez comme Amour
M'aime et m'assiste tousjour.

A l'autre du mesme trait,
Luy entame les mamelles,
Et dit, en riant, c'est fait,
Voilà la fin des querelles :
Voyez comment Amour peut
Faire bien quand il le veut.

FIN.

[30] ODE.

Si au profonds de mon cueur
La rigueur,
M'estoit au moins si doucette :
Comme me sont tes beaux yeux
Gracieux
Heureux je serois Rosette.

Aux orages de la mer,
Le Nocher
A son recours aux prieres,
Combattant le flot qui sourt,
Bruit, et court
Sur ces rames marinières.

Rien ne luy sert de crier
Et prier, [92 r°]
L'onde pour tant moins ne cesse,
Essayant de mettre à fons
Soubs ces mons,
La navire qu'elle presse.

Le Pilote est abbattu,
Combattu,
Les voiles en pieces mises,
Et le Nocher n'a espoir
De plus voir
Ses richesses és eaux mises.

Les caisses sur les flots sont
Qui s'en vont
Au gré de l'eau qui les mene,

Et ja le Navire est plain
Jusqu'au sein,
Du forçat[1] qui se demene.

Ils font, és eaux en prison
L'oraison,
Qui des vents n'est entendue,
Si tost le flot a passé
Courroucé,
Sur la navire[2] perdue.

O belle qui me poursuis,
Tel je suis,
Ma peine est toute semblable[3],
Je te prie, et tu ne veux
De mes vœux
Ouyr la voix lamentable.

Quelquesfois pour m'appaiser
Un baiser, [92 v°]
Suffiroit mon ennemie
Ou bien un clin de tes yeux,
Gracieux,
Me pourroit sauver la vie.

Me promenant près des bois
Quelquesfois,
J'admire tant ses Bergeres,
Danser au son du flageot,

---

[1] Ce sont eux qui rament à fond de cale et qui sont, dès lors, enfermés dans le navire en train de couler.

[2] Le terme « navire » peut aussi bien être féminin que masculin à la Renaissance. Voir DMF.

[3] C'est le second membre de la comparaison qui débute. Sur ce motif pétrarquiste qui rapproche l'amant malheureux du pilote dans la tourmente voir 18 v. 12.

Bergerot,
Sans larmes, ny sans prieres.

A vueil de leur amoureux
Trop heureux,
Elles dansent en chemise,
Leur beau sein demeure ouvert
Et couvert
De roses que tant je prise.

Puis lassées de danser,
Reposer,
Elles s'en viennent à terre,
Auprès de leurs amoureux
Trop heureux,
En son[1] amoureuse guerre.

Il est mille fois baisé,
Rebaisé,
A l'envy de ses mignardes,
Qui vont joüans allentour
Tout le jour,
Dansant sur les fleurs gaillardes.

Moy je meurs pour tes amours
Tous les jours, [93 r°]
Dix mille fois ma maistresse,
Je ne suis point caressé,
Mais laissé
Soubs un fardeau de tristesse.

Je merite ce tourment
En aimant,

[1] Le singulier est quelque peu étrange mais peut s'expliquer par le fait que le locuteur parle de l'amoureux de chacune des « bergères ». C'est d'ailleurs par une troisième personne du singulier que commence le vers 67.

Mon entreprinse est trop grande,
Et trop de temerité
M'a jetté
Où il faut que je me rende.

FIN.

[31] COMPLAINTE.

Mon pauvre cœur se souvenant encore
Du mal qu'on fait à celle qu'il adore
Plain de fureur voudroit executer
Son vueil sans arrester :
Mais tout soudain pour l'amour qu'il t'apporte,
Ceste fureur comme vent se transporte,
Bruslant d'amour au feu de mes regrets
O maudits indiscrets.
Alors ma pensée
De mon mal pressée
Fut parmy les Cieux
Et mon cœur en peines,
Pousse cent fontaines[1]

[1] Cette pièce est mentionnée dans *Les Strophes, op. cit.*, p. 591 sous la rubrique des strophes de plus de dix vers, en l'occurrence de quatorze vers. Martinon la rapproche d'une ode de Ronsard bâtie sur une alternance de décasyllabes et d'hexasyllabes. Il semble cependant que ces strophes soient fondées sur trois types de vers : le décasyllabe des vers 1 à 3 et des vers 5 à 7 puis l'hexasyllabe aux vers 4 et 8 et enfin le pentasyllabe des vers 9 à 14. On arrive donc, simplement, à deux quatrains de décasyllabes terminés par un hexasyllabe suivis d'un sizain de pentasyllabes. Il est intéressant de mentionner que l'ode XXXI de Ronsard, dont semble s'inspirer cette complainte, a été insérée aux livres II des *Odes* en 1560 avant d'en être retirée en 1578. De plus, elle portait le sous-titre « *non mesurée* ». L'alternance du type de vers, que Beaujeu complexifie encore, était dès le début considérée par Ronsard comme problématique. Ajoutons pour finir que la première strophe de cette complainte est incomplète : il manque le dernier

Las je n'ay plus, ô mon cœur ! d'esperance
De te revoir en telle jouyssance
Qu'au temps passé, tu estois mes amours
Au plus beau de tes jours : [93 v°]
Le doux avril de ma tendre jeunesse
S'est bien passé en douleur et tristesse,
Et de noz cœurs tous remplis d'amitié
L'on ne prend point pitié :
O fiere Bellonne
Que de mal tu donne
A ce pauvre enfant,
Une tigre fiere
Hors de sa tasniere
N'en feroit autant.
Toy, faux Amour, qui prend en gré la peine
Et le tourment, de moy qui si fort t'aime :
Fais tu mourir ainsi tes serviteurs
Aux cruelles douleurs :
Es tu content de mes flames nouvelles,
Qui font brusler ces deux cœurs tant fidelles
Proche des bords de ce lac[1] qu'en Hyver[2]
L'on ne peut arriver[3] :
Mais pourtant si est-ce
Que ton feu ne cesse,
D'eschauffer noz cœurs,
Bien que nostre absence
Joigne sa puissance
Aux dures froideurs.
Nous n'avons rien pour tout bien que la veue
De bord à autre, ô demeure incongneue !

---

vers qui terminerait le quatrain de pentasyllabes et viendrait donner la rime à « Cieux ». Voir la pièce 146 et Ronsard, *Œuvres complètes*, *op. cit.*, t. I, p. 965, XXXI.

[1] Sur ce motif voir 1 v. 12 et 25 v. 32.

[2] Il convient de prononcer [ivé] pour la rime.

[3] Le terme a ici son sens originel de « aborder ».

Tu adoucis pour un temps ma douleur,
Et le feu de mon cœur :
Mais à la fin, ma douceur change en ire,
Si vivement que contraints suis de dire
Meschans jaloux qui tant me tourmentez
O fussiez vous jettez [94 r°]
En ceste eau profonde,
Noyez soubs ceste onde,
Au col un rocher,
Et la moite trouppe,
De leur dent qui couppe
Mengeast vostre chair.
Jusqu'à minuict, seulet je me promene,
Me complaignant dessus la froide arene,
Tousjours mon œil collé dessus le bort
Qui tant me fait de tort :
Là quelques fois j'apperçois la lumiere
De son logis, à travers la verriere,
En souspirant, je dy à ce flambeau,
Que tu m'es cher et beau :
Quand on le r'emporte
Je me desconforte,
Rompant mes cheveux,
Et ne l'osant dire,
Je plains mon martyre
Seulement des yeux.
Si quelqu'un vient qui parle de ma Rose
Incontinent mon amitié enclose
Aux chers secrets de ma discretion
Sort en confusion :
Mon sang s'esmeut, et dans mes tristes veines
Change de place, helas nouvelles peines
Je meurs en vous ! et mets presqu'en oubly
Ce qui m'a affoibly :

O nom qui me touche
Par la seule bouche
De ce messager,
Qui ne se prend garde [94 v°]
Du traict qu'il me darde
Non sans grand danger.
Si pour aimer, mon offense est si grande,
Que par Arrest le bas enfer m'attende,
Pour ne voir plus, belle ce qu'esperons,
Mourons, au moins mourons :
Et que ces[1] vers soient de nous la memoire,
Gravez en or pour immortelle gloire,
Sur nostre tombe à l'aise on gravera
Voicy qu'on y lira :
O couple fidelle
Soubs la tombe belle,
Reposent voz os,
Et quoy que l'on die
L'honneur de la vie
Est un long repos.

FIN.

[32] ODE.

Douce fureur,
Qui sans me tourmenter, m'oste le cœur et l'ame,
Et tout resveur,
Attiedis la chaleur dormante de ma flame,
Privé de sentiment,
J'oublie mon tourment.

[1] 1589 : ses.

Mes mornes os,
Et mon sang que je sens figé comme la glace
Sont en repos,
Soubs le brazier couvert des rigueurs de ta face, [95 r°]
Et sans secours au feu
Se[1] fondent peu à peu.

De ces beaux yeux
Les rayons animez qui donnoient nourriture
Tant gracieux
Ores sont esloignez de ma pasle figure,
Et l'ombre tant nouveau
Obscurcit mon tombeau.

L'esprit dehors
Et l'ame qui tenoit jadis ce corps en vie
Vont sur les bors
Du mortel Acheron remply de frenaisie,
Et pour s'en revenir
N'ont plus de souvenir.

Ombre plaisant,
Eternel compagnon de ma tombe funebre
Vas[2] mesprisant
L'amoureuse clarté, desirant le tenebre.
Ombre chere moitié,
Fuyons toute amitié.

FIN.

[1] Les sujets de ce verbe sont « mes mornes os » et « mon sang ».
[2] Il s'agit de l'impératif du verbe « aller ».

[33] ODE.

Taisez vous, taisez[1],
Gens qui me desplaisez !
Le voulez vous ? Nenny ! faites donc une chose,
Ne vous enquerez tant
De mon mal important,
Et donnez liberté d'avantage à ma Rose. [95 v°]

Dites moy faux jaloux,
Hé que gaignerez vous
Si vous faites mourir la belle que j'adore,
De regret, et de dueil,
Et moy la larme à l'œil,
Finir[2] mes tristes jours dessus sa fosse encore ?

Et bien sera-ce assez
Quand nous serons passez
De ce monde divers, en l'autre plein de grace
Où nous serons heureux ?
Dites moy mal-heureux :
N'aurez vous plus au cœur, ny de peur, ny de glace ?

Je croy bien que nenny,
Car le cœur desuny
Ne retiendra l'ardeur de sa flame amoureuse,
Et bien que ferez vous ?
Dites moy faux jaloux.
Viendrez vous escouter souz l'arche[3] tenebreuse ?

---

[1] Le vers est faux. On pourrait proposer la correction suivante : « [Ah,] Taisez vous, taisez ».

[2] Cet infinitif est régi par la locution « si vous faites [...] » du vers 9.

[3] 1589 : *orche*.

O espoir trop menteur
Qui as trompé mon cueur
Tu veille tous les jours à nous brasser des peines,
Tu nous viens decevoir
Quand nous nous pensons voir[1],
Nous n'en sommes plus près que ces rives lointaines[2].

Tu nous es gracieux
Pour nous surprendre mieux,
Et l'essay de mal faire a pleine jouyssance[3] :
Tu nous voy une fois
Mais courte toutesfois,
Qui nous met plus avant soubs ton obeyssance. [96 r°]

Tous noz maux sont gueris,
Si tost que tu nous ris :
Mais quelle guerison, nostre mal en empire,
Tout ainsi comme nous
Tu trompes noz jaloux,
Mais à nostre besoin cruel tu te retire.

Non des autres ainsi,
Car en ce dur soucy
Qui les oppresse, tant souvent tu les conforte,
Ainsi en noz amours,
Pour nous tromper tousjours,
Tu serre noz regrets d'une attache plus forte.

FIN.

---

[1] Les deux pronoms personnels renvoient à la dame et à l'amant qui pensent se rencontrer.

[2] Sans doute doit-on comprendre que la rencontre des deux amants n'est pas plus proche que les rives de l'enfer.

[3] Ce vers mystérieux doit sans doute être entendu comme un énoncé gnomique. Le verbe « avoir » est employé dans son sens fort de « posséder ».

[34] QUADRAIN.

Plus le hazard est grand, et les amours bruslantes,
Plus les liens sont forts dont l'on est attaché,
Plus l'on est retenu, plus le cœur est fasché,
Et les douleurs de l'ame hors de raison cuisantes. [96 v°]

[35] SONET I.

Du[1] Tertre mes amours, du Tertre mon amie[2],
Je brusle sans secours, au feu chaud de tes yeux,
Pour trop t'aimer je meurs, et desire les Cieux
Plus doux, ou plus cruels, sur l'Edict de ma vie :
Helas tu n'en sçais rien, bien souvent endormie,
Tu n'entens mes souspirs, ny mes cris douloureux,
Tu ne sçais pas mon cœur que je sois amoureux[3],
Ny les dix mille parts de ma peine infinie :
Si j'osois à quelqu'un me descouvrir encore,
Je te ferois sçavoir, ma belle que j'adore,
Les maux et les tourmens que j'endure pour toy :
Tu as trop de beauté pour estre impitoyable,
Je voy mon mal à l'œil, tu ne voy point de moy
L'amour vain qui me rend sur tous plus miserable.

---

[1] Ce sont les premiers sonnets après le grand ensemble organisé du *Torrent des sonets*. Le recueil contient encore 4 ensembles de sonnets, seules pièces numérotées dans l'imprimé original, ce qui accentue à la fois leur caractère particulier et l'hétérogénéité du recueil.

[2] Ce nom est le plus présent du recueil après celui de Rose. Voir note TS LXXXII v. 3 et *index nominum*.

[3] Le subjonctif est employé dans une négation pour la renforcer.

[36] SONET II[1].

Si vous estiez pour jamais eternelles
    Mes douces fleurs, j'aurois quelque confort,
    Car mon tourment continue plus fort,
    Vous tous les ans vous renaissez plus belles :
Heureux les prez où tant de fleurs nouvelles,
    Prennent plaisir de renaistre en leur mort,
    Mal-heureux moy, d'estre le but du sort
    Où mes douleurs durent continuelles :
Au doux Prin-temps l'on vous revoit fleurir,
    J'ay tousjours mal, et je ne puis mourir,
    Ny m'alleger du feu qui me tourmente :
Faites ainsi, s'il vous plaist, mes tourmens,
    Comme ces fleurs qui meurent tous les ans,
    Ayez comme eux de renaistre l'attente. [97 r°]

---

[1] Ce sonnet est en décasyllabes.

[37] SONET III[1].

Ainsi qu'Eron[2] alluma son flambeau,
Thetis baisoit, sur une rive verte,
Son[3] jeune amy[4]. Se voyant descouverte,
En souspirant r'entra dans son bateau :
Et en pleurant, dit : « Cela n'est pas beau
De m'esclairer en chose si secrette,
Vrayment[5], Eron, tu es trop indiscrette,
Mais à ta perte un jour bruira mon eau. »
Lors elle appelle Eolle et ses amis,
Se promenant sur les flots endormis,
En son chemin alla[6] trouver Leandre :
Là en courroux le print par les cheveux,
Et le noya soubs le flot furieux.
„ « Ainsi je puis, dit-elle, te le rendre. »

---

[1] Le sonnet est de nouveau en décasyllabes.

[2] Héro est une prêtresse d'Aphrodite habitant dans une tour isolée sur la côte de Sestos, ville située sur la côte ouest du détroit des Dardanelles.

[3] Ce possessif est ambigu et peut autant se rapporter à Thétis qu'à « Eron ».

[4] Il s'agit de Léandre, jeune homme vivant à Abydos, sur la côte ouest des Dardanelles. Amant de la belle Héro, il traverse toutes les nuits le détroit pour aller la rejoindre. La relation entre Thétis, ici sans doute la déesse de la mer, et Léandre, semble avoir été inspirée à Beaujeu par certains vers d'Ovide dans les *Héroïdes*. Voir sonnet TS CXII et Ovide, *Les Héroïdes*, *op. cit.*, *Léandre à Héro*, p. 128, v. 136-142 et surtout *Héro à Léandre*, v. 119-128 et 185.

[5] Le texte original donne un vers faux en raison de la forme « Vrayement ».

[6] Le sujet de ce verbe est Thétis qui devient un personnage à part entière dans ce sonnet, jalouse d'Héro : la traversée plusieurs fois heureuse de Léandre est assimilée à une histoire d'amour avec la déesse et la fin du jeune homme à une vengeance amoureuse.

[38] SONET IIII.

Helas au premier coup de ton[1] couvrechef[2] belle,
Mon jeune Piramus mourut sans se blesser,
Et puis revint à luy, pour de rechef laisser
Sa vie, en maudissant ceste beste cruelle[3] :
Souspirant, il disoit : « Pauvre cœur qui pour elle
As eu tant de tourmens, il nous faut trespasser,
Mais helas si la mort nous eust voulu laisser
Jusqu'à l'heureux retour nous fussions contens d'elle[4]. »
Amoureux, et meurtrier, il choisit son trespas
Au poignard qu'il portoit, et dit deux fois : « Helas !
Est elle à tout le moins morte en ma souvenance ? »
O douleurs de ma mort, punissez bien mon cœur,
Pour faire de sa[5] faute une longue vengeance,
Afin que la souffrance esgalle la douleur[6]. [97 v°]

---

[1] Le poète s'adresse ici à Thisbée amante de Pyrame. Leurs parents refusent qu'ils se fréquentent. Les deux jeunes gens projettent de se retrouver sous un mûrier blanc, de nuit. Arrivée au lieu de rendez-vous la première, Thisbée est effrayée par une lionne à la gueule ensanglantée : elle laisse tomber le voile qui lui couvrait la tête. La lionne le lacère et le macule de sang. Pyrame survient alors et, pensant Thisbée morte, se suicide. Son amante le découvre peu après et se tue à son tour. Les mûres se teintent de sang en mémoire des jeunes gens. Ovide, *Métamorphoses*, *op. cit.*, IV, 51-166.

[2] Le terme est issu du *Grand Olympe*. Cette traduction d'Ovide évoque en effet « le couvrechief » que Pyrame découvre à la lueur de la lune. Le mot est ici sans doute polysémique. Il renvoie autant au voile de Thisbée qui provoque la mort de Pyrame qu'au visage de celle-ci qui avait tué Pyrame « sans le blesser », selon la métaphore de la passion amoureuse du néo-pétrarquisme. On peut expliquer ainsi le « coup [du] couvrechef » qui permet une mise en parallèle de la lionne et de Thisbée. Voir *Le grand Olympe*, *op. cit.*, IV, f°LVII r°.

[3] La lionne qui avait effrayé Thisbée.

[4] 1589 : *Jusques à*.

[5] Il s'agit du cœur.

[6] Le sens du tercet est complexe notamment en raison de la distinction problématique entre douleur et souffrance. Il semble que la « douleur » soit

[39] THISBÉE EN MOURANT. SONET V[1].

« C'est moy[2], c'est moy, mal-heureuse Thisbée,
Qui en suis cause. Helas est-ce ja fait !
Que sur ce pré mon amy s'est deffait ?
O pauvre, helas je me suis trop hastée ! »
Disant ces mots, toute desesperée
Se jette en terre[3], « Hé, tu es satisfait
Mon vray amy ! et la mort en effet
T'a delivré d'un heureux coup d'espée :
Ne reste plus qu'à moy d'en faire autant,
Mais les baisers que j'auray paravant,
Rendront ma mort plus que la tienne douce :
O cher amy, pour mesme bien avoir,
Faits moy semblant si tu me puis bien voir.
Tien, la vois-tu, droit au cœur je la pousse[4].

---

celle, ponctuelle, qui provient de la mort tandis que les souffrances sont dues à l'amour ou à son manque, en l'occurrence. Elles sont donc beaucoup plus longues et viennent venger la « faute » du cœur. Cette « faute » peut recevoir plusieurs interprétations : est-elle due au fait que Pyrame est arrivé trop tard pour sauver Thisbée ou bien, au contraire, serait-elle la conséquence du suicide prématuré de Pyrame ?

[1] Ce sonnet est en décasyllabes.

[2] Ce sonnet fait suite au précédent et semble être une sorte de réécriture sur le modèle des *Héroïdes* de l'histoire de Pyrame et Thisbée qui en est pourtant absente.

[3] Ce texte fait écho au sonnet TS XIV dans lequel le locuteur imagine sa dame pleurant sur son corps.

[4] Ces vers sont énigmatiques car, si l'on comprend bien que Thisbée souhaite être dans le même état que son amant, en revanche, ce n'est pas du fait de Pyrame qu'elle le deviendra. Dans ce dernier vers, Thisbée parle sans doute au poignard, qu'elle a mentionné sous le terme « épée » peu avant. Elle en appellerait à l'arme pour rejoindre Pyrame dans la mort.

[40] SONET VI.

Je doy bien te maudire, ô Amour plain de gloire,
De me rendre amoureux d'une qui n'en sçait rien,
Dequoy te sert cela, en reçois tu du bien,
Où est-ce pour avoir de ma peine memoire :
Mais puis que tu le veux, et que tu me fais boire
De si aigres liqueurs, pour vivre et mourir sien,
Je te supplie, Amour, si tu fis jamais bien[1],
Faits luy sçavoir au moins ceste plaisante Histoire :
C'est un estrange cas s'il faut que je poursuive
Ce mal-heureux dessein, et que tousjours je vive,
Aimant sans estre aimé, c'est trop de cruauté :
Si j'en meurs, je pardonne à ceste belle amante,
Et à ces yeux meurtriers, puis qu'elle est innocente
De la mort qui me vient de sa grande beauté. [98 r°]

[41] SONET VII.

Le soir, au son bruyant des cloches estourdies[2],
Qui de leurs premiers cris font esmouvoir les Cieux
Les esprits à leur son, de leurs oz ennuyeux,
Descendent à milliers aux tombes engourdies :
Les uns sont morts d'amour, de chaudes maladies,
Les autres aux combats par le fer furieux,
Mais de tous les demons qui visitent leurs yeux,

[1] L'expression « Amour, je te supplie » est déjà apparue dans le recueil en TS XVII v. 1 et TS CVI v. 9.

[2] Cité dans *Entouré de silence*, *op. cit.*, p. 85.

J'ay pitié seulement des cousines jolies :
L'une a aimé Ronsard, et l'autre aima Jodelle[1],
La plus jeune m'aimoit, et m'a esté fidelle[2],
Noz esprits occupez ne les vont jamais voir :
Ronsard est dans le Ciel qui n'en sçauroit descendre,
Jodelle est aux enfers, que Pluton ne veut rendre[3],
Moy vivant, je ne puis nom-plus ce bien avoir.

[42] SONET VIII.

Ainsi que je sortois, tout devot de l'Eglise,
Belle je te trouvay que tu voulois entrer,
Moy je voulois sortir, ô Dieu quel rencontrer[4] !
Ce fut là où mon cœur vit sa liberté prise :
Ce fut là que mes yeux perdirent leur franchise,
Ce fut là que mon ame au feu voulut entrer,
Las je perdis mon temps, luy voulant remonstrer
Le peril evident d'une telle entreprise :
Ainsi qu'un Rossignol, quand les flames ardantes
Bruslent tout icy bas soubs les fueilles tremblantes,

---

[1] Si le nom de Ronsard est attendu dans le recueil en raison de l'influence que le poète exercesur la poésie française jusqu'à la fin du siècle, en revanche, celui de Jodelle est plus étrange. Célébré comme poète tragique français au début des années 1550, il est frappé de disgrâce pour des raisons mal connues en 1558 et meurt dans la misère en 1573. Voir TS XLVIII v. 4, TS CXV, 65 v. 1, 113 v. 147, 202 v. 14, 203 v. 1, 274 v. 20.

[2] Cette mise en scène de la filiation poétique à travers la filiation amoureuse rappelle Aubigné. A. d'Aubigné, *Hécathombe à Diane*, *op. cit.*, sonnet V, p. 82.

[3] Ces deux vers illustrent la radicale différence de réception de deux des plus célèbres poètes de la génération de 1550 : Ronsard le génie adulé et fêté de tous, Jodelle, mort dans l'indifférence en 1573. Ce sonnet a été composé après 1585, année de la mort de Ronsard.

[4] Cette scène de rencontre se superpose à celle rapportée par Zeus dans la pièce 9 et préfigure celle qui débute l'élégie 274.

Où l'ombre est eternel, se va cacher des feux[1] :
Ainsi mon ame attainte, et à demy bruslée
Du feu chaud de ton œil, volla dans tes cheveux,
Sans estre que je croy comme moy affollée. [98 v°]

[43] SONET IX.

Il vaudroit mieux mourir, ainsi que nostre veuë
Voit le premier flambeau sur le lict apporté,
Puis que ce faux Amour est plein de cruauté,
Et qu'il a nostre mort de si long temps preveuë :
Depuis que je suis nay mon ame est despourveuë
De tout bien, mais le mal qui mon cœur a donté,
Me pousse à contre-cœur, remply de fermeté,
En ma triste misere à un chacun congneue :
Je suis au monde heureux, puis que je congnois Dieu,
Mais au reste je n'ay que maux en ce bas lieu,
Et voudrois n'estre point toutesfois sans offence :
Puis que tousjours ma peine à veue[2] va croissant,
Heureux, helas celuy, qui ne prent point naissance,
Ou qui meurt aussi tost qu'au monde il vient naissant.

---

[1] Ce passage énigmatique est peut-être issu d'une lecture de l'*Histoire de la nature des oyseaux* de P. Belon. Celui-ci rapporte en effet que, lors d'un été particulièrement chaud, les habitants d'un village des Ardennes capturent des rossignols en grande quantité autour de la seule mare encore pleine de la région. P. Belon conclut ainsi : « car ils [les rossignols] se tiennent adonc dedens les forests, en l'endroit où est l'humeur. » P. Belon, *L'Histoire de la nature des oyseaux, avec leurs descriptions et naïfs portraicts retirez du naturel, escrite en sept livres*, Paris, G. Corrozet, 1555, p. 338.

[2] La locution adverbiale « à veue » se rapporte à « croissant » et correspond au moderne « à vue d'œil ».

[44] SONET X.

O Cité des Citez, où l'hostesse barbare[1],
Ne congnoist en dix ans l'hoste de la maison[2],
En un mesme logis, loge en toute saison
Le Chrestien tout au bas, et en haut le Tartare :
Moy je ne voy personne à congnoistre plus rare,
Et si jamais icy je ne nommay mon nom,
Un chacun me congnoist, et par tout ce dit-on,
Je suis du grand Amour le Prophete bizarre[3] :
Je suis leur male mort[4], et je voudrois sçavoir
Si je ne ferois pas à ce coup mon devoir
De leur donner à tous une fievre carteine[5] :
Ores je n'aime rien, qu'Amour fust-il pendu,
Car le meschant est cause et source de ma peine,
Puis que sans estre aimé j'ay tout mon temps perdu.

[99 r°]

---

1 Cité dans *Entouré de silence*, *op. cit.*, p. 87.

2 Il s'agit des enfers dont les habitants ne voient jamais Proserpine, leur hôtesse.

3 Le vers offre une définition lapidaire du locuteur dans un discours indirect.

4 Le locuteur est ici à la fois en train de mourir et porteur de mort, contagieux en quelque sorte.

5 Voir le vers 69 de la pièce 18.

[45] SONET XI.

Le pauvre marinier qui en l'onde bruyante
Jusqu'au[1] sein est pery, jette par tout les yeux,
Et ne voit rien sinon qu'un flot impetueux
Tousjours tirer soubs luy la barque perissante :
Il se deffend en vain, en vain il se tourmente,
Ainsi en mon amour qui me fut gracieux,
Je peris, non aux flots, mais au feu rigoureux,
Qui de nouveaux brandons engrossit[2] la tourmente :
Helas en quelque lieu que j'addresse mes pas,
Je rencontre tousjours de nouveaux appas[3],
Et des filets d'Amour estenduz pour me prendre :
O plus heureux que moy le pauvre marinier,
Car il est asseuré promptement de noyer,
Moy, ma bruslante mort il me faut trop attendre.

[46] SONET XII.

Je regrette ma vie, et ne sçay plus que faire,
Mes yeux n'ont plus de pleurs, ny mon sein de souspirs,
Mon cœur est immobile, au vent sont mes desirs,
Et si pourtant, Amour m'est tousjours adversaire :
Autresfois le destin ne m'estoit tant contraire,
J'avois une maistresse, et dix mille plaisirs :

---

[1] 1589 : *jusques*.

[2] Le verbe « engrossir » est attesté par le *DMF* avec le sens du moderne « engrosser ».

[3] Le vers est faux. On pourrait proposer la correction suivante : « Je rencontre tousjours de [tout] nouveaux appas ».

Maintenant mille morts, et mille desplaisirs,
Sans maistresse me font une guerre ordinaire :
Je ne souspire plus, et rien plus je ne pleure,
Que faut-il que je face ? Il faut donc que je meure
Ou que j'aille emprunter, et des cris et des pleurs[1] :
Preste m'en donc Biblis[2], car je fais penitence,
Pour mourir acquitté d'une si belle offence.
Hé, que dy-je mourir ! Cent fois par jour je meurs. [99 v°]

[47] SONET XIII.

Qui que ce soit, Amour, je la trouve fort belle,
Je suis plus que content de ces douces beautez,
Car mon cœur, comme toy aime les nouveautez,
Et pour un jour ou deux, il est bien fort fidelle :
Je l'iray voir demain, si elle m'est cruelle
Je te le manderay, par tes sainctes bontez,
Je te conjure icy, que noz cœurs tourmentez
Ne soient point, s'il te plaist, joüets de ta cautelle :
Jette luy dans le sein cent amoureuses flames,
Je sçay fort bien sonder la volonté des Dames,
Je prends l'occasion assez soudainement :
Si tu luy veux promettre un long traict de ma peine,
Promets moy jouyssance, et qu'elle soit soudaine,
Je ne veux guiere[3] avoir de mal, ny de tourment.

---

1 1589 : *et des cris et pleurs*.

2 Amoureuse de Caunos, son propre frère, Byblis le chercha jusqu'en Asie avant de s'effondrer en pleurs et d'être transformée en fontaine. Voir la pièce 25 v. 199.

3 1589 : *Je ne veux guieres*.

[48] SONET XIIII[1].

Je hay la passion, et les ames changeantes,
Un desir indiscret qui perd la privauté,
Je hay plus que la mort un amant effronté,
Qui aimant sans Arrest fait litiere d'amantes :
J'estime les rochers : quand les ondes bruyantes
L'orage joint au bras de Neptune irrité,
Font la guerre, tant plus le rocher arresté
Combat victorieux les forces menaçantes.
Voilà pourquoy je prise et estime un courage
Qui soustient de l'amour, la fureur et la rage
Aussi ferme qu'un roc qui se moque des vents :
L'on doit bien estimer une discrette Dame,
Dont la raison conduit, et l'amour, et la flame,
Quand elle aime sans plus, un seul de ses servans.[100 r°]

[49] SONET XV.

Travaux, procés[2], douleurs, diverses facheries,
Cruels empeschemens, et vous cuisans ennuits,
Qui me courez à force et les jours, et les nuits,
Vous perdez vostre temps, je sçay voz tromperies :
Vous vous estes bandez, ennemis de noz vies,
Vous avez sceu meschans le bien que je poursuis.
Vous vous y opposez, vous verrez que je suis

---

[1] Ce sonnet est en décasyllabes.

[2] Ce terme sur lequel il est très complexe de poser une réalité biographique revient à plusieurs reprises dans le recueil. Voir 56 v. 1, 7, 8, 13, 163 v. 13, 209 v. 7, 254 v. 8, 274 v. 50, 191.

Homme pour resister à voz fortes envies :
Vous estes desplaisans dequoy j'aime du Tertre[1],
Vous crevez de despit que les Dieux m'ont fait Prestre,
Et Secrettaire sainct de leur divine Cour :
Voilà pour m'empescher d'avoir tant de tristesse,
Dont vous avez chargé le destin qui me cour,
Mais en despit de vous j'aimeray ma maistresse.

[50] SONET XVI.

Je me conforte, au moins, en ma douleur si forte,
Qu'elle peut en sa force amoindrir mon soucy,
Puis que tous les matins tu viens passer icy,
Sinon je te puis voir assise sur ta porte :
Du Tertre[2], ceste veuë, à tout le moins m'apporte
Un doux contentement, chacun n'est pas ainsi,
Je suis esté un an, le cœur de glas transi,
Sans voir, Rose mon cœur, que le destin m'emporte :
Helas ! il m'a osté ce qui me faisoit vivre,
Mais pour me faire en toy, en mesme mal revivre,
Il m'a rendu captif de ta divinité :
Donc, puis que tu sçay bien que j'ay esté fidelle,
Que j'ay souffert mon mal, que ma Roze estoit belle,
Pourquoy ne veux-tu pas me mettre en liberté ? [100 v°]

---

1 Voir note TS LXXXII v. 3 et *index nominum.*

2 Voir note précédente.

[51] SONET XVII.

Une belle lingere, au son de mes souspirs[1],
Cruelle, alloit taillant de Linoupe une fraise[2].
Je mourois de desir, elle estoit à son aise
„ De m'ouyr souspirer et avaller mes cris :
Je luy disois ainsi : « Lingere qui m'a pris,
Lingere qui me faits du sein une fournaise,
Estains ce feu ardant, belle si tu l'appaise,
„ Je te promets, mon cœur, de mon amour le pris :
Que dit le monde faux, lingere gracieuse,
Lingere tousjours douce, et tousjours amoureuse,
Lingere pitoyable, ha je voy bien que non :
Ou je suis le premier que martyr tu fais estre
D'Amour, esleve icy la premiere du non[3],
En l'aage que tu es, pour ne l'oser permettre. »

[52] SONET XVIII.

Doux bien qui m'as trompé, laissez moy esperance[4]
Je vous donne congé, ne revenez jamais,
Je ne veux plus de vous, ny ne veux desormais
Avoir que mes ennuis pour ma resjouyssance.
Puis que de mes amours je n'ay point jouyssance,

---

[1] Voir 226 v. 15 et *Entouré de silence*, *op. cit.*, p. 88.

[2] Il semble que Beaujeu introduise ici un rapprochement entre « lingère » et « linoupe » qui ont tous les deux comme étymologie le mot latin *lineus* signifiant « lin ». Le nom de cette matière devient même nom propre dans la pièce 113 v. 280.

[3] Il faut sans doute comprendre ici que la dame ne sait que dire « non ».

[4] Ce vers passe de la deuxième personne du singulier à la deuxième du pluriel.

Il me faut donc monstrer de mon mal les effaits,
O contraire de bien, tu es semblable fait[1],
Toy pour mourir soudain, l'autre pour delivrance[2] :
Je n'attendray donc plus, ny plaisir, ny secours,
Puis qu'à mon grief tourment se plaisent mes amours,
Je les veux de mon mal rendre toutes contentes :
Du Tertre[3] veux-tu bien que je meure pour toy,
Si tu le veux, mon cœur, soubs ces ombres plaisantes,
Je m'en iray mourir, mais sans pitié de moy. [101 r°]

[53] SONET XIX.

Roze, depuis qu'Amour m'osta de ton service,
Et que je fus absent de tes yeux que j'aimois,
Je me suis veu poussé du sort que je fuyois,
Aux parquets importuns, requerir la Justice :
Et aux guerres depuis, où tout plein d'artifice,
Je faignis n'aimer point, du libre je faisois,
Et desdaignant Amour, de toutes parts j'allois
En apparence libre, au cueur le sacrifice :
Il n'estoit rien que sang, que feu, et que fumée,
Mes vœux sacrifiez en la flame allumée,
Et sans cesse j'estoy dedans moy en tourment :
Je congnoy à mon mal que ton œil est terrible,
Et je congnoy au feu qui dure permanent,
Que l'esteindre jamais, ce m'est chose impossible.

---

[1] 1589 : fais.

[2] La dame apparaît ici comme le contraire du bien, elle est donc faite pour que le locuteur meure tandis que le « bien » est une « délivrance ».

[3] Voir note TS LXXXII v. 3 et *index nominum*.

[54] SONET XX[1].

Le feu de paille est plus cuisant et brave
Que cil du bois qui nourrit son ardeur,
Aussi plustost des vents il est esclave,
Peu soucieux de garder son honneur :
Ainsi le foible, aux pieds du fort vaincueur,
Souffre, honteux, que d'un coup l'on engrave
Dessus son front, le tiltre de l'esclave,
A qui l'on oste, et sans mourir, le cueur[2] :
Moy de tout temps, armé de ma constance,
Je dure encor, mais ayant congnoissance
Du peu de soin qu'avez de vostre foy,
J'ay, pas à pas, retiré mon envie
Pour en servir une digne de moy,
„ C'est peu aimer, qui n'aime pour sa vie[3]. [101 v°]

---

[1] Ce sonnet est en décasyllabes.

[2] Le motif de la gravure, ici sur le front, se retrouve au sonnet TS XC v. 1-4, sur le cœur, cette fois.

[3] La fin de ce sonnet paraît quelque peu contradictoire. Il faut cependant entendre que le locuteur a choisi de n'aimer qu'une dame.

[55] SONET XXI.

Que tout le monde ensemble, avecques le vieil Prestre
Maintiennent que l'Amour n'est subjet au destin,
Je croy tout le contraire, et tesmoin ma Catin,
„ Ma Roze, Marguerite[1], et Louyse, et du Tertre[2] :
„ Catin est de Milan, Roze se veut dire estre
„ Du petit Neuf-Chastel[3], Marguerite dans l'Ain
„ Se baigna maintesfois, Louyse du Ponsain[4],
„ Du Tertre de Paris, où le Ciel l'a fait naistre :
Toutes cinq, à quinze ans, m'ont jetté dedans l'ame[5],
Cinq ans consecutifs, des traicts, et de la flame,
Toutes cinq d'un corsage, et d'une affection :
Pucelles toutes cinq, et toutes cinq gracieuses,
N'y a il pas du sort ? Quatre Religieuses[6].
Je ne sçay si du Tertre[7] a mesme intention.

---

[1] Ce lien entre les femmes et les fleurs à travers les prénoms est déjà présent en de nombreux endroits du recueil. Voir TS XX v. 14, 29 v. 4, 83 *passim*, 107 titre et 166 v. 23-25.

[2] Voir note TS LXXXII v. 3 et *index nominum*.

[3] La mention de l'adjectif « petit » devant ce toponyme laisse supposer qu'il ne faut pas le confondre avec l'autre Neuchâtel, le grand, sans doute celui de Suisse. Il s'agit dès lors probablement de Neuchâtel-Urtrière. Cette commune du Doubs, siège de la famille de Neuchâtel-Bourgogne se trouve à quelques kilomètres de Montbéliard sur la route qui relie cette ville à celle de Neufchâtel en Suisse. Voir pièces 1 v. 12, 9 v. 406-410 et 556, 24 v. 106-113, sonnet 55, 95, 97 et 274 v. 563.

[4] Cette liste de conquêtes réalisées au cours des voyages du locuteur se retrouve plusieurs fois dans le recueil. Voir notamment les pièces 71 et 97 v. 5.

[5] L'âge de la dame, ici quinze ans, varie quelque peu selon les poèmes. Voir 9 v. 555, 21 v. 581, ou 118 v. 1.

[6] L'amant et l'amante sont prêtres et prêtresses de l'amour.

[7] Voir note TS LXXXII v. 3 et *index nominum*.

[56] SONET XXII.

Procés[1] vous me ruinez[2], encores pis vous faites,
Car en mangeant mon bien vous perdez mon esprit,
Vous devorez l'honneur que ma Muse m'apprit
„ Dans les sacrez vallons des montagnes celestes :
Je suis sans contenance, et les façons honnestes
Dont le fils du rocher a doctement escrit[3],
Ne m'accompagnent plus. Procés je suis destruit[4],
Infidelles procés que rigoureux vous m'estes !
Sorciers n'usez donc plus des herbes mal-faisantes,
Dont vous faites mourir, et amis, et amantes,
Et qui font des hauts Cieux les orages tomber :
Mais pour ruiner le monde, et les humains encore,
Semez y un procés, qui tout mange et devore,
Et tout au premier estre on verra succomber. [102 r°]

[57] SONET XXIII[5].

Vous, qui sans corps, Demons errez en France,
Laissez icy reposer doucement
Voz membres froids, et chez vous maintenant
Courez pour voir le dueil de vostre absence :
Allez y donc, invisibles, je pense
Que vous verrez celuy-cy, son enfant,

[1] Sur ce terme voir 49 v. 1.
[2] Voir 9 v. 213.
[3] Cette périphrase rend l'identification dudit personnage extrêmement complexe.
[4] Sur ce terme voir 49 v. 1.
[5] Ce sonnet est en décasyllabes. Il est cité dans *Entouré de silence*, *op. cit.*, p. 89.

L'autre sa femme, en un noir vestement,
Offrir à Dieu pour vostre delivrance :
Disant adieu à tous voz domestiques,
Vous reviendrez trouver voz corps etiques,
Prendre congé de voz yeux endormis :
Estans guidez des pasles filandrieres[1],
Vous passerez les mortelles rivieres[2],
Vengez d'Amour, et de voz ennemis.

[58] SONET XXIIII.

Je n'ay plus de cervelle, helas je le confesse !
J'ay bien encor du cœur, mais je ne le sens point,
Je suis encor[e] fort[3] au tourment qui desjoint
Cœur, ame, nerfs, et sang, pleurs, souspirs, et liesse :
Jamais plus je n'auray une telle maistresse,
Je mourray de ce coup, dont Amour faux me point,
Je sçay bien que je suis au mal-heur si bien joint,
Qu'il faut que dans demain mon tombeau me caresse.
C'est Amour, et cholere, et transport de nature
Qui me broüillent ainsi, car l'un d'eux me figure
Le plaisir de ma mort, le doux, et puis l'amer,
Des rigoureux desdains, des yeux, et une face
Qui voguent sur mes pleurs, dont je fais une mer,
Et pour la fin du jeu une sotte disgrace[4]. [102 v°]

---

[1] Le mot désigne les trois Parques. La graphie est commune au XVIe siècle. Voir DMF et FEW III, 534b : *filum*.

[2] Les fleuves des enfers étaient la limite entre le monde des vivants et le monde des morts.

[3] Le vers est faux dans l'original qui donne : « Je suis encor fort […] ».

[4] Ce sizain reprend de manière très lâche le motif du sonnet rapporté puisque, si un système d'équivalence semble bien mis en place entre les trois noms du premier vers du sizain et ceux des vers 11 et 12 du sonnet, le pronom indéfini

[59] SONET XXV.

Ne tire plus, Amour, tien tes flesches fumantes
De mon sang plein de feu que je r'apporte icy,
N'aye plus de ma mort, ny cure, ny soucy,
Car je suis prest d'aller soubs les ombres plaisantes.
„ O[1] cruel Ogeon[2] qui de cent mains puissantes
Pouvoit d'un coup cent fois, donner mort ou mercy,
O cruel cesse donc, ne tire plus ainsi,
„ Ou tire traits, et arc, feux, et flames cuisantes.
Le Grec[3] sans plus, un coup donna dans la poitrine
Du cousteau[4] qui depuis tousjours au sang s'affine,
Ayant fait de sa race un grand monde de mors :
Mais cruel à la mort, aussi bien qu'à la vie,
Tu veux sçavoir si l'ame outrepasse les bors,
Avant que d'appaiser sur le corps ta furie[5].

« l'un d'eux » empêche une équivalence stricte et réduit le lecteur à de vagues suppositions.

[1] L'imprimé original ne marque pas d'alinéa avant le premier vers de ce second quatrain.

[2] Il s'agit du nom romain de l'hécatonchire Briarée. On trouve plus couramment Egéon. Ces créatures mythologiques étaient filles de Gaïa et d'Ouranos et possédaient cent bras et cinquante têtes.

[3] Ce militaire pourrait être n'importe quel général grec.

[4] Ce substantif est le complément d'objet direct de « un coup ».

[5] La fin de ce sonnet est un peu énigmatique. La distinction qui est faite entre « âme » et « corps » semble supposer qu'Amour souhaite d'abord faire souffrir l'esprit du locuteur afin de voir jusqu'où il résiste, avant d'achever son corps.

[60] SONET XXVI[1].

Le corps pasle, bruslé, au bucher domestique,
Content de l'Acheron en sa chere moitié[2],
Vesquit[3], mourut, brusla. Ô cendres d'amitié !
Puisse naistre de vous le cher oiseau unique[4] !
Soyez donc arrousez du doux Nectar Libyque[5],
Heureux qui estes morts, premier que l'amitié
Qui lia voz deux cœurs eust prins fin. O pitié !
Je n'en suis pas ainsi vers ceste fantastique !
O Deesse de marbre, ô glacée statue !
Je n'ay regret dequoy ta main rude me tue,
Mais dequoy tes rigueurs s'augmentent tant plus fort.
Sçay tu que tu feras de mon sang, alterée ?
Cours à force mon ame, aux enfers atterrée,
Et tout devant Pluton[6] faits luy souffrir la mort. [103 r°]

---

[1] Cité dans *Entouré de silence*, *op. cit.*, p. 90.

[2] Ce second vers n'est pas simple à comprendre. La tournure « content de » doit sans doute s'entendre au pied de la lettre : « le corps » est heureux de trouver la mort dans l'amante elle-même.

[3] Cette forme de passé simple existait à la Renaissance. Voir DMF.

[4] Il s'agit du Phénix, oiseau réputé immortel, renaissant de ses cendres mais, comme le suggère Gisèle Mathieu-Castellani, l'expression « en sa chère moitié », apparue au vers précédent, incite à rapprocher cette exclamation de l'histoire d'Artémise et Mausole. Voir la pièce TS XXXVIII v. 11 et suivants.

[5] Le « nectar » était un des aliments des dieux, tantôt vin ou miel. Le terme « lybique » donne une connotation exotique à cette réalité antique.

[6] C'est le nom du dieu des morts chez les romains.

[61] SONET XXVII.

Allez vous en mes yeux, puis que de voz regars
Vous faites les vaillans, suivez celle qui seme
Mille meschans propos de son vallet qui l'aime,
Et pour le perdre fait rumeur de toutes pars[1] :
Suivez donc celle-là qui vous lance ses dars,
Vous vous plaisez au mal, c'est bien tout ce qu'elle aime
Elle brave les grands, et vous faites de mesme,
Vous rendriez[2] bien vous trois le camp d'Amour espars :
Perse[3] qui aimois tant, et qui digne de flame
Avois à ton souhait, allentour de ta Dame,
Mille telles beautez qui l'entouroient tousjour :
C'est la fidelité qui donne l'abondance,
Mais l'infidelité nous oste l'accroissance,
Qui veut avoir une ame il faut fuyr Amour.

[1] L'amant se représente moqué par la dame. Voir TS XXXV v. 5-8, 21 v. 555, 24 v. 142-145.

[2] La diérèse est nécessaire sur ce terme pour conserver la métrique.

[3] L'allusion porte sans doute sur la pratique du harem au Moyen-Orient.

[62] SONET XXVIII.

O miserables yeux qui de vostre nature,
Regardez vers le Ciel vostre ancienne maison,
Pourquoy desdaignez vous vostre humaine prison ?
Quoy ! Mesprisez vous tant de vous la creature ?
Vous estes le divin de la morte painture[1],
Dont l'univers paré fit monter ce garcon
Sur le brave genet pour tuer l'eschanson,
De qui la mere fit par ses pleurs l'escriture[2] :
Je sçay bien qu'admirant[3] nostre debile force,
Vous voudriez estre hors de la mortelle escorce[4],
Qui se sent mesprisée, et veut fuyr ainsi[5] :
Mais puis qu'avez commis vostre part de l'offense,
Complice vous aurez vostre part du soucy,
Vous devez ce me semble en faire penitence. [103 v°]

[1] Il semble que ce sonnet, exceptionnellement, se fasse l'écho des théories néoplatoniciennes pourtant courantes dans le néo-pétrarquisme. On retrouve ici la séparation de l'âme et du corps, la volonté de la première de retourner vers un « Ciel » auquel elle appartient ainsi que le lien de l'âme avec un modèle divin.

[2] Cette allusion reste mystérieuse. La construction grammaticale même des vers 5 et 6 pose problème. L'antécédent du pronom relatif « dont » est-il « le divin » ou bien « la morte painture » ? Cette proposition relative a d'ailleurs sans doute une nuance circonstancielle. On peut gloser par « une fois l'univers paré du divin / de la morte painture, il fit [...] ».

[3] Il faut entendre ici le terme dans son sens étymologique d'« étonner ».

[4] Il s'agit sans doute d'une périphrase pour désigner le corps.

[5] L'opposition entre l'âme et le corps est telle que le locuteur imagine que le second, vexé, tâche, lui-aussi, de se soustraire à cette association.

[63] SONET XXIX.

Mal-heureux qui en mer, venant d'un long voyage
Près du bord desiré, voy eslever les vents,
Qui cruels, d'où tu viens, sur les flots inconstans,
Te poussent, forcenez, de despit et de rage.
O pauvre homme enfermé en ce sifflant orage,
L'or n'aguieres conquis, tu donnes aux flots bruyans[1],
Las, tu vois tes tonneaux, de perles, et d'encens,
De cannelle, de cloux, bondir en ce naufrage :
Tourne de mon costé ta veuë despitée,
Et tu me verras pis, non sur l'eau irritée,
Mais aux aspres deserts d'un siecle mal-heureux
Où Amour sur tous ceux qui me veulent destruire,
De du Tertre[2] me fait mourir si amoureux,
Que j'estime fort peu les flots que tu oys bruire.

[64] SONET XXX.

Je suis si tourmenté, qu'Amour ne se soucie
De me faire jouyr de ce que j'aime tant,
Il s'en va promener de mon mal-heur content,
Et estime au retour ne me trouver en vie :
S'il me promet du bien, aussi tost il oublie,
Il s'en va à part soy de mon mal discourant,
Quand il a bien pensé, il va ainsi disant :

---

[1] Le vers est faux. On pourrait proposer la correction suivante : « tu [perds] aux flots bruyans ». Le complément d'objet direct de « donnes » est bien « L'or ».

[2] Voir note TS LXXXII v. 3 et *index nominum*.

« Helas il est perdu, la mort desja le lie !
Que serviroit, dit-il, si près de sa maistresse ?
Je pensois secourir, sa vie, et sa tristesse[1].
Au lieu d'un serviteur, je donnerois un mort. »
Du Tertre, mon soucy, voy si je suis malade,
Mais si tu veux braver et Amour, et mon sort,
Gueris moy d'un baiser, ou d'une douce œillade. [104 r°]

[65] SONET XXXI[2].

L'on a blasmé Ronsard d'avoir, vieil sacrilege
Un noir bouc immolé[3], l'ayant voulu aimer.
Je dy que le menteur qui l'osa diffamer,
Luy mesme avoit bien fait comme Oris de liege[4] :
Cét Oris plain des feux de sa mignarde vierge,
Furieux, à minuict, commença de nommer

---

[1] Ces deux vers sont peu clairs. Il faut peut-être comprendre : « A quoi serviroit-il si près de sa maitresse ? »

[2] Cité dans *Entouré de silence*, *op. cit.*, p. 9.

[3] Beaujeu se fait ici l'écho d'un des coups d'éclat de la Pléiade. Après la représentation glorieuse des deux pièces de Jodelle, la *Cléopâtre captive* et l'*Eugène*, en 1553, les poètes proches du jeune tragédien, Belleau, Baïf, Ronsard, sont allés à Arcueil fêter l'heureux événement. Ils auraient à cette occasion porté un bouc sur un autel après l'avoir coiffé de lierre et de fleurs. Voir Ronsard, « Dythirambes à la pompe du bouc de Jodelle […] » dans *Œuvres complètes*, *op. cit.*, t. V (1968), p. 53.

[4] Ce personnage semble inventé pour l'occasion. L'attaque du sonnet faisant référence à la gloire de Jodelle en tant que poète tragique, on peut se demander s'il ne faut pas voir là un anagramme. On peut en effet construire « Iodele grise », « Jodelle grisé » ou « Jodelle grise », avec les lettres de « Oris de liège ». Cette hypothèse reste cependant bien fragile. Elle est en partie soutenue par la suite du sonnet qui met en scène un nouveau sacrifice ainsi qu'un poète très en colère contre sa dame. On pourrait voir ici le rappel de certains sonnets des *Contr'amours* de Jodelle, publiés de manière posthume en 1574 puis en 1583. Voir, en particulier, le sonnet II dans E. Jodelle, *Les Amours*, *op. cit.*, sonnet V, p. 163, v. 12-14.

Tout ce qui fut d'afreux en l'Argolique mer,
Teste nue, pieds nuds, tenant en main un cierge :
En desservant ainsi de son feu pere l'ame[1],
Dont le corps regretté gisoit soubs une lame,
Respandit murmurant, du vin, du miel, de l'eau :
Et du sang espuré de quatre brebis pleines,
Maints characteres saincts pourtraits sur les areines,
Et pour dernier present trois pots de laict nouveau[2].

[66] SONET XXXII.

Que les plus obstinez contre le mariage
Viennent parler à moy, et je leur maintiendré
Que l'homme de la femme a esté engendré,
La coste n'estant point au nombre de nostre aage[3].
Dieu est tout prevoyant, tout advisé, tout sage,
Il sçavoit bien que l'homme aux ennuits rencontré
Ne se verroit sans femme à jamais despestré,
Et sans moitié vivant, n'eust eu cœur, ny courage :
Mais c'est le cramoisi de choisir une fame
„ Au gré du cœur, des yeux, de l'esprit, et de l'ame,
Et n'en prendre jamais si l'on n'est tout entier[4] :

[1] Cette évocation reste mystérieuse. Les pratiques cabalistiques du fils rejaillissent-elles sur le père mort ?

[2] Ce sacrifice, dont la portée et le but restent mystérieux, semble en grande partie inspiré de Virgile qui, dans ses *Géorgiques* évoque les fêtes en l'honneur de Cérès au cours desquelles on « dilue les rayons de miel avec du lait et un doux Bacchus » pendant que « par trois fois autour des grains nouveaux marche une victime de bon augure ». Voir 9 v. 301, 21 v. 321-331, 111 v. 28 et Virgile, *Œuvres complètes*, *op. cit.*, *Géorgiques*, I, p. 109, v. 344-345.

[3] Cette réflexion renvoie à l'épisode de la genèse dans lequel il est dit que Dieu crée la femme à partir d'une côte de l'homme. Voir Genèse, 22, 2.

[4] Cet adjectif possède des sens multiples mais ici il signifie sans doute que le marié doit être tout à fait ce qu'il prétend être et libre de ses choix.

La changer de pays, luy donner exercice,
Vous la rendrez contente, ennemie de vice,
Mais sur tout maintenez le bien-fait coustumier[1].

[104 v°]

[67] SONET XXXIII.

Yeux d'ebeine plus noirs, ame douce et poignante
Vous m'avez de voz traits fait la guerre deux jours,
Je me suis retiré, de peur que voz amours
N'eussent empoisonné mon ame si contente :
Je n'aime pas au vent, je veux rendre contente[2]
Celle qui m'aimera, et veux aussi tousjours
De mesme estre content, car j'aime le secours,
Qui fait que peu de maux aimant j'experimente :
Tout le monde n'a pas l'heur que l'amour m'apporte,
Car la nuict et le jour au lict derrier la porte,
Sans cesse je me trouve en estat de servir :
Quand le feu est bien grand, tout le bois je renverse,
Et sur le plus ardant, tant et tant d'eau je verse,
Qu'au lieu du feu, l'on voit un ruisseau doux courir[3].

[1] On ne peut s'empêcher de voir derrière ce groupe nominal une allusion au devoir conjugal.

[2] L'adjectif se rapporte au pronom « celle » et rapproche ce quatrain du sonnet précédent.

[3] Le locuteur évoque sans doute ici ses pleurs.

[68] SONET XXXIIII.

Beau pourtraict mon demy[1], et toy mon esperance :
Vous me perdez de veuë, et d'espoir, et de bien,
Vous estes deux en un, et moy je ne suis rien
Qu'un miserable amant qui souffre en patience :
Mon pourtraict donnez moi au moins quelque asseurance,
Quand vous serez vers elle, et que vous serez sien,
De jurer vostre foy telle que je la tien
Ferme, que vous vivrez en son obeyssance :
Celle que tu conduits, pourtraicte comme moy[2],
Est toute de glaçons, non de feu comme toy,
Mais las tu ne sçaurois la contraindre eschauffée !
N'espere donc plus rien, que servir tes amours,
Te nommant le subjet de l'Argienne Fée[3],
Pour brusler, et mourir mille fois tous les jours. [105 r°]

FIN DES SONETS[4].

---

[1] Il s'agit du portrait de l'amant qui semble ici dans une quasi équivalence avec le locuteur lui-même. Ce motif est fréquent chez Ronsard. Aubigné lui consacre une série de poème dans son *Hécatombe à Diane*. Ces deux poètes évoquent cependant un portrait pictural de la dame qui apporte consolation ou qu'il s'agit de dépasser par la justesse de l'écriture. Voir P. de Ronsard, *Œuvres complètes*, *op. cit.*, t. IV, p. 13, sonnet IX ou A. d'Aubigné, *Hécatombe à Diane*, *op. cit.*, p. 103-107, sonnets XXII à XXV et ici même pièces 81 v. 243, 101 v. 57, 109 v. 165 et 145 v. 51.

[2] La dame elle aussi a donné un portrait à l'amant.

[3] Il est très difficile de mettre un nom précis derrière cette allusion. Le terme « argienne » renvoie à la ville d'Argos voire même à l'ensemble des Grecs ce qui ne simplifie pas les choses. L'adjectif est déjà employé en TS XCIIII v. 14.

[4] Cette indication n'est pas à entendre comme la fin de tous les sonnets du recueil mais bien comme la fin de cette série en particulier. On la retrouve à la suite des sonnets 136 et 269.

[69] COMPLAINTE.

Las j'ay vescu seize mois en tristesse,
Sans voir icy celle qui m'aime tant !
Sans voir mon cœur, ma petite maistresse,
Qui nuict, et jour, tant me va regrettant :
Hier matin, Amour ce faux tyran,
Me la fit voir, beauté de tout le monde,
Puis la r'embarque aussi tost sur ceste onde,
Pour me l'oster, et me priver à coup
De ce que j'aime et estime beaucoup.
Las je ne sceu baiser sa tresse blonde[1].

Ne la voyant, je souffrois mon martyre
En patience, attendant de la voir :
J'estois content, helas de luy escrire !
Et quelquesfois la desirer le soir.
Tousjours j'avois son pourtraict pour le voir,
En le baisant je contentois mon ame,
Tous les matins je luy criois Madame :
« Bon jour, mon cœur », bien que j'en fusses loin.
Mes longs regards amoindrissoient mon soin,
Et me rendoient moins furieuse l'ame.

J'estois content de sonner sur ma lyre,
Huict, ou dix vers, en chantant ces beautez,
J'estois heureux d'ouyr mon doux luth bruire,
Soubs les rochers de ma Muse vantez.
De ces accords mes esprits enchantez
En adoroient la vive pourtaicture,

[1] La pièce est mentionnée dans Ph. Martinon, *Les Strophes*, *op. cit.*, p. 587 sous la rubrique « dizain de composition rimique diverse de forme ababbccdcd ». Martinon mentionne comme cas particulier la forme ababbccddc qui est celle de ce dizain de décasyllabes.

Car en mon cœur je porte sa painture,
Si vivement qu'il n'y a pas un traict [105 v°]
Qui ne soit mis par mes yeux au pourtraict,
„ L'ombre m'est doux, rude m'est la figure[1].
Je m'en allois pour mieux voir à mon aise,
Le beau pays où ma belle se tient,
Sur un haut mont, qui en voit quinze ou seze
Moindres que luy, entre lesquels se tient
Ce mutin lac[2], qui ses grands flots retient
Entre les rochs, quand le vent le despite.
Là me plaignant, je disois : « Belle Clitte[3],
Te voy-je point sur le bord de ses eaux,
Cueillir des fleurs sur ces rivages beaux,
Baisant au cœur[4] ta bouche si petite ? »
Puis tout à coup possedé de furie,
Je m'en venois murmurant contre Amour,
Luy reprochant sa belle tromperie,
Dont ce cruel me decevoit tousjour :
« Si tu ne veux m'aider de ton secour,
Transporte moy sur ceste onde indiscrette[5].
Je me souviens du voyage de Crete
Que fit Europe en priant son amy[6],
Qui la portoit dans les flots à demy,

---

[1] Sur ce motif issu de Pétrarque et Ronsard voir le sonnet TS xc v. 3.

[2] Sur ce motif voir 1 v. 12 et 25 v. 32.

[3] Il s'agit sans doute d'une référence succincte à l'un des amours d'Hélios, Clytie, transformée en héliotrope après avoir passée neuf jours à regarder son amant. Voir la pièce 109 v. 203 ainsi que Ovide, *Métamorphose*, IV, 236, A. d'Aubigné, *Hécatombe à Diane*, *op. cit.*, p. 198, sonnet XCVIII, v. 11 et G. Du Bartas, *La Sepmaine ou Creation du monde*, *op. cit.*, t. I, p. 194, v. 536.

[4] Il faut ici comprendre « au centre ». Voir le sonnet XLII v. 12.

[5] Le sens de l'adjectif est compliqué à déterminer. On peut envisager que « l'onde » soit ainsi qualifiée en raison de son agitation, de son manque de retenue. On pourrait aussi y voir la reprise exacte du sens latin du mot, peu employé en français, « indistinct, étroitement uni », qui renverrait à la masse d'eau que constitue la mer. Voir 113 v. 325 et glossaire.

[6] Il s'agit de Zeus sous la forme du taureau.

Sans qu'elle sceust l'entreprinse secrette :
Heureux helas ! heureux cil qui se change
En telle forme, heureux est-il vrayment !
Je passerois en un pays estrange,
Portant ma belle en ces flots seurement.
O gros amy[1] tu fus heureusement
Victorieux de mon dur adversaire[2].
Que ton pouvoir me seroit necessaire !
Vainqueur d'amour je passerois ces flots,
Ayant ma belle, et son doux luth au dos[3],
„ Mais c'est le mal, que je ne le puis faire. » [106 r°]
Voilà comment je passois la journée
En souspirant, et quelquefois aussi
Jettant les yeux sur ma Rosette aimée,
Du doux pourtraict j'allois parlant ainsi :
« O douce face, ô mon cœur, mon soucy,
Que pour te voir l'esperance est tardive ! »
Puis j'approchois de ceste belle rive,
En souspirant je disois à Amour :
« „ Faux et meschant, je meurs cent fois le jour,
„ Mais plus je meurs, et plus ma peine est vive. »
En retournant tout seulet par la ruë,
Les yeux à terre, et l'esprit transporté,
Je me pensois : « C'est Amour qui te tuë
Meschant, parjure, et plain de lascheté.
Ay-je un tourment si cruel merité ? »
Puis je disois à mon cœur : « Bon courage,
Tu souffrirois mille fois d'avantage,
Pour les faveurs que sans fin tu reçois
Des belles mains qui ores par les bois

[1] Voir note précédente.

[2] Amour est ici l'ennemi de Zeus qui, pour aimer Europe, doit user d'un stratagème.

[3] Sur cette mise en scène d'une Europe musicienne, voir 113 v. 63-64.

Font de leur luth danser le frais ombrage. »
Ainsi, ainsi, je passois ma tristesse
Qui m'estoit douce et favorable encor,
Mais à ce coup que j'ay veu ma maistresse
Sans la baiser, je suis pire que mort,
Il fait bien mal de perdre son thresor,
Et mendier tous ses jours miserable,
C'est un mal-heur qui est insupportable :
Tu fus heureux Theagenes[1] le beau,
Car cét enfant te fut si favorable,
Que tout content il te mit au tombeau.
Comme un Nocher, qui en la mer cruelle
Est tourmenté par les efforts du vent, [106 v°]
Ainsi je suis en te servant, ma belle,
Devant Amour, qui te va poursuivant.
Le bon Nocher cedde au flot inconstant,
En mon amour, je faits tout le contraire,
Je veux forcer Amour pour luy desplaire,
Au fonds des eaux de la mer de mes pleurs.
Tous ces tourmens ne vallent les faveurs
Que je reçois de ma belle adversaire[2].
Je ne fus onc si content pour une heure
Que j'estois, lors que je vy ces beaux yeux,
Et maintenant il faut que loin je meure,
Mais ce trespas m'est du tout gracieux :
Il faut mourir, il le vaut beaucoup mieux,
Il faut mourir de ceste maladie,
Pour me guerir que je n'y remedie,
Mon mal est tel qu'il ne sçauroit guerir,
C'est donc à toy, belle que je dedie

---

[1] Theagenes, amant de Chariclée, est l'un des personnages centraux de *L'Histoire æthiopique* de l'écrivain grec Helliodore. Cependant, dans le roman, Théagènes ne meurt pas. Voir la pièce 5 l. 1.

[2] Cette expression rappelle le « *o dolce mia guerrera* » de Pétrarque. Voir 113 v. 375 et Pétrarque, *Le Canzionere*, *op. cit.*, s. 21, v. 1.

Mes tristes vers, et mon brave mourir.
C'est toy, mon cœur, qui tiens de ma franchise
Le doux filet dont je suis attaché,
C'est ceste main que j'ay souvent requise
De me tirer en mon mal-heur fasché,
Lors que j'estois des douleurs allesché,
Par la sagette en mon cœur demeurée,
Qu'Amour luy-mesme avoit dure acerée
Sur les cailloux de ma fidelité.
Un si grand mal ay-je donc merité,
Jusques à l'ame une douleur outrée.
L'on dit qu'un jour Jupiter vint en terre,
Tout ennuyé de demeurer aux Cieux :
Il descendit en esclat de tonnerre,
Sur l'Aigle fort des foudres amoureux, [107 r°]
Il vit Semele[1] avec ses beaux cheveux,
A l'ombre frais d'une verte ramée,
Depuis il a sa Nymphe tant aimée,
Qu'en la tenant à force de baisers,
Il la tua en l'ardeur des brasiers,
Du feu ardant de son ame enflammée.
D'autres beautez il eut l'ame blessée,
Et devint fol en son mal amoureux,
Comme Rolland[2], l'ame toute insensée,
Il se perdoit parmy les bois ombreux,
Ne pardonnant, cruel et rigoureux,

[1] Cette nymphe aimée de Zeus est la mère de Dyonisos. Héra, jalouse, la persuade de demander à Zeus de se montrer dans sa majesté. Devant l'éclat du dieu, la jeune mortelle ne peut résister et meurt. Zeus récupère Dyonisos dans son ventre et le place dans sa propre cuisse d'où il naîtra.

[2] Il s'agit bien sûr du héros de la célèbre épopée de l'Arisote le *Roland furieux*. Apprenant à cause de gravures sur les arbres qu'Angélique et Médor sont amoureux, Roland devient fou et dévaste la forêt en question. Le même motif est repris dans l'élégie 81 v. 445-450. L. Ariosto, *Orlando furioso*, Paris, Les Belles Lettres, introduction et notes de A. Rochon, 1998-2002. t. III, chant XXIII, p. 51-53.

A Chevalier, ny à beste sauvage,
Bruyant tousjours comme un espais orage.
En son cerveau faisoit mille discours,
Comme il pourroit jouyr de ses amours,
Et sans Arrest faisoit tousjours voyage.

Doncques au Ciel volla l'ame divine,
Laissant icy un corps tout insensé,
Qui de luy-mesme accouroit à sa ruine.
Guidé d'Amour, le cœur tant oppressé,
Non souvenant de son pouvoir passé,
Sa déité il outrageoit luy mesme :
Voilà comment celuy qui par trop aime,
Ne congnoist plus ce dont il fut Seigneur,
Je fais ainsi, car j'ay tant de douleur,
Que je ne puis me congnoistre moy-mesme.

Il souspiroit son amour, et sa peine,
A l'ombre frais de sept ou huict ormeaux,
Il vit sa Nymphe auprès d'une fontaine
Qui se baignoit au frais dedans les eaux,
Lors enferré de mille dards nouveaux,
Il luy monstroit sa blesseure incurable, [107 v°]
En s'escriant : « Ô belle pitoyable,
Ne voy-tu pas comme je suis blessé ?
C'est Jupiter qui m'a ainsi laissé,
Sois à mon mal doucement pitoyable. »

Ainsi parloit Jupiter de luy-mesme
A sa maistresse, et pleuroit tendrement,
Ayant la face, à force de mal blesme,
Le sein de coups meurtry extremement,
Il luy disoit : « Helas belle ! Comment
As-tu le cœur si remply de rudesse ?
Au nom douté de Jupiter, maistresse
Sois moy plus douce, et me faits ce plaisir
Que je ne meure au moins de desplaisir,

En me baisant oste moy de tristesse. »
Elle qui voit en sa face meurtrie
Je ne sçay quoy de haut et de royal,
Luy dit : « Amant, jure donc je te prie,
Si en servant tu me seras loyal,
Je sçay que l'homme enfin est desloyal
„ Quand il a fait essay de sa fortune,
„ L'affection n'est pas tousjours toute une,
„ Mais elle change, et fait changer aussi
„ Celuy qui faint estre plain de soucy,
Humeur changeante est aux hommes commune[1]. »
Luy ravy d'aise, et surprins de liesse,
S'approche d'elle, et la baise trois fois,
Et plein d'amour, prend ceste hardiesse
De la mener à l'ombre de ses bois,
Où amoureux, il força d'autres fois
Mainte pucelle, en desguisant sa face :
„ O rouge bec, ô pelerin de Thrace[2],
Tu y dormis cinq jours, et quatre nuits, [108 r°]
Pour mieux tromper tes amoureux ennuits,
Estant desmis de ta divine place.
„ Ainsi soudain sa divine nature
„ Fondit en luy, en forme de flambeau,
„ Ainsi qu'Achille à sa mort pronte et dure
„ Vit la tortuë[3] esclatter son cerveau,
„ A mesme instant il devint Dieu et beau,

[1] Ce vers est la parodie du vers de Virgile « *semper mutabile femina* ». Voir 9 v. 730-732.

[2] Térée qui fut changé en huppe pour avoir violé sa belle-sœur. Voir ici même élégie 81 v. 606.

[3] Dans la tradition c'est bien Eschyle qui mourut frappé par une tortue lâché par un aigle. Voir par exemple Homère, *Hymnes*, texte établi et traduit par J. Humbert, Paris, les Belles Lettres, 1976, p. 118-119, Pline, *Histoire naturelle*, *op. cit.*, livre X, 7 ou A. Politien, *Les Silves*, *op. cit.*, *Nutricia*, p. 349, v. 667. Voir élégie 113 v. 198-207.

„ Et de sa Dame amoureux idolatre,
„ Baisant le lys de sa gorge d'albastre.
„ A l'œil, à l'œil, la belle s'apperceut
„ Du feu divin que son amy receut,
„ Ayant du Ciel la flame sceu abbattre.

L'enfant malin[1] estoit derriere un arbre,
Qui se trainoit pour mieux les approcher,
Le traict en main, la face de Cynabre,
Tenant la corde au tetin pour lascher.
Sans plus attendre il leur va deslacher
Un traict forgé pour une dure absence[2].
Ce coup mortel eut bien telle puissance,
Qu'il les escarte, enchesnez d'un tel soing,
Qu'a tout jamais ils demeureront loing,
Soubs la trompeuse et maudite esperance.

Ce pauvre Amant, Dieu paoureux au Ciel volle
Couard et las, le courage failly,
Craignant le traict, et la seule parole
D'Amour qui l'a doucement assailly :
La belle, alors, congnoist qu'elle a failly,
S'enfuit au bois, car la frayeur la donte :
O faux Amour, qui les plus fiers surmonte,
Par la douceur de ta meschanceté,
Tu as en moy un mesme traict jetté,
Dont tu rougis à ceste heure de honte. [108 v°]

L'horreur, la mort, n'egallent mon courage,
Et rien n'est fort pour mon amour forcer,
Par mon amour j'ay sur tout advantage,
A travers tout constant je puis passer,
Quand je devrois mille morts trespasser
Il faut qu'Amour me donne ceste grace,

1 Il s'agit toujours d'Amour.

2 La précision de la position de l'archer, la corde au niveau du sein pour tirer, rappelle l'élégie 9 v. 9-16.

Qu'en luy baisant, et les yeux et la face,
Je meure bien, au moins s'il faut mourir :
Si je n'en meurs, qu'appaisant son audace,
Entre ses bras il me face guerir.

FIN.

[70] CHANSON.

C'est un enfant qu'Amour, c'est un Dieu de malice,
Un cruel, un tyran, plain d'infidelité,
Qui promet et ne tient, qui en adversité
Poursuit jusqu'à la mort ceux qui luy font service[1] :
Sa manne est un poison, le doux de son breuvage
Est de fiel tout puant, ses traicts empoisonnez,
Son Empire du vent, ses statuts ordonnez,
Sont les cruels bourreaux de nous et de notre aage :
Amour est quelquesfois nostre chaude pensée,
Un'autre[2] fois aussi nostre bruslant desir,
Puis après il se rend nostre pair au plaisir
Que nous avons, tenant nostre joye embrassée :
Plus souvent ce n'est rien, qu'une flame nouvelle,
Que nature attisant jette dans nostre cœur,
Laquelle n'en sort point sans nous faire douleur,
Quand un chaud souvenir en nous la renouvelle.

FIN.

[109 r°]

[1] Le vers est faux en raison de l'emploi de la forme longue de « jusques ».
[2] L'apostrophe note l'élision du « e » de « une ».

[71] CHANSON.

J'ay vrayment occasion
De me plaindre de Minerve,
Qui veut que d'affection
Une Louyse je serve
Contre mon intention[1] :
Mon cœur n'est point inconstant
Et fermes sont mes promesses,
Neantmoins je suis content
De servir mes trois maistresses,
Car j'en puis servir autant[2].
Amour m'avoit ordonné
De servir ma belle Roze,
L'on devroit estre estonné
Si je servois autre chose
Que ce qu'Amour m'a donné.
Ma Caton je l'aime bien,
Mais c'est d'une amour folette,
Semblable n'est son lien
A celuy de ma Rosette,
De long temps je suis tout sien.
J'ay dix mille fois chanté
Le nom de ma Marguerite,
Et sur tous autres vanté
De toutes les fleurs l'eslite[3]
Mais sans y estre arresté.

[1] Cette pièce est mentionnée dans *Les Strophes*, *op. cit.*, p. 536 en tant que quintil d'heptasyllabes de forme ababa.

[2] Voir sur les diverses conquêtes du locuteur la pièce 55 v. 5 et suivants ainsi que la pièce 96 v. 5.

[3] Ce rapprochement entre les femmes et les fleurs a déjà été initié dans le *Torrent des sonets* à la pièce TS XX v. 9.

J'aime ces filles icy,
Par ce que Roze les aime,
Mais je ne dy pas aussi,
L'amour toute d'elle mesme
Mais moitié de mon soucy. [109 v°]
Ne seroit-il pas beau voir
Ma foy en trois séparée,
En divers lieu mon devoir,
Mon ame en trois cœurs logée,
Et trois tristesses avoir[1] ?

FIN.

[72] ODE.

En ton ruisseau sacré
Belle, l'argent y flotte,
Et le port desiré
Voit l'amoureux Pilote[2],
Qui difficile treuve
Tousjours nouvelle espreuve
Soubs ceste obscure grotte[3].
Belle si je n'osois

---

[1] Ce dernier vers, malgré l'emploi de la conjonction de coordination « et » n'est pas exactement sur le même plan que les trois précédents. De fait, le verbe « avoir » joue ici le rôle du verbe « voir » au vers 31 et est donc complément d'objet de la locution verbale « Ne seroit-il pas beau […] ».

[2] La figure du pilote pris dans les difficultés d'un orage est très présente dans le recueil, et notamment dans le *Torrent des sonets*. Voir les pièces TS XXIX v. 9 et TS LII v. 1 ainsi que 18 v. 12.

[3] La pièce est mentionnée dans Ph. Martinon, *Les Strophes*, *op. cit.*, p. 566 sous la rubrique « strophe de sept vers de six syllabes de forme ababcbc ». Martinon ne prend pas en compte la particularité de la première strophe, différente de toutes les autres puisqu'elle suit le modèle ababccb.

Mignon des Dieux me dire,
Soubs la fraischeur des bois
Par les sons de ma lyre,
Je n'oserois vrayment
En chantant mon martyre
Te conter mon tourment.
Jupiter lance-feux,
Qui voit ma peine dure,
Se tourmente des Cieux,
Et de cholere jure
La ruine[1], et la mort,
Pour venger mon injure.
Sur ceux qui me font tort.
Vrayment il te forma
La plus belle du monde,
Et puis il te donna [110 r°]
Des pierres de sa fronde[2],
Pour percer à travers
Une roche profonde
Les cœurs les plus couvers.
Si en ton brave cœur
Reste une souvenance,
Je te prie, belle-fleur,
Aye au moins asseurance
Que tant que je vivray
De toute ma puissance
Tousjours je t'aimeray.
Mes petites amours
Si ton cœur en souspire,
Pense que sans secours
Je souffre mon martyre,

[1] Il convient ici, pour une des rares fois dans le recueil, de faire la diérèse sur « ruine ».

[2] 1589 : *fonde*.

Et après mon trespas
Je te l'ose bien dire,
Mon feu n'estaindra pas.
Bien souvent je diray
Oyant le doux ramage
D'un oiseau retiré
Seulet dans un bocage :
« O divine beauté !
En ce plaisant langage,
Que ton nom est chanté. »
Là sur quelque ruisseau
Dont le cours se biaise[1].
Au doux bruict de son eau,
Une fleur l'autre baise[2],
En m'en ressouvenant,
Quel sera mon mes-aise
Belle que j'aime tant. [110 v°]
L'autre fois sur un mont
Je monteray à peine,
La sueur dans le front,
Le poux haut dans la veine,
Là me ressouvenant
Quelle sera ma peine,
Belle que j'aime tant.
Me promenant aux prez,
Pensif dessus l'herbette,
Aux œillets diaprez,
Je diray : « Ma Rosette,
En me ressouvenant
Combien je te regrette,
Belle que j'aime tant. »

---

[1] « Biaise » a ici simplement le sens de « aller de biais ».

[2] Le sujet est élidé mais il s'agit bien d'une première personne du singulier du présent.

A l'ombre d'un buisson,
Une gente Bergere,
Par sa douce chanson,
De ma belle estrangere
Me fera souvenir,
O souvenance amere,
Il faudra en mourir!
Mon exil gracieux
Sur tous ceux qu'on voit estre,
Me rendit trop heureux
Pour ton serviteur estre,
En m'en ressouvenant
Je blasme Amour mon maistre
Belle que j'aime tant.
Belle quand je seray
En ma douce patrie,
Où libre je vivray
Sans crainte, et sans envie [111 r°]
Bannis seroient mes yeux
De toy ma douce vie,
Que j'aime cent fois mieux.
En toutes les maisons
Qu'au monde je possede,
En toutes les saisons
Je ne trouve remede,
J'en sors incontinent
Ma belle Cleomede[1],
Et m'en vois plus avant.
J'ay maintesfois au son
Du rossignol qui chante[2],
Ouy nommer le nom

---

[1] Ce nom est forgé pour la circonstance. Il ne réapparaît pas dans le recueil.
[2] Sur ce motif voir la note du vers 52.

De ma belle Toante[1],
Lors d'un ardant brasier
Mon pauvre cœur tourmente[2]
Au son de son gosier.
Mille chiffres d'amour
Enlacez aux bordages
De mon jardin, autour
Des doux flairans rivages,
De roses, de soucy,
Que mes desirs volages
Me plaisent tout ainsi,
La rose que ta main
N'aguiere[3] avoit cueillie
Au rosier inhumain.
Tu attente à ma vie[4],
O gracieux Cyprès
Sois en ma fantasie,
Qui me poursuit de près. [111 vº]
Ton regard gracieux,
Et ta douce parole,
Le son harmonieux
Sans être[5] desja volle
Par les prez jaunissans
Où s'arresta Eole
Quand il cherchoit ses vents.
Celles[6] que tu cueillois
A la douce rosée,

---

[1] Sur ce nom voir 10 v. 33.

[2] Le sujet de ce verbe est ici « le rossignol ».

[3] 1589 : *n'aguieres.*

[4] La construction de ce début de strophe est problématique. On pourrait voir dans le substantif « La rose » du vers 113, la reprise de « de roses » au vers 110, malgré le point qui semble séparer ces deux strophes.

[5] L'infinitif a ici le sens d'un subjonctif du type « avant qu'il ne soit ».

[6] 1589 : *Celle.* Le vers 129 reprend ce pronom par « les » d'où la correction en « Celles ».

Tristement je les vois
Chacune matinée,
Toutes celles du soir,
A la brune vesprée
Amour me les fait voir.
Inhumains qui bruslez
D'une cruelle envie,
De voir noz cœur gelez
Et sans jour, et sans vie,
Voyez en mon tombeau
D'une roze espannie
Mon cœur mort de nouveau.
Chante donc qui voudra
Les fleurs Assyriennes[1],
Honore qui verra
Les Deucaliennes[2]
D'un million de fleurs,
Mais seulement des miennes
Je chante les couleurs.
Un Cinabre vermeil[3]

---

1 Il faut faire une diérèse sur ce terme. L'Assyrie est à la Renaissance une des manières de désigner l'Orient.

2 Le vers est faux à moins de faire une diérèse sur le digramme « eu ». Cet adjectif formé sur le nom propre « Deucalion » renvoie tout simplement aux filles de Deucalion et Pyrrha, c'est-à-dire aux femmes en général. De fait, lassé par les vices des hommes, Zeus décide de détruire l'humanité par un déluge. Seuls sont sauvés Deucalion et sa femme, Pyrrha. Une fois le déluge arrêté, Thémis leur ordonne de jeter derrière eux les os de leur mère. Le couple comprend qu'il s'agit des pierres puisqu'ils sont fils de Gaïa, la Terre. Lorsque les pierres jetées par Deucalion touchent le sol elles deviennent des hommes, celles jetées par Pyrrha devenant des femmes. Ils repeuplent ainsi la Terre. Par ailleurs, la rime « Assyriennes/Deucaliennes » et le mouvement de cette strophe s'inspire de l'*Uranie* de Du Bartas. Voir 104 v. 65 et Ovide, *Métamorphoses*, *op. cit.*, I, 163-312 et S. Du Bartas, *Commentaires et annotations sur La Sepmaine de création du monde de G. de Saluste, Seigneur du Bartas*, reveu et corrigé de nouveau [par S. Goulart], Paris, 1585, Abel L'Angelier, « L'Uranie ou Muse celeste de G. de Saluste, seigneur du Bartas », f. 398.

3 La tournure est redondante puisque « cinabre » signifie « vermeil ». Elle est employée par Ronsard au vers 3 du sonnet LXII des *Amours* de 1552. On peut

Ma Rosette decore[1]
Un beau lys nom-pareil
Blanchit un[2] autre encore, [112 r°]
Et des deux retenant[3]
Le beau sein de ma Flore[4]
Est rouge et blanchissant.

FIN.

[73] STANCES.

Soyez sans fin, jaloux, ennemis de Cithere[5],
Je jouyray tant mieux de tout ce que j'espere,
La belle que je sers m'aime, je dy d'amour,
Son cœur est trop constant, pour faire amitié neuve.
J'ay sceu plustost choisir la foy de mon secour,
Qu'en faire, meffiant, une nouvelle espreuve[6].
Argus qui de cent yeux veilloit la jeune Dame
De Jupiter Tonnant, outré d'Amour en l'ame,
Fut en fin esgorgé par le sainct messager,
Et en perdant la vie, il perdit sa genisse[7].

---

noter que, dès l'édition des *Œuvres complètes* de 1560, l'expression sera remplacée par « en beauté nompareil ». Voir Ronsard, *Œuvres complètes*, *op. cit.*, t. IV, p. 64.

[1] Le sujet du verbe est « un cinabre vermeil ».

[2] Il faut sans doute voir ici une erreur de genre. Le pronom reprend bien les « fleurs » du vers 145.

[3] C'est-à-dire partageant les couleurs de la rose et du lys, soit le rouge et le blanc.

[4] Flore est la divinité qui préside à l'épanouissement de la nature à Rome. Elle devient ici l'équivalent de Rose, dont elle partage l'intérêt pour les fleurs.

[5] Cithère est une île de Grèce où se trouvait un important sanctuaire à Vénus. Le terme est devenu l'une des épithètes de la déesse de l'amour. Voir 78 v. 83.

[6] La pièce est mentionnée dans Ph. Martinon, *Les Strophes*, *op. cit.*, p. 541 sous la rubrique sixain d'alexandrins de forme aabcbc. Voir note du v. 6 de la pièce 222.

[7] Ces quatre vers résument l'histoire d'Io, aimée de Zeus sous la forme d'un taureau. Pour éviter à la jeune fille les affres de la jalousie d'Héra, le roi des

Que les Dieux n'ont-il fait mes jaloux eschanger,
Ou tous vifs enterrez, comme l'ouvrier d'Ulisse[1] ?
Jaloux faites en garde à toutes les minutes,
Rompez vous le cerveau de voz folles disputes,
Ayez sans fin les yeux dessus elle collez,
Vous ne m'empescherez de la voir à toute heure,
Amour aide tousjours aux pauvres désolez,
Et pour eux au besoing trop tard il ne demeure.
Ostez la moy d'icy, servez nous de barriere,
Entre nos corps aimez qu'il bruye une riviere,
Ayez pour me broüiller l'invention des Cieux,
Qu'un Echo babillard rechante ma parole,
Au besoing je seray invisible à voz yeux,
„ Rien ne m'est impossible en l'amour qui m'affolle. [112 v°]
Faites luy des frayeurs par menaces estroittes[2],
Ayez pour espions douze vieilles[3] secrettes,
Mettez là en prison, fermée estroittement,
Gardez là de sortir en tout temps en la rue,
Sans parler à personne, et tant plus aisément
J'auray ce bonheur là que d'en avoir la veue[4].
Vous qui estes mortels, osez vous entreprendre
De contredire Amour, et me vouloir reprendre
D'aimer et de servir celle qui m'aime bien,
Ostez donc de voz cœurs ceste folle arrogance,

---

dieux la transforme en génisse et la dissimule dans un large troupeau sous la garde d'Argus, géant aux cent yeux. Héra envoie Mercure tuer le pauvre géant. Voir ici même la pièce 25 v. 204, 113 v. 89-92 et Ovide, *Métamorphoses*, *op. cit.*, II, v. 833-875.

[1] Si la mention des « jaloux » au vers 11 semble bien évoquer le retour d'Ulysse à Ithaque, la référence à « l'ouvrier d'Ulysse » reste bien opaque.

[2] Il faut prononcer ici [-oɛtə] pour respecter la rime. Voir TS XLI v. 6.

[3] Toute la pièce est construite autour d'une scène de comédie dans laquelle le « jaloux » de la dame – mari, tuteur ou autre amant – tâche de maîtriser les fréquentations de celle-ci. Sur cette veine comique voir TS LXXXII, TS CVIII, 21 v. 569-572 ou 118.

[4] La proposition complétive est introduite par la locution verbale « auray ce bonheur ».

Si vous faschez Amour, je ne vous en dy rien,
Mais vous aurez en peu de son bras congnoissance.
„ D'un Icare[1] estourdy la cheute dangereuse,
„ Vint d'avoir trop osé, et l'acte[2] gracieuse
„ Du cocher temeraire[3] avança son trespas,
„ Tantalle[4] pour son fils, et le suant Sisiphe[5],
„ D'un rocher, Jupiter luy chargea les deux bras,
„ Et le tombeau du fils pour l'amour de Pasiphe[6].
Si vous aviez senty la douleur qui m'affolle,
Vous seriez aussi doux qu'Amour qui me console,
„ Moy, servant, je n'aurois tant de mal à souffrir :
Celuy qui veut avoir une eternelle gloire,
„ Il faut choisir l'object et le mal pour mourir,
„ Trouvant le danger beau pour avoir la victoire.
Le chasseur arrousé osa voir la Deesse,
„ Au bassin de crystal du fleuve de Pernesse,

---

[1] Icare, fils de Dédale, suit son père dans un vol pour s'échapper de Crête où tout deux étaient retenus par Minos. Le jeune homme vole trop près du soleil et se brûle les ailes. Il tombe dans la mer et meurt. Voir TS CXIX v. 13 et Ovide, *Métamorphoses*, *op. cit.*, VIII, v. 183-235.

[2] Il s'agit sans doute ici d'une erreur du typographe pour « action ».

[3] Hélios conduisait un char tirant le soleil derrière lui. Il en perdit le contrôle et en mourut. Voir Ovide, *Métamorphoses*, *op. cit.*, II, v. 272-232.

[4] Tantale est célèbre pour avoir tenté de donner à manger son propre fils, Pelops, aux dieux qu'il accueillait à sa table. Aussitôt démasqué, il fut condamné à rester au bord d'un fleuve, sous des arbres fruitiers, sans parvenir à boire ni à manger. Voir Ovide, *Métamorphoses*, *op. cit.*, IV, v. 458-459.

[5] Sisyphe est connu pour s'être joué plusieurs fois des dieux et notamment de Thanatos en lui proposant d'essayer une invention nouvelle : les menottes. Attaché, le génie de la mort ne put emmener Sisyphe aux Enfers. Zeus s'aperçut que personne ne mourrait et demanda à Hadès de s'occuper de la situation. Il s'empara de Sisyphe mais celui-ci avait auparavant persuadé sa femme de ne pas procéder aux funérailles traditionnelles. Pour l'obliger à le faire, Sisyphe obtint le droit de retourner sur terre mais n'en voulu plus partir. Zeus le condamna à pousser une pierre au haut d'une montagne. Avant d'atteindre le sommet la pierre retombait au bas de la pente. Voir Ovide, *Métamorphoses*, *op. cit.*, IV, v. 460-461.

[6] Pasiphaé est la femme de Minos, roi de Crête, et la mère du Minotaure. Tué par Thésée aidé d'Ariane, celui-ci meurt dans le labyrinthe créé par Dédale. Voir ici même le vers 37 et la note.

„ Pour se voir devorer par ses propres limiers[1] :
Votre temerité puisse estre ainsi punie,
L'on devroit chastier les jaloux les premiers,
Nostre vie en seroit plus doucement finie.
J'ay le cœur si pressé, de dueil et d'amertume,
Que parler de mourir, c'est tousjours ma coustume, [113 r°]
Supplier ma maistresse, absente de ma vois.
J'ay fort accoustumé de plaindre ma misere,
Et vivre de mes pleurs, dont l'eau souventesfois,
Plus j'aime à en gouster, et plus elle est amere.
Sus Muse, c'est assez, que de mal qui m'offence
L'ame, le cœur, l'esprit, par la dure souffrance
Où ma Roze est enclose. Helas cheres amours !
Belle où est ton laurier[2], et Biblis[3] ta fontaine[4] ?
N'est-il rien de plus prompt qui vienne à mon secours ?
Pocris[5] où est ton Cyprès, Delos[6] ton[7] arene ?
Chere sœur[8], c'est assez, ma plume est si fort lasse,

[1] Il s'agit bien sûr d'Actéon, le chasseur, qui osa voir Diane nue et fut transformé en cerf. Dans la légende, Diane se baigne dans une simple source de Thessalie. Le locuteur du poème transpose ici l'histoire sur le Parnasse. Voir sonnets TS XX, TS CXI et TS CXII.

[2] Daphné, poursuivie par Apollon, se change en laurier. Voir 25 v. 170.

[3] Amoureuse de son frère Caunos qui la fuit, Biblis part à sa recherche et finit par s'effondrer en pleurs. Elle est changée en fontaine. Voir le vers 199 de la pièce 25.

[4] 1589 : *Biblis où est ta fontaine.*

[5] Il s'agit probablement de Procris. Cette jeune fille, mariée à Céphale, est chassée par celui-ci car, déguisé, il a réussi à la séduire tout de même. Aidée par Artémis qui lui donne un javelot et un chien, Procris revient, elle aussi sous une autre apparence, et parvient à séduire son mari. Le couple se réconcilie mais Procris, soupçonnant de nouveau son mari de tromperie, le suit dans une partie de chasse. Elle se dissimule derrière un arbre et Céphale, voyant quelque chose bouger, lance le javelot donné par Artémis. Il tue ainsi sa propre femme. Le « cyprès » n'est pas mentionné dans cette métamorphose mais fait partie des arbres mythologiques, notamment en raison des mythes de Cyparisse et de Latone. Voir TS LXXXI v. 9 et 25 v. 170.

[6] Sans doute le sable de l'île de Délos où Latone, enceinte de Diane et Apollon trouva refuge pour accoucher. Voir par exemple le sonnet TS LXXXI.

[7] 1589 : *Pocris où est ton Cypres, Delos où est ton arene.*

[8] Il s'agit sans doute de la muse de la poésie, Erato.

Qu'en descendant en bas du beau mont de Parnasse,
Je n'ay jambes, ny bras, qui me puissent porter
Contre tant de douleurs que mon ame supporte.
Il faut, il faut mourir, ou bien la delivrer,
Quand je devrois manger la prison, et la porte.

FIN.

[74] COMPLAINTE.

Je vy, je meurs, faisant ma penitence[1],
Je me promene, et nuict, et jour au port,
Bruslant d'amour, vaincu d'impatience,
Et desireux d'y rencontrer la mort :
Je me suis plaint de mon tourment au sort,
Et mon cœur foible a pris en patience,
Tant plus j'ay mal, et tant plus je suis fort,
Mais je me perds en ma fascheuse absence.
Je m'esbahy, Amour, de tes menées.
Que tu es propre à nous faire des maux !
Pour nous ruiner, tu leves des armées.
Troye est en feu de brandons tous nouveaux. [113 v°]
Faits contre nous armer les animaux,
Qui sans respect les langues affinées,
Ont à grand tort, Melasis[2], en ces vaux
Laissé manger aux bestes animées.
Tu m'as permis la chose deffendue[3],

---

[1] Ce premier hémistiche de décasyllabes est la reprise exacte du célèbre premier vers du sonnet VIII de Louise Labé. L. Labé, *Œuvres complètes*, *op. cit.*, sonnet VIII, p. 148.

[2] Il s'agit sans doute d'une invention de Beaujeu. On trouve cependant le prénom Mélas en grec ancien. Ce nom propre est le complément de « manger » au vers suivant.

[3] Il faut vraisemblablement voir ici une allusion à l'acte sexuel.

Donnant ce que tu ne pouvois donner,
Tu m'as fait serf d'une fille perdue[1],
Et puis meschant tu veux m'abandonner :
Va t'en, adieu, je ne veux m'estonner,
„ Un brave cœur au danger s'esvertue,
Mais je sçay bien qu'il faudra retourner
Au medecin, mais que[2] je l'aye veu.

Las ! au contraire une playe incurable
D'un grand, grand mal, chasse toute douleur,
Une couleur cramoisie et durable,
Paslit le taint de sa moindre couleur,
Un feu bien grand, mange sa moindre ardeur
Ainsi mon mal me sera secourable,
Estant le but d'Amour, et du mal-heur,
Je seray mieux estant tout miserable.

Roze sçay-tu que soubs ceste ramée,
Je sois mourant par faute de secours ?
Ne sçay-tu pas, ma Roze bien-aimée,
Qu'à l'œil je voy la fin de mes beaux jours ?
Rudes me sont tes divines amours,
Tant plus ma fin en sera estimée,
Ma mort plus douce, et la fin de son cours,
„ Des braves cœurs la chaleur animée[3].

J'ay beau crier : « Ô maistresse, maistresse ! »

---

[1] Cet adjectif semble corroborer la précédente hypothèse.

[2] Cette expression signifie « avant que ». La mention du « médecin » qui la précède rend le vers assez compliqué à interpréter. Ce médecin est-il le dieu Amour qui vient d'abandonner le locuteur ? Celui-ci avoue-t-il en fin de strophe que ce personnage lui est nécessaire avant de revoir sa dame ? Une telle interprétation pourrait être soutenue par la mention à la strophe suivante de l'adverbe « au contraire » indiquant que, bien loin de rechercher le « médecin », l'amant va se confronter à sa dame.

[3] Cette construction complexe est assez caractéristique de Beaujeu dans l'effort de concision recherché. De fait, il semble que les deux derniers vers de la strophe découlent de la locution verbale « Tant plus ma fin en sera estimée ». Ainsi, c'est « la mort » qui est ensuite « estimée » plus « douce » tandis que « la fin de mon cours » est aussi estimée « douce ». Enfin, le dernier vers de cette strophe

Tu ne m'entends, mes cris sont bien perdus,
Tu ne sçay pas mon mal, et ma tristesse,
Ny les clameurs de mes plains assidus. [114 r°]
Voicy sept jours que les vents sont tendus,
Et font des monts d'une extreme hautesse,
Je ne voy point que les flots espandus
Facent semblant d'alentir leur vitesse.

Tu es delà les ondes mutinées,
Qui sourdes n'ont de mon amour pitié,
Me promenant aux fraisches matinées,
Tout mon discours est de nostre amitié,
Au bruict des flots, qui en l'air à moitié
Vont assaillir les rives obstinées,
Je dy mon mal, mais enfin chastié,
La cause fait mes amours destinées.

Or sus, mourons, puis que sans nulle grace,
Et sans pardon, je ne puis esmouvoir
Mon fier Tyran. Belle au moins que tu face
Ouvrir ma fosse, afin de me revoir :
„ Fay sur mon sein mille larmes pleuvoir,
En me baisant, et les yeux, et la face,
Ferme ces yeux qui jadis souloient voir,
Remplis d'amour, la beauté de ta grace.

FIN.

---

dépend à nouveau du verbe passif « sera estimée » : c'est la « chaleur » qui « sera estimé[e] » « animée » cette fois.

[75] COMPLAINTE.

Adieu Roze, je m'en vois[1]
Le chemin droict[2] à la Cluse[3],
Adieu Roze mille fois[4],
Adieu, ma belle recluse,
Je m'en vois servir mon prince,
Et secourir mon pays,
Laissant ta belle Province[5],
Adieu Roze je te dis. [114 v°]
Mon cœur tu demeure icy,
Il faut que je t'abandonne,
Adieu Roze mon soucy,
Adieu Roze ma mignonne,
Je m'en vois en grande peine.
J'iray tousjours regrettant

---

[1] On retrouve plusieurs fois ce mouvement fortement pathétique dans le recueil. Voir notamment 109 v. 1-4 et 182-186, 116 v. 183-194 et 145 *passim* ainsi que Ronsard, *Œuvres complètes, op. cit.*, t. XVII, « Vers sapphiques », p. 399, v. 17-20 et t. XVIII, ode XXXIII, p. 57, v. 81-85.

[2] Il faut sans doute sous-entendre la préposition « sur » au début de ce vers car le verbe « aller » n'est pas transitif.

[3] Le mot « cluse » est présent dans plusieurs noms de communes du territoire français. On peut cependant retenir, parce qu'elles sont situées sur des points de passage vers la Suisse, les communes de La Cluse-et-Mijous dans le Doubs et Cluses en Haute-Savoie. Si l'on se rappelle les déclarations du locuteur sur cette région et Lyon dans la pièce 6 « au Roy » on peut privilégier cette dernière commune. De plus, celle-ci a été au cœur des luttes entre la Savoie, la France et Genève dans les années 1580. Voir *Étude historique et critique sur quelques années du règne de Charles-Emmanuel Ier, duc de Savoie. La Savoie et la Provence pendant la ligue*, Thonon-les-Bains, Imprimerie A. Dubouloz, 1889, p. 27.

[4] Il convient de prononcer ce mot [foɛ] malgré la graphie « ois » pour que la rime soit juste. Voir 73 v. 25.

[5] Il s'agit de la Suisse. Cette première strophe ancre de nouveau le recueil dans l'épisode de l'exil tel qu'il est présenté plusieurs fois dans le recueil. Voir les pièces 2, 6, 9 v. 401-410, 81 v. 143-148, 93, 101 v. 154-199, 113 v. 17-56.

L'amour de ma souveraine,
Qui m'aime, et que j'aime tant.
Ressouviens toy donc, mon cœur,
Ressouviens toy ma maistresse,
De moy, et de ta faveur,
De l'amour de ta jeunesse.
En ta quatorziesme année[1],
Mon cœur desja tu m'aimois,
T'ayant mon ame donnée[2],
Heureusement je t'aimois.
Amour, avecques les Cieux
Sont bandez contre ma vie,
Mes jours me sont envieux,
Mon esperance ennemie :
Toutesfois la patience
M'apportera quelque bien,
Avecques la congnoissance
De mon amoureux lien.
Si l'on me tue au combat,
Je te promets et te donne
Mon cœur amoureux qui bat.
Ainsi desja je l'ordonne,
Avecques ceste jacinthe[3]
Que je porte au petit doy
Où ma face est si bien painte,
Pour te souvenir de moy. [115 r°]
Mes soldats en me portant,
En un froid cercueil en terre[4],
Tristes reviendront pleurant

---

[1] L'age de Rose varie entre 14 et 15 ans. Voir par exemple la pièce 9 vers 555.

[2] 1589 : *T'ayant mon ame dominée.*

[3] Ce motif se retrouve ici même en 81 v. 433 et, notamment, chez Desportes ou Jamyn. Voir A. Jamyn, *Les Œuvres poétiques*, t. II, *Livres II, III et IV (1575)*, *op. cit.*, p. 74 et Ph. Desportes, *Les Premières œuvres*, *op. cit.*, p. 105, s. XLV.

[4] Cette scène a déjà été développée au sonnet TS XIV.

De ceste fascheuse guerre.
En souspirant de ma vie,
Te donnerons le bon jour,
Disans voilà son amie
Qui le pleurera tousjour.
Mon Lieutenant te dira :
« Ha que chacun le regrette »
Et puis il me pleurera.
Ainsi feras-tu ma Rozette
Tout aussi tost espleurée.
Il te dira le bon-soir,
Seulement desesperée,
Ne me pouvant jamais voir.
Là, ton mary, si tu es
En ce temps là mariée,
Voudra sçavoir que tu fais,
Te voyant si espleurée,
Dira : « Mon cœur, et ma Roze,
Pourquoy pleures-tu ainsi,
O mon cœur l'estrange chose,
Que peut bien estre cecy ? »
Alors en te souvenant
De ma pauvre ame bannie[1],
Et de moy, qui en t'aimant
T'ay fidellement servie.
L'on te verra cheoir pasmée,
Au vinaigre l'on courra,
Qui pasle et descolorée[2],
Ton cueur revenir fera. [115 v°]

[1] Dans le contexte, « l'ame » est peut-être « bannie » parce qu'elle se trouve au royaume des morts mais on doit aussi se rappeler de la première strophe qui plantait le décor de l'exilé français tombant amoureux d'une suisse. Voir vers 7.

[2] L'accord se fait ici avec le « te » du vers 69.

L'on croira que d'un enfant
N'aguieres tu es enceinte,
Ton cœur belle en se forçant,
Recevra bien ceste fainte :
Alors tu plaindras la teste[1].
Ainsi tes plaintes feront
Que du feu qui nous tempeste
Les flames se couvriront[2].
Quelqu'un des miens te voyant
Ainsi que ressuscitée,
Tout bas dira : « Ô comment !
Tu dois estre tourmentée,
C'est bien une extreme perte,
Grand doit estre ton soucy,
Mais sans estre recouverte[3]
Pour te tourmenter ainsi. »
Las ils diront : « Il est mort,
Il est soubs l'onde oublieuse,
Où assis dessus le bord,
De la rive gracieuse.
Que jamais tu ne l'oublie,
Il t'aimait trop cherement,
Tu es une ingrate amie,
Si tu en fais autrement.
Jamais l'on a veu amy,
Ny si constant, ny si ferme,
Et contre son ennemy
Il faisoit bravement ferme,

[1] La dame feint un mal de tête pour accréditer la thèse de sa grossesse. Ce thème réapparaît dans le sonnet 119 v. 12.

[2] Les pleurs de la dame sont si importants qu'ils calment l'ardeur amoureuse dont l'emplit le souvenir de son amant.

[3] Ce participe passé est celui du verbe « recouvrer » dont l'un des sens est « dédommager ». Le terme a aussi le sens militaire de « reconquérir » qui pourrait être ici aussi envisagé.

Il avoit bonne conduite,
Et composoit volontier.
Jamais l'ennemy en fuite
Ne luy osta son quartier[1]. [116 r°]

Sa Muse chantoit tousjours
Ses beautez tant effacées,
Et puis il chantoit Amour,
Et ses fortunes passées,
Mais pour te faire service,
Tout très facile[2] il trouvoit,
C'est perte pour la Suisse,
Car pour certain il l'aimoit.

Quelquesfois en s'esbattant
Aux escarmouches jolies,
Il nous alloit commandant
Que de rozettes fleuries,
Nous fissions une Couronne,
Sur mon Dieu il m'en souvient :
La Roze sans doute donne
Victoire à cil qui la tient.

Luy-mesme en faisoit autant.
L'avoit-il dessus sa teste,
Tout ainsi qu'une tempeste
Alloit l'ennemy fendant,
Puis il avoit bonne grace.
« Ayons ceste Roze au cœur,
Disoit-il[3], quoy que l'on face
L'on est tousjours le vaincueur[4] »

---

[1] Il faut sans doute, pour comprendre le sens de cette phrase, donner une nuance causale à l'expression « en fuite ». On pourrait dès lors gloser par : « Jamais l'ennemi, puisqu'il était en fuite, ne prit son campement ».

[2] 1589 : *Tout facile il trouvoit.*

[3] 1589 : *Disoit, quoy que l'on face.*

[4] Le discours des amis du locuteur prend fin ici avec ce rappel des paroles du défunt.

Alors tu demanderas
Comment je[1] perdis la vie,
O belle tu pleureras,
De regret tant poursuivie :
Ils diront, ma bien-aimée,
Que brave je me perdois
Dans les coups, dans la fumée,
Ou blessé je me mourois. [116 v°]
« Il[2] crioit dedans l'estour :
« O ma gentille maistresse,
Maintenant que ton amour
Me donne de hardiesse. »
« Ça, disoit-il, compagnons,
Gagnez icy de la gloire,
Mourons, ensemble, mourons,
Ou obtenons la victoire. »
Tenant sa rondelle en main,
Il appella ses enseignes,
Et marcha aussi soudain
Avecques ses Capitaines
Dans le fonds de la meslée :
Il mourut, disant ainsi :
« Rose trois fois appellée,
Adieu Roze mon soucy. »

FIN.

[1] Le « je » est bien le narrateur qui imagine sa mort. Cette situation d'énonciation paradoxale qui commande le discours rapporté des amis, perturbe le système pronominal dans toute la fin de cette pièce. Voir vers 33.

[2] Les amis du locuteur reprennent ici la parole. Ce « il » est donc le locuteur dans le récit de ses amis. Il prononce le discours rapporté qui suit.

[76] CHANSON.

O jour bien-heureux,
Jour beau très-heureux !
Qui me forcez jouyr de ce que je desire,
Ma felicité
Dessoubs ta clarté
Mon cœur rendra content estant où il aspire.
Las ! c'est à rebours.
Qui estes vous jours ?
Voz lueurs si claires
Me sont tant contraires.
O jour mal-heureux,
Jour tres-mal-heureux ! [117 r°]
Qui decelez mes pas, à mes grands adversaires,
Comme en un miroir
Vous me faites voir,
Et me livrez aux mains de mes cruels contraires :
Helas donc mes yeux,
Ne vaut-il pas mieux
Passer la noire onde,
Et laisser le monde ?

FIN.

[77] STANCES.

Vous donc mes yeux, soyez fontaines,
Sur voz doux flots portez mes peines,
Et coulez par tout l'univers,
Allez vous en par tout le monde,
Dedans la barque de mes vers,
Dessus l'eschine de votre onde.
Et vous, mon cœur, plein de tristesse,
Qui souffrez ainsi qu'on vous blesse,
Ayez patience au tourment,
Vous mon ame trop mal-heureuse,
Puis que vous estes amoureuse,
Endurez voz feux doucement.
Que gagnez vous d'estre marrie,
De servir ma belle Marie ?
Puis que mon cœur le veut ainsi,
Vostre entreprinse est par trop haute,
C'est vous qui avez fait la faute,
Ayez en donc tout le soucy.
O mes yeux quelle hardiesse,
D'avoir voulu ceste maistresse ! [117 v°]
Helas mes yeux, qu'avez vous fait ?
Que pensez vous ? Ô miserables !
Vous estes au meurtrier semblables
Qui de soy-mesmes se deffait.
Vous ressemblez le fantastique,
Qui d'un glaive inhumain se pique,
Et rit de s'offenser le cœur,
Perdant au coup, sang et furie,
Mes yeux ainsi, voyant Marie,
Vous me fistes telle douleur.

Comme un Linx, qui à voir nous tue
Des rayons meurtriers de sa veue,
Aussi vous m'avez fait mourir :
C'est ce coup, c'est ceste sentence
Qui me tue par mon absence.
Penseriez vous bien me guerir ?
Vous en porterez donc la peine
Pour la jouyssance incertaine,
Du thresor qu'avez acquesté :
C'est pour vous, rien je n'y demande,
Car ceste fortune est trop grande,
Et trop pleine de cruauté.

FIN.

[78] ELEGIE.

Mon amoureuse Caton[1],
Daphene[2] ce me dit-on,
Fuyant ceste douce force,
Se cacha soubs une escorce, [118 r°]
Atten, ce fut en laurier,
Dont se pare ce guerrier.
Serois-tu bien aussi fiere,
Dy ma Caton, ma guerriere[3] ?
Te changerois-tu ainsi

---

[1] Cité dans *Entouré de silence*, *op. cit.*, p. 93-94.

[2] Il s'agit à nouveau de Daphné qui, poursuivie par Apollon, se changea en laurier. Voir la note du vers 170 de la pièce 25.

[3] Le locuteur mêle la tradition mythologique de la transformation de Daphné en laurier et celle, culturelle, qui vise à couronner de laurier les athlètes ou les militaires victorieux. Ce motif permet le passage de la tradition amoureuse à la tradition guerrière. Par ailleurs, il faut faire une synérèse sur le mot « guerrière ».

Pour me donner du soucy,
De l'amour que je te porte ?
Non cela me reconforte,
Je sçay bien que tous les jours,
Tu pense à moy, mes amours.
Change toy donc à ceste heure.
Non, attends, attends, demeure.
Catin voudrois-tu avoir
Comme Daphne[1] ce pouvoir ?
O douleur qui mon cœur force,
Je baiserois ton escorce,
Jaloux de moy ne seroit
Ton oncle[2] qui me verroit.
Biblis[3] en une fontaine
Fut mise dehors de peine,
Je voudrois par mon soucy,
Que tu le fusses ainsi.
Je baiserois mon amante
Sur la rive gazouillante,
Que dis-je icy ? J'en boirois,
Et soudain je m'en irois
Reposer au doux ombrage
De ton murmurant rivage,
Pour te payer le tribut
Des doux accords de mon luth,
Et à ma belle fontaine
Je dirois cent fois ma peine. [118 v°]
Au doux son de mes accords,
Tu surmonterois tes bords,

---

[1] 1589 : *Daphene ce pouvoir.*

[2] Ce terme du vocabulaire familial semble renvoyer à une mise en scène presque comique, dans laquelle « l'oncle » tenterait, en vain, de surveiller la dame. On trouvait déjà ce motif aux vers 13 et suivants de la pièce 74.

[3] Biblis, amoureuse de son frère Caunos, s'effondre en pleurs en cherchant son amant et est transformée en source. Voir 25 v. 199 et 75 v. 64.

Et plus belle que j'adore,
Je m'y baignerois encore,
Je baiserois ton gravier,
Comme Phebus son laurier,
Et dessus tes flots, ma belle,
J'irois comme une nasselle,
Tousjours je serois, helas !
Entre tes humides bras.
          Il faut m'eschanger moy-mesme,
Au beau petit diadesme,
Ou au doux flairant chappeau
Que tu porte[1] au temps nouveau,
Tissu de cent fleurs nouvelles,
Les plus douces, et plus belles,
D'autant de diverses fleurs,
Comme il y a de couleurs[2] :
Et toy, belle Marguerite,
En amour la plus despite,
M'aime tu pas cent fois mieux,
Que tu ne fais tes cheveux ?
          Ne m'es tu aussi fidelle
Que ceste amante cruelle[3],
Qui mourut baisant les yeux
De son beau mort amoureux[4] ?
          Si pour te voir, Marguerite,
Si pour te baiser, petite,
Sur ce bord je m'en allois,
Si tost suivy je serois :
Mais pour nous oster de peine
Viens voir la belle fontaine, [119 r°]
Qui est au logis où je suis,

[1] 1589 : *tu portes au temps nouveau.*
[2] Sur ce motif du chapeau de fleurs voir 15 v. 88.
[3] Le terme a ici son sens étymologique de « ensanglanté ».
[4] S'agit-il de Thisbée qui se tue sur le cadavre de son amant, Pyrame ?

Viens voir aussi ce beau puits.
Je te pourray, Marguerite,
Non pas selon ton merite,
Donner quelque beau présent,
Où nul ne sera présent.
Sçay-tu bien qui m'es contraire,
C'est que tu n'es solitaire,
Ains tousjours au bord de l'eau,
Ta quenouille et ton fuseau,
Tu accompagne Rozette,
Qui file sa quenouillette,
Et ma Catherine aussi
Qui vous pourroit voir ainsi.
Qui seroit ma Cytherée[1],
Qui auroit la pomme dorée ?
Par ma foy je ne sçaurois
Dire, à qui je la donrois,
Je sçay bien la plus cruelle,
Je ne sçay qui est la plus belle[2].
Si fay, car je me souviens,
Que Roze a de beaux liens[3],
Marguerite est la plus fine,
Caton, fait meilleure mine,
Mais Roze passe tousjour,
Je luy porte plus d'amour[4].

FIN.

[119 v°]

---

[1] L'adjectif renvoie à Vénus qu'on révérait sur l'île de Cythère. Voir ici même 73 v. 1.

[2] Cette strophe fait ici référence au jugement de Pâris à l'origine de la guerre de Troie. Voir 29 v. 32.

[3] Il s'agit sans doute des cheveux de la dame, souvent accusés d'entraver le locuteur amoureux. Voir 9 v. 171 et 12 v. 37.

[4] Voir TS xx, 55 v. 1-8.

[79] CHANSON.

O ma douleur tu me tue
A la veue
De celle qui m'aime tant,
Et pourtant
Ma misere continue
Sans qu'on m'aille secourant[1].
Faux Amour qui me surmonte
N'as-tu honte,
De tirer cent fois d'un trait
Car l'attrait,
Qui si rudement me dompte,
D'heure en heure plus accroit ?
Ne voy-tu pas ma Rozette
Qui s'appreste
Pour me lancer d'autres feux
Amoureux,
Renouveller ta flammette
Comme Roze fait ses yeux[2].

FIN.

[1] La pièce est mentionnée dans Ph. Martinon, *Les Strophes*, *op. cit.*, p. 164 sous la rubrique sixain d'alexandrins de forme aabbcb. Martinon trouve à cette pièce assez d'intérêt pour la mentionner une autre fois dans le corps de son ouvrage et en faire l'éloge à la p. 304.

[2] La fin de cette courte pièce est ambiguë car l'on ne sait si Rozette et Rose sont une même personne. Il semble pourtant que ce soit le cas et que le poème donne le diminutif parce qu'elle est un personnage fictif qui « lance [...] [des] feux ». La chose est néanmoins complexifiée par l'expression « renouveller [...] ses yeux » dont le sens est loin d'être évident. Doit-on comprendre que, pour le locuteur, la beauté des yeux de la dame est toujours neuve ?

[80] CHANSON.

Si vous congnoissiez, Madame,
Comme moy, l'enfant Amour,
Si vous brusliez en sa flame,
Comme je faits nuict et jour,
Vous seriez plus embrasée,
Et mille fois plus baisée,
Prenant de mon mal pitié
Recevriez[1] mon amitié. [120 r°]
En vostre tresse dorée,
Ce petit mal-heureux fait
Sa plaisante demeurée.
S'il m'a quelque chose fait
Il se cache en vostre tresse,
C'est là qu'est sa forteresse,
Et soubs voz crespés cordons,
Il allume ses brandons.
Je ne puis autrement croire
Qu'il ne soit de moy jaloux,
Car vostre gorge d'yvoire
Il va baiser à tous coups,
Alors si je vous approche
Ce petit feu me descoche
Pour augmenter ma douleur
Cinq ou six traits dans le cœur.
Bien souvent en vostre absence
Humain par tout il me suit,
Mais suis-je en vostre presence
Soudain vers vous il s'enfuit,

[1] Il faut faire une synérèse sur ce mot.

Dont si fort je me despite
Que bien souvent je vous quitte,
Et souspirant je me deulx
D'estre de vous amoureux.
De ma faute je m'advise,
Et retourne vous trouver,
Je le trouve qui r'eguise
D'autres traits pour m'esprouver
Alors en ma douleur plus forte,
Discrettement je supporte,
Bien que je voye voz yeux
Tousjours estre rigoureux. [120 v°]
Toutesfois quand je compare
Mon bien à mon desplaisir,
Je congnois mon mal si rare,
Que la mort y prend plaisir.
Las tristement je souspire,
Que mon mal ne devient pire,
Sans vivre tousjours ainsi
Mourir de mon seul soucy.
Ce qui m'est insupportable,
C'est ma rude passion,
C'est peu d'estre miserable,
Quand c'est par occasion,
C'est peu que le mal de l'ame,
Que vostre œil tousjours enflame,
Si vous aviez mon tourment
Au moins à contentement.
Ce petit bastard m'accuse
D'avoir esté indiscret,
Mais fort bien je m'en excuse,
Je ne suis que trop discret :
Mais je fay bien d'avantage,
Je cele si bien la rage,

Qui tousjours aigre me point,
Si bien qu'on ne la voit point.
N'est-ce pas un grand martyre,
De celer non seulement
Le tourment, et le mal pire
Qui dure eternellement ?
Je deffy Amour qu'il die
A nul ceste maladie,
Car je fains de ne sentir
Le mal qui me fait mourir. [121 r°]
Si vous estes inconstante,
Le Ciel vous en punira,
Le desir qui me tourmente,
Tout aussi tost fuira :
L'on dira voilà la belle
Qui fait amitié nouvelle,
Et qui rechange d'Amour
Dix ou douze fois le jour.

FIN.

[81] ELEGIE.

Qui sçauroit comme Amour nous traitte rudement,
Et combien ma Rozette endure de tourment,
Voyant sa belle face en jaunisse changée,
L'on jugeroit d'Amour la douleur enragée,
Et sans affection au bien que je poursuis.
Quel contentement j'ay en la peine où je suis,
Tout est sourd à mes cris, et nul fors que moy-mesme
N'entend le triste plaint de ma douleur extresme.
Je me suis laissé dire autresfois que les Cieux

Avoient compassion des amans soucieux.
Je congnois le contraire, et voy qu'en ma disgrace,
Nom-plus qu'au bel enfant ils[1] ne m'ont point fait grace,
Ny le maistre des mers ne m'offre de ses biens,
Comme on dit autresfois qu'il offrit aux Troyens[2],
Le Ciel[3] comme à Narsis, Thaonice[4] eschangée,
Ne prend nulle pitié de mon ame affligée,
Ma Roze seule au monde à mon dueil va pleurant,
Moy je plainds à ces pleurs[5] qui me vont secourant.
Elle a mesme besoing, que mon ame dolente,
Nous vivons en regret soubs une mesme attante. [121 v°]
L'on dit qu'un jour Athée[6] aux fantasques discours[7]

---

[1] Ce pronom renvoie aux « Cieux » cités au vers 9.

[2] Poséidon, puni par Zeus pour avoir tenté de se rebeller, aida les Troyens à construire les murailles de la ville.

[3] Il s'agit sans doute de Zeus.

[4] La structure grammaticale de ce vers est très elliptique. La solution la plus simple semble de comprendre que le complément du verbe « échanger » est « à Narcis » même si, du point de vue du sens, elle reste peu satisfaisante. On peut aussi supposer que la locution verbale « ne prend nulle pitié » est en facteur commun pour les deux vers : le complément du verbe serait, dès lors, « à Narsis », et la préposition « à » prendrait le sens de « envers » tandis que le sujet serait « Thaonice ». À la construction de ce vers s'ajoute un problème onomastique. Pausanias, dans ses *Description de la Grèce*, rapporte une version de la légende qui lui semble plus vraisemblable. Narcisse aurait eu une sœur qui lui ressemblait en tout point et dont il serait tombé amoureux. Lorsqu'elle mourut il crut la retrouver dans son reflet et prit ainsi l'habitude de se mirer dans une source. Pausanias ne donnant pas le nom de cette sœur, Beaujeu aurait-il trouvé un prénom à consonance grecque, pour reprendre dans ces quelques vers la version de Pausanias ? Voir Pausanias, *Description de la Grèce*, texte établi, traduit et commenté par M. Casevitz, J. Pouilloux et J. F. Chamoux, Les Belles Lettres, Paris, 1992, IX, 31, 7.

[5] Dans ce vers précis, il semble possible d'envisager que « les pleurs » soient les poèmes eux-mêmes auxquels le locuteur fait le récit de ses malheurs.

[6] Dans la mythologie grecque c'est la déesse de l'Erreur qui porte ce nom. Elle est bannie sur terre par Zeus. Beaujeu cite également ce nom dans la liste des poètes qui l'inspirent en 113 v. 137.

[7] 1589 : *aux fantastiques discours.*

Que son cerveau brouillé composoit tous les jours,
Qu'il faisoit un enfer d'une amour miserable,
Dont le peché nous est à commettre aggreable[1] :
Voilà l'opinion de ce pauvre abusé,
Lequel en ce poinct là je tiens pour excusé,
Car les rares tourmens d'une gesne amoureuse,
„ Aiment à s'attacher à l'ame genereuse,
„ Que l'on doit comparer au verre de crystal,
„ Qui ne se rompt jamais pour un petit de mal,
„ Et plus l'honneur est grand, si la peine infinie
„ Au milieu des hazards, accompagne la vie
„ De celuy qui pourchasse une chose dont l'heur
„ Est de tous estimé digne de sa valeur,
„ Et sur tout en amour : mon ame se desire
„ Aux grandeurs, pour avoir l'honneur de son martyre.
Hier en m'esbattant, je tenois en ma main,
Un livre que j'ay fait contre Amour inhumain[2],
Je passé[3] tout auprès de ma belle maistresse,
Resvant et discourant, avecques ma tristesse :
Elle me salua je la salue ainsi,
„ Je ne la congnoissois, ou que je meure icy,
Je l'ouy souspirer, et vey sur son visage
L'eau, qui tombe au beau sein qui est plein de courage.
Je voyois sejourner la claire eau de ses pleurs,
Sur ses tetins d'yvoire environnez de fleurs.
Il m'estoit bien advis que je l'avois congneue,
Mais je ne sçavois où je pouvais l'avoir veue,
J'en estois en grand trouble, et sa pasle couleur
Donnoit encores aide à ma vive douleur,

[1] C'est ici le fameux Athée qui parle. L'introduction de ses paroles est fait par la locution « que » qui est reprise du vers 21. La tournure est fréquente en Moyen-Français. Voir ici même 113 v. 139 et S. Lardon et M. C. Thomine, *Grammaire…*, *op. cit.*, p. 382.

[2] Il est peut-être ici question du recueil des *Amours*.

[3] Il faut reconnaître le passé-simple sous cette graphie.

Mes yeux enveloppez en un tenebreux voile,
Je n'en peu rien sçavoir, sinon tout auprès d'elle. [122 r°]
Qui m'eust alors donné d'un poignard inhumain,
Une goutte de sang n'eust sorty de mon sain,
Je senty ma douleur si extremement forte,
Que mon ame cuida, divine, tomber morte :
Neantmoins pour cela jamais vous ne verrez,
Ou presens, ou absens, ou d'un ban separez,
Que noz cœurs assailliz d'un outrageux martyre,
Facent, trop peu constans, que nostre sein souspire :
Vous diriez, à nous voir, que nous sommes bien ceux
Qui ne furent jamais l'un de l'autre amoureux,
Et que jamais Amour ne lança dans noz ames,
Ny traicts empoisonnez, ny foudroyantes flames,
Car elle pour me voir ne change de couleur,
Et rien dans mon respect ne souffre que son cœur.
Quand je voy sa façon si pleine de constance,
J'ay de son amitié quelquesfois deffiance,
Il faut que pour m'oster de ceste peine là.
Je luy demande à part que veut dire cela.
Comment donc un jaloux qui a l'ame offensée,
Sçauroit-il rien congnoistre en sa triste pensée ?
Helas il me desplaist que pour l'amour de moy,
Elle s'assubjettisse à ceste austere loy,
Et ne voudrois avoir autre bien en ma vie,
Qu'elle fust sans tourment, et moy sans nulle envie,
Que je n'aimasse point, et que pour me guerir,
Et l'oster hors de peine il me fallust mourir :
Mais amans, qui lisez icy mon entreprinse,
Croyez vous que son cœur ne vive de faintise,
Qu'il ne soit contrefait ? J'en ay opinion.
Et pense qu'il n'est pas outré de passion.
Je croy qu'elle portant des femmes la figure,
Qu'elle retient aussi en tout de leur nature, [122 v°]

„ Sans jurer, croyez moy, que l'infidelité
„ Accompagne tousjours une extreme beauté,
„ J'en suis en grande peine, et faut quoy qu'il advienne,
„ Que je sçache si Mars, blessé de Nerienne[1],
„ Luy contant son amour, ne dit au moins pour moy,
„ Qu'à celuy qui se fie on luy manque de foy :
Il faut que je m'en aille à ceste heure presente,
Sçavoir si en aimant elle[2] est assez contente.
Il y a plus d'un mois qu'un mien amy m'a dit,
Mais bien secrettement, qu'elle m'avoit maudit :
Si je le puis sçavoir : « Bon-jour, ma Roze belle[3],
Bon-jour, mon petit cœur, Dieu te gard ma fidelle,
Est-il vray, mes amours, que l'autre jour passant
Par devant ton jardin, tu m'allois maudissant ?
Tu m'aurois fait grand tort d'estre si animée,
Je t'ay, plus que mes yeux, dix mille fois aimée,
Que t'ay-je fait, mon cœur, que t'aurais-je bien fait[4] ?
Pour avoir mal parlé de ton amy parfait !
Helas combien, combien cela me feroit sage,
Si je n'avois desja tant receu de dommage
Au mal-heur engagé, combien me serviroit
Ce maudisson cruel que mon ame entendroit ?
Mais je suis si lié maintenant à ma peine,
Que pour m'en eschapper toute force m'est vaine,
Je n'ay plus rien à moy, car je t'ay tout donné,
Je suis, si tu me laisse, en tout abandonné.
Si de ta bonne grace une fois tu me prive,
Ma belle, il ne faut plus, icy bas que je vive,

---

[1] Il s'agit sans doute de Vénus, aimée par Arès, et qui avait été élevée par Nérée lors de sa naissance maritime. Voir P. Grimal, *Dictionnaire…*, *op. cit.*, p. 39b.

[2] Il s'agit de la Rose qui apparaît au vers 95.

[3] Cette très longue prise de parole dans laquelle l'amant interpelle la dame ne prends fin qu'au vers 596.

[4] Le texte original donne « bienfait ».

Il faut que je m'en aille à l'ombre de ces[1] bois,
Guider mon ame au Ciel, des plaintes de ma vois,
Je ne me plaignis onc de ma peine enragée,
Ny pour autre servir, je ne t'ay point changée, [123 r°]
Mais ferme comme un roch tousjours battu du vent
Je suis en mon amour demeuré tout constant,
Sans m'ennuyer au mal, ny à la peine dure,
Que sans cesse pour toy de courage j'endure.

Je pense, mes amours, que tu peux avoir dit[2] :
« Le voyez vous bien là, c'est luy-mesme qu'on dit
Qui m'aime, et que je l'aime. Ô que le diable emporte
Qui luy veut bien aucun, ou qui amour luy porte,
Et que maudit soit-il, s'il veut dire aujourd'huy,
Comme on m'a rapporté que je n'aime que luy. »
Je ne le trouve estrange, ô ma belle Rosine,
Si tu l'as dit devant quelque folle mutine,
Qui pourroit avoir sceu nostre bon-heur passé,
Par le divin discours de mon vers courroucé :
Car en oyant de toy ceste rude parolle,
Elle dira par tout que c'est un bruict frivolle
De dire que tu m'aime, et jurera tresbien,
T'ayant ouy parler, qu'il n'en fut jamais rien,
Cela te peut servir, ô ma Rozette aimée,
Pour conserver, sans plus, ta bonne renommée
Envers ces folles gens, qui ne sçavent qui fut
Amour, ses traicts, son arc, ses fleches, ny son but,
Mais non pas à ceux-là qui sçavent quelle est l'ame
D'un cœur bruslé, tousjours en l'immortelle flame,
Ne t'estimeroient[3] moins quand tu m'aurois aimé,
Et pour ton serviteur, chery et estimé.

---

[1] 1589 : *ses*.

[2] Le locuteur imagine ici ce qu'aurait pu dire la dame.

[3] Le sujet du verbe est élidé mais il s'agit bien des connaisseurs de l'amour cités au vers 139.

„ Premierement je suis de fort ancienne race[1],
„ Gentil-homme François, qui a la bonne grace
„ Des Muses et des Dieux, et de Mars honoré,
„ Pour avoir tant de fois leur Palais decoré
„ D'enseignes et d'escus, et de ma main peu chiche
„ Posé sur leurs autels mainte despouille riche. [123 v°]
„ Ferme et loyal amy qui n'a failly de cœur,
„ Et lasche de courage evité son mal-heur[2],
„ Qui l'a tant pourchassé, et qui non variable,
„ Ne s'est point estimé, te servant miserable,
„ Je me puis bien vanter que mille filles ont
„ Essayé de m'avoir, comme encore elles font[3],
„ Me baisant à l'envy, et pleurant à outrance
„ Le desdain de mon cœur, et ma belle presence,
„ Me suppliant par lettre, et par des messagers
„ Qui apportoient leurs corps en ces mesmes dangers.
„ D'avantage ton nom bruit sur l'ælle dorée
„ Des idolatres vers, qui t'ont tant adorée,
„ Sur les monts escornez, qui tousjours sur leur dos
„ N'ont moins de froids glaçons, que de feux de ton los,
„ En Angleterre, en Flandre[4], aux doubles Allemagnes
„ Où j'ay tant yvrongné, et aux chaudes Espagnes,
„ Où je mangeois le glas dans une couppe d'or,
„ Cependant que mon cœur brusloit d'amour encor,
„ Ces vers tousjours iront, braves faisant la ronde
„ Aux Cieux, et aux Enfers, et au milieu du monde,
„ Puis en faveur de moy, leur pere, et ton amy
„ Se viendront reposer sur ton lac endormy[5].

---

[1] Le locuteur profite de cette occasion pour mettre en avant les qualités de sa naissance et celles de ses actions. Il complète ainsi un peu plus sa figure de poète-soldat. Voir les pièces 2, 6, 9 v. 401-410, 18 *passim*, 75 v. 137, 93, 101 v. 154-199, 113 v. 17-56.

[2] L'auxiliaire avoir du verbe 149 est sous-entendu dans ce vers.

[3] 1589 : *encores*.

[4] 1589 : En Angleterre, en Flandres.

[5] Il s'agit du lac de Neuchâtel, ville où le locuteur a rencontré Rose. Sur ce motif voir 1 v. 12 et 25 v. 305.

„ Encor n'est-ce pas tout[1], je m'en vois au supplice
„ Dix mille fois le jour pour te faire service.
„ Leandre[2] que l'on faint noyer[3] dedans les eaux,
„ Mourut plus doucement que je ne vy és maux,
„ Je suis bien mieux noyé dans mes pleurs, ma maistresse,
„ Que ne fut ce garson dans la mer vengeresse,
„ L'ame y laissa le corps, et s'envolla aux Cieux,
„ Se seoir au banc sacré des jeunes demy-Dieux,
„ Et mon ame au contraire, avec mon corps demeure
„ Pour brusler dans le feu, où mon corps ne demeure[4],
[124 r°]
„ Ayant fait ce partage avecques mes espris,
„ L'un a choisi le feu, et l'autre l'onde a pris.
Quelque sot pensera te voir des-honorée,
S'il oit dire que moy t'aye tant honorée,
Si tu m'avois maudit, sans fainte, et de bon cœur[5],
Tu serois variable, et fille sans honneur.
Pourquoy m'as-tu choisi, dy pleine d'inconstance,
Pour te servir, outré de ceste impatience ?
Je remets ce peché, bien marry toutesfois
De n'en estre vengé, par la rigueur des lois
D'Amour, qui de tes yeux tyrannise mon ame,
Qui en fait les chauds puits des mines de sa flame.
Las tu as fait ainsi que le rusé pescheur
Qui laisse cheoir en l'eau le ver donne-lueur[6],

[1] 1589 : *encores*.

[2] Amant d'Héro habitant sur une île dans le détroit du Bosphore, Léandre nageait tous les soirs pour aller rejoindre son amante. Un soir de tempête, il se noya. Il apparaît plusieurs fois dans le recueil. Voir Ovide, *Les Héroïdes*, *op. cit.*, *Léandre à Héro* et *Héro à Léandre* et ici même la pièce 38 v. 11.

[3] Le verbe « noyer » a ici le sens de « se noyer ».

[4] Ces deux vers peuvent sembler contradictoires mais il faut sans doute comprendre que l'âme du locuteur est restée sur terre avec son corps, la première plongée dans le feu de l'amour, le second dans un océan de larmes.

[5] Le locuteur se réfère ici au vers 125.

[6] Cet animal utilisé à la pêche est de nouveau mentionné au vers 217.

Percé d'un hameçon, pour un grand poisson prendre,
Poisson qui peut cent fois son dommage luy rendre[1].
Ou comme un usurier qui preste son argent,
Non pas à huict pour cent, mais bien à cent pour cent,
Mille bichets de bled, pour cent encor qu'il donne,
Raclé jusques au fer dont le pauvre s'estonne.
Ainsi nous font les Rois, qui d'une accorte main
Nous arrachent, sans mal, l'ame, et le cœur du sain
Et des moindres faveurs qu'ils[2] nous font en presence,
Nous enchesnent aux fers de leur obeyssance.
Puis quand nous avons beu du poison de la Court[3]
Qui des veines au cœur, amoureusement court
Pour gagner nostre vueil, alors ils nous mesprisent
„ Si mespriser l'on peut, les hommes qui s'en[4] disent.
Tu m'as, dy-je, ainsi fait qu'un sage Senateur,
Qui s'enquiert doucement d'un ruzé mal-faicteur,
Luy offrant liberté, douceur, misericorde.
Neantmoins en son cœur il le juge à la corde, [124 v°]
Sans monstrer toutesfois qu'il aye autre desir
Que de le mettre hors, et luy faire plaisir,
Puis quand il a tout sceu par son cault artifice,
Il le condamne à mort, et le mene au supplice.
Ainsi tu m'as au cœur jetté le vermisseau[5]
Qui maintenant me traine encor vif au tombeau,
Tu m'as ainsi presté ton amour à usure[6],
„ Un bien pour tous mes maux, un grain pour la mesure,
En te faisant la cour, un seul clin de ton œil

---

[1] Si cette anecdote n'apparaît pas directement chez Pline, la mention de poissons si gros qu'il faut une chaîne pour les prendre, s'y trouve bien. Voir Pline, *Histoire naturelle*, *op. cit.*, IX, 44.

[2] 1589 : *qui nous font en presence.*

[3] Ce passage reprend en partie le discours d'Ibycus de la pièce 15. Voir 15 v. 75 et suivants.

[4] Il s'agit sans doute de la cour.

[5] Voir vers 194.

[6] Voir vers 197.

M'a mis tout doucement en mon triste cercueil.
Avant que me bannir de ta divine grace,
Tu me monstrois, Rozette, une si douce face,
Tu me caressois tant, et ton ris gracieux,
Me faisoit en mon mal vivoter tout joyeux :
Quand tu m'interrogeois de mon honneste offence,
Dont je ne me repens, sans faire resistance,
Je te le confessay, ô pleine de rigueur,
Tu machinois desja contre mon pauvre cœur !
Et le gesnois ainsi qu'un meurtrier miserable,
Mais helas je ne suis à un meurtrier semblable !
Si j'ay vollé quelqu'un, helas ce n'est que moy
Faisant pour ton service au moins ce que je doy !
Et pour t'avoir aimée, il convient à ceste heure,
Sans ouyr mes raisons, que promptement je meure.
N'est-ce pas pour mourir, de me maudire ainsi[1]
D'une mort que je tiens la plus cruelle aussi,
Qui puisse separer deux ames bien liées
Par le serment faussé de tes mains deliées ?
„ O fille qui sans foy par le feu que tu tiens
Enclos dedans tes yeux, tu mets à mort les tiens.
N'outrage, s'il te plaist, n'outrage ma painture[2],
Où tu voy[3] chaque jour les traicts de ma figure, [125 r°]
Donne la moy plustost, belle je te promets
Qu'elle ne sceut onc rien du mal que je te faits,
Si je te faits du mal qu'on appelle service,
Donne m'en un baiser que j'appelle supplice,
Croy moy, si je pensois t'avoir fait desplaisir,
Je voudrois de ta main presentement mourir,
Je crains plus d'offenser ma Roze, que moy-mesme,

---

[1] Voir vers 125 et 185.
[2] Voir 68 v. 1.
[3] Cette forme de la deuxième personne de « voir » revient en 81 v. 200, 239 v. 1 et 247 v. 174.

Plus que mes propres yeux, je te cheris et aime,
Je me plains comme au vent, il vaudroit beaucoup mieux
Parler à mon destin qui n'est moins gracieux
Que mon cœur le desire, et luy faire priere
Pour rendre ma maistresse, en faveur moins fiere
J'aurois plustost gagné ce Demon sans soucy
Que de faire amollir ce cœur tant endurcy.
O mort, c'est à ce coup, si tu as sur ma vie
Quelquesfois attenté, mets à fin ton envie !
Que mon corps soit conduit en tristesses et pleurs,
Sur la rive du lac[1] ensevely de fleurs,
Que je sois posé là sur une roche dure,
Puis que mon amitié aussi constamment dure,
Tout auprès du jardin, où Amour autresfois,
Me fis prester serment d'entretenir ces lois[2].
Mon ame c'est icy, où je desire d'estre,
Où athome amoureux je veux tousjours paroistre,
Me nichant par la pluye aux cheveux adorez[3]
De ma Roze que j'aime, et vous les friserez :
Elle dira ainsi, en baisant ma statue[4] :
« O insensible roch, ton image me tue[5],
Helas ma chere image, ô mes douces amours !
Pourquoy fus-je si dure à te donner secours ?
„ Baise moy, cher amy, de matiere endurcie,
„ Que je soulois baiser, un corps, feu de ma vie, [125 v°]

---

[1] Sur ce motif voir 1 v. 12 et 25 v. 32.

[2] Le lieu est, comme souvent, celui de l'exil suisse pendant lequel le locuteur a rencontré Rose : le lac de Neufchâtel et les Alpes qui l'entourent.

[3] On pourrait voir ici un rappel discret de l'histoire de l'histoire de Danaé, fécondée par Zeus à l'aide d'une pluie d'or.

[4] Cette première disparition évoquée par l'amant n'est pas sans rappeler l'histoire de Laodamie se consolant de la mort de son mari en parlant à une statue à son effigie. Voir le sonnet TS XCIII et Aubigné, *Hécatombe à Diane*, *op. cit.*, p. 104, XXIII.

[5] La mort de l'amant provoque une prise de conscience de la dame et celle-ci reprend à son compte les paroles du locuteur.

Qui es sourd à mes cris, et qui plus ne respons
Aux souspirs ensouffrez que luy font mes poulmons :
Hé, mon cœur repentant de la faute commise,
Vous avez desdaigné ma richesse permise !
N'y pensez jamais plus, et vous perfides yeux
Monstrez moy la caverne aux lions furieux,
Aux dragons, et aux ours, et pour m'oster du monde,
Non subjette à leur faim, jettons nous en ceste onde. »
Voilà que tu diras, pour la derniere fois.
Je te veux dire adieu belle, car je m'en vois,
Adieu donc, mes amours, veux-tu bien que je touche
Pour la derniere fois ceste divine bouche,
Pour estre de mon mal doucement allegé,
Je ne veux la toucher sans demander congé,
Mais las qu'est-ce cela, qu'est-ce là que j'espere !
Le moindre allegement pour ma triste misere,
Pour faire amy nouveau, un nouveau feu prendra
Le premier, par le cœur, qui se presentera,
Le feu est tout estaint qui nourrissoit ma flame,
Amour ne dure tant dans le cœur d'une fame.
„ Que dy-je tant durer ? Il y entre bien peu,
„ Encore ceste amour n'est que l'ombre du feu.
O mon cher Piramus[1], que ta mort fut heureuse,
Estant la brave fin d'une mort[2] dangereuse
Tirée bien plus avant de veoir le linge blang,
Que non pas en perdant ta vie avec ton sang[3] !
La mort se rit de ceux qui souvent l'ont requise,
Par prieres en vain, de toutes façons prise,

---

[1] Pirame se tue d'un coup d'épée en découvrant le voile ensanglanté, déchiré par une lionne, de son amante Thisbée. Voir la pièce 39 v. 1.

[2] Le mot semble avoir ici le sens d'agonie.

[3] Cette apostrophe renvoie à Pyrame mais la structure syntaxique du vers est chaotique : il faut en effet envisager que le participe passé se rattache ici au nom « mort » du vers 300. On peut gloser par : « ta mort fut tirée bien avant d'avoir vu le linge blang et non lorsque tu perdis ta vie avec ton sang ».

Un homme mal-heureux a beau monstrer son sain
Jamais sur celuy là ne veut hausser la main.
Narcisse est bon tesmoing, luy qui fuyoit des filles
Le doux attouchement, tant elles sont gentilles, [126 r°]
Prevoyoit bien qu'Amour vouloit finir ses[1] jours,
Par sa propre beauté qu'il animoit tousjours,
Et ne sceut à la fin, de sa propre figure
Eviter la beauté, ô humaine advanture !
Ne sçaurois-je mourir si promptement heureux,
Pour voir les cheveux blonds qui me font mal-heureux ?
Paris aima bien mieux voir sa Cité en cendre[2],
Luy de cent coup percé avant qu'Helene rendre[3],
Il vaut mieux, il vaut mieux brave se presenter
A la severe mort, plustost que d'absenter[4]
De ce qui nous fait vivre, et qui nous donne envie
De mesnager noz jours en nostre douce vie.
Leandre[5] tu nageois pour aller voir Eron,
Portant dessus ton dos ce perfide garçon[6],
Las au milieu de l'eau, il te laissa en crainte,
Ayant veu le premier ceste chandelle estainte.
La brune obscurité, et les flots animez,
Combattirent long temps contre tes braz lavez,
Et avant que mourir tu eus mainte secousse.
O vaillant Amoureux que la mort te fut douce !
Je me suis laissé dire, ô valeureux Amant,
Que vaincu dans ces eaux, tu disois doucement :

---

1 1589 : *ces*.

2 Troie fut attaquée et brûlée parce que Pâris avait refusé de rendre Hélène à Ménélas. Beaujeu revient souvent sur cette responsabilité d'Amour. Voir élégie 9 v. 186 et ici même v. 551.

3 Il faut comprendre « avant qu'il n'accepte de rendre Hélène ». Il s'agit d'une proposition infinitive.

4 Il faut sans doute comprendre « plutôt que de s'absenter ».

5 Voir pièce 38 v. 11 et ici même le vers 173.

6 Il s'agit d'Amour qui pousse Léandre à traverser le Bosphore.

« O bien-heureuse fin, si tu avois attante,
Que j'eusse veu au moins, mon amoureuse amante ! »
Et luy disant adieu, les bras joints et croisez,
Tu mourus dans les flots, par ta mort accoisez.
Infidele[1] qui fus, sur la mer ennemie,
Deux heures devant jour, et laissans endormie
Celle qui pour t'aimer[2] se mit à la mercy
De l'outrage des flots, comme Leandre icy,
Mais voyant que ta nef estoit toute perdue,
Et rien fors qu'à pleurer ne luy servoit sa veue, [126 v°]
Elle revint en terre, et s'assit sur le bort,
Où elle supplia la necessaire mort
De la venger en elle[3], et venger ton injure.
En la meschanceté de son aimé parjure[4],
Qui singloit esperdu, par les moites sillons,
Pour fuyr le bourreau des petits oisillons[5],
Qui estoit ja en mer, et qui desiroit d'estre
Avant que d'aborder, le plus viste et le maistre[6].
Toy Romain[7], qui avois, sur les mers estonnez,
Les soixante et six Rois devant toy ordonnez

---

[1] 1589 : *Infidelle*. Derrière cet adjectif se cache la figure d'Énée abandonnant Didon, dont il est amoureux, sur ordre de Mercure. Voir *Énéide*, *op. cit.*, IV, p. 119, v. 265-275 et l'élégie 18 v. 221.

[2] Didon, légendaire reine de Carthage, qui accueille les Troyens en fuite guidés par Énée après la chute de la ville. *Ibid.* t. I, livre I, p. 27, v. 560 et suivants.

[3] Didon, qui s'est donnée à Énée hors mariage, désire la mort pour racheter sa faute. *Ibid.*, IV, p. 116, v. 160-172 et p. 136 v. 663-671.

[4] Didon appelle, avant de se tuer, les pires malédictions sur Énée. *Ibid.*, IV, p. 134, v. 607-627.

[5] Cette référence est énigmatique.

[6] Énée, poussé par les présages, souhaite refonder une nouvelle ville dans le Latium. C'est en tout cas ce que lui promet Mercure, messager de Zeus. *Ibid.* p. 119, v. 229 et suivants.

[7] Marc-Antoine, général et homme politique romain opposé à l'accession au trône d'Octave, entre en guerre contre lui. Il tombe amoureux de Cléopâtre avec laquelle il s'allie. Défait à la bataille d'Actium et pensant son amante morte, il se suicide. Voir Plutarque, *Les Vies des hommes illustres*, *op. cit.*, t. II, *Vie d'Antoine*, p. 940, XCIX.

Pour aimer ta brunette[1]. Aux assaults de fortune
Tu mettois ta personne en tous dangers commune,
Tu mourus volontiers, et luy tendois les mains[2],
Monstrant ton corps blessé de six coups inhumains.
Elle pour te monstrer qu'elle avoit du courage,
Digne de ton amour, autant que de langage[3],
Fit mourir, en despit de ton fier ennemy[4],
Le cœur qui ne vouloit vivre sans son amy.
Combien de Charmion[5], la constance je prise,
Ayant fait son devoir, plustost morte que prise !
Sur voz tombeaux soient donç ces propres vers escriz,
Autour des diamans, et des riches rubiz
Qui esclairent sans fin, voz deux ombres errantes
Sur le bord du cercueil qui enserre voz os,
De maintes lames d'or si richement enclos,
En lettres à chacun, belles et apparentes.
Bien-heureux sont les cœurs qui vivent soubs un œil[6],
Qui meurent en un jour, mis en mesme cercueil,
Qui se sont bien-aimez, et ont fait resistance
Moindre à cent mille morts, qu'à une telle absence !

---

[1] Ce terme léger qui donne un aspect presque burlesque à l'allusion, renvoie à Cléopâtre VII, reine d'Égypte à la fin du premier siècle de notre ère, qui tenta de préserver l'indépendance de son empire. Elle eut une relation amoureuse avec Marc-Antoine. *Ibid.*, p. 889, XXXIII.

[2] La scène est directement issue de Plutarque. Marc-Antoine, mourant, est transporté là où Cléopâtre s'est réfugiée : son tombeau. Ne voulant pas ouvrir la porte, elle hisse avec l'aide de deux servantes le corps ensanglanté de son amant qui tend les mains vers elle. *Ibid.*, 940-941, C.

[3] Plutarque évoque le plurilinguisme de Cléopâtre en ces termes : « sa [celle de Cléopâtre] langue était comme un instrument de musique [...] qu'elle tournait aisément en tel langage, comme il lui plaisait [...] ». *Ibid.*, p. 888-889, XXXII.

[4] Octave souhaitait prendre la reine vivante. *Ibid.*, p. 948, CIX.

[5] Il s'agit d'une esclave de Cléopâtre qui mourut avec elle. La scène est racontée par Plutarque. *Ibid.*, p. 947, CVIII.

[6] Cet « œil » est sans doute celui de la fortune heureuse qui permet à des couples de s'aimer de manière réciproque.

O grise tourterelle, ô genereux oiseau,
Tu pers souvent ton pair dans le nid tout nouveau ! [127 r°]
O riche chasteté, invincible courage,
Je ne puis en mes vers te loüer d'avantage
Sinon que te vanter, et chanter pour celuy
Le plus digne d'Amour des oiseaux d'aujourd'huy !
Le Lyon genereux, absent de sa Lyonne,
Destruit tous noz trouppeaux de sa patte felonne
Il ne se plaist qu'au sang furieux et raudant[1],
Autour d'une forest il va tousjours grondant,
Sans peur, ny sans respect tout le monde il outrage,
Tousjours il est enflé et d'audace, et de rage :
Mais si Amour luy fait seulement ce plaisir
Qu'il voye sa moitié, aussi tost ce desir
Et cruelle furie à mesme instant font place
A la douce pitié qui maistrise l'audace,
Si qu'un jeune mouton pourroit bien hardiment
Se promener au bois sans danger seulement[2].
Le Taureau furieux, qui dans le parc s'espreuve[3]
Avecques ce lion des plus braves qu'on treuve,
R'enforce ses assaults quand il se ressouvient
De sa belle genice, aux prez qu'on luy detient :
Les grands Rois sçavent bien prendre ceste advantage,
Pour animer tant plus sa fureur et sa rage,
Car quand il se souvient de ses belles amours,
Il veut vaincre, ou mourir, et hazarder ses jours,
Mettant en grand danger son cruel adversaire,
„ Il aime mieux sa mort, que vivre en sa misere :

---

[1] Il s'agit bien du verbe « rôder ».

[2] Ce passage semble être inspiré de la description du lion par Pline et notamment du détail selon lequel le lion aurait « beaucoup d'ardeur dans le coït » et qu'il serait jaloux de « la lionne adultère qui s'est accouplée à un pard [...] », le « pard » étant une sorte de panthère. Voir Pline, *Histoire Naturelle*, *op. cit.*, VIII, 42-43.

[3] Pline évoque également le taureau. *Ibid.*, livre VIII, 176-177.

L'on dit que Ganimede[1] enlevé dans les Cieux,
Où maintenant il est, au service des Dieux,
Fut aimé d'une Nymphe à qui la douce vie,
Comme on le ravissoit, de mesme fut ravie,
Que douce fut sa mort, que douce fut sa fin,
D'envoyer après luy ce qu'elle avoit au sein[2] ! [127 v°]
Si le male serpent voy tuer sa femelle[3],
Il espand tout soudain les feux de sa prunelle,
Il evente sa langue et aiguise ses dents,
Il gele par dessus, et brusle par dedans,
Le premier qu'il rencontre, en sifflant il le pique,
Il saulte, court, et roule, et devient frenetique,
Il desespere et meurt, en despitant ce jour
Qui luy oste la paix, et la vie, et l'amour.
Ce fidelle poisson qui soubs l'onde marine
Brusle tousjours l'escueil de la roche voisine,
S'il congnoist aux filets son pair aller au bort,
Aussi tost et[4] sans aide il se mene à la mort,
Mais avant que mourir, premierement il tasche
De delivrer son pair que le filet attache[5].
Toy qui aimes le fer, rivé souventesfois,
En despit des Nochers qui y jettent leurs vois.
Rien peut-il empescher ceste soudaine prise,
Ny le prompt mareschal qui la navire brise[6] ?

---

[1] Ganymède, fils du roi de Troie, Tros, est enlevé par Zeus sous la forme d'un aigle et devient l'échanson des dieux.

[2] En mourant, cette nymphe suit au ciel son amant : elle y envoie son cœur et son amour.

[3] C'est l'aspic qui, selon Pline, pourchasse sans pitié celui qui a tué « son conjoint » avec une telle ténacité qu'« il vient à bout de toutes les difficultés [...] ». Voir Pline, *Histoire Naturelle*, *op. cit.*, livre VIII, 86.

[4] 1589 : *Aussi tost sans aide.*

[5] Le locuteur fait référence ici aux mœurs du poisson « anthias » qui parvient à couper les lignes lorsqu'il est pris. Voir Pline, *Histoire Naturelle*, *op. cit.*, livre IX, p. 464, 182.

[6] Il est possible que Beaujeu face ici référence à l'échénéis ou remora, poisson qui a la particularité de s'accrocher à un autre poisson ou à un navire. Pline dit

Non, non, c'est l'amitié que tu portes au fer
Qui malgré cent Plutons le sortiroit d'enfer[1].
J'aime mieux à la mort chercher ma delivrance,
Que supporter les maux d'une si longue absence.
Ainsi Roze, mon cœur, plustost que de languir
Absent de tes beaux yeux, j'aime bien mieux mourir,
Pour me rescompenser de mon humble service.
Je te veux supplier que tu m'ensevelisse,
D'un linge broché d'or entrecouvert de fleurs[2],
Doucement embaulmé et trempé[3] de tes pleurs.
Ne m'oste point du doigt l'esmeraude jolie[4],
Dont tu me fis present, je veux après ma vie
La donner à Pluton, Roy des braves espris
Pour estre mieux venu en ses afreux pourpris. [128 r°]
Que dy-je, mieux venu ? Je le seray peut estre
Si bien, que des champs noirs je seroy bien le maistre,
J'y veux porter mon luth, pour sonner quelquesfois
Un amoureux Sonet soubs l'ombre de ces bois,
Où la belle Erudice[5] en escoutant la lyre,
Fut prinse par le doigt, et livrée au martyre
D'où elle estoit sortie, ayant perdu son mieux,

ainsi : « Ô vanité humaine ! Ces proues garnies d'airain et de fer, afin de porter des coups redoutables, peuvent être enchaînées et retenues prisonnières par un chétif poisson d'un demi-pied ! ». Peut-être faut-il voir là la référence au fer et aux « nochers qui y jettent leur vois ». L'allusion est cependant peu claires.

[1] Ces deux vers restent obscurs.

[2] Il s'agit d'une des nombreuses créations lexicales de Beaujeu. Il semble que l'on doive comprendre que le « linge » est parsemé de fleurs aux endroits laissés vides par le fil d'or.

[3] 1589 : *trepé.*

[4] Pour la seconde fois dans cette élégie, l'amant envisage sa mort et les réactions de son amante. Cette fois le locuteur met en scène la cérémonie des obsèques. Voir vers 271et TS XIIII v. 9-14.

[5] Sous cette orthographe fantaisiste, on reconnaît facilement Eurydice, femme d'Orphée, morte mordue par un serpent et que le poète tente vainement d'aller chercher aux Enfers. La figure de cet artiste, amant dévoué et malheureux, apparaît plusieurs fois dans le recueil. Voir 82 v. 13, 116 v. 67, 199 v. 340 *sq.* et 202 v. 12.

Pour avoir derriere elle envoyé ses beaux yeux[1].
Là je veux engraver en l'escorce des Cedres,
Des Libans, des Sapins[2], et des odorans Fledres[3],
Ton beau nom, ma maistresse, et tes grandes beautez
Que mes vers ont desja dix mille fois chantez,
Afin que les esprits de ceste rive ombrée,
S'esjouyssent tant plus de ta douce arrivée[4],
Je gagneray Caron, et nul ne passera
Sans m'advertir premier quand il arrivera,
Pour aller avec luy interroger ceste ame,
Avant que mettre en l'eau son immortelle rame.
Si tost que je sçauray que tu seras au port,
Et que ton œil sera chastié de ma mort,
J'accourray sur la rive ainsi qu'une sagette
Fuit la corde tremblante, et qui[5] au blanc la jette.
Des larmes que tu vois, furtivement espris,
Entouré, glorieux, d'un million d'espris,
Qui contens de te voir si parfaictement belle,
Chanteront ta beauté pour jamais eternelle,
Et tant que les bourgeois des plus contraires Cieux,
Croiront que sur le Stix passent de nouveaux Dieux[6],
Que ce Pluton voulant decorer leur venuë,

---

[1] Ce vers laisse perplexe puisque, dans le mythe, c'est bien sûr Orphée qui se retourne provoquant la disparition immédiate de son amante.

[2] Sur la présence de ce conifère dans le recueil voir 120 v. 5.

[3] Il s'agit sans doute d'une erreur typographique, la graphie « fl- » est mise à la place de « h- ». Voir ce mot au glossaire. Ces deux arbres sont très répandus dans les forêts de l'est de la France mais cette énumération est peut-être aussi inspirée de Pétrarque qui mêle souvent le hêtre et le sapin. Voir Pétrarque, *Canzoniere*, *op. cit.*, p. 61, s. 10, v. 15 et p. 315, s. 176, v. 8.

[4] L'image de l'amant gravant sur les arbres le nom de sa dame provient sans doute de l'*Orlando Furioso*. Au chant XIX de cette épopée, Angélique découvre Médor, blessé, qu'elle soigne. Ils tombent amoureux et gravent leurs noms et un poème sur plusieurs arbres. En les découvrant, au chant XXIII, Roland devient fou. L. Ariosto, *Orlando Furioso*, *op. cit.*, t. II, chant XIX, p. 241, t. III, chant XXIII, p. 51-53.

[5] L'antécédent de ce pronom relatif est bien « la corde ».

[6] 1589 : *croiront que sur le Styx passeront de nouveaux Dieux.*

Leur auroit envoyé au devant une nuë,
Où tous ces coriaux avec leurs instruments,
Iroient l'honneur des morts en Musique chantans, [128 v°]
Ayant repris alors une parole vive,
Je t'appelleray Roze, et de ma rive en rive
Ton nom retentira, et ces beaux cheveux d'or,
De noz esprits absents je chanteray encor,
Benissans noz tombeaux qui retiendront en serre
Les despouilles d'Amour qui vivent sur la terre,
„ Et qui en patience attendent desireux
„ Le retour esperé de leurs esprits heureux.
Là je m'eslanceray comme une flame ardante
Dans le fatal bateau[1], qui pour ma belle amante,
Fendra l'eau dangereuse aussi viste qu'un dart
Pour arriver à moy, qui seray d'autre part :
Puis en te saluant d'une douce maniere,
Nous repasserons tous la fatale riviere[2]
D'ames environnée, et fendant l'air de cris,
Nous irons aux bas prez des amoureux espris :
Adieu donc mes amours, adieu ma Roze belle[3],
Puis que mes yeux sont clos d'une nuict eternelle,
Adieu mon petit cœur, adieu tout mon soucy,
Je m'en vois mes amours, tu demeures icy :
Que dy-je mal-heureux, je pense que je resve ?
Au mal dont cét enfant ne me donne de tresve,
Voudroy-je bien mourir ou souffrir mon mal-heur
Pour celle qui ne prend point pitié de mon cœur ?
Ouy, je veux donc mourir en un cruel martyre[4],
Puis que ma belle, helas ! le veut et le desire.

---

[1] Le locuteur fait allusion à la barque de Caron.

[2] Il s'agit du Styx.

[3] Ici se termine ce long passage commencé au vers 425 où le locuteur imagine sa propre mort et les retrouvailles en apothéose avec Rose. Ces vers font par ailleurs écho à la fin de la première scène de mort du locuteur au vers 287.

[4] Sur cette expression voir TS LVIII v. 14 et 91 v. 10.

Je n'aurois point de cœur si je ne le voulois,
Je l'aime bien autant que j'ay fait autresfois :
Mais voicy la pitié, et qui[1] me mecontente[2],
„ C'est qu'elle est de ma vie, et de ma mort absente :
Moy je suis de ses yeux injustement absent,
Car mon ame, sans cesse, à mon cœur va disant : [129 r°]
« „ L'esperance vaut peu, où fortune veut nuire,
L'esperance est un vent qui ne cesse de bruire,
Presage mal-heureux qui nous trompe et nous pert
Dans les bois mal-aisez de cét aspre desert,
Si tu es maintenant, belle Roze au rivage
De ce lac[3] si uny, escoute mon langage. »

Mon sein remply de feuz ainsi comme un fourneau
Dans lequel se tourmente un brazier tout nouveau,
Me brusle de desir, et de chaude esperance :
Las je meurs lentement, à cause d'une absence,
Ainsi sont mes souspirs comme brandons ardans,
Je suis dehors de glace, et de flame dedans,
Je souffre incessamment remply de fascherie,
D'un chagrin ennuyeux, et pour ce je te prie
De m'escrire une fois, ô qu'heureux je seray,
Le discours de mes maux, alors je t'escriray,
Bien que sans nulle cesse, à toute heure, à toute heure
Ma main n'escrit que toy, mon œil que toy ne pleure,
Mon ame ne discour que de ta fermeté,
Et mon cœur ne loüange icy que ta beauté,
Pour guerir ce vieil coup d'une si longue absence,
Belle il faut que je voye une fois ta presence,
Sinon, belle, rends la moins aigre qu'elle n'est,
Pains de ta plume d'or, chere amour s'il te plaist[4],

---

[1] Le pronom relatif est ici employé pour « ce qui ».

[2] 1589 : *mescoutente*.

[3] Sur ce motif voir 1 v. 12 et 25 v. 32.

[4] Ce vers semble être une variation sur l'échange des portraits qui avait été rapidement évoqué au vers 243.

Une petite ardoise où tu pourras m'escrire
En lettres, que nul homme au monde ne peut lire
Sinon ton serviteur. C'est moy je le sçay bien,
Encores qu'on m'ait dit que tu n'en croyois rien[1],
Que l'on soit tous les jours à me dire merveille,
Je ne respons jamais, ny pour ouyr d'oreille
Je suis sourd, je n'entends sinon à bien aimer
Ma Roze, qui me fait noyer en pleur amer, [129 v°]
La nuict si tu m'escrits j'auray une chandelle,
Tousjours, tousjours en main, pour lire de ma belle
Le petit escriteau, car je hay les poulets,
La main orde qui luit, d'or, et de bracelets,
En broüille le papier, je ne veux pas en dire
Les choses que mon œil autresfois y sceut lire[2],
Je baiseray l'ardoise où ta main aura fait
Ce lien amoureux, au bas du dernier trait,
Qui sera M, C, T, A, V, P, L[3],
Pour me donner courage à te servir fidelle.
Helas je craignois bien, qu'Amour malicieux
Ne gagnast, moy absent, le plus doux de tes yeux,
Afin que l'autre, fort, fort, fort à son service,
Ne fist l'inimitié de l'absence nourrice.
Maintes fois il a fait de telles faussetez,
Dont il a fait brusler un millier de Citez,
En ayant abbattu, et remparts, et murailles,
Et contre son serment fait perdre les batailles
„ Que le vaillant Hector avoit gagnée au sort[4],

---

[1] Le motif de la jalousie de l'amant et son besoin d'assurance face à la proverbiale légèreté des femmes apparaissent comme les fils directeurs de cette élégie. On le trouve dès le vers 93.

[2] Cette critique de la poésie amoureuse de cours n'est pas sans rappeler ce que disait Ibycus en 15 v. 88-89.

[3] Non seulement cette suite de lettres est pour le moins énigmatique mais en plus le vers est faux puisqu'il s'agit d'un décasyllabe.

[4] Voir ici même les vers 315-316.

„ S'il[1] eust pris, non Jupin, mais le poids de la mort :
Helas aurois-je ainsi ma jeunesse perdue,
Aurois-je pour si peu ma jeunesse vendue,
Aurois-je desdaigné milles autres beautez[2],
Si tu estois subjette à tant de nouveautez ?
Serois-je esté forçat en mer si miserable,
„ Pour aimer, toy mon cœur, qui n'es point variable ?
„ Je le croy fermement, mais l'on tient Phaëton[3]
„ S'estre precipité, ainsi me le dit-on,
„ Pour avoir fait serment d'aimer ceste Flamande,
„ Qui peu devant le jour luy fait encore[4] offrande,
„ D'une lueur bruslante au coing de ce marais,
„ Qui ennemy d'Eole onc ne se vit en pais, [130 r°]
„ Par ce qu'elle dormant se sentit embrasée
„ Du feu qui fut serré en la jeune brassée,
Pour avoir trop osé[5]. Helas si pour t'avoir
Aimée en oubliant ma charge et mon devoir,
Amour pour me punir me rendit miserable,
Je ne voy point d'Amour à la tienne semblable,

[1] Le pronom renvoie bien à Amour.

[2] 1589 : *mille*. Voir TS XI v. 11, 112 v. 85, 146 v. 57, 155 v. 5.

[3] Fils d'Hélios, ce personnage est connu pour avoir demandé à son père de conduire pendant une journée le char du soleil. Hélios ayant accepté, Phaéton tente de prendre le contrôle du véhicule mais bientôt le perd en raison de la chaleur qui règne près du soleil et de la difficulté qu'il a à faire obéir les chevaux. Devant les dégâts qu'il provoque sur terre en faisant passer le soleil trop près de celle-ci, Zeus, avec l'accord d'Hélios, le foudroie. Le jeune homme est précipité dans l'Éridan, fleuve que certains identifient au Rhin. Voir Ovide, *Métamorphoses*, *op. cit.*, II, v. 323-324 et Hérodote, *Histoires*, *op. cit.*, III, CXV.

[4] Le vers est faux en raison de la forme longue « encores ».

[5] Ce passage est obscur et semble relever d'une rêverie du locuteur sur la mythologie. Si l'on admet l'identification de l'Eridan avec le Rhin, la présence de la « Flamande » peut s'expliquer bien que rien dans le mythe grec n'évoque les amours de Phaéton. Seules ses sœurs, selon Ovide, viennent pleurer sur la tombe du jeune homme avant d'être transformées en peuplier laissant tomber des gouttes d'ambre. De même, « ce marais » est-il la mer du Nord dans laquelle se jette le Rhin ? Quant à la mention de l'embrasement de l'amante, doit-on y voir encore un fait de l'erreur de conduite de Phaéton ? Voir Ovide, *Métamorphoses*, *op. cit.*, v. 340-366.

Auroy-je bien perdu mes peines et travaux,
Et semé mon service au coulant fil des eaux,
Ayant mal à propos despendu ma jeunesse,
„ D'avoir aimé le vent au lieu d'une maistresse.
Non, non, mais toutesfois qu'en sçaurois-je sçavoir
Si le temps ne me fait plus clairement y voir ?
J'auroy, bien abusé, souffert maintes alarmes,
Las ! j'auroy bien en vain respandu tant de larmes,
Mes vers au vent jettez, où tes amours font bruict
Au lieu d'un beau Soleil, j'auroy choisis la nuict,
„ Que de veilles j'auroy en ma vie perdues,
Les joyes de mon cœur follement attendues,
„ Mon mal-heur, au grand muy, par mes mains mesuré[1] !
„ Que mon tourment seroit follement enduré,
Que me serviroit plus ceste folle esperance,
Si tu avois, maistresse, au cœur tant d'inconstance ?
Dequoy me serviroit ce gracieux espoir ?
Je ne voudroy jamais, ny vivre, ny te voir,
Je seroy du destin, le propos, et la fable,
Et toy fort peu d'honneur[2], d'estre si variable,
L'on t'en blasmeroit bien, car l'unique beauté
N'accompagne jamais la dure cruauté :
„ C'est à faire aux Lions, aux Ours, et aux Tigresses
„ A se nourrir de sang, et non pas aux maistresses,
„ Quiconque fait mourir ses feables amis,
Ne doit point pardonner jamais aux ennemis[3]. » [130 v°]
Miserables Amans que nous courons fortune[4],

[1] Pour comprendre ces deux derniers vers il faut sous-entendre la structure « que de… j'auray… » présente au vers 581. On peut ainsi gloser « que de joies j'auray attendu ».

[2] La tournure semble être elliptique. Il faut sans doute sous-entendre « ayant ».

[3] Ici prend fin la très longue interpellation de la dame par l'amant, commencée au vers 95.

[4] Comme s'il s'agissait d'un exemple de plus de la perfidie de son amante et, plus généralement, de l'instabilité des femmes, Beaujeu amorce ici une longue

Puis que la cruauté aux femmes est commune.
Itys[1] le jeune Roy, l'attante des Gregeois,
Eschangé en ravier[2] le sentit autrefois,
Dont j'ay tant de pitié, et de crainte, et de honte,
„ Que je n'ose quasi vous en faire le conte.
„ Therée[3] son ayeul, plein d'impudique Amour,
„ Emmena Philomène[4] hors de sa belle Cour,
„ Où à chaque matin les courtisannes trouppes
„ Offroient à Jupiter le miel à pleines couppes,
„ Et d'azur, et d'encens, et d'or offroient aux Cieux
„ Assez pour appaiser mille fois plus de Dieux.
Ayant passé les mers, estant sur le rivage,
Attendant que des naux l'on vuidast le bagage,
Au plus bruslant du jour qui donne la sueur,
Therée parle ainsi à ceste belle sœur[5] :
« Mignonne allons nous en un peu mettre à l'ombrage[6],

---

narration, du mythe de Philomèle et Procné que rapporte Ovide. Voir Ovide, *Métamorphoses*, *op. cit.*, livre VI, v. 412-674.

[1] Fils de Térée et de Procné, Itys subit la vengeance de sa mère et de sa tante.

[2] Le terme « ravier » semble être une erreur qui cache le mot « ramier » signifiant « pigeon sauvage ». Cependant, de toutes les versions consultées, aucune ne mentionne une telle transformation. La métamorphose d'Itys est donnée par deux ouvrages : dans les *Mythologiæ* de Natale Comti c'est en *phasianus*, c'est-à-dire en paon, que le jeune garçon est transformé tandis que Lemaire de Belges, lui, parle d'un « chardonnereul ». Il évoque cependant dans la même page les alentours d'un fleuve, peuplés d'oiseaux et, en particulier, « tourterelles et coulons ramiers ». Soit Beaujeu se souvient mal soit il choisit un nom d'oiseau qui l'arrange pour des raisons métriques. Voir J. Lemaire de Belges, *Illustrations de Gaule et singularitez de Troie*, *op. cit.*, XXVIII, p. 86 et N. Comitis, *Mythologiæ, sive explicationum fabularum*, Venise, 1581, p. 488.

[3] Térée, roi de Thrace, vient prêter main forte au roi d'Athènes Pandion dans une lutte contre des barbares. En récompense, le roi lui donne la main de sa fille, Procné.

[4] Beaujeu écrit « Philomène » pour « Philomèle ». Fille de Pandion et sœur de Procné, elle subit l'outrage du roi thrace.

[5] Il faut entendre ici l'expression en ses deux sens puisque Philomèle est effectivement la belle-sœur de Thérée.

[6] Beaujeu semble ici se souvenir de l'« Ode à Cassandre » de Ronsard et de son premier vers « Mignonne allons voir si la rose [...] ». La situation est complètement

S'il te plaist, mes amours, en ce prochain bocage,
Pendant que les Nochers, et mes gens auront mis
Ce qui nous fait besoin hors des flots ennemis,
Où nous avons cuidé perir la nuict passée. »
Philomène qui est de naviguer lassée,
Craignant fort le Soleil comme les femmes font,
Se leve, et dans ce bois eux deux seuls ils s'en vont.
Therée va devant, et cherche de l'ombrage
Pour s'asseoir au giron de la fille volage,
Qui court deçà, delà, sans craindre les chaleurs,
Pour faire en son giron un grand amas de fleurs[1] :
Tousjours elle le suit, car une femme est duitte
De suivre par les champs, cil qui est sa conduite :
Therée se jette à terre, et elle auprès de luy :
« O Dieux, dit-elle alors, qu'il fait chaud aujourd'huy ! [131 r°]
Que ceste ombre est plaisante, helas qu'elle est heureuse
Ceste belle Venus, d'Adonis amoureux[2] !
De le baiser tousjours, au moins quand il luy plaist
Sur le bord ombrageux des eaux de la forest. »
« Et pourquoy, respondit Therée plein de flame,
Ne seroit-ce autant d'heur qu'auroit une autre fame ?
De baiser son amy, sur l'herbette tous nuds,

---

différente et l'on pourrait presque parler de parodie. Voir Ronsard, *Œuvres complètes*, *op. cit.*, t. V, p. 196 et ici même chanson 103 v. 9-12.

[1] Cette mise en scène pastorale et érotique a déjà été évoquée en 9 v. 524. Par ailleurs, le motif de la dame ramassant des fleurs lors de la rencontre amoureuse semble venir du mythe de Perséphone mais il est aussi largement utilisé par Ronsard. Voir Ronsard, *Œuvres complètes*, *op. cit.*, t. IV (1992), p. 23, XX, v. 8 ou p. 54, v. 3-4.

[2] Ce badinage amoureux initié par la jeune fille est une invention de Beaujeu qui donne un rôle ambigu à Philomèle. La comparaison avec les amours de Vénus et du mortel Adonis, tué par un sanglier, semble inciter le bouillant Térée à voir dans leur relation autre chose qu'un lien familial. La référence est d'autant plus étrange qu'Adonis est lui-même le fils d'un inceste puisque sa mère, Myrrha couche avec son propre père, Cyniras, celui-ci devenant le grand-père et le père d'Adonis. Les choses sont bien différentes chez Ovide. Voir, sur Adonis, l'élégie 9 v. 195 et sur Térée et Philomèle ici même la pièce LXIIII v. 10.

Comme tu penses qu'eut Adonis et Venus,
Le plaisir est semblable, et tout le monde y treuve
Un doux contentement, qui en veut faire espreuve.
Il ne tiendra qu'à toy, que tu ne sçaches bien
Comme Venus se joüe avec son Thracien[1],
Pour jouyr d'un grand bien, peu de mal on endure :
Il fait icy fort beau pour joüer je te jure,
Nous sommes icy seuls, de tous gens escartez,
Pour cueillir le doux fruict de tes jeunes beautez,
Si les Dieux abhorroient ceste Amour deffendue,
Jupiter ne tiendroit sa sœur et femme nue
En ses bras foudroyans, et n'eust jamais permis
Qu'Amour eust poind le cœur de la belle Biblis[2],
Amour est nay sans yeux, il print ainsi naissance,
Pour ne mes-user point de sa grande puissance,
S'il blesse, c'est le Ciel, qui conduit le pesnon
Et le fer où il tient, que lance Cupidon :
Nous sommes tous subjets au destin qui nous guide,
N'y ayant de noz cœurs que ce seul homicide[3],
Il peut frapper, tuer, ayant pouvoir des Dieux
De faire sans douter, à qui pis, à qui mieux. »
[En f]aisant[4] son discours, il la baise et caresse,
Et au lieu de sa sœur, l'appelle sa maistresse,
Son cœur, et ses amours, et celle dont les yeux
Luy jettoient dans le cœur un flambeau gracieux, [131 v°]
Philomène s'en rit, et n'estime l'audace

---

[1] Térée et Adonis ont les mêmes origines, ce qui accentue le rapprochement, Philomèle étant grecque, comme Vénus.

[2] De manière habile, Térée rapporte ici des mythes où frère et sœur éprouvent de l'amour. L'exemple classique de Zeus et Héra est renforcé par celui de Biblis et Caunos dans lequel Biblis amoureuse de son frère tente de s'en faire aimer. Voir la pièce 25 v. 199.

[3] La négation porte sur le participe présent « ayant » tandis que « de nos cœurs » est le complément du nom « homicide ».

[4] Le texte original donne ici un vers faux : « Faisant son discours, [...] ».

De l'enflamé Sargon[1], vouloir en ceste place
Assaillir son honneur, qu'elle estimoit fort seur,
Luy disant qu'il estoit le mary de sa sœur.
Mais à la fin voyant que tousjours il replique,
A la fin chaudement la pucelle se pique,
D'un courroux enflammée, luy va disant ainsi :
« Estes-vous enragé de me dire cecy ?
Vous moquez vous de moy, seriez vous si bien beste,
D'avoir dedans le cœur ce propos des-honneste ! »
Disant : « Hé quoy meurtrier, hé quoy loup ravissant,
Voudriez vous attenter contre mon nom puissant ?
Qui volle par le monde, et qui des Rois de Thrace
Sera tout le bon-heur, si je veux qu'il se face :
Quels propos sont-ce là ? Vous sçavez que la loy
Vous deffend sur l'honneur de vous joüer à moy ?
Non, non, laissez cela, laissez moy je vous prie,
J'aimerois vrayment mieux avoir perdu la vie !
Pourquoy le fier destin, n'a-il du Ciel fasché
Le foudroyant esclat à mon sein attaché ? »
A ces mots le Payen plein d'une chaude force,
Embrasse la pucelle, et par force, la[2] force.
Elle pleure, elle plaint, elle jette des cris,
Qui jusques dans le Ciel rendent les Dieux espris,
Dont il est si marry qu'il cherche sur sa hanche
Un poignard afilé[3], et la langue luy tranche :
„ N'est-il pas bien cruel ? Ô Dieu où sont tes mains !

---

[1] Il pourrait s'agir d'une référence à un poisson fabuleux que l'on décrivait à la fois polygame et capable de s'accoupler avec des chèvres. Du Bartas évoque l'« adultere Sargon ». Voir G. Du Bartas, *La Sepmaine ou Creation du monde*, *op. cit.*, t. I, p. 266, v. 185.

[2] 1589 : *l'a*.

[3] Ce détail ne provient pas d'Ovide qui parle, lui, de « deux fers mordants » avec lesquels Térée arrache la langue de sa belle-sœur. C'est dans la réécriture médiévale attribuée à Chrétien de Troyes que l'on trouve mention du « canivet tranchant » qui devient ici le « poignard afilé ». Voir Ovide, *Les Métamorphoses*, *op. cit.*, VI, v. 557 et *L'Ovide moralisé*, *op. cit.*, t. II, livre VI, p. 354, v. 3062.

„ Souffres tu faire icy ces actes aux humain ?
„ Trouble les bas enfers, doubles en la torture[1],
„ Pour punir le forfait de ceste creature,
„ Qui panthele de chaud, et qui ne se repent
D'avoir donné congé au sang qui se respent [132 r°]
Par la bouche muette, et d'avoir miserable
Commis encor devant un fait si detestable :
Son sein est tout de sang, elle mugit ainsi
Qu'une ourse furieuse, au cordage addoucy
Par les pluyes de May, dont elle ne peut estre
Delivrée sans mourir, soubs les forces du maistre,
Qui bandé la tient basse, et l'empesche tousjours
De pouvoir par ses dents se donner du secours.
„ Nostre vie est subjette à des miseres grandes,
„ Nous payons au destin de terribles amandes,
„ Et noz plus grands plaisirs sont semblables au vent,
„ Complices du mal-heur qui nous va poursuivant.
Therée donc ayant mis à fin son envie,
Conduit sa belle sœur, qui des yeux le supplie
Pour la faire mourir, en luy monstrant des mains
Que de sa cruauté il soüille les destins,
Que les Dieux ont permis pour quelque grande offence
De tirer à son dam une telle vengeance.
Il la tient par la main, à force elle le suit,
Le Soleil est couché, ja s'approche la nuict,
Il chemine à grand pas, et ardamment desire
De gagner la maison, car le jour se retire,
Sans laisser derrier soy sa femme aux froides mains,
Ny le brave flambeau des inconstans Germains.
Le crystal estoillé[2] est couvert d'une nue[3],

[1] La graphie de l'impératif est adaptée au besoin métrique.

[2] L'expression est métaphorique et renvoie à un ciel limpide.

[3] Les trois derniers vers semblent indiquer que la nuit est sans lune, car elle est couverte, et même sans étoile si l'on suppose que le vers 716 fait allusion à l'étoile polaire.

Et le blond messager[1] touche sa femme nue,
Qui au lict est oisive, et qui cache ses feux,
De peur de faire honte au Roy de ses cheveux[2].
Ceste maison icy, n'estoit loing de la place
Où le porc furieux finit la belle chace
De l'heureux Adonis, heureux d'avoir esté
Jouyssant du beau corps, d'où vient toute beauté[3]. [132 v°]
Ce grand perce-forests[4], precepteur de Diane[5],
Qui chassoit jour et nuict, le beau monstre de cane[6],
Fit bastir ce Palais dans ce bois escarté
Pour coucher quelquesfois à sa chasse en Esté.
Le Concierge estoit mort, et pour la rescompense
De son service grand, et de sa patience,
Sa femme et ses enfants demeuroient là dedans,
Pour y finir nourriz, et leur vie, et leurs ans :
A ceste femme icy, dont Therée se fie,

---

1 Cette périphrase renvoie sans doute au soleil.

2 Cette mise en scène complexe vise à décrire le passage du jour à la nuit pendant lequel la lune prend le relais du soleil. Traditionnellement frère et sœur sous les traits d'Apollon et Diane, les deux astres deviennent ici mari et femme, cette dernière refusant, par paresse, de se lever pour illuminer la nuit qui reste donc sombre. Ce mythologisme est proche de celui du vers 851. Voir ici même 166 v. 45-48 et 274 v. 264-265 ainsi que A. d'Aubigné, *Hécatombe à Diane*, *op. cit.*, p. 82, v. 12-13 et M. Scève, *Délie*, *op. cit.*, p. 58, dizain XI, v. 1-2.

3 Adonis a déjà été mentionné dans cette même élégie au vers 630. Les liens de sang qui unissent les deux personnages mais aussi le lieu de leurs ébats amoureux les rapprochent du couple mythique.

4 Ce terme, qui désigne un chasseur déterminé, est semble-t-il issu par antonomase du roman médiéval *Perceforest*, le nom du personnage ne provenant pourtant pas de ses capacités cynégétiques. Voir le glossaire ainsi que *Perceforest*, édition critique par G. Roussineau, Genève, Droz, 2007, première partie, t. I, p. 149-150, v. 187.

5 Il s'agit sans doute de Pan qui selon la mythologie avait donné à Diane des chiens et des lévriers. Voir Callimaque, *Épigrammes*, *Hymnes*, texte établi et traduit par E. Cahen, Paris, Les Belles Lettres, 1972, p. 242, v. 87-97.

6 1589 : *cave*. On pourrait voir dans le lien entre Pan et le mot « cane » qui peut signifier « roseau », un rappel de l'histoire de Syrinx, qui subissait les avances du dieu et fut métamorphosée, par des nymphes, en *calamos palustres*, des « roseaux des marais », pour lui échapper. Le « beau monstre » serait donc Pan amoureux. Voir Ovide, *Métamorphoses*, *op. cit.*, I, v. 700-708.

Il donne, par la main, sa sœur moitié en vie,
Afreuse, dont les yeux de fureur animez,
Se sont de deux grands doigts soubs le front renfermez[1],
En luy parlant ainsi : « Venez ça vieille fame
Gardez comme voz yeux ceste dolente Dame,
Que nul ne la congnoisse, et lavez luy le sain,
Conduisez là tousjours, gardez que de sa main
Elle s'oste la vie, et que nul ne la touche,
Faites luy promptement un bien doux lave-bouche,
Menez la[2] reposer soubs la clef seurement,
Et faites luy reprendre un autre habillement,
Car je veux qu'elle soit un jour vostre maistresse,
Faites luy donc ainsi appaiser la tristesse,
Demain au poinct du jour j'envoyray de là haut[3]
Forces provisions, et tout ce qu'il luy faut,
Des aiguilles d'argent, des toilles, de la soye,
Mais que sur vostre mort personne ne la voye. »
Il la[4] baise une fois, et luy disant adieu,
Il esloigne le bois, et la laisse en ce lieu[5].

Il sonne de son cor par deux ou trois reprises,
Ses gens au bord de l'eau ses voyes ont bien prises,
Ils viennent tous à luy, et pensoient ses amis
Que si tard Philomène, et luy sont endormis [133 r°]
A la fraischeur du bois, lassez de la marine.
Tous s'advancent à luy, luy tousjours s'achemine.
Desja l'ombre changé aux enfants faisoit peur,
Le premier mot qu'il dist, il dit : « Où est ma sœur ?

---

[1] L'expression est employée à propos du locuteur en 274 v. 80.

[2] 1589 : *là*.

[3] 1589 : *j'envoyeray de là haut*.

[4] 1589 : *l'a*.

[5] Depuis le vers 725, Beaujeu suit l'*Ovide moralisé* et non les *Métamorphoses* qui n'évoque pas ce relais de chasse, où est tenue au secret Philomèle, mais une simple « étable ». Voir Ovide, *Les Métamorphoses*, *op. cit.*, VI, p. 257, v. 572-574 et surtout *L'Ovide moralisé*, *op. cit.*, p. 354, v. 3083-3098.

Nous ne sçavons comment, dit-il, elle se cache. »
« Sire, pardonnez nous. » A ce mot il se fasche
Et dit : « Si je vous prends, je vous monstreray bien
Si j'ay à grand plaisir que l'on me cele rien. »
« Non, Sire, croyez nous, nous ne l'avons point veue
Depuis vous, ny au bois nullement apperceue. »
Helas, dit-il, lions, auriez vous de son sang
Appaisé vostre soif, et de son beau sein blang
Fait une gorge chaude ? Helas où es m'amie[1] ?
Seroy-tu bien au bois quelque part endormie ?
Que tout le monde cherche, il faut la retrouver
Et plustost les dangers de la mort esprouver !
Luy mesme va cherchant, les femmes en tristesse[2]
Vont au travers du bois appellant leur maistresse,
Mais ils ont beau crier, elle est en une tour,
Où la vieille la presche, et de rire, et d'Amour :
Mais son cœur estonné d'une telle advanture,
Ne voudroit pour tout bien qu'estre en sa sepulture.
L'on ne la trouve point, chacun est revenu,
Le jour plein de clarté aussi tost est venu,
Tristes ils vont pleurans, et sans la belle fille,
Therée le premier s'achemine à la ville[3],
Où sa femme est au guet, pour voir si ses amours
Et sa sœur vindront point, qu'elle attendoit tousjours.
Elle voit son mary, et non pas Philomène,
Elle juge aussi tost que chacun est en peine,
Elle pense à les voir, que les eaux de leurs yeux
Pleurent la dure mort de son bon pere vieux, [133 v°]
Qui est en un cercueil pour y faire demeure,
Et que sa sœur, dessus, de tristesse se meure.

---

[1] 1589 : *où es tu m'amie.*

[2] 1589 : *tristesse.*

[3] On a ici un long ajout de Beaujeu qui semble de son cru puisqu'on ne le trouve ni dans les *Métamorphoses* ni dans l'*Ovide moralisé.*

Son mary la salüe, en disant : « Aujourd'huy
Les lions ravissans en la forest de Buy,
Ou les Satyres fins, ont vostre sœur ravie,
Pour la faire sauvage, ou luy oster la vie :
Si c'est un lion fier, helas ces beaux cheveux
Sont espars maintenant dedans son antre creux,
Son beau sein devoré, et son œil plein de flame,
Arraché, sans avoir figure d'une fame,
Ses oz demy rompuz, de son beau sang souillez,
Sont ores, cà et là, de leur chair despouillez :
Mais si c'est un Satyre, au son de sa Musette,
Il la[1] mene danser en quelque antre secrette,
Où pour avoir ce bien de luy baiser les mains,
Et les yeux, et la bouche, il a quatre Sylvains,
Legers et courageux, qui la tiennent à terre,
Où tousjours ils luy font une amoureuse guerre[2].
Helas, ainsi qu'ainsi, elle n'est plus à nous,
Dont je suis transporté d'un extreme courroux!
Pour sa prosperité soit fait un sacrifice,
Sur un buscher de Nard soit mise une genice,
Et de laict frais tiré, l'autel soit arrousé,
Pour appaiser Jupin s'il en est courroucé.
Un feu inextinguible esclaire nostre Temple,
Et que de son mal-heur vous y preniez exemple :
Afin que mes enfans s'en puissent souvenir,
Je veux qu'avecques vous, vous les faciez venir :
Je veux que dans ma Salle on face une painture
Où par ordre soit mise une telle advanture[3],

[1] 1589 : *l'a.*

[2] Beaujeu imagine ce dialogue où Térée rejette la faute sur des êtres fabuleux et n'hésite pas à décrire avec une certaine complaisance les violences faites à sa belle-sœur.

[3] Beaujeu adapte le texte de l'*Ovide moralisé* en remplaçant la peinture de Pluton que fait faire Térée dans le texte médiéval par une frise qui annonce la tenture que Philomèle envoie à sa sœur pour lui révéler son malheur. La rime

Et que par mon Royaume, on mande à mes amis[1],
Que l'on face la guerre aux lions ennemis, [134 r°]
Aux Satyres encor, et aux Sylvains agiles,
Pour leur monstrer que c'est que de ravir des filles[2].
Je mourray en la peine, ou je me defferay
Des cornus amoureux, ainsi que je pourray. »

Faignant d'avoir au cœur un mal mille fois pire,
Dans sa royale chambre à l'instant se retire,
Fait venir des marchands. Il achete de l'or,
Des aiguilles d'argent, et du satin encor,
Du moindre canevars, et des luisantes laines,
Pour envoyer soudain à ceste fille en peines,
Peines qui n'ont jamais envie de laisser
Le cœur qu'ils[3] ont au bois si bien sceu enlacer.
Il luy envoye un luth, et de la tablature,
„ Pour charmer le regret de sa tristesse dure,
Une douce espinette, et des orgues d'argent,
Où son doigt à ce jeu estoit fort diligent,
Et de deux, en deux jours, va voir sa belle amante :
Voilà comme du Roy l'ame se rend contente[4].

Elle ayant pris plaisir à tromper ses ennuits,
Au lieu de reposer, elle veilloit les nuits,
Travaillant, sans cesser, en de fort beaux ouvrages,

« Temple/exemple » est reprise des vers 3231 et 3232 de l'adaptation du XIVe siècle. Voir l'*Ovide moralisé, op. cit.*, p. 357, 3220-3268.

[1] 1589 : *Et que par tout mon Royaume.*

[2] La rime est approximative. Voir 9 v. 125-126.

[3] Il semble y avoir ici une erreur du typographe pour « elles » à moins que Beaujeu ne masculinise ici le mot « peine ».

[4] Cette description des présents offerts par Térée à Philomèle rapproche la jeune fille de la musique annonçant sa future transformation. Le nom des instruments a pu être inspiré au poète par la lecture de l'*Histoire de la nature des oyseaux* de P. Belon dans laquelle l'auteur s'exclame, en parlant du rossignol : « Quel instrument, qu'aye[n]t peu fabriquer les hommes ? Quelle Harpe, Lut, ou Espinette pourra lon mettre en comparaison de son chant ? » Voir P. Belon, *L'Histoire de la nature des oyseaux, avec leurs descriptions et naïfs portraicts retirez du naturel, escrite en sept livres*, Paris, G. Corrozet, 1555. p. 337.

Où elle s'estoit painte, assise en ces bocages,
Auprès d'elle, Therée, ardant comme un lion,
Qui luy sçait discourir de son affection,
Icy comme il la baise, et là comme il la force,
Icy comme elle pleure, et de mourir s'efforce,
Là comme elle desrompt ces beaux cheveux dorez,
Icy tous les assaults qu'elle avoit endurez,
Comme elle est prisonniere, et l'ame toute attainte,
La maison où elle est, divinement bien painte[1].

Quand celle qui frissonne eut chargé sur son dos
L'audacieux amy de la belle Delos[2], [134 v°]
Elle sçait de ses mains accorte faire entendre
Au jeune trucheman, pour ce soir mesme rendre
Les ouvrages parfaits à sa fidelle sœur,
Qui ne sçavoit encor, son mal, ny son mal-heur.
Si tost qu'elle apperçoit la triste broderie,
Elle voit sa sœur vive en grande fascherie,
Part de sa chambre belle, ayant le cœur serré,
S'arme pour ceste nuict, et d'un pas esgaré
Porte la tirce en main, et la peau sur l'espaule[3]

---

[1] Ovide décrit la toile de Philomèle en deux vers. Le texte de Beaujeu semble à nouveau le fruit d'une lecture attentive de l'*Ovide Moralisé*, qui amplifie considérablement la source antique à cet endroit-là, à l'aide d'une anaphore de l'adverbe « comant » que Beaujeu semble avoir reprise. Voir Ovide, *Les Métamorphoses*, *op. cit.*, VI, vers 575-576 et surtout l'*Ovide Moralisé*, *op. cit.*, t. II, livre VI, vers 3338 *sq.*

[2] Cette métaphore renvoie à la naissance du jour. La « belle Delos » est sans doute Diane, née sur l'île de Délos en même temps que son frère, Apollon, le dieu solaire. C'est lui « l'ami de la belle Délos » tandis que celle qui frissonne paraît être l'Aube. Ce mythologisme est proche de celui du vers 718.

[3] Cette description semble faire intervenir un second texte, issu de la tradition de l'*Ovide moralisé*. Il s'agit d'une traduction en prose renommé *Le grand Olympe*, datant de 1530, du texte médiéval versifié. Celui-ci donne ainsi : « Si va la nuyct ensuyvant que les femmes de thrace celebroient la feste de Bacchus dicte les Bacchanalles se vestit de vestemens a ce proportionnez, sur sa teste ung chappeau devigne, a so[n] coste gauche une peau de cerf, a la dextre une lance dicte Thyrse. Et ainsi atornee va sortir de la ville avec laultre multitude des Bacchantes criant par les champs et boys et urlant Evoe. » Les termes « Bacchanalles, Bacchantes » et

D'Actheon[1] transformé par la Nymphe de Gaule[2]
Arrive à la maison, que seule elle força
Pour retrouver sa sœur, qu'elle point n'y laissa.
Ains elle sçait ravir la dolente qui pleure,
Et pense à se venger, ou mourir d'heure en heure :
Toutes deux d'une mort elles alloient mourant.
Itys qui les suivoit, de ce mal-heur pleurant,
Comme font les enfans quand ils voyent leur mere,
Se vit prendre au collet pour venger leur misere :
La cruelle luy jette à la gorge la main,
Trop felonne luy met le genouil sur le sain,
Elle veut sans pitié contenter sa furie
Du sang de son enfant, et luy oster la vie.
„ O miserable femme, hé qu'est-ce que tu fais !
„ Si le pere a failly, le fils en peut-il mais ?
„ Laisse là ton enfant, miserable tigresse :
„ Lors le petit Roy crie : « Helas ma mere qu'est-ce !
„ Que me voulez vous faire ? Helas ma mere, helas !
„ Faut-il que par voz mains je m'en aille là bas ? »
La lionne qui meurt, qui souspire, qui gronde,
Oit la voix de son fils, qu'elle a mis seul[3] au monde,
Se blasme, et le releve, ainsi tout estonné
Luy[4] va criant : « Mercy ! », de peur espoinçonné, [135 r°]
Luy enlace le col, et flatte la tigresse
D'une mignarde voix, en luy faisant caresse.
Mais elle appercevant au visage enfantin,

« Thyrse » ne se trouvent pas chez Ovide et révèlent la connaissance nouvelle des réalités latines en ce début de XVIe siècle. Le terme « Thyrse » n'est d'ailleurs entré en langue que depuis 1500. Voir Ovide, *Les Métamorphoses*, *op. cit.*, VI v. 587, l'*Ovide moralisé*, *op. cit.*, p. 361-362, v. 3460-3469 et *Le grand Olympe*, *op. cit.*, f° XVI v°.

[1] Il s'agit d'une peau de cerf : Actéon fut transformé par Artémis en cet animal pour avoir osé la contempler dans son bain. Voir sonnets TS XX, TS CXI et TS CXII.

[2] Il s'agit bien de Diane.

[3] Un tel adverbe renvoie à Itys et non à sa mère.

[4] Le pronom renvoie à Itys.

Le doux vivant pourtraict du perfide Latin[1],
Elle prend un cousteau, et cruelle à puissance,
Se venge, ce luy semble, en la jeune innocence.
        L'enfant navré au cœur, sent tressaillir ses bras,
Il voit l'avide mort qui monte de là bas,
La parole luy faut, il baise sa lionne
Autant de douces fois, que de coups elle donne.
        Lecteur, si tu n'as veu, la lionne en un coin[2],
Attrapper un agneau de son berger trop loin,
Si tu n'as veu ces dents en sa poitrine tendre,
Se ficher durement, et tout son sang espandre,
Voy ceste miserable au coin d'un cabinet,
Esgorger son enfant, comme un loup l'aignelet,
Et s'abbreuver du sang du petiot qui crie :
« Helas, ma mere, helas ! hé sauvez moy la vie ! »
Voy donc ces jeunes mains, dont les doigts escartez
Taschent de se parer, en vain, de tous costez,
Implorant la mercy de sa mere cruelle,
Qui a forgé le corps qu'elle mesme bourrelle.
        Il laisse aller ses bras, blessez en tant de lieux,
Sanglotte coup, sur coup, sus elle ayant les yeux,
En luy tendant les bras, perd la voix, et la vie :
Philomène soudain qui l'avoit là suivie,
A mis en maints morceaux, ses membres et son sain,
Et serre en son giron le chef aussi soudain.
        O quel acte est-ce icy, ô fieres Canibales[3],
Pleines de cruauté ? Les fureurs infernales[4]
Ont elle[5] assez de peur, de tourments, et d'effroy,
Pour venger seulement la mort du petit Roy ? [135 v°]

[1] Thérée est normalement roi de Thrace. La modification de son origine géographique est sans doute due aux exigences de la rime.

[2] 1589 : *la lionne en un recoin.*

[3] Ce terme a ici spécifiquement le sens d'anthropophage. Voir 234 v. 118.

[4] Il s'agit des Érinyes.

[5] Sic. Le singulier est demandé par la métrique.

Lecteur, pardonne moy, si ma plume effrenée
D'occir encore un coup, loing de mon Imenée[1],
Le miserable Itys, dont elle a tout honneur,
D'avantage n'emplit ce mien vers de frayeur.
Permets donc à ma sœur[2], de peur de faire offence,
De chanter doucement l'Histoire en ta presence,
Laisse luy addoucir ce meurtre rigoureux,
Digne d'estre escouté par noz futurs neveux[3].
Proigne[4] donc fait boüillir en l'eau ja preparée,
Les moitiez de son fils, sa chambre fut parée,
Et sans plus sejourner va trouver son mary,
Le visage riant, mais le cœur bien marry,
Et l'invite seulet, à venir en sa chambre,
Pour manger, eux deux seuls, d'une chevrette tendre,
De sa main apprestée, où seulement Itys
Prendroit joyeusement ses friands appetis.
Le Roy luy accorda, la Salle fut ouverte,
Du pitoyable mets la table fut couverte,
D'or sont les vases beaux, pleins[5] de douces liqueurs,
Sur le buffet rangez, les licts chargez de fleurs,
Et de Myr, et d'Encens, la Salle parfumée,
Si qu'à voir ce festin, à l'heure accoustumée,
L'on eust dit que les Dieux de l'Olympe sacré
Eussent surgy bien tost au port par tout ancré.
Le Roy s'assiet à table, et gouste du service,
Il demande son fils à sa vieille nourrice,
Il demande du vin, ainsi qu'il eut mangé :

---

[1] Hyménée est le dieu du mariage, ici féminisée.

[2] Ce passage semble donner la parole à Terpsichore, muse de la poésie qui, faute de parvenir à rendre tout le pathétique de la situation, demande à sa sœur, Clio, muse de l'Histoire, de raconter la métamorphose finale.

[3] Le mot est employé dans son sens latin de « descendance ». Ce passage et les lamentations du poète commencées au vers 875-880 sont un ajout de Beaujeu.

[4] Mère d'Itys, femme de Thérée et sœur de Philomèle, c'est ici la première fois qu'elle est nommée dans l'élégie.

[5] 1589 : *plein*.

« Madame, ce dit-il, je prends de vous congé,
Si ne faites venir promptement à ma table,
Mon fils qui rendra seul ce disner delectable. »
La mal-heureuse alors, leve les mains aux Cieux,
Deux torrents en son sein descendent de ses yeux, [136 r°]
Elle creve[1] partout, et la bouche escumante,
Fait ouyr jusqu'au Ciel[2] une voix mugissante,
Maudissant son mary si execrablement,
Qu'il ne sçait qu'il doit dire en cét estonnement :
A mesme instant il oit entr'ouvrir une porte,
Il se tourne, et il voit Philomène qui porte
Le pasle chef d'Itys en cent lieux outragé,
Qui pourtant par la mort n'avoit point eschangé
Sa vivante couleur, mais encores vermeille,
L'on diroit à le voir que ce beau chef sommeille.
Si tost que le chef froid du petit trespassé
Se congnoist recongneu, etant estre offensé[3],
En signe d'implorer la prochaine vengeance,
Laisse escouler son sang en si grande abondance,
Par la bouche, le nez, les oreilles, les yeux,
Qu'il pouvoit par cela, mouvoir hommes et Dieux[4].
Son pere le congnoist, qui de marrisson creve,
Il voit que son beau sang toute la chambre abbreve[5],
Il court à son espée, et d'une horrible vois
Va disant : « Ô grands Dieux, qui fistes autresfois
De la terre une mer, ça que vostre puissance
De la mort de mon fils me face icy vengeance ! »
Mais ainsi qu'il alloit furieux au grand pas,
Pour livrer aux deux sœurs le merité trespas,

---

[1] On peut comprendre que, ayant contenu ses larmes et sa rage pendant toute la préparation du crime, Procné éclate ici en pleurs.

[2] 1589 : *jusques au*.

[3] 1589 : *et tant être offensé*.

[4] Ce détail est un ajout de Beaujeu.

[5] Il faut lire « abreuve ».

En Hupe il fut mué, sa femme en Hirondelle,
Qui depuis dedans l'air donna maint coup de l'ælle,
Pour fuyr son mary dont le chef sale et ord,
Luy fait ressouvenir tristement de sa mort,
Et de sa cruauté, dont sur une chenille
Pensant s'en excuser, tousjours elle babille,
Regardant ses petits herissonner leur col :
Philomène qui fut changée en Rossignol, [136 v°]
Pleure sa chasteté cruellement ravie,
Et le passage dur de sa dolente vie,
Qui fait qu'elle se loge és plus aspres buissons,
Pour apprendre ces vers à ces doux nourrissons[1],
Qui de peur qu'un sommeil n'obscurcisse leur veue,
Posent leur doux gosier sur l'espine pointue[2],
Où se bien souvenant de ceste Histoire icy,
Chante tout le Prin-temps : « Occy, occy, occy[3] ! »

FIN.

---

[1] Sur les capacités d'apprentissage du rossignol voir Pline, *Histoire naturelle*, *op. cit.*, X, 83.

[2] Beaujeu se souvient sans doute ici d'un vers de Ronsard, lui-même inspiré de Virgile : « Et ja le rossignol doucement jargonné, / Dessus l'espine assis sa complainte amoureuse ». Le terme « espine » renvoie à l'aubépine, plante dans laquelle le rossignol était supposé faire son nid. Voir ici même la pièce 167 v. 147 ainsi que Virgile, *Œuvres complètes*, *op. cit.*, *Géorgiques*, IV, v. 514, Ronsard, *Œuvres complètes*, *op. cit.*, VII, p. 140, v. 3-4 et Ch. Estienne, *L'Agriculture et maison rustique [...]*, chez Jacques Du Puys, Paris, 1572, f° 220, v°.

[3] Cette fin semble empruntée à nouveau non pas à l'*Ovide moralisé* mais au *Grand Olympe*. De fait, ce texte fait se terminer la fable de Philomèle et Thérée par un avertissement envers : « tous les desloyaulx amoureux [...] car pour ce qu'elle les hait chante elle le plus doulcement quelle peut quand printemps est venu par ces bocages et forestz. Occy occy, occy. » Voir l'*Ovide Moralisé*, *op. cit.*, v. 3682-3683 et surtout *Le grand Olympe...*, *op. cit.*, f° XVIII v°.

[82] STANCES.

Esperance où es tu, ô maudite esperance !
Pourquoy me deçois-tu au fort de ma souffrance ?
Je cours tant que je suis à une proche fin :
Sus donc, mon cœur, passons ceste stygieuse onde,
Nous ne faisons icy que fascher tout le monde,
O Roze, heureux celuy qui mourroit de ta main.
Espoir tu n'es qu'un feu, qui toute amour attise,
Soubs la discretion tu forges la faintise,
Espoir tu n'es point seur, tu te donne[1] à chacun,
Et pour m'avoir trompé en mon sein je te porte,
En despit de mon cœur mon ame tu emporte,
Tu es, ô esperance amie d'un chacun.
Tu as ruiné Orphée au retour de la fosse[2],
Perte du vaillant Roy qui la cuirasse endosse,
Pour combattre celuy que tu avois laissé.
N'avois-tu pas deceuë une belle Angelique,
Et laissé par les bois ce Rolland fantastique,
Cependant qu'il estoit de son amour chassé[3] ?
Je ne veux plus de toy, adieu folle esperance,
Je ne mettray jamais en toy mon asseurance, [137 r°]
Redonne moy mon cœur, ô miserable espoir !
Ne m'accompagne plus, je suis las de te suivre,
Je veux, sans plus attendre, en mon mal-heur revivre,

---

[1] 1589 : *tu te donne*.

[2] Orphée, père des poètes, avait obtenu d'Hadès de pouvoir ramener sa femme Eurydice des Enfers à la condition de ne la regarder qu'une fois sorti. Impatient, Orphée se retourne juste avant de quitter le royaume des morts et voit son amante disparaître. Voir élégie 81 v. 441.

[3] Dans l'*Orlando Furioso*, Angélique tombe amoureuse de Médor qu'elle soigne, abandonnant ainsi son précédent amant, Rolland. Voir élégie 81 v. 445-450 et *Orlando Furioso*, *op. cit.*, t. II, chant XIX, p. 241.

Je ne veux jamais plus de tes beautez avoir.
Ayant servy deux ans celle qui m'est contraire,
Je veux dire à Amour, que je le pouvois faire,
Sans esperer de toy, ny bien, ny cruauté,
Je ne me suis perdu faute de congnoissance,
D'une telle beauté je n'eus onc esperance,
Ny le fruict attendu de sa desloyauté[1].
„[2] Qui pourroit esperer d'une si belle face ?
„ Rien n'est si excellent que sa divine grace,
„ Il n'est estoille au Ciel si claire que ses yeux,
„ Venus ne fut jamais si belle de corsage,
„ Appelles[3] n'a tableau si beau que son visage,
„ Mais pour dire le vray son œil est rigoureux.
„ Ceste divine main est plus blanche que marbre,
„ Son haleine sent mieux que l'odeur de cét arbre,
„ Dont les Dieux parfumoient leur cabinet douté,
„ Sa bouche est de coral, ses tetins sont d'yvoire,
„ Sa gorge du beau lys, l'œil de couleur bien noire,
„ Mais ces beaux cheveux d'or sont pleins de cruauté[4].
„ Si le Romain l'eust veuë, il n'eust aimé Lucrece[5],
„ Si Paris l'eust tenue, il n'eust esté en Grece[6],
„ Danes à Jupiter n'eust rien esté qu'ennuy[7],

---

[1] Il s'agit peut-être d'une référence à l'acte sexuel, trahison des principes de l'amour pétrarquiste.

[2] Jusqu'à la fin de la pièce, tous les vers sont précédés de ce signe de ponctuation comme si le poète voulait souligner le mouvement rhétorique qui clôt ces stances.

[3] Ce peintre est resté célèbre pour la perfection de ses représentations. Voir pièce 105 v. 69 et Pline, *Histoire Naturelle, op. cit.*, livre XXXV, 17-34.

[4] Ce passage reprend en partie les quatrains du sonnet VI des *Amours* de Ronsard. Voir Ronsard, *Œuvres complètes, op. cit.*, t. IV, p. 10, sonnet VI.

[5] Cette aristocrate romaine est violée par le fils du roi de Rome Tarquin le Superbe, précipitant la fin de la monarchie. Voir TS XCVI v. 12.

[6] Fils de Priam, Pâris tombe amoureux d'Hélène et la ravit à Ménélas, déclenchant la guerre de Troie. Voir 9 v. 186.

[7] Amoureux de Danaé, Jupiter se transforma en pluie d'or pour la séduire. Voir TS CXII v. 358 et 82 v. 45.

„ Antoine n'eust aimé la brune Cleopatre[1],
„ Le jeune Athenien n'eust esté idolatre[2],
„ Ils fussent en la peine où je suis aujourd'huy.
„ Phebus ne se plaindroit de la pucelle Daphne[3],
„ Le Thebain chasse-mal, n'eust aimé Ariadne[4],
„ Ny le signe amoureux n'eust jouy de Lays[5],
„ Perseus eust laissé devorer Andromede[6], [137 v°]
„ Didon n'eust à la mort sceu trouver son remede[7],
„ Et Leandre eust pery en la mer où je suis[8].

FIN.

[1] Général de l'empire romain qui s'opposa à Octave, Antoine est connu pour ses amours avec Cléopâtre. Voir l'élégie 81 v. 349 et la note.

[2] L'allusion est énigmatique mais on peut penser que ce vers renvoie à Théagène, athénien tombé amoureux de Chariclée. Voir pièce 5 l. 1.

[3] 1589 : *de la pucelle Daphene*. Pourchassée par Apollon, Daphné fut changée en laurier pour lui échapper.

[4] Ariane, fille de Minos roi de Crête, aida Thésée à tuer le Minotaure qui dévorait les adolescents athéniens. Thésée l'abandonne au profit de sa sœur, Phèdre. Voir 225 v. 97 et Ovide, *Métamorphoses*, *op. cit.*, VIII, 159-252.

[5] Celle qui reçut les faveurs de Jupiter sous la forme d'un cygne est Léda dont le nom est changé pour les besoins de la rime.

[6] La mère de cette princesse, Cassiopée, femme de Céphée, roi d'Éthiopie, avait prétendue qu'elle était plus belle que les Néréïdes. Celles-ci, outrées, demandèrent à Poséidon d'envoyer un monstre marin ravager l'Éthiopie. Paniqué, Céphée consulte un oracle qui lui dit de donner sa fille au monstre marin. Persée sauve *in extremis* Andromède à l'aide de Pégase et de la tête de Méduse. Voir Ovide, *Métamorphoses*, *op. cit.*, IV, v. 663-752.

[7] Didon, reine de Carthage, se suicide de douleur après avoir vu son amant, Énée, la quitter. Voir élégie 81 v. 334.

[8] Amoureux de Héro qui résidait sur une île en face de la côte asiatique du Bosphore, Léandre rejoignait sa belle toutes les nuits à la nage. Il est tué dans une tempête. Voir élégie 81 v. 321.

[83] SONGE
STANCES[1].

Le sommeil qui guide noz peines
Me poussoit un repos aux veines,
Et n'estoit guieres loing du jour,
Que l'amour qui sans fin me ronge,
Me faisoit discourir en songe,
Dont je me souviendray tousjour.
Il me sembloit qu'en une prée
De cent mille fleurs diaprée,
Desquelles estoit le Soucy
Et la Marguerite d'Eole[2],
A elle j'eu quelque parole,
Et me sembloit luy dire ainsi[3] :
« O[4] Marguerite incarnate,
Sur toutes les fleurs delicates
Te souviens tu du bracelet ?
Helas ce fut en ta presence
Que le feu où j'ay patience
Me brusla le cœur à souhait.
Catherine un jour sur l'oreille
Avoit une roze vermeille,

---

[1] La double caractérisation de la pièce induit cette mise en scène. Voir la pièce 23.

[2] Le lien entre la fleur et le dieu reste énigmatique. On peut supposer qu'ici c'est la rime qui provoque l'allusion.

[3] Ce lien entre les femmes et les fleurs à travers les prénoms est déjà présent en de nombreux endroits du recueil et est ici à relier avec le topos du lieu champêtre dans lequel le poète compose. Voir, pour le motif de la « prairie des Muses », 9 v. 389-394 ainsi que TS xx v. 14, 29 v. 4, 55 v. 4, 83 *passim*, 107 titre, et 166 v. 23-25.

[4] Le vers est faux. On peut proposer la correction suivante : « [Jolie] Marguerite incarnate [...] ».

Autour cinq ou six belles fleurs :
Y estois-tu, dy Marguerite ?
Non, tu estois lors bien petite,
Tu ne sçay rien de mes douleurs. »
Voyant ceste fille si belle
Je devins fort amoureux d'elle, [138 r°]
Mais tu n'en sçay rien, mon Soucy,
Toy œillet qui le rouge porte,
Ta fueille estoit encores morte,
Et les neges encore icy[1].
Ces fleurs sans vouloir plus m'entendre
Tomberent devant moy en cendre,
Et parlerent en se mourant.
C'estoit une voix, mais trop fainte,
Qui me faisoit une complainte,
Et alloit de secours parlant.
Je n'entendois rien à leur dire,
Mais un Demon que je retire,
Et qui veille ainsi que je dors,
Esbranloit ma teste endormie,
Me disant voilà ton amie,
Mais j'estoy au nombre des mors.
A la fin congnoissant ma peine,
Il me secoüe, et me demene,
Me descouvrant jusqu'au linceul[2],
A l'aide du mal qui me ronge
Il me fit laisser là mon songe,
Le cœur triste, et la larme à l'œil.
Je m'esveille ayant l'ame esprise,
Je demanday haut ma chemise,
Mes gens de m'ouyr estonnez,
Au resveil qui mon cœur eschauffe.

---

1 1589 : *encores.*
2 1589 : *jusques.*

Mon vallet ma chemise chauffe,
Et mes habits me sont donnez.
Ils m'habillent en diligence[1],
J'avois aux bras peu de puissance,
Mais au cœur un millier de feux :
Encore[2] estant demy en peine [138 v°]
De mon songe, je me promene
En faisant ma priere aux Cieux.
Plus triste que ne soulois estre
J'ouvry doucement ma fenestre,
Et jettay mes yeux sur les eaux,
Puis aussi tost je la referme,
Figure du mal[3] que j'enferme,
Et de mes tourments tous nouveaux.
En fin ce mal tousjours qui fasche,
Me fit redescendre une marche,
En un cabinet je me mis,
Mais fasché de tant seul là estre,
Je r'ouvry encor ma fenestre.
Sur Marguerite l'œil je mis.
Sur sa coiffe estoit ceste Roze
Que je songeois n'aguiere esclose[4],
Le beau soucy en ces cheveux.
Alors, d'Amour plein de folie,
J'aimay ceste Nymphe jolie,
Dont je suis encore amoureux[5].
Elle estoit au coing d'une rue,
Par la fenestre je me rue,
Et traversay tout mon jardin.

[1] Cette scène fait écho à celle de l'élégie 274. Voir 274 v. 269-274.

[2] 1589 : *encores*.

[3] Ce groupe nominal se rapporte sans doute aux eaux, image de l'instabilité de la situation du locuteur. Voir élégie 21 v. 1 et suivants.

[4] Le vers est faux dans l'original en raison de la forme longue de « n'aguieres ».

[5] Le vers est faux dans l'original en raison de la forme longue de « encores ».

J'ouvry la porte de derriere,
Et luy fis ainsi ma priere,
Auprès d'elle estoit ma Catin.
Catin qui me vit par outrance
Le cœur blessé, eut congnoissance
Du feu qui depuis me brusla,
Elle monstra qu'elle estoit fine,
En disant : « Adieu, ma cousine ».
Nous laisse seuls, et s'en alla[1]. [139 r°]
Ainsi je supplie Madame,
Ayant un feu cruel en l'ame,
Peu de loisir pour m'asseurer.
L'ardeur par ces yeux eslancée,
Rendit mon ame si pressée
Qu'elle ne pouvoit plus durer.
Elle par Amour envoyée,
A ma parole desvoyée,
Respondit tousjours doucement :
Alors elle eust peu, rigoureuse,
Envoyer mon ame amoureuse
Aux enfers là bas en tourment.
Des mains, des yeux, et du courage
Je priois, et non du langage,
Et si je disois aussi bien
Que vaut un discours plein de peine.
C'est le leurre d'une amour vaine,
Souvent pour tant dire on n'a rien.
D'aise, au Ciel mon ame s'envole,
Quand je pense à ceste parole,
Dont mon cœur tout content mouroit.
Quand je vy que j'allois en terre,
Je fis ainsi comme à la guerre,
Assaillant cil qui m'assailloit.

[1] Ce petit récit de rencontre amoureuse est résumé dans l'élégie 101 v. 320-331.

Et tout ainsi que nostre vie
S'expose à tout par la furie :
Ainsi pour jouyr bien souvent
De son Amour, il faut des plaintes
Et des plus honnestes contraintes,
Faillez[1] un coup tout va au vent.
Je prins donc Marguerite belle,
Qui sçavoit que j'estois fidelle, [139 v°]
Et la menay en mon jardin.
Il y fait plus beau qu'en la rue,
L'on n'y sçauroit jetter la veue.
Là nous fusmes tout le matin.
Or sus, vous dites que les songes
Ne sont rien que vaines mensonges
Qui ne broüillent que les cerveaux
J'en ay tant eu d'experience,
Que je n'ay plus de deffiance,
Je ne tiens pas les songes faux.
Chaque jour en ma chambre une heure
Un mois[2] Marguerite demeure,
Pour accomplir le vueil des Cieux,
Et r'emporta soubs sa chemise
Une Nymphe que j'y ay mise[3],
En souvenance de ses yeux.

FIN.

[1] Il s'agit ici de l'impératif du verbe falloir.

[2] Il faut sans doute comprendre « depuis un mois ».

[3] Cette fin est énigmatique. La « nymphe » correspond-t-elle à l'amour que le locuteur suscite dans le cœur de la dame ou bien est-elle une manière poétique d'évoquer une fille née du couple ? Voir sonnet 118.

[84] SONET I.
L'AUTHEUR.

Moy qui brave m'estois aux armes dedié,
Pour animer mon cœur par leur grande vaillance
Contre ce faux Amour, et son outrecuidance,
Je pensois à vray dire estre fortifié :
De la belle Pallas je m'estoy allié,
Et à temps avois prins des Muses congnoissance,
Me faisant bien accroire en si grande alliance
Estre fait immortel, du tout deifié[1] :
Quand ce fascheux garçon, ce sacrilege enfant,
Maistre de tout le monde, et de moy triomphant,
A bien osé luy seul, plain d'une belle audace
Venir à main armée, où[2] elles[3], et le fort
Mars, avecques Pallas si grands Dieux[4] tenoient fort
Et[5] vainqueur en plein jour, forcer[6] nous, et la place.

[140 r°]

[1] Cette alliance avait été revendiquée dès les premières pièces. Voir en particulier sonnet 2 v. 1-8, la pièce 5 l. 80.

[2] Il faut sous-entendre « là ». Cet adverbe de lieu est complément du verbe « venir ».

[3] Il s'agit des Muses, alliées de Pallas, déesse de la sagesse.

[4] Il semble que ce groupe nominal soit complément de « elles », « Mars », et « Pallas ».

[5] Cette conjonction de coordination rapproche les deux verbes compléments de « a bien osé », « venir » et « forcer », qui évoquent deux actions successives, toutes deux inattendues.

[6] Ce verbe est le complément de « a bien osé ».

[85] SONET II[1].

Nous qui sommes errans sur les bords des rivieres,
Et par les monts ombreux, comme restes laissez
Des beaux humains choisis, nous ne sommes blessez
Des propres mains d'Amour, generalles meurtrieres :
Il est dedans Paris[2] à chasser les plus fieres,
Où il fait en un jour mille hommes insensez,
Qui trop pleins de douleur, ont comme nous froissez
Les portes de cheveux de noz prisons premieres :
Ce sont deux Lieutenans Demons fols de la terre,
Qui sont icy commis pour nous faire la guerre,
Ils contrefont Amour ayant un œil bandé[3] :
Mais pour ces fouletots je ne laisseray d'estre
Libre, et sans mal de cœur de mon desir le maistre,
Bien que je sois des sors à eux recommandé.

[86] SONET III[4].

Tout ainsi que celuy qui en feu se consume,
Et qui n'a jamais veu ses flammes allumer,
Tout ainsi je me voy en flamme consumer,
Par l'amour que je porte à ceste dure enclume :
Je l'aime sans l'aimer, je l'aime par coustume
Que j'avois de servir, en ce service amer :
C'est ma faute, j'ay tort : A je devroy m'armer

---

[1] Cité dans *Entouré de silence*, *op. cit.*, p. 95.
[2] Il s'agit de la ville.
[3] Cette mise en scène rappelle les dires d'Amour dans l'élégie 9 v. 255.
[4] Cité dans *Entouré de silence*, *op. cit.*, p. 96.

Pour resister au coup qui tant de traicts m'allume :
Pour tromper mes ennuits, il me faut tousjours boire
Du poison doux piquant de ma folle memoire,
Qui se venge d'Amour au mal que je reçois :
Avant que de l'aimer, l'on m'avoit parlé d'elle,
Et m'avoit-on bien dit qu'elle estoit fort cruelle,
Mais non pas tant encor que je la recongnois. [140 v°]

[87] SONET IIII.

Las je ne te voy plus du Tertre[1] ma Princesse,
Où es tu, mes amours, où es tu mon soucy ?
Est-ce fievre, ou Amour, qui te retient ainsi
Jour et nuict en ta chambre, à pleurer ta tristesse ?
Destin pourquoy veux-tu si mal à ma maistresse ?
De ta rude cholere, est-ce le but icy ?
N'y a t-il que noz cœurs en l'amoureux soucy,
Sommes nous le seul but où le grand sort s'addresse ?
Ne peux-tu à Paris trouver quelqu'un qui aime,
Pour employer tes traicts, et le traitter de mesme
Que tu nous as traittez depuis cinq ou six jours ?
Je te veux faire voir dix mille cœurs sans breches,
Pour y semer les feux de tes chaudes amours.
Que veux-tu à noz cœurs, ils sont tous pleins de fleches ?

---

[1] Voir note TS LXXXII v. 3 et *index nominum*.

[88] SONET V.

Ce ne sont point enfans[1], dont l'unique langage
Doive faire chacun d'un grand style rougir[2],
Ayans peu obey, sçachant si bien regir[3],
Qu'ils ont bien augmenté leur assez bon partage :
Ceste divinité[4] leur en donna le gage,
Et le port embrassé[5], où ils sceurent surgir
Honorez de Neptun. Que feit il sans mugir ?
Il retira des flots du blond jumeau l'ostage[6] :
Mais quoy ? Ce n'est assez, si nommez legitimes
Ils ne sçavent que c'est des autels que nous fismes,
Manouvriers, apprentifs, du labeurs non exempts :
Helas c'est un default, qui fut à leur naissance,
Mais ils ont du courage, aussi pour rescompence
„ Ceux qui sont advoüez se peuvent dire enfans. [141 r°]

---

[1] Le premier hémistiche de ce sonnet semble être comme le début d'une énigme. Il est repris au dernier hémistiche du vers 14, formant alors le paradoxe suivant : « ce sont des enfants qui n'en sont pas ». Au vu des quelques éléments donnés, notamment au second quatrain, il semble possible de reconnaître dans ces « enfants » ceux de Zeus et Letho, Apollon et Diane.

[2] Cette réflexion a un caractère général et semble valoriser la parole simple de l'enfant face aux discours de l'orateur.

[3] Ces deux participiales ont une valeur causale, qu'on peut gloser par « parce que ».

[4] Sans doute est-ce de Neptune dont il s'agit qui vint en aide à Letho selon Hygin, *Fables*, *op. cit.*, p. 107, CXL et qui est mentionné au vers 7.

[5] Sous cette périphrase se dissimule sans doute le port de Délos, tiré des flots par Neptune.

[6] Cet « ostage » peut être assimilé à l'île de Délos sur laquelle sont nés Apollon et Diane et où cette dernière possédait un temple.

[89] SONET VI[1].

Amour, content de mon mal que je pense,
Et du tourment qu'il me fait endurer,
S'en est allé, mais il m'a fait jurer
Dessus son arc, d'attendre en patience :
Mais de long temps je faits ma penitence,
Chacun peut bien de cela s'asseurer,
Une autrefois s'il falloit rejurer,
Ha l'on verroit ma desobeyssance :
Je fais ainsi pour appaiser mon mal
Envers Amour, que ce fol animal[2],
Qui du veneur les approches n'esvite :
Voulant de l'arc les flesches eviter,
J'attends le fer en mon sein se planter[3],
Et puis blessé je resoulds de ma fuite.

[90] SONET VII.

Il faut que de ce traict je bannisse ma vie,
Et que du mal d'autruy[4], surmontant mon courroux,
Je sois rude à celuy qui jadis me fut doux,

[1] Ce sonnet est en décasyllabes.

[2] Pour Pline, c'est le lion qui fait ainsi face à ses adversaires, allant jusqu'à bondir sur ceux qui l'ont blessé. Voir Pline, *Histoire naturelle*, *op. cit.*, livre VIII, XIX.

[3] La proposition subordonnée complétive est ici remplacée par une proposition infinitive. On peut gloser par : « J'attends que le fer se plante en mon sein ».

[4] Ce complément est celui de « courroux ». La tournure est elliptique mais est à comprendre comme un complément circonstanciel de cause du type « surmontant le courroux causé par le mal d'autruy ».

Doux, si douce peut estre une telle ennemie[1] :
Sa rigueur vint de moy, et en ma frenaisie
Je servois sans regret, alors que de cent coups
Je plaisois à son œil[2], et l'exemple de tous,
Depuis que je suis, n'ay une ingrate servie[3] :
Ingrate vous serez, de mon mal desplaisante,
Moy vengé par ma mort d'une telle inconstante,
Qui sera quelque jour d'Amour tout le mespris[4] :
Non, non, je ne veux pas vous faire sacrifice
De mon cœur. Si feray. En seroy-je repris ?
Ouy, puis qu'elle est indigne en tout de mon service[5].

[141 v°]

[91] SONET VIII.

Adieu Suisse[6], adieu, jamais je ne retourne[7]
Si jeune, si aimé, si brave, ny si fort,
Je meurs, et ne meurs point, il ne tient qu'en la mort
Pour le ressouvenir qu'Amour tousjours me donne[8] :

---

[1] La variation de genre est rendue possible par la superposition du dieu Amour avec la dame.

[2] C'est la résistance de l'amant qui donne de la joie à la dame. On peut gloser par « par ce que j'ai pris cent coups, je plaisais à son œil. Voir sur ce point TS XXXVI v. 9-10.

[3] Ce vers est peu clair et amétrique. On peut proposer la correction suivante : « Depuis que je suis nay, n'ay une ingrate servie ».

[4] Le verbe « être » du vers 9 est à sous-entendre pour donner sens au participe « vengé ». Ce partage du verbe n'empêche pas la rupture énonciative entre le vers 9 et le vers 10.

[5] Sur ce dialogue interne au locuteur voir TS VII v. 9.

[6] Il faut faire une diérèse sur ce terme. Voir 1 v. 12.

[7] La présence de ce pays et de ses paysages est régulière dans le recueil. Voir pièce 9 v. 406-410 et 556, 24 v. 106-113, sonnet 55, 95 et 97.

[8] La rime est approximative. Voir 9 v. 125-126.

Ce souvenir cruel jamais ne m'abandonne,
Mais helas au contraire il augmente plus fort,
Et n'estoit que ma Roze est tousjours mon support
Je ne gagnerois pas la fin de ceste Automne :
Je ne crains pas la mort, plustost je la desire,
Mais quand je me souviens de mon cruel martyre[1],
Je voudrois ne mourir afin de le garder :
Ce cruel ennemy, à mon cœur je fais suivre,
C'est ce qui me contente, et qui me fait tant vivre,
Mais toutesfois il faut une fois m'hazarder.

[92] SONET IX[2].

Souvenir[3] qui me faits tremper d'ameres larmes,
Le chevet de mon lict, où mes souspirs jumeaux,
Agittent[4] le drap noir de mes tristes rideaux,
Cessez en ma faveur voz cruelles alarmes :
Le voulez vous ainsi, laissez doncques les armes,
N'approchez jamais plus de mes songes nouveaux,
Nous ferons une paix, vous tarirez voz eaux,
Et je mettray au vent le brazier de mes flames[5] :
Que dy-je souvenir ? doux amy mon attente,
Faits sans fin decouler le pleur qui me contente,
Car je desdaigne trop un inconstant Amour :

[1] Sur cette expression voir TS LVIII v. 14 et 81 v. 493.

[2] Cité dans *Entouré de silence*, *op. cit.*, p. 97.

[3] Sans doute le locuteur évoque-t-il ici la nostalgie pour la Suisse, pays où il a rencontré son amante. Voir sonnet précédent v. 1 et la note.

[4] 1589 : *Agittant le drap noir.*

[5] Le début de ce sonnet a une simplicité et un naturel intéressant, adossé sur des éléments de réalité. Le retournement caractéristique du premier tercet fait basculer la pièce du côté de l'utopie amoureuse pétrarquiste.

Je veux tousjours me plaindre en mes pleurs eternelles[1],
Je veux estre miroir de tant d'ames fidelles,
Contre tant de mal-heurs je veux durer tousjour.

[142 r°]

[93] SONET X.

Sur mon cheval armé, la lance sur la cuisse,
Mais comme[2] dy-je armé ? comme Mars en l'estour,
Je faisois glorieux, dessus les rangs un tour,
Deffiant le plus brave à entrer dans la lice[3] :
Plus furieux cent fois que l'ennemy d'Ullice[4],
Razant le mur Troyen, je regardois autour,
„ Si les plus favorits des Dames et d'Amour,
„ Oseroient se monstrer dignes de leurs services :
„ Quand vostre œil lance-traits, lance-feux, donne-mort,
Luisant à mon costé, me vint frapper si fort
Que mourant je laissay, lance, courage, et bride :

---

[1] TS IV v. 10.

[2] L'adverbe a ici le sens de « comment ».

[3] Sur cette représentation du locuteur voir les pièces 2, 6, 9 v. 401-410, 75 v. 137, 81 v. 143-148, 101 v. 154-199, 113 v. 17-56.

[4] La mention de « l'ennemy d'Ullice », au vers 5 pose problème car on ne sait s'il s'agit d'un Troyen ou d'un Grec. Du côté de Troie, on pense bien sûr aussitôt à Hector ou à Pâris, mais ni l'un ni l'autre n'eut vraiment à faire à Ulysse. Celui-ci ne manque pas d'ennemi dans son propre camp. C'est bien sûr Palamède qui est son premier rival avant que le rusé roi d'Ithaque ne se heurte à Polyphème à qui il veut reprendre l'arc d'Hercule. On peut mentionner aussi Ajax de Télamon qui dispute à Ulysse le droit de posséder les armes d'Achille. Ulysse est choisi et Ajax, fou furieux, massacre un troupeau de mouton en croyant tuer les chefs troyens. Revenu à la raison et honteux, il se suicide. La mention des « murs de Troie » et l'adjectif « furieux » invite à privilégier ce dernier personnage. Voir le TS XCVII v. 1-4.

Voyant ainsi mon cœur promptement desarmé,
Je me vins rendre à vous, ô ma belle homicide,
„ Et de Mars que j'estoy, un forçat enchesné[1].

[94] SONET XI[2].

Comme un homme troublé d'ennuyeuses pensées,
Est tousjours entouré de Demons envieux,
Qui taschent mal-faisants soubs l'ombre pluvieux
Le mettre au precipice ou es eaux courroucées[3] :
Ainsi les passions des ames enlacées[4]
De liens et d'Amour, qui veillent à qui mieux
Conduira soubs l'oubly le tourment ennuyeux,
Pour jouyr, faits absents, de leurs peines passées :
Le Demon cherche l'eau, moitié de sa matiere,
Et y conduit l'humain de sa malice entiere,
Ainsi moitié de moy, mes desirs sont ainsi :
O jumeaux sur le mats d'une mer agitée[5],
Vous n'estes si heureux, si unis comme icy !
Noz ames sont d'Amour, en une contentée. [142 v°]

---

[1] Il faut sous-entendre un second verbe « être » pour compléter le deuxième hémistiche du vers. On peut gloser par : « Et de Mars que j'estois, un forçat enchesné [je suis] ». Cette fin rappelle le premier sonnet de cet ensemble qui donnait également à voir un locuteur, aidé de Mars et de Pallas, vaincu par Amour. Voir pièce 84 v. 8 et la note.

[2] Cité dans *Entouré de silence*, *op. cit.*, p. 98.

[3] Ces eaux font vraisemblablement référence à celles des fleuves infernaux.

[4] La construction est élliptique. Il faut comprendre « Ainsi sont les passions [...] ».

[5] Ces « jumeaux » sont Castor et Pollux qui, transformés en étoiles, guidaient les marins. Le motif est sans doute imité de Pétrarque, bien que le florentin évoque, lui, la grande et la petite ourse. Voir ici même 251 v. 11, Pétrarque, *Canzoniere*, *op. cit.*, p. 171, v. 46-51 et Aubigné, *Hécatombe à Diane*, *op. cit.*, p. 79, sonnet II, v. 10.

[95] SONET XII[1].

Je me plaignois à vous, roches hautaines,
A vous beaux monts, quand mon pays alors
Si rigoureux m'avoit chassé dehors,
Fasché de moy, et joyeux de mes peines :
Mais maintenant je vous pleure fontaines,
Bois et rochers, et vous mes tristes bors[2],
Où trop heureux je jouyssois alors
Paisiblement de mes amours lointaines :
Pleurs noyez moy ! Ainsi Biblis heureuse[3],
Fut eschangée en la source amoureuse,
„ Aux miens[4] je n'ay donné le triste jour :
Depuis que Mars, ingrat desfavorise
Voz[5] nourrissons, je pleure mon retour,
Du mal Clantin[6] tousjours mon ame esprise.

[1] Le sonnet est en décasyllabes. La lamentation du poète amoureux dans les lieux retirés, est topique depuis Pétrarque. Ronsard et Aubigné la reprennent. Ce dernier insiste particulièrement sur le thème, dans des expressions proches de celles de Beaujeu. Voir ici même pièces 1 v. 12, 9 v. 406-410 et 556, 24 v. 106-113, sonnet 55, 95 et 97 ainsi que Pétrarque, *Canzoniere, op. cit.*, p. 107, s. 35, v. 1-2, Ronsard, *Œuvres complètes, op. cit.*, t. IV, p. 13, sonnet IX et Aubigné, *Œuvres*, introduction, tableau chronologique et historique par H. Weber, texte établi par H. Weber et annoté par H. Weber, J. Bailbé et M. Soulié, p. 273, Stances I, v. 25-32 et p. 280 stances III, v. 31 et suivants.

[2] Dans cette série de sonnets la nostalgie de la Suisse se fait jour dans plusieurs pièces. Voir le sonnet 97 et l'élégie 101.

[3] Biblis, sœur de Caunos qu'elle aime, pleure tellement qu'elle est transformée en fontaine. Voir la pièce 25 v. 199.

[4] La référence au nom pluriel le plus proche, en l'occurrence « pleurs » semble incohérente. Il faudrait donc aller chercher « mes tristes amours » et admettre que, puisqu'il a quitté le pays où résidait son amante, le locuteur ne montre plus son amour.

[5] À nouveau le pronom pose problème. Le seul autre pronom de la deuxième personne du pluriel renvoie au paysage suisse. Ce serait donc les habitants de ce pays que Mars favorise ?

[6] Ce nom de lieu reste inconnu.

[96] SONET XIII[1].

Belle qui d'un regard, en traversant la rue,
M'as fait suivre une lieuë après toy, forcené,
Helas, ma chere Amour, quel coup tu m'as donné !
Y a-il de tels dards en ceste belle veue ?
Je ne t'ay, mes amours, qu'une fois seule veue,
Je ne sçay qui tu es, dont je suis estonné,
„ Qu'alloy-je faire là, quand je suis retourné
Où à mon grand mal-heur nous t'avons apperceue ?
Encores qui pis est, je n'ay plus d'esperance
De sçavoir qui tu es. Y a-il apparance
Qu'à Paris l'on te puisse en cherchant retrouver ?
C'est un monde confus, de filles et de fames,
C'est où Amour retire, et Princesses, et Dames,
[Et si] faut-il mourir[2], ou bien te retrouver ? [143 r°]

[97] SONET XIIII.

Le Temps pere du jour, et du bien qui me quitte,
Oublieux de mon mal, et travaux amoureux,
Ne me peut despestrer du souvenir heureux,
Quand j'aimois plus que moy ma divine Hippolyte[3].

---

[1] Cité dans *Entouré de silence*, *op. cit.*, p. 99.

[2] 1589 : *Si faut il mourir.* La forme est très proche du fameux « Mais si faut-il mourir [...] » de Jean de Sponde bien qu'il soit peu sûr que Beaujeu en ait eu connaissance. Voir J. de Sponde, *Œuvres littéraires*, *op. cit.*, p. 254, sonnet II et Ch. de Beaujeu, *Entouré de silence*, *op. cit.*, p. 99.

[3] Il s'agit de la reine des Amazones qu'Héraclès combattit pour lui prendre sa ceinture, cadeau d'Arès.

Sur toute autre ma Roze, encores Marguerite,
Ma Catin, ma Françoise, et l'œil tant desireux
De Jeanne[1], à moy ravie au sejour dangereux
Que je fis sur le Rhin, ma patrie interdite[2] :
Resnes, le Neuf-Chasteau, Solleure, la Rochelle,
Rome, Milan, Boulongne, et le mont de Sorelle[3]
Ont possedé par tour[4], ma Muse et mes escris :
Mais ceste Molleon[5] qui vient à la traverse,
Favorite d'Amour, ce souvenir renverse,
Et moins belle au combat elle emporte le pris.

[98] SONET XV.

Belle tu m'as changé[6], si je ne me mesconte,
Si tu ne m'as changé, tu m'as bien oublié,
Mais c'est après avoir ton beau nom publié
Où le Soleil descend, où il monte et remonte[7] :
Tu ne faits plus de moy à ceste heure de conte,
En pieces tu as mis le lien deslié,
Dont tu m'avois toy-mesme, et cœur et bras lié,
„ Qui a dompté cent fois mesme cil[8] qui me donte :

[1] Cette liste de noms d'amantes correspond à peu près à celle de la pièce 55 qui reprend aussi un certain nombre de toponymes liés aux aventures amoureuses. Voir sonnet 55 et notes.

[2] Ce groupe nominal a valeur circonstancielle. Il faut comprendre : « une fois que ma patrie me fut interdite ».

[3] Les villes citées sont Rennes, Neuchâtel, Soleure, La Rochelle, Rome, Milan et Boulogne ou Bologne. En revanche, le « mont de Sorelle » est mystérieux. Voir pièces 1 v. 12, 9 v. 406-410 et 556, 24 v. 106-113, sonnet 55 et 95.

[4] C'est-à-dire « tour à tour »

[5] Ce nom fait partie de ceux qui renvoient aux conquêtes amoureuses du locuteur. Voir TS CXXI v. 1, 160 v. 9.

[6] L'expression est à entendre au sens de « tu as pris un autre amant ».

[7] L'expression veut dire ; « dans tout l'univers ».

[8] Il s'agit sans doute d'Amour.

Escoute un peu ma voix, dy belle variable,
Pensois-tu que je fusse à ton humeur semblable,
Dy, belle giroüette[1], estimois-tu mon cœur
Inconstant, sans amour, parjurement perfide ?
J'aime mieux que tu sois source de mon mal-heur,
Que je sois seulement de ton nom l'homicide. [143 v°]

[99] SONET XVI.

Le feu brusle le feu, quand Amour en cholere
Brusle ses traicts dorez, despité contre nous,
Le feu brusle le feu, quand je voy ce jalous
Esclairer à mon cœur qui luy est adversaire[2] :
Mes insensibles yeux sur sa face contraires[3],
Retiennent de l'ardeur[4] de mes travaux plus dous[5],
Qui s'enfuyent si tost qu'ils sont auprès de nous[6],
Soustenant le party de leurs ombres plus noires[7] :
S'il vous plaist mieux de voir le feu brusler la flame,

---

[1] Ce motif est topique et l'on trouve dans *Les Épithètes* de Maurice de La Porte, sous l'entrée « girouette » l'adjectif « inconstante », lui-même lié aux termes « féminine, variable et amoureuse ». Voir 9 v. 732 et M. de La Porte, *Les Épithètes*, *op. cit.*, f° 120 v° et 136 r°.

[2] Le cœur du locuteur brûlant d'amour est un foyer en feu lorsque Amour l'attaque.

[3] Ce sont les « yeux » qui sont « contraires », c'est-à-dire qu'ils s'opposent à la violence d'Amour.

[4] La syllepse sur ce terme complexifie encore plus le vers. Il faut l'entendre dans son sens moderne de « fougue », « activité soutenue ».

[5] Dans ce contexte, ces « travaux » renvoient peut-être à un badinage amoureux moins tragique.

[6] Ce pronom semble renvoyer au couple de combattants, Amour et le locuteur, dont la chaleur est si forte qu'elle fait fuir tout ce qui n'est pas insensible ou bien aussi chaud qu'eux.

[7] Les « ombres » des « travaux plus doux » ont été chassées par la clarté d'Amour et du locuteur et, dès lors qu'ils sont eux-mêmes tenus en échec, les

Regardez les beaux yeux de ma cruelle Dame,
Brusler mon cœur ardant d'autres feux ja espris :
Et puis voyez mon cœur, se revancher encore,
Contre ce feu nouveau, qui bruslant le devore,
Et brusler les brandons qui n'aguieres l'ont prins.

[100] SONET XVII.

Aimons celle icy donc, puis qu'il faut donc que j'aime[1],
Et qu'Amour me contraint d'aimer encor ça bas,
Pour me faire oublier l'aigre cuisant trespas,
„ De celle qui m'a fait boire vif l'onde blesme :
Faut-il que de nouveau j'aye la face blesme,
Que je r'entre au tourment qui m'a rendu si las,
Faut-il encor souffrir, moitié feu, moitié glas,
Faut-il qu'en l'air leger mille autres vers je seme ?
Je n'en puis que mourir, mais si j'en meurs au moins,
Amour me servira, et elle de tesmoins,
Pour rendre mon deceds devant tous exemplaire :
L'on dira, si j'en meurs : « Il est des plus heureux,
Aussi bien en Amour estoit-il mal-heureux,
Car tousjours le destin a esté son contraire. » [144 r°]

« travaux plus doux » les suivent. La rime « contraires »/« noires » invite à prononcer le digramme « oi », « wɛ ». Voir sur ce point 9 v. 125-126.

[1] Cité dans *Entouré de silence*, *op. cit.*, p. 100.

[101] ELEGIE.

Mont où je suis maintenant[1],
Escoute moy doucement,
Sans respondre ma montagne,
Car celuy qui m'accompagne[2],
Oreillant ta forte vois
N'y viendroit une autre fois.
J'avois promis, ou je meure,
D'estre là bas[3] à ceste heure,
Et je suis encore icy !
Montagne escoute cecy :
Mon cœur doucement y volle,
Mes desirs, ce qui m'affolle
Et mon ame s'y en va,
Sur mille souspirs qu'elle a.
Pourquoy est-ce, ô miserable[4] !
Que tu n'es aux tiens[5] semblable ?
Ton ame jusques aux Cieux
Volle plustost que mes yeux.
Ton cœur passe mille prées,
Mille monts, mille vallées,
Revenans aussi soudain

---

[1] Cette prise à partie des éléments naturels par le locuteur rappelle le premier quatrain du sonnet 96. Cité dans *Entouré de silence*, *op. cit.*, p. 101-102.

[2] Il n'est pas évident de savoir à qui s'adresse le poète en ce début de poème. Est-ce à un esprit qui le guiderait dans son amour ou bien à son propre corps ? Voir le sonnet 92 v. 1.

[3] C'est-à-dire là où se trouve sa maîtresse.

[4] On peut émettre l'hypothèse que le locuteur s'adresse ici à son propre corps. En pensée, grâce à son « cœur » et son « âme », proche de sa maîtresse, le locuteur est néanmoins piégé dans son enveloppe physique.

[5] Il s'agit des « souspirs » mentionnés au vers 14.

Que je leur[1] monstre la main.
Morte ta masse[2] puisse estre,
Tu ne serois plus mon maistre,
Mais que dy-je, doux amy ?
Car si tu estois blesmy,
Nous yrions à l'adventure
Errans soubs la tombe dure,
Ores par les airs vollans
Inutiles et errans[3] : [144 v°]
„ Il faut donc en patience,
„ Faire ensemble demeurance,
Mais je jure par mes yeux
De cy après faire mieux.
Ma Roze est en grande peine,
Or sus ma belle fontaine,
Tu pourras bien tesmoigner
Qu'Amour me fait esloigner
De la valée[4] où reside
Ma gracieuse homicide.
O doux sejour gracieux[5]
Tu auras tousjours mes yeux,
En attendant à mon aise
Celle qu'en l'esprit je baise.
Helas je ne te voy plus,
Mes yeux vous estes perdus,
Si vous ne la pouvez suivre.

---

[1] Ce pronom renvoie sans doute aux « yeux » du vers 18 : l'esprit proche de sa dame, le locuteur réintègre son corps dès qu'il ouvre les yeux et voit sa main.

[2] La mort du corps permettrait à l'amant d'être un être immatériel voyageant à travers les airs.

[3] Le locuteur se rend compte ici de l'impossibilité de son souhait qui le ferait errer aux enfers et non retrouver sa dame.

[4] Sur cette géographie amoureuse qui oppose le « mont » à la vallée, voir les vers 163-207.

[5] C'est de la « vallée » citée au vers 39, lieu loin des montagnes sur lesquelles se trouve le locuteur, dont il question ici.

Aujourd'huy pourray-je vivre ?
Console toy mes amours,
Dedans trois ou quatre jours
Tu me verras ma mignonne,
Bien que si loing je t'eslongne[1],
Et tousjours je penseray
Au jour que je te verray :
Par ta main blanche et polie,
Au moins, ma belle Cillie[2]
Baise une fois ce tableau[3],
Où ce doux Flamand pinceau
Contrefit d'art et d'usage
Tous les traicts de mon visage.
Je n'auray tant de soucy
Si tu le baises ainsi. [145 r°]
Dy luy ainsi : « Ô painture[4]
Allege ta peine dure,
Reçoy doncques ce baiser
Pour ton tourment appaiser,
Mon serviteur se tourmente
Rendons son ame contente.
Sus de cent baisers nouveaux
Allegeons-le de ces maux,
Approche toy de ma bouche
Que doucement je te touche,
Pour l'amour du beau pourtraict
Dont tu retiens tout le traict,

---

[1] La graphie de ce terme est courante au XVIe siècle : le DMF en donne plusieurs exemples. Pour la rime, en revanche, il faut prononcer l'adjectif « mignonne » en nasalisant la voyelle « o » mais en prononçant le second « n ». On trouve d'ailleurs la graphie « mignongne » pour noter cette prononciation, par exemple chez Ronsard, dans la *Continuation des Amours*. Voir sur les rimes problématiques 9 v. 125-126 et Ronsard, *Œuvres complètes*, *op. cit.*, p. 140, sonnet XXIII, v. 1.

[2] Sur ce nom féminin voir 109 v. 139.

[3] Voir 68 v. 1.

[4] C'est ici la dame qui prend la parole, comme le révèle le vers 67.

Ayant ceste mesme grace,
Las que n'est-il en ta place !
Aussi doucement tenu
Comme autrefois je l'ay veu :
S'en souvient-il bien encore ?
Je croy tousjours qu'il m'honore.
Dure absence de celuy
Qui m'a laissée aujourd'huy :
„ Mon Dieu, que le temps me dure
„ Devisons, belle painture
„ De nous et de noz amours,
„ Et quels sont ces beaux discours :
Il ne dit rien autre chose
En se souvenant de Rose,
Dont il est si amoureux,
Travaillé et désireux,
Et pensant à mon visage,
Voicy son mesme langage :
« L'inconstance me desplaist[1].
Qui est à qui elle plaist[2] ? [145 v°]
Douce Amour qui continue
Plus forte qu'on ne l'a veue.
M'en suis-je veu offensé
En ce temps que j'ay passé ?
Non, en aimant je n'eus oncques
Ny bien, ny plaisir quelconques.
Pour deux ou trois bons amis
J'avois cinq cens ennemis
Pleins d'une fureur terrible
A cause de ceste fille[3] :
Mes amis me disoient plus :

[1] L'amant reprend donc la parole à travers un discours rapporté par la dame.
[2] 1589 : *Qui est cil à qui elle plaist.*
[3] La rime est pour le moins ténue. Voir 9 v. 125-126.

« Pour Dieu ne la voyez plus ! »
Plus ils me l'osoient deffendre,
Plus je sentois mon feu prendre
Qu'il ne faisoit paravant,
Et brusler tant plus avant :
« Sçachez[1] que ceste affettée
Vous rend l'ame tourmentée,
Je sçay quel est ce tourment,
Il est grand extremement.
Hé bien ne sçaurions nous estre
De vostre volonté maistre ?
Non, rien ne vous plaist sinon
Que ces yeux, et que son non,
Et quelque chose qu'on face,
Vous ne pensez qu'à sa grace,
Sans avoir autre desir
Que de l'aimer et servir. »
Il[2] escoute en patience
Ceste rude remonstrance,
Cachant au fonds de son cœur,
Son amour et sa douleur, [146 r°]
A la fin pour son excuse,
Il leur dit que l'on s'abuse
De me tenir ce propos
Qui me pique jusqu'aux oz,
Et forcené de sa rage
Voicy son propre langage :
« Mon Dieu[3], dit-il, croyez moy,
Vous[4] me mettez en esmoy !

---

[1] Les amis prennent la parole.

[2] Ce « il » est bien l'amant. C'est la dame qui reprend au discours direct ici. Voir vers 63.

[3] De nouveau, comme au vers 93, la dame rapporte les paroles de son amant jusqu'au vers 266.

[4] Le locuteur s'adresse toujours aux « amis » du vers 105.

Car l'honneur qui me fait estre,
Me fait son serviteur estre :
Tout ce dont m'advertissez,
Ce sont propos advancez,
Que patiemment j'endure
Sur ma foy je le vous jure.
Et je veux donc estre mort
Si on ne luy fait grand tort
De moy. Fort je m'en offence !
C'est me mettre en deffiance
De ces parens despitez
Par ces propos r'apportez
De nier que je ne l'aime[1] !
Si fais[2] ! Et plus que moy-mesme,
Mais je l'aime honnestement,
Et ne puis faire autrement,
Et ne perdray ceste envie,
Sinon en perdant la vie :
„ Que je n'en fusse amoureux[3] ?
„ Je serois bien mal-heureux !
„ Quand la fortune cruelle
Me fut si fort infidelle,
J'estois errant nuict et jour,
Sans plaisir, et sans amour, [146 v°]
Exilé de ma patrie.
„ Heureux qui s'y r'apatrie[4] !

[1] Ce vers est complément de la tournure « C'est me mettre en deffiance [...] » du vers 144.

[2] Cet élément de dialogue répond à l'affirmation précédente. Le même schéma se répète au vers 153-154.

[3] Cette question à la construction elliptique est à rapprocher de la tournure « De nier que [...] » du vers 147. L'amant semble intégrer dans son discours les objections de ses amis.

[4] Ce vers, dans ce contexte, fait écho au fameux « Heureux qui comme Ulysse » de Du Bellay. Voir également les pièces 2, 6, 9 v. 401-410, 75 v. 137, 81 v. 143-148, 93, 113 v. 17-56.

Je sorty de ma maison
En la plus froide saison,
Passant ces molles campagnes,
Je vins passer ces montagnes,
Ces grands fleuves, et ces eaux.
Pour tout bien, trois bons chevaux
Sauvé par leur advantage,
De la foudre, et de l'orage
„ De ce siecle despravé :
Au Neuf-Chastel j'arrivé,
Pensif de ceste disgrace,
Couvert de nege, et de glace,
Peu d'argent, mais bien monté,
Qui m'a tousjours contenté :
Me promenant la vesprée[1],
J'entretenois ma pensée
Sur la rive de ce lac[2],
Où sont maint nefs, et maint bac.
C'est un des lacs de Suysse
Qui a autant de malice.
Là estoit un mien amy,
Qui s'y promenoit aussi,
Jettant dessus luy la veue,
Aussi tost je le salüe,
Et devisames long temps
Du lac et des monts plaisans,
Des roches, et des montées,
Qui sont de moy tant vantées.
Nous disions à nostre advis
Que c'estoit un beau païs, [147 r°]
Les Magistrats secourables

[1] Ce récit de la rencontre avec la Suisse et Rose ressemble fort à celui de l'élégie 9 v. 397 et suivants.

[2] Il s'agit sans doute du lac de Neuchâtel. Sur ce motif voir 1 v. 12 et 25 v. 32.

Sur tout à[1] de noz semblables.
Cela me fit escouter
Et pensay d'y arrester
Voyant l'assiette gentille
De ceste petite ville[2].
Résolu de m'y loger
J'y voulu passer l'Hyver,
Esperant sur ceste areine
Y trouver la primeraine :
Comme delivré[3] du sort
Je me logeay sur le port
„ Où je vy ma Roze belle
Tout ainsi qu'une chandelle[4],
En un lieu d'obscurité,
Mais plus riche de beauté,
Puis que de sa courtoisie
Vient la source de ma vie.
Je serois meschant et faux
Si je n'aimois ces yeux beaux.
Elle devint pitoyable
De moy pauvre miserable,
Je ne faisois qu'arriver
J'eu de sa main à laver[5] :
Après ceste honneste fille
D'une façon si gentille
Me fit essuyer la main,
Puis elle apporta du pain

---

[1] La préposition « à » est à entendre dans le sens de « envers ». Les « semblables » en question sont sans doute les émigrés français, protestants ou non, qui trouvent à l'époque refuge dans les villes suisses.

[2] La rime est construite sur une simple assonance. Voir 9 v. 125-126.

[3] 1589 : *delivray*.

[4] 1589 : *Tout ainsi qu'en une chandelle*.

[5] Il faut sans doute comprendre que c'est elle qui apporta au locuteur de quoi se laver les mains.

Sur sa serviette blanche,
Puis aussi tost elle tranche,
Honneur de ceste maison,
D'un pasté de venaison : [147 v°]
„ Tousjours dessus son visage
„ J'avois l'œil et le courage,
„ Estant pour lors mal-heureux.
„ Si en devins-je amoureux,
Tant que ne le sçauriez croire.
Elle m'apportoit à boire,
Sans elle je fusse[1] mort,
De le celer j'auroy tort,
Si ne l'eusse[2] rencontrée :
Ma chambre fut accoustrée,
Un bon et grand feu le soir,
„ Tousjours je la voulois voir :
Mais voicy bien autre chose
Que je vous dy de ma Roze,
Elle m'offrit des deniers,
Et m'en presta volontiers :
Dieu pour moy se servit d'elle
Je la trouvay bonne et belle,
Et en parle qui voudra
Tousjours mon cœur l'aimera.
Or comme on voit à toute heure,
Telle ou semblable demeure
Apporter quelque soupçon
De l'amoureuse prison,
Quelque fascheuse personne
Qui de tout peine se donne,
Dit, ainsi comme je croy,
Qu'elle couchoit avec moy,

---

[1] 1589 : *fusses.*

[2] 1589 : *eusses.* Ce vers semble se rattacher à la principale du vers 229.

Et sur tout chez la voisine[1]
De ma fidelle Rosine.
Peu après on me le dit.
Ha que j'en eu de despit! [148 r°]
Mon cœur reçeut[2]. Sans me taire
Je juray bien le contraire,
Mais tant plus je m'en faschois,
Tant plus je m'appercevois
Du subjet de mon service,
Et de leur sotte malice.
Sans sçavoir qui, ny comment
Je mourois plein de tourment :
Quand je m'en souviens encore
Je l'estime, et je l'honore,
Et tousjours je l'aimeray
Tout autant que je vivray[3]. »
C'est ma Roze, c'est ma vie
Qui tient mon ame asservie,
Et par tout cét univers
La louangeront mes vers[4] :
Voy donc du Tertre[5], ma fille,
Si ceste Roze est gentille
A qui tu as succedé[6],
Et si elle m'a aidé.
Elle m'ostoit hors de peine
Cinq ou six fois la semaine :
Du Tertre faits donc ainsi

---

1 Ainsi sont expliqués les nombreux ennemis mentionnés au vers 102.

2 L'emploi intransitif du verbe « reçevoir » n'est pas mentionné par les dictionnaires consultés. Il semble cependant bien que ce soit de cette manière qu'il faille l'interpréter ici.

3 Il semble que s'arrête ici le discours rapporté par la dame depuis le vers 133.

4 On retrouve ici jusqu'à la fin de la pièce le locuteur du début du poème.

5 Voir note TS LXXXII v. 3 et *index nominum*.

6 Sur la multiplicité des conquêtes amoureuses caractéristiques de ce recueil. Voir sonnets 55 et 97.

Et oste moy de soucy.
Helas si je te rencontre
Un œil si doux tu me monstre,
Que tant il est clair et beau,
Triste je me fonds en eau :
Hé quel bien as-tu, ma belle ?
De voir ton amy fidelle
Et n'oser parler à luy !
Vrayment j'ay veu aujourd'huy[1] [148 v°]
Ta mignarde chambriere
A la porte de derriere,
Qui soubs-riant[2] me disoit :
« Allez Monsieur, allez droit,
Passez chemin je vous prie
Je sçay vostre maladie,
Vous auriez beau là passer
Pour vostre mal appaiser :
Si mon maistre m'avoit veue
J'en serois tresbien battue,
Il me deffend à tous coups
De parler avecques vous. »
Je respondy : « Quant à moy
Je ne parle pas à toy. »
« Vrayment, dit-elle, à ceste heure
S'il n'est vray donc que je meure.
Sa mere vous regardoit.
Ainsi Monsieur allez droit
Vostre chemin je vous prie,
Et cherchez une autre amie,
Car celle-cy ne peut plus
Vous aimer, c'est un abus. »

1 1589 : *Vrayement j'ay veu aujourd'huy.*

2 Cette graphie étrange de « souriant » est sans doute étymologique puisque l'étymon latin de « sourire » est *subridere*.

A ceste rude parolle
De ceste envieuse folle,
Despité d'ame, et de cœur
J'appellay mon serviteur,
Et luy dy : « Va et me selle
Mon genet, mais de la selle
Que j'apportay de Milan,
Je veux m'en aller un an,
Forcé d'Amour, et de rage
Faire quelque grand voyage, [149 r°]
Et sur mon brave cheval
Appaiser un peu mon mal. »
Je laissay aller ma veue
Passant à travers la rue,
Du costé de ton jardin.
„ Là j'apperceu ma Catin,
Qui crioit : « Adieu cousine,
Et toy adieu Catherine. »
Et moy de courir droit là
Si tost que j'ouy celà,
Piqué d'une chaude envie,
De voir mon cœur, et ma vie :
Là mon mal fut appaisé
Quand j'eu ton beau sein baisé[1].

FIN.

[1] Cette soudaine rencontre de Du Tertre et de sa cousine Catin rappelle fortement le récit de la stance 83 v. 71-90.

[102] ODE.

Las pourquoy me blasmez vous
Faux jaloux,
D'aimer ceste belle fille
Si gentille,
Qui a le maintien plus doux
Que nulle[1] autre de la ville ?
Qui n'aimeroit son beau sein
Et sa main,
Plus fraische que n'est la Roze
My desclose,
Quand le soleil au matin
Sort de sa caverne enclose[2] ?
Une Nymphe[3] estant aux Cieux
Aima mieux [149 v°]
Descendre, qu'aimer en peine
D'amour vaine,
Un Dieu que je sçay des Dieux,
Qui passé trois jours plus n'aime.
Ainsi celle que je sers
Aux desers,
En a quitté pour me prendre
Et me rendre

---

[1] 1589 : *nul.*

[2] Beaujeu se souvient de nouveau de l'« Ode à Cassandre » de Ronsard. Voir Ronsard, *Œuvres complètes*, *op. cit.*, t. V, p. 196 et ici même élégie 81 v. 612 et complainte 106 v. 90-92.

[3] L'identité de ce personnage féminin n'est pas aisée à déterminer. On peut penser à Égérie, nymphe qui se lia à Numa Pompilius, mais celle-ci n'a pas quitté de dieu pour venir sur terre. Vénus, elle, qui n'est pas une nymphe, lorsqu'elle tomba amoureuse d'Adonis se brouilla avec son amant, Mars. Voir TS XIII v. 9.

Le seul bien que je dessers
Sans plus autre Amour attendre.

FIN.

[103] CHANSON.

Faut-il une fois encore,
Helas bien plus mort que vif,
Que je souspire plaintif,
Sans voir celle que j'adore ?
L'eau vient jusqu'à ma poitrine,
Un vray Tantalle[1] je suis,
Mais aussi las je poursuis
Une amour toute divine.
Je voudroy mettre en ma bouche
De ce fruict doux et nouveau,
J'en tiens presque le rameau,
Helas ma main presque y touche.
Usant peu à peu ma vie,
Je vivote dans ce feu,
Amour croit que j'en ay beu[2],
Au contraire je l'en prie.
Je voy monter ceste source
Comme un traict à contremont, [150 r°]
Mais tout du plus haut du mont
Je la voy qu'elle rebrousse.
Je ressemble à la racine
Qui pousse dehors sa fleur,

[1] Tantale est célèbre pour son supplice : il fut condamné à rester assoiffé et affamé au bord d'un fleuve et sous un arbre chargé de fruits sans parvenir à les atteindre.

[2] La rime est ici plus pour l'œil que pour le son puisqu'elle oblige à prononcer le participe passé de « boire » non [bü] mais bien [bø]. Voir 9 v. 125-126.

Bruslée de la froideur
D'une frileuse farine[1].
Ostes moy de ceste flame,
Tu me gele en toutes pars,
Amour retire tes dars,
Ne tire plus à mon ame.

FIN.

[104] COMPLAINTE.

O Ligurgue[2], où est ta sentence,
Où sont tes Edicts genereux ?
Ligurgue où es ton ordonnance,
Qui rendit tes subjets heureux,
Du temps que tu estois, ô Prince,
Gouverneur de ceste Province ?
Tu faisois rendre à un chacun,
Le bien, l'œil, le bras et la vie,
De tous les maux un mal pour un,
Voire l'on chastioit l'envie :
Que ne vivons nous en la sorte ?
„ Quoy, ceste loy est elle morte ?
Mais sur tout encor d'avantage
L'on observoit estroittement
La promesse de mariage[3],

---

[1] Il s'agit de la neige, ou du givre. Voir le glossaire.

[2] Ce personnage mythique est le fondateur des lois de Spartes et l'un des hommes politiques les plus célèbres de Grèce. Voir Plutarque, *Les Vies des hommes illustres*, *op. cit.*, t. I, *Vie de Lycurgue*, p. 86-129.

[3] Cette caractéristique des lois de Lycurgue se trouve dans Plutarque, *Les Vies des hommes illustres*, *op. cit.*, t. I, *Vie de Lycurgue*, p. 105-106. La rigueur des mœurs matrimoniales spartiates avait déjà été abordée dans le sonnet TS [IX] v. 9.

De noz cœurs le plus fort serment.
L'on tenoit par toute contrainte
Cet article de ta loy sainte. [150 v°]
Alexandre un jour tout armé
Prest d'entrer au combat des Perses
Vit un sien soldat animé
Qui rebroussoit contre les terres.
S'arrestant il luy demandoit
Tout doucement, où il alloit.
« Je m'en vay, dit-il, Monseigneur
Requerir une mienne amie,
Qui m'a tant fait de des-honneur
Après l'avoir six ans servie,
De me laisser, et a changé
Mon cœur à ses[1] yeux engagé. »
Alexandre fit appeller
Ceste fille, et voulut entendre
Pourquoy elle osoit bien laisser
Son amy, et tant entreprendre,
Elle luy dit : « Seigneur je suis
Libre et franche, ainsi je le puis :
Amour, dit-elle, n'est subjet
A personne qui soit vivante,
Il change à tous coups son objet,
Et en changeant il se contente,
„ Car sa libre condition
Veut suivre son affection. »
Au soldat, le Roy dit alors,
« Retourne en ton rang, et la laisse,
Puis qu'elle dit libre son corps :
Va chercher une autre maistresse,
Amour jamais ne se contraint,

[1] 1589 : *ces*.

Car chose du monde il ne craint[1]. »
Roze n'aime rien que mon cœur[2]
Son Amour à autre n'addresse, [151 r°]
Je suis aussi ton serviteur,
Je ne veux point d'autre maistresse,
Hé n'est-ce pas grande pitié
De rompre ainsi nostre amitié ?
Seulement pour moy son amour
Me suit, du Ciel, par son enfance[3],
Et depuis je vy ce beau jour
Qu'elle m'en donna jouyssance,
Mais la tenant entre mes bras
Content, je baisois mon trespas.
Amour et mon mal ainsi font
Comme ceux qui peuploient la terre :
Aux deserts, assis sur un mont
Auprès d'un gros monceau de pierre,
En derrier jettent les cailloux[4],
Ainsi naissent tous mes jaloux.

FIN.

[1] Ce récit semble une amplification et une adaptation d'un passage de la *Vie d'Alexandre* de Plutarque où celui-ci rapporte qu'un des soldats du roi s'étant fait passer pour infirme, il fut démasqué et interrogé. Il avoua qu'il voulait s'en aller « pour suivre une jeune femme nommée Télésippe, dont il était amoureux, qui s'en retournait aux pays bas vers la mer. » Alexandre apprenant que cette femme était « une courtisane de condition libre » dit qu'il ne pouvait forcer cette femme à rester et conseilla à son soldat « de faire en sorte par dons, ou par bonnes paroles, qu'elle soit contente de demeurer, puisqu'elle est de condition libre. » Voir Plutarque, *Les Vies des hommes illustres*, *op. cit.*, t. II, *Vie d'Alexandre*, p. 375, LXXIII.

[2] Le locuteur revient à sa propre situation.

[3] Il est difficile de savoir de quelle enfance on parle ici. On peut supposer que c'est celle d'Amour toujours représenté sous les traits d'un enfant. Le sens de la préposition « par » reste peu clair. On peut gloser par : « son amour / Me suit depuis le Ciel grâce à son enfance ».

[4] Après le déluge imaginé par Ovide au début des *Métamorphoses*, seuls Deucalion et sa femme Pyrrha sont sauvés. Pour repeupler la terre, l'oracle de Thémis leur enjoint de jeter derrière eux des pierres qui deviennent des hommes et des femmes. Voir 72 v. 144 et Ovide, *Métamorphoses*, *op. cit.*, I, v. 395-415.

[105] STANCES EN DIALOGUE.

L'AUTHEUR[1].

Garde bien ma painture
Où l'unique figure
Me monstrera tousjour :
En ton sein tiens la[2] chere,
Pour[3] estre[4] la premiere
Qui receut ton amour :
Belle Roze vermeille,
La douleur nompareille,
Qui tirasse mon cœur,
Prevoyant mon absence,
Redouble sa puissance,
Et me fait plus douleur[5]. [151 v°]

ROZE.

Las en la recevant
Elle m'alloit perdant
Les beaux jours de ma vie :
Changeant ma liberté
En la captivité
De ceste departie.
Hé quel sera mon soin
Quand tu seras si loin
De ma triste demeure ?
Penserois-tu, helas !

---

[1] Beaujeu reprend souvent ce modèle du dialogue. Voir TS VII ou TS CXIIII.

[2] 1589 : *là*.

[3] « Pour » à ici un sens causal.

[4] Le sujet de cet infinitif est bien « ma peinture ».

[5] On peut gloser cette structure par « Et accroit ma douleur ».

Que loin fut mon trespas,
Non, il faut que je meure.

L'AUTHEUR.

Belle, ma douleur forte
Tant plus me desconforte,
Puis que l'occasion
Seule me desespere,
Car jamais je n'espere
De revoir ta maison.

ROZE.

Las en vain je travaille
Seulement pour la paille,
Comme le bœuf suant,
Car follement j'espere
D'arrester ma misere
Et ton cœur inconstant.

L'AUTHEUR.

Hé quoy pleine de gloire
Me veux-tu faire accroire
Que je ne t'aime pas ?
Va pleine de malice, [152 r°]
Que peu me sert, helas
Mon fidelle service.
Sçaches que le desir,
L'envie, le plaisir,
L'amitié, et la grace,
Tout cela perissant,
En noz mains va glissant
Quelque chose qu'on face.
Rien n'est durable icy,
Si ce n'est mon soucy,
Qui devance mon aage,

Au grand pas il accroist
Et mon plaisir descroist
Au pied de mon dommage.
Tes beautez m'ont tenu,
Amoureux retenu
Deux ans en gesne forte,
Mais il faut pour mon bien
Rompre ce doux lien,
Car il faut que j'en sorte.
Bien que j'aime ton front,
Ton beau petit pied ront,
Et ta gorge d'albastre :
Si faut-il rompre icy
Ce lien, mon soucy,
Dont je suis idolatre.
Ton flang de deux couleurs,
Tes cuisses en rondeurs
D'un Appelle[1] tournées,
Ton genoil rondelet,
Et ton pied joliet,
Et tes mains deliées. [152 v°]
J'aime bien tout cela
Mais Thesée s'en alla
Sans d'elle congé prendre[2],
L'oncle de Cupidon
Laissa bien là Didon
Pour icy terre prendre[3].

[1] Ce célèbre peintre grec de l'Antiquité était réputé pour le réalisme de ses représentations. Voir pièce 82 v. 35.

[2] Il s'agit d'Ariane que Thésée abandonna sur l'île de Naxos alors qu'il rentrait de Crête.

[3] Énée étant fils de Vénus, il est en fait le frère de Cupidon. Est-ce l'éternelle jeunesse du dieu de l'amour qui pousse le poète à faire du héros troyen son oncle ? L'adverbe de lieu « ici » renvoie sans doute à l'Italie et même au Latium mentionné sous le terme « Latines » au vers 84.

Le Ciel m'appelle ailleurs
„ Pour dompter les lieurs
„ Des gerbes serpentines[1],
Il faut me mettre au rang
Du guerrier verse sang
Aux campagnes Latines.
Il semble à voir ton œil
Que tu aye du dueil
Pour mourrir ma maistresse,
„ Mais je sçay que ton sein
„ Retient plus d'un dessein
„ Et plus d'une tristesse.
Amour en un miroir
Fait nostre face voir,
Et soubs sa claire glace
Fait voir ainsi qu'ils sont
Noz yeux, et nostre front
Toute l'entiere face.
Tournez le autre part[2],
Il vous laisse d'apart
D'inconstante nature,
Et volontiers reçoit
D'autre forme qu'il voit
La vive pourtraicture.
Ainsi les femmes ont
Un miroir sur le front [153 r°]
Qui reçoit toute image,
Ostez vous de devant,
Elle vous va perdant
Et d'yeux, et de courage.
Or coustumierement

[1] Cette référence reste énigmatique. Il semble qu'il faille chercher du côté des nombreux ennemis de Rome.

[2] 1589 : *Tournez le en autre part.*

Un mescontentement
Vous preste une apparence,
Mais levez ce manteau
Ce n'est qu'un feu nouveau
Attisé d'inconstance.
Amant en ta prison
Ne succe ce poison,
Et garde miserable[1],
Ne pers pour la beauté
Frivolle et perissable,
L'heur de ta liberté.

FIN.

[106] COMPLAINTE.

Avez vous au moins souvenance
De mon Amour qui prend croissance,
Dont je reçois maint desplaisir,
Pour n'estre selon mon desir ?
Si je dors, ou si je sommeille,
Un souvenir tousjours m'esveille,
Qui me tient tousjours en travaux,
Et m'accable dessoubs mes maux :
En mon exil j'ay patience,
Mais las sans avoir esperance,
Dedans ceste triste maison
De voir mon cœur hors de prison : [153 v°]
Helas que l'on m'a bien ravie,

[1] Cette tournure est peu claire. Il faut peut-être comprendre : « Prends garde misérable ».

Que de vous l'on m'a bien bannie[1],
Mais dedans six jours je seray
En liberté, où[2] je mourray :
Je fonds en pleurs, le cœur me creve,
Demie pasmée, je me leve.
Quand par icy vous passerez,
Au moins vous me souspirerez,
Je vous voy bien à la campagne,
Tousjours mon œil vous accompagne :
Chargé de pleurs, moy de soucy
Pour demeurer tousjours icy :
Le mal qui sans cesse m'affolle
M'oste l'oüye, et la parolle :
En vain je ne fais que pleurer,
Et triste me desesperer :
Si je me mets à la fenestre,
Incontinent je me voy estre
Environné de tous costez[3],
Pour voir où sont mes yeux jettez,
Si quelque doux souspir je lasche,
Soudain contre moy l'on se fasche,
Puis après on vous va blasmant,
C'est ce qui me met en tourment.
Quand je voy venir la nuict brune,
Je luy dy : « Ô noire importune :
Pourquoy me viens-tu tourmenter ?

---

[1] Comme cela est confirmé plus bas, Rose prend ici elle-même la parole. Elle utilise, de manière tout à fait intéressante le même vocabulaire que le poète son amant. Son « exil » à elle semble être dû à un refus formulé par sa propre famille. Voir v. 40, 45 et 58.

[2] La dame se plaint, aux vers 79 et 80, de ne pas être française. Il faut donc sans doute supposer que son amant est tout prêt de partir et qu'elle est enfermée le temps qu'il s'en aille. On pourrait ainsi comprendre que la liberté soit pour elle synonyme de mort, métaphore des douleurs dues à l'absence de l'être aimé.

[3] Cette mention de la surveillance incessante de la dame est déjà présente dans les stances 73 v. 1 et suivants.

Je ne fais rien que lamenter. »
Si je besongne à mon ouvrage,
Tant plus accroist ma dure rage,
Me souvenant de mes amours,
Je maudy ma vie, et mes jours. [154 r°]
Ma mere souvent se courrouce,
Malgré moy je me rends plus douce,
Et pour tousjours vous souspirer,
Soudain il me faut retirer :
Si fort, si fort mon mal me ronge
Qu'en dormant, sans fin je vous songe,
Et me resveille afreusement,
Je pleure mon mal tendrement :
Las où sont ces douces œillades,
Ces fuittes de mon cœur mignardes,
Qui sans offenser mon honneur,
Rendoient content mon triste cœur ?
Où est ceste douce faintise,
Où sont les rets où je fus prise,
Où sont ces petites faveurs
Qui sont cause de mes douleurs ?
Vous me souliez voir à toute heure,
Maintenant il faut que je meure,
Où nul ne sçait las où je suis.
En despit de moy je vous fuis :
Rien mon ame si fort ne presse
Sinon que ma dure tristesse
N'allege point vostre tourment,
Mais au contraire il va croissant :
Souvent tout bas je vous appelle,
Mais un grand souspir me decelle,
Qui me fait changer de couleur
Au regret que porte mon cœur.
Mais bien que je sois martyrée,

Et si loing de vous retirée,
Si est-ce que je vous promets
De vous aimer à tout jamais, [154 v°]
Ce qui plus me bourrelle l'ame,
C'est le fort regret qui m'enflame,
Que ne suis par permission
De vostre douce nation :
Mais l'absence qui tout espreuve
Ne vaincra mon amitié neuve,
Mon cœur ne s'en eslongnera,
Mais ferme comme un roch sera :
Ayez donc au moins souvenance
De moy qui languis en souffrance,
Voyez combien j'ay de tourment
Pour vous aimer si cherement,
Je ne veux de vous autre chose
Sinon que vous aimiez la Roze
Qui desclose le mesme jour
Vous fit present de son Amour[1].

L'AUTHEUR FAIT RESPONSE.

Cet enfant grava le jour mesme
Ton nom dessus ma face blesme
Las estant privé de te voir
Ne m'ayant sceu appercevoir
De mon importante fortune,
Et n'eust esté ceste importune[2]
Qui sans cesse me va suivant

[1] Ce long discours qui donne la parole à la dame reprend les thèmes et le vocabulaire que l'amant lui-même emploie. On y retrouve jusqu'aux influences ronsardiennes. Voir Ronsard, *Œuvres complètes*, *op. cit.*, t. V, p. 196 et ici même élégie 81 v. 612 et 146 v. 69.

[2] Cet adjectif se rapporte à la « fortune » qui empêche le locuteur de fréquenter sa dame. Notons à ce propos que, phoniquement, le groupe nominal « importante fortune » semble s'être réduit dans l'adjectif « importune ».

Je vous eusse veuë souvent.
Je souffre volontiers ma peine,
Bien que dure soit ma cadene,
Mais celle qu'avez sur les bras
Me fait souffrir mille trespas,
Et de vostre douleur amere
Seulement je me desespere. [155 r°]
Roze nous sommes soulagez[1]
Par ceux qui furent outragez,
Autrefois de la jalousie
Aucuns en perdirent la vie,
Ayant le cœur dissimulé,
D'ennuy seul le cœur consolé[2] :
Ne sçay-tu pas qu'un Anaxandre
Amoit une jeune Cassandre ?
En cachette il en jouyssoit,
Plus heureux que moy il estoit[3] :
Ceste Helene qui ne te passe
En amour, beauté, douceur, grace,
Estant l'honneur de Thenaris
Se cacha pour aimer Paris[4] :

---

[1] Il faut ici entendre ce verbe dans son sens de « aider à supporter ». L'exemple des amants qui, même en secret continuèrent de s'aimer doit donner force et courage à la dame.

[2] Ces deux vers ne sont pas aisés à interpréter en raison de leur construction elliptique. Il est difficile de connaître quel est le sujet du participe passé du vers 111. Est-ce toujours « aucuns » ou bien « le cœur » ? Le premier cas semble le plus probable : « le cœur » est complément d'objet de « dissimulé ». La tournure évoque des amants cachant leur sentiment. Dans le vers suivant le problème réside plutôt dans le sens à donner à la tournure « consolé d'ennuy ». On peut gloser par : « le cœur seul consolé de ses ennuis ».

[3] Bien que ces deux noms soient tous deux très présents dans la mythologie et l'histoire grecque, il n'a pas été possible de les expliciter et d'ainsi retrouver la source de l'anecdote que rapporte le locuteur. Le prénom « Anaxandre » réapparaît en 218 v. 10. Voir aussi TS LXII v. 9.

[4] On reconnaît ici les deux amants qui provoquèrent la guerre de Troie. Le terme « Thénaris » renvoie au Cap Ténare, au sud du Péloponnèse. Ce cap faisait

Voyez ceste brune Medée,
Qui de Jason fut demandée,
Luy enseigna la thoison d'or
Se cachant pour l'aimer encor[1].
Voyez en la thiede Armenie
De Demetre ceste Lamie,
Qui le suivoit en toutes pars
Cachée soubs ses estandars[2].
Cleopatre Royne d'Egypte,
Se deguisoit en l'exercite[3]
D'Antoine, qui du fier Romain
N'eschappa la puissante main[4].
L'Amour a besoin sur la terre
De soustenir un peu de guerre,
En guerre, Amour est furieux,
En la paix autant gracieux.
Si maintenant Amour supporte
Son mal par son[5] absence forte, [155 v°]
Il en verra le changement
S'il peut attendre constamment :
Amer est l'amoureux breuvage[6],

---

partie du domaine des Spartiates dont le roi est Ménélas, époux malheureux d'Hélène.

[1] Médée, magicienne fille d'Éétès, trahit son père en aidant Jason à tuer le dragon qui gardait la toison d'or. Elle s'enfuit avec son amant.

[2] Démétrius est un roi de Macédoine dont Plutarque conte la vie et la passion pour la courtisane Lamie qu'il emmenait dans ses campagnes. Voir 114 v. 63-64 et Plutarque, *Les Vie des hommes illustres*, *op. cit.*, t. II, *Vie de Démétrius*, p. 828, XXXIV.

[3] Cette allusion provient également de Plutarque qui rappelle que Cléopâtre suivit l'armée d'Antoine lors de la bataille d'Actium, arguant qu'elle avait fourni nombre des vaisseaux et des hommes présents. Voir Plutarque, *Les Vies des hommes illustres*, *op. cit.*, t. II, *Vie d'Antoine*, p. 919-920, LXXIII.

[4] Antoine, général romain, amoureux de Cléopâtre fut vaincu par Octave. Voir l'élégie 81 v. 349 et 82 v. 46.

[5] Ce pronom renvoie à l'Amour.

[6] Cette expression n'est pas sans rappeler celle qui clôt le sonnet TS V.

Mais il n'en faut perdre courage,
Et n'avoir le cœur si saisy
Qu'il meure tousjours en soucy,
C'est assez pour estre estonnée
D'estre si tost abandonnée
Et absente[1] de son amy,
Presente du dueil ennemy :
Tenez le vœu de mon service
Plus fort que l'absente malice :
O que maudits soyez vous tous[2]
Meschans et mal-heureux jalous !
Si ma poitrine transparente
Estoit ainsi, quand je lamente,
Comme une glace de crystal,
L'on verroit combien j'ay de mal :
Sçachant bien vostre peine dure
Secrettement mon mal j'endure,
Doucement je le veux souffrir,
Et sans vous je ne veux guerir :
O Roze, aime moy donc Madame,
Il n'est tourment, ny mort, ny flame,
Hazards, prisons, mespris, danger,
Qui me puissent faire changer.

FIN.

[156 r°]

[1] Le locuteur s'adresse très directement à la dame.

[2] La fin du poème est sans aucun doute due au locuteur qui mentionne Rose au vers 161.

[107] ODE
A LA MARGUERITE.

Le teint blanc et poly, dont t'enrichit nature,
Lambrissé d'incarnat, bigarré[1] de verdure[2],
Soubs ce beau pavillon de pourpre rehaussé,
Vers le blond messager[3] amoureux[4] renversé
En mon esmoy,
Lançent en moy
Par leur senteur succrée un traict qui mon cœur perse,
Me souvenant
Du grief tourment,
Et du poison qu'Amour en ma poitrine verse[5].
Jamais je n'eusses creu, belle fleur de Cyprine[6],
L'admirable vertu de ta basse racine,
Je n'eusses jamais creu ton tuyau plein d'humeur
Estre contrepoison, des Arabes l'honneur[7] :
Mon beau soucy
Me tue icy,

---

[1] La construction de cet adjectif est singulière. Le terme semble avoir le sens de « taché ». Voir FEW IV, 65a : **garr-*.

[2] Le motif de la femme-fleur est présent tout au long du recueil. Voir TS xx v. 14, 29 v. 4, 55 v. 4, 83 *passim* et 166 v. 23-25.

[3] Il s'agit du complément du participe passé « renversé ». La périphrase renvoie sans doute au dieu Amour vers qui le locuteur est tout tourné.

[4] L'adjectif est apposé au pronom « moy ».

[5] La pièce est mentionnée dans Ph. Martinon, *Les Strophes*, *op. cit.*, p. 584 sous la rubrique dizain classique hétérométrique comportant six alexandrins de forme aabbccdeed.

[6] Le mot fait référence à Vénus. Voir 9 v. 494.

[7] Il s'agit vraisemblablement de l'anémone, fleur née du mélange entre une larme de Vénus et une goutte du sang d'Adonis. Pline évoque cette plante et l'usage fait de sa racine contre la pituite mais ne mentionne pas son emploi par les Arabes. Voir Pline, *Histoire naturelle*, *op. cit.*, XXI, 165-166.

Et mon cœur tant fidele[1] est l'unique premice,
Et qui ne faint
Son mal contraint,
Mais c'est vouloir du mal que te faire service :
Belle fleur tu feras avec mon œil hommage,
Qui, lassé de plus voir, seulement au visage
D'une autre Marguerite[2] aspire tourmenté[3],
Glissant tousjours tant plus en sa captivité :
L'arbre pampré
L'œillet pourpré
Ne sont à comparer à toy, ma fleur plissée,
Qui d'un souspir [156 v°]
Peux retenir
L'ame de ton Amant à la mort offensée[4].
Tu retiens du beau Ciel la bleuë collorée,
Phebus te donna part à sa tresse dorée,
Du laict trois fois sacré tu retiens la douceur,
Et d'un lys bon François la parfaicte blancheur[5] :
O doux miroir
Où je puis voir
Le nom de ma maistresse, et d'Amour nostre maistre,
Si bien escrit
Que mon esprit
Chaque jour te voyant, sçait du bien se promettre.

---

[1] 1589 : *fidelle.*

[2] Cette autre Marguerite est la dame, qui ne se laisse pas si facilement approcher, contrairement à la fleur.

[3] Le verbe « aspire » est celui de la proposition subordonnée introduite par « qui » au vers 22. Elle complète le nom « mon œil ». Le complément de « tourmenté » est le groupe nominal « seulement au visage / D'une autre Marguerite ». La proposition participiale « lassé de plus voir » signifie sans doute que l'amant ne veut plus voir autre chose que sa belle.

[4] L'expression évoque presque une blessure physique. Voir 274 v. 552.

[5] Aux couleurs liées à la divinité se mêle ici un élément plus patriotique qui rappelle l'origine de la dame. Par ailleurs, il faut sous-entendre dans ce vers le verbe « retiens ».

Qui fait, ô belle fleur, tant durer ta jeunesse,
Renaissante tousjours en sa delicatesse ?
Qui garde ton bouton, tendre, fresle, glacé,
Au sommet de ce mont de verglas entacé[1] ?
Ce sont les yeux
Astres des Cieux,
Qui en faveur de toy fondent la froide glace,
Et de leurs rets
Bruslent apres
Les broüillars ennemis de tous ceux de ta race.

Je ne veux d'un laurier ceindre jamais ma teste,
Comme font les vainqueurs aux fins de leurs conquestes :
Mais je veux d'un chappeau de tes fleurs seulement[2],
Pour me ceindre le front, ô beau couronnement !
Marguerite
Fleur petite :
Mais qui dedans le Ciel tient premier rang d'honneur :
Je te porte
Vive et morte[3],
Morte dessus le front, vive dedans le cueur.

FIN.

[157 r°]

---

[1] Il s'agit d'une des graphies du verbe « entacher ». Voir FEW XVII, 295b, 296a : *taikns*.

[2] Sur ce motif du chapeau de fleurs voir 15 v. 88.

[3] Les quatre derniers vers courts de la strophe sont des trimètres, là où dans les autres strophes ce sont des tétramètres.

[108] CHANT[1].

Que n'ay-je comme Bacchus
Ceste puissance divine !
Jaloux vous seriez vaincus
Par une fueille de vigne !
Ma Rozette me tiendroit,
Mais tout en vostre presence,
Et douce me baiseroit.
Que n'ay-je ceste puissance ?
Je deviendrois beau raisin,
Elle sans estre apperceue[2]
Me mangeroit grain à grain,
Devant sa mere deceue[3] :
En raisin change[4] moy donc,
Ou en archet[5] qui se plie,
Tel plaisir tu ne fis onc
A celuy qui te supplie.
Faits moy la puissance avoir
De ravir mon Erigonne[6],
Pour mes jaloux decevoir :

---

[1] Cité dans *Entouré de silence*, *op. cit.*, p. 103-106.

[2] On peut gloser à la fois par « sans qu'elle s'en aperçoive » et par « sans que l'on s'en rende compte ».

[3] Cette tournure qui revient identique au vers 40, rappelle le récit déjà fait dans la pièce 106 v. 45.

[4] Le locuteur s'adresse ici directement à Bacchus.

[5] Il s'agit sans doute simplement d'une manière de désigner un sarment courbe.

[6] Ce personnage est la fille d'Icarios, Athénien à qui Dionysos avait appris à faire du vin. Le dieu se transforma en grappe de raisin pour la séduire. Beaujeu amplifie ici un vers d'Ovide que l'on trouve dans la description de la toile d'Arachnée : « *Liber ut Erigonen falsa deceperit uua* [...] ». Voir 113 v. 368 et Ovide, *Métamorphoses*, *op. cit.*, VI, p. v. 125.

Ce don là, donne moy, donne,
De grace donne le moy :
O Pere[1], dont l'abondance
Fait au Poete, et au Roy
Avoir et paix et science[2].
La mesme chose tu fis
Pour decevoir ta maistresse.
Qu'ainsi donc je sois transmis[3]
Pour jouyr de ma Deesse.
Qu'est-ce que tu veux de moy
Pour guerdon de ceste grace ? [157 v°]
Tes liqueurs desja je boy
Tous les jours à pleine tasse.
Change donc pour mes amours
Mon corps en belle vandange,
Avant cela, tous les jours
Je chanteray ta loüange :
O quel heur ce me seroit
De la tenir toute nue,
Quand elle m'escraseroit
Devant sa mere deceue.
Ce beau pied je laverois,
Et sauterois à sa face,
Son beau sein je baiserois
Devant la jalouse race :
Que ne suis-je en beaux raisins
En une profonde cuve,
Eschangé en ces bons vins
Qui luy serviroient d'estuve ?
Pour tousjours estre content
Ceste vandange passée,

---

[1] Il s'agit d'une désignation traditionnelle pour le dieu Bacchus.

[2] 1589 : *Avoir paix et science*. Il faut faire une diérèse sur « science ».

[3] Cette tournure passive a le sens de « que l'on me transmette ».

Je voudrois estre serment[1]
En une masse entassée,
Tous les matins je serois
Une ardante et belle flame,
Las comme je chaufferois
La chemise de Madame.
Pour alleger mon soucy,
Ainsi me diroit la belle :
« Mon Dieu que je brusle icy
Une gentille javelle ! »
Pour la belle que je prise
Devant mon jaloux deceu, [158 r°]
Je serois bien tost esprise[2]
Elle me jettant au feu.
Si quelque autre s'y chauffoit
Estant absente Madame,
Tout le monde ne sçauroit
Me faire faire une flame :
En la nouvelle saison
Aux champs iroit ma Rozette,
Je reviendrois du bourgeon
Seulement en sa vignette.
Ma belle je t'attendrois
A la pointe de l'aurore,
Et en te baisant cent fois
J'aurois plus d'amour encore :
Je serois en fueille aussi
Pour ombrer la belle tresse
Qui me fait chanter icy
Mon amour, et ma maistresse.

---

[1] Cette graphie de « sarment » est attestée jusqu'au XVIIe siècle et, dans certaines régions, jusqu'au XIXe. Voir FEW XI, 231b : *sarmentum*.

[2] Le féminin est pour la rime ou parce que c'est en « javelle » qu'est transformé le narrateur. Voir TS XLIII v. 13.

Souvent j'entrelacerois
De ma taille si jolie
Ses bras, et si baiserois
Ses gands, et sa main polie :
Je ferois tant chaque soir
Que ma petite Rozette
Me feroit doucement seoir
Au lict que tant je souhaitte.
Je viendrois en sa maison,
Puis en couchant avec elle,
L'on verroit ce vert bourgeon
Baiser mille fois ma belle,
De ces baisers donc icy
Dont mon ame est abbreuvée, [158 v°]
Faits, ô Bacchus, tout ainsi
Qu'elle n'en soit point privée.
De grace, Dieu biberon,
Pour bien chanter ta loüange,
M'aimant comme Anacreon[1],
Change mon corps en vandange,
Afin que je sois tousjours
Auprès de mon amourette,
Pour jouyr de mes amours
Ainsi que je le souhaitte.

FIN.

[1] Ce poète lyrique grec est connu pour ses poèmes en hommage à Bacchus.

[109] ELEGIE.

Adieu beaux yeux jusques à mon retour[1],
Adieu, maistresse, adieu tout mon amour,
Adieu mon cœur, adieu bouche pareille
A l'incarnat d'une Roze vermeille,
Adieu beau sein potelé, qui sans plis
Va mesprisant en blancheur ce beau lis,
Qui n'a semblable en beauté que soy-mesme,
Que mon cœur aime encor plus que moy-mesme :
Roze je pars en extreme soucy
De te laisser pour long temps seule icy,
Voy ce grand vent, qui si viste m'emporte
Ne voy-tu pas comme ceste onde est forte ?
„ Mon cœur ainsi espere son retour,
„ Plus viste encor pour revoir son Amour :
Pendant[2] mes yeux, ardans comme lumieres,
Jettent leurs rets sur ces belles verrieres[3]
„ Que je voy là, c'est là dedans aussi,
„ Que je voudrois estre, et non pas icy : [159 r°]
O petit cœur qui jadis soulois estre
Sans passion, sans ardeur, et sans maistre,
Tu n'es plus serf par le don que j'en fis
A ceste main, qui en son sein t'a mis :
Ainsi beau lac[4] un corps sans cœur tu porte,
Si tu sçavois le mal que j'en supporte,
Tu me plaindrois, et je ne sçay comment

---

[1] Voir 75 v. 1.

[2] Il faut comprendre « pendant que ».

[3] Il s'agit des yeux de la dame.

[4] Cette invocation met à nouveau au centre de cette élégie les paysages suisses. Sur ce motif voir 1 v. 12 et 25 v. 32.

Ton hardy flot ne me va ja plaignant :
Qui pourroit vivre en l'ardeur où je dure,
Et ne mourir du grand mal que j'endure ?
Or sus, beau lac, pousse moy donc au port,
Car je me meurs de revoir l'autre bort,
„ Je te feray deux presens sur la rive,
„ Dignes de toy, si bien tost j'y arrive.
Et vous blancs[1] fonds, qui soubs voz moites eaux
Ne souffrez point de jongs, ny de rouseaux,
Ottroyez moy ce dont je vous supplie.
Quand vous serez soubs le vent en furie,
Souvenez vous de Roze, et de l'Amour[2]
Qui va bruslant mon pauvre cœur tousjour ?
Que voz grands flots, et vostre eau tourmentée
En mille lieux par le vent agitée,
Se courrouçant à battre voz cailloux,
Facent frayeur à mes fascheux jaloux.
Et quand tes eaux bruiront sur ce rivage,
S'ils osoient bien essayer ce passage,
Appelle à toy la Bise et le Joran,
Sois en tourmente, à tout le moins attan
Le fier Auberre, et ensemble tous quatre[3]
Soubs l'eau despite ils se puissent abbattre,
Et leurs[4] batteaux de ces[5] vents assaillis
Soient aux plus creux de tes aziles mis. [159 v°]
Lors ce beau fait eslevé par les nues,
Traversera les plaines incongneues,
Les hauts rochers, et montagnes, et bois,
Qui apprendront comme tu es courtois :

---

[1] 1589 : *blanc.*

[2] 1589 : *Souvenez de Roze et de l'Amour.*

[3] Ces quatre entités sont sans doute les trois vents cités et le lac lui-même mais ce chiffre reste énigmatique et semble surtout présent pour la rime.

[4] Ces « batteaux » sont bien sûr ceux des « jaloux » mentionnés au vers 49.

[5] 1589 : *ses.*

Quand un amy à le venger te pousse,
Et quel tu es, quand le vent se courrouce[1],
Je ne veux pas faute d'invention
Les voir exempts de leur punition :
Je feray tant de plainte et de service
Au blond Phebus meurtrier de Cyparisse[2],
„ Dans les rouseaux je jetteray les yeux,
„ Pour me venger de ces jaloux fascheux :
Ils congnoistront que leur malice fainte
Fera sortir du tombeau Yacinte[3],
Et sauteler[4] sur les costeaux herbus,
Priant pour moy son tant aimé Phebus,
Et pardonner à ce luisant perfide[5]
Qui de son cœur fut le seul homicide :
Car je voudrois dix mille fois mourir
Pour une fois ma Roze secourir :
Disant adieu aux traverses du monde,
Je vengerois mon amoureuse blonde :
Il faut, il faut, que je vous conte icy
Comme Phebus se vengea bien ainsy,
D'un sien jaloux jouyssant de sa mie
Qui luy estoit cruelle et ennemie.
Je luy veux mal, car trop il se vengea
Du mal cuisant qui trois fois le rengea
Au desespoir, où piqué de cholere
Il fit mourir la joye de la mere[6] :

---

[1] 1589 : *quand le vent courrouce*.

[2] Cet amant d'Apollon demande la mort au dieu après avoir tué un cerf dont il appréciait la compagnie. Voir Ovide, *Métamorphoses*, *op. cit.*, X, 106.

[3] Cet autre amour d'Apollon est tué par mégarde par le dieu lui-même alors que les deux amants jouaient au disque. *Ibid.*, v. 174.

[4] Cet infinitif est complément du verbe « sortir ». Il faut comprendre « Fera sortir [...] / Et sauteler ».

[5] Il s'agit toujours d'Apollon à qui Hyacinthe pardonnerait sa faute.

[6] Plusieurs mortelles se sont refusées à Apollon pour des raisons diverses mais rares sont celles qu'il a tuées pour ce fait. On peut citer Daphné, transformée

Sage Modene[1], helas que tu fis bien
De mespriser ce cruel Clarien[2] [160 r°]
„ Qui se vanta, au Palais de Leonte[3],
De ton amour, et de sa propre honte !
Tu fusses morte en la fleur de tes jours,
Trahie ainsi de ses fausses amours,
Nous eussions veu ta poitrine meurtrie
„ Sans sepulture, auprès de Corinthie,
En Collophon avec l'Iryneen[4]
Tu eusses veu le dernier mois de l'an,
Où toute grosse il t'eust mise, ma fille,
En Thessalie, en la fosse[5] de Phille[6],
Ou bien au feu des Cathaonéens[7].
Car le parjure aux deserts Thenéens
Avoit tuée, assez près de Larrisse,
Cruellement la jeune Cyparisse[8] :

---

en laurier, Coronis qui trompe le dieu et est tuée, Marpessa qui choisit de vivre avec le mortel Idas ou encore Cassandre qui, après avoir appris les dons de divination de la bouche d'Apollon, refuse de céder à ses avances. Voir P. Grimal, *Dictionnaire…*, *op. cit.*, p. 41-42.

[1] Ce nom reste obscur.

[2] Cette épithète renvoie à Apollon qui possédait un temple à Claros, ville d'Asie mineure. Voir par exemple M. de La Porte, *Les Épithètes*, *op. cit.*, 1973, f° 19 r°.

[3] Cette allusion est bien difficile à déchiffrer avec précision.

[4] Apollon aurait eu, à Colophon, ville d'Asie mineure, une relation avec une prêtresse nommée Manto qui aurait donné naissance à un fils, Mopsos. Cette ville se trouvait dans la zone d'influence des Lydiens et c'est sans doute ce mot qu'il faut découvrir sous le fautif « l'Irénéen ». Le vers rétabli serait « En Collophon avec le Lydien ».

[5] C'est Leucothoé qui fut enfermée dans une « fosse profonde » par son père lorsque celui-ci appris qu'elle avait une relation avec Hélios. Apollon et les divinités solaires sont souvent associées. Voir Ovide, *Métamorphoses*, *op. cit.*, IV, p. 165, v. 264-266 et vers 202.

[6] Il s'agit peut-être d'une graphie déformée pour la ville de Pherés, d'où est originaire Admète, roi qu'Apollon aida sous la forme d'un bouvier. Voir v. 97.

[7] Ce nom peut-être celui d'un peuple ou d'une ville mais semble crée de toute pièce.

[8] Voir ci-dessus vers 60. Il est possible qu'il y ait une erreur sur l'article car Cyparisse est un homme, originaire de Céos, île des Cyclades. De plus, la

Admette, Admette[1], hé où as-tu les yeux
D'aimer ce traistre et parjure des Cieux
Qui n'aime rien que le sang et la gloire
De ce qu'il fit sur le haut Promonthoire[2],
Peu souvenant des promesses qu'il fit
Au brave Roy qu'Antigonus deffit[3] ?
Si tu sçavois la grande tyrannie
Qu'il fit, estant soubs les bois d'Ionie[4]
Tu ne voudrois jamais, jamais cherir
Ce meschant là qui fit sa sœur mourir
En la forçant, et qui dans les eaux noires
Fut du conseil d'oster les genitoires[5]
Au Pere ancien, et les couppa de fait,
Et ne fut onc chastié de ce fait :
Il est sçavant à ces choses impropres,
Ne fit-il pas manger ces enfans propres ?
Il fait tenir les Cyclopes reclus,

localisation du mythe est fautive puisque la ville de Larissa se trouve en Thessalie et est traversée par le fleuve Pénée. Si Beaujeu a, volontairement ou par inadvertance, modifié le lieu du mythe, il faut peut-être substituer au terme « Thénéens » celui de « Pénéens », adjectif se rapportant à Pénée. Apollon a par ailleurs bien eu une aventure à Larissa mais avec la jeune Coronis, mère d'Asclépios. Voir Ovide, *Métamorphoses*, *op. cit.*, II, v. 542.

[1] Apollon fut obligé par Zeus d'aider ce roi de Thessalie en tant que bouvier après avoir tué les Cyclopes.

[2] 1589 : *Promothoire*. C'est sans doute encore d'Apollon dont il est question mais il est bien difficile de trouver de quel mythe ou épisode il est ici question.

[3] On pourrait voir ici une référence à Antigonus le Borgne, l'un des diadoques qui combattit notamment deux autres généraux d'Alexandre, Séleucos et Ptolémée. L'allusion n'est est pas moins floue. Le « brave Roy » est-il l'un des diadoques ou bien Alexandre lui-même dont Antigonus trahit l'héritage ? Alexandre est plusieurs fois béni par les dieux, et notamment par Apollon selon Plutarque. Doit-on comprendre que la fin tragique qu'il connait serait considéré par le narrateur comme une trahison d'Apollon ? Voir Plutarque, *Les Vies des hommes illustres*, *op. cit.*, t. I, *Vie d'Alexandre*, p. 324-325, IV et V ainsi que p. 351, XLIV.

[4] 1589 : *Dionie*.

[5] Ce détail renvoie aux mythes entourant la naissance et l'arrivée au pouvoir de Zeus, de même que le vers 112, concernant la dévoration des enfants, renvoie à Cronos. Le locuteur semble ici mêler plusieurs récits mythologiques.

Beau sur tout autre, et perfide des plus, [160 v°]
Car de leur sang il veut taindre ses flesches,
Et sans cesser leur fait au sein des bresches[1] :
,, En ces amours, inconstant et leger,
,, Ore il est Dieu, et ore[2] il est Berger[3],
Portant ce nom de meurtrier, de Nyobe[4],
Autant qu'il peut de Nymphes il desrobbe,
Il fit mourir ce beau fils gracieux,
Puis de sa mie il se fit amoureux,
Qui loing de luy passoit en heur sa vie,
Heureusement avecques sa Cillie[5],
Prinse en ses rets, ainsi me le dit-on
Quand il tua ce grand serpent Pitton[6].
O grand meurtrier, comment est-il possible
Qu'il soit entré en ton courage horrible
Un tel desir de tuer de ta main
Ce bel enfant[7], si doux et si humain ?
Las il n'avoit avant sa mort cruelle
Guieres jouy des amours de la belle.
O fols Amans, qui voulez vous servir
D'un traistre tiers, qui plustost que mourir
Deceleroit une amitie secrette !
Ainsi dit-on, que la vieille indiscrette

---

[1] Si c'est bien Zeus qui tient les Cyclopes dans le Tartare, Apollon tenta de les tuer après la mort de son fils Asclépios. Voir P. Grimal, *Dictionnaire…*, *op. cit.*, p. 42.

[2] 1589 : *Ores il est Dieu, et ores il est Berger.*

[3] Apollon est souvent représenté en berger, notamment lors de son histoire avec Admète. Voir vers 97.

[4] La légende de Niobé est bien connue. La jeune femme s'étant vantée d'avoir eu plus d'enfants que Létho, sa progéniture est tuée par Apollon et Artémis, enfants de Létho. Voir Ovide, *Métamorphoses*, *op. cit.*, VI, v. 165-312 et vers 183.

[5] Pour la première fois ici ce nom est lié au nom d'Apollon. Il faut sans doute le rapprocher de celui de Coronis. Voir ici même les vers 139, 175 et 223.

[6] Pithon est bien tué par Apollon dès sa naissance. Voir P. Grimal, *Dictionnaire…*, *op. cit.*, p. 41.

[7] Ce bel enfant est-il le serpent Pithon évoqué au vers 126 ou bien « cet enfant » du vers 140 ?

„ Disoit à Mars que Trasise aimoit mieux
„ Son Diomede, en mesprisant les Cieux[1] :
Ainsi Phebus, amoureux de Cillie[2]
Jaloux, ravit à cet enfant la vie[3] :
„ Qui aime bien, il faut aimer du cueur,
„ Si on est deux, il en faut un vaincueur,
Elle baisant ces froides levres closes,
Sur un lict doux, fait d'œillets et de roses :
Disoit ainsi : « Ô mon fidelle amy[4],
Que je tiens or sur mon giron blesmy, [161 r°]
Que n'ay-je au cœur, que n'ay-je en la poitrine
Autant de coups de ceste javeline,
Dont ce meschant, de ton bon-heur jalous,
Cruellement t'a donné tant de coups[5] ?
„ Las tu es mort. Hé je te veux donc suivre.
„ Tu es donc mort. Hé je ne veux plus vivre !
„ Quoy ! Es-tu mort ? Je veux mourir aussi,
„ Et demeurer auprès de toy icy
Où estans mis en un cercueil ensemble,
Nous passerons, car ce Nocher me semble
Estre assez fort pour nous passer tous deux
Outre les bords de ce fleuve fascheux :
Mais paravant que sur toy je me tue,
„ Je veux tuer une mer de ma veue[6],

[1] Cette « Trasise » demeure mystérieuse ainsi que l'épisode auquel il est ici fait allusion. Les rapports de Mars et Diomède ont déjà été évoqués dans l'élégie 9 v. 745.

[2] Le discours qui suit semble correspondre, dans une certaine mesure, à la légende de Coronis, tuée par Apollon pour l'avoir trompé mais dont Ovide décrit la détermination : frappée par une flèche divine, elle se l'arrache avant d'être brûlée par ses parents. Voir ici même les vers 124, 175 et 223 ainsi qu'Ovide, *Métamorphoses*, *op. cit.*, II, p. 101, v. 599 et suivants.

[3] Il pourrait s'agir ici de l'amant de Coronis. *Ibid.*

[4] Voir note précédente.

[5] Pour le locuteur, Apollon aurait tué l'amant de Coronis d'une flèche.

[6] Le vers semble pâtir d'une ou plusieurs erreurs de copie. La « mer » renvoie vraisemblablement aux larmes que le poète verse. Veut-il tuer sa maitresse à l'aide de celles-ci ?

Je veux coupper mes cheveux dessus toy[1],
Pour te monstrer ma constance, et ma foy,
Et de tristesse en mon cœur incroyable,
Me rendre heureux, estant plus miserable :
Ca, ça, bruslons cet unique pourtrait[2],
Pour me venger du grand tort qu'il nous fait,
S'il vient passer au moins en ceste place,
En rebaisant tes yeux morts, et ta face,
D'un hardy fer ce mien sein detranchant,
Je m'en iray, en l'appellant meschant.
Lors il verra par mes mains perilleuses,
Venger le tort de ses amours fascheuses :
O cher amy, en rendant ton esprit,
As-tu pensé à cet œil qui te prit[3] ?
„ Qu'atten-je plus, ce disoit lors Cillie[4],
„ Qui[5] me retient encore[6] icy en vie ?
Mille baisers soubs les flots de mes pleurs,
Pour alleger mes cuisantes douleurs : [161 v°]
Or sus, mourons, ce disoit la dolente,
Puis que ma mort me peut rendre contente,
Je ne veux plus, ny vivre, ny languir,
Disons adieu à chacun pour mourir.

---

[1] Ces deux vers qui évoquent sans doute à la fois la violence de l'amour et la force du deuil sont énigmatiques. Peut-être faut-il y voir un rappel de Diodore de Sicile qui évoque le fait que les Égyptiens avaient l'habitude de se laisser pousser les cheveux lorsqu'ils étaient loin de chez eux et de se les raser une fois de retour, comme l'avait juré Osiris. Voir Diodore de Sicile, *Bibliothèque Historique*, introduction, traduction et notes par M. Casevitz et préface de P. Vidal-Naquet, Paris, Les Belles Lettres, coll. « La Roue à Livres », 2000, I, p. 24, XVIII, 3.

[2] Voir 68 v. 1.

[3] La jeune fille fait peut-être ici référence à son œil à elle, ou bien à celui d'Apollon qui lui fut fatal.

[4] Ce nom féminin semble à rapprocher de Coronis. Voir ici même les vers 139 et 223.

[5] Le pronom relatif est à entendre au sens de « qu'est ce qui ».

[6] 1589 : *Qui me retient encores icy en vie.*

Adieu Niobe[1], adieu douce esperance,
Adieu, mon cœur, où j'avois asseurance,
Adieu Amour, adieu tout mon soucy,
Çadonc meurtrier, retourne toy icy !
Adieu meschant, qui penses estre quitte
D'un si grand mal, adieu ame maudite :
Voy ce beau corps qui n'attend rien là bas
Que mon esprit, et mon proche trespas,
Je ne veux plus mes plaintes laisser bruire,
Je veux quitter le monde qui souspire
De mon mal-heur, et laisser je te veux
Plein de regret, courir parmy les Cieux. »
Lors en criant, deux coups elle se donne
Dedans le cœur, d'une dague felonne,
Tombe par terre, et reveut s'assaillir,
Car tout son sang elle veut voir saillir
Avec sa vie, et se rendre contente.
Là elle cheut sur la pile odorante,
Souspire et meurt, ouvrant un peu les yeux
Pour voir Phebus qui pleuroit dans les Cieux,
Pasle, et chestif, sans beauté, sans lumiere[2],
De voir mourir ceste belle meurtriere,
Qui le regarde, et luy monstre la main
Disant tout bas : « Adieu traistre inhumain ! »
Puis achevant ceste rude parolle,

---

[1] Voir vers 119.

[2] Ces trois vers semblent issus de deux passages d'Ovide. De fait, Clytie, amoureuse du Soleil, apprit que celui-ci aimait une autre femme, Leucothoé. Le soleil était tellement amoureux de la jeune fille qu'il devint « sombre » et « pâli[t] » à force d'amour. Se faisant passer pour la mère de Leucothoé, Hélios réussit à l'approcher et s'unit à elle. Cependant, Clytie dénonça le fait au père de la jeune fille et celui-ci enferma sa fille dans une fosse où elle mourut. Clytie fut châtiée car le Soleil ne l'approcha jamais et elle resta à dépérir, « contempl[ant] seulement la face du dieu et tend[ant] vers lui son visage ». Voir la pièce 69 v. 37 et Ovide, *Métamorphoses*, *op. cit.*, livre IV, p. 163, v. 201-202 et 165, v. 264-266 et vers 92.

Elle retombe, et son ame s'envolle. [162 r°]
Phebus fasché, qui tristement se meur
Se voit ainsi traitter à la rigueur,
Obscurcissant son œil plein de lumiere,
Doubla le cours de sa lente carriere,
Et s'alla mettre en son lict[1], ce dit-on.
Ce fut alors que le beau Phaëthon[2]
Print des cheveaux tout frais en son estable,
Qu'il attella, et versa miserable
En beau chemin, pour n'avoir onc conduit
Le chariot qui par le monde luit,
Mettant le feu en la riche vallée.
Il vint mourir sur la comphe accollée,
Mettant le feu par son corps estendu,
Baignant au sang qu'ils[3] avoient respandu :
Heureuse[4] soit donc, ma belle Cillie[5]
D'avoir vomy son sang avec sa vie,
Entre les corps des jeunes amoureux[6],
L'un de la terre, et l'autre des hauts Cieux[7],

---

[1] Le locuteur joue ici avec les épisodes mythologiques, les réécrivant et les mélangeant. De fait, c'est justement après la chute de Phaëton, que son père Hélios, refuse de reprendre son travail. Voir Ovide, *Métamorphoses*, *op. cit.*, II, p. 89, v. 382-383.

[2] Fils du dieu Hélios, il demanda à son père de pouvoir conduire le char solaire. Inexpérimenté, il perdit le contrôle du véhicule, incendia une partie de la terre et se noya dans le fleuve Eridan. Voir élégie 81 v. 599.

[3] Il s'agit sans doute du sang des chevaux.

[4] 1589 : *Heureux soit donc.*

[5] Ce nom féminin semble lié à celui de Coronis. Cette jeune fille, enceinte du dieu, prend un amant mortel par peur qu'Apollon ne l'abandonne lorsqu'elle serait vieille. Apprenant cela, le dieu la tue et récupère l'enfant qu'elle portait, Asclépios. L'assimilation des deux noms est rendue d'autant plus probable que Beaujeu vient d'évoquer l'aventure de Phaëton qui, chez Ovide débute le livre II. Voir ici même v. 139 et 175 ainsi qu'Ovide, *Métamorphoses*, *op. cit.*, II, v. 1-271 et v. 598-604.

[6] Ce terme est synonyme d'amants : ce sont ceux qui aimèrent « Cillie ».

[7] Si l'on s'en tient à une identification entre Cillie et Coronis, l'amant de la terre est le mortel aimé par la jeune fille tandis que l'amant « des hauts Cieux » serait bien Apollon. *Ibid.*

Qui autrefois aux combats de Bellonne
Avoient gagné le lierre[1] qu'on donne
Aux pelerins qui viennent de là bas
Nous raconter les douceurs du trespas,
Qui se vantoient d'une mesme proüesse,
Et qui aimoient une mesme maistresse[2].
Que sur le champ où voz oz cendroyez
Sont attendans, du thresor vous ayez
Les douces eaux, qui font toujours renaistre
Au bout du terme, ainsi qu'on souloit estre[3].

FIN.

[162 v°]

[1] Il faut faire une diérèse sur ce terme. Les symboles ici attribués à la plante, à la fois couronne des vainqueurs et attribut des morts, pourraient venir de souvenirs croisés de Pline et de Diodore de Sicile. Le premier évoque le retour d'Alexandre d'Inde coiffée de lierre à la manière de Bacchus. Le second mentionne les liens qui existent chez les Égyptiens entre le lierre et Osiris, en raison de ses feuilles vivaces. Voir Pline, *Histoire naturelle*, *op. cit.*, XVI, 144 et Diodore de Sicile, *Bibliothèque historique*, *op. cit.*, I, p. 26, XVII, 5.

[2] Rien n'est simple dans cette succession de propositions relatives. Avant même d'évoquer le sens, il faut remarquer qu'elles peuvent avoir plusieurs antécédents, « amoureux » ou « pelerins ». Il semble que, si les vers 229-230 fonctionnent bien ensemble, en revanche, les propositions des vers 231-232 sont à rattacher à « amoureux » : Apollon et le jeune mortel aimé par Coronis sont toujours en concurrence. La « proüesse » pourrait d'ailleurs bien être une allusion à la séduction de la jeune fille.

[3] Ce dernier quatrain, indépendant, accentue l'étrangeté de la fin de ce poème. Après la mention du « lierre » et des « pelerins » le narrateur y évoque une forme de rituel de résurrection à l'aide d'une eau spéciale.

[110] CHANT.

Jamais Amour ne fait
De personne accointance,
S'il ne voit par effet
Qu'il aye patience :
Jamais aux lasches cueurs
Il ne jette ses flesches,
Qui sont tant de douleurs
Cuisantes en leurs bresches.
Il faut premierement
Que le sort il mesprise,
Qu'il souffre constamment,
Qu'il aime l'entreprinse :
Sans que pour son honneur
Il compare le blasme
Avant que d'un mal-heur
Il entoure sa Dame.
Aux desseins dangereux
Il veut qu'on luy assiste,
Aux succès mal-heureux
Il veut que l'on resiste,
Plus on est repoussé,
Que plus on s'esvertue,
Plus l'on est offensé
Que plus l'on continue.
Lors qu'il voit que l'on fait
Si ferme resistance,
Il change le souhait
En douce jouyssance :
Et puis avec l'honneur
Surmontant nostre envie, [163 r°]

Il couple nostre cueur[1]
A une heureuse vie.
Mais ce n'est pas à moy
Qu'il est tant secourable,
Je faits ce que je doy,
Et je suis miserable,
Je sers, et je n'ay rien,
Je chante sa loüange,
En ayant moins de bien
Qu'à chanter un estrange.

FIN.

[111] ODE.

Laissez là voz chansons
Mes petits oisillons,
Entonnez un adieu sur un champ[2] lamentable,
Qu'on l'entende si loin
Que le More voisin
Du puis tousjours de feu s'en rende pitoyable[3].
Vous Rossignols tenez
Les desirs destinez,
Ne pensez plus au meurtre[4], et toy Phenix qui hante

[1] Amour, reconnaissant, trouve une amante au poète.

[2] 1589 : *champ*.

[3] Cette allusion énigmatique met en valeur la portée du chant des oiseaux, capable de traverser de grandes distances et d'émouvoir un peuple considéré comme barbare et cruel. Le terme « More » renvoyait aux habitants du désert de Lybie et l'expression « puis toujours de feu » renvoie sans doute à des affleurements de bitume. Voir M. de la Porte, *Les Épithètes*, *op. cit.*, f. 170 r°.

[4] Il s'agit d'un rappel de la métamorphose de Philomèle. Voir l'élégie 81 v. 598.

Sur le mont doux flairant[1],
Tiens la taille accordant
Au Pinçon chante-mieux, l'eau t'est contre esclattante[2].
Toy petit oiselet
Fredonne le faucet
En te ressonnant de ta grande proüesse[3],
Toy cygne[4] d'un Bassus
Accordes au dessus[5].
Sus, mes amis, chantez l'adieu de ma maistresse[6]. [163 v°]
Adieu donc belle fleur
Puis que ton serviteur
Meurtry de ta main propre, abandonne sa vie,
Retire ses souspirs
Et reçoy ces[7] desirs,
Le tombeau rien n'en[8] veut que l'escorce paslie.
Çaque ton œil si beau
Pleure sur son tombeau.
Lisant ces vers icy, immole une genice,

---

[1] Le Phénix, oiseau mythique renaissant de ses cendres, était censé vivre en Inde et apprécier le parfum. Voir Pline, *Histoire Naturelle*, *op. cit.*, X, 4.

[2] « L'eau » est aussi de la partie et apparaît comme l'une des voix participant à ce concert improvisé.

[3] Le vers est faux et bien difficile à corriger. On pourrait proposer « ressouvenant » à la place de « ressonnant », mais le sens du vers en est radicalement changé.

[4] 1589 : *signe*.

[5] La syntaxe n'aide en rien à la compréhension de ces deux vers. Il faut comprendre que le locuteur enjoint le « cygne » à accorder sa voix basse à la voix supérieure entonnée au vers précédent par « l'oiselet ».

[6] Tout ce passage mettant en scène un orchestre d'oiseaux est sans doute un souvenir de Du Bartas qui imagine une scène semblable où seuls des rossignols sont présents : « Il me semble qu'encor j'oy dans un verd buisson / D'un sacré Rossignol la tremblante chanson : / Qui tenant or' la taille, ore la haute-contre, / Or' le mignard dessus, ore la basse-contre, / Or' toutes quatre ensemble […] ». Voir G. Du Bartas, *La Sepmaine ou Cretaion du monde*, *op. cit.*, t. I, p. 284, v. 630-634.

[7] Ce déterminant démonstratif est cataphorique et renvoie aux dernières volontés du locuteur, énoncées dans la fin de cette ode.

[8] Le pronom adverbial renvoie au locuteur.

Respands et laict et vin[1]
Sur le coup inhumain[2]
Du corps mort qui vivant te fit tant de service.

FIN.

[112] CHANSON.

Belle pour qui mes yeux
Larmoyent sans cesser,
D'un baiser gracieux,
Faits mon tourment passer,
Et qu'une fois encor
Je puisse retresser
Ta belle tresse d'or[3].
Si j'ay veu mon tourment
Exceder tes faveurs,
N'est-ce pas constamment
Soustenir mes douleurs ?
Mais je voy bien qu'Amour
Augmente ses[4] rigueurs
Contre moy nuict et jour.
C'est quand il me souvient
De ce beau temps passé, [164 r°]
Une rage me tient

---

[1] Ces éléments de sacrifice apparaissent déjà dans la pièce 9 v. 301.

[2] Le poète demande à la dame de pleurer autant sur son corps que sur l'acte cruel qui l'a tué.

[3] Cette pièce est mentionnée dans Ph. Martinon, *Les Strophes*, *op. cit.*, p. 566 sous la rubrique strophe de sept vers de six syllabes de forme aabcbc. Martinon précise que cette chanson est uniquement bâtie sur des rimes masculines. C'est d'ailleurs la seule du recueil à ne pas respecter l'alternance des rimes.

[4] 1589 : *ces*.

Le cœur entrelassé :
Lors forcé de despit
De mon mal offensé
Je pleure jour et nuit.
Que ne prens tu pitié
De ma dure langueur
Congnoissant l'amitié
Que te porte mon cœur ?
Or puis qu'il faut mourir
Pour finir ma douleur,
La mort me fait plaisir.
Que dessus mon cercueil[1]
L'on escrive pourquoy
Je suis mort en ce dueil,
Qu'on die que c'est toy
Qui me fais tant mourir
En me manquant de foy
Pour s'en ressouvenir.
Ainsi tous les Amans
Qui par là passeront,
De mon mal devisans
Tristes me pleureront,
Et me jettans des fleurs
De mes maux souvenans
M'arrouseront de pleurs.
Mes yeux seront couverts
D'un petit linge d'or,
Et à demy ouverts
Ils[2] se tiendront encor,
Bien qu'après le trespas [164 v°]

[1] Jusqu'à la fin de la chanson le locuteur décrit avec précision les hommages rendus *post mortem* à sa sépulture. On trouvait déjà pareille évocation au sonnet TS XIV.

[2] 1589 : *Il.*

En l'œil reste un thresor
Que nous ne voyons pas.
L'œillet, et le beau lis
Dessus mon chef seront,
Le soucy sera mis
Dessus mon pasle front,
Les pavots comme sang
Larges me couvriront
Des deux costez le flang.
Le baulme sera mis
En mon cœur tant percé,
Soubs mes costez blesmis
Le thim entrelacé,
Sur mes cuisses les fleurs
Du tapis damacé
Des quinze belles sœurs[1].
Sur mes deux bras seront
Les fleurs du brave Mars[2],
Mes cheveux se lieront
D'un jaulne lin espars,
Le Nard qui sentira
Si bon de toutes pars
En ma bouche sera.
Et mon triste tombeau
Sera par tout couvert
Du doux flairant rameau,
De l'arbre tousjours vert[3],
Un ruisseau de son bruit
Partout ce beau desert
Me plaindra jour et nuit. [165 r°]

[1] Ce groupe aux liens sororaux fait bien sûr penser aux muses qui ne sont pourtant pas quinze. C'est plutôt à la présence de pleureuses porteuses d'offrandes que l'allusion fait référence.

[2] Ce mythe entourant la naissance de Mars est déjà apparu en 25 v. 164.

[3] Il s'agit sans doute du laurier, arbre d'Apollon.

Pour me garder, Amour
Choisira six Demons
Qui de nuict et de jour
En diverses chansons
Vanteront ces yeux beaux
A mon cœur trop felons
Et source de mes maux.
Milles oiseaux vollans[1]
Chanteront avec eux
Un Cantique, plaignans
La fin de moy, heureux
Moy qui voulus[2] mourir
Au monde mal-heureux
Et par ta main perir.
Vous qui passez ainsy
Voyez comme une fleur[3]
A fait ce meurtre icy,
C'estoit son serviteur :
Lisez ces derniers vers,
Je suis mort de bon cœur
Pour celle que je sers.

FIN.

---

[1] Sur cette licence orthographique voir TS XI v. 11, 81 v. 555, 146 v. 57, 155 v. 5.

[2] 1589 : *voulus*.

[3] Ce rapprochement entre les femmes et les fleurs parcourt l'ensemble du recueil. Voir TS XX v. 14.

[113] ELEGIE.

ROZE.

A ce coup je congnoy qu'Amour me favorise,
Qu'il me tient chere[1] encor, qu'il m'aime, et qu'il me prise,
Et qu'en ce qu'il congnoist me pouvoir secourir,
Qu'il n'y espargne rien. Aussi bien pour mourir
Je ne voudrois jamais estre si patiente
Comme par le passé, de mon amy absente : [165 v°]
Car depuis son depart, j'ay tant plaint, souspiré,
Qu'en mon sein, et mes yeux, rien n'y est demeuré,
Outrageant mon visage au gré de mon envie,
Je touchay le[2] limite une fois de ma vie,
Amour me faisant voir aujourd'huy mes amours,
M'a fait toute contente, et sentir son secours,
Je treuve que la France a produit bien-heureuse,
Soubs un si brave Roy ceste ame genereuse,
Elle me faisoit tort de me l'oster ainsi,
Veu qu'Amour, mon Demon, me l'a donné aussi,
Je ne veux plus que Mars couvre d'armes la terre,
Desireux d'y nourrir une eternelle guerre,
Ny qu'il face de moy, immortel ennemy,
D'avantage animer le cœur de mon amy.
Qu'il aille au combat seul, j'ay trop versé de larmes,
J'ay trop receu de mal, et d'ameres alarmes,
Tant de fois, que de fois s'en est pasmé mon cœur,
Qui de ses ennemis est demeuré vainqueur,

---

[1] Comme l'indique le sous-titre de cette élégie, c'est Rose qui parle. Voir élégie 107 v. 1 et suivants.

[2] Le masculin pour ce terme est également utilisé en 188 v. 1.

Je ne veux plus qu'il passe aux glaces animées[1],
Ny qu'il aille tracer le logis des armées :
Je ne veux plus jamais qu'il aille dans ces monts
Faire tailler des rochs, où y faire des ponts,
Je ne veux plus qu'il aille ainsi raudant le monde,
Ny des fleuves grossis faire sejourner l'onde[2],
Je ne veux plus qu'il soit nuict et jour par ces bois,
La pluye sur le dos avecques le harnois,
Ny que la cruauté si afreuse, et si laide,
Contre ma volonté pour jamais le possede,
Mille fois, sans congé de sa Muse, il a mis
Le harnois sur le dos, et dans les ennemis
Il s'est cent fois meslé, sans avoir en la teste
Qu'un chappeau de Castor, et comme une tempeste [166 r°]
Parmi le feu bruyant des pistolets soudains,
Avec les plus mauvais il est venu aux mains,
Bien est vray que mon nom luy servit de rondelle
Maintes fois aux combats, aussi la foy fidelle
Dont je le tiens lié par un doux bracelet,
Luy servit à Dorman[3] d'esprouvé corcelet.
O Mars, Dieu effroyable, exauce ma priere,
Permets luy de quitter ta cornette guerriere,
Suscite un autre cœur à tes combats cruels,
Suscite un autre esprit à tes conseils mortels,
Laisse moy, mon amy, laisse moy mon ostage[4],
Quand Amour assiegea les beaux ans de mon aage,

[1] Dans ce contexte où Rose évoque les dangers de la guerre dans des paysages de montagnes, on peut voir dans ces « glaces animées » une référence aux glaciers des Alpes.

[2] Ce vers n'est pas aisé à comprendre. Faut-il envisager que la maitresse du poète ne veut plus qu'il s'attache à contrôler les fleuves, de la même manière qu'elle ne veut plus qu'il construise de pont dans les montagnes ?

[3] Cette ville est le lieu d'une célèbre bataille des guerres de Religion en 1575, remporté par Henri de Guise contre les troupes protestantes.

[4] 1589 : *laisse moy mon ostage.* Il faut sans doute comprendre que la dame considère l'amant comme son otage.

Afin que jouyssant du fruict de mon souhait
Je me puisse sentir du bien que m'auras fait :
Ainsi, disoit ma Roze, à Mars taille montagnes[1].
Mais contre sa priere, il emplit les campagnes
De la France mutine, et dans ce ost[2] puissant
D'hommes, et de chevaux, il m'alloit cherissant,
Me bannissant à coup des beaux yeux de ma Dame,
Qui vivotoit sans cœur, sans soulas, et sans ame,
Je mourois de despit, de l'eslongner si loing,
Je mourois chaque jour dedans un nouveau soing[3],
Et disois à part moy, retiré dans ma tente :
« Mars, que tu as rendu ma Roze mal contente. »
Pourquoy dedans ce camp ne sçauroit-on mener
Une brave maistresse, et non pas la laisser ?
Demetre bien-heureux, d'avoir toute ta vie
A souhait, près de toy, ta maistresse Lamie[4] :
Toute nuict je travaille, et le jour revenant,
Je tasche à me jetter chez elle doucement,
Tousjours quelqu'un me voit, et sur tout ma contraire[5]
„ Me guide, me poursuit, m'importune et m'esclaire :

[166 v°]

Helas je ne sçaurois m'absenter de ses yeux,
Non pas[6] si je vollois je croy dedans les Cieux.
Je faints d'estre malade, elle congnoist ma fainte,
La nuict vient-elle, vite[7], une chandelle emprainte,
La fenestre fermée, et les portes aussi,

[1] Il s'agit ici d'un adjectif composé.

[2] 1589 : hot.

[3] Le mot « soing » a ici le sens de « souci amoureux ».

[4] Courtisane aimée du général Démétrius, elle le suivit dans ses campagnes. Voir l'élégie 107 v. 126 et l'introduction, II, A, 3, *Démétrius et Lamia : la dame dans les combats.*

[5] Sans doute s'agit-il ici encore de la « vieille fascheuse » dont il sera question au vers 86. Voir également les stances 74.

[6] Il faut comprendre « meme pas ».

[7] 1589 : *vie.*

Et sans cesse en soupçon, le matin tout ainsi[1] :
„ Nul n'entre en ce logis, sinon les hirondelles,
„ Qui n'y entreroient pas s'elles n'avoient des ælles.
Et des bruicts que l'on oit de tout temps aux maisons,
Soudain ils font lever leurs Satyres grisons
„ Qui d'une have main portent une lumiere
Pour chercher au grenier l'athome coustumiere[2],
Qui leur donne souvent ces alarmes icy[3].
Pendant[4] ma Roze pleure, et j'ay d'elle soucy.
Est elle en son jardin soubs sa tonne vineuse ?
Auprès d'elle est sans fin ceste vieille fascheuse,
Qui jalouse ne veut qu'on en approche près,
Si elle se promene, elle est tousjours auprès :
Viens me trouver Mercure, apporte la cigue
De ton flageolet doux, et tue la moy tue[5],
J'en reçoy plus de mal, que le brave des Dieux
N'en receut pour Yo, de cét homme à cent yeux[6] :
O proffitable mort, qui appaisa la guerre
Et les troubles civils du grand lance-tonnerre,
Ainsi si tu mourois, vieille dont les vieux ans
Ont, peu s'en faut, attaint les confins de ton temps :
J'aurois icy la paix, où je n'ay rien que peine,
Mon amour seroit seure, et elle est incertaine :
Va donc, meschant Amour, qui te sers de ces yeux
Pour triompher de moy, vainement glorieux,

---

[1] Ces deux vers ont une construction syntaxique relativement lâche mais peuvent s'apparenter à des compléments circonstanciels.

[2] Pourrait-il s'agir d'une graphie fautive pour « la tome », le fromage ?

[3] Il faut sans doute comprendre que les fameux « Satyres », hommes qui gardent la dame, se font peur juste en montant au grenier.

[4] L'adverbe est ici employé à la place de la forme composé « cependant ».

[5] Le pronom « la » renvoie à la nourrice.

[6] Io, aimée de Zeus, est transformée par celui-ci en vache pour échapper à la vengeance d'Héra et dissimulée dans un troupeau. Héra envoie le géant aux cent yeux, Argus, surveiller le troupeau pour empêcher Zeus de venir retrouver sa belle. Mercure, sur ordre de Zeus, tue alors le géant à l'aide de sa flûte. Voir ici même la pièce 25 v. 204 et stances 73 v. 7-12.

Ne m'approche jamais, tu as beau me promettre
De m'oster de mon mal, si je m'allois remettre [167 r°]
Soubs le joug impiteux dont je suis despestré,
Gesné de tes liens qui m'avoient empestré.
Il vaudroit mieux, Amour, que tu m'eusses en poudre
Rudement accablé soubs l'esclat d'une foudre,
Que de m'avoir trompé si miserablement,
Meschant, après t'avoir servy fidellement :
Amour est-ce la foy que tu m'avois promise ?
Si j'eusse sceu meschant seulement ta faintise
Estre preste à sortir, dommageable en effet,
J'ay bien fait le badin, ce que je n'eusse[1] fait :
Va mal-heureux tyran de mon sang, tu me paye
De mes souspirs cuisans, mon œil d'eau tu desvoye[2],
Afin que jamais plus il n'espie ta main
Quand tu me veux lancer quelque coup inhumain.
Meschant que je ne sois jamais à ton service,
Que je sois pour tousjours exempt de ta malice,
Et que ce jour icy soit le dernier de ceux
Que je me verray tien, ny de femme amoureux.
Fy donc de ton amour, fy de tant de promesses,
Je ne veux plus aimer, ny tourments, ny maistresses,
Je ne veux plus servir en l'importunité
D'une vie subjette à tant de cruauté,
Je ne veux plus aimer ceste blonde infidelle,
Pleine de fiction, inconstante et cruelle,
Je ne veux plus blasmer, ny mespriser les Cieux,
Pour loüer la beauté de ses perfides yeux,
Je ne veux plus vanter que ceste belle trouppe
Qui avant ma naissance habitoient ceste crouppe[3]

---

[1] 1589 : *je n'eusses.*

[2] La rime est plus qu'approximative. Il faut peut-être entendre le verbe au sens « d'ôter la vie ». Voir 9 v. 125-126 et TS IX v. 13-14.

[3] Rejetant Amour, le locuteur souhaite se consacrer aux Muses qui logent sur le Parnasse. Cette apostrophe sera reprise en 199 v. 215.

„ Du mont inhabité de mes affections,
Où je soulois graver toutes mes passions :
Sus donc venez icy, vieux Prestres que j'honore[1],
Bachelide, et Alcée, Ibique et Stesicore[2], [167 v°]
Minerve, et Anthimach, Sophocles, et Grattin[3],
Menander, et Sophron[4], qui chantiez ma Catin
En vostre Prophetie, avant qu'elle fust née,
„ Et l'amour où mon ame, en aimant s'est damnée,
Archilloque et Athée, Anciade, et Millo[5],

---

[1] Du vers 132 au vers 146 Beaujeu se livre à une liste de poètes dans un ordre plus ou moins chronologique depuis les premiers lyriques grecs jusqu'aux poètes de la Pléiade. En ce qui concerne les premiers, il semble suivre la *Nutricia* d'Ange Politien. Voir A. Politien, *Les Sylves*, *op. cit.*, p. 307-353.

[2] Bacchylide est un poète lyrique grec du Ve siècle avant notre ère. Alcée de Mytilène aurait, lui, vécu au VIIe siècle avant notre ère. Ibycus, déjà mentionné par Beaujeu dans la pièce 15, est aussi un poète lyrique grec du VIe siècle de même que Stésichore. Ces quatre noms font traditionnellement partie, avec Pindare, Anacréon, Alcman, Sappho, et Simonide, des neufs lyriques grecs. Voir *Anthologie palatine*, *op. cit.*, t. VII, « Épigrammes démonstratives », 184 et A. Politien, *Les Sylves*, *op. cit.*, *Nutricia*, v. 619 pour Bacchylide, 595 pour Alcée, 614-618 pour Ibycus et 598-603 pour Stésichore.

[3] « Minerve » est peut-être tout simplement la déesse de la sagesse et des arts à moins qu'il ne s'agisse d'une erreur du typographe pour Mimnerme de Smyrne, poète élégiaque du VIIe siècle avant notre ère. Antimaque est un poète grec du Ve siècle qui passait, dans l'Antiquité, pour le second après Homère en ce qui concerne la poésie épique tandis que Sophocle est le poète grec tragique. Sous l'énigmatique « Grattin » se cache sans doute Cratinos, l'un des représentant du théâtre comique grec du Ve siècle avant notre ère. A. Politien, *Les Sylves*, *op. cit.*, *Nutricia*, v. 552-553 pour Mimnerme, 353-360 pour Antimaque, 668 pour Sophocle et 683 pour Cratinos.

[4] Ménandre est un poète comique grec du IVe siècle tandis que Sophron est un poète grec originaire de Sicile, du Ve siècle avant notre ère. A. Politien, *Les Sylves*, *op. cit.*, *Nutricia*, v. 685-686 pour Ménandre et 700 pour Sophron.

[5] Archiloque est un poète élégiaque grec du VIIe siècle et il faut sans doute voir derrière « Até » le dramaturge romain du Ier siècle avant notre ère, Titus Quinctius Atta, cité par Horace. « Anciade » pourrait être quant à lui l'historien Valerius Antias auteur d'une volumineuse histoire de Rome que Pline cite abondamment. « Millo » est peut-être le moine et poète Milo de Saint-Amand, qui vécut à l'époque de Charles le Chauve, à la fin du IXe siècle de notre ère. Voir Pline, *Histoire naturelle*, *op. cit.*, II, 241 ou III, 70 pour Valerius Antias, Horace, *Épîtres*, texte établi et traduit par F. Villeneuve, Paris, Les Belles Lettres, 1989, II, 1, v. 79 pour Titus Quinctius Atta, A. Politien, *Les Sylves*, *op. cit.*, *Nutricia*, v. 644-648 pour Archiloque et W. Buchwald, A. Holweig, et O. Prinz, *Dictionnaire des auteurs grecs et latins*

Aristophane vieil, Phrinique, et Philemo[1],
Epicharme, et Crates, Suzicion, Nenie[2],
Pacume, Aronce, Jonne, et toy bel Afranie[3],
Cecilie, Titune, Hecace, et vous Varron[4],
Dorcene et Unganie, Heve, Rufle, Caron[5],

---

de l'Antiquité et du Moyen-Âge, traduit et mis à jour par J.-D. Berger et J. Billen, préface par J. Fontaine, Londres, Brepols, 1991, p. 579 pour Milo de Saint-Amand.

1 Aristophane est un poète comique du Ve siècle avant notre ère tandis que « Phrinique » est le dramaturge athénien Phrynichos, auteur de tragédies des VI et Ve siècle avant notre ère. « Philemo » ou plutôt Philémon est un auteur de théâtre du IVe siècle dont l'*Anthologie Palatine* conserve quelques vers. Voir *Anthologie Palatine*, *op. cit.*, t. VIII, « Épigrammes démonstratives », 450, A. Politien, *Les Sylves*, *op. cit.*, *Nutricia*, v. 682-683 pour Aristophane et 686-687 pour Philémon et W. Buchwald, A. Holweig, et O. Prinz, *Dictionnaire des auteurs grecs et latins...*, *op. cit.*, p. 676-677 pour Phrynichos.

2 Epicharme était un philosophe pythagoricien de Sicile. « Crates » renvoie au philosophe cynique du IVe siècle avant notre ère, Crates de Thèbes dont parle Diogène Laërce. Sous l'énigmatique « Nénie » il faut peut-être voir l'auteur des *Dionysiaques* Nonnos de Panopolis. Voir Diogène Laërce, *Vie et doctrine des philosophes illustres*, traduction française sous la direction de Marie-Odile Goulet Cazé, Paris, Livre de Poche, 1999, livre VI, p. 752-757 et A. Politien, *Les Sylves*, *op. cit.*, *Nutricia*, v. 424-425 pour Nonnos de Panopolis.

3 La graphie « Aronce » est peut-être une francisation pour Arruntius Stella, poète de la fin du Ie siècle de notre ère, ami de Martial et « Pacume » une déformation de Pacuvius, auteur latin de théâtre et élève d'Ennius qui vécut au IIe siècle avant notre ère. La graphie « Jonne » pourrait, quant à elle, être une déformation d'une francisation de Juvénal, poète satirique latin. « Afranie » est sans doute le poète romain Afranius, lui aussi dramaturge, auteur de comédies, du IIe siècle avant notre ère. Voir Martial, *Épigrammes*, texte établi et traduit par H. J. Izaac, Paris, Les Belles Lettres, 1969, t. I, VII, XLV, LXI et ici même 199 v. 375 pour Arruntius Stella et A. Politien, *Les Sylves*, *op. cit.*, *Nutricia*, v. 678 pour Pacuvius, 643-644 pour Juvénal et 696-697 pour Afranie.

4 « Cecilie » renvoie vraisemblablement à Cécilius Statius, dramaturge latin de la fin du IIe siècle et du début du Ier siècle, « Titune » au poète Titius, ami d'Horace et « Hecace » sans doute à Horace, victime d'une erreur de composition. On reconnaît aisément sous la graphie « Varron », Publius Terentius Varro Atacinus dit Varron d'Atax, poète et traducteur romain du Ier siècle avant notre ère. Voir Horace, *Épîtres*, *op. cit.*, I, 3, v. 9-14 et A. Politien, *Les Sylves*, *op. cit.*, *Nutricia*, v. 692-693 pour Cecilius Statius, 640-641 pour Horace et 368-373 pour Varron.

5 « Dorsene » n'est autre que Mundus Dorsenus, un poète comique latin tandis que « Heve » semble être Évhémère, mythographe du IVe siècle avant notre ère. Il faut peut-être voir derrière la graphie « Rufle » le nom de Rufus Canius, poète mentionné par Martial et dans « Unganie », une référence au poète romain Marcus Unicus cité,

Calve, Catulle chauve, et toy cholere Marse[1],
Properse, et Tibullon, Scevere, Paule, Basse[2]
Calfurne, et vous Victor, Alphe, et toy doux Sidon[3],
Licinie et Claudin, Marquette et Coridon[4]

---

lui aussi, par Martial. La graphie « Caron » apparaît manifestement pour masquer Titus Lucretius Carus, plus connu sous le nom de Lucrèce, poète latin du Ier siècle avant notre ère, célèbre auteur du *De Nature rerum*. Voir Martial, *Épigrammes*, *op. cit.*, I, 61, 69, etc. pour Rufus Canius et XII, 44 pour Unicus ainsi que A. Politien, *Les Sylves*, *op. cit.*, *Nutricia*, v. 473 pour Évhémère et 487-491 pour Lucrèce.

[1] « Calve » fait référence au poète Calvius Licinius, ami de Catulle, tandis que Catulle est cité juste après. Enfin, « Marse » pourrait être tout simplement l'épigrammatiste romain Martial. A. Politien, *Les Sylves*, *op. cit.*, *Nutricia*, v. 549-550 pour Calvius Licinius, 478-483 pour Catulle et 705 pour Martial.

[2] Ce vers évoque des poètes mieux identifiables. Le premier est Properce, le second Tibulle, auteurs d'élégies pastorales et amoureuses, le troisième Cornelius Severus, poète épique, dont il ne reste que des fragments. Tous trois sont des poètes de la fin du premier siècle avant notre ère et du début du premier siècle de notre ère. Le quatrième pourrait être Paulus Maximus, avocat renommé, mentionné par Horace. Le cinquième nom peut évoquer la figure de Cœsius Bassus, ami du poète Perse, vivant au premier siècle de notre ère, poète et théoricien. Voir Horace, *Les Odes*, *op. cit.*, IV, 1, 10-11 et A. Politien, *Les Sylves*, *op. cit.*, *Nutricia*, v. 539-544 pour Tibulle et Properce, 527 pour Cornelius Severus, 694-695 pour Paulus Maximus et 651 pour Coesius Bassus.

[3] La graphie de « Calfurne » est probablement fautive et devrait être corrigée en « Calpurne », Calpurnius en latin, qui renvoie à Siculus Calpurnius, poète bucolique. « Victor » pourrait être le poète Claudius Marius Victor dit Victorius ou Victorinus qui vécut au Ve siècle de notre ère et composa un poème sur la Genèse. « Alphe » est sans doute le poète grec Alphée de Mytilène qui vécut à l'époque d'Auguste et dont l'*Anthologie Palatine* a conservé douze fragments. Le « doux Sidon » est sans doute Sidoine Apollinaire, évêque et poète lyonnais du Ve siècle de notre ère. Voir *Anthologie Palatine*, *op. cit.*, t. VII, 90, 95, 97, 100, 104, 110 et A. Politien, *Les Sylves*, *op. cit.*, *Nutricia*, v. 549-550 pour Siculus Calpurnius.

[4] « Licinie » peut faire référence à Licinus Porcius, poète de la fin du IIe siècle et du début du Ier siècle avant notre ère à moins qu'il ne s'agisse d'un avocat nommé Licinianus, mentionné par Martial. « Claudin » est Claudien, poète latin des IVe et Ve siècle, cité par saint Augustin. « Marquette » est peut-être une graphie bien déformée pour Aemilius Macer, poète latin de la fin du premier siècle avant notre ère et du début du premier siècle de notre ère, ami d'Ovide. Quant à « Coridon », il clôt de manière amusante cette longue liste érudite puisqu'il s'agit du nom d'un berger amateur de poésies qui apparaît notamment chez Virgile dans ses Églogues. Voir Virgile, *Œuvres complètes*, *Bucoliques*, *op. cit.*, II, p. 10, v. 1, Martial, *Épigrammes*, *op. cit.*, I, 61 et A. Politien, *Les Sylves*, *op. cit.*, *Nutricia*, v. 484-486 pour Aemilius Macer.

Ronsard, Bellay, Jamain, Garnier et Artemise[1],
Des Portes bien-disant[2], et toy grand qui tamise
La farine du monde, et mets la bonne fleur
A part, pour en nourrir le peuple du Seigneur[3],
Venez à mon secours, remontez de la terre[4]
Pour voir ce faux Amour me tant faire la guerre,
Mes Peres, bien-aimez, qui par vostre trespas
Avez fait heritier vostre Thiron[5] çà bas.
Baïf, et du Perron[6], chantez à voz ombrages,
S'il vous souvient encor de voz amours vollages,
Qui durant vostre vie, au son de voz doux chants,

---

[1] Il n'est pas nécessaire de présenter ces quatre noms. On peut cependant remarquer qu'ils sont mentionnés de manière relativement chronologique puisque Ronsard (1525-1585) et Du Bellay (1522-1560) incarnent la Pléiade tandis que Amadis Jamyn (1540-1593) est le disciple de Ronsard et Robert Garnier (1545-1590) un célèbre auteur de théâtre qui publie ses tragédies entre 1568 et 1583. Le dernier nom évoque peut-être, sous les traits de la déesse grecque de la chasse, la figure de Catherine de Clermont, maréchale de Retz qui joua un rôle de mécène auprès de certains écrivains dans les années 1570. Voir, pour « Artémise » l'ode 10 v. 20, pour Ronsard TS XLVIII v. 4, TS CXV, 41 v. 9, 65 v. 1, 202 v. 14, 203 v. 1, 274 v. 20 et pour Jamyn TS XLVI v. 1.

[2] Desportes (1545-1606) termine cette liste de poètes, lui qui est en 1589 le chef de la nouvelle esthétique qui se dégage depuis le milieu des années 1570.

[3] Il pourrait s'agir du poète protestant Guillaume de Salluste Du Bartas, auteur de la fameuse *Semaine*. Il faut sans doute entendre ici que le poète en question trie les événements du monde et ne parle que des plus intéressants. L'expression de Beaujeu « tamiser la farine du monde », « trier et garder ce qu'il y a de meilleur pour nourrir la poésie dont il régale ses lecteurs », n'est pas éloignée du proverbe « trier le bon grain de l'ivraie ».

[4] Ces deux hémistiches, qui font office de propositions principales et ont donc comme sujet l'intégralité de la longue énumération de poètes qui précède, n'en sont pas moins quelque peu étranges car, si les poètes latins et grecs sont bien tous morts, ainsi que Ronsard et Du Bellay, en revanche Garnier, Du Perron, Jamyn, et la maréchale de Retz sont encore bien vivants.

[5] Il s'agit vraisemblablement d'une allusion à Desportes qui fut abbé de Tiron.

[6] Ces deux noms qui ferment cette longue liste de poète sont d'autant plus surprenants qu'ils n'appartiennent pas du tout à la même génération de poètes puisque si Jean-Antoine de Baïf est un contemporain de Ronsard et meurt l'année où Beaujeu publie ses œuvres, Jacques Davy Du Perron apparaît lui, comme Desportes qui l'a introduit à la cour, comme un poète au faîte de sa gloire en 1589, particulièrement aimé d'Henri III. Ils sont, eux-aussi, censés se trouver aux Enfers.

Ont abregé voz jours de leurs regards trenchans :
„ Racontez à Pluton la bonne et juste cause
„ Que j'ay de me complaindre et mesdire de Rose
Qui bien souvent s'allie avec ce faux Amour
Pour me faire mourir dix mille fois le jour,
J'ay tousjours, par mes vers, chanté qu'elle estoit belle,
J'ay servy et souffert, de plus en plus fidelle, [168 r°]
Legere comme vent, pleine de cruauté,
Je ne me suis pas plaint de sa varieté,
Je n'ay jamais causé, sçachant d'amour l'usage,
En mon cruel tourment je me suis monstré sage,
J'ay deux cens fois couché, pour la voir, soubs un toit,
Où la pluye, et le glas sur mon chef degoutoit,
Avec guets, et parens, j'ay mis la main aux armes,
Pour elle nuict et jour, j'avois de ces alarmes :
Mes jaloux enragez, et bandez contre moy,
Mesloient en leur courroux les rigueurs de la loy
Que l'on tient au pays de ma belle Helvetie,
Et ne taschoient à moins que de m'oster la vie.
Toy mon Martialin[1], de Bilbille natif[2],
Qui pour aimer ne fus de tant de maux craintif,
Pese donc mes douleurs avec son inconstance,
Garde que nul qui soit ne pese la balance,
Garde qu'on ne me juge en ce parquet noircy,
Comme Minos[3], fasché, te jugea sans mercy,
Pour ce qu'on luy dit que tu fus de Sautasse[4].
Il te mit pour jamais en sa mauvaise grace,
Disant qu'un Espagnol a la mort merité,
Seulement pour avoir tant de superbité :

[1] Il faut faire une diérèse sur ce terme.

[2] Il s'agit à nouveau du poète romain Martial, né en 40 de notre ère dans la ville d'Augusta Bilbilis aujourd'hui Catalayud en Espagne.

[3] Il s'agit de l'un des juges des Enfers, avec Eaque et Radamanthe.

[4] Le nom de cette ville reste inconnu ainsi que la légende entourant Martial dans laquelle il semble être employé.

Voilà un bel Arrest ? Ô injuste sentence !
Pour la haine qu'il a, à la grande excellence
D'un Senat magnanime, en qui les sainctes lois
N'ont pas tant de seureté[1] qu'elles avoient autrefois :
Hé que pouvois-tu mais des erreurs d'Ingeolle[2],
Ou des meschancetez d'une race Espagnolle ?
Vous, mes chers compagnons, vous me serez tesmoins,
S'il y a du subjet en ce que je me plains :
Oyez donc, mes amis, comme la chose passe,
Et comme j'ay perdu, sans offense, sa grace, [168 v°]
Jupiter courroucé hayssoit à la mort
Æschille qui mourut sur le verdissant bort
Du fleuve gracieux où se baigne Lucine[3],
Où ce vieillard sans peur joüoit de sa buccine,
Auprès de ses amours. Un pré fut son Palais.
Jamais avec ce Dieu il ne sceut avoir pais :
O bon vieillard, ta fin n'estoit de nul congneue,
Qui eust, helas pensé, qu'une dure tortue
Tombant du haut des Cieux viste comme un carreau,
Cruelle eust enfoncé d'Æschille le cerveau.
Oiseau des vieux meurtriers, de tuer cét Æschille[4] !
Voilà que c'est d'aimer une si belle fille,
Dont tu fus amoureux trente ou quarante mois,
Sans en sçavoir jouyr quelque Dieu que tu sois,
Car elle aimoit bien mieux un baiser du vieil homme
Que d'estre enclose au feu qui ça bas tout assomme.
C'est peu que ton service, aussi bien que trois jours,
Ou quatre tout au plus, ne durent tes amours :
O de quels maudissons te maudissoit la belle,

---

[1] Ce mot est à prononcer « seurté » pour respecter la métrique.

[2] Un tel patronyme paraît inventé.

[3] Lucine est l'un des noms donnés à Junon, surtout lorsque la déesse est invoquée pendant les accouchements.

[4] Eschyle passait pour être mort frappé par une tortue lâchée par un aigle. Voir pièce 69 v. 192.

Quand elle sceut au vray que ta main trop cruelle
Avoit helas tué son tout blanc amoureux !
„ Que de braves propos elle jettoit aux Cieux !
Elle accourut d'effroy, où toy lance-tonnerre
Avois mort estendu son amy sur la terre.
Elle le baise et tient, pasmée, entre ses bras,
Plaignant morte de dueil son fortuit[1] trespas,
Elle essuye le sang qui sur sa face coulle,
Un fleuve de ses pleurs dessus le mort se roulle.
Las ses cris, et ses vœux ne s'addressent à toy,
D'autant que tu es cause en tout de son esmoy,
Mais se desconfortant au regret qui la serre,
Cache son vieil amy tout doucement en terre, [169 r°]
Prenant congé de luy, l'arrouse de ses pleurs,
Le couvre largement, et d'œillets, et de fleurs,
Puis outrage sa face, et mourant de tristesse,
Rompt de rage, et de dueil, coiffe, cheveux et tresse,
Dont le mort amoureux souloit en ces vieux jours
Allentour de son col faire cinq ou six tours,
Puis elle s'en retourne en sa triste demeure,
Où le plaisir n'est plus où il faut qu'elle meure.
Tu voyois du haut Ciel, mais sans comparaison,
Et la vefve[2] du mort, et son affliction,
Et desja te sembloit, forcé d'impatience,
Avoir le mesme jour de ton bien jouyssance.
Lors sans plus arrester en Rossignol[3] tu vins
Chanter devant son huits mille motets divins,

[1] Il faut faire une diérèse sur ce terme.

[2] La graphie est fréquente pour « veuve ». Voir DMF et ici même v. 274.

[3] Cette métamorphose semble être de l'invention de Beaujeu mais, dans l'économie du recueil, elle résonne avec la fable de Philomèle rapportée dans l'élégie 81 v. 596 et suivants. Beaujeu paraît aussi s'inspirer de la métamorphose de Jupiter en cygne pour séduire Léda. Ronsard avait rapporté en détail cette aventure dans ses odes. Voir P. de Ronsard, *op. cit.*, t. II, p. 76, v. 145-176 et ici même la note du vers 578 de la pièce 9.

Voulant ainsi flatter le dueil qui la transporte,
Volletant si mignon quelquesfois sur sa[1] porte,
Voire dessus son lict, où d'un divin gosier
Tu chantois[2] tout un soir sur le coing du dossier :
Elle n'ayant plaisir que de toy en ce monde,
Au son de tes beaux vers, de sa teste si blonde
Elle espanche la tresse, ainsi que fit jadis
Venus, pour captiver son amy Adonis[3].
Là elle t'enfermoit, or la nuict ensuivante
Que tu te vy seulet auprès de ton amante,
Tu faisois le mignard, et chantois sur son sein
Un vers passionné de l'ardeur de ton sein[4],
L'ame du beau vieillard sans cesse la resveille,
Ton doux chant d'autre part luy a charmé l'oreille,
Le jour venoit au pas, te voyant si joly
Comme son cœur te tient dessus son sein poly,
Puis en te caressant de sa main deliée,
Aussi tost du sommeil elle s'est veu liée : [169 v°]
Lors sans perdre le temps tu laissas tes accors,
Et tes chants[5] addoucis, pour reprendre ton cors,
Doucement tu te glisse auprès de ta maistresse,
Sans guieres mal traitter le sommeil qui la presse,
Si qu'en[6] un tourne-main la belle ouvrant les yeux,
Se vit aux bras de feu, du general des Cieux[7],
Enceinte du beau fils qui ne congneut sa mere[8],

---

[1] 1589 : *ta porte*.

[2] 1589 : *thantois*.

[3] Ce mortel dont Vénus devint éperdument amoureuse apparaît dans de nombreuses pièces. Voir par exemple sonnet TS XLIIII.

[4] Les deux mots à la rime sont ici parfaitement identiques. Voir 21 v. 7-8.

[5] 1589 : *champs*. Voir 111 v. 3.

[6] Il faut comprendre « si bien qu'en ».

[7] Le « général des cieux » est bien entendu Zeus lui-même reprenant sa forme originelle.

[8] Ce fils est inconnu mais les enfants de dieux qui apprirent tard leur ascendance sont nombreux. Qu'on songe par exemple à Hercule ou Méléagre.

Et qui n'a jamais sceu si tu estois son pere,
Lors en se despitant, elle disoit ainsi :
« O maudit Rossignol qui demeurois icy ! »
Soudain sans l'escouter, tu te mis en ta nue,
Laissant la belle vefve[1] en son lict toute nue,
Qui n'a fruict de l'amour que tu luy as porté,
Que l'enfant que tu as en son lict apporté :
Je m'esbahy comment, vous Dieux, et vous Deesses,
Vous cherchez icy bas, serviteurs et maistresses,
Et si l'on vous empesche en voz bruslans desseins,
Vous venez aussi tost avecques nous aux mains.
Je vous veux dire icy que Pallas trop sçavante
Estant ainsi, Dellin[2], passionnée amante,
Qui ne l'aimoit pas tant qu'Aragne[3] aux beaux cheveux,
Dont ce jeune homme estoit, et prins, et amoureux,
Elle trouva subjet digne de sa cholere,
Pour ruiner son Aragne, et la tuer severe.
En faignant de l'aimer, par ces poulses sçavans,
Elle la conjura par tous les artisans,
Par les esguilles d'or, et par sa main contrainte
De luy monstrer sa toille, aux Cieux esgalle, painte,
Où l'enfant de l'escorce assailloit la durté[4]
Pour se jetter aux bras de la divinité,
Où le monde est despaint, et sur les moites rives,
L'on y voit les rochers changer en carpes vives, [170 r°]
Le Daulphin en navire, et les plus beaux poissons
S'eschanger aux oiseaux des eternels buissons.

---

[1] Voir note du vers 240.

[2] Cet amant est probablement une invention de Beaujeu. Il faut sans doute tout simplement reconnaître, derrière ce nom, le « lin » matière utilisée dans le tissage. Voir sur ce point le sonnet 51.

[3] « Aragne » n'est autre qu'Arachné qui dispute à Athéna la maîtrise parfaite de l'art du filage. Voir Ovide, *Métamorphoses*, *op. cit.*, VI.

[4] On peut deviner, derrière cette allusion, la figure d'Adonis, fils de Myrrha et du père de celle-ci, Cyniras. Comme châtiment, Myrrha fut transformée en arbre à myrrhe et c'est de là qu'est né Adonis. Voir le vers 250 et l'élégie 9 v. 195.

Là des bois verdissans l'on a veu la ramée
Sur son beau canevars, des forts vents animée[1] :
Palas donc, pour avoir l'honneur de faire mieux,
Luy monstra un pourtraict, digne d'elle et des Dieux :
Où Athenes pourtraitte, ainsi qu'elle est bastie,
Estoit du bel ouvrage une bonne partie,
D'un million de fleurs il estoit bigarré,
D'où l'on eust jamais sceu oster l'œil esgaré.
Icy fut une Fleur, et là fut une Rose,
„ Que plus l'on regardoit, et plus estoit esclose,
Icy le Rossignol soigneux de ses petits,
Au pied de maint chesneau, cherche leurs appetits[2],
Et son gosier enflé soubs la soye agencée,
Faisoit ouyr sa voix doucement en pensée,
Et bref de tous oiseaux, le pourtraict gracieux
Tenoit des mieux voyans, le courage, et les yeux[3].
En celuy-là d'Aragne est premierement painte
La jeunesse du Dieu, qui d'une accorte fainte
Ravissoit son Europe[4], outrefendant les mers,
Et le brave Toreau passant les flots amers :
„ Et comme ceste fille, à qui le peril touche,
Prie le Dieu changé, et sur son beau luth touche[5],
Le tenant par la corne, à luy mesme parloit,

[1] Le participe passé « animée » a bien pour sujet « la ramée ».

[2] Le nom « appetits » a sans doute ici le sens de « ce qui les nourrit ». On retrouve l'expression dans la pièce 141 v. 205.

[3] Le locuteur résume ici rapidement la description qu'Ovide donne de la toile de la déesse, où l'on voit la fondation d'Athènes mais aussi un certain nombre de mythes où des dieux châtient des mortels. Voir Ovide, *Métamorphoses*, *op. cit.*, VI, 70-101.

[4] Jusqu'au vers 371, Beaujeu ne suit pas l'ordre des métamorphoses donné par Ovide, mais bien celui issu de la réécriture médiévale, *L'Ovide moralisé*. Ce texte et, à sa suite, celui du *Grand Olympe* évoque Europe, Astérie, Léda, Mnémosyne, Égine, Perséphone, Danaé, Alcmène, Bisaltis et Érigone. Voir *L'Ovide moralisé*, *op. cit.*, t. II, v. 224-277 et *Le grand Olympe*, *op. cit.*, livre VI, f° IIII r° et v°.

[5] Voir la note du vers 256.

Pensant qu'il fut au Ciel, en l'eau il la portoit :
« Seigneur[1] qui d'un regard faits tressaillir la terre,
Et qui peux de ton vueil mettre le monde en guerre,
Conduits cét animal, qui passe furieux,
Ton humble suppliante en ces flots perilleux,
A la folle mercy de la mer indiscrette[2],
Pour aller, ce me semble, aux rivages de Crete : [170 v°]
Faits Seigneur, s'il te plaist, que tu sois adoré,
Prié, servy de moy sur le sable doré,
Estant de mon vaisseau le secourable guide.
Mets ta servante hors de ceste plaine humide,
Sauve moy, s'il te plaist, monstre moy donc les bors. »
Ta[3] vierge t'en supplie, ainsi par ses accors,
Et par sa belle voix, qui tremblante souspire,
Va suppliant d'un coup son Seigneur et navire,
Son amy, son toreau, et de ses larges pleurs
Fait accroistre les flots esmeuz de ses douleurs.
Puis après elle[4] y paint Jupiter qui eschange
Sa forme de toreau sur les rives du Guange,
En l'Aigle ravissant de ses puissantes mains
Chevaux, Ours, et Lions, Cerfs, Bisches, et Humains[5],
Qui du Ciel esclattant tombe sur la prairie
Entourée[6] de feux pour ravir Asterie
Qui tremble de frayeur, et qui meurt à demy
De monter dans les Cieux aux bras de son amy.
Plus bas l'on recongnoist Leda tant gracieuse,
Painte comme elle estoit de ce Dieu amoureuse,

---

[1] C'est Europe qui prend ici la parole. Beaujeu s'appuie sur le texte ovidien qui dit que la jeune fille « semble appeler ses compagnes ». Ovide, *Ibid.*, v. 106.

[2] Sur l'utilisation particulière de cet adjectif voir 69 v. 46.

[3] Le locuteur reprend la parole.

[4] La narration reprend et montre Arachné, en train de tisser la toile.

[5] Cette partie est ajoutée par le poète et sert de transition avec la métamorphose suivante, celle d'Astérie, ravie par un aigle. Voir Ovide, *Métamorphoses*, *op. cit.*, VI v. 108.

[6] Voir note du vers 318.

Et d'un autre costé, comme elle est grosse encor
Accouchant de Pollux, d'Helene, et de Castor[1],
Après comme il se change, inconstant et perfide,
En Pasteur pour ravir la blonde Meneside[2],
Et puis aussi soudain de son amour deceu[3],
Pour Eugine[4] tromper, se rechangeoit en feu.
Tousjours passionné de l'amoureux martyre,
Il forçoit Antiope[5] en forme de Satyre[6],
Et plus outre picqué d'un tout nouveau tourment,
Elicée[7] il engrosse en forme de serpent.
Non content de cela, du hazardeux Persée[8]
Eschangé en pluye d'or, Dane[9] avoit engrossée, [171 r°]
Puis en une autre pente il contrefait l'espoux
Amphitrion, qui n'est de ce Demon jaloux,
Et decevant Alcmene[10] il engrossoit la belle
De ce vaillant Thebain, et cent fois avec elle
Amoureux il coucha, sans qu'elle s'apperceust
Qu'au lieu d'Amphitrion ce Jupin la congneust.
Plus bas Neptun, trompant Bisaltis, dont l'haleine
Surpassoit les œillets, se cachoit sous la leine

---

[1] C'est en cygne que Jupiter séduisit Léda. Beaujeu ajoute la référence aux enfants du couple. Voir sonnet TS CXII et Ovide, *Les Métamorphoses*, *op. cit.*, v. 109.

[2] C'est Mnémosyne qu'il faut retrouver derrière cette graphie de circonstance. *Ibid.*, v. 114.

[3] Il faut, pour conserver la rime, prononcer le digramme « eu » [œ].

[4] Il s'agit d'Égina mère d'Éaque. *Ibid.*, v. 113.

[5] 1589 : *Antrope*. Il faut faire une diérèse sur le terme.

[6] Antiope mis au monde les jumeaux Amphion et Zéthos après ses amours avec Jupiter, changé en satyre. *Ibid.*, v. 111.

[7] Sous ce nom il faut reconnaître Perséphone qui aurait été séduite par Jupiter changé en serpent. Beaujeu a t-il choisi ce nom en référence aux Champs Élysées dont Perséphone devint la gardienne après son rapt par Hadès ? *Ibid.*, v. 114.

[8] Cet hémistiche est le complément du nom de « Dane » au vers suivant.

[9] « Dane » est bien sûr Danaé, mère de Persée, qu'elle conçut avec Zeus sous forme d'une pluie d'or. *Ibid.*, v. 113.

[10] Mère d'Hercule et d'Iphiclès, elle croit coucher avec son mari, Amphytrion alors que c'est Zeus qui a pris son apparence. *Ibid.*, v. 112.

D'un follastre mouton[1], qui gaillard decevoit
De ces boucs enjoüez la belle qu'il servoit :
Puis Bacchus plante-vigne, un jour en son Automne,
Print forme de raisin en son Erigonne[2] :
Plus bas un paysage en mille lieux divers,
Si qu'on ne sçauroit voir, en tout cét univers,
Un ouvrage si beau. Divin fut cét ouvrage !
Mais, ô infortunée, à ton propre dommage !
Palas meurt de despit, du tant docte pourtrait
Que sa belle adversaire[3] a si proprement fait,
Qu'elle, tant courroucée, en tapisse les plaines,
Elle rompt tout l'ouvrage, et de tant de nuicts vaines,
D'un millier de beaux jours, et du temps mesuré
Enleve, non l'honneur, mais le fruict desiré[4].
Aragne qui se voit si rudement traittée,
Ne pouvant se venger de l'œuvre regrettée,
Souffre de plus les coups, que Palas, sans raison
Luy avoit ja donnez en sa triste maison,
Va cholere se pendre, à demy enragée,
Ne croyant, sans la mort, pouvoir estre vengée.
Ainsi font les meschans, qui offensez des Dieux,
Estiment se venger par un coup furieux,
Sans avoir de leur mal, ny d'eux la congnoissance.
„ C'est où les braves cœurs font plus de resistance, [171 v°]
„ C'est où le desplaisir nous donne le danger,
„ Afin que nous puissions nous mesmes nous venger,

---

[1] 1589 : *Un follastre mouton*. Théophané, fille de Bisaltès, est enlevée par Poséidon et muée en brebis. Le dieu se transforme en bélier et s'unit à elle. Voir S. Lardon et M. C. Thomine, *Grammaire…*, *op. cit.*, p. 394 et Ovide, *Métamorphoses*, *op. cit.*, VI v. 117.

[2] Le vers est faux et bien difficile à corriger. Il s'agit peut-être d'une confusion avec le vers précédent dont le second hémistiche est « en son Automne ». On pourrait dès lors proposer « pour séduire Erigonne ». Bacchus se changea en vigne pour s'unir à Erigoné. *Ibid.*, v. 125 et chant 108 v. 18.

[3] Sur cette expression imitée de Pétrarque voir 69 v. 100.

[4] Le « fruict » désigne sans doute ici la tapisserie achevée.

„ Estimant que l'honneur d'une ame genereuse
„ Est de plustost mourir, que vivre mal-heureuse :
Mais, ô pauvre de sens, qui ne souffrez d'Amour,
Comme moy, une flame où je dure tousjour,
Pourquoy vous pendez vous, en faisant la justice
Heritiere et bourreau d'une telle avarice[1] ?
Si vous voulez sentir d'où vient le desespoir,
Il faut en vostre cœur un chaud Amour avoir,
Et si vous vous pendez pour l'or qui se consume,
Vous jugerez le feu, qui en noz cœur s'allume,
Pire que mille morts, et dont le grief tourment
Nourrit l'ame en son feu qui dure incessamment,
Ceste vie est la mort, où nous souffrons par heure,
Je dy moy, car il faut qu'incessamment je meure :
Pallas ayant pitié de voir l'ouvriere au pas
Que l'on redoute tant, du naturel trespas,
Elle changea son corps en araigne qui file,
Heritiere des arts de ceste jeune fille[2],
Qui, maint gros moucheron en son ray saillant pris,
Tesmoigne[3] le sçavoir de ces doctes esprits :
Elle prend finement la mousche qui s'enlace
Dans le ret delicat, et quoy qu'elle defface
Ore un bras, ore un pied, pourtant son foible effort[4]
Ne la peut guarentir de sa prochaine mort[5] :

---

[1] Le locuteur semble considérer comme avares ceux qui arrêtent leurs souffrances par la mort, là où, n'étant pas amoureux, ils souffrent moins que lui. Ce passage est cependant ambigu car le locuteur semble à la fois se vanter de préférer la mort à la fin de ses amours tout en revendiquant une capacité de souffrance hors du commun.

[2] La rime n'est possible que si l'on prononce le terme « fille », [filə]. Voir la pièce 13 v. 209-210.

[3] Ce verbe est celui de la subordonnée introduite au vers précédent par « qui ». L'expression « maint gros moucheron en son ray saillant pris » est une proposition participiale qui introduit un parallèle entre la dame et Arachné à travers le substantif « ray ». Voir le sonnet 258.

[4] 1589 : *Ores un bras, ores un pied.*

[5] Cette longue métaphore filée qui rapproche la dame d'une araignée est reprise au sonnet 258 v. 9 pour illustrer les relations entre la dame et l'amant.

Puisse donc en tes rets se prendre tant d'abeilles,
Qu'elles me soient tesmoins de mes heureuses veilles !
Que de ton changement sur tous autres divers,
A jamais la memoire en soit dedans mes vers.

FIN.

[172 r°]

[114] ODE.

Beau lac[1] je te rends grace
D'appaiser ton audace,
Tes flots, et ton courrous
Malgré tous mes jalous :
Si tost que ma maistresse
Passe dessus ton dos
Si tost ta fureur cesse,
Et les vents sont esclos[2].
Ha jamais de ma vie
Je ne vey ta furie
Ma Nymphe sur ton eau[3],
Mais tousjours doux et beau,
Et j'ay veu dans les flottes
Les criars mariniers
Vendre par les Pilotes
Son beau nom aux deniers[4].

---

[1] Sur ce motif voir 1 v. 12 et 25 v. 32.

[2] La strophe est mentionnée dans *Les Strophes*, *op. cit.*, p. 571 sous la rubrique huitain de vers de six syllabes de forme aabbcdcd.

[3] Ce groupe nominal étendu a une valeur circonstancielle de temps que l'on peut gloser par : « Une fois ma Nymphe sur ton dos ».

[4] Cette allusion est peu claire. Il faut sans doute entendre que le nom de la dame est vendu comme porte-bonheur par les marins.

Helas douce tourmente
Sur ton dos je lamente
L'inesperé retour
De Roze mon amour :
Que ton crystal humide
De bord à bord souvent
Sa petite Nef guide
Viste comme le vent.
Beau lac mon esperance,
Douce eau mon asseurance,
Tant je te vanteray
Et par tout chanteray,
Que les sainctes oreilles
Des Dieux oyront tousjours [172 v°]
Le bruict de tes merveilles,
Et mes belles amours.

FIN.

[115] ODETTE.

Tourmens sortez dehors,
Flames suivez encore,
Feuz sortez de mon corps,
De par l'œil que j'adore.
Jalouse affection
Quittez ceste retraitte,
Sus dehors passion
Par le nom de Rozette.
Glaçons qui me gelez
Le cœur, le corps, et l'ame,
Sus à ce coup allez

De par l'œil de Madame :
Traits qui dedans mon cœur
Fistes grande faussée[1]
Emportez la douleur
De ma triste pensée.

FIN.

[116] ELEGIE.

Je congnois les ruses d'Amour,
Qui voudroit mille fois le jour
Lancer des traicts en ma poitrine,
Par ce beau nom de Catherine.
C'est un nom pour moy destiné,
Veu que je suis tousjours aimé [173 r°]
De celle qui ce beau nom porte.
Cet heur, infiny bien m'apporte :
Bien que ce soit en divers lieux
De Cathon je suis amoureux,
En mon cœur, ce nom point ne change,
Ny en mes escrits, sa loüange,
Ny leurs belles perfections,
Mes amours sont toutes Cathons,
Toutes jeunes, et toutes belles,
Et en amour, toutes fidelles,
Toutes brunettes, les yeux gris,
Et toutes de gentils esprits,

[1] Le terme est d'origine militaire et signifie littéralement : « trouver le défaut de la cuirasse ». On peut rapprocher cette expression de celle du v. 3, pièce 129 : « désarmé [son] cœur / du chaste corcelet ». Dans les deux cas, la précision du terme militaire vient raviver l'image du *topos* amoureux. Voir les termes *faussée* et *corselet* au glossaire.

Et de six ou sept que j'adore
Sont toutes d'une taille[1] encore,
Les cheveux longs, un peu dorez,
Qui sont de mon cœur adorez :
La cuisse longuette, et polie,
La main potelée et jolie,
Le sein blanc comme nege aussi,
Toutes de moy ayant soucy,
Bien croisées soubs la ceinture[2],
Une hanche en bon point et dure,
Le pied petit, et fretillant,
L'œil d'esmerillon brillonnant[3] :
Et tout ce que d'elles plus j'aime[4],
C'est la douceur de leur haleine,
Une yvoire soubs un corail
De leur bouche qui semble esmail.
O Catins qui dedans mon ame
Jettez tant de traicts, et de flame,
Venez moy baiser tour à tour
Sans attendre mon long retour, [173 v°]
„ Et me laissez faire la chose[5] !
Je vay dire adieu à ma Roze,
Et me plaindre ainsi, mes amours
Du mal que j'endure tousjours :
Quelque part que je me promene
Je suis en tourment, et en peine,
Quand j'arreste mes moites yeux

[1] Les amantes du locuteur font toutes la même taille. Il y a sans doute une pointe d'ironie dans cette description stéréotypée.

[2] L'allusion renvoie sans doute à la chasteté de ces dames. Voir la note du vers 578 de la pièce 9.

[3] L'œil des amantes du locuteur est semblable à celui, brillant, des petits faucons. Voir le glossaire.

[4] 1589 : *Et que tout ce que d'elles plus j'aime.*

[5] L'allusion est grivoise. Voir le sonnet 258 v. 12.

Sur voz visages gracieux,
Je meurs de regret, et me pasme,
Je sens ja volleter mon ame
Sur son passage desiré
Tant mon cœur se sent martyré,
Si je me promene en la rue
On a tousjours sur moy la veue :
La nuict tu n'oserois sortir,
Le jour je n'oserois partir
De mon logis en nulle sorte,
Cela rend ma douleur plus forte :
Si tu veux que toutes les nuicts
En despit de noz ennemis
Je monte par ceste fenestre[1],
Quoy que tant haute elle puisse estre,
Par là je t'iray voir Catin
Et en descendray le matin.
Pour y aller plus souvent, belle
Je feray bien faire une eschelle
De fleuret, de soye, et de lin,
Pour t'aller baiser ma Catin.
Pour toy je serois un Orphée[2],
Pour te delivrer un Persée[3],
Pour toy j'irois vers Belzebuth
Le charmer du son de mon luth[4], [174 r°]
Et faire aux sons de sa merveille

---

[1] Cette scène est souvent racontée par le locuteur. Voir notamment les stances 73 et l'élégie 113 v. 84.

[2] Le poète est connu pour avoir été autorisé à ramener de la mort sa femme Eurydice, qu'il perd malheureusement en se retournant juste avant de sortir des enfers. Voir 81 v. 441 et Ovide, *Métamorphoses*, *op. cit.*, X, 1-63.

[3] Persée délivre Andromède vouée à être mangée par un monstre marin. C'est à travers cette quête de la femme aimée que les deux personnages sont rapprochés. Voir 199 v. 366-367 et *Ibid.*, IV, v. 706 et suivants.

[4] C'est Orphée qui charme à l'aide de sa lyre les âmes des morts et Perséphone elle-même. *Ibid.*, X, v. 15 et 40 suivants.

Aux sœurs faire prester l'oreille[1],
Que[2] je t'enleve en mon bateau
Comme Paris fit en sa Nau,
La belle Helene, et sa richesse
Du plus beau Palais de la Grece :
Mais quoy ? Tu ne voudrois jamais
Quitter ton beau petit Palais ?
Belle Catin allons à Troye[3]
Qui ne sera des tiens la proye,
Ainsi que Troye fut jadis
Des Grecs, et la mort de Paris[4] :
Helas en vain je me tourmente
De chose qui ne te contente,
Si tu le voulois ma Catin
Ce seroit demain matin[5].

L'on dit que Daphne[6] sur la rive
Eschangeant sa nature vive
Quand son amy la vint baiser
Eust bien voulu ne point changer :
Mais soubs l'eternelle verdure
Ce beau corps est qui tousjours dure :
Baise moy donc ! Quoy tu ne veux ?
Je jure par tes beaux cheveux
Que tu diras en ta pensée :

---

[1] Sans doute le locuteur évoque-t-il ici le fait que son action merveilleuse sur le maître des enfers sera entendu des muses.

[2] Ce « que » est compliqué à interpréter. Il faut l'entendre comme le complément de « prêter l'oreille » dans le sens de « comme ».

[3] Il s'agit ici sans doute de la ville française située dans l'Aube tandis qu'au vers 81, Beaujeu évoque la Troie antique. La comparaison avait été initiée dès le vers 75.

[4] Il y a ici une rupture de construction. On peut donc gloser par : « Troye fut jadis la proie des Grecs et fut aussi la mort de Paris. »

[5] Ce vers est faux et bien difficile à corriger. On peut proposer : « Ce seroit [pour] demain matin ».

[6] 1589 : *L'on dit que Daphene sur la rive.* Daphnée fut transformée en laurier par Apollon car elle refusait son amour.

« O cher amy qui m'as laissée,
M'aimes-tu encore aujourd'huy[1] ? »
Un Demon qui t'aura ouy
Retiendra ce mot favorable,
Et me sera tant secourable,
Que vers moy soudain vollera,
Et ces beaux mots me contera, [174 v°]
Moy je diray : « Ma Catherine,
Que tant j'aime, que tant j'estime,
Ma Cathon, mes douces amours,
Que je baise absente tousjours,
Puisses-tu, ma fidelle amante,
Estre eternellement contente,
Me voyant esloigné des yeux
Qui me furent si gracieux !
Je diray mon mal à ma Rose,
Comme toy prisonniere, enclose
Du lac[2], de l'un à l'autre bort,
Et moy icy pire que mort,
Où sans cesse, une mort me tue.
O maison qui m'est deffendue !
Maison d'Amour, où d'autresfois
Ma maistresse je rebaisois :
Divin corail, ô belle bouche,
Qui d'amer, non de doux me touche !
Meschans, vous n'estes pas jalous
Seulement de toy, ains de tous :
Viens ça, sçay tu bien, grosse beste,
Les ruses du lance-tempeste[3],
Et comme il n'a point aujourd'huy,
En Amour, un semblable à luy.

---

[1] 1589 : *encores*.
[2] Sur ce motif voir 1 v. 12 et 25 v. 32.
[3] C'est Zeus qui est ainsi mentionné.

D'une pluye toute dorée,
Il deceut la belle adorée[1] :
Dy moy, jaloux, serois-tu bien
Ignorant de cét acte sien ?
Autresfois Europe[2] seulette
Estant assise sur l'herbette,
Fut ravie par le Toreau,
Et portée au travers de l'eau, [175 r°]
Des bords où estoit la pauvrette,
Jusques aux rivages de Crete.
As-tu jamais, jaloux chenu,
Ce passage, leu et releu ?
Sus à ce coup, fermez ma chambre,
Et que jamais homme n'y entre,
Sortez mes fidelles vallets,
Vous ne me servirez jamais,
Et vous mes chers compagnons d'armes,
Par pitié trempez moy de larmes,
Et pleurez un peu mon soucy
Avant que de partir d'icy :
Mais pleurez comme si ma vie
Tout maintenant s'estoit finie.
Chers compagnons quand vous serez
Au feu des pistolets tirez,
Dans voz ennemis, pesle et mesle,
Souvenez vous donc de ma belle
Et de moy, estans enserrez,
Et braves vainqueurs vous serez.
La campagne toute chargée
De cavallerie[3] rengée,

[1] Le détail renvoie à Danaé.

[2] Cette jeune fille fut enlevée par Zeus sous la forme d'un taureau. Voir la pièce 113 v. 340.

[3] Voir la note du vers 133.

Quiconque Roze nommera
Tousjours par tout sera,
Et si vous faites la guerre[1]
Aux belles saisons que la terre
Produit des Rozes és preaux,
Ayez en dessus voz chappeaux[2],
Mettant voz ennemis en routte,
Vous serez les vainqueurs sans doute.
Songez quel honneur ce sera,
Puis que ceste Roze fera [175 v°]
Que vous obtiendrez la victoire,
Pleins d'honneur, d'amour, et de gloire.
Moy je veux guerroyer mes pleurs
Et vivoter de mes douleurs,
Ou bien si je sors de ma chambre
Hermite je m'en iray rendre,
Je dy Hermite si reclus
Qu'on ne me verra jamais plus :
Là dedans ma caverne obscure
Je replaindray ma peine dure,
Loüant Dieu dessus mon doux lut
Pour parvenir à mon salut :
Tous les jours cent Odes divines
Je sonneray sur mes bucines
Que j'aime tant : mais je sçay bien
Que contre Amour cela n'est rien :
„ Adieu la guerre, adieu les armes[3],
„ Adieu tambours, adieu alarmes,
„ Adieu horreur des grands combats

---

[1] Ces deux vers sont faux. On peut proposer : « Tousjours [vainqueur] par tout sera, / Et si [jamais] faites la guerre ».

[2] Tout ce passage, jusqu'au vers 168 semble une réécriture de la complainte 75 v. 121-128. Sur ce motif du chapeau de fleurs voir 15 v. 88.

[3] Sur ce motif de l'adieu voir 75 v. 1, l'élégie 109, l'élégie 141, v. 213-272 ou la chanson 145.

„ Adieu tous mes braves soldats,
„ Adieu foudre d'artillerie,
„ Adieu belle cavallerie,
„ Adieu Villes, adieu Chasteaux,
„ Adieu mes bien-aimez chevaux,
„ Et vous adieu ma Roze belle,
„ Toy adieu ma brave rondelle,
„ Adieu espée que j'aimois,
„ Je m'en vay rendre Hermite aux bois.

FIN.

[176 r°]

[117] SONET I.

Helas ! Heureux tombeau qui tenez en silence
Le thresor de mon cœur, des Nymphes la beauté,
Combien de tristes vers ont vostre nom chanté,
Qui ores sont errans mesprisez par la France ?
Amour conseille moy s'il y a apparance
Que j'aime une autre fois. Non, mon cœur enchanté
De mon desir premier, est encor tourmenté,
„ Et mon cœur prisonnier de ceste souvenance :
O vaine souvenance, ô souvenir sans fruit !
Las ! elle est en repos, et moy je suis au bruit
Et au cuisant mespris du jour, et de ma vie
Aymeray-je ? Nenny. Ouy. Nenny. Une fois.
Non, je n'aimeray plus, mon cœur a trop d'envie
D'estre tenu pour chaste, et tel je le congnois.

[118] SONET II.

Une fille à quinze ans[1], d'amoureuse maniere,
D'Amour blessée au cœur, ne vouloit plus avoir
Sus elle de couleurs, mais un manteau de noir
Accommodé de gé, la manche toute entiere :
Le ventre luy enfloit, elle n'estoit plus fiere,
L'audace de ses yeux n'avoit plus de pouvoir,
Peu souvent à la main elle avoit le miroir,
N'ayant presque plus rien de sa beauté premiere :
Ceste malade icy, autresfois plus que belle
M'avoit piqué le cœur de sa beauté cruelle,
Dont je m'estois vengé, luy ayant fait cela[2] :
Elle mouroit de peur de mourir hydropique[3],
L'enfleure de son ventre en fin la decela,
„ A l'envy[4] de son coup, tout le monde s'en pique[5].

[176 v°]

[1] L'âge de la dame est globalement homogène dans le recueil mais peut varier, ainsi que le nom de celle-ci. Voir 9 v. 555, 21 v. 581 ou 55 v. 9.

[2] Le pronom se charge d'une connotation sexuelle singulière. Voir les pièces 21 v. 600 et 696 ainsi que 51 v. 14, 198 v. 4 et 274 v. 430.

[3] Sur cette veine comique voir TS LXXXII, TS CVIII, 73, 21 v. 569-572 ou encore les stances 83 v. 100 et *sq.*

[4] Cette locution note la régularité et le caractère général de la moquerie dont est victime la dame.

[5] Cette maladie qui se caractérise par la présence d'eau dans certaines parties du corps, semble avoir été invoquée dans des cas de grossesses non voulues. On trouve dans le FEW l'expression « hydropisie de neuf mois » qui provient d'une comédie de 1640, constituée de morceaux de chansons, d'où son titre *La Comédie de chansons*. La comparaison grivoise a peut-être un arrière-plan sociologique puisqu'en 1556 paraissait un édit d'Henri II « contre les femmes qui celent leur grossesse » pour lutter contre un phénomène d'ampleur. Voir le mot au glossaire et la pièce TS LXXXII ainsi que FEW IV, 523b : *hydropisis*. Voir aussi *Édict du roy Henri II contre les femmes qui cèlent leur grossesse*, Paris, Veuve Muguet, 1712 (1556), BnF F-21045, *Ancien Théâtre Français*, publié par L. Viollet-le-duc, Paris,

[119] SONET III.

O beau petit sentier, si battu de ma peine,
N'as-tu point aujourd'huy baisotté ces pieds beaux
Qui mesprisent pour toy, tant de sentiers nouveaux,
Mesmes ceux où Amour, resvassant se promene ?
« Non, disoit le sentier, c'est chose bien certaine
Que depuis quinze jours, je n'ay veu ces jumeaux[1]
Au son pirouettant[2] de ses jolis fuseaux,
Fouller les douces fleurs de ma petite plaine. »
Helas que me dy-tu ? Seroit-ce bien la mort,
Qui l'ayant fait mourir, m'eust fait autant de tort ?
« Non, dit-il, ton[3] absence en est cause en partie :
Car depuis que tu es hors de ces monts icy,
Ceste fille affligée, et pleine de soucy,
Recluse va pleurant tousjours ta departie. »

1854-1867, t. IX, p. 189 et *Présumées coupables, les grands procès faits aux femmes*, sous la dir. de Cl. Gauvard, Paris, L'iconoclaste et les Archives nationales, 2016, p. 165 et 149 – 189 ainsi que mon article « "Le mal de notre guerre" : hydropisie et accouchement dans les *Amours* de Christofle de Beaujeu (1589) », *Réforme, Humanisme, Renaissance*, 2018/2 (n° 87) p. 47-65.

[1] Ce sont les pieds de la dame.

[2] 1589 : *piroittant.*

[3] 1589 : *son.*

[120] SONET IIII.

Quand je pense à ces yeux, dont les esclairs luisans,
Foudroyent en un rien les thresors de ma vie,
De les hayr à mort, il me prend une envie,
Mais à coup je me blasme, et mes desirs meschans :
Je ressemble en ma haine, aux Sapins verdissans[1],
Qui veulent de Phebus, n'avoir la maladie[2],
Desirant seulement sa lumiere engourdie,
Pour attiedir à temps, la froideur des Hault-tans[3].
Ainsi je ne veux pas le plus chaud de ses yeux,
Ny passer un seul jour, sans son ray soucieux.
Sans luy, mon cœur frissonn[e][4], eternellement glace :
Mais tout aussi soudain que ses rayons il sent
Reluisans, moderez, sur ma debile face,
Mon ame secourue, en force se ressent. [177 r°]

---

[1] Cette comparaison entre le poète et un sapin trouve peut-être son origine chez Desportes. Celui-ci écrit : « Ainsi qu'un haut Sapin par les vents menacé, / Bien qu'il soit esbranlé, n'est pourtant renversé : / Mais quand le fer cruel vient son pié detrancher / Malgré sa resistance est contraint de broncher. [...] ». L'arbre revient d'ailleurs plusieurs fois dans le recueil et semble faire partie de l'imaginaire de Beaujeu. Voir ici même 25 v. 168, 81 v. 446, 199 v. 137, 209 v. 2, 11 et Ph. Desportes, *Les Premieres œuvres de Philippes Desportes. Au Roy de France Pologne*, Annecy, Jacques Bertand, 1576, « Complainte », f° 80 v°.

[2] La maladie de Phœbus est sans doute simplement la brûlure que le soleil donne lorsqu'on l'approche de trop près. Tel fut le cas de son fils Phaéton. Voir l'élégie 81 v. 560.

[3] Il s'agit bien du vent d'autan. Voir le glossaire.

[4] Dans le texte original, le vers, qui donne « Sans luy, mon cœur frissonné [...] », est faux.

[121] SONET V.

L'Abeille sçait ravir, quand un Prin-temps fleuronne,
Ce que[1] plus delicat s'avance au temps nouveau,
Se gonflant de douceur, enyvre son cerveau,
Et tant que le jour dure, à force elle moissonne :
Le doux succre divers qu'un autre œillet luy donne,
L'enyvre tant plus fort, puis sur un arbrisseau,
Gourmande va succer le suc jusqu'au noyau[2],
D'un damas violet, ou d'une perdrigonne :
De son riche butin chancelante et enflée,
Vers sa ruche amoureuse addresse sa vollée,
Où mainte Cypre[3] elle a paravant sceu porter.
Ainsi de voz beautez qui me sceurent deffaire,
J'en ravis les douceurs, mais helas pour en faire
Du fiel, au lieu de miel ! que nul ne peut gouster.

[122] SONET VI.

De noz fleuves, chantez sur tous ceste Garonne,
Bruit à l'envy du Loir, en beaux et graves vers,
Leur moindre flot se chante en tout cét univers,
Mais non si doctement que les Torrens du Rhosne[4] :
Et pour faire le quart, viens-ça, ma douce Sone,
Mais tu n'arrouses pas tant de costeaux, couvers

---

[1] Ce « que » a le sens de « qui ».

[2] 1589 : *jusques*.

[3] Il s'agit du cyprès.

[4] Cette description vient donner un référent au *Torrent des sonets* qui ouvre le recueil. Voir TS I.

D'Oliviers, de Palmiers, de Lauriers tousjours vers,
Ains une grosse plaine, en qui tout bien foisonne :
Si viste n'est ton cours, mais tu vas aussi loing,
Plus poissonnés[1] tes bords, plus delié ton foing,
De bons vins, de bons bois ton eschine marchande[2] :
Le Rhosne est furieux, mais il est pauvre aussi,
Le Loir brave et mutin, mais maintenant transi,
Et la Garonne trouble, en toutes saisons grande[3].

[177 v°]

[123] SONET VII[4].

Corps ennemis qui voudriez[5] desja estre
En un cercueil, pour estre contentez
Des doux objets de voz seules beautez,
Vostre tombeau de cotton mollet estre[6] :
Morts qui voudriez[7] avoir Amour pour Prestre,
Et pour flambeaux les tenebres, hantez[8]

---

[1] 1589 : *poissonnés.* Par ailleurs, le terme a ici le sens de « poissonneux » et non celui de « poissonné » qui signifie « se terminant en queue de poisson ». Voir FEW VIII, 585b : *piscis.*

[2] Il faut comprendre : « marchande de bons bois et de bons vins ».

[3] Cette mise en scène des fleuves de France, qui n'est ici pas directement liée à la thématique amoureuse, a été largement traitée par les poètes de la Renaissance. On peut citer par exemple le dizain XVII de la *Délie* ou l'« Ode au fleuve du Loir » de Ronsard. Voir M. Scève, *op. cit.*, dizain XVII et P. de Ronsard, *Œuvres complètes*, *op. cit.*, t. II, p. 104.

[4] Le sonnet est en décasyllabes.

[5] Le vers n'est juste que si l'on fait une synérèse sur « voudriez ».

[6] Cette proposition infinitive est étrange et semble difficile à rattacher à la construction de la phrase car le sujet n'est pas « corps ennemis » mais bien « vostre tombeau », à moins qu'il ne faille sous-entendre un « en » devant ce groupe nominal. Dans ce cas, toute la proposition serait complément du verbe « vouloir » du premier vers.

[7] Voir la note du vers 1.

[8] Le verbe, qui a pour complément « les Démons indomptez », est juxtaposé à « voudriez » et a donc pour sujet « Morts ».

Des bas enfers les Demons indomptez
Pour entourer vostre tombeau champestre :
Que craignez vous, avez vous peur fidelles,
Que la clarté dessoubs voz ombres belles
Nuise au desir qui cendroye voz cœurs ?
Non, non, beaux yeux qui avez fait l'offence,
Ne craignez point de tomber aux mal-heurs
Qui font avoir à coup la jouyssance[1].

[124] SONET VIII.

Miserable desert, en glaces eternelles,
Figure des enfers, et sejour des Demons,
Pourquoy demeurez vous dans le flang de ces monts[2] ?
Recevez Apollon en voz antres mortelles :
O solitaire lieu, où mes amours nouvelles
Me guident pour me plaindre au son de mes chansons,
Retenez de mon luth, les plaintes, et les sons
Qui loüangent si doux mes peines immortelles :
Vous vous couvrez tousjours de ce mont baise nue,
Tousjours l'ombre sur vous, demeure continue,
Ne voulant que le Ciel vous face les doux yeux :

---

[1] La construction de la pièce pourrait être celle d'un sonnet rapporté, le premier quatrain fonctionnant avec le dernier tercet en évoquant le sort des amantes, tandis que le second quatrain fonctionnerait avec le premier tercet, se rapportant aux amants. Si les premières, « ennemi[e]s » du locuteur, souhaitent se repaître de leur propre image, en revanche les seconds semblent rechercher une communauté de compagnons dans la souffrance. Dès lors, les deux tercets semblent construits sur une opposition entre les amants, qui recherchent la mort et surtout l'ombre, pour se cacher de la clarté des yeux de l'amante, et l'amante qui, elle, craint les lieux sombres, synonymes de souffrance.

[2] Cette énigmatique description a peut-être pour origine la contemplation des glaciers suisses.

„ O desert trop heureux, absent de toute flame,
„ Pourquoy mon cœur n'est-il aussi loin de Madame,
Afin de ne sentir ce feu si rigoureux ? [178 r°]

[125] SONET IX.

C'est une estrange loy de souffrir que l'on couche
En une mesme chambre, et l'amie et l'amant,
Separez l'un de l'autre, et n'oser seulement
La nuict se relever, et moins ouvrir la bouche :
Amans je vous diray pourquoy cela me touche.
Tout auprès de mon lict couche journellement
Celle dont la beauté me blesse incessamment,
Tousjours avec Amour je suis à l'escarmouche :
Ainsi que vous voyez une biche amoureuse
Sortir le chef baissé de sa couche espineuse,
L'œil encor my sillé du sommeil gracieux :
Je voy ainsi du lict ceste belle descendre,
Je meurs, en la voyant si doucement estendre
Ses bras aux rais luisans du feu chaud de ses yeux.

[126] SONET X.

Vous qui songez d'Amour, et qui faites en songe
Des discours amoureux, dont vous estes contens
Auprès d'une maistresse, autant que vous j'en prens,
Moy par le mal tout vray, et vous par le mensonge :
Vous n'avez que plaisir, le mal tousjours me ronge,
Vous assaillez autruy, et moy je me deffends,

Vous surmontez Amour, moy à luy je me rends.
Helas que dy-je icy ? Moy ! Je croy que je songe ?
Non fais, je ne dors pas, je veille en mon martyre.
Non, je croy que je dors, je n'en sçauroy que dire,
Si je veille, je suis en mon mal endormy :
Que fais-je, mes souspirs ? Helas Amour je tremble,
Je te brave chez toy, et tu m'es ennemy,
C'est braver, quand je brave, et fort et foible ensemble.

[178 v°]

[127] SONET XI.

En ces sombres forests[1] la fille chasseresse[2],
Immole à Cupidon, et le veut appaiser
Du sang de maint chevreau, et ne veut point baiser
Son amy[3] qui se plaint par la foret espesse :
L'or, la pompe, et la Cour, le ris, et la caresse,
Ne luy touchent le cœur, il luy plaist d'abaisser
Contre terre le chef, pour bien mieux adviser
De quelle part s'en va la beste qu'elle blesse :
Exempte de chaleur, et d'amoureuse rage,
Elle va çà et là, parmy l'espais bocage,
Et laisse son amant langoureux à l'escart :
C'est la faute d'Amour, ô dommageable faute !
Tu n'as aussi attaint celle qui a grand part
A mon cœur qui aspire à une amour si haute.

---

1 1589 : *En ces ombres forests.*

2 Sous cette périphrase, il faut reconnaître Daphné qui, en raison d'une flèche de Cupidon, refuse toutes les approches des hommes. Voir pièce TS XVII v. 9 et Ovide, *Métamorphoses*, *op. cit.*, I, v. 468-471 et v. 475.

3 Ce personnage capable, selon le vers suivant, d'offrir de splendides présents à la jeune fille qui le fuit, est Apollon. Amoureux de Daphné, il la poursuit et fait état de ses richesses. *Ibid.*, v. 515-522.

[128] SONET XII.

Ceres menoit un jour la belle Proserpine[1]
Promener aux deserts où ravie elle fut,
Puis à coup transportée au son de son doux luth,
Ainsi Erme[2] ravit sa pucelle poupine :
Que je serois heureux de ravir ma Rosine,
Pleust au Ciel maintenant qu'en ce pré elle fust,
J'aurois bonne asseurance alors de mon salut,
Ainsi qu'un Arion[3] sorty de la marine :
Heureux, heureux Pluton, languissant tous les jours,
Puis gueres[4] tu jouy de tes douces amours,
Après avoir cent fois prié ta Cornelie[5] :
Heureux quand tu surprins l'ennemy tant cherché :
Que ne surpren-je ainsi, ma Rozette jolie,
En cueillant un œillet au desert attaché. [179 r°]

---

[1] Cérès, sœur de Zeus, perd sa fille, Perséphone. Celle-ci est enlevée par Pluton alors qu'elle cueillait des fleurs. *Ibid.*, V, v. 391-394.

[2] Ce nom pourrait être celui, francisé, de Hermès, dieu qui passe pour l'inventeur de la lyre. Cependant celui qui charma Proserpine de son luth est plutôt Orphée, prince des poètes, lorsqu'il tenta de ramener Eurydice des Enfers. Voir notamment 116 v. 70.

[3] Musicien originaire de Lesbos, il obtient de son maître, le tyran de Corinthe, le droit d'aller chanter en Sicile et en Italie. Lors du voyage du retour, des esclaves et des matelots décident de tuer le poète pour lui prendre son argent. Apollon avertit l'artiste et lui promet son aide. Au moment où il va être exécuté le musicien demande une dernière faveur et se met à chanter. Des dauphins accourent alors permettant à Arion de s'enfuir. Il arrive avant les matelots à Corinthe et les dénonce. Cette histoire possède certaines ressemblances avec celle d'Ibycus, rapportée dans l'élégie 15. Voir TS XCVII v. 6, 228 v. 13 et P. Grimal, *Dictionnaire…*, *op. cit.*, p. 51.

[4] Il faut sans doute comprendre que Pluton ne profite que peu de la présence de Perséphone, son amante, obligée de rejoindre sa mère sur terre six mois par ans.

[5] Ce prénom fait ici figure d'antonomase pour une amante dévouée et prête à mourir pour son amant. Beaujeu fait sans doute référence au personnage éponyme de la pièce de R. Garnier parue en 1574. Voir R. Garnier, *Cornélie*, *op. cit.*

[129] SONET XIII.

Est-ce ainsi, Calipse[1], que tu me[2] des-honnore ?
T'ay-je monstré, meschante, à desarmer ton cueur
Du chaste corcelet ? Hé ! Où est ton honneur ?
Et[3] ce nom pur et sainct que te donna ma Flore[4] ?
Ne m'accompagne plus. Si je te voy encore
Me suivre par ces bois, pleine de des-honneur,
Je te feray manger comme ce fol veneur
Par mon brave limier, qui tout sanglier devore[5] :
« Madame[6], helas pourquoy me blasmez vous ainsy,
Ne vous souvient-il pas du pré plein de soucy,
Et de cil qui cherchoit cét inconstant Eole[7] ?
Je me suis endormie au plaisir amoureux,
Ayant retint[8] en moy le fruict si doucereux,
Mais j'apprins à le faire estant à vostre eschole. »

---

[1] Ce nom semble être une déformation de celui de Callisto, nymphe du cortège de Diane, que Zeus séduisit en prenant l'apparence d'Apollon et qui tomba enceinte. Sa faute ayant été découverte elle fut transformée en ourse. Voir TS XLVI v. 11.

[2] Le pronom renvoie à Diane qui tance violemment sa compagne.

[3] 1589 : « Où est ce nom pur et sainct ».

[4] Sur ce nom voir la note du vers 153 de la pièce 74.

[5] Cette menace renvoie à l'histoire du chasseur Actéon, transformé en cerf pour avoir vu Diane nue. Il est dévoré par ses propres chiens. Voir sonnets TS XX, CXI et CXII.

[6] La nymphe Callisto prend ici la parole pour se défendre.

[7] Il pourrait s'agir d'Agamemnon qui subit la vindicte de Diane pour avoir osé se vanter d'être meilleur chasseur que la déesse. Celle-ci immobilisa alors les vaisseaux du roi en partance pour la guerre de Troie et demanda le sacrifice d'Iphigénie en échange du retour du vent. Elle n'accepta pas cependant la mort de la jeune fille et lui substitua une biche. Est-ce à ce geste de clémence que fait appel Callisto ?

[8] 1589 : retins.

[130] SONET XIIII[1].

Soubs la rigueur d'une si longue absence,
Mon cœur ressemble à un brasier couvert,
Qui violent[2] cherche un passage ouvert
Où aussi tost son ardeur il eslance :
Mon cœur attend par sa longue esperance
Estre content de la beauté qu'il sert,
Tousjours bruslant en son brasier ouvert,
Non veu des yeux de toute l'assistance :
C'est trop durer, c'est avoir trop de force,
C'est trop aimer, trop vive en fut l'amorce,
Grand est le feu qui dure tousjours vif :
Ma passion n'est à nulle semblable,
Mais mon tourment ne me rend pas craintif,
Comme celuy du Gregeois[3] miserable. [179 v°]

[131] SONET XV.

Si des humaines loix, les filles prennent cure,
Belle addoucis un peu l'aigreur de ton dessein,
Si une si belle ame a une telle fain
Qu'un lion enragé, injustement j'endure[4] :
Que dy-je injustement ? C'est une loy trop dure
D'avoir tousjours le sang, et la mort à la main.
Ha quelle cruauté, ha quel acte inhumain !

---

[1] Ce sonnet est en décasyllabes.
[2] 1589 : *violant.*
[3] Ce Grec rendu peureux par la passion amoureuse reste inconnu.
[4] Le verbe est employé de manière intransitive.

Quand l'outrage sans cesse, en un courage dure ?
Helas que dy-je icy ? Suis-je si miserable
De penser que mes cris te facent pitoyable ?
A cela je congnoy que mon mal est des Cieux :
Cruelle tu faits donc de mal faire une gloire,
Ainsi le Turc cruel[1], après une victoire
Veut les morts ennemis tousjours avoir aux yeux.

[132] SONET XVI.

Ainsi que les hault-tans[2] d'elle[3] prenoient vengeance
L'enfant blond[4] lors estoit assis dessus les bors[5]
Plaignant son mal, je faits comme il faisoit alors,
Le temps[6] me fait ainsi semblable resistance :
Je te cherchois Anceline[7], avec ceste esperance
D'avoir quelque raison des innombrables tors
Que me fait ce Vulcan[8]. Las j'ay veu ce beau cors,

---

[1] L'épithète est topique à l'époque. On la trouve dans *Les Épithètes* de Maurice de la Porte. M. de la Porte, *Les Épithètes*, *op. cit.*, f. 269 v°.

[2] Sous cette graphie fantaisiste il faut reconnaître le vent d'autan. Voir le glossaire.

[3] Ce pronom est difficile à identifier. Il semble simplement que cela soit une figure féminine prise dans une tempête. Le motif de la mer agitée est souvent dans le recueil à rapprocher des douleurs de la passion amoureuse. Voir 18 v. 1 et suivants.

[4] Il pourrait s'agir du dieu Cupidon regardant une de ses conquêtes prises dans les flots.

[5] Les « hault-tans », vents violents dans lesquels est prise la dame ainsi que l'« enfant blond » assis sur les « bords » de ce plan d'eau agité, semblent rejouer le *topos* du *suave mari magno* de Lucrèce. Lucrèce, *De Natura rerum*, *op. cit.*, II, 1 et, pour « hault-tans » voir le glossaire.

[6] Ce terme est employé de manière étymologique au sens de *tempestas*, « tempête, orage ».

[7] Le vers est trop long. Il est vraisemblable qu'il faille faire une synérèse sur « Anceline » et prononcer « ɑ̃slinə ». Sur ce nom propre voir 160 v. 19.

[8] L'antonomase dessine ici la figure du mari jaloux et peut-être bientôt cocu. De fait, s'assimilant à Mars, amant de Vénus, elle-même femme de Vulcain, le

Ce Myrte, ce Laurier, du monde l'excellence[1] :
Rudement agité, ainsi j'allois en peine
Me plaindre à toy, mon tout, quand moy cher de fontaine[2]
En faveur de ton nom me vint donner secours :
Mais au lieu de plaider, je souspirois ma vie
Et disois à mon cœur, retourne à tes amours,
Ou permets que je plaide icy sans frenaisie. [180 r°]

[133] SONET XVII.

De bon cœur je voudrois retourner à mesme heure,
Et sur le mesme champ r'assaillir ces beaux yeux,
Afin d'estre vainqueur au combat glorieux,
„ Ou me voir mieux tuer, puis qu'il faut que j'en meure[3] :
En mourray-je, bon Dieu ? Peu d'honneur en demeure
A celle qui des siens[4] importune les Dieux,
Qui fait tousjours ouvrir les enfers, et les Cieux,
Et du creux importun l'effroyable demeure :
Si je ne puis avoir secours, faveur, ny grace,

---

locuteur semble rendre compte de la difficulté qu'il éprouve à fréquenter une dame, farouchement défendu par son mari légitime. Sur ce motif voir TS LXXX v. 4-7.

[1] La dame est comparée à des plantes dont la mythologie a rapporté les origines glorieuses, souvent issues de métamorphoses féminines. Le myrte est lié à la figure de Myrrha, amoureuse de son père et le laurier à celle de Daphné, fuyant Apollon. Voir 9 v. 195 et 25 v. 188 ainsi que l'*index nominum*.

[2] La tournure est extrêmement mystérieuse et laisse supposer que l'hémistiche est fautif.

[3] Cette évocation particulièrement guerrière du rapport amoureux est une des caractéristiques de la poésie beaujellienne. Voir les pièces 6, 9 v. 1 et suivants et l'introduction, II, A, 3.

[4] Ce pronom possessif se rapporte sans doute « aux yeux » de la dame cités au vers 2.

Je me verray vengé avant que l'an se passe,
Je la verray punie un jour de ce forfait :
Si je n'en meurs aussi, de mon ardante flame
„ Je veux faire un enfer pour entourer son ame,
Si l'amour, et le temps ne manquent à l'effait.

[134] SONET XVIII.

Soubs les asprès regrets de ma fascheuse peine,
Je me plains bien en vain, en vain aussi je suis,
Puis que je n'attends plus en l'amour que je suits
Estre rescompensé de mon amour certaine :
J'aime sans estre aimé, une fille inhumaine,
Je pleure tous les jours le tourment où je suis,
Desesperé du bien que si fort je poursuits,
Et que je cele à ceux qui ne sçavent ma peine :
Si dedans mes escrits son beau nom je faits bruire,
Il ne faut autre Amour fors le sien seul poursuivre,
Et banny s'asseurer de jamais rien avoir :
Si je ne chante pas aussi celle que j'aime,
Jamais cét œil divin ne me voudra plus voir.
Y a-il homme au monde en peine plus extresme ?

[180 v°]

[135] SONET XIX.

Phebus despit d'avoir failly son entreprinse
De l'œil dont il voit Daphne en laurier eschanger[1],
Regardoit courroucé, et mit en grand danger
Le Berger[2] qui rioit d'avoir failly sa prise[3] :
Tousjours il s'en souvient, et l'arbre il favorise,
Le rivage, et les eaux, et tout ce que si cher
La fille glorieuse a bien daigné toucher,
Et la roche sur tout de ses[4] regards esprise :
Ainsi[5] donc de voz yeux les rayons homicides
Traversent[6] de mon sein les pores froids, humides,
Le laissant tousjours glace[7], insensible et perclus :
Mais touchant[8] à mon cœur, où loge ma pauvre ame,
Las je me sens brusler, et d'une telle flame,
Que je ne puis l'esteindre, et n'en espere plus.

---

1 1589 : *Daphene.*

2 Ce « berger » est sans doute Cupidon qui a inspiré à Apollon ses sentiments pour Daphné en prenant soin qu'elle ne les partage pas. Voir pièce 129 et Ovide, *Métamorphoses*, *op. cit.*, I, v. 468-471.

3 « Failly » à un sens actif : Pan rit d'avoir fait faillir Phebus.

4 Ce pronom peut faire référence à Apollon autant qu'à Daphné. C'est sans doute plutôt à Daphné, « la fille glorieuse » qu'il fait référence : « la roche » est elle-même sous le charme de la jeune fille transformée en laurier.

5 Le lien entre les quatrains et les tercets n'est pas très clair car on ne comprend pas bien quels sont les deux termes de la comparaison amorcée par « ainsi ». Un lien pourrait être trouvé avec le premier quatrain dans lequel le regard de Phœbus, le soleil, met en danger le « Berger », alors qu'il semble protéger les éléments décrits dans le second quatrain. Le locuteur serait ainsi menacé par les yeux de la dame comme Apollon menace Cupidon, assimilé au « cœur » mentionné dans le second quatrain.

6 1589 : *traversant.*

7 1589 : *tousjours glacé.*

8 Cette proposition participiale a un sens de circonstancielle de temps. On peut gloser par « Mais lorsqu'ils touchent à mon cœur [...] / Las je me sens brusler [...] ».

[136] SONET XX.

Isle dont la beauté a de ma souvenance
Une heure chasque jour, ne te verray-je pas
Avant que d'approcher l'heure de mon trespas,
Pour loüer ta beauté, belle par excellence[1] ?
Je veux loüer tes eaux, qui pleines d'inconstance
Attendent tous les ans qu'Eole verse en bas
Sur leurs flots addoucis des fleurs qui sont, helas !
Le plaisir de ma Roze, et de moy l'esperance :
Douces fleurs, si je puis vous voir un jour, je jure
Que je feray graver au roc qui tousjours dure,
De voz perfections les excellens pourtaits :
Et vous bois tant chantez, en vostre dure escorce
Je graveray ces vers[2] qui ont assez de force
Pour faire en ma faveur teste aux ans à jamais.

FIN DES SONETS[3]. [181 r°]

---

[1] Bien qu'une référence à une île réelle située sur un lac de Suisse soit possible, il s'agit plutôt ici de l'île de Cythère, île des amants consacrée à Vénus qui y possédait un temple.

[2] Voir l'élégie 81 v. 450.

[3] Cette indication n'est pas à entendre comme la fin de tous les sonnets du recueil mais bien comme la fin de cette série en particulier. On la trouve déjà à la suite de la pièce 68 et encore à la suite de la pièce 269.

[137] ODETTE.

O flamboyant cueur,
Dont la vive ardeur
Me cendroye l'ame,
Brusle incontinent
Le dur diamant
Du sein de Madame.
Est-il diamant ?
Je ne sçay comment
On le doive dire.
Est-ce ce rocher
Que l'on vendit cher
Au paillard Satyre[1] ?
Hé pauvre chetif
Que mon chant plaintif
Te regrette encore ?
Ne serois-tu pas
Sans ce roch, helas !
Auprès de ta Flore[2] ?

FIN.

[1] L'allusion, qui joue sur la bêtise supposée des satyres, est mystérieuse.
[2] Sur ce nom voir 71 v. 153.

[138] CHANT.

Je sçay bien que cét enfant
Que l'on dit Roy de la terre,
Avec un arc triomphant
Aux plus braves fait la guerre,
Il fait d'un Dieu, un oiseau,
Divinité r'abaissée
Par l'enfant porte-bandeau,
Sur la ruë damascée. [181 v°]
Puis qu'il trompe ainsi les Dieux
Et les plus fines Deesses,
A son aise il doit donc mieux
Nous tromper par ses promesses :
Il peut de ses fortes mains
Nous enchesner à son aise,
Puis que tous les plus hautains
Ne font rien qui luy desplaise :
Je ne veux dès aujourd'huy,
Comme autresfois, temeraire,
Mettre ma fiance en luy,
Je sçay qu'il m'est tout contraire :
Et pendant il me disoit
Pour enflammer mon courage,
Que le mal qu'il me faisoit
Estoit pour mon advantage :
Et pour tousjours mieux couvrir
Sa trahison mal-heureuse,
Sans que je fisse un souspir
Il rendoit ma vie heureuse :
De la beauté des beautez
Il me donna jouyssance,

O plaisirs trop achetez
En l'avril de mon enfance.
Quand il me vit du tout pris
Esclave de son Empire,
Alors, ce dit-il : « Je puis
Luy donner plus de martyre ! »
Un autre en ma place il mit.
O maudite jalousie !
Tousjours depuis il permit
D'augmenter ma fantasie. [182 r°]
Plus gros que mon cœur d'ennuits
En mon cœur prindrent racine,
Alors, ce dit-il : « Je puis[1]
Tirer dedans sa poitrine ! »
Ce n'estoit que fermeté,
Je n'estois point miserable,
Mais plein de meschanceté,
Il n'est plus si desirable.
J'estois du commencement
Tenu plus cher que sa vie,
Je suis au rang maintenant
Des choses que l'on oublie :
Le serve donc qui voudra,
De fort bon cœur je le quitte,
Jamais il ne me tiendra
Puis que mon mal me despite.
Toutes les nuicts je ne dort[2],
Tousjours je plains et souspire,
Sans fin j'appelle la mort
Pour arrester mon martyre :
Pour t'aimer, je suis hay,
Des tiens, ô douce ennemie.

---

[1] 1589 : *Alors, ce dit-il, je te puis.* Je fais la correction selon le vers 35.
[2] Sic.

Amour et toy m'ont trahy,
Et sans fin cherchez ma vie :
Ce pendant tu m'as laissé,
Tu as faussé ta promesse,
Jamais je ne delaissé
Ta souvenance, maistresse :
Mille fois tu maudiras
Ton inconstante nature,
Et punie tu seras
D'avoir esté si parjure. [182 v°]
Parmy les filles de foy
Tu ne trouveras point place :
Amour pour l'amour de toy
N'aura jamais de ta face
Le bien qu'il te va perdant :
Seule tu en fais la perte,
De moy, pauvre cependant
La peine sera soufferte.
Chacun dira : « Je ne veux
Confesser l'ame parfaicte,
Qui dessoubs ses beaux cheveux
Cache une amour imparfaicte. »
Amans qui la congnoissez,
N'y allumez point de flames,
Par là juger vous devez
De l'inconstance des femmes.

FIN.

[139] CHANT.

Amour tu fus mon adversaire,
Tu m'as donné maintes ennuits,
Mais or' tu ne m'es plus contraire,
Aussi ton serviteur je suis :
Pour m'oster de soucy
Faits donc tousjours ainsy.
Pour t'honorer, quelle loüange
Veux-tu qui bruye dans mes vers ?
Il n'iront seulement au Gange[1],
Mais par tout ce grand univers :
Les feux que tu esprains
Ne sont encore estains[2].

FIN.

[183 r°]

[140] CHANT.

Amour si tu me tourmente,
Plus doux, une fois contente
Mon cœur, serf et amoureux
De Catherine aux beaux yeux :
Mal-gré le mal que je porte

[1] Il s'agit ici d'un type d'hyperbole que l'on trouve déjà chez Ronsard et qui est utilisée aussi par J. de la Gessée. Voir Ronsard, *Œuvres complètes*, *op. cit.*, II, 38 et J. de la Gessée *Les Jeunesses*, édition critique publiée par G. Demerson avec une biographie et une bibliographie par J.-Ph. Labrousse, Paris, S.T.F.M., 1991, II, [49], p. 126.

[2] 1589 : *sont encores estains.*

Tousjours je le reconforte,
L'asseurant qu'une autre fois
Tu luy seras plus courtois :
Caton, Catin
Que je baise
Ton beau tetin
A mon aise.
Matelots que l'on m'approche
Je veux dire à ceste roche,
Et à toy, belle forest,
Mon martyre ainsi qu'il est,
Je veux dire mon encombre
Encore à ceste belle ombre[1],
Et à ce sablon doré
Le mal que j'ay enduré :
Catin, Caton,
Que je te baise
Ton beau teton
A mon aise.
A toy belle fueille morte,
La douleur que je supporte,
Et vous aggreables prez
De maintes fleurs diaprez[2],
Au bruict d'un plaisant Zephire
Je veux chanter mon martyre, [183 v°]
Et mes plus aigres douleurs,
A vous eaux, et à vous fleurs :
Caton, Catin
Que je baise
Ton beau tetin
A mon aise.
Hé quoy ! Ma gentille Muse

[1] 1589 : *Encores à ceste belle ombre.*

[2] Ces quatre vers sont compléments du verbe « chanter » au vers 30.

Ma mignonne tu m'abuse !
Sur l'arene nous semons
Noz plaintes, et noz chansons,
Il vaut mieux dire noz plaintes
Aux Dieux, et Deesses sainctes,
Les faisant porter aux Cieux
Par Zephire gracieux[1].
Catin, Caton
Que je baise
Ton beau teton
A mon aise.
Zephir venez donc icy
Recevoir de mon soucy
Les complaintes ordinaires,
Le mal que mes adversaires
Me font souffrir nuict et jour
Par la fausseté d'amour.
Sus Zephir que l'on me jure
De conter ma peine dure :
Caton, Catin
Que je baise
Ton beau tetin
A mon aise.
Non, non, revenez Zephir,
Il suffit d'un mien souspir. [184 r°]
Souspir donc prenez courage,
Et sortez de ce bocage,

[1] Cette sympathie de la nature envers les plaintes de l'amant est souvent mise en avant par les poètes pétrarquistes. Inspiré de Properce, on trouve le motif chez Pétrarque, Ronsard ou Flaminio de Birague. Il est ici traité de manière légère et badine. Voir ici même TS XXIII v. 3 et Properce, *Elégies*, *op. cit.*, I, XVIII, Pétrarque, *Canzoniere*, *op. cit.*, p. 301, s. 162, Ronsard, *Œuvres complètes*, *op. cit.*, IV, XXVIII ou Fl. de Birague, *Les Premières œuvres poétiques [1585], tome I à III, éd. critique par Roland Guillot et Michel Clément*, Genève, Droz, 1998-2004, p. 87-88, sonnet 7-8.

Plaignez vous des cheveux d'or,
Non, non, je ne veux encor,
Mais à ma belle maistresse
Toute ma plainte s'addresse :
Catin, Caton
Que je baise
Ton beau teton
A mon aise.
Belle qui me faits languir,
Seule tu me peux guerir :
Belle qui es mon amante
C'est ton œil qui me tourmente :
Fy donc d'Amour, j'aime mieux
N'aimer jamais plus tes yeux.
Si feray, belle maistresse,
Je te veux aimer sans cesse :
Caton, Catin
Que je baise
Ton beau tetin
A mon aise.
Tes yeux n'ont point sentiment
De mon estrange tourment,
Je leur faits tousjours complainte.
Les feux ont mon ame emprainte,
D'eux vient toute ma chaleur,
Je leur conte ma douleur.
Helas comment ma maistresse,
Peux-tu souffrir ma tristesse ?
Catin, Caton
Que je baise [184 v°]
Ton beau teton
A mon aise.

FIN.

[141] ELEGIE.

Roze, si ma dure absence
Me faisoit faire une offence,
J'accuserois dans les Cieux
Et la Justice, et les Dieux,
Qui ne sont point excusables
D'avoir esté variables
Maintes fois de leurs beautez
Craintifs se sont absentez[1],
Je dy cachez à mesure
Que croissoit leur peine dure :
Jupiter se cacha bien
En l'antre Latonien[2],
Quand la belle violée
Desiroit d'estre accollée
De son amant aux bras fors,
Il se cacha bien alors
Dedans la moite jonchée
Après l'avoir desbauchée,
Jusques à Cal[3], aux marests[4] :
Mars ainsi dans les forests

---

[1] Le complément de ce verbe est « de leurs beautez », tandis que « craintifs » est une apposition au nom « les Dieux ».

[2] L'adjectif se rapporte à la francisation du nom grec « Léto » en « Latone ».

[3] Ce nom de lieu reste inconnu.

[4] Dans le mythe grec ce n'est bien sûr pas Jupiter qui se dissimule mais bien Léto, cachée par le roi des dieux sur l'île d'Ortygie, loin des yeux d'Héra. C'est d'ailleurs là que la déesse accouche de ses illustres enfants. Cependant, la mention des « marests » semble issue de la *Vie de Pélopidas* de Plutarque dans laquelle l'historien évoque : « un peu au-dessous de ces marais [...] un temple d'Apollon surnommé Tégyrien [...] ». Plutarque raconte ensuite que c'est là que seraient nés Apollon et sa sœur, Diane, tous deux fils de Jupiter et de Léto. Voir ici même TS LXXXII et Plutarque, *Les Vies des hommes illustres*, *op. cit.*, t. I, *Vie de Pélopidas*, p. 636, XXX.

Qu'un Soleil jamais ne touche,
Tira des mots de sa bouche :
« O doux bois dont l'espaisseur
Cache le Dieu serviteur
D'une chevelure blonde
Qui maistrise tout le monde[1]. » [185 r°]
Comme il se voulut cacher
Soubs l'espaule d'un rocher.
Mais n'eust-il pas l'ame attainte
De peur, en ceste contrainte ?
Ils sont Dieux, moy je ne suis
Qu'humain, mais or' je poursuis
Une amour digne du sceptre
D'Amour mesme nostre maistre :
Ils n'ont jamais rien tenté
Semblable à vostre beauté.
Je veux bien aussi qu'on sçache
Que paoureux je ne me cache,
Craignans les rais de voz yeux,
Dont mon cœur est soucieux,
Qui me consomment en flame
Martyrant tousjours mon ame :
Jadis le Driopien
Baisant l'œil Athenien[2]
Mouroit, et restoit en vie
Aussi soudain que ravie :
Pour moy si je vous baisois,
Ainsi que luy je mourrois,
Non de mal, et de tristesse,

[1] Cette périphrase renvoie au soleil.

[2] Un peuple, son roi et une princesse portent, dans la mythologie, le nom de « Dryopes » ou « Dryope » mais aucun n'a eu de lien avec les Athéniens. Les vers 45-46 pourraient évoquer la métamorphose de la princesse Dryope en arbre. Voir Ovide, *Métamorphoses*, *op. cit.*, IX, 354-393.

Mais de joye, et de liesse,
Puis en baisant vostre sein
Je revivrois tout soudain,
Mais quand j'aurois jouyssance
De vostre douce presence,
Je serois, ô mes amours,
Mille fois mort tous les jours
Et revivrois, où je meure,
Plus de cinq cent fois par heure ! [185 v°]
Loing de vous je suis ainsi
Comme une fleur de soucy
Qui tombe, morte et fanée,
Passant une matinée
Sans avoir de son Soleil
Deux ou trois rets de son œil
Ne te voyant point ma belle.
Au moins ma peine cruelle
Ne seroit si je voyois
Catherine que j'aimois :
Que dy-je aimer Catherine ?
Tousjours je t'aime et estime
Comme mon cœur, mes amours,
D'une amour qui croist tousjours.
Çà ! Que je baise ta bouche,
Car ce corail là me touche
Au cœur qui sent tous les jours
Plus accroistre ces amours :
O ma belle Catherine
De long temps en ma poitrine
Ce desir y va croissant :
Mais je n'ose librement
Dire mon amour certaine,
Ny mon amoureuse peine :
Tu mourois, et je mourois,

Tu bruslois, et je bruslois,
Quand la nuict t'estoit fascheuse
Elle m'estoit ennuyeuse,
Pour voir amie, amy,
Contents d'amour à demy :
Moy je voyois ma maistresse
Toute pleine de tristesse, [186 r°]
Et te souvenant de moy
Tousjours croissoit ton esmoy.
Quand je voyois une amie
Sur les genoux endormie
D'un amy qui la baisoit,
De toy il me souvenoit :
Je pensois à la mesme heure
Il faut que d'amour je meure,
Plus mon œil y demeuroit,
Plus mon ame se mouroit.
En ceste dure pensée
J'avois la veüe abbaissée,
Et gouvernant mon soucy
Je m'entretenois ainsy,
Disant : « Ô belle Rozette,
Helas que je te regrette[1],
Tousjours mon cœur est lié
De ton cheveu delié[2],
Souvent attaint d'inconstance.
Mon feu estoit en balance,
Quand je voyois le beau tain
De ma divine Catin

[1] Sous couvert du souvenir, l'élégie amoureuse s'adresse à deux dames en même temps. Voir v. 140-141.

[2] Il y a sans doute une syllepse sur ce mot qui renvoie bien à la finesse des cheveux de la dame tout en évoquant aussi, peut-être, le fait qu'ils ont dû être détachés avant de pouvoir entraver le locuteur. La rime avec l'adjectif « lié » accentue encore cet effet de sens. Voir 12 v. 37.

Me souvenant de ma Roze
Je pensois une autre chose.
Deux flames brusloient mon cœur,
J'avois ardeur, sus ardeur,
Et ma constance plus forte
Bransloit d'une estrange sorte.
Lors je partageay l'amour,
La nuict l'une, et l'autre au jour,
Si soubs ceste grand lumiere
Je te baisois la premiere : [186 v°]
Ma Roze j'allois baisant
La proche nuict ensuivant.
O amour alternative,
Belle amour qui es naifve,
Tu me versois dans le cueur
Deux succres pleins de douceur,
L'une amoindrissoit ma peine
Du parfun de son haleine,
L'autre chatoüilloit mon sein
Du bout de son beau tetin :
Au doucet giron de l'une
Je voyois passer la Lune
Tout le beau travers des Cieux,
Baisant sa bouche, et ses yeux.
Après caché soubs l'ombrage
„ D'un gouille, gouille[1], gouilletant[2] rivage,
Je baisois l'œil, et le sein
De Rozette, et de Catin,
De Catin, et de Rozette
En quelque place secrette :

[1] Il ne faut pas prononcer le « e » final de « gouille » pour respecter la métrique. Les trois mots forment une onomatopée figurant le bruit de l'eau. Sur son origine, voir le glossaire.

[2] De même, il faut faire une synérèse sur le « e » central de ce mot.

Tousjours je les baiseray
Tant qu'auprès d'eux je seray,
Si les Dieux aiment encor
Celle à qui la pomme d'or
Fut au bord de la fontaine
Le contr'eschange d'Helene[1].
Je feray gageure icy
Qu'ils aiment Catin ainsy,
Et Roze qui passe Helene
En beauté plus souveraine :
Agamemnon s'il vivoit
Avec ses Grecs n'oseroit [187 r°]
Venir assaillir la France[2]
Qui se mettroit en deffence
Contre les Grecs indomptez
Pour deffendre ces beautez,
Beautez honneur de Suisse,
A qui je doibs tout service.
Au moindre clin de mes yeux
Venus descendroit des Cieux
Et Junon trop courroucée
Contre la bande d'Arcée[3],
Et Amour ce gentil fils
En feroit comme je dis :
C'est mon compagnon de guerre,
Il feroit bransler la terre
Tonner et cheoir des greslons
Non moins gros que des ballons
Sur ceste armée ennemie,

[1] Sur l'épisode mythologique dit du « jugement de Pâris » voir 29 v. 32.

[2] Il s'agit bien sûr d'un rappel plaisant de la guerre de Troie et de son déclenchement. Le locuteur s'imagine en Pâris poursuivi par les Grecs d'Agamemnon, la dame devenant une nouvelle Hélène. Voir 9 v. 186.

[3] Ce mot est sans doute une déformation du nom « Atrée », père d'Agamemnon et de Ménélas.

Je l'asseure sur ma vie.
Non content le lendemain
Son arc, et traits à la main
Se jetteroit pesle et mesle
Pour favoriser sa gresle,
Qui furieuse des monts
Tomberoit sur ces felons.
Au lieu de faire la guerre
Mettant le genouil à terre,
Roze voyant voz escus
Vous rendroit d'un coup vaincus,
Et Catin qui de sa veue
Amis et ennemis tue
Vous diroit tout doucement :
« Sus à mon commandement [187 v°]
Reprenez tous voz brisées[1],
De par mes tresses frisées,
Et soyez hors en un jour
De ce mal-aisé sejour,
Ou mon œil, vainqueur du monde
Vous poussera en cét onde,
Meurtriz et noyez de coups.
Je vous accableray tous,
Que plus il ne vous advienne
D'entrer en la terre mienne,
Braves, pour m'y guerroyer.
Je vous feray foudroyer
Si vous voulez, ô gent folle
Contredire à ma parole ! »
A ce commandement cy
Voz soldats fuiroient ainsy
Qu'une paoureuse chevrette

[1] C'est une expression du domaine de la chasse que le locuteur met ici dans la bouche de son amante. Elle signifie « retourner en arrière, sur ses pas ».

Devant la louve indiscrette,
Qui cherche les appetits[1]
De ses glorieux petits :
Avec une belle armée
Pour les venger animée,
En quatorze ou quinze jours
Je[2] leur donnerois secours,
„ Faisant autant de faits d'armes
„ Qu'Amour me donne d'alarmes.
„ Sus Muse, puis qu'il me faut
„ Obeyr au vueil d'enhaut,
Puis qu'il faut que je m'en aille
Mettre l'armée en bataille,
Disons adieu, douce sœur,
Aux maistresses de mon cœur, [188 rº]
Et vous petits vers lyriques
Sonnez au pays des ligues[3],
L'un après l'autre, un adieu.
Sonnez en ce triste lieu,
En faveur de ma Rozette
Une amoureuse Odelette,
Et par voz amoureux sons
Dites adieu à ses monts,
Et en voz plaintes dernieres
Dites adieu aux rivieres,
Aux lacs[4], aux forests, aux champs
Si divers, et si plaisans,
A ces rochs inaccessibles,
Et à ces vallons terribles,

---

[1] Voir 113 v. 308.

[2] Ici, vraisemblablement, le poète reprend la parole.

[3] Cette périphrase désigne sans doute la Suisse, confédération de « ligues », dont les « ligues grisonnes », ancêtres des cantons actuels. La rime est très approximative. Voir 9 v. 125-126 et TS IX v. 13-14.

[4] Sur ce motif voir 1 v. 12 et 25 v. 32.

Où de cent bruits tous nouveaux
Se font ouyr ces ruisseaux.
Et aux belles que j'adore
Dites leur adieu encore,
Et sonnez si doucement
Qu'ils ayent contentement :
Mes yeux qui estes en peines,
Faites sortir deux fontaines,
Et que voz murmurants flots
Chantent de Roze le los,
Chantez la blanche farine[1]
Pour l'amour de Catherine,
Qui dure dessoubs les rais
D'Apollon pour tout jamais,
Et au pays de Valais[2]
Que mon ame ensorcelée
Des douceurs de voz fredons
Passe, et de là aux Grisons, [188 v°]
Sur la terrace de Berne,
Et jusques dedans Lucerne,
A Chafouse[3], à Basle aussi
Faites vous ouyr ainsi.
Quelqu'un rira sur ma vie
En oyant ceste harmonie,
Voilà la lyre ou le lut[4]
Du fils que le Ciel esleut
Pour servir Catin et Roze.
Non ce n'est pas autre chose,
Qui en partant de ce lieu
Dit à ses filles adieu,

---

[1] Il s'agit de la neige. Voir le glossaire.
[2] 1589 : *vallée.*
[3] Il s'agit de l'actuelle ville suisse de Schaffhouse.
[4] Pour la rime, il faut lire [lü].

Et sonne ceste harmonie
Sa contrainte departie :
Pour fin vous direz ces vers
Aux deux belles que je sers,
Adieu belles que j'adore,
Adieu Neuf-Chastel encore[1],
Je m'en retourne puny
De mon amoureux ennuy,
Plein d'amour, de patience,
Pour durer en mon absence.

FIN.

[142] COMPLAINTE.

Helas combien me puis-je dire
Mal-heureux, sur tous mal-heureux
Qu'Amour voulut luy mesme eslire,
Pour me faire à mort amoureux !
Ha le traistre il fit de ses yeux
Les ongles fiers d'une tygresse, [189 r°]
Et pour me tyranniser mieux
Il m'absente de ma maistresse !
Mon Dieu que ceste absence icy
Me met en peine et en soucy.
Il faut que ce doux œil j'absente
Et le lieu où il voit tousjour,
Et s'il faut que je me contente
De l'ombre seul de son amour,

[1] Ce motif répétitif de l'adieu aux dames et à la Suisse apparaît à plusieurs reprises dans le recueil. Voir notamment la complainte 75, l'élégie 109, les vers 42-53 de l'élégie 116 ou la chanson 145.

Il s'en est allé mon beau jour,
Elles ont passé mes liesses.
O mort viens donc à mon secour
Pour donner fin à mes tristesses :
Mon Dieu que ceste absence icy
Me met en peine et en soucy.
Si je mourois en ceste peine,
O mort que je serois heureux !
Que la vie au mal-heur est vaine,
Et qu'elle est douce aux mal-heureux :
Mort tu plais tant aux langoureux,
Qui voudroit là bas se retraire
Il vaudroit mieux n'estre amoureux
Quand la fortune est si contraire :
Mon Dieu que ceste absence icy
Me mets en peine et en soucy.

FIN.

[143] CHANSON.

Si l'on se congnoist miserable
Pour estre absent d'une beauté,
Il faut quitter la fermeté
Pour estre parfait variable[1], [189 v°]
Ne se soucier plus d'Amour,
Et changer mille fois le jour.
D'un fidelle, la rescompense,
Est de mourir dix mille fois,
S'il restoit à prendre à mon chois,
Je varierois en mon absence,

[1] L'adjectif « variable » est ici employé comme un un substantif.

Et changerois cent fois le jour
Ne me souciant plus d'Amour.
Helas si j'avois de ma belle
A tout le moins permission
De changer mon affection,
J'aurois bien tost amour nouvelle
Ne me souciant plus d'Amour
Je changerois cent fois le jour.

FIN.

[144] CHANT.

D'une estrange rudesse
Un an je suis esté
De toy, belle maistresse,
Cruellement traitté.
Pour tant de mal avoir,
Que t'ay-je fait ma Roze ?
C'est une estrange chose
Qu'on ne le peut sçavoir.
O miserables yeux
Qui me mettez en peines,
J'aimerois beaucoup mieux
Que fussiez deux fontaines,
Que voz ruisseaux amers
De leur sources profondes, [190 r°]
Sur les mortelles ondes
Missent deux autres mers.
Si tu veux me tuer
Ne me sois rigoureuse,
Je veux effectuer

Ton envie fascheuse,
Par ton commandement
Je m'en iray, maistresse,
Me tuer en tristesse,
Dy le moy seulement.
J'avois occasion
De souspirer, et plaindre,
J'ay maintenant raison
De douter, et de craindre :
Je n'ay jamais gagné
Le mal que tu me donne,
Ton service mignonne
Je n'ay point desdaigné.
Mais je voy bien que c'est,
Ton amour est frivolle.
Dy moy donc, s'il te plaist,
Si c'est d'une parole
Dont si mal tu me veux.
Je te promets, et jure
Que le mal que j'endure
Est par trop rigoureux.
Je sçay bien qu'autresfois
Te voyant courroucée,
Tousjours tu me disois
Qui t'avoit offencée,
Je sçavois ton secret
Caché en ton courage. [190 v°]
N'ay-je point esté sage ?
Ne suis-je pas discret ?
Si tu te ressouviens
Au moins belle inconstante,
De tant de rares biens
Que ton nom me presente,
De mesme souviens toy

De la douleur extresme
Que je sens en moy-mesme
Conjurer contre moy.
Si tu poursuits ainsy
Ma miserable vie,
Me comblant de soucy,
D'ardeur, de jalousie,
Il faut que de ta main
De ce monde tu m'oste,
M'envoyant estre l'hoste
De Pluton inhumain.

FIN.

[145] CHANSON.

Adieu Roze, adieu mes amours[1],
Adieu le Soleil de mes jours,
Adieu les astres de ma vie,
Adieu belle de qui tousjours
Au tourment j'asseure ma vie.
Adieu petit sein blanchissant,
Adieu beau cheveu jaunissant,
Adieu plus que divine face,
Adieu bel œillet rougissant,
Œil qui me receut en sa grace. [191 r°]
O dormir pour toy rigoureux,
O dormir pour moy amoureux
Y prenant à mille reprises
Dix mille baisers sur les yeux
Qui m'ont tant de flames esprises !

[1] Voir 75 v. 1 ou 142 v. 213-273.

Ainsi Thesée delaissa[1]
Celle qui d'Amour le pressa,
Faisant de nuit hausser ses voiles
Si que la belle n'advisa
Son depart qu'au ray des estoiles.
Ainsi que Thesée je faits
Te laissant seule pour jamais,
Ma fuitte est des hauts Dieux permise,
Adieu belle qui desormais
Te souviendras d'une surprise.
Adieu tant de baisers mignons,
Adieu vous, mes beaux petits monts,
Adieu belle taille qui passe
Tout autre, ainsi qu'en ces vallons
Mon Cyprès[2] tout autre surpasse.
Adieu caresse, adieu plaisir,
Adieu Amour, adieu desir,
Adieu parole gracieuse,
Et puis qu'il faut ainsi partir
Adieu souvenance fascheuse.
Adieu esprits esvanouys,
Adieu mes beaux yeux esblouys,
Adieu mains si blansches, et belles,
Adieu mes amoureux devis,
Tesmoins de mes amours fidelles.
Adieu donc mille fois mon cueur,
Adieu bel œil de moy vainqueur, [191 v°]

[1] L'histoire ici évoquée est celle de l'abandon d'Ariane, fille du roi de Crête Minos, par Thésée sur les bords de l'île de Naxos ou de Dia. Voir par exemple Ovide, *Métamorphoses*, *op. cit.*, VIII, 172-176.

[2] Il se peut qu'ici Beaujeu fasse allusion à une ode de Ronsard parue en 1584 dans laquelle on trouvait notamment cette strophe : « Je veux à la façon antique / Bastir un temple de Cyprès, / Où d'Amour je rompray les traicts / Dessus l'autel Anterotique. » Voir Ronsard, *Œuvres complètes*, *op. cit.*, t. XVIII, ode XXXIII, p. 56, v. 73-76 et ici même 75 v. 1.

Helas, helas ! adieu mon ame
Adieu de mes jours[1] la douceur,
Adieu, adieu, adieu, Madame.
Belle quand tu t'esveilleras,
Parjure tu m'appelleras,
Faisant de tes yeux deux fontaines,
Je sçay belle que tu diras
Que je suis cause de tes peines.
Si dedans ce cercle doré[2]
Où mon visage est bien tiré,
Tu treuves au moins allegeance,
Baisant ce petit martyré,
De plus aimer faits luy deffence.
Las je me trompe en te disant
Qu'un pourtraict tu ailles baisant,
Veu que le paintre en ma painture
N'y va si bien mon traict tirant
Que ton bel œil ma pourtraitture[3].

FIN.

[146] ODE.

N'es-tu pas un cruel, dy moy petit Tartare ?
Confesse moy Amour, que c'est chose bien rare
De voir regner au Ciel la dure cruauté

---

[1] 1589 : *Adieu dés mes jeurs la douceur.*

[2] Voir 68 v. 1 et la note.

[3] Ces deux vers sont construits autour d'un jeu de mot sur le terme « tirant », à la fois employé pour désigner l'action de peindre et celle dont la dame est accusée, c'est-à-dire de projeter, à l'aide de ses yeux, des traits sur l'amant. Ici, il semble que les traits en question ne soient pas destinés à tuer le locuteur mais bien à peindre son portrait. Voir TS XC, v. 3 et 68 v. 1.

Au lieu de la bonté :
Nous sommes accablez dessoubs ta tyrannie,
Heureux celuy qui regne, et doucement manie
Les loix, et ses subjets, maintenant le repos.
Mais toy jusques aux os[1] :
A ton aise maistre
Tu nous daigne mettre [192 r°]
Ce pesant fardeau,
Soubs qui tu regarde
A jetter la darde[2]
D'un courroux nouveau[3].
Je veux, je veux icy, ma peine vous redire,
Amans qui supportez presqu'un mesme martyre,
Et qui vous congnoissez aux faussetez d'Amour
Dont il use tousjour :
Sçachez qu'un fort long temps il a chery ma vie,
Et de le bien servir me donnoit toute envie,
A la fin il fut pris de la mesme beauté
Qui eut ma liberté :
En ceste entreprise
Mon ame fut prise,
Et luy comme moy :
Toutesfois sans fainte
Plaignant sa contrainte
Et son dur esmoy :
Là mesme ayant suivy ma maistresse parée,
Il mit ces traits en bas, et sa trousse dorée,

---

[1] 1589 : *Mais toy jusqu'aux os.*

[2] L'antécédent de « qui » est bien « fardeau ». Amour ne fait pas que charger les hommes, il les perce aussi de ses flèches.

[3] Cette pièce est citée dans *Les Strophes*, *op. cit.*, p. 591. Martinon la rapproche d'ailleurs de la complainte 31. La structure est la même à la seule différence que les vers 1 à 3 et 5 à 7 qui étaient des décasyllabes dans la complainte susdite sont ici des alexandrins. Le passage de l'hexasyllabe au pentasyllabe ne se fait pas sans mal : le second hexasyllabe est parfois quelque peu malmené par un compositeur peu sensible à la métrique.

Et son bel arc meurtrier paint de mille couleurs,
Son chef couvert de fleurs :
Se vient loger chez moy, et doucement m'appelle
Couvrant dedans son cœur le mal qui le bourrelle,
Me demande où est Roze, et si de sa rigueur
J'avois point mal au cœur :
« Pour ta bien-aimée[1]
Je te l'ay donnée,
L'œil tout plein d'amour,
Si elle est cruelle
Je garde tousjour
Un beau traict pour elle. » [192 v°]
Plus content que jamais dequoy il est mon hoste,
Auprès de cét enfant je marche coste à coste
Et le fis reposer en un ombre où j'allois
Quand seul je composois :
Mais luy tout estonné regarde ses flourettes[2],
Se promene sans fin, pense à ses amourettes,
Moy je le laissay là, et m'en allay chercher
Ce qui m'estois si cher :
Joyeux en mon ame
J'appellay Madame,
Venez voir icy
Amour qui repose,
Venez voir ma Roze
Venez mon soucy.
Elle d'un pas leger de milles fleurs coiffée,
Soubs une coiffe d'or, de rubis estoffée,
Me dit en soubsriant : « Mais dy moy mon amy
Il est ton ennemy[3]
Qui n'agueres faisoit la guerre à ta jeunesse,

[1] C'est Amour qui prend ici rapidement la parole jusqu'au vers 42.
[2] 1589 : *flouettes*.
[3] 1589 : *C'est ton ennemy*.

Par les yeux enflammez d'une jeune maistresse,
Je ne trouve pas bon que cét enfant archer
Se vienne icy loger[1] :
Sus une couchette
De fleurs toutes faite
Puis que tu le veux,
Et de belles roses
Fraischement descloses[2]
Coucher je le veux. »
Ce nouveau amoureux couché sur un bordage
Se reposoit pensif celant sa chaude rage,
Et pasle comme un mort souspiroit doucement,
Et nous vint au devant : [193 r°]
Il changeoit de couleur, son œil baignoit en larmes
Ayant les yeux baissez, desgarnis de ses armes,
Et son front jusqu'aux yeux parsemé de soucy
S'en vint disant ainsy :
« Belle dont la grace
Tous cœurs entrelasse
En nœuds d'amitié,
Douce et pitoyable,
D'amour miserable
Prends quelque pitié. »
Oncques ne fut Narsis espris en la fontaine[3]
De sa vive beauté, voyant sa forme vaine,
Que j'estois estonné de ce prompt changement.
Et vous diray comment,
Car tout aussi soudain ma maistresse il embrasse,

---

[1] 1589 : *Vienne icy loger.*

[2] Beaujeu se souvient de nouveau de l'« Ode à Cassandre » de Ronsard. Voir Ronsard, *Œuvres Complètes*, *op. cit.*, t. V, p. 196 et ici même élégie 81 v. 612, ode 102 v. 12 et complainte 106 v. 90-92.

[3] Ce vers est le premier membre d'une comparaison entre la surprise de Narcisse face à son image et celle du locuteur voyant Amour lui ravir son amante. Voir 24 v. 79.

La baise en souspirant, les pleurs dessus la face,
Et vers moy seulement ne daigna se tourner
Puis pour plus m'estonner[1] :
Tenant son Yole[2]
Il fuit et s'envolle,
Plus viste qu'un trait,
Si qu'il ne me reste
De sa riche queste
Que le seul regret.
Soudain je fonds en pleurs, et ma clameur j'addresse,
Non pas à ce meschant, mais bien à ma maistresse,
Priant à jointes mains : « Toy qui jadis estois
Celle à qui je disois
Le secret recherché de ma douce pensée,
Que ma priere soit aujourd'huy exaucée
Pour derniere faveur, ô bourgeoise des Cieux
Tourne un peu tes yeux[3] : [193 v°]
Faits qu'en mon martyre
Seul je me retire
Sur ce moite bort,
Où mon dueil insigne
Incite le Cygne
De chanter ma mort.

FIN.

---

[1] 1589 : *Pour plus m'estonner.*

[2] Il s'agit sans doute simplement de Éole, dieu des vents.

[3] Le vers est faux. Une correction possible pourrait être : « Tourne [vers moi] tes yeux ».

[147] A VALLET, PETIT CHIEN DE MADAME DE FLEURY[1].

Vien-ça, Vallet[2], d'où viens-tu[3],
Mon petit qui t'a battu,
Que tu es si en cholere,
Ha je sçay bien qu'il faut faire
A ce meschant qui a fait
Crier mon petit Vallet :
Que la cholere nous dure !
Pourrois-je avoir[4] ta painture ?
Tu es tout premierement
Le plus petit chien vrayment,
Que l'on sçauroit voir au monde :
Que tu as la teste ronde,
Couverte d'un beau tanné
Que nature t'a donné,
Les oreilles mouchetées,
Et tes jambes marquetées.
Un paintre sçauroit-il bien
Contrefaire ce beau chien ?
L'on prendroit pour deux chandelles
Ses reluisantes prunelles, [194 r°]
Courageux en voyageant
Il s'en va tousjours joüant,

---

[1] Cette dame est la femme de Henry Clausse de Fleury, seigneur de Marchaumont, ambassadeur du roi auprès du canton des Grisons entre 1583 et 1587. Voir l'introduction et le sonnet 206 ainsi que X. Le Person, « *Practiques* » et « *Practiqueurs* », *op. cit.*, p. 215.

[2] Ce chien réapparaît dans le quatrain 181.

[3] Ce type de poème au chien d'une dame se trouve chez Ronsard. Voir par exemple *Œuvres complètes*, *op. cit.*, t. VII, p. 156, XXXIX.

[4] Le verbe a ici le sens de « faire ».

Se donnant mainte secouce.
Il a l'haleine aussi douce
Que des filles que je sçay
Pour en avoir fait essay :
Vallet est galland et brave,
Volontiers il rend esclave
Son petit cœur genereux
Soubs le lien amoureux,
Son aage encores boutonne,
Souvent carriere il se donne,
Et fera cent mille tours
Pour ces petites amours :
Tousjours il a bonne grace
A quelque chose qu'il face,
L'on ne voit point aujourd'huy
Petit chien si beau que luy :
O beau Vallet dont je prise
La beauté, et gaillardise,
Si je t'avois, ô vrayment
J'en ferois un beau present,
Plus cher qu'or, et que richesse,
A ma petite maistresse,
Laquelle t'aimeroit mieux
Dix mille fois que ces yeux.

FIN.

[194 v°]

[148] ODELETTE.

Tant que je te serviray belle,
Et mon cœur ton subjet sera,
Attendant la parque immortelle,
Comme moy son mal il aura.
Sçay-tu après qu'Amour fera
De noz deux cœurs, et de mon ame ?
Les bruslant dedans ceste flame
En cendres il les reduira,
Et verras, pour estre si fiere,
Ton cœur brusler avec le mien,
Et quand ils seront en poussiere
Tu n'auras à tous les deux rien.

FIN.

[149] SONET I.

Il est temps de mourir, puis que la mort soigneuse
De mon bien, se presente, il vaut mieux en mourant
Se delivrer des fers de ce regret tyrant,
Que vivre en desespoir, chetive et mal-heureuse[1] :
Aussi bien chacun sçait que je suis langoureuse,
Et que mon souvenir me va trop martyrant.
„ Fiere mort, çà le coup, que je desire tant,
Car d'une ombre là bas mon ame est amoureuse :
Savoye prend mes os, mort tu auras ma vie,

[1] La dame prend ici la parole et évoque son amant décédé.

Bonneval[1] mes hauts cris, vous mon ame ravie,
Suivez par tout celuy que j'ay tant estimé :
Afin qu'ombres là bas, vous luy faciez entendre
Que je l'ay, mille fois, plus que mon cœur aimé.
Cependant je m'en vay en mon cercueil t'attendre.

[195 r°]

[150] SONET II.

Ennuyeuse Savoye, à qui pouvois tu faire
Un plus grand desplaisir, que tu faits aux François,
De ravir ceste Nymphe[2], et dessoubs tes grands lois
La confiner ainsi pour jamais solitaire :
Oses-tu à la France estre si fort contraire ?
Savoye as-tu osé tant offenser ces lois ?
Tu en seras punie, et ruinée à la fois,
Qui pourroit resister à ta grand' adversaire ?
Les domestiques Dieux de la belle Cassandre,
Hector et sa Cité en furent mis en cendre,
Leurs Temples abbattus, et rasez pour jamais[3] :

[1] En l'absence de précision, ce toponyme est difficile à expliciter puisqu'il existe au moins deux Bonneval en Savoie. Il pourrait cependant s'agir de la ville de Bonne, qui fut au cœur des luttes entre la Savoie et la France à la fin des années 1580. Voir *Étude historique et critique sur quelques années du règne de Charles-Emmanuel Ier*, *op. cit.*, p. 27-30.

[2] Cet hémistiche pourrait rappeler le mariage, en 1559, de Marguerite de France, sœur de Henri II, avec Emmanuel-Philibert de Savoie. Lors de l'écriture des *Amours*, l'événement était cependant déjà ancien, bien qu'ayant des conséquences contemporaines. De fait, leur fils, Charles-Emmanuel de Savoie, put, parce qu'il était petit-fils de François Ier, prétendre à la succession d'Henri III à la mort de son frère François d'Anjou en 1584. La Savoie était en conflit permanent avec la France depuis le début des années 1580 et parvint, en 1588, à prendre le marquisat de Saluces, coupant dès lors un peu plus la France de l'Italie. Beaujeu fait sans doute référence à cette agitation.

[3] Le locuteur rappelle ici la fin de la guerre de Troie et ses conséquences tragiques pour la cité. Cassandre, fille de Priam, qui avait reçu d'Apollon le

„ Que dy-je ? Ha que tu es d'un haut desir esprise !
Ne laisse d'achever ceste brave entreprise,
Si tu as noz thresors, tu en feras la paix[1] ?

[151] SONET III.

Je crains d'avoir aimé, je redoute ma crainte,
Je laisse un beau sejour pour ces monts envieux,
Adieu France, mon cœur, pleurez un peu mes yeux,
„ C'est un coup du destin, dont mon ame est attainte :
„ La celeste chandelle à ma naissance emprainte,
„ A contenté de moy, la fortune et les Cieux,
„ Suivant la volonté de l'amour et des Dieux,
„ Et au prix de ma vie, errante s'est estainte :
C'estoit un jeu d'enfant. Maintenant une flame,
Toute nouvelle au Ciel, qui gouverne mon ame,
Et luit en ma faveur sur ces rochs endormis[2] :
Je ne crains donc plus rien, puis que ma destinée
Bandez avec mon sort[3], immortels ennemis,
A la froide Savoye[4] une fois m'a donnée. [195 v°]

---

don de divination fut violentée par Ajax sur l'autel consacré à Athéna. Avant de partir, les Grecs incendient la ville. Voir Apollodore, *Bibliothèque*, *op. cit.*, « Epitomé », 5, 22-23, p. 138.

[1] La fin de ce sonnet n'est pas aisée à comprendre car elle semble contradictoire avec les premiers quatrains. Doit-on supposer que le locuteur suppose que la Savoie cessera la guerre si elle satisfait ses appétits de richesses ?

[2] Il faut sous entendre un « est » avant « toute nouvelle » pour que la phrase soit juste.

[3] L'accord est ici étrange. Il faut considérer que « bandez » est au pluriel car accordé avec « ma destiné […] avec mon sort ».

[4] Il faut sans doute entendre ici un rappel du fait que Beaujeu a pu regagner la France, par la Savoie, en 1585 à la faveur de mouvements de troupes commandités par Henri III.

DE GAMACHE[1].
[152] SONET IIII.

Adieu puis qu'il me faut dans le tombeau descendre,
D'armes environné. Je desplaisois à Mars,
Ayant gagné le cœur de ses meilleurs soldars.
Mes amours, sans te voir, il me faut l'esprit rendre.
Pauvres yeux, demy morts, elle a beau nous attendre,
Las nous ne verrons plus ces beaux cheveux espars,
Qui sçachant mon mal-heur, feront de toutes pars,
Trempez d'ameres pleurs, le cœur de chacun fendre :
Mais avant que mourir, elle, m'aimant, nous fismes
Esclaircir de noz feux les obscures abymes,
Et au Ciel mon sejour des brandons eslancez :
Pour la seurté des Rois, j'ay trop duré au monde,
Ainsi les Dieux jaloux me poussent en ceste onde,
Non souvenant de l'heur de mes beaux jours passez.

[1] Le patronyme « Gamache » ou « Gamaches » fut porté par plusieurs nobles normands ou picards à la Renaissance. On trouve cependant un « sieur de Gamache » dans la liste des personnes devant de l'argent à Henri de Guise en 1578. Il pourrait s'agir du même sieur de Gamache, alors procureur du roi à Meullent, aujourd'hui Meulant-sur-Yvelines, qui dressa un rapport sur le siège fait devant cette ville par le duc de Mayenne en 1590. Voir pièce 247 et M. Meiss-Even, *Les Guise et leur paraître, Les Guise et leur paraître*, Tours, Presses Université François Rabelais, coll. « Renaissance », 2013. p. 214.

[153] SONET V.

Maudite affection contre moy si despite,
Pourquoy au prix du jour que le Ciel m'a donné
As-tu conduit mon œil d'amour empoisonné,
A la seule beauté que tu prends pour l'eslite ?
A cent autres beautez mon cœur tousjours resiste,
A toutes les douceurs il n'est point addonné,
Et pense que les Dieux l'ont ainsi ordonné,
Qui fait que vif je meurs, et que tant je m'attriste[1] :
Mais helas je ne puis en avoir congnoissance !
Comment seroy-je aimé d'elle qui n'a puissance
De sortir seulement du logis une fois ?
Personne ne sçauroit luy parler de mes peines,
Elle n'entend icy les plaintes de ma voix,
Ny elle ne voit point de mes yeux les fontaines. [196 r°]

[154] SONET VI.

Vien-çà, porte-poullets, vien-çà fils de Déesse,
Donne cela au Tertre[2], et dy luy que je veux
Brusler le bracelet de ses divins cheveux,
Et le pasle corail de mon autre maistresse :
Dy luy qu'en les[3] servant je n'ay point de liesse,
Que d'Amour je me plains, que le jour m'est fascheux,

[1] L'identité de la première rime entre les deux quatrains est assez approximative puisque dans le premier quatrain celle-ci est construite sur les phonèmes [i] et [t] et dans le second sur les phonèmes [i], [s] et [t]. Voir 9 v. 125-126.

[2] Voir note TS LXXXII v. 3 et *index nominum*.

[3] Il s'agit des deux maîtresses nommées dans le premier quatrain.

Et que je me repens d'avoir, plus mal-heureux,
Tant mis à les[1] brusler pour m'oster de tristesse :
Dy leur[2] cela de bouche, et que je les renonce,
Donne leur ces poullets, et r'apporte responce,
Afin que je congnoisse à qui ce mot desplaist :
Et prends garde surtout à ces feux d'inconstance.
Je croy qu'elles auront toutes deux patience :
Si je[3] ne voy le Tertre icy rien ne me plaist.

[155] SONET VII.

Je suis esté content, j'ay servy des maistresses,
Mon ame en action se trouvoit bien icy.
Je cherissois Amour, et il m'aimoit aussy,
Maintenant je n'ay plus, ny amour, ny liesses :
Mon cœur vivoit content en milles allegresses,
Je maistrisois le sort, j'eusse vescu ainsy
Mille ans à mon advis, je n'avois nul soucy,
Je meurs, ores sans mort, d'ennuits[4] et de tristesses :
Sçavez vous bien dequoy je me plains à ceste heure ?
De me voir sans support où il faut que je meure,
Sans estre digne encor' de descendre là-bas :
Je voudrois volontiers aimer une grand' Dame,
Elle ne le veut pas, une peu moindre femme
Me voudroit bien aimer, mais je ne le veux pas. [196 v°]

---

1 Ce pronom fait référence au « bracelets » et au « corail ».
2 Il s'agit bien cette fois des deux dames.
3 1589 : *Si ne voy*.
4 Voir 21 v. 459.

[156] SONET VIII.

Ma Roze, mon soucy, revenant de la France,
Où j'ay laissé le pere, meurtrissant son fils[1],
J'esperois de baiser ces petits monts de lis,
Mais helas j'en suis hors, et n'ay plus d'esperance :
Amour ayant preveu ceste mienne asseurance,
Il t'a fait disparoir en ce nuage gris
Où la honte et l'honneur se cacherent jadis
Pour celle qui mourut faute de congnoissance :
Elle passa sans barque, et les monts, et les eaux,
Sans faveur elle mit en route tous ces maux,
Et sa sœur qui trempoit en ses flots sa ceinture[2] :
Amour auroit-il bien dedans ce lac[3] si beau,
Pour rompre mes desseins advancé ton bateau ?
Une mort seule peut parer ceste advanture.

[157] SONET IX.

Soucy je meurs en vous, si autant qu'il est d'hommes,
Il est de fiers Tyrans, et qu'ainsi aujourd'huy
L'homme traine en langueur son meschant après luy,
Ou bien si un seul sort regit sur tous qui sommes :
O secrets esprits saints, arbre dont les deux pommes
Creurent, l'une de bois, l'autre d'or aujourd'huy,

---

[1] Ces vers renvoient simplement aux conflits religieux.

[2] Ces deux sœurs et leur mystérieuse aventure restent, à ce jour, inconnues. Le cadre général entre cependant dans la mise en scène de l'univers lacustre que l'on retrouve souvent dans le recueil.

[3] Sur la mise en scène des lacs suisses voir 1 v. 12 et 25 v. 32.

Du tout petit et grand, qui a fait sans appuy
Broncher tout, sans du cours perdre les doubles
hommes[1] :
S'il est ainsi, je veux[2] au fonds de la noire antre,
Où tout se va perdant, ainsi que fort il entre
Au sejour, où des corps, les oz viennent sans chair :
Les hommes, les destins, au mal-heur d'un Trobille,
Le Theatre, et les feux dessus le divin char
Qui roule, sans repos, au mont inaccessible[3]. [197 r°]

[158] COUPPE.
SONET X[4].

Or sus, puis que je meurs, et que ma destinée
Devide[5] en beau plein jour
Ma vie, et mon amour,
Addoucissez la mort que vous m'avez donnée :
Monstrez qu'aux antres creux vous n'avez esté née[6],

---

[1] Ce quatrain évoque la croissance de deux fruits bien mystérieux dont il m'a été impossible de retrouver la trace.

[2] Ce verbe possède quatre compléments d'objet direct : « Les hommes, les destins », « Le Theatre, et les feux ».

[3] Le nom propre, mystérieux, et les diverses périphrases complexifient la référence. Le char est-il celui du soleil, comme le laisse supposer le groupe nominal « les feux » et « le Théâtre » la métaphore d'un monde livré aux aléas de la fortune ? Par ailleurs, les rimes de ce derniers quatrains restent très approximatives : la rime « chaire »/« char » est pauvre tandis que celle entre « Trobille » et « inaccessible » est construite sur une simple assonance. Voir 9 v. 125-126.

[4] La forme de ce sonnet est tout à fait originale, autant dans le schéma rimique que dans l'alternance des vers. Voir TS CXIIII.

[5] L'emploi, métaphorique, est à relier avec le mythe des Parques tissant ou coupant le fil de la vie. Ce sens n'est cependant attesté dans aucun des dictionnaires consultés. Voir 247 v. 11 et 265 v. 6.

[6] C'est-à-dire dans les enfers, signe d'un caractère meurtrier.

Humaine à vostre tour,
Et guidez d'un baiser ceste ame forcenée
De la mort, et d'Amour :

Guidez là Moleon[1], par le sentier sauvage,
Car elle a desja soif de l'oublieux breuvage[2],
Faites là d'un baiser departir doucement :
Afin que la rigueur des sanglots de ma vie
Ne bourrelle celuy, qui si fidellement,
En despit du mal-heur vous a si bien servie.

[159] SONET XI.

Que de jours ennemis, que de jours qui m'offencent,
Que de cruels combats il me faut soustenir ?
Et ce pendant Amour sçait si bien me tenir
Que mes maux endurez chaque jour me relancent.
J'ay beau m'escarter loing, tousjours ils me devancent.
J'ay beau donner le change, ils sçavent retenir
Le sentier que je tiens. Sans fin je voy venir
Ces meuttes, qui à moy tousjours, tousjours s'advancent :
Qui n'a jamais veu prendre un serf outré d'halene,
Me voye environné, de mes maux, en la peine
Qu'est le serf abbattu soubs les chiens devorans.
Non, je n'y suis encor. Mais comme luy en l'onde,
Où il gele son sang, en s'ostant de ce monde,
Ainsi je suis en l'eau de mes yeux trop pleurans. [197 v°]

---

[1] Ce nom est celui d'une des conquêtes amoureuses de l'amant. Voir TS CXXI v. 1 et 97 v. 12.

[2] Il s'agit de l'eau du fleuve Léthé qui coulait aux enfers et qui provoquait l'oubli.

[160] SONET XII.

Or puis que le bon-heur d'un ennuy invincible
Brasse au desceu de moy les aigreurs de mes jours,
Et que devant ta face il faut venir aux jours,
Laissant à la maison mon desir invisible,
Donc estime Anceline[1], et tiens l'acte impossible[2],
Si l'heur n'avoit conduit par le Ciel mes amours,
Mon destin ne voulant qu'elles passent leur cours
Sans jetter l'ancre au port de vents et d'eaux terrible :
„ Au fort des plus grands vents, des ondes, et des pluyes,
„ Ma Muse verse l'eau des eternelles buyes,
„ Et taille le crystal de mes dignes labeurs :
Mais si je n'ay secours de ta saincte seance,
Tu[3] verras d'Helicon[4] mespriser la science,
„ Et faire moins de cas cy après de noz sœurs.

[161] SONET XIII.

Je me suis veu exempt d'Amour et de ses flames,
De la guerre, et des grands, libre dans ma maison,
Le cerveau tout r'assis, maistre de ma raison,
Et mal voulu sur tout des filles, et des femmes :
Je n'avois dans les yeux comme j'ay mille larmes,
Je n'avois le cœur plein d'un aigre marrisson,

---

[1] Sur ce nom propre voir 132 v. 5.

[2] Les deux verbes à l'impératif font office de proposition principale pour les deux quatrains. Ils semblent mettre en avant le mépris de la dame.

[3] Le poète s'adresse sans doute ici toujours à Anceline.

[4] Un des monts grecs, sur lequel étaient supposées vivre les muses, porte ce nom.

Je n'avois de la Cour beu le subtil poison[1],
Et je ne sçavois point que c'estoit que des Dames :
J'estois plein de plaisir, chassant à la campagne
Une perdris en plaine. Un lievre en la montagne,
Devant mes bons courtaux, et mes chiens s'en alloit :
Mais ores plein de mal, et d'amoureuse envie,
De procés, et d'Amour je consomme ma vie,
Je pense que quelqu'autre en un jour en mourroit.

[198 r°]

[162] SONET XIIII.

Mars, combien qu'il soit grand, loge bien ses armées,
Fait garde nuict et jour, et n'est point paresseux
De visiter ses guets : Amour donc Roy des Cieux
Pourquoy mesprises-tu tes ames animées ?
Pourquoy ne gueris-tu noz ames enflammées ?
Cela t'est si aisé de guarantir tous ceux
Que tu as outragez de tes doux cuisans feux,
Nous faisant caresser de noz Dames aimées !
Ce te seroit honneur ! Tu ne reçois qu'injure
De nous faire mourir ? Amour je te le jure
„ Si tu estois plus doux, plus grand seroit ton loz !
„ Un Dieu de sa nature est assez redoutable,
Sans que dessoubs la foudre il cendroye les oz
D'un plus petit que luy, qui meurt non variable !

[1] Ce vers rappelle le discours que tient Ibycus dans la pièce 15 v. 63-66.

[163] SONET XV.

Bon-jour fleur de Soucy, bon-jour fleur jaunissante[1],
Qui tournes à mesure, ainsi que dans les Cieux
L'image d'Apollon baise ces si beaux yeux[2],
Escoutez, je me plains du mal qui me tourmente :
Je vous porte en mon sein, et la douceur cuisante
De mon amoureux mal, me rend si furieux
Que je despite Amour, et mon mal, et les Cieux,
Tant ma fievre felonne est forte et violente :
Mais faites moy ce bien, mon amoureux Soucy
Que si Roze vous cueille en s'esbattant icy,
Dites luy, s'il vous plaist, mais tout bas à l'oreille,
Que si je ne la voy avant qu'il soit trois jours,
Mais dites luy cela, Soucy, à la pareille[3],
Qu'elle n'a plus d'amy, moins encores d'amours. [198 v°]

[164] SONET XVI.

Bouche qui de corail, et de perles enceinte,
Avez succé mon ame, et laissé dans mon sein
Milles aspres douleurs[4], et au lieu d'un cœur sein,
Un ombre seulement, qui de luy[5] n'est que fainte :
Vous y avez laissé mille desirs en crainte

---

[1] Cette seconde fleur est un tournesol, fleur jaune qui tourne en fonction du soleil.

[2] 1589 : *Apollon baise ces beaux yeux.*

[3] L'expression peut être glosée par « mot pour mot ».

[4] 1589 : *Mille aspres douleurs.*

[5] Ce pronom renvoie au « cœur » évoqué au vers précédent.

Qui tremblent chaque fois que vous levez la main,
Et qui ne sçavent pas quel est vostre dessein,
N'y d'où vient ce beau trait dont mon ame est attainte.
Que voulez vous de moy, ô maistresse cruelle ?
Puis que je suis à vous, puis que vous estes belle,
Voudriez vous de mon sang tacher vostre beauté ?
Je vous donne congé, si j'avois la puissance
D'arrester vostre main pleine de cruauté,
Vous auriez de mon sang en plus grande abondance.

[165] SONET XVII.

Il semble mal-heureux, qu'ayant juré ma ruine,
Je sois le seul object de tes[1] meschancetez,
Car tu m'as en un jour, traicts et carquois jettez
Et les cuisans brandons de ta mere Cyprine[2] :
Jupiter ne fait point tonner sa voix divine
Mille fois ensuivant, et les flots suscitez
Des vents trop ennemis, n'ont tousjours irritez,
Recommencé cent fois à mouvoir la marine :
Une fois seulement tous puissans ils ont mis
A fonds, voiles, vaisseaux, armes et ennemis,
Et ont aussi soudain perdu les masts humides :
Si tost les mutins flots ont leur dos estendu,
Et sur moy sans me vaincre as[3] desja despendu
Tout, et sans me dompter demeure les mains vuides.
[199 r°]

[1] Il s'agit du dieu Amour. On retrouve cette deuxième personne dans le vers 13.

[2] C'est l'une des épithètes de Vénus. Voir 9 v. 494.

[3] Cette deuxième personne renvoie au dieu Amour. Elle était déjà apparue au vers 2.

[166] ELEGIE.

Puis que je sors de ce lieu,
Amour je te dy adieu.
Fy du doux fer qui m'enferre,
Puis que je vay à la guerre[1]
Avec deux mille soldars
Tous mignons de ce Dieu Mars,
Je ne doute plus tes foudres
Mes canons remplis de poudres,
Et de boullets foudroyans
Font craindre les plus vaillans,
Et faisant la guerre encore
Je veux surprendre à l'aurore
Les plus vigilans soldars
Les faisant fuyr espars.
Tu ne sçaurois plus que faire,
Si tu me pouvois deffaire.
Avant qu'il fust demain jour
Tu l'entreprendrois Amour.
Jamais son œil, et sa bouche
A mon cœur en feu ne touche.
Il n'est ris si gracieux
Qui puisse arrester mes yeux :
Ta Roze, ta Marguerite,
De toutes les fleurs l'eslite,
Et ton bien aimé Soucy[2]
Ne sont plus en mon soucy.

---

[1] Le texte original donne ici un vers faux : « Puis que je m'en vay à la guerre ».

[2] Cette représentation de la femme en fleur est un motif très présent chez Beaujeu, qui joue avec la polysémie des prénoms féminins. Voir TS XX v. 14, et les pièces 29 v. 4, 55 v. 4, 83 *passim* et 107 titre.

Je n'ay plus au cœur de chiffres
A la teste de mes fiffres,
Despité de mes amours
J'en fais tousjours un discours, [199 v°]
Fondé sur ta hardiesse,
Et sur ma propre tristesse.
J'en fais discourir mes vers
Soubs la durté de mes fers :
Vienne icy ce vieux Theside
Et ce brave Roy Sarcyde[1]
Ouyr mon cœur trop heureux
Dire fy des amoureux,
Fy de l'onde tenebreuse
Et de la flamme amoureuse,
Fy de Nochers, et des bors
Et du passage des mors.
Tonne, gresle, jette flames,
Faits parer ces belles femmes,
Faits galloper les chevaux
De Phebus[2] sortant des eaux.
Conduits la flotte estrangere
De la bonne messagere[3],
Et que tes traicts agencez
Soient tous à mon cœur lancez.
Mutine la belle glace
De ce lac, et que tu face
Bondir les flots jusqu'aux Cieux
Pour voir si tu feras mieux.

---

[1] Ces deux derniers noms restent mystérieux.

[2] Ici ce nom renvoie au soleil en train de se lever puisqu'il sort des eaux. Beaujeu emploie à plusieurs reprises ce type de mythologisme. Voir 81 v. 712-720 et 851 ainsi que 274 v. 264-265.

[3] Dans la mythologie grecque, la messagère d'Héra est Iris, l'arc-en-ciel. Peut-être est-ce à elle que pense ici Beaujeu dans ce moment où eau et lumière sont mêlées.

Et pour me faire la guerre
Faits trembler toute la terre,
Que le feu soit par tout mis
Pour vaincre tes ennemis :
Je ne crains plus tes menaces
Et moins ces divines faces,
Car tout guerrier est mon cueur
Et de tes flames vainqueur. [200 r°]
Si tu voulois entreprendre
De me faire à ton vueil rendre,
Il faudroit tant seulement
Me faire commandement
De par ma gentille Rose,
Il ne faudroit autre chose.
Incontinent tu verrois
Comme je t'obeyrois :
Mourir plustost que de vivre
Dessoubs un autre, martyre.
Mais pour ma Roze servir
Plustost vivre que mourir.

FIN.

[167] STANCES.

Lors que l'Hermaphrodit'[1] print sa nature double
Aux bras de Salmacys en la fontaine trouble[2],
Voyant à force d'yeux les beautez de son corps,
Amour forgea[3] le traict de ma dure souffrance
Au plaisir dont l'enfant[4] n'avoit point congnoissance,
Qu'elle[5] prioit ainsi sur les humides bords.
« Enfant dont la beauté, toutes autres surpasse,
Ton aage florissant, et ta divine grace,
La blancheur de ton sein, tes yeux clairs que le jour[6]
Ont tellement attaint mon cœur, et ma pensée,
Que je ne puis lascher ma tant riche brassée,
Sans jouyr promptement de mon ardant amour. »
L'enfant qui n'avoit onc senty feu en son ame,
Et se voyant pressé d'une si belle femme
„ Ne sçavoit que luy dire, et honteux rougissoit

---

[1] Hermaphrodite, fils d'Hermès et de Vénus, était un adolescent particulièrement beau. Alors qu'il se baignait dans un lac, la naïade Salmacis s'éprit fortement de lui mais il la repoussa. Elle souhaite alors être unie pour toujours à son amant et son vœu est exaucé : Hermaphrodite hérite des caractéristiques sexuelles de la jeune femme tout en gardant les siennes. Voir Ovide, *Métamorphoses*, *op. cit.*, IV v. 274-388.

[2] Cette épithète peut paraître en contradiction avec Ovide qui dit bien que l'eau du lac est *perspicuus*, « toute claire ». Cependant, à la fin du mythe, Hermaphrodite devant sa nouvelle apparence, demande à ce qu'un filtre *incestus*, « impur » soit versé dans le lac afin que quiconque s'y baigne soit transformé en androgyne. *Ibid.*, v. 300 et 388.

[3] Cette image d'Amour forgeron se trouve chez Ronsard. Voir 251 v. 3-4 et Ronsard, *Œuvres complètes*, *op. cit.*, XVII, 134, v. 74.

[4] Cet enfant est Hermaphrodite dont Ovide dit qu'il « ignore ce qu'est l'amour ». Voir Ovide, *Métamorphoses*, *op. cit.*, IV v. 330.

[5] Il s'agit de Salmacis qui tâche de persuader le jeune homme d'accepter ses avances. *Ibid.*, v. 320-336.

[6] Il semble que pour des raisons métriques le poète ait choisi d'omettre l'adverbe « plus » dans la construction du comparatif.

En se desconfortant d'une telle surprise. [200 v°]
Tout ses debats en vain debile congnoissoit,
Et la fille, d'amour tant plus estoit esprise.
Voyant que son amour estoit tant inutile,
Et qu'à rien ne servoit sa caresse gentille,
S'escrie, en luy disant : « Tu ne m'eschapperas ! »
Requerant les hauts Dieux de luy oster la vie,
Ou qu'elle ne fust point de l'enfant departie,
Et luy dit : « Bel enfant, tu t'en repentiras. »
Aussi tost il survint un brandon dans son ame,
A veuë d'œil il se voit devenir demie femme,
Il leva jusqu'au Ciel sa feminine voix,
Et pria Jupiter que toute creature
Qui toucheroit cét eau eust la mesme nature,
Et puis, fille et garçon, il s'enfuit par le bois[1].
Voilà comment Amour veut bien que l'on jouysse
Du fruict tant desiré, ou bien que le service
Aux maistresses rendu, soit inutile à nous.
Il faut que tous contens nous passions nostre vie,
Ou que desesperez nous contentions l'envie
Que nous voyons sans fin accroistre en noz jalous.
Le plaisir, n'est plaisir, si tousjours il ne dure,
Le mal n'est pas vray mal, sans vaincre la nature,
Le venin n'est venin, s'il ne tue le cueur,
La douleur n'est douleur, s'elle ne desespere,
Et le sort n'est point sort, s'il est du tout contraire,
Et la victoire habite au sein seul du vainqueur.
L'Amour n'est point Amour, sans vraye jouyssance,
Le pouvoir n'est pouvoir, s'il n'a toute puissance,
L'ardeur d'une action gist au parfait desir,
Le dueil sans en mourir, n'est que joye couverte,
L'oblation n'est point, si elle n'est offerte,
Et la vie s'en va par le seul desplaisir. [201 r°]

---

[1] 1589 : *Et puis, fille et garçon, s'enfuit par le bois.*

Le Roy n'est point vray Roy, sans avoir la Couronne,
Un homme n'est subjet qu'en ce qu'on luy ordonne,
Le guerrier sçait s'il est au milieu du combat,
Le couard n'est couard que par sa couardise,
Le marchand n'est marchand, que par sa marchandise,
Le flot n'a point de nom si ses[1] flots il ne bat.

La nuict pour estre nuict doit estre toute obscure,
L'orage prend son nom en sa tempeste dure,
Le jour n'est point vray jour, si le Soleil ne luist,
La terre sans ces fruicts, ne seroit vraye terre,
La guerre sans effroy, ne seroit vraye guerre,
Et le Chef redouté, quand son ost il conduit[2].

Ainsi moy je ne suis rien qu'une ombre fuyante,
Sans les raiz du bel œil qui m'esclaire et contente,
Mon cœur mort et transi, sans à elle penser,
Mon œil source de pleurs, et ma langue une souche,
Mon palais insensible, et de roche ma bouche,
Mon sein dur comme pierre, et mon sang en poussier[3].

Je n'ay point de plaisir, sinon son plaisir mesme,
Je ne sens point de mal, que par son mal extresme,
Si mon amour me tue, helas c'est en son cueur !
Je n'eus jamais douleur que celle qui la presse,
Mes ennemis ne sont que ceux de ma maistresse,
Je ne suis tourmenté sinon de mon mal-heur.

Mon travail est le sien, je n'aime sinon elle,
C'est moy seul qui la fait[4], et fascheuse, et cruelle,
Et si ne veux servir que ma rude beauté.

---

[1] 1589 : *ces*.

[2] Il faut sous-entendre « ne seroit » entre « Chef » et « redouté » pour rétablir la construction syntaxique de ce vers.

[3] L'orthographe indique ici la prononciation [é], nécessaire au respect de la rime, de la syllabe finale du mot « poussière ». Par ailleurs il faut sous-entendre un « est » entre les noms et les adjectifs de tous les groupes nominaux depuis le vers 63.

[4] 1589 : *l'a faits*.

Je veux avoir du mal, si cela la contente,
Vray, je ne veux avoir rien qui la mescontente,
Si elle est douce et bonne, à moy est la bonté.

Ce beau mont ne me plaist, que pour luy plaire encore,
L'Escho seul nous respond au son de sa mandore, [201 v°]
Zephir dance les bois au son de ses accords,
Les prez sont pleins de fleurs pour plaire à mon Yante[1],
Pour luy plaire, ceste eau n'est plus si murmurante,
Et les Torrents pour elle entrent dedans leurs bords.

L'autre jour discourant de mon estrange peine,
J'estois assis sur l'herbe auprès d'une fontaine,
J'ouy du bruit au Ciel, j'addressay là mes yeux,
Je vey un beau Démon, æslé par les aisselles,
Suivy d'Aigles bruslans, et non de Colombelles,
Qui descendoit à moy n'agueres dans les Cieux.

Ce Démon entendit les accords de ma lyre
Injurier Amour, et plaindre mon martyre,
Il vint le chef à bas se plongeant soubs les eaux,
Ainsi qu'un tourbillon de tempeste et de foudre,
Qui descend sur les rochs, et qui les met en poudre,
Ainsi ce fier Démon foudroya maints ormeaux.

Il s'en vint droit à moy, ressemblant un Neptune,
Jadis tant courroucé de l'estrange fortune
Du reste[2] que Didon aima si ardamment,

---

[1] Il s'agit sans doute d'une nouvelle référence à Ovide, le seul à évoquer l'histoire d'Iphis et Ianthé. La première, parce que son père est pauvre, échappe de peu à la mort en naissant, son père voulant un garçon. Elle est élevée comme tel à l'insu de tous et son père la destine à Ianthé, sa compagne de toujours, dont elle s'éprend. Dans le but de faciliter leurs amours les dieux transforment Iphis en garçon. Le terme est employé ici par Beaujeu comme une simple antonomase pour désigner son amante, mais elle entre en résonance avec le mythe d'Hermaphrodite, cité v. 1. Voir Ovide, *Métamorphoses*, *op. cit.*, IX v. 666-797.

[2] Sous cette mention désinvolte, il faut évidemment reconnaître Énée, l'un des derniers troyens, plusieurs fois en butte à la colère du dieu marin.

Un trident à la main, sa teste desja grise,
La barbe degoustante, une molle chemise,
Bref je pensois qu'il fut Roy du mol Element.
Ayant les yeux fichez sur mon pasle visage,
Il s'approche de moy, et me tient ce langage :
« Pourquoy plains-tu icy tristement sur ce pré[1] ?
Qu'est-ce qui t'a reduit à si grande tristesse ?
Est-ce Amour inconstant, ou est-ce ta maistresse
Qui t'a ainsi le sein de ton sang empourpré ? »
Je laissay cheoir à coup ma lyre sur l'herbette,
Et luy dy, en pleurant : « C'est ma belle Rozette,
A qui dedans ces monts, l'on croit comme à Pallas,
Elle a gagné mon cœur par sa beauté vantée, [202 r°]
Qui me fait ainsi plaindre, et mon ame enchantée
Voudroit me laisser vaincre, et s'enfuyr là bas. »

LE DEMON.

– Quel est ce grand soucy qui tourmente ton ame ?
– C'est un brandon cruel qui me tue et l'enflamme,
Et l'amour que je porte à son sein deffendu !
– Combien sont-ils, dy moy, qui gardent ta Rozette[2] ?
– Un oncle seulement, et sa mere indiscrette,
Ennemis jouyssans de mon bien attendu.
– Que voudrois-tu donner si un esprit follastre
Te faisoit chaque jour baiser son sein d'albastre ?
– Helas quoy ! Tout mon bien, voire encor je voudrois
Exposer au hazard, et mon cœur, et ma vie,
Pour baiser la blancheur de sa gorge polie,
Et sans avoir regret, mourir dix mille fois.
Pourquoy me deçois-tu, pere dont la famille

[1] Une indication en marge de gauche précise « Le démon ». Voir v. 118, 121 et 129.

[2] Une indication précise en marge de droite « Le Démon ». Voir v. 105, 121 et 129.

Là bas aux antres froids par million fourmille ?
– Non, ce dit-il alors, Neptune je ne suis[1],
Mais je suis Uriel[2], banny des rives basses,
Où l'on m'a deffendu que plus je n'y entrasses,
Mais pour te consoler grande chose je puis.
– Démon sois donc cheval, contrefaits le farouche,
Je faindray chaque jour de t'asseurer la bouche,
Deux heures le matin je te promeneray,
Tu manieras à gauche, et encores à main droitte
Tu iras de pied coy, quand ma belle Rozette
Me viendra regarder, lors content je seray.
    Tu feras le fasché quand nous verrons ma belle,
Prend ton canon aux dents, et d'une course inelle
Transporte moy soudain où la belle sera,
En passant je diray : « Ô ma fidelle amie [202 v°]
Combien j'ay de tourment pour t'avoir bien servie,
„ Et combien pour t'aimer mon cœur en souffrira ! »
    Puis après change toy en Rossignol sauvage,
Et responds à mon luth, passage pour passage,
Laisse pour me suivir ces buissons d'Ausbepins,
En passant tu diras : « Ô ma fidelle Amante. »
Elle se souviendra du mal qui me tourmente,
Au moins je la verray content tous les matins.
    Mais quoy ? Cela n'est rien sinon grossir ma peine,
Démon fuy t'en d'icy, sors de ceste fontaine,
Invincible tu es, nul ne te sçauroit voir,
Va t'en percher ainsi qu'une noire mouchette,
Dessus le beau cheveu de ma belle Rozette,
Ainsi tous mes jaloux tu pourras decevoir.
    Puis tu diras ainsi : « Belle, Amour te mande
Pour tout le bien et l'heur que l'enfant te demande,
Belle faits luy ce bien pour la derniere fois

---

1 Voir note du vers 118.

2 Sur cet énigmatique personnage voir 9 v. 70.

De le venir trouver auprès de la fontaine,
Où il plaint son mal-heur en une extreme peine,
Estendu sur le pré soubs la fraischeur des bois[1]. »

FIN.

[168] QUADRAINS SUR DIVERS SUBJETS. SUR LA PASSION, ET ARDEUR D'AMOUR.

C'est furie d'Amour, quand mes vers s'entrebroüillent,
Je ne sçaurois bien dire estant passionné,
Je ne sçay que je faits quand mes vers se r'embroüillent[2]
Pesle et mesle en mon cœur trop affectionné. [203 r°]

[169] SUR LA FIN ESTRANGE.

Jamais la fin, si elle n'est tragique,
Ne fait lever la bonde de noz yeux,
Et sans regret l'ame s'envolle aux Cieux,
Si d'en parler un bon cœur ne s'en pique.

---

[1] Voir 9 v. 389-391.

[2] Les deux verbes sont bien mentionnés dans DMF et FEW. Voir DMF et FEW XV-1, 297b : **brod.*

[170] D'UNE AMANTE, QUI VOULOIT MOURIR AVEC SON AMY.

Si l'on veut faire en un pays estrange
Un long voyage, on desire tousjours
S'accompagner d'amis que l'on ne change,
Ainsi la belle en fait en ses amours.

[171] POUR LES CHANSONS ICY PLAINTES, QUI N'ALLEGENT EN RIEN LE MAL.

Si, pour chanter par tout ces traverses nuisantes
Le nom d'une maistresse, et sa ferme amitié,
L'on prenoit des chanteurs au moins quelque pitié,
Je chasserois bien tost mes peines trop cuisantes.

[172] SUR UN MIROIR.

Si faire je pouvois une metamorphose,
Sçavez vous en quel corps je me voudrois changer ?
Au miroir de crystal où se mire ma Roze,
Par ce qu'en se mirant je la pourrois baiser.

[173] SUR LA MORT D'UNE JEUNE DAMOISELLE.

Je pense que la mort de tuer desireuse,
Voulant mal que je croy aux impudens humains,
Voulut lancer son dard, et deslacher ses mains
Sur ce corps innocent, dont l'ame est bien-heureuse.

[203 v°]

[174] POUR AVOIR DEMEURÉ SUR LE BORD D'UNE EAU, À COMPOSER ET PLAINDRE SON MAL.

Alors que j'estois là, et las de tousjours plaindre,
J'attendois le secours de l'Amour, et des Cieux,
De l'Amour pour mourir, des Cieux pour voir les yeux
Dont encores je sens le flambeau chaud s'estaindre.

[175] SUR LA CRUAUTE D'UNE MAISTRESSE.

Des maistresses tant rigoureuses
L'on est tousjours ainsi traitté,
Les autres sont trop amoureuses
Ayant faute de cruauté.

[176] SUR LA DURTÉ D'UN CŒUR.

L'on peut par[1] des hauts cris esmouvoir la marine,
Les rochers, et les bois des sons de noz douleurs,
Mais oncques je ne sceu ny des plains, ny de pleurs
Addoucir la rigueur de ma Tertre[2] divine.

[177] SUR L'ABSENCE.

Si pour laisser une belle maistresse,
L'on laissoit maux, souvenance, et douleurs,
Ennuy, regret, et fascheuse tristesse,
J'irois si loing que je serois sans pleurs.

[178] SUR LES FOLIES QUE NOUS FAIT FAIRE AMOUR.

Puis qu'un Amour follet nous fait perdre la vie,
Abandonner noz biens, et fuyr noz amis :
Pourquoy ne mourons nous aux bras des ennemis
Qui veulent foudroyer, nous et nostre patrie ? [204 r°]

---

1 1589 : *pas*.
2 Il s'agit d'un des noms de femmes présent dans le recueil. Voir TS LXXXII.

[179] POUR AVOIR INJURIÉ EN UN SONET UNE FEMME.

Je ne sçay que[1] j'avois estant si courroucé,
De me venger ainsi, ce n'est pas ma nature,
L'on se venge bien mieux quand l'on est advancé,
Pour jouyr, en gaussant, que venir à l'injure.

[180] SUR UN DESSEIN BRAVE, ET VOULOIR FAIRE AIMER UNE FILLE SANS FLAME.

Il y va du hazard de se mettre en servage,
Entrer à tout propos, et sortir de prison,
Gagner un cœur hautain, le temps, l'amour et l'aage,
Et ferme en mesme lieu durer sans fiction.

[181] SUR LE COURAGE D'UN CHIEN.

Si j'avois tous les chiens du monde,
Je ne chanterois que Vallet[2],
Je trouve tousjours un chien lait
Si vers sa maistresse il ne gronde.

---

[1] « Que » est ici à entendre au sens de « ce que ».

[2] La pièce 147 évoque déjà ce petit chien.

[182] UNE MAISTRESSE ESTANT PRISONNIERE.

Qui seroit le maraut, et failly de courage
Qui laisseroit coucher sa maistresse en prison,
Qu'une jalouse mere a mise en sa maison,
Quoy qu'il fallust monter, ou y passer à nage[1] ?

[183] SUR LA JALOUSIE.

Humains bruslans d'Amour, gardez vous je vous prie,
D'aimer ma belle Roze, au moins craignez les Dieux.
Voyez comme la foudre est cheute des hauts Cieux,
Pour punir ce vieillard d'avoir aimé Cillie[2]. [204 v°]

[184] SUR LA SOUFFRANCE.

La peine que je prends, et le mal que j'endure
Sont justement soufferts, je n'en dy rien aussi,
Car pour le moins autant ma maistresse en endure,
Elle a le pleur amer, et moy l'aigre souci.

---

[1] Sur ce motif voir 73 v. 25.

[2] Ce nom féminin semble lié, par le locuteur, aux légendes entourant les amours d'Apollon. Voir 109 v. 139.

[185] SUR UN PARDON D'UNE FILLE.

Sçavez vous quel pardon me donna ceste belle ?
Un baiser amoureux toute nuë en mes bras.
Mais depuis ce temps là, elle me fut cruelle,
Bien que j'eusse trop fait, elle ne vouloit pas.

[186] SUR UN COUP QU'AMOUR AVOIT TIRE.

Amour tirant à moy, n'eut jamais l'asseurance
De juger de son coup, mais soudain il fuit,
Ainsi font les meschans chassez de leur offence,
Evitant le bourreau qui sans cesse les suit.

[187] DU DESTIN.

Quand un cruel destin contre nous est cholere,
Et que l'on luy resmonstre une faute qu'il fait,
Il s'en irrite plus, et rit de la misere
Que l'œil de ma Caton me donne à son souhait.

[188] SUR LA JALOUSIE.

C'est chose bien certain en l'Amour le[1] limite,
Qui voudroit tant aimer, l'amour seroit moins doux,
J'aimerois mieux au bois me rendre bel Hermite,
Que d'estre de Catin tant seulement jaloux. [205 r°]

[189] SUR L'AMITIE QUE ME PORTOIT ROZE.

Ce n'est pas pour mon seul merite
Que ma maistresse m'aime tant,
C'est par grace du sort puissant
Qui contre mes jaloux s'irrite.

[190] SUR L'AMITIE QUI NE DOIT ETRE SCEUE QUE DE CEUX QUI LE MERITENT.

Je n'ay jamais voulu en mes amours altieres,
Qu'un tas de pauvres gens en ayent rien congneu,
D'autant que j'ay aimé des beautez toutes entieres[2],
De qui le fameux loz est au Ciel parvenu.

---

[1] 1589 : *bien certain en l'Amour le limite.* Le terme est également employé au masculin en 113 v. 10.

[2] Il ne faut pas prononcer le « e » de « toutes » pour la justesse du vers.

[191] A UNE FEMME QUI DISOIT QUE L'ON EUST SCEU DURER.

En parle qui voudra, je sçay d'experience
Que les cœurs sont nourriz de baisers, et d'Amour.
L'on ne sçauroit si peu avoir de patience
Que l'eau fraische revient du soir au poinct du jour[1].

[192] SUR L'ADIEU D'UNE AMANTE, A SON AMY QUAND ELLE MOURUT.

Souvent à la mort l'on recite
Ce que l'on delaisse d'aimé,
Et tant plus la mort est despite
Tant plus le dueil est animé.

[193] SUR LE RIS DE CETTE FILLE MORTE.

Après la mort cruelle, encor Amour nous fasche :
Nous voulons estre veuz et tendrement pleurez,
Car nostre naturel non consommé se cache
Au fond du sang gelé des ensepulturez. [205 v°]

[1] La tournure n'est pas aisée à comprendre. Il faut sans doute y voir une comparaison entre les capacités de patience de l'amant et la capacité de l'eau à redevenir fraiche pendant la nuit : l'amant est aussi loyal que cette eau qui retrouve toujours la même température.

[194] SUR LA MORT DE MADEMOISELLE DE LA FONDRIERE[1].

Que pour me faire honneur sur ma tombe pesante,
Pompe, soye, or n'y soient, cela ne monte aux Cieux,
Mais priez tous pour moy, et versez de voz yeux
Force cuisantes pleurs[2] sur ma chappelle ardante.

[195] SUR UN ADIEU.

Un adieu que l'on fait soubs l'espoir d'un retour,
Ne gesne nostre cœur, seulement il nous peine,
Mais quand c'est un adieu qui force nostre Amour
Et nostre volonté, la mort en est prochaine.

---

[1] Le fief de la Fondrière se trouve dans l'Yonne, à côté de Ravières, dans la vallée de l'Armançon, mais il est difficile d'être plus précis. Voir la pièce 242 et Fr.-A. Aubert de la Chesnaye-Desbois, R*ecueil de généalogie pour servir de suite au Dictionnaire de la noblesse [...]*, Paris, Lamie et Badiez, 1783, t. XIII, p. 368.

[2] Pour des raisons métriques, le terme est au féminin, genre toujours possible pour ce terme à la Renaissance. Voir TS IV v. 6.

[196] SUR DES BAISERS.

Baiser tousjours, c'est prendre une habitude
De tous plaisirs, mais quand on en est loing,
D'un seul baiser l'on a cent fois besoing,
Et pour l'avoir, vivre en incertitude[1].

[197] SUR D'AUTRES BAISERS.

Je baisois ses cheveux, et luy faisoit la guerre
D'un petit mot, ou deux, puis je faisois un tour,
Riant de mon baiser quand il n'estoit plus jour.
Auprès d'elle, à l'escart, je m'asseyois à terre[2].

---

[1] La tournure est très elliptique. Peut-être est-ce le « c'est » du premier vers qu'il faut ici sous-entendre.

[2] 1589 : *je m'asseois à terre.*

[198] POUR AVOIR ENGROSSY UNE FILLE.

J'aime à faire un enfant, c'est une œuvre plaisante,
Celle à qui je le faits je l'aime bien aussi,
C'est renaistre en Phenix, mais la pille odorante[1]
N'est pas si gracieuse encores qu'est cecy[2].

FIN DES QUADRAINS.

[206 r°]

[199] ELEGIE.

Belle, tousjours mon cœur subjet te va suivant,
Cent fois plus tourmenté qu'il n'estoit paravant,
Il aime trop ta main, si blanche, et si polie,
Pour oster, sans ton sceu, sa cadene jolie :
Il faut, il faut mourir, m'absenter je ne puis,
Je ne sçaurois durer en la peine où je suis !
Estant mort je seray comme un Démon sinistre,
J'entreray chaque nuict au travers une vistre,
Ou par dessoubs la porte, et m'en iray coucher
Entre les draps de lin, je te pourray toucher,
Et baiser ce bel œil qui sans cesse m'affolle,
Là mon ame, en dormant, fera tousjours la folle,
Vollante par ton sein, ainsi qu'un moucheron

---

[1] Le phénix était réputé construire un bûcher de plantes aromatiques pour s'y brûler. Voir sonnet TS XXIIII v. 11 et Pline, *Histoire Naturelle*, *op. cit.*, X, 4.

[2] Ce pronom renvoie à la jeune fille grâce à laquelle le locuteur s'imagine renaître ou même à l'acte sexuel qui mène à cette renaissance. Voir les pièces 21 v. 600 et 696 ainsi que 51 v. 14, 118 v. 11 et 274 v. 430.

Volle, sans cesse, au bruict de son double æsleron :
Je feray donc ainsi, et par mon doucet bruire
Je te diray mon mal, mon tourment, mon martyre,
Te baisant au Zephir d'un souspir gracieux,
Je diray : « Douce mort, je ne desirois mieux. »
Si une fois ton bras à ma voix se remue,
Je verray, tout content, ceste poitrine nue,
Doucement, doucement, je la recouvriray,
Et tout remply d'Amour un peu la baiseray :
En me plaignant ainsi, j'esveilleray Madame,
Sans avoir peur de moy qui seray beau fantasme,
Et qui dira ainsi, gracieux nourisson,
Mon petit cœur, ma vie, et mon affection :
« Helas que n'ay-je icy, vaincu de mon absence,
Comme j'eu, d'autresfois, de te baiser puissance ?
Mais las ! Ores je suis un esprit vagabond,
„ Qui vollete leger sur le lis de ton front, [206 v°]
„ Le reste de la mort, d'Amour, et de sa guerre[1],
„ Bourgeois du Ciel plus haut, et maintenant en terre,
Qui ne sçauroit user ny jouyr de ses droicts,
Comme le temps passé heureux je jouyssois :
Que dy-je ? Helas heureux ! Cét heur ne se peut dire,
Encores moins l'aigreur de mon cuisant martyre,
L'on ne sçauroit, helas, despaindre mes douleurs,
Ny de mon feu cruel les terribles chaleurs :
O beaux yeux, ô beaux yeux, ce dira mon fantasme,
Pourquoy me lanciez vous une si chaude flame ?
Helas je ne puis plus, comme autresfois avoir,
Indigne de voz feux, ce bien de vous revoir. »
A ce douloureux mot tu seras esveillée,
Et penseras au vray de moy estre accollée :
Moy je suivray ainsi le toucher de ta main

[1] Ce vers se rattache au vers 30. Il faut comprendre « qui vollete léger sur [...] Le reste de la mort ».

Comme une puce noire evadée en ton sein[1],
„ Et de tes molles pleurs[2] je me feray la guerre
„ Comme autresfois icy, je faisois sur la terre :
„ Helas que de souspirs après moy volleront
Jettez en vain par l'air qui ne me trouveront !
Et ce mesme jour là je verray ma maistresse,
Friser d'une main blanche une divine tresse,
En regrettant ma mort assaillie d'ennuits,
„ Ne faire que pleurer et souspirer les nuicts,
Le jour en repassant au travers de la place
Où jadis tu soulois me donner tant de grace :
Tous ceux qui te verront le visage blesmy,
Diront, bas en pleurant, helas où est [t']amy ?
Helas où est [t']amy, ô belle courroucée[3] ?
Et puis tout aussi tost que tu seras passée,
Diront, en souspirant, sçachant ton mal nouveau,
Que tu seras bien tost enclose en mon tombeau[4] : [207 r°]
Là ils te replaindront, me regrettans encore,
Invisible à chacun, ô belle que j'adore !
Je volleray devant, à costé, ore après[5]
Et par tout, mes amours, je te suivray de près,
Vollant comme un oiseau qui mignard, de sa Dame
Fuit mille fois la main, qui douce le reclame :
Moy, ainsi je feray, crainte de t'approcher,
Je fuiray ceste main que je voudrois toucher.

---

[1] Cette comparaison reprend le motif principal du petit ouvrage publié en 1582 sous le titre *La Puce de Madame Des Roches*, rédigé dans le cadre du salon tenu à Poitiers par Catherine et Madeleine Desroches. Cet opuscule a pour point de départ l'observation, par E. Pasquier, sur le sein de Madeleine Desroches, d'une puce, donnant lieu à plusieurs compositions poétiques des différents membres de ce salon. Voir ici même vers 73 et 79 et pièces 3 l. 5, 270 l. 2.

[2] TS IV v. 10.

[3] Le vers est faux comme le précédent en raison de la tournure « Helas où est ton amy » reprise en fin et début de vers.

[4] C'est le rêve du locuteur que l'on retrouve dans maints sonnets et élégies. Voir par exemple TS XIIII v. 12-14.

[5] 1589 : *ores*.

Si le soir, à part toy, tu lamentes assise,
A l'endroit de ton sein, belle que tant je prise,
Je piqueray ce mont, ce beau petit tetin,
Tant de fois, tant de fois qu'y porteras la main,
Main qui en diligence, helas, me voudra prendre.
Lors je seray content, ô belle, de me rendre
A la main qui a fait jadis mon cœur mourir,
Ne m'ayant, rigoureuse, une fois sceu guerir,
Du noir puceau tué, l'ame en sortira saine[1],
Voyageante aux Zephirs si doux de ton haleine,
Helas, qui autresfois seule la nourrissoit,
Du temps qu'Amour leger ainsi me tourmentoit.
Par les divins esclairs des yeux de ma maistresse,
Et par les beaux cordons de sa divine tresse :
Ainsi quand je voudray, de nuict je sortiray,
Et puis le jour suivant je m'y retireray :
A mon triste retour, belle si tu sommeille,
Tu me diras ainsi : « Ô esprit qui m'esveille,
Démon laisse dormir au moins mes passions,
Je n'ay que trop de maux, et trop d'afflictions :
Heureux Glix[2], qui dormez les neuf mois de l'année,
Si mon ame, sans plus, à la mort assenée
Dormoit, et mon esprit, ô qu'ils seroient heureux
D'avoir esté contens au martyre amoureux. » [207 v°]
A ce mot, mille fois, d'une haleine longuette,
Je baiseray sur l'œil ma petite Rozette,
En me ressouvenant, que vivant autresfois,
Je baisé[3] ses cheveux soubs les ombres des bois,
Aux prez où tu allois cueillir la giroflée,
„ Le grison serpolet, l'hysope dentelée,

[1] Sur cette comparaison comique voir le vers 45.

[2] Le mot est forgé sur le latin *glis* qui signifie « loir », animal réputé depuis l'antiquité pour son hibernation prolongée. Voir Pline, *Histoire naturelle*, *op. cit.*, VIII, 224.

[3] La terminaison de cette forme de passé-simple est graphiée de manière phonétique. Voir 9 v. 211.

Où encor[1] tu regrette, absente, la douleur
De ton amy parfait, que tu aimois de cueur :
Puis ainsi tu diras, sus donc, dormez mes peines,
Allegez vous mon mal, et fuyez de mes veines,
Je me blasmeray lors, si souvent t'esveiller,
Je te laisseray là doucement sommeiller,
En baisant mille fois tes yeux, et ton visage,
„ Triste je m'en iray dans le Ciel en voyage.
Attristé de ma mort, à mon mal attaché,
„ Et des Cieux enflamez, l'esprit le plus fasché,
Ainsi je volleray sur les pointes cornues
Des rochers eslevez, faisant[2] fendre les nues
Où les autres esprits ne viennent que la nuit,
Indigne des beaux raiz d'Apollon qui reluit.
Puis je m'en reviendray l'autre nuict ensuivante,
Sçavoir le portement de ma fidelle Amante,
Encores souvenant que tant chargé d'ennuits
Je venois pour te voir en ces obscures nuits,
Moüillé, gelé, percé, quelques chevaux malades.
Mes gens avaient[3] de froid les visages si fades,
Moy las ! sans appetit, du travail engourdy,
„ Et jusques dans le cœur tout le cœur refroidy.
Combien de fois, helas ! ay-je veu la nature
Rompre par les effects son ordre qui tant dure,
Plus de cent, et cent fois le jour est arrivé
De deux heures plustost, de mesme retiré, [208 r°]
Sans que le Ciel esmeu, de moy tant miserable,
Voulust laisser sortir ses chevaux de l'estable.
Ainsi la Lune fuit qui gouverne les mois,
„ Attellant tost et tard ces coursiers demy noirs,
Et douce en ma faveur arrestoit sa litiere,

---

[1] 1589 : *Où encores tu regrette.*

[2] 1589 : *eslevez, faire fendre les nues.*

[3] 1589 : *avoir.*

L'Aurore sejournoit, comme elle casaniere,
Et le grand Jupiter de mon mal despité,
Laissa croupir le monde une fois sans clarté[1].
Les petits oisillons rebroussez en leur plume,
Ne chantoient qu'à demy, en changeant leur coustume,
„ Et l'Ours monte-Sapins[2], du sommet des rochers
N'apportoit nul faisan à ces Oursillons chers,
Le cerf au pied fendu ne prenoit nul courage
D'estendre ses nerfs forts, ny sortir du bocage,
Le Sanglier mange-trop, de son fort espineux,
Ne se souvenoit plus de ses costaux vineux,
Le chevreuil estourdy, endormy soubs sa roche,
De son bled verdissant de six jours ne s'approche,
Le lapin gratte-champ, en terre n'avoit peur,
Ny du basset furon, ny du maistre veneur,
L'ennemy des Bergers[3] demeuroit soubs l'espine,
Sans vouloir rien donner à sa gloute poitrine :
Le tesson herissé demeuroit paresseux,
Et l'agile escureuil en sa borde fumeux,
Le faucon demy-noir, pour ce jour là n'advise
A prendre au premier vol la perdris toute grise,
Et de six jours après les petits hebereaux
Ne pensoient à chasser tant de petits oiseaux :
Nostre unique Phenix condamnoit sa paresse,
Se repentant d'avoir tant aimé sa vieillesse,
Craignant plus que la mort d'avoir pour son tombeau
Les ombres eternels, au lieu d'un feu nouveau : [208 v°]
Ainsi le Pere oiseau[4] qui sentoit en son aire

---

1 L'arrivée du jour signifie pour l'amant le départ d'auprès de son amante.

2 Voir 120 v. 5.

3 Il s'agit du loup.

4 Il s'agit du pélican, déjà apparu en 9 v. 61. C'est dans l'*Histoire de la nature des oiseaux* de P. Belon qu'il faut aller chercher l'explication de ce passage. Belon indique en effet : « Quand le serpent a tué les petits du Pelican, qui fait son nid co[n]tre terre, les peres en pleurent, et se batants la poictrine se font sortir du sang,

Les venimeux serpens y faire leur repaire,
N'avoit soin de brocher sa poitrine, et son flang,
Pour tremper ses petits de son humide sang :
Mais tout outré d'ennuy, de tourmens, et d'angoisse,
Voyoit mourir les siens, sans les tirer d'oppresse :
Et toy qui as la nege en tous temps sur le corps,
Et qui de ton doux chant, par les humides bords,
As trompeté ta mort, et ta vie consommée[1],
Pendant que je baisois ceste Rozette aimée :
Ainsi ayant donc sceu de mon mal discourir,
D'Amour, et de ses loix, avant que de mourir,
Quittant le doux chevet de ta mollette couche,
Ainsi je tireray tous ces mots de ma bouche,
Orages embroüillez, et vous flots ennemis,
Appaisez vous, deux fois, trois fois je le vous dis,
Laissez en paix la mer, et les hautes montagnes,
Les plaines, et les bois, les prez et les campagnes :
A ce propos icy, les ondes, et les vents,
Mesmes les Cieux hautains furent obeyssans,
Le Soleil engourdy monta dedans sa coche,
Prend[2] le foüet en main, comme un esclair descoche,
Et ja ses blonds coursiers gallopoient furieux[3],
Comme partis à tard, tout au travers des Cieux,
Le jour revint serain, ondoyant par les plaines,
Et les grandes Citez de Musique estoient pleines :

dont les petits retournent à vie. » Beaujeu a pu trouver l'idée d'utiliser ce motif dans la *Sepmaine* de Du Bartas. Le poète protestant y montre un pélican qui dès qu'il voit ses enfants « meurtris par le serpent / [...] bresche sa poictrine, et sur eux [...] respand / Tant de vitale humeur que reschaufez par elle, / Ils tirent de sa mort une vie nouvelle [...] ». Voir P. Belon, *Histoire de la nature des oiseaux*, *op. cit.*, p. 154 et G. Du Bartas, *La Sepmaine ou Creation du monde*, *op. cit.*, t. I, p. 292, v. 769-772.

[1] Le cygne est traditionnellement l'animal dont le chant jaillit à l'heure de la mort. Voir 146 v. 111.

[2] Il y a ici une erreur de concordance des temps. On devrait avoir « Pris ».

[3] Cette métaphore, filée depuis le vers 130, rappelle que Hélios, dieu du soleil, tire celui-ci sur un char.

Je songeois tout cela. A ma belle, [aux] amours[1],
Je faisois, en dormant, encores ce discours,
Piqué jusques au cœur, de ton amour, ma belle,
Je pensois estre enclos d'une nuict eternelle,
Oyant en mon sommeil discourir la Vertu,
Qui disoit qu'Helicon[2] estoit tout abbattu, [209 r°]
Et que d'elle laissez[3], pour nostre rescompence,
Nous ferions pour jamais icy bas penitence :
Desdaignez d'un chacun, et mesprisez encor
Pour blasmer[4] la richesse, et mesestimer l'or,
Pauvres necessiteux ! mais jamais à la porte,
Sinon du Temple sainct, qu'Apollon tant supporte,
Mendier[5] la science, et sur tous les humains,
Nous contenter du peu qui glisse par noz mains,
Fermes en nostre Amour, nourrissiers de noz flames,
Honneur des plus grands Rois, et Prophetes des Dames,
Fermes jusqu'à la mort, et perdans noz beaux jours
Pour trop avoir de mal, de tourments, et d'amours.
Moy, ayant sur tous eu, la misere en partage,
Pour avoir trop aimé les traicts de ton visage,
Pour trop aimer la Roze, en laquelle a planté
Le Ciel, et la Nature une seule beauté :
En t'aimant je me tiens le plus heureux Poette
Qui feit jamais rouler la flambante charrette,
Soubs le mont sourcilleux, n'icy dessus les eaux,
Toutes pleines de vers, de crayons, de pinceaux[6],

---

1 1589 : *A ma belle, mes amours.*

2 Il s'agit d'une des montagnes, avec le Parnasse, sur laquelle résidait les Muses.

3 Ce participe passé, comme ceux du vers 193, se rapporte au pronom « nous ». Il signifie « abandonnés ».

4 1589 : *blasmez.*

5 Cet infinitif se rattache au « pour » du vers 194.

6 Il semble qu'il faille rapprocher cet énigmatique passage de la métaphore des vers 179-183 concernant la renaissance du jour. Nouvel Apollon, le poète conduit à son tour le char du soleil sous le mont Hélicon où habitent les muses. La source est sans doute celle d'Hippocrène, creusée par Pégase et consacrée aux

Mais pour en[1] estre absent, je suis en telle peine
Que j'invoque ma fin, et la mort inhumaine.
La mort me seroit douce, et le vivre fascheux,
Absent de ma Rozette au Ciel aller je veux.
Philosophes heureux qui eustent ceste grace[2]
D'avoir esté conduits sur ceste rive basse[3] :
Mes amis voudriez vous me tendre un peu les bras
Pour m'aider au passage afreux de mon trespas ?
Que vous estes heureux en ce lieu de silence,
Absent de voz travaux[4], telle n'est mon absence :
Mal-heureux si jamais pauvre personne fut,
Sans avoir nul secours, ny d'espoir de salut ! [209 v°]
Eziode Ascrean[5] nay dans la Béotie[6],
Tu as souffert la mort[7] pour l'amour d'Arsalie.
Tu vivois en mourant, tu vy après ta mort,
Tes meurtriers ne t'ont fait, ny offence, ny tort,
Les sœurs[8] te congnoissant digne dans leur montagne,
Te ravirent, heureux, ostant dans la campagne,
Où Berger tu gardois un trouppeau de moutons,
Qui paissoient au doux son de tes gayes chansons,

---

muses, ce qui expliquerait la mention des « vers, [...] crayons, [...] pinceaux, [...] », tous instruments de la création artistique.

[1] L'adverbe renvoie ici à Roze, comme le montre le vers 214.

[2] Cette apostrophe, qui donne lieu à une invocation de certains poètes antiques, réels ou mythiques, rappelle celle de la pièce 113 v. 129.

[3] Il s'agit sans doute des rives du Styx, que les morts traversaient avant d'entrer aux enfers.

[4] L'expression a le sens de « exempts dorénavant de tourments ».

[5] Hésiode était né à Ascra en Béotie, ce qui lui valait cette épithète que l'on trouve par exemple chez Du Bellay, au sonnet 2 des *Regrets*. Voir J. Du Bellay, *Les Regrets*, *op. cit.*, p. 56, sonnet 2, v. 2 et Ange Politien, *Les Silves*, *Nutricia*, *op. cit.*, p. 327 v. 377-396 et p. 329 v. 403.

[6] 1589 : *Boëtie.*

[7] Le récit de la mort d'Hésiode, accusé à tort d'avoir aidé un jeune homme à séduire la fille de leur hôte, est raconté par Plutarque. Le poète grec est tué par les frères de la jeune femme. Voir Plutarque, *Le Banquet des sept sages* dans *Œuvres morales*, *t. II*, *Traités 10-14*, *op. cit.*, p. 232-233, 19.

[8] Il s'agit des Muses bien sûr.

Toy[1] fils de Jupiter, fils aisné d'Antiope[2],
Qui devoit à quinze ans estre Royne d'Europe.
Ce fut le riche gage à la main presenté,
Pour jouyr du beau corps du Ciel tant souhaitté.
Tu es mort volontiers pour la belle Thebaine[3],
Qui te baisoit tousjours pour te remettre en peine,
Tu as, en sa faveur, par tes accords divins,
Amassé les cailloux des forts ramparts Thebains[4]
En les ediffiant, si que taille sur taille,
Haussois par tes accords, chaque jour la muraille,
Les portes, et les tours ne furent des massons
D'Arabie fondez, mais des accordans sons
De ta lyre divine. Ô bien-heureuse l'ame
Qui laisse son escorce icy bas pour sa Dame !
Et toy qui fus aimé d'une blonde Catin,
Qui mourut, en perdant, le rampart Tarentin[5],
Tu mourus de la goutte en Hyver amassée,

---

[1] Amphion, fils de Zeus et d'Antiope, frère de Zéthos, poète et roi de Thèbes. Voir 202 v. 13 et Ovide, *Métamorphoses*, *op. cit.*, VI, 221 *sq.*

[2] Séduite par Zeus sous la forme d'un satyre, elle s'enfuit de sa ville natale, Thèbes, par crainte d'être punie. Elle est recueillie par le roi de Sycione qui l'épouse. Le père de la jeune femme se suicide de chagrin mais demande à son frère, Lycos, de le venger. Celui-ci s'empare de Sycione et ramène Antiope à Thèbes. Elle accouche pendant le voyage de deux jumeaux : Amphion et Zéthos. Martyrisée par la femme de Lycos, Dircé, Antiope parvient à s'enfuir et est recueillie par ses fils. Ovide, *Les Métamorphoses*, *op. cit.*, VI, 221 *sq.*

[3] Niobé, femme d'Amphion, tuée avec tous ses enfants pour avoir osé dire qu'elle avait une plus belle progéniture que Létho, mère d'Artémis et d'Apollon. Amphion se suicide de chagrin. Ovide, *Ibid.*

[4] Selon la légende, Amphion, une fois roi de Thèbes après avoir tué Lycos, aurait construit les remparts de sa ville à l'aide de sa seule lyre. Ovide, *Ibid.*

[5] Cette expression peut aider à retrouver le nom de notre poète. Il pourrait en effet s'agir d'une référence à Arion dont la légende raconte qu'il fut détroussé par des marins alors qu'il quittait Tarente pour rejoindre la Grèce. Jeté à la mer il fut sauvé par un dauphin. Du Bartas évoque dans sa *Sepmaine* « le Tarentin rempart » que quitte le poète avant d'être attaqué par les matelots. Le reste des aventures du poète ainsi que les noms des amantes qu'il aurait eues semblent créés de toute pièce par Beaujeu. Voir Du Bartas, *La Sepmaine*, *op. cit.*, t. I, p. 277, v. 441.

Allant voir, jour et nuict, ta belle Panassée[1],
Tousjours en assaillant tes veines, et tes os,
A la fin de ton mal est venu ton repos,
D'un amour eternel, heureuse maladie !
Puis qu'elle plaisoit tant à ta belle Rudie[2],
Heureux cent mille fois, et plus heureux encor,
Pour une si belle ame avoir souffert la mort ! [210 r°]
Si tu faits aux enfers trop grande penitence[3],
Tu n'es encor si mal que moy par mon absence,
Radamant et Minos[4] n'ont assez de tourments
Pour t'affliger là bas, comme nous deux absens.
Toy[5] Poete natif de la montagne hantée,
Qui mourus pour avoir ta maistresse chantée,
Car tu fis mille vers un soir entre ses bras :
O bien-heureuse nuict, plus heureux le trespas !
Honneur du sainct Senat, loüange d'Yonie[6],
Tu es mort au giron de ta belle Cinie[7] :
O pepin secourable[8], à qui devois-tu mieux
T'addresser pour la mort qu'au Poete vineux,
Et toy à qui faillit la vie, et la parole,
Sortant de ton estude, entrant en ton eschole[9],

---

[1] Le nom de cette déesse médicale est employé par antonomase et note l'importance de la jeune fille pour le général.

[2] Ce nom, comme celui de « Cinie » au vers 263, semble créé pour la rime.

[3] On ne sait s'il s'agit encore d'Arion ou bien du mystérieux poète évoqué au vers 259.

[4] Ces deux frères étaient, avec Éaque, les juges chargés de répartir les morts dans les différents lieux des Enfers.

[5] Ce poète pourrait être Callinos, écrivain satyrique né à Éphèse, capitale de l'Ionie, au VIIe siècle avant notre ère. La « montagne hantée » serait dès lors une référence au mont Peion sur lequel se trouvait une partie de la ville.

[6] Il s'agit de l'Ionie, région d'Asie mineure contrôlée par les Grecs.

[7] Comme « Rudie » au vers 252, ce nom féminin semble inventé de toute pièce pour la rime.

[8] Cette évocation reste énigmatique mais semble humoristique. Le « pépin », graine de la vigne, est prié de s'adresser à un poète amateur de vin pour prononcer son oraison funèbre.

[9] Ce personnage reste énigmatique.

Tu mourus doucement, et rendis l'ame aux Dieux,
Pour avoir veu ternir n'agueres les beaux yeux
Que tu avois aimez, douce mort qui delivre
Celuy qui ne veut pas sa maistresse survivre.
Eupolis[1], de bon cœur, fut dans les flots jetté
Pour avoir un beau nom un peu trop haut chanté.
Ne fus-tu pas heureux de mourir pour la belle
Qui rendit par sa mort ta memoire immortelle ?
Bien-heureux, mon vieillard, de bon cœur je voudrois
Mourir, pour bien chanter, vrayement je chanterois.
Toy, mon cher Theocrite[2], enfant de la Cecile,
Bourgeois de Sarragosse[3], où est Flore[4] gentille,
Tu fus, ô bien-heureux, estranglé sur les prez,
Qui sont de ton beau sang maintenant diaprez,
Puisses-tu, mon amy, là bas soubs les Clenodes[5]
Entendre le doux chant de mes petites Odes,
Chanter ta fin heureuse au son de mon doux luth,
Et les diversitez de ton ardant salut ! [210 v°]
Euripides[6] tu fus nourry dés ton enfance

---

[1] Eupolis est un dramaturge grec du Ve siècle avant notre ère peut-être mort noyé en -411 lors d'un naufrage. Voir Ange Politien, *Les Silves*, *op. cit.*, *Nutricia*, p. 351, v. 679-681.

[2] Ce poète bucolique grec qui vécut entre les IVe et IIIe siècle avant notre ère, est reconnu comme l'inventeur de la poésie pastorale.

[3] Les graphies « Cecile » pour « Sicile » et « Sarragosse » pour « Syracuse » sont régulièrement employés au XVIe siècle. On les trouve, par exemple, dans Gilles Le Bouvier, dit « Berry », *Le Livre de la description des pays*, publié pour la première fois avec une introduction et des notes, et suivi de *L'itinéraire bourgeois* et de la *Table de Velletri* et de plusieurs autres documents géographiques, inédits ou mal connus du XVe siècle, recueillis et commentés par le Dr. E.-T. Hamy, Paris, E. Leroux, 1908, p. 66. Voir également L. Moréri, *Le Grand dictionnaire historique [...]*, par Mre L. Moréri, nouvelle et dernière édition revue, corrigée et augmentée par l'abbé C.-P. Goujet, Paris, chez J.-B. Coignard, 1732, t. VI, p. 399.

[4] 1589 : *où est ta Flore gentille*. Sur ce nom voir la note du vers 153 de la pièce 72.

[5] Un tel nom reste inconnu.

[6] Euripide, l'un des trois grands poètes tragiques grecs, serait mort dévoré par des chiens avant que son corps ne soit enseveli par sa maîtresse. Voir Ange Politien, *Les Silves*, *op. cit.*, *Nutricia*, p. 349 v. 669.

D'une manne sacrée, au docte air de la Grece[1],
Tu chantois à quinze ans, et cent tu en vescus,
Et puis pour tes amours, tout heureux tu mourus.
Les chiens de ce Tyran en chassant te trouverent
Soubs ta roche chantée, où ils te devorerent,
Incitez par les cris des ignorans chasseurs,
Ennemis conjurez du Ciel, et de noz sœurs.
En mourant tu chantois le nom de ta maistresse,
N'estois-tu pas content de ta belle vieillesse ?
„ L'Isle de Salamis[2] a cela de bon-heur,
„ Qu'elle nourrit les siens tousjours avec l'honneur,
„ Leur donnant un cœur noble. Ô belle Isle qui donnes
A tes Rois naturels de si excellens hommes.
Toy qui voulus mourir d'une cruelle fin,
Pour n'avoir peu baiser, ny les yeux, ny le sein
De ta belle Fellonne, et docte personnage
„ Ton cœur feit resistance à ton brave langage,
Et le nombre infiny de tes rares vertuz,
Vaincus de ton amour, se sont à toy renduz :
C'est eslire à propos[3] de choisir la famine,
Pour chasser nostre vie hors de nostre poitrine,
„ Si que tout doucement nourriz de noz douleurs,
Nous sentons enfuyr[4] la vie de noz cueurs,
Sur ton cercueil soient mis ces deux vers[5] : « Ô que l'homme
Est heureux, quand Amour doucement le consomme !
Peu à peu l'assassine ! » O quel est ce plaisir
D'aimer une Rozette, et pour elle mourir !

---

[1] La rime est ici très pauvre puisqu'elle ne s'appuie que sur le [ç] final.

[2] Salamine qui doit son nom à la nymphe Salamis. Euripide y serait né vers 480 avant notre ère.

[3] L'expression signifie « prendre la bonne décision ».

[4] 1589 : *enfouyr*.

[5] Ces « deux vers » sont probablement comprennent probablement la fin du vers 311, le vers 312 et le début du vers 313.

Et toy[1] que l'on estime estre fils d'Uranie[2],
Et de l'æslé Mercure, as-tu perdu la vie
Pour celle qui te feit tant de fois souspirer
Et dessoubs les Cyprès pour un temps retirer ? [211 r°[3]]
L'on dit que d'Apollon tu es le fils encore
Qui coucha dans les joncs avecques Terpsicore[4],
Qui sortant de Phenice en ce pays Gregeois,
„ Trouva l'invention d'eterniser les lois.
Tu estois Precepteur du meschant qui en yre
T'escarboüilla le chef en trois coups de ta lyre[5],
Dont tu sonnois si bien les Odes, et Sonets[6]
Qui seront estimez des sçavans à jamais,
En te remerciant de tes beaux vers lyriques,
Et des riches accords de tes douces Musiques.
Tu es comme je tiens, en enfer, en douleurs,
Condamné par Minos en eternelles pleurs,
D'autant que toy vivant ne faisois autre chose
De chanter, sans cesser, comme je chante Rose :
O chantre bien-heureux, j'aimerois plus pleurer[7]
Avecques toy là bas, qu'icy haut demeurer,
Et ne chanter ma Roze. Ô que plustost je meure,
Qu'icy, sans la chanter, un seul jour je demeure !
Ce Thebain[8] trop jaloux ta mort ne conspiroit,

---

[1] Il s'agit de Linus, poète élégiaque mythique.

[2] Muse de l'astronomie et de l'astrologie qui serait la mère de Linus.

[3] L'édition originale comporte ici une erreur de numérotation faisant des deux feuillets suivants les feuillets 209 r° et v°. Voir Christofle de Beaujeu, *Les Amours*, *op. cit.*, f. 210 v°-212 r° et TS VIII v. 14.

[4] Muse de la musique et de la danse qui selon une autre tradition serait la mère du même Linus.

[5] Hercule, qui était élève de Linus, s'emporta un jour contre la sévérité de son maître et lui brisa une lyre sur la tête, le tuant sur le coup. Voir A. Politien, *Les Silves*, *op. cit.*, *Nutricia*, p. 322-323, v. 321-327.

[6] Voir l'élégie 81 v. 438-442.

[7] 1589 : *j'aimerois pleurer.*

[8] Il s'agit sans doute à nouveau d'Hercule que le poète imagine amoureux de la même dame que Linus.

Il estoit trop marry que la belle t'aimoit.
Une belle beauté est trouvée plus belle,
Chantée d'un amy en une Ode immortelle.
Toy mon cher Thracien[1], qui fut fils d'Apollon,
Et qui feis un carquois de ton cœur, ce dit-on,
Ayant rendu celuy d'Amour de ses traits vuide,
Qui pleuroit par les bois, errant de nuict sans guide,
„ Calliope[2] ta mere, en accouchant de toy,
Mit au monde l'honneur, l'amitié et la foy,
Et tous les arts aimez, le devoir, le service,
Que tu faisois unique à ta belle Euridice[3],
La retournant querir avecques tes accords
De long temps ja meslée en la fosse des morts. [211 v°]
Je parle des accords qui riches de passages,
Faisoient suivre les eaux[4], et dancer les bocages,
Les animaux des champs, et les oiseaux des Cieux,
Si que pour te complaire ils suivoient à qui mieux,
De tes rares fredons, aux chambres infernalles.
Tu fis baisser les ponts des fosses avernalles,
Les gouffres plus afreux, pleins de bruyans esclairs,
En silence tenus se rendirent plus clairs :
Mais quoy ? Estant privé de ta haute entreprise,
En France tu revins[5], Province que l'on prise,
En ce Convent jaloux de ta pudicité
Tu fus, mon cher amy, tu fus precipité,
Ne voulant plus aimer ces trois Ciconiennes[6],

[1] Il s'agit d'Orphée. Voir 81 v. 441 et A. Politien, *Les Silves*, *op. cit.*, *Nutricia*, p. 319-320, v. 291-308.

[2] Dans la mythologie elle est la muse de la poésie épique et de l'éloquence.

[3] 1589 : *Erudice*. Il s'agit, bien sûr, de la femme malheureuse d'Orphée.

[4] Sur cette expression voir 15 v. 1-2.

[5] Orphée devient un poète français et donc un des ancêtres de Beaujeu, voire un de ses doubles.

[6] Si le chiffre trois paraît une invention du poète, en revanche, les Ciconiens font bien partie de la légende d'Orphée. Il s'agit d'un peuple mythique de Thrace, cité par Ovide. La version racontée par le poète latin fait en effet mourir Orphée

Qui estoient, malgré toy, les amoureuses tiennes :
Maintenant tout joyeux, ta maistresse tu vois
Te plaindre tout ainsi, comme tu la plaignois :
Heureux, mon vray amy, plus heureux mon Orphée,
Tost après te suivit mon bien-aimé Persée,
Qui en trenchant le chef de Meduse[1] aux beaux yeux,
Trempa le corselet qui arme dans les Cieux
Le grand corps, dont la main[2] burine de ce monde
L'admirable pourtraict de la machine ronde,
Et du sang[3] mis au feu, il[4] sceut bien eschanger
Les hommes en cailloux, les arbres en rocher[5] :
Qu'il change en ma faveur ma trop dure esperance,
Au nom de son Aronce[6] en douce jouyssance,
Car plustost qu'absenter si long temps mes amours,
En une mort contente il faut changer mes jours.

FIN.

[212 r°]

---

des mains des femmes de Thrace, les fameuses « Ciconiennes », jalouses de sa fidélité envers Eurydice. Voir Ovide, *Les Métamorphoses*, *op. cit.*, XI, v. 3.

[1] Persée, fils de Jupiter et Danaé, parvient à tuer Méduse, monstre à apparence féminine dont le regard pétrifie ceux qui la regarde. Il délivre ensuite Andromède, captive d'un serpent de mer. Les deux personnages sont sans doute rapprochés en raison de leur recherche de la femme aimée, bien qu'elle soit vouée à l'échec en ce qui concerne Orphée. Voir 116 v. 67-68 et *Ibid.*, IV, v. 772-803.

[2] Cette main à la puissance démiurgique ne semble plus être celle de Persée mais plutôt celle de Jupiter.

[3] D'un point de vue syntaxique, il faut sans doute comprendre que la conjonction de coordination relie « de la machine ronde » et « du sang ». Sur le plan du sens, l'allusion est plus complexe à décrypter. Doit-on voir dans « la machine ronde » le bouclier de Persée sur lequel se trouve la tête de Méduse ? Le sang de celle-ci provoque plusieurs prodiges et une partie est récupérée pour faire un puissant poison. Est-ce pour cela qu'il possède les mêmes qualités que les yeux du monstre ?

[4] C'est sans doute à nouveau de Persée dont il s'agit, comme au vers 374.

[5] Ce vers fait vraisemblablement allusion au pouvoir des yeux de Méduse.

[6] Ce nom est déjà apparu dans le recueil, sans doute pour désigner un poète mais il est compliqué de préciser s'il s'agit ici aussi d'un écrivain ou du nom d'une femme. Voir 113 v. 142.

[200] CHANT.

Catin j'avois acquis par ma derniere absence,
Je ne sçay[1] quel doux bien qui croissoit jour à jour,
Mais je l'ay bien perdu à mon triste retour,
Encores que je sois homme de patience,
Je diray sans rougir, que ce maudit Amour
Se plaist à m'envier pour ruiner ma constance.
Les bruits tonnans, et forts des tambours de Suysse
M'avoient fait oublier de l'Escho rapporteur,
Le propos deux fois dit aux plaintes de mon cœur,
Et le mal que j'avois en te faisant service,
Mais helas je me meurs en pareille douleur
Que le blond Syrien mourut pour Celanisse[2].
Alors que j'estois seul en la basse Savoye,
Vingt pas devant les rangs je marchois doucement,
Je maudissois mes yeux, et leur disois : « Comment
M'avez vous enlassé d'un bracelet de soye ?
Ha mes yeux vostre faute est grande extremement,
Je dy des plus grandes encores que l'on voye[3]. »
Les deux coiffes de nuict que tu m'avois données,

---

[1] 1589 : *Je ne sçsy quel doux.*

[2] Cette allusion est complexe à élucider et semble jouer sur le potentiel évocateur de l'ethnonyme et du nom propre. Il ne semble pas y avoir de « Célanisse » dans la mythologie antique. Cependant, on peut voir dans ce nom un rappel de Séléné qui, amoureuse d'Endymion, demanda à ce qu'il soit plongé dans un sommeil éternel, ou bien de Céléno, l'une des Pléiades, qui s'unit à Poséidon. Dans aucun de ces mythes on ne trouve de lien avec la Syrie ou, du moins, avec le Moyen-Orient. Pour le poète, cette origine géographique semble attachée à la figure d'Attis, qui, dans la version retenue par Beaujeu, fut aimé de Cybèle avant de mourir frappé par un sanglier. Est-ce à cette mort que fait allusion Beaujeu, ou bien à celle d'Endymion ? Voir TS XX v. 1 et P. Grimal, *Dictionnaire…*, *op. cit.*, p. 60, 379, 418.

[3] 1589 : *Mais je dy des plus grandes encores que l'on voye.*

Helas, m'ont fait ainsi qu'un habit infecté
De la contagion, aux bagues delaissées[1]
En la chambre du mort, des siens tant regretté,
Ainsi pleines d'Amour, estant empoisonnées,
Ont fait mourir mon cœur qui s'est tant tourmenté.
Hé que faisois-je helas ! Prenant à mon dommage
Ses coiffes où les dents d'un aspic se cachoient[2],
Qui blesserent mes yeux des beautez de l'ouvrage,
Las en dormant la nuict sans douleur m'offensoient,
J'estois bien insensé, et de mon mal peu sage,
Mais il est vray que nul mon tourment ne congnoist.

FIN.

[212 v°]

[201] A L'AUTHEUR, PAR PIERRE MENIOT, CONSEILLER DU ROY, AU BAILLAGE DE VITRY. SONET I.

Pardonne, s'il te plaist, à ma craintive Muse,
Si plustost elle n'a osé se presenter,
Trop mal apprise, ignare, et rude pour chanter
Devant toy qui luy doibs assez servir d'excuse.
Mais pour ne te sembler que du tout je refuse
L'honneur que tu me faits, je me veux acquitter

[1] La construction est visiblement bancale mais il faut comprendre que « un habit infecté » et « bagues délaissées » sont sur le même plan.

[2] Il s'agit bien sûr d'un présent reçu de la dame, pièce de tissu enveloppant la chevelure qui pouvait servir autant aux hommes qu'aux femmes. La beauté de l'ouvrage et ce qu'il provoque chez le locuteur justifient la comparaison avec le poison et l'aspic. Ces éléments rappellent la fin de Cléopâtre.

De ce que je te doibs, et pour te contenter
Faire essay de ma voix, bien qu'elle soit confuse :
Que pourrois-je icy donc chanter mieux à propos
Que ton fameux renom, la grandeur de ton los ?
Il faut que je te loüe, et honneur je te face :
En te quittant le pris, qui en tes jeunes ans
Ja te fait esgaller aux Cygnes mieux disans,
Et des Prestres sacrez, le premier de Parnasse.

P. M[1].

[202] A L'AUTHEUR, PAR EDME AMBERTIN, ADVOCAT AUDIT VITRY. SONET II.

J'estime que les Dieux en un rond disposez,
Après un long repos, desirans de parfaire
Un signalé chef d'œuvre, et le mettre sur terre,
A te former se sont tous d'un cœur exposez.
Ils ont en toy, BEAU-JEU, tous leurs thresors posez,
Leur gaillarde Pandore ils ont voulu te faire,
Puis ayant invité chacun à te bien faire,
Te regardans, joyeux, se sont tous reposez.
Ciceron le premier t'a chery d'eloquence,
Platon t'a fait present de sa belle science,
Les Cæsars belliqueux t'ont apprins leur métier :

---

[1] Un sonnet de ce personnage apparaît dans les œuvres de Jules-César le Besgue, poète champenois ayant publié chez Abel L'Angelier en 1586. Le « Vitry » en question est bien l'actuel Vitry-le-François, sur la Marne. Voir J.-C. Le Besgue, *Sonnets héroïques*, Paris, Abel L'Angelier, 1986, f° 3 v° et J. Balsamo et M. Simonin, *Abel L'Angelier et Françoise de Louvain (1574-1620)* suivi du *Catalogue des ouvrages publiés par Abel L'Angelier (1574-1610) et la veuve L'Angelier (1610-1620)*, Genève, Droz, 2002, p. 217.

Orphée a prins sa lyre, et te l'a presentée,
Homere, et le Thebain[1], leur veine t'ont sacrée,
T'ayant, avec Ronsard, fait du Mont heritier.

E. A[2]. [213 r°]

[203] RESPONSE.
SONET III.

Je ne suis de Ronsard, ny d'Homere le sage,
Ny du brave Thebain[3] l'heritier plein d'honneur,
Aux filles d'Apollon je suis bien serviteur[4],
Indigne toutesfois d'un si riche appannage :
Les Cæsars ont laissé leur guerroyant orage
A Henry de Vallois[5], Platon remply d'ardeur
Sur Menphe respandit ceste saincte fureur[6],
Et Ciceron mourant, vit mourir son langage[7] :
Mais je suis bien des Dieux en ma froide Province

---

[1] Amphion, grand poète et musicien, avait, selon la légende, construit les remparts de Thèbes à l'aide de sa seule lyre. Voir par exemple 199 v. 231.

[2] Ce personnage reste inconnu. Il fait lui-aussi partie des notables de Vitry-le-François.

[3] Il s'agit de nouveau d'Amphion.

[4] Les Muses étaient filles d'Apollon. Beaujeu s'en réclame en tant que poète.

[5] Il s'agit d'Henri III. Voir 234 v. 1.

[6] Diogène Laërce, comme Plutarque, rapporte en effet que Platon fit un séjour en Égypte, ce qui reste controversé à l'heure actuelle. Voir Plutarque, *Les Vies des hommes illustres*, *op. cit.*, t. I, *Vie de Solon*, p. 373, IV et Diogène Laërce, *Vies et doctrines des philosophes illustres*, *op. cit.*, III, p. 396.

[7] Est-ce ici un jugement subjectif du locuteur sur la qualité inégalable de la langue cicéronienne ? L'argument semble bien topique, Cicéron, et surtout sa rhétorique, ayant massivement influencé nombre d'écrivains humanistes. Sur la naissance, le développement et les échecs de ce qu'il est convenu d'appeler le « cicéronianisme » voir M. Fumaroli, *L'Âge de l'éloquence. Rhétorique et « res literaria » de la Renaissance au seuil de l'époque classique*, Genève, Droz, 2002.

Celuy qu'ils ont choisi, pour chanter à mon Prince
Les tourments amoureux de ce brave Toreau[1] :
Ha je suis estonné qu'un plaideur en barreau,
Toy, mon cher Ambertin, si j'ose te le dire
Puisse si doctement sonner dessus la lyre.

[204] A MADAME LA DUCHESSE DE LONGUEVILLE[2]. SONET IIII.

Madame, si l'ardeur de mon humble service
Se pouvoit presenter, comme font mes escrits,
Je vous eusse envoyé mon ame [et] mes esprits[3],
Sans oublier mon cœur, ny chose que je puisse :
Lors que soubs vostre bras j'attendois en Suysse
Que le Ciel courroucé eust appaisé ses cris,
Pour chose dont j'estois injustement repris,
N'ayant point offensé mon Roy, ny la Justice[4] :
Lors vous m'avez donné de vostre seule grace,
Support, bien, et faveur, dont il faut que j'en face,
Non ingrat, une fois la satisfaction :
Mais le peu que je puis, m'enleve l'esperance
De vous rendre jamais pareille rescompense.
Je mourray, pour le moins, en ceste intention. [213 v°]

---

[1] Zeus, pour séduire Europe s'était transformé en taureau.

[2] Il s'agit de Marie de Bourbon Saint-Pol. Elle épousa le 2 juillet 1565 Léonor d'Orléans-Longueville, comte de Neufchâtel et fut régente de cette ville pendant vingt-huit ans, de 1573 à 1601. Elle a vraisemblablement pu accueillir le fugitif Beaujeu.

[3] 1589 : *mon ame avecques mes esprits.*

[4] Sur les possibles procès de Beaujeu voir 49 v. 1.

[205] A MONSIEUR DE VILLEROY.
SONET V.

En la belle union où la Grece enfermée
Nourrissoit ses petits d'un vertueux appas,
Soubs elle elle conquist le monde au petit pas,
Et jusques à sa faute elle n'en fut blasmée :
Mais depuis que le sort par là l'eut desarmée[1],
Et que les gens de bien descendirent plus bas,
Ses braves nourissons accourans au trespas,
Trainerent avec eux toute leur renommée :
Voilà pourquoy le Ciel accompagne les Princes
De gens à tout servant, propres à leurs Provinces,
Ainsi pour vostre Roy vous[2] estes ordonné :
Puissiez vous plus content ceste ordonnance suivre,
Et que maistre du sort, l'heur qui vous fut donné
Accompagne l'honneur qui content vous fait vivre.

---

[1] On ne sait qu'elle fut cette « faute » qui condamna la Grèce mais la domination du pays sur le bassin méditerranéen fut stoppée par la conquête romaine en 146 avant notre ère.

[2] Nicolas IV de Neufville de Villeroy (1543-1617) fut l'un des ministres les plus importants sous les règnes de Charles IX, Henri III et Henri IV. Il servit d'abord comme secrétaire particulier du roi puis comme conseiller spécialisé dans les affaires étrangères. Il a pu aider Beaujeu en raison de cette fonction.

[206] A MONSIEUR DE FLEURY, AMBASSADEUR POUR SA MAJESTE EN SUYSSE. SONET VI.

C'est à vous[1] que je doibs tout fidelle service,
Puis que je suis icy par vostre seul secours,
Sans vous j'estois perdu dans les antres des Ours,
Et prest d'estre conduit parmy eux au supplice :
Soubs ces monts retiré, la divine Justice
M'avoit fait eslongner la fureur des grands Jours,
Une Cour souveraine a esté mon recours,
Purgé par innocence, et devant l'injustice[2] :
Mais pour vous tesmoigner, puis que je me retire
De ce libre pays[3], combien plus je desire
M'acquitter envers vous, qu'un ingrat demeurer :
Commandez moy, Monsieur ! Hé que dy-je ? Je pense
Que ma mort n'est assez pour vostre rescompense,
Et mon dire, trop peu, pour vous en asseurer. [214 r°]

---

[1] Sur ce personnage, voir 147 titre.

[2] Sur les possibles procès de Beaujeu voir 49 v. 1.

[3] Il s'agit de la Suisse, libre du point de vue de la religion par opposition à la France soumise à l'autorité du catholicisme.

[207] A MADAME DES DEUX FONTAINES. SONET VII.

Dès lors que soubs l'orgueil de mon exil, Madame
Je souspirois captif ces importunitez,
J'allumay en mon cœur des brandons indomptez,
Qui encores cruels, tiennent en feu mon ame :
C'est ce bruslant desir qui sans cesse m'enflame,
Et qui tousjours m'assaut de mille cruautez,
Quand je me ressouviens que tant de biens prestez
Ne vous sont pas renduz, c'est ce qui me r'enflame :
Mais courage, mon cœur, aye bonne esperance,
Si nous n'en pouvons rendre au moins la rescompence,
Il faut que ma fortune en paye le tribut :
Ou que le temps d'accord avecques nostre envie,
Plus heureux nous conduise à ce desiré but,
Et plustost qu'y faillir y perdre bien et vie.

[208] A MONSIEUR DE MAILLY, DU COMTE DE BOURGOGNE. SONET VIII.

Puis donc qu'en ce mespris que j'ay fait de Nature,
Tu[1] m'as fait cét honneur de loüer mes escrits,
Je ne puis, mon amy, qu'incitez mes esprits
A faire pour ton loz quelque chose qui dure :
Mon ame rit de joye. Ainsi mon cœur murmure,
Venans à l'estourdie au chemin qu'ils[2] ont prins
Vous donner ce Sonet, qui sans doute reprins
Ne sçauroit resister à la coupelle dure :
Ce sera cy après que leur laschant la bride,
Je leur donray ton nom, et ton grand loz pour guide,
Afin de les ouyr sur ce brave subjet :
Mais si pauvre du Ciel, ma Muse la premiere
Perd la force au milieu de sa belle carriere,
Je m'en donne la faute, et non pas à l'object. [214 v°]

---

[1] Comme le dit pudiquement La Chenaye-Desbois « il y a plusieurs terres de ce nom dans le Royaume ». Une famille de Mailly est bien représentée dans son dictionnaire mais elle est originaire de Picardie. Celle qu'il désigne lui-même comme « de Bourgogne » est à rapprocher du village des Maillys, situé entre Saint-Jean-de-Losne et Auxonne. À l'époque de Beaujeu, la famille de Berbis se trouve à la tête de la seigneurie : un Bénigne de Berbis, notamment, se marie en février 1583. Il est bien difficile de savoir si Beaujeu parle de lui. Voir Fr. Aubert de la Chesnaye-Desbois, *Dictionnaire de la noblesse*, Arras, Berger-Levrault, 1980, t. VI, p. 890.

[2] Ce pronom renvoie bien au groupe nominal « Mes esprits ».

A MONSIEUR DE LYVERDIS[1].
[209] SONET IX.

Je ne suis plus celuy qui soubs l'ombre plaisante
D'un beau rang de Sapins[2], tout seul se promenoit,
Un luth dessoubs son bras, qui doucement sonnoit,
Me delivrant d'ennuy, et de douleur cuisante :
Mais je suis bien celuy, qui non tant se contente
A plaidasser icy. Heureux qui ne congnoist
Procureurs, ny procés, ains qui tout libre voit
Aux champs, à force d'yeux, tout ce qui se presente !
O que j'estois heureux, exempt de toutes peines,
Estant dessus les bords de ces vives fontaines !
Ou à l'ombre plaisant d'un Sapin tout nouveau :
Et puis comme lassé d'estre voisin des nues,
Je venois contempler un cent de filles nues,
Qui se baignoient au lac, jusqu'aux tetins en l'eau.

[210] SONET X.

Non seulement de vous, infidelles je pense,
Que toutes, sans pitié, et sans foy vous aimez.
Je dy si Amour touche à voz cœurs enfermez.
Que dy-je cœurs ? Aux rochs allettez d'inconstance :
Vous sçavez bien cela, mais quand je m'en offence,

---

[1] Jean Grangier, seigneur de Lyverdis, proche de Pomponne de Bellièvre, fut plusieurs fois ambassadeur du roi en Suisse, notamment entre 1583 et 1587. Voir O. Poncet, *Ponponne de Bellièvre*, *op. cit.*, p. 37.

[2] Sur la présence de l'arbre dans le recueil voir 120 v. 5.

Vous devisez de moy, et toutes me blasmez,
Et celuy seul à vous, seurement estimez,
Qui Vallet sans plaisir, loüe vostre arrogance :
La parole me faut, ma main foible demeure,
Mais je dy de bon cœur, ou qu'a l'instant je meure,
Si je n'aimerois mieux tout le Ciel despriser,
Que chanter vostre nom, sçachant bien qui vous estes.
Quoy que belles soyez, jolies et honnestes,
Une femme sans foy je ne sçaurois priser. [215 r°]

[211] SONET XI.

Des seules voluptez, les douceurs eternelles
Ont bigarré le Ciel de tant d'opinions,
Qu'Amour en est banny des noires regions[1],
Et comme luy aussi ses trouppes infidelles :
Il ne porte qu'un traict, il n'aime plus ses æsles,
Il n'a plus soing de nous, ny de noz passions,
Triste il s'est retiré de tant de nations,
Et se tient à Dijon entre deux Damoiselles :
L'une n'a point d'Amour, et nom-plus sa compagne.
Tousjours cét Archerot par tout les accompagne,
Et va serf de leurs yeux, admirant leurs beautez :
Voyez si le mal-heur entreprend sur ma vie.
Je n'aime que ces deux pleines de cruautez,
Et voilà cét enfant jaloux de mon envie.

[1] Il s'agit des enfers.

[212] SONET XII.

L'unique Pelerin, amoureux de la France,
Qui sur le bord de Seine esleva tant de tours[1]
Sur le fleuve oublieux[2] attisa ses amours,
Avec celle qui fut occise de sa lance[3] :
Caron despit de voir ce beau Prince, s'advance
Pour le pousser, cholere, au plus bruyant du cours
De ce fleuve ennemy, ou soubs les Cyprès sourds
L'enclorre, afin que plus dans les eaux il n'advance :
La pucelle qui fut des bardes la querelle,
Saulte au cou du vieillard[4], qui tout soudain chancelle,
Et le jetta luy-mesme en son bourbeux ruisseau :
« Vieux resveur, ce dit-elle, et qui te meut à yre,
Ne te suffit-il pas que je te viens de dire
Qu'Amour n'a si tost veu mon œil que mon tombeau[5]. » [215 v°]

[1] La mention de la « lance » à la rime au vers 4, pousse à privilégier la figure de Henri II mais le féminin « celle » surprend. C'est peut-être à l'âme du roi que s'adresse ici le poète.

[2] Ce fleuve est le Léthé, l'un des fleuves des enfers, dont l'eau était réputée provoquer l'oubli.

[3] Cette mystérieuse amante semble déjà morte, ou en passe de l'être. On la retrouve au vers 9 et elle prend la parole pour clore le sonnet. S'agirait-il de Catherine de Médicis, femme d'Henri II ? Elle fut très touchée par la mort de son mari et décède le 5 janvier 1589, presqu'au moment de la parution du recueil.

[4] Cette apostrophe, comme celle qui débute le vers 12, renvoie à Caron, qui empêche l'amant de passer aux enfers.

[5] La fin de ce sonnet laisse l'identité des deux amants dans le flou et, dans une tournure un peu alambiquée, rapproche l'amour et la mort. Voir notamment TS XIV v. 12 et la pièce 112.

[213] A MONSIEUR BALTHAZARD, CAPITAINE DES SUYSSES DU ROY. SONET XIII.

Le doux somme couloit doucement en mes veines,
Quand mon sort appaisé fit ma paix dans les Cieux,
Mes oz se reposoient, je ne fus jamais mieux,
Mes yeux avoient esclos mes ameres fontaines :
Le doux somme guidoit à grands trouppeaux mes peines,
Mon desir reposoit soubs les nuicts de mes yeux,
Mon cœur ensorcelé d'un sommeil gracieux
Souspiroit, demy mort, le poix de ses cadenes :
Quand l'on me dit que vous[1], bien-facteur de ma vie,
En sursault esveillé, aviez si grande envie
De vous offrir à moy, et secours me donner :
Alors comme en fureur de ma mesadventure,
Je descendy à bas, et deslors pour m'aimer,
A propos je congneuz vostre bonne nature.

[1] Balthazar de Grisach fut capitaine des cent Suisses du roi de 1585 à sa mort en 1602. Il a été également employé par Henri III pour des missions diplomatiques. Voir E. May, *Histoire militaire de la Suisse et celle des suisses dans les différens services de l'Europe [...]*, Lausanne, J. P. Heurbach et Comp., 1788, t. VI, p. 368.

[214] SONET XIIII.

L'on dit que les humeurs pareilles symbolisent[1],
Que les semblables yeux jettent leur fondement
D'une ferme amitié, et sur ce bastiment
Monstrent par leurs effects que les ames se prisent :
Je croy ce qui en est, les doctes l'escrivirent
Sur le sable doré, mais je ne sçay comment
Sans approcher plus près, Nature va formant
Une amitié en ceux qui jamais ne se virent :
Il faut que le destin, Magistrat de la Terre,
Aye fait les liens dont ceste Amour se serre,
Et que par noz regards ce soit contagion :
Il m'est indifferent, je prends garde au merite
A qui j'offre mon cœur, et mon affection,
Mais pour vostre amitié c'est chose trop petite. [216 r°]

[215] A MADAME QUE J'AIME BIEN. SONET XV.

Madame si le feu, qui sans cesse m'enflame
Dure encores deux jours, je brusleray tout vif,
Martyr de voz beaux yeux dont je suis si craintif,
Que je n'ose de pleur esteindre ceste flame :
Que voulez vous de moy, voulez vous bien Madame,
Que mon esprit se die au feu vostre captif ?
Et que pour vous servir fait du Ciel fugitif,

[1] Le verbe est ici employé de manière intransitive. Il faut comprendre : « les humeurs se ressemblent ». Voir le glossaire.

Le blasmant, il en face aussi bannir mon ame :
Sinon faites la paix, entre Amour, vous et moy,
Addoucissez mon mal, et recevez ma foy
Seule, comme mon cœur, vous serez ma maistresse :
Ostez moy d'un clin d'œil des bras froids[1] de la mort,
Hastez vous s'il vous plaist de faire cét accort[2],
Pour me rendre content, moyennez-le d'adresse.

[216] A MONSIEUR VALLIER, SECRETAIRE DU ROY, EN SUYSSE. SONET XVI.

Mon Vallier[3], ce n'est rien qu'une vaine esperance
D'estimer nostre nom pouvoir tousjours durer,
Si ce n'est qu'en tableaux l'on nous veuille tirer[4]
D'un crayon vertueux, durable en sa puissance :
Dans le roch[5] autresfois, les doctes de la France,
Et mesmes les Romains ont fait leur nom graver,
Et le Perse se fit en beau marbre enlever
„ Son pied sur un trophée, en escrit sa vaillance[6] :
Je ne suis ny masson, ny paintre, ny mouleur,

[1] 1589 : *des bras froide de la mort.*

[2] 1589 : *Hastez s'il vous plaist.*

[3] Le nom est sans doute francisé car on trouve plutôt Wallier dans les textes relatifs à la Suisse. *L'Histoire militaire des Suisses au service de la France* mentionne une compagnie de Wallier, dans celles originaires de Soleure. Elle fut dirigée par un certain Petreman de Wallier (1561-1627), fils de Pierre Wallier, mort en 1594. L'un comme l'autre, ils ont pu être en contact avec Beaujeu. Voir B. F. Zurlauben, *L'Histoire militaire des Suisses au service de la France, avec les pièces justificatives [...]*, Paris, Desaint et Saillant, 1751, t. II, p. 90.

[4] 1589 : *veille.*

[5] 1589 : *le rochs.*

[6] Il s'agit sans doute de Pyrrhus dont ont révérait le pied selon Plutarque. Plutarque, *Les Vies des hommes illustres*, *op. cit.*, t. I, *Vie de Pyrrhus*, p. 868, VI.

Pour y graver ton loz, ny pour t'y faire honneur,
Moins te jetter en cuyvre une forte statue[1] :
Mais en ces vers icy tu vivras immortel,
En despit des longs ans tu demeureras tel,
„ La vertu par escrit n'est jamais abbatue. [216 v°]

[217] SONET XVII[2].

Si j'ay juré, tenant pour veritable
L'honneur perdu, gardé trop sainctement,
Je n'en puis mais, et vous direz comment.
Car je tenois cét honneur perdurable :
Thrace[3] jadis qu'Amour fit miserable,
Jura qu'Emphos vivoit fort chastement,
Bien qu'au festin son intrepide Amant
Fust lors caché dessoubs la mesme table :
Je pensois dire en mentant verité,
Ne sçachant rien de sa meschanceté,
Moins que Biblis[4] fust changée en fontaine :
„ Trompez moy donc, beaux visages fardez,
Vous chastes yeux jamais ne regardez
De mon costé, puis que j'en suis en peine.

---

[1] La mention de ce métal évoque l'art de la statuaire. Voir 4 v. 8.

[2] Ce sonnet est en décasyllabes.

[3] Si un personnage mythique, fondateur du peuple thrace existe bien dans la mythologie, rien n'est dit sur ses amours, et encore moins sur un certain « Emphos ».

[4] Cette héroïne, amoureuse de son frère, fut transformée en fontaine par les dieux. Elle a déjà été mentionnée plusieurs fois dans le recueil. Voir 25 v. 199.

[218] SONET XVIII.

Fidelles nourissons[1], orphelins de noz vies,
En ce temps si divers venez moy secourir,
Autrement il me faut devant voz yeux mourir,
Innocent du mal fait des filles tant servies :
Elles ont faint l'ennuy de noz ames ravies,
Elles ont figuré le temps qu'on voit courir,
Elles nous ont apprins comme l'on doit nourir
Les deux sœurs aux ballets, et aux danses suivies[2] :
Vous avez veu prester les armes d'Alexandre
Pour vaincre sur le champ le vieillard Anaxandre[3],
Et mener en triomphe en Aullude[4] les vieux :
Tirassez au travers des montagnes venteuses,
Et passé[5] sans bateau les eaux impetueuses,
Mais elles[6] ont chanté mon amour merveilleux. [217 r°]

---

[1] Cette énigmatique apostrophe pourrait renvoyer aux poèmes eux-mêmes.

[2] Il s'agit sans doute des Muses, souvent désignées du nom « sœurs ». Voir 2 v. 2 ou 16 v. 6.

[3] « Anaxandre » est probablement une graphie fantaisiste et *ad hoc* pour Anaxarque, philosophe et compagnon d'Alexandre dont parlent Plutarque et Diogène Laërce. C'est surtout sa mort tragique, broyé dans un pilon qui est célèbre. L'allusion reste cependant ici énigmatique. Voir TS LXII v. 9 et 106 v. 13.

[4] Il y a peut-être ici une erreur de composition pour « Aulide », ville où Agamemnon fut sommé de sacrifier Iphigénie. Voir TS XXV v. 11.

[5] La graphie de ce participe passé ainsi que celle de « tirassez » au vers précédent posent un problème grammaticale. Il faut considérer qu'il s'agit de graphies fautives pour « tirasser » et « passer » qui seraient alors complément de la proposition principale « Vous avez veu » du vers 9. Ces cinq vers semblent par ailleurs énoncer des faits étonnants et presque contre nature dont il est bien difficile de comprendre l'origine.

[6] Ce pronom semble renvoyer au vers 8 et non aux « filles tant servies » du vers 4. Il pourrait s'agir des muses, fêtant l'amour du poète, là où les vers 4 à 13 renvoyaient aux complexes relations entre amant et amante.

[219] A MADEMOISELLE DE VITRÉ[1]. SONET XIX.

Ainsi que je pensois de moy tirer vengeance,
    Mon cœur, et mes esprits qui maintenant s'en vont
    Vous trouver pour se plaindre, et ennemis me font
    Quitter le champ guerrier où est ma souvenance :
Je demeure tout seul, sans force, ny puissance,
    Mes pleurs, et mes souspirs une tourmente font,
    Et complices d'Amour ensemble me deffont.
    Voilà comme je vy depuis ma longue absence :
J'espere, mais si peu, que perdu de courage,
    Je ne pense jamais avoir rien d'avantage
    Sinon l'honneur d'avoir fidellement aimé :
A vray dire c'est trop, car ma constante gloire,
    Sur le puissant destin contre moy animé,
    Si foible m'a donné une heureuse victoire.

[1] La baronnie de Vitré est détenue dans la seconde partie du XVIe siècle par Paul de Coligny et surtout par sa femme, Anne d'Alègre, veuve en 1586. Est-ce à elle que fait allusion Beaujeu ? Notons que ce village breton et un seigneur local, Jean de Refuge, apparaissent déjà dans le sonnet TS CXVI. Cette mystérieuse « mademoiselle de Vitré » serait-elle la fille du « sieur de Refuge » ?

A MADEMOISELLE DE MISERÉ[1], FILLE DE MONSIEUR MOULIN CHAPELLE.

[220] SONET XX.

Amour pour nous renger à ses[2] loix inhumaines,
Assembla les beautez qui me font souspirer,
Que mesmes aux grands Dieux l'on verroit desirer,
Si ce camp animé deslogeoit de ces plaines[3] :
S'il separoit sa force, et que de ses araines
Cà et là il voulut ses forces retirer,
Malgré son arc meurtrier dont il les fait tirer,
Il se verroit deffait par ses armes soudaines :
Mais ensemble ce camp, invincible, indomptable,
Par les Dieux des humains en Amour variable,
Ne pourroit se deffaire, ou forcer par combats :
Amour separe donc ces beautez rigoureuses,
Qui ne font que tuer de tous nouveaux trespas,
Noz ames qui en sont à bon droict amoureuses.

[217 v°]

[1] Le village de Miserey se situe dans les environs d'Évreux. Il a bien existé une famille portant le nom de Moulin-Chapelle, seigneur de Miserey mais il est difficile d'être plus précis.

[2] 1589 : *ces*.

[3] Les « plaines » en question renvoient sans doute à l'endroit où logent les dieux. On peut gloser par : « si les dieux descendaient sur la terre ».

[221] ODE POUR MADEMOISELLE DE MISERÉ, FILLE DE MONSIEUR MOULIN CHAPELLE.

C'est à toy, belle Poupon,
Compagne de Cupidon,
Qui porte tousjours ses armes,
Que j'addresse mes grands vœux,
Pleins de souspirs, et de feux,
Et de mes ameres larmes.
La Normandie n'avoit
Ce qui si fort nous deçoit,
A mon gré[1], et fit ta veue
Nostre pays honorer,
Et pour mieux nous decorer
Nous fit voir ta belle veue.
Mais dy-je voir tes yeux ?
Plus que le Soleil gracieux,
Et plus riche de lumiere,
Pour mieux dire nous font voir
L'object de nostre devoir,
Et à qui faire priere.
Mais ce n'est pas au dessein
Que veut ensuivre ta main,
Nous tuant, sans pitié prendre,
Les cœurs affectionnez[2]
Qui se sont à toy donnez
Et d'eux mesmes venuz rendre,
La durté de mon lien

---

[1] 1589 : *A gré, et fit ta veue.*

[2] Ce vers est sans doute une apposition à « nous ».

Me donne au moins tant de bien
Que je voy ta belle darde
Dont mon cœur est tant persé, [218 r°]
Devant les pieds renversé
De celle qui me regarde.
Regarde moy donc tousjours
Belle qui est mes amours,
[Et] faits que ta belle veue[1]
Ne me face point languir,
Mais sans fin tousjours mourir
De quelque mort continue.

FIN.

[222] STANCES.

Aujourd'huy revenant de piquer mes chevaux,
Essayant de tromper le plus grand de mes maux,
Je t'ay veue ma Roze assise sur ta porte,
Mon œil comme corail ton visage a[2]rendu,
Pour bien dissimuler il faut une ame accorte,
Et faut qu'un amant soit sur tout autre entendu[3].
J'ay poussé mon cheval droit sur le bord de l'eau,
J'ay serré le genoil, et fait choir mon manteau,
Et ay mis mon genet sur des gaillardes voltes,

---

[1] 1589 : *Faits que ta belle veue.*

[2] 1589 : ont.

[3] La pièce est mentionnée dans *Les Strophes*, *op. cit.*, p. 541 sous la rubrique « sixain d'alexandrins de forme aabcbc ». Martinon mentionne ce type de strophe en parallèle de celui de la stance 73 « Soyez sans fin, jaloux, [...] ». Ces deux strophes fonctionnent sur le principe de l'alternance des rimes masculines et féminines de manière contraire : la strophe est ici composée en *mmfmfm* tandis que la stance 73 fonctionne sur le même modèle rimique mais avec une alternance en *ffmfmf.* Voir note du vers 6 de la pièce 73.

Il a vrayment mieux fait que je n'eusse[1] pensé,
Il en a fait cinquante, et je vous recoltes[2],
Et puis tout doucement mon chemin j'ay passé.
Là tu m'as envoyé deux traicts dedans le cœur,
Qui m'ont fait aussi tost perdre force et vigueur,
Je n'eus onc un tel mal depuis nostre infortune,
Mais en te revoyant je r'étois[3] vigoureux :
Le subjet qui me fait ainsi courir fortune,
Et rude à l'abordée, à la fin gracieux.
Repassant devant toy, je discourois ainsi :
« Qui mesprise le mal, il a moins de soucy, [218 v°]
Il ne luy chaud de rien, pourveu qu'il se contente,
Le plaisir est plus doux quand il est acheté,
Et d'un riche thresor gracieuse est l'attente,
C'est peu que d'un plaisir qui n'est point limité.
L'ame a soing de veiller à toute occasion,
Elle sçait diviser sa dure passion,
Et hazarde à propos son bien, et son dommage,
La constance la suit en ces adversitez,
Si juste quelquesfois qu'elle a tout advantage,
Pour conduire par tout ses desirs limitez.
Ainsi mon ame a veu la tienne au beau travers
Du crystal de tes yeux. Les miens aussi ouvers
T'ont permis d'adviser celle qui si fort t'aime
Qu'elles ont de baisers envahiz en passant.
Toute action d'Amour est plus qu'une autre extresme,
Et les flames ont moins de brandons paroissans :
En nous ressouvenant de la douce saison
Que[4] j'estois le bon-heur de ta triste maison,
Noz yeux en pleurs nageans en ont fait demonstrance :

---

[1] 1589 : *eusses*.

[2] Le vers est faux et bien difficile à corriger d'autant que le verbe « recolter » n'est pas attesté au XVIe siècle. Voir ce mot au glossaire.

[3] Il faut comprendre « être de nouveau ». Voir *r'être* au glossaire.

[4] Le pronom relatif a ici le sens de « où ».

Las tu me regrettois, je t'allois regrettant,
Noz cœurs sont empeschez de mesme impatience,
Ainsi que tu pleurois, je m'en allois pleurant.
Belle je ne sçaurois mes maux te figurer,
Ny l'extresme tourment qu'il me faut endurer.
Quand ceste longue absence icy je me figure,
Il vaudroit mieux qu'Amour ne m'eust jamais blessé,
Ny outragé mon cœur d'une telle pointure,
Je ne fusse à la mort d'une absence offensé :
Rien ne m'est rigoureux que ce grand souvenir,
Qui mille et mille fois par jour me fait mourir.
Quand j'etalle ma fin en une autre brassée[1],
Faut-il vosmir mon ame autre part qu'en ton sein ? [219 r°]
Quittant le jour, de moy ne seras tu baisée ?
Seray-je[2] ensevely d'autre que de ta main ?
Helas ! Roze mon cœur, pourquoy nous ont les Dieux
Uny l'ame et le cœur, l'esprit, le sens, les yeux
Pour voir nostre amitié ainsi toute desjointe.
Amour ne veux-tu pas me faire ce plaisir,
De tout mon cœur, Amour, je t'en prie à main jointe,
Que je puisse aujourd'huy de mon thresor jouyr ?
Las je voy bien que non ! Et qu'attens-je donc plus ?
Il faut que je m'en aille en quelque lieu reclus,
Et tirer ame et sang de ma molle poitrine,
Immolant de ma main mon cœur sur un autel,
Dire : "Repentez vous faux jaloux de ma ruine !"
Et puis bruslez mon corps pour me rendre immortel. »

FIN.

---

[1] Le locuteur évoque la possibilité d'aller mourir dans les bras d'une autre.

[2] Le texte original donne ainsi comme début au premier le mot « Sevittant » et construit pour le second le mot « Qray ».

[223] ODE A L'AMOUR.

Si Marie
Est marrie
Dequoy je blasme ce sot,
Qu'elle face
Par sa grace
Qu'il ne die jamais mot[1].
S'il espere
De tant faire
Que de vaincre mes escrits,
Qu'il s'advance,
Il n'en aura pas le pris
Que je pense. [219 v°]
S'il a hanté,
S'il a chanté[2]
Je l'accableray de vers,
Je luy quitte
Et ma prison, et mes fers,
S'il resiste.
Du tonnerre
Qui desserre
De ma bouche quand je veux,
Je me venge,
En vomissant foudre et feux
Tout estrange.
Sus tempeste
Qu'on s'appreste

---

[1] Cette strophe, comme la strophe 5 est construite sur l'alternance 3/3/7/3/3/7 et non 3/3/7/3/7/3 comme toutes les autres.

[2] Ces deux vers sont faux, ce sont des tétrasyllabes, là où l'on attend des trisyllabes. On peut proposer : « S'il hantait, / S'il chantait ».

Pour cét Achille nouveau,
Non Achille
Mais d'Eschille
Qui fut transmué en veau[1].
Or sus pousse
Par secousse,
Foudroye moy ce mutin,
Que l'on voye
Son corps espars ce matin,
Par la voye.
Çà esclave,
Non pas brave,
Reçois honneur en mourant
De ma dextre,
Car les Dieux vont endurant
Ma senextre.

FIN. [220 r°]

[224] STANCES, RESPONCES A D'AUTRES STANCES.

„ Un Amant qui se brusle au feu de ses beaux yeux,
„ Ne doit estre mortel, mais souverain des Dieux,
„ Et pour souffrir son mal il faut qu'il soit celeste.
S'il ne l'est en son vœu il se verra brusler,
Si l'on ne prend loisir de luy rompre la teste,
Ou dessus les flots pers en mourant chanceler[2].
Amour ne fait faveur aux personnes indignes,

---

[1] Une telle métamorphose ne m'est pas connue mais la figure d'Eschyle tient le rôle principal d'une partie de la pièce 113 v. 99.

[2] Cet infinitif est sans doute complément de la locution verbale « il se verra ».

Son regard ne leur est que mal-heurs plus insignes,
Leur doute et leur soupçon les fait en fin perir,
En cuidant resister à son ardante guerre.
Sans y penser l'on va le froid glaive conquerre,
„ Qui au lieu de jouyr fait ame et corps mourir.
Ceux qui ont de l'honneur, sont fermes, immuables,
Ces maistresses, des maux, ne sont jamais coulpables,
Par leurs douces bontez ils nous font trop d'honneur :
Pour estre Chevalier d'une si belle fille,
Il faut avoir vaincu où s'espreuve le cœur,
„ Surmontant, non un seul, mais des braves un mille.
Le peintre qui forma ce Dieu qui peut seul fendre
Le Chaos, et de feu le monde en poudre rendre[1],
Nous vouloit figurer ce Dieu qui plus est craint,
Qui est le plus aimé, que mieux l'on sert encore :
Jouyr n'est plus Amour, c'est un usage attaint,
Par l'assiduité d'une ame qui l'adore.
Penses-tu[2] que son œil doive addresser ses flames
Vers tes pauvres desseins ? Va accuser ces femmes
Qui pour un quart d'escu te voüent amitié[3],
Ce sont bien celles-là qui sont d'Amour meurtrieres ? [220 v°]
Mais non pas celle-cy qui des Nymphes entieres
Herite la grandeur, l'honneur, et la pitié,
L'amour, le desplaisir, l'esperance, et la peur,
La forte impatience au changement de cueur.
La jeune incertitude, et tout autre faintise
Ne peuvent appuyer un si divin plaisir,
Moins ne peut estre attaint par un si fol desir,
Où tu voudrois fonder ceste vaine entreprise.
Oses-tu mesdisant parler d'incertitude,

---

[1] Bien que flous, ces vers font sans doute référence à Zeus.

[2] À partir de là, tout le reste de cette pièce s'adresse à ce personnage à la fois mauvais amant et mauvais poète.

[3] Il s'agit de prostituées. Voir le sonnet 258.

Ne faisant que d'entrer en ton obscure estude,
Luy donnant des surnoms à l'oreille odieux.
C'est un outil du Ciel pour punir les offenses :
„ Et quoy ? Le sainct Senat des impassibles Dieux
Peut-il bien à ces mots retenir sa vengeance.
Tu voudrois donc jouyr sans avoir fait service,
Et rendre tout d'un coup l'object au prejudice,
„ Te faisant faire place ainsi qu'un foudre grand.
Vrayment[1] il est bon là ! Va Pedant au College,
Porter la mulle aux pieds, et à la main le cierge,
Ouyr d'un pasle maistre, un *audite*[2] grondant.
Tu veux donc de tes maux avoir la rescompense,
N'ayant pas plus d'une heure ou deux de patience[3],
Aussi tost presenté, aussitost recueilly :
Et quoy Sylvain cornu ? Moy qui ay cent nuicts brunes
En angoisse passé, au fort de mes fortunes,
De la voir seulement je pense avoir failly !
Je croy bien qu'aux saisons tousjours tu renouvelle,
Quand la febve est en fleur[4], alors ton ame est belle,
Tu es plein de discours, et de desirs bruslans,
C'est alors que ton cœur d'impatience enrage,
Et le reste de l'an avec tes yeux brillans
Tu n'aimes, ny ne sers, sinon pour le fourrage[5]. [221 r°]
Pourrois-tu bien mourir d'une flame amoureuse,
Nous figurant icy ton ame advantureuse,
Et tousjours tes desirs en campagne advancez,

[1] 1589 : *Vrayement.*

[2] Ce verbe latin signifie « Écoutez ! ».

[3] 1589 : *une heure ou deux patience.*

[4] C'est-à-dire au printemps. La comparaison est presque burlesque.

[5] L'expression renvoie peut-être à un poète dont les œuvres ne sont pas le fruit de sentiments sincères mais motivés par la volonté d'obtenir des avantages matériels. L'agencement de la strophe est par ailleurs unique puisqu'elle est bâtie sur le schéma AABCBC alors que les autres sont construites sur le modèle AABCCB.

Je suis si las d'ouyr chanter ta maladie
Que j'ay honte de toy, et faut que je te die
Que tu n'escrives plus, tu as escrit assez.
Nous voicy sur la mer à ceste heure en naufrage,
Et puis aussi soudain, après, le labourage[1] :
Comparant les ouvriers au Dieu qui les a faits,
Bien souvent le Nocher se noye miserable,
Le laboureur se ruine en son champs labourable,
Ainsi la follantes[2] ne peut de rien jouyr[3].
Ha ce n'est pas icy qu'on fait la descouverte !
Tu voudrois que la porte en tout temps fust ouverte,
„ Mettant la jouyssance à pleine main soubs toy[4].
Comme un faulcheur panthois, ainsi tu te promene,
Travaillant pour autruy, en perdant ton haleine,
„ Tu en auras les maux, moy le bien que je croy.
Le soldat qui tout craint a l'ame si gelée,
Que jamais il ne peut venir à la meslée.
N'est-ce pas d'Achilles dont tu penses parler,
Qui paye de son sang un renom plein de gloire,
Et ne s'estonne pas, voyant mesmes voller
„ Hors de son sein l'esprit qui fuit en sa victoire ?
Que de discretion tu fais icy paroistre,
O combien tu te vante en ta fortune d'estre
Discret, brave, certain, patient en amour,
Apprends donc à pollir tes vers qui sans mesure
Veulent bien gazoüillans discourir du beau jour,

---

[1] On pourrait rétablir « en labourage ». La comparaison des deux activités, celle du laboureur et celle du pilote sert au locuteur à montrer l'imperfection et la vanité des activités humaines.

[2] Ce nom n'est pas attesté dans la lexicographie. On peut éventuellement le rapprocher de l'adjectif « foliant » que l'on trouve dans le dictionnaire Godefroy avec le sens de « fou », « insensé ». Aucun exemple n'est donné d'une substantivation et le sens général de cette strophe n'aide pas à préciser la signification du terme.

[3] La rime avec « faits » est fausse et le vers semble comporter des erreurs dues au typographe.

[4] L'allusion est sans aucun doute salace.

„ Mais en fin eux et toy n'estes que nuict obscure[1].
Tu te veux donc loüer d'avoir l'ame discrette,
Chacun ne sonne mot sur ce que tu te preste, [221 v°]
Tu chantes tout le mieux, laissant le pire à part,
Au reste tu es beau, et d'une belle taille,
Mais ta langue à tes dents à tous coups s'entretaille,
Voilà de tes vertuz la plus entiere part.
Si tu sçay comme il faut dissimuler ta vie,
J'ay de la descouvrir une pareille envie.
Tout ce que tu desire, Amour me l'a promis,
Et puis je le merite au loyer de mes peines,
Yvrant Amour de sang du meilleur de mes veines.
Il ne hait moins que moy, mes cruels ennemis.
Cèste fleur que tu dy entrer en son voyage,
Durera plus long temps que ton Amour vollage,
„ Tu la regrette ainsi que si tu la perdois,
Le jour n'arrive point à sa nuict voyagere,
„ Mais par pitié qu'il a de la fleur que tu vois,
„ Pour luy donner du frais il passe la riviere[2].

FIN.

[1] Cette charge contre les mauvais poètes se trouve déjà au sonnet TS XLVI.

[2] La fin de ces stances est obscure. Il faut sans doute y voir une comparaison avec la légèreté du mauvais poète dont l'amour ne dure même pas le temps d'une journée, et moins encore que le temps de floraison d'une fleur. Le dernier vers semble donner au soleil une vie propre : pour prolonger la vie de la fleur – est-ce ici à nouveau une allégorie de la femme ? – il se couche pour la maintenir en vie. Les différentes métaphores sont cependant bien embrouillées. Voir TS XX, v. 9-14.

[225] ODE.

La Mer, le Ciel, les vents, l'orage,
Peres d'Amour, ainsi que vous
Je voy naistre parmy les coups,
Et les grands flots de tant de rage,
Au lieu de Venus un Hiboux.
Hiboux de ma mort l'interprette[1],
Nay dans l'escume de mes pleurs,
Et soubs les vents de mes douleurs
Agite ce que je souhaitte
Par les flames de mes chaleurs.
Nuict et jour je chasse mes peines,
Et sans pardon tousjours je voy [222 r°]
Madame fuyr devant moy,
Guidant mes esperances vaines
Par la force de mon esmoy.
A ma ruine je cours sans cesse,
Et ma fin va tousjours devant
Comme le traict, qui va fuyant
La corde que derriere il laisse
Attachée à son arc tremblant.
Je l'appelle, je la conjure,
Elle est sourde ainsi que les flots

---

[1] Cet oiseau est assimilé à l'amant pétrarquiste seul et malheureux. Fl. de Birague invoque l'oiseau dans *Les Premières œuvres poétiques [1585], op. cit.*, p. 330, [CXXXV], v. 1-4 : « Je suis en un estat si triste et pitoyable, / Que rien que le pleurer contente mes yeux : / Je fuy, comme un hibou, la lumière des Cieux, / Et me tiens tout le jour en un antre effroyable. ». Il faut faire une diérèse sur « yeux ». S.-G. de La Roque, lui, fait parler le rapace nocturne dans ses *Poésies, Amours de Phyllis et Diverses Amours*, édition critique publiée par Gisèle Mathieu-Castellani, Paris, Nizet, 1983. p. 62, s. XLI : « Je suis le triste Oyseau de la nuit solitaire, / Qui fuit sa mesme espece et la clairté du jour, [...] ». Voir ici même 24 v. 13 et 16.

Qui se vont crevans par le dos,
Soubs un vent dont la force dure,
Submerge nefs, et matelots.
Je luy faits honneur en ma plainte,
Je la supplie doucement
D'avoir pitié de mon tourment,
Mais je ne puis par ma complainte,
Rien luy mettre en l'entendement.
Elle fuit comme une esgarée,
Vous diriez à la voir courir
Que je la veux faire mourir,
Tant elle court desesperée.
Suis-je pas bien prest de guerir ?
Elle n'a de moy congnoissance,
Nom-plus que d'un lion afreux,
Qui sanglant sort d'un antre creux
Plein de courroux, et d'arrogance,
Dont l'œil ressemble mille feux.
Hiboux, donc nay de ma misere
Viens sur le roch de mon sejour
Chanter ma mort, et mon Amour, [222 v°]
Et le nom de mon adversaire,
Qui sans m'escouter fuit tousjour.
Hiboux que je doute, et que j'aime,
Avant que d'annoncer ma mort
Chante en pleurant mon mal si fort,
Comme si je plaignois moy-mesme,
Disant qu'Amour me fait grand tort.
Parle de ma fiere maistresse,
Je t'en donne permission,
Mais parles en d'affection,
Car si tu avois ma tristesse
Tu congnoistrois si j'ay raison.
Bel oiseau de ma geniture,

Unique fils de mon mal-heur,
Qui es nay de la fiere aigreur
De mon tourment qui tousjours dure,
Chante ma peine, et ma langueur.
Volle devant, cours après elle,
Dy luy que je demeure icy,
Chargé d'ennuits, et de soucy,
Pour luy avoir esté fidelle,
Et elle sans nulle mercy.
Dy luy, au moins si je trespasse,
Ainsi que l'apparence y est,
Qu'elle me pleure s'il luy plaist
Et s'arrestant en ceste place,
Qu'elle demande pourquoy c'est.
Qu'elle prenne au moins ceste peine
De s'appuyer sur mon tombeau,
M'honorant d'un souspir nouveau,
Pour ne mourir pas inhumaine,
Car cela ne seroit pas beau. [223 r°]
Amour qui l'a tant promenée
Me tuant de ce desplaisir,
Cruelle il la fera mourir.
S'il est ainsi, elle est damnée,
Amour y prendra grand plaisir.
Dy luy Hiboux qu'elle s'asseure
Ainsi que je suis asseuré,
Que le lacs qui m'a mesuré
Luy sera de mesme mesure,
Je sçay bien qu'Amour l'a juré.
Elle se fie, ô miserable,
A ce gaste tout, ce meschant,
Qui en fin d'un regret trenchant
La fera mourir, deplorable
Du doux miel qu'elle va leschant.

Dy luy qu'Ilion soubs l'orage
De la guerre de Myrmidon[1],
Sçait bien quel est ce Cupidon
Qui l'a fait être ainsi volage[2],
Et me laisser à l'abandon.
Dy luy que Therée perfide[3],
Ariadne, et Narcisse[4] le beau[5]
Sçavent bien qu'il porte un bandeau,
Et un traict de nous homicide,
Empoisonné tout de nouveau.
Dy luy que Myrrhe et son vieil pere
Ont mis en ce monde Adonis[6],
Dont ils furent des Dieux punis,
Que rien mieux elle n'en espere,
Dequoy mes yeux s'en vont ternis.
Par ton chant langoureux et triste
Represente luy les tourments [223 v°]
Que souffrirent les deux Amans,
Dont l'un depuis tousjours s'attriste
D'estre tout seul aux monuments[7].
Et faits luy bien entendre encore,
Que d'un traict de ses yeux je meurs,

---

[1] Les Myrmidons sont une troupe grecque combattant sous les ordres d Achille pendant la guerre de Troie.

[2] 1589 : *Qui l'a fait ainsi volage.*

[3] Sur Thérée, qui viole sa belle-sœur, voir l'élégie 81 v. 602.

[4] Ces deux personnages n'ont pas subi les tourments d'amour de la même manière. La première s'est vue abandonnée par Thésée au retour de son expédition contre le Minotaure tandis que le second est tombé amoureux de lui-même en se regardant dans l'eau d'une source. Voir 24 v. 78 et 81 v. 50.

[5] 1589 : *Ariadne, et Narcis le beau.*

[6] Myrrhe, ayant conçu un amour adultère pour son père, Cyniras, parvint à se faire passer pour une courtisane et tomba enceinte de son propre père. Voyant cela les dieux la transformèrent en arbre à myrrhe. Elle accoucha tout de même d'un fils, Adonis. Voir 9 v. 195.

[7] Cette allusion, dont on comprend pourtant assez bien le sens, reste trop floue pour être décryptée avec précision.

Que d'elle viennent mes mal-heurs :
Pour guerdon dequoy je l'adore,
Souffrant de bon cœur mes douleurs.

FIN.

[226] ODE[1].

Belle maistresse, à qui le vent
Ressemble comme une painture,
Qu'Appelle[2] fit sur la figure
De l'enfant :
Neantmoins comme roche dure
Qui se fent
Quand il luy plaist, non de froidure
Ny soubs le marteau qu'elle sent.
Escoutes donc, legereté,
Entends les plaints, belle legere
De mon cœur, en terre estrangère,
Tourmenté
Pour aimer l'œil d'une bergere,
En beauté.
Que dy-je Bergere ? Lingere[3],
D'un Sylvain qu'elle a contenté.
Prends tu plaisir, Nymphe des bois

---

[1] P. Martinon considère ici un seul quatrain en rimes embrassées constitué de trois octosyllabes et d'un trisyllabe. Cette analyse ne fonctionne que si l'on lit uniquement les quatre premiers vers. Si l'on s'en tient aux rimes, il faut plutôt voir ici un seul huitain bâtit sur deux quatrains organisés ainsi : 8/8/8/3/8/3/8/8 sur un shéma rimique ABBABABA. Le premier quatrain étant bien en rimes embrassées tandis que le second est en rimes croisées. Martinon dans *Les Strophes*, *op. cit.* p. 512.

[2] Appelle est un peintre antique mais cette allusion à l'enfant reste obscure. Voir par exemple 82 v. 35.

[3] Voir pièce 51 v. 1.

A reblanchir ce monstre estrange,
Qui ne peut chanter ta loüange
De sa voix, [224 r°]
Sans que de peur chacun se range
En ce bois ?
De moy j'ay peur qu'il ne te mange,
Il en a mangé d'autresfois.
Comment souffres-tu sur ton sein
Ceste barbe grise, arrousée
De l'eau froide d'une rousée
Que ta main
A si gentillement broussée
Ce matin ?
Que mon ame meurt offensée,
Des caresses de ce Sylvain.
Tu es fille d'un forgeron,
Aimant les bestes forestieres :
Faut-il que ces beautez entieres
Sur le jon
Aux Cyclopes, en ces tanieres
Soit surjon
De leurs vies tant casanieres,
A la honte de Cupidon ?
Vien-çà, pourquoy m'as tu laissé ?
Dy le moy, ô belle sauvage,
Pour te mettre en un tel servage,
Et chassé
Mon œil de dessus ton visage,
Courroucé,
Pour demeurer en ce bocage,
Oubliant ton beau temps passé.
Je voy bien que c'est pour tousjours
Que tu es ainsi mariée,
Ayant à toy appariée

Des amours [224 v°]
D'une beste folle enragée
Sans secours,
Au mal d'une ame si vengée
Comme la mienne est à tousjours.
Amans qui lisez mes escrits,
Et mes vers rompuz à outrance,
Voyez mon mal est ma vengeance :
Mes esprits
Ont le regret pour leur deffence :
Ayant pris
Un secours en l'experience
De ce changement de mespris[1].

FIN.

[227] ODE.

Malgré le destin, et les loix,
Plustost qu'en ce monde renaistre,
J'aimerois mieux mourir cent fois
Que revivre, et si subjet estre[2],
Ou demeurer à tout jamais
Gesné, battu, en l'antre creuse,
Que de retomber soubs le fais
D'une autre vie mal-heureuse.
Perdez vous mes oz au cercueil,
Fondez ainsi comme la glace,
Ne revenez jamais voir l'œil

[1] Sans doute le locuteur indique-t-il par-là que si la dame le méprise, il la méprise à son tour puisqu'elle s'est entichée d'une bête des bois.

[2] L'adverbe « si » peut ici avoir le sens de « ainsi » et semble donner la conséquence du verbe « revivre » à moins qu'il ne s'agisse simplement d'un intensif.

Du faux jour, ce n'est que fallace.
Il vaut mieux n'estre point icy,
Que de vivre en telle misere,
Et puis mourir en tel soucy,
Faisant une fin si severe. [225 r°]
Noz jours ne sont que faux esclairs,
C'est une lumiere mortelle.
Le monde est un monde d'enfers,
Où l'ame est en peine eternelle :
„ Nous sommes nays en vanité,
„ Vaine y est nostre demeurance :
Un gouffre d'improsperité
Nous tourmente en impatience.
Le Ciel irrité contre nous
Tousjours desbande ses furies
Sur noz chefs, dont il est jaloux,
De peines, et de fascheries.
Il enchesne la liberté,
Il fait l'homme franc trop esclave.
„ La vie a trop de cruauté
„ Pour l'homme qui a le cœur brave.
Vous qui estes soubs les bannieres
De Pluton, Roy des bas enfers,
Ne repassez pas les rivieres
Pour vous venir remettre aux fers,
„ Couvrant vostre ame garantie[1]
Une autresfois d'un foible corps.
Il vaut mieux estre en la prairie
Où sont tous les bien-heureux morts[2].

FIN.

---

[1] Le terme a pour complément d'objet indirect « d'un foible corps ». On peut gloser par : « votre âme assurée de ne pas se retrouver à nouveau dans un faible corps. »

[2] Il s'agit des Champs-Élysées où se trouvaient les héros après leur mort dans la vision des enfers gréco-romains.

[228] COMPLAINTE EN DIALOGUE.

« Tu dors mon ame appesantie
Du regret que tu doibs avoir
De nostre estrange departie,
Mais moy qui n'espere plus voir [225 v°]
La belle, qu'en dormant je laisse,
Je m'esveille, et pleure sans cesse.
Douce moitié sois esveillée,
Esveille toy, ma chere Amour :
O que tu es ensommeillée !
Il n'est pas guieres loing du jour,
Douce ame, comme est-il possible,
Que tu sois ores si paisible ?
Helas ! quand tu ne dors, ma belle,
L'on n'ose toucher ce teton
Qui ressemble à la noix jumelle
De l'arbre amoureux[1], ce dit-on.
Et maintenant, belle Rozette,
Je baise ce que je souhaitte[2].
Douce nuict, allonge ta course,
Beau jour, retire tes chevaux[3] :
R'appelle ceste brillante ourse[4],

---

[1] Beaujeu fait ici à nouveau référence à un passage de Pline qui évoque en ces termes les liens qui unissent les palmiers femelles aux palmiers mâles : « les palmiers femelles n'engendrent pas sans mâles, et [...] plusieurs palmiers femelles entourant un seul mâle s'inclinent vers lui pour le caresser avec leur coiffe de feuillage. » La « noix jumelle » renvoie dès lors sans doute à la datte. Pline, *Histoire naturelle*, *op. cit.*, XIII, VII, 34, p. 621.

[2] La remarque grivoise n'est pas dissimulée.

[3] Dans la mythologie grecque, Phébus conduisait un char en tirant derrière lui le soleil.

[4] Il s'agit vraisemblablement de la constellation que le locuteur enjoint à rester cachée le plus longtemps possible derrière l'océan.

Et la plonge dedans les eaux :
Cache ta clarté ennemie
Pour laisser reposer m'amie.

LE CŒUR[1].

Nuict que je suis en peine dure
Si tu ne deviens plus obscure,
Partant je seray decelé,
Attends que je m'en sois allé,
Nuict, douce nuict, au moins sommeille,
Jusques ma belle se resveille.
Helas, ô ma fidelle Amante !
Je ne te verray jamais plus,
Je te laisse icy mescontente,
Et moy je m'en iray reclus, [226 r°]
Pour plaire au feu doux de ma rage,
Mourir en ce bel hermitage.
Quand tu sçauras ma departie,
Te laissant dormant'[2] en ce lieu,
Sans que je t'en aye advertie,
Et mesmes sans te dire adieu,
Tu changeras l'amitié saincte
Que tu as, en dure complainte.
Tu m'appelleras infidelle,
Tigre et meschant sans amitié,
L'ame aussi caute, que cruelle,
Et le cœur sans nulle pitié,
Outrageant ta blanche poitrine,
De ta main sur toutes divine. »

---

[1] L'apparition de cette mention qui fait écho au sous-titre de la pièce, « en dialogue », est en fait assez mensongère car elle reviendra juste avant les vers 49, 73, 97, 121, 145 et 181 sans qu'une autre entité ne lui réponde. Par ailleurs, c'est plutôt une narration avec quelques discours rapportés, celui de l'amant puis d'un dauphin, qui structure la pièce.

[2] L'apostrophe note ici l'élision du « e » muet.

LE CŒUR.

Elle aura raison de se plaindre,
Raison de hayr, et de craindre,
Et de maudire un tel amy,
Qui faignant de s'estre endormy,
A sur l'eau sa barque poussée,
L'ayant au lict seule laissée.

« Or[1] sus vents, amis d'Orithie[2],
Enflez mes voiles, et poussez
Ma barque, au port appesantie,
Sur ces flots un peu courroucez,
Cependant mon ame dolente
Plaindra un petit mon amante.

En attendant vostre venue
Je me souviendray des beaux yeux
De ceste belle fille nue,
Que je laisse, en garde aux trois Dieux[3], [226 v°]
Qui sur ce florissant rivage
Veulent luy faire user son aage.

O beaux yeux, doux feux de mon ame
Je vous dy adieu mes amis,
Beaux yeux qui estes toute flame,
Beaux yeux je vous laisse endormis,
Adieu beaux yeux, adieu Rozette,
Que je laisse toute seulette.

LE CŒUR.

Bien qu'ainsi le sort le commande,
Bien qu'Amour ainsi te le mande,

---

[1] Le locuteur reprend ici la parole.

[2] Orithye est la fille de Érechtée que Borée, l'un des vents de la mythologie grecque, enlève et épouse. Voir TS LXXI et 261 v. 44.

[3] Ces entités pourraient bien être, comme dans le sonnet TS LXIII v. 14, celles qui prennent part à la malédiction amoureuse des deux amants : le sort, amour, ou la mort.

Si est-ce une meschanceté,
Tromperie et desloyauté,
D'avoir aimé ceste Rozette,
Et la laisser icy seulette.

Belle je te laisse les bagues
Dont tu m'avois fait un present,
Car sur les murmurantes vagues
Où je t'esloigne maintenant,
Il faut de toute ma puissance
Perdre de toy la souvenance.

Ainsi l'ont dit les destinées,
Je m'en suis trop tard apperceu,
Les Heures[1] que tu m'as données
Je les portois à mon inceu :
Helas destin ! Helas Rozette !
Las où faut-il que je les mette ?

Que feray-je de ta figure[2],
Qui me monstre ton œil si beau,
Faut-il avoir l'ame si dure
Que de la jetter en ceste eau, [227 r°]
Après t'avoir laissée Rozette
En ceste Isle toute seulette[3].

LE CŒUR.

L'on ne sçauroit prendre vengeance
Plus griefvement de quelque offence :
„ Que nous a fait ce pourtraict beau,
Pour le submerger en ceste eau ?

---

[1] Le terme n'est pas facile à comprendre. On peut supposer que Rose a donné à son amant un livre de prières dans lequel se trouve son portrait.

[2] Le terme est ici employé de façon métonymique. Il désigne bien le visage de la dame mais aussi le portrait dans son ensemble.

[3] Cette remarque, qui n'est pas sans évoquer l'épisode d'Ariane abandonnée par Thésée sur l'île de Naxos, change complètement le cours de la pièce. Le narrateur, de dépit, semble abandonner son amante avant de se débarrasser d'un portrait de celle-ci en le jetant à l'eau.

Gardes le donc si tu es sage,
Il n'est pas cause du naufrage.
Helas ! Pourquoy la voix divine
M'a-elle si fort deffendu,
Sur peine d'une entiere ruine :
Las ! Que ne luy ay-je rendu ?
O pourtraict, adieu belle face,
Helas que faut-il que je face !
Neptun' Roy des cavernes creuses[1],
Je t'envoye ce beau pourtraict,
Je croy que tes eaux dangereuses,
Me font la guerre à cét effect :
O beau poisson Arrionnide[2]
Passe ses yeux au champ humide :
Divin Nocher, tien de ma vie
Le dernier thresor à donner,
Et si ton Seigneur a envie
En mariage retourner,
Qu'il ne choisisse une autre amie
Que ma belle Roze endormie.

LE CŒUR.

Si Neptun' vouloit prendre femme,
Et Roze garantir son ame, [227 v°]
D'un vefvage si ennuyeux,
Neptun' ne sçauroit faire mieux,
Ny elle qui est tant divine,
Estre Royne de la marine.
Tien doncques flot, et sois fidelle,
Porte ce pourtraict à ton Roy,

[1] Cette invocation au dieu maritime et toute la narration mythologique qui termine cette pièce évoquent les premiers vers de l'élégie 18.

[2] Il s'agit d'un adjectif conçu à partir du nom d'un poète mythique, Arion, sauvé de la noyade par des dauphins. L'épisode a déjà été évoqué dans le recueil. Voir TS XCVII v. 6, 128 v. 8.

Si que voyant l'œil de ma belle,
Il en soit espris comme moy,
Et que des sorts le Prince et Maistre,
Il en puisse jouyssant estre. »
A ce mot le Daulphin qui roule
Sur les flots comme un tourbillon,
Aux divins aziles se coule,
Laissant sur luy le pers sillon,
Et va heurter en l'antre noire,
Où Neptun' tient le Consistoire.
Alors ce Roy des moites ondes,
Faisoit le vray departement
Et par leurs[1] courses vagabondes,
Il humectoit le firmament[2],
Tout espris de voir son Mercure[3],
Fit esclairer son antre obscure.

LE CŒUR.

Si les Dieux des eaux inconstantes,
Resjouys de voir des Amantes
L'unique pourtraict, sont espris :
Les flambeaux de flames espris[4]
Sont, pour mieux voir ceste figure
De la Deesse de Nature.
Ce Dieu, enclos de ses chandelles,
Vient au devant du messager, [228 r°]
Lequel dit : « Roy des mers tant belles,
Voilà ce que cét estranger

---

[1] Il est malaisé de savoir à quoi renvoie exactement ce pronom. On peut supposer qu'il s'agit des « ondes ».

[2] En raison de l'agitation des « ondes », Neptune parvient à humidifier le ciel.

[3] C'est-à-dire le messager, en l'occurrence le « Daulphin » du vers 133.

[4] Il s'agit bien là d'une rime du même au même, encore accentuée par l'identité de la tournure grammaticale dans lequel le participe passé est intégré. Voir 21 v. 7-8.

Qui fend tes mers, où est sa voye,
Par moy expressément t'envoye.
C'est le pourtaict de sa Rozette,
Que les Cieux luy ont deffendu,
Ayant sa face contrefaite.
Aujourd'huy, je l'ay entendu
Prier ta Deité marine,
De prendre ceste œuvre divine.
C'est le pourtraict de ceste fille
Qu'il a chantée si long temps,
Qui sur toutes, la plus gentille,
A eu le labeur de ses ans,
Qui de sommeil est enlassée,
Toute seulette est delaissée. »
Neptun' en voyant la painture,
Brusle d'Amour, et tout soudain
Monte dessus son riche Curre,
Tenant son Trident à la main,
Pressant d'aller ces trois Syrenes.
N'a rien au cœur que les arenes.
Il brusle de voir sa Deesse,
Il en est espris tellement,
Qu'il ne cherche que de vistesse
Gagner le bord tant seulement
Pour jouyr d'une amour, si belle,
Si aggreable, et si fidelle.

LE CŒUR.

Je ne plains plus ma departie,
Mon absence, ny mes douleurs[1], [228 v°]
Puis que ma peine est convertie

[1] Cette fin ramène tout de même le lecteur à la situation initiale qui montrait le locuteur quittant sa belle endormie. Il ne s'en lamente plus puisque sa belle est maintenant, grâce à son entremise, l'amante de Neptune.

En joye, et en ris, tant de[1] pleurs,
Ny ne plains plus ceste Deesse,
Qui est d'un si grand Dieu maistresse.

FIN.

[229] CHANSON.

Soubs l'ombrage d'un Saule, en plaignant mon mal-heur,
Je devisois ainsi avecques ma douleur,
Et blasmois, en pleurant, la ferme destinée,
De mon ame damnée.
O flames où je suis pour jamais condamné,
Honorables tourments que le Ciel m'a donné :
Heureuse eslection d'une si riche peine,
Que mon amour est vaine !
Helas ! faites au moins que ma captivité
Face voir les effects de ma fidelité,
Veu que d'un si beau fait je faits en patience
Si dure penitence.
O beaux yeux, qui tuez mon ame de voz feux,
O beaux yeux, qui bruslez jusques dedans les Cieux,
Voyez si je suis ferme, oyez que dit mon ame
De vous en ceste flame.
Heureuse mort ! Combien doucette je te sens
Renouveller en moy, tous les jours en mes sens.
Tu invente une mort, pour m'estre moins cruelle

[1] La tournure est elliptique. Il faut comprendre que « en joye » est le complément de « est convertie ». Ce verbe est sous-entendu dans la fin du vers où « en ris » est complément de « convertir » tandis que « tant de pleurs » fait office de sujet. On peut gloser par : « et tant de pleurs sont convertis en ris ».

Estant toute nouvelle.
O nouveauté plaisante ! Aggreable changer !
Ce mal nouveau me plaist, et me plaist le danger
Encores plus que tout, quand je voy que ma vie
Est de cent morts suivie. [229 r°]
Que d'honneur, et de bien, de faveur, et de loz,
Auront après ma mort, mon esprit, et mes oz,
D'avoir, en te servant, leur amour separée
Par la mort desirée.
Si tu veux, sans ma mort, acquerir icy bas
Ce loz de fermeté, de douceur, tien helas !
Mon cœur blessé de toy, et prends-le en ta deffence[1]
Où il a esperance.

FIN.

[230] CHANSON.

Source de mes pleurs, arrestez
En ce lieu vostre viste course,
Pour ouyr chanter les beautez
D'une qui est devenue Ourse[2],
Que les Dieux punissant ainsy,
L'ont mise en ce rocher icy.
Je veux aussi mon mal chanter
Où tousjours plus constant je dure,
Voulant desormais habiter
Auprès de ceste roche dure,
Où ma maistresse d'autresfois

[1] Il faut élider le « e » de « prends-le » et lire « et prends-l'en ta défense ».

[2] Toute la pièce est construite sur une référence badine à la métamorphose de Callisto. Voir TS XLVI v. 11.

Pourra tousjours ouyr ma voix.
Je luy disois bien que les Dieux
Puniroient sa cruauté fiere.
Ainsi la vengeance des Cieux
L'a mise icy pour forestiere,
Où je veux Hermite mourir
Afin de la pouvoir servir.
Ces belles mains que j'aimois tant
Sont ores deux pates velues, [229 v°]
Qui vont maint rocher esclattant,
Et maint arbre, voisin des nues.
Au lieu des deux monts albastrins,
Elle a vingt ou trente tetins.
Ses yeux sur tous autres plus beaux[1],
Ne sont plus de l'amour les armes,
Ce ne sont plus ces deux flambeaux
Qui m'ont tant fait verser de larmes :
Helas ! Beaux yeux, pour voz mesfaits
Vous serez ainsi à jamais !
Ce tein poly dont j'avois peur,
Que j'aimois, qui estoit ma crainte,
N'a plus rien de ceste blancheur,
Dont j'ay encores l'ame attainte,
Ce n'est plus qu'un gros poil tanné.
Helas que j'en suis estonné !
Ceste bouche embellie autour
De deux rangs de perles nayves,
N'est plus la bouche où cét Amour
Trouvoit ces attaintes si vives.
Ces Rozes vermeilles ne sont
Comme autresfois dessus sont front.
Ceste belle taille qui fut,
Et ces desmarches glorieuses,

---

[1] 1589 : *ses yeux sur tous autres beaux.*

Ne sont plus des ames le but
Pour se rendre tant amoureuses,
Il n'y a plus de Majesté,
D'ardeur, ny de proprieté[1].
Sa voix qui jadis captivoit
Jusques aux charmeuses seraines,
N'a plus ces attraits qu'elle avoit
Pour mettre ces Amans en peines. [230 r°]
Ce n'est plus qu'un mugissement
Qui me fait peur extremement.
Ce beau pied qui sçavoit danser
Toutes danses, de façon gaye,
Ne fait ores que traverser
Un rocher, une eau, une haye,
N'y ayant au lieu de patins
Que des pointures d'ausbepins.
Ces cheveux jadis d'or frisez,
Pires que bruslez se herissent,
Et tous ces brandons attisez
De ce regard[2] aussi perissent,
Ayant perdu sa gayeté,
Triste de son adversité.
Quand je pleurois à deux genoux
Devant son lict, qui eust peu dire
Ce qui se voit à l'œil de tous,
Et ce que si fort je souspire ?
Qui eust pensé que mes amours
Eust esté la femme d'un Ours ?

FIN.

---

[1] Le sens n'est pas aisé à comprendre mais sans doute faut-il entendre ici que la manière de se mouvoir de la dame n'a plus l'élégance qu'elle avait ni la grâce qui sied à une jeune fille.

[2] 1589 : *regards*.

[231] CHANSON.

Desbordez vous mes pleurs,
Et submergez ma flame,
Estaignez de voz flots les brandons de mon ame
Tant pleine de douleurs.
Faites de voz torrents
Estaindre tant de mesches,
Faites flotter d'Amour les indomptables flesches,
Et tant de traicts sanglans. [230 v°]
Faites mes douces eaux
Que ma chaleur s'appaise,
Allez jusques au fonds estaindre ceste braise
Qui nourrit tant de maux.
Ostez moy la chaleur
Qui tient en feu ma vie,
Afin qu'Amour si faux n'aye jamais envie
De me faire douleur.
Noyez tant de souspirs,
Douces eaux soubs une onde :
Faites que mon mal chaud, où ma douleur se fonde,
N'aye plus de desirs.
Las ! Ce sont ces mutins,
Qui de leurs feux me pénent,
Qui me bruslent tousjours, et sans cesse me menent
Combattre mes destins.

FIN.

[232] ODE.

Si vous m'abandonnez
Yeux qui me condamnez,
A mourir dans voz flames,
Le feu où je me meurs
Cessera ses ardeurs,
M'abandonnant aux larmes,
Que mon adversité,
Des humains tant congneue,
Tirera de ma veue.
Fournissez moy de feux,
Car, helas ! j'aime mieux
Ceste mort tant divine, [231 r°]
Qu'Amour m'a envoyé,
Que d'estre ainsi noyé :
Plus belle en est la ruine.
La mort va ressemblant
A l'esperance douce
Où mon mal-heur me pousse.
En vous aimant, yeux beaux,
J'estois plein de flambeaux,
Et dedans mon courage
Mille bruslans souspirs
Nourrissoient mes desirs
D'abolir cét usage,
De vivre sans avoir
Le fruict d'un tel service
Contre toute Justice.
Puis que l'embrasement
De ce commencement
Vient de l'ardeur premiere,

Faites beaux yeux aussi
Que je ressente ainsi
Ma journée derniere,
Et qu'a la fin bruslé
En ceste belle flame
J'abandonne mon ame.

FIN.

[233] ODE.

O Thetis casaniere[1],
Couverte d'allicons,
Voy Thaonice[2] entiere,
Soubs mille Cupidons[3], [231 v°]
Souffrir, comme toy belle,
Les vents estre reclus[4]
En la roche immortelle
Dont ils ne sortent plus.
Tout demeure en silence,
Moy seul j'ay du tourment,
Tout vit en esperance.
Moy au contraire aimant,

[1] Comme souvent, Beaujeu mélange ici « Thétis » mère d'Achille et Téthys déesse de la mer. Voir 18 v. 1.

[2] Voir TS CXII v. 3.

[3] Cette mise en scène mythologique n'est pas aisée à interpréter. Si l'on maintient l'idée que « Thaonice » est une anagramme de « Chtonia », comme le suggère G. Mathieu-Castellani, on pourrait émettre l'hypothèse que la mer est troublée sous l'effet des vents comme la terre sous l'effet de l'amour. Lorsque les vents s'apaisent, tout s'apaise sauf les sentiments du poète. Voir TS CXII v. 3 et *Entouré de silence*, *op. cit.*, p. 81.

[4] La construction est directement calquée de la proposition infinitive latine. Elle semble avoir une légère valeur circonstancielle, en l'occurrence de temps.

Jamais plus je n'espere
De revoir mes amours,
Tout attend au contraire
Le changement des jours.
Alicon qui demeure
Sur les dormantes eaux[1],
Penses-tu que je meure
Soubs les cuisans flambeaux
Où sejourne ma vie,
Non en paix comme toy ?
Car l'Amour meurt d'envie
De me fausser sa foy.
Las ! Bel oiseau, je meurs
Pour estre d'une veue
Qui donne en mes langueurs
Une mort continue,
Pour estre de ces yeux
Tousjours l'object martyre,
Je puis asseuré dire
„ Que je n'en meurs pas mieux.
Amy de la marine
Donc, je te dy adieu,
Quand tu verras ma ruine
Et mon corps en ce lieu, [232 r°]
Souviens toy que la flame
Des mers de mon Amour
N'a[2] abregé mon jour,
Mais ma cruelle Dame.
J'avois en ma misere
Assez de fermeté
Pour forcer mon contraire

[1] L'alcyon était réputé faire son nid sur les eaux d'une mer calme : il était ainsi synonyme de bonne fortune.

[2] 1589 : *n'ont.*

Plein d'infidelité :
J'avois assez de larmes
Pour esteindre mon feu,
Me dressant peu à peu
A ses fausses alarmes.
Je congnoissois sa ruse
Et tant de fictions,
Dont le monde il abuse,
Car de mes passions
J'arrestois la furie
De ma gesne, où alors
Par une tromperie
J'avois dix mille corps.
En une saison belle
Comme toy je dormois,
Sur ma flame cruelle
Ta paix de quatre mois
N'estoit plus asseurée
Que de mes feux couvers,
Une tresve iurée
Hors de mes riches fers[1].

FIN. [232 v°]

[1] À nouveau ces quelques vers ne sont pas simples à interpréter. On peut y voir l'évocation par le poète d'une absence prolongée de sa dame. Le locuteur, loin de l'objet de son amour, se trouverait « hors de [s]es riches fers ».

[234] L'ORDRE DU CONVOY[1], DE MONSIEUR DE JOYEUSE[2], REVEU ET AUGMENTÉ PAR LE MESME AUTHEUR. DEDIÉ EN PREMIERE EDITION, A MONSIEUR, LE PRESIDENT BRISSON[3].

Vous qui de voz Cæsars m'avez fait si grand compte,
N'en parlez jamais plus, vous rougiriez de honte,
Voyant du grand Henry[4], la bonté, et la foy,
„ Monstrer qu'il est amy, tout ainsi qu'il est Roy.
Que pour me tourmenter des anciennes Histoires[5]

---

[1] Ce texte a été publié pour la première fois en 1588 par « Claude Montr'œil, en la cour du Palais au nom de Jesus ». La publication était vraisemblablement partagée avec Pierre Le Voirrier (BNF YE 15117 et Res. YE 3539). Elle était précédée d'une adresse à M. le président Brisson ainsi que d'un « Au Lecteur ». Denis Pallier place la parution de l'ouvrage entre le 8 mars et le 18 avril. Cette plaquette de 1588 présente un certain nombre de variantes. J'en indique certaines sous la forme : « 1588 : *De Rome…* ». Voir la description des exemplaires en bibliographie et D. Pallier, *Recherches sur l'imprimerie à Paris pendant la Ligue (1585-1594), op. cit.*, p. 253, n° 152 et 153 pour Le Voirrier et p. 528 pour Montr'œil.

[2] Anne de Joyeuse est duc et pair de France. Favori d'Henri III, il est marié à Marguerite de Lorraine, demi-sœur de la femme du roi. Il tombe cependant en disgrâce après le massacre de Saint Éloi le 21 juin 1587 à La Mothe-Saint-Heray pendant lequel huit cents protestants sont assassinés. Pour se racheter auprès du roi, il part faire la guerre contre Henri de Navarre. Il attaque les protestants à Coutras le 20 octobre 1587 et est sèchement battu. C'est une catastrophe : alors que deux mille catholiques meurent, Henri de Navarre perd à peine une centaine d'hommes. Reconnu et fait prisonnier, Joyeuse est abattu d'un coup de pistolet avec son tout jeune frère, Claude de Joyeuse. Sa mort est vécue comme un coup dur pour le pouvoir royal qui organise de fastueuses funérailles. Elles furent accompagnées par la publication de plaquettes commémorant les actions du défunt. Denis Pallier en compte 3 en 1587 et 5 en 1588 auxquelles s'ajoutent la double édition du poème de Beaujeu. Voir D. Pallier, *Recherches sur l'imprimerie à Paris…, op. cit.*, p. 235, 246-247, 252-253.

[3] Voir pièce 3, titre.

[4] Henri III dont le duc de Joyeuse était l'un des proches.

[5] L'histoire romaine représentée par César mentionné au premier vers.

Des felons Indiens[1], du Perse, et de leurs gloires,
Vous n'approchiez de moy, il suffit seulement
De vous monstrer HENRY, car soubs le firmament
Je n'ay trouvé moyen pour estonner voz fables,
Que vous monstrer à l'œil tant de faits honorables :
Voyez ceux qu'il aimoit faits absents de leurs os,
Honorez icy bas d'un si digne depos,
Et au Ciel bien-heureux, où rien ne les offence
Que d'estre pour long temps banniz de sa presence.
Oyez donc mes amis, et venez avec moy
Pour voir, honneur de nous, ce glorieux Convoy
Du grand Duc de Joyeuse, et sur la douce Seine
Voir le Roy des François, qui tristement le meine,
Devot, outré d'ennuy, et les larmes aux yeux,
Suppliant le grand Zef[2], Dieu, souverain des Dieux,
D'avoir l'ame à plaisir, dont le corps il[3] honore,
Pour sa fidelité, et de son frere encore[4]. [233 r°]
„ O couple bien-heureux, qui en mesmes berceau
„ Avez grandy voz ans, qui en mesmes tombeau
„ Les avez arrestez, pour vous tenir, ô freres !
„ Par la main, tout ainsi au bon-heur qu'aux miseres :
„ En Terre, comme au Ciel, où vous avez de Dieu
„ Pouvoir de retenir voz places au sainct lieu,
„ Où le vieil Abraham, et sa saincte semence,
„ Chantent leur Createur, trois fois un en essence
„ Aidant à sa bonté, et d'une même voix[5],

---

[1] 1588 : *De Rome, de Césars*. La mention des « Indiens » correspond sans doute mieux à l'actualité contemporaine et évitait la redite de la tradition romaine. On retrouve de plus une allusion aux « Canibales » au vers 118.

[2] Il s'agit sans doute d'une déformation de Zeus.

[3] Ce pronom renvoie à Henri III qui suit le corps de Joyeuse et qui souhaite que son âme ait la grâce de Dieu.

[4] Claude de Joyeuse, petit frère d'Anne trouva lui aussi la mort lors de la bataille de Coutras. Voir le vers 25 et surtout la pièce 236.

[5] 1589 : *et tout d'une voix*.

„ Proclamant le decret de ses divines loix,
„ Ayant autant de bien en sa saincte presence,
„ Que nous en attendons par foy et esperance.
Or voyons donc passer, s'il vous plaist, mes amis,
„ Les guides de ces corps, par la mort endormis,
„ Dont les dignes esprits contemplent face à face[1],
„ Dieu qui les a créez, et qui leur a fait grace.
Voyez, voicy venir les vingt et un crieurs[2],
Portans au dos le dueil[3], et à l'œil forces pleurs,
Et qui de leurs hauts cris font à tous souvenance
Qu'il nous faut invoquer, et Dieu, et sa puissance,
Que tout bon il nous voye, et vueille pardonner
A nous pauvres pecheurs. Je les voy ja donner
A chaque coing de rue une laisse mortelle,
Pour faire souslever de la fosse nouvelle,
Le couvercle pesant. Voyez, ces bastons noirs
„ Monstrent qu'ils sont Huissiers des eternels manoirs.
Après vont les enfans, vestuz depuis la teste
Jusqu'aux pieds tout de bleu, en la mortelle feste :
Les premiers horions[4] où j'ay les yeux collez,
Aussi triste en mon cœur, comme ils sont desolez :
Le bleu de leur habit proprement signifie,
Que tant que ces deux morts ont possedé leur vie, [233 v°]
Qu'ils ont servy leur Roy, comme ont fait leurs anciens,

---

[1] 1589 : *face, face*.

[2] Il pourrait s'agir des « jurés-crieurs » dont le rôle était d'annoncer diverses nouvelles, en particulier les enterrements. Les pratiques funéraires de la noblesse sont en constante évolution au XVIe siècle notamment en raison de l'adaptation de traditions antiques. Voir M. Chatenet, « Quelques aspects des funérailles nobiliaires au XVIe siècle » et A. Cullière « Les funérailles du duc de Mercœur à Nancy » dans *Les funérailles à la Renaissance*, XIIe colloque international de la Société Française d'Étude du Seizième Siècle, actes réunis et édités par J. Balsamo, Genève, Droz, 2002, p. 37-54 et 185-198.

[3] L'expression renvoie à l'habit noir porté pour l'enterrement.

[4] Le sens de ce mot en contexte est incertain. Il s'agit sans doute d'un emploi métaphorique de *horion*, « coup », renvoyant aux coups que les pénitents se donnent sur la poitrine en signe de repentance.

Y ayant employé leurs vies, et leurs biens[1] :
„ L'honneur s'acquiert ainsi, estant chose si chere
„ Qu'il faut du sang beaucoup pour y mettre l'enchere,
„ Pour en avoir bien peu, il faut beaucoup souffrir,
„ Et pour vivre une fois, dix mille fois mourir.
Enfans rouges apres[2], et leurs robbes cruelles[3]
S'accommodent aux feux des mortelles chandelles,
Et le silence doux qui en tient le milieu,
Signifie qu'il faut se consoler en Dieu :
„ De qui la volonté est maistresse du monde,
„ Qui jamais de nul autre, en nul fait n'est seconde,
„ Qui ruine les plus forts, qui commande au destin,
„ Qui nous cherit le soir, et nous tue au matin,
„ Et qui fait de noz jours, l'irrevocable nombre,
„ Qui nous fait disparoir aussi leger qu'un ombre,
„ Qui fait finir le loz s'il n'est de luy donné,
„ Qui pert en fin celuy qui l'a abandonné.
Les enfans, blancs vestuz, après viennent ensemble,
Leur foy, et leurs beaux faits, à leurs habits ressemble,
Leurs souspirs agitans les ondes de leurs yeux,
Contraires neantmoins s'eslevent vers les Cieux,
En ce jour si fatal, l'esclair les importune,
Ils taxent sans pescher l'inconstante fortune,
Ils[4] en sont courroucez, et voudroient ne point voir

[1] Cette phrase semble ne pas posséder de principale même si le vers suivant, à valeur de proverbe, la conclut, du point de vue du sens.

[2] Ce sont sans doute des enfants appartenant à une confrérie de pénitents dont la robe était rouge. On trouve ensuite « les enfans, blancs vestuz » au vers 73. S'il était traditionnel que la première congrégation d'une ville se vêtît de blanc, la deuxième de noire et les suivantes de rouge, de bleu ou de gris, on peut rappeler qu'Henri III avait fondé une confrérie des Pénitents blancs de l'Annonciation-de-Notre-Dame en 1583. Voir A. Duru, *Poésie spirituelle et rapport à soi, entre Montaigne et Descartes*, Genève, Droz, 2012, p. 389.

[3] Le terme est employé dans un sens proche de son étymologie puisque « cruens, cruentis » en latin signifie « en sang, teinté de sang ».

[4] 1589 : *Il*.

Pour la perte qu'ils font tant de larmes pleuvoir,
La parque les estonne[1], et les funebres flames
Contristent à la mort leurs innocentes ames,
Leur font redouter Dieu, et le trouver plus fort[2]
En ses Arrests divins, que nous, ny que la mort.
Après ces enfans blancs, vont Minimes[3] encore,
Religieux vestuz d'un tanné que j'honore, [234 r°]
Tanné qui de noz jours monstre l'affliction,
Et de noz cœurs secrets la vraye intention.
„ Après les Capucins[4] deux à deux s'entresuivent,
„ Capucins bien-heureux, qui du monde se privent,
„ Monde qui nous conduit au plus creux des enfers,
„ Enfers où sont gesnez les ames soubs les fers,
„ Fers, dont s'est eschappé leur frere qui sans crainte
„ D'un vivre si desert, va devost à mains jointes[5]
„ Soubs cét austere habit, suppliant le Seigneur[6]
„ D'appaiser son courroux, et perdre le mal-heur
„ Qui pend sur les humains, pour poser en sa place
„ Sa bonté, sa douceur, sa pitié, et sa grace.
Après sont les Feillans[7] dont les Chefs descouvers,
Et les pieds de froid pleins, combattent les Hyvers,

---

[1] Ici « la parque » n'est rien de plus qu'une métaphore du destin, assimilable « aux Cieux » mentionnés au vers 76.

[2] 1589 : *et le font trouver plus fort.*

[3] L'Ordre des Minimes est un ordre mendiant fondé en 1436 par Saint-François de Paule.

[4] Les Frères mineurs capucins sont l'une des branches du premier ordre religieux de la famille franciscaine institué par saint François d'Assise en 1221. Ils ont été créés en 1525 en Italie et s'installent à Paris en 1574 sous l'impulsion de Catherine de Médicis et Charles IX.

[5] 1589 : *jointe.* Voir LXIII v. 13.

[6] 1589 : *va suppliant le Seigneur.*

[7] Cette branche de l'ordre des Cisterciens tenait son nom de l'abbaye Notre-Dame de Feuillant qui se situait vers Toulouse. En 1577, Jean de la Barrière en devient abbé et restaure une règle très stricte qui amène à une scission avec les Cisterciens. Henri III fait venir une communauté en 1587 qui se signale par sa participation active à la Ligue.

„ La nege, et le verglas, le temps, et la Nature,
Nature, qui sans Dieu, contre ces maux ne dure.
Ils vont donc nous monstrant au travers de leurs yeux,
Que leurs cœurs icy bas ne desirent rien mieux :
Ils se sont confinez en ceste forte envie,
„ C'est peu que des douceurs du monde, et de la vie.
Les bons Hommes[1] après d'une cordette ceints,
Suivent les Trespassez le chappelet aux mains,
Et les larmes aux yeux, chacun à part soy tire
Des sanglots de leur cœur qui sans cesse souspire :
C'est bien pour souspirer, que d'avoir despendu
Dix ans, à eslever ce Duc[2] qui est perdu
Icy bas seulement ! Car l'ame bien vivante
„ Use des biens au Ciel où elle avoit attente.
Après les Hommes bons, marchent les Cordeliers[3],
Cordeliers, qui sçavans, ont passé les premiers
Les murmurantes eaux, et forcé les naufrages
Pour rendre soubs noz pieds les Canibales[4] sages[5], [234 v°]
Et de Dieu congnoissans qui les a là bas mis,
Non pour estre meschans de son nom ennemis,
Ains pour les nettoyer avecques sa Justice,
S'ils ont le cœur attaint de luy faire service :
„ L'eau lave noz pechez, la foy nous fait le cœur,

[1] Le terme désignait en général les religieux de tel ou tel ordre. On le retrouve sous la forme « Hommes bons » au vers 115. Il pourrait ici s'agir des religieux de l'ordre de Grandmont auxquels Henri III restitue le droit d'élire leur abbé en 1579.

[2] Le duc de Joyeuse était entré au service du roi en 1579 en devenant gouverneur du Mont-Saint-Michel avant de voir ses terres érigées en duché-pairie en 1581.

[3] « Cordeliers » est le nom donné en France à l'Ordre des Frères mineurs crées par saint François d'Assise en 1221.

[4] Le terme désigne ici les « individus des peuplades anthropophages des Antilles ». Voir 81 v. 912 et FEW XX, 61a : *caniba*.

[5] Les ordres religieux, et en particulier les franciscains, furent les principaux évangélisateurs de l'Amérique. Les franciscains sont établis à Hispaniola, l'actuelle Cuba, dès 1505 et se trouvent sur le continent dès les années 1530. Voir ici même v. 6 ainsi que L. Bénat-Tachot et B. Lavallé, *L'Amérique de Charles Quint*, Bordeaux, Presses Universitaires de Bordeaux, 2005, p. 210.

,, Et le sang nous fait vaincre un redouté vainqueur,
,, Le pain nourrit nostre ame, et les œuvres injustes
,, Fuyent pour faire place aux bonnes, et aux justes.
Les Jacobins après, aumosniers, et pieux,
Carmes, et Augustins[1], cheminent après eux,
Tristes et desolez, la teste descouverte,
Estimans que la France a fait une grand perte :
Leur Eglise assaillie en la mort de celuy
Qui n'aguieres souloit estre leur fort appuy[2] :
O perte voirement ! Combien les hommes sages
Doivent-ils prendre garde aux sinistres presages ?
,, Heureux, et plus heureux, cil qui sans nul soldart
,, Sans chevaux, sans combats, sans escu, ny sans dart,
,, Sans harnois, sans tambours, harquebuzes, ny pique,
,, Peut sauver, ou servir une Chose publique,
,, Mais plus heureux encor, qui peut, maistre de soy,
,, S'il en faut venir là, monstrer quelle est sa foy.
Puis après vont suivans, soubs le gris que je prise,
Les humbles Penitens, de la Cité reprise
Du Prophete de Dieu, dont le peuple contrit
Appaisa le grand Dieu, qui aigre le reprit[3] :
Ayant un sac au Chef, la teste ainsi couverte
Allerent au devant de Dieu, et de leur perte.
Gris, signe de travail, noir plein de fermeté,
Bleu, qui monstre la foy, et nostre loyauté[4].
De la grande Paris, les devotes Parroisses

---

[1] « Jacobins » est le nom donné en France à l'Ordre des Pêcheurs plus connu sous le nom d'Ordre dominicain, fondé par saint Dominique en 1215. Les « Augustins » sont, quant à eux, un ensemble de clercs réguliers suivant la règle de saint Augustin. Ils ne forment pas un ordre à proprement parler. Les « Carmes » désignent les religieux de l'Ordre du Carmel, en pleine réforme au XVIe siècle sous l'impulsion de Thérèse d'Avila.

[2] Il s'agit du duc de Joyeuse qui vient de mourir dans la lutte contre les protestants.

[3] Il faut sans doute comprendre ici que Dieu pardonna à ce peuple qui s'était détaché de lui. L'allusion reste cependant mystérieuse.

[4] Ces couleurs sont celles, traditionnelles, des pénitents. Voir la note du vers 61.

Marchent après cela toutes pleines d'angoisses, [235 r°]
Le surpelis au dos, les flambeaux allumez,
Pour faire honneur aux corps, non encore inhumez[1] :
„ Tout pleuroit en ce poinct, et la grande assistance
„ Soubs deux fois douze croix marchoit en grand silence.
„ Les peuples haut et bas aux fenestres rangez,
„ Honoroient les suivans des corps endommagez.
„ Qui pleuroit, qui rioit, qui bruyoit de cholere,
„ Blasmoit le fier destin, loüangeoit la misere,
„ Et d'un bruict aigre-doux[2], les oreilles avoient
„ Plaisir, et desplaisir de ceux-là qui passoient.
Après sont les Archers de la Ville[3] puissante,
Qui portent l'escusson en la torche fumante,
Après cinquante-trois tous Chanoines[4] rentez
Sont attendant les corps, modestement plantez
Au milieu de la rue, ayant aux mains des cierges,
Après eux vont suivant cinquante torches vierges[5],
„ Dueil du jeune guerrier qui n'a encore attaint[6]
„ Trois fois six ans qu'il est dessoubs la mort contraint
„ Et forcé de quitter en l'avril de son aage[7],
„ Ce monde trop peu doux pour un si dur passage.
Deux cens torches après suivent au petit pas,
Dueil qui a rengregé l'aigreur du prompt trespas
Du Cratere[8] François, dont l'heureuse memoire

---

[1] 1589 : *encores*.

[2] L'emploi est ici métaphorique et semble désigner la complexité des sentiments de l'assistance ainsi que les sentiments contradictoires qui l'animent.

[3] On retrouve ces militaires au vers 176. Il s'agit sans doute d'un corps d'archer attaché à la ville de Paris, faisant office de police municipale.

[4] Les chanoines sont des personnes attachées au service d'une église, ici, il s'agit peut-être de ceux de Notre-Dame.

[5] Le terme « vierges » signifie ici « qui n'a pas encore été employé ».

[6] 1589 : *encores*.

[7] Il s'agit de Claude de Joyeuse, né en 1569, et donc âgé de 16 ans au moment de sa mort.

[8] Ce terme est sans doute de la francisation de l'adjectif grec κρατερός signifiant « fort, puissant ». Voir le glossaire.

Donne à ses ennemis, moins de mal, que de gloire.
Soixante et six Archers de rouge tous vestuz,
Trente de violet vont de dueil combattuz,
Les derniers de tous ceux qui ont suivy la piste,
Du premier qui honore une maison si triste[1].
Après vont six laquais de leur Maistre laissez,
N'estant comme autresfois de le suivre lassez,
Portant dessus le dos un mandil de tristesse,
Non des chiffres semez d'une jeune maistresse[2], [235 v°]
„ Veufve qui se tourmente au gré de ses ennuits,
Passant pour mois les jours, et pour longs ans les nuits.
Ce n'est plus le chemin du Louvre où souloit estre
Autresfois, plus heureux, leur tant regretté Maistre,
Ains du triste tombeau où l'on va deposer
Le corps qui ne veut plus rien fors se reposer.
„ Il faut que l'homme en fin en terre place emprunte.
Après les Officiers de la maison deffunte
Quatre fois vingt et deux en quatre trouppes sont,
Confesseurs, Aumosniers, après tristement vont
Couverts d'un triste noir, qui luy est dure marque,
Chacun en son privé, de l'effort de la Parque.
Il n'est cœur si felon, ou roch sans amitié
Qui n'aye en les voyant de leur mal-heur pitié,
De tous ceux qui sont là ils ont les molles veuës,
Contre le froid pavé ils attachent leurs veuës :
„ Ha ! C'est le jour fatal, et celuy de la mort
„ Qu'ils[3] devoient contenter en parade le sort,
„ Qui jaloux des humains par une vaine gloire,
„ Veut faire à noz despens monstre de sa victoire.
Après marchent tout beau les gardes du sainct corps,

---

[1] Il s'agit sans doute d'Antoine Scipion de Joyeuse qui pris le titre à la suite de son frère. Il meurt en 1592.

[2] Marguerite de Lorraine-Vaudémont, demi-sœur de la reine de France est mariée à Anne de Joyeuse par Henri III le 18 septembre 1581.

[3] Le pronom relatif a ici un sens ambigu proche de « où ».

Qui font serrer le peuple, et place à ces deux morts,
Les Suisses après, et deux noires trompettes,
Qui sont outre leur gré de tristesses muettes,
Loing du ost[1] remuant, veufves de leurs fredons,
Et non comme autresfois, d'or ne sont les cordons.
Au son doux et piquant de leurs claires chamades,
Les chevaux animez ne font plus de passades,
Ny les cœurs refroidiz proches de leur tombeau,
Ne sont enfelonnez d'un combat tout nouveau.
O Trompettes, Amour de Mars, et des gendarmes,
L'on n'oit plus à voz bruicts le cliquetis des armes ! [236 r°]
Mais helas ! Ô pitié ! L'on vous va accrocher
A un fatal crochet, sans jamais descrocher
Vostre triste cordon, et celuy qui vous porte
Demeurer, en priant, pour jamais à la porte
De l'Eglise sacrée, où son maistre est dormant.
Le sommeil est afreux qui dure permanent.
Après vont les drappeaux soubs lesquels on r'allie
Ceux qui dans le combat perdent leur compagnie
Dans la presse escartez, qui vaillans se sont mis
Trop avant dans le ost[2] de leurs forts ennemis :
„ Drappeaux où l'or ruisselle, où les chiffres encore
„ Entrelacez de noir, une devise honore :
Drappeaux où l'on congnoist[3] aux pourtraits qu'on y voit
Que sans estre en danger l'on ne les apperçoit
Volleter sur l'espée, au milieu de la presse,
„ Où il faut plus de sens, que d'extreme proüesse,
Là la force ne peut quelquesfois resister
A ce que l'esprit froid peut sans force arrester[4].

---

[1] 1589 : *hot.*

[2] 1589 : *hot.*

[3] Le terme est employé pour « recongnoist ».

[4] Sans doute le poète évoque-t-il ici des manifestations de panique liées à la vue de la bannière de Joyeuse : seul le sang-froid peut obliger les soldats à ne pas fuir.

D'argent les bords sont faits, d'or la devise brave,
Un Appelle pinceau[1], si dextrement engrave
Un sacré Crucifix, un Christ, un Redempteur,
Qui força les Enfers, des faux Esprits dompteur,
„ Homme Dieu qui a fait ruisseler sa poitrine
„ Sur les inhumains coups de la race maligne[2],
Qui[3] moins fors qu'un serpent se laisserent blesser,
Afin qu'il nous fallust au berceau trespasser,
Que nous fissions tout mal, et que nostre malice[4]
Le fist ainsi souffrir, honteux du dur supplice[5],
Soubs sa pesante croix pour y estre attaché,
Et vaincre par sa mort, le monde, et le peché,
En sauvant les humains à force de blesseures,
Qui brusloient dans le feu des bruslantes morsures [236 v°]
D'un serpent venimeux. Après marche celuy
Qui Lieutenant du mort ne vit point aujourd'huy :
Ains meurt autant de fois qu'à son Maistre il repense,
„ Bien dure à supporter est une telle absence,
„ Où la mort luy enserre, et le bien, et le temps :
Après viennent au pas les humbles Penitens,
„ Penitens qui par foy en l'Eglise immortelle,
„ Vont soubs l'austerité à la vie eternelle.
„ Soubs leurs habillemens est la simplicité,
„ Servans Dieu d'un cœur pur en leur fidelité.
Après vient le cercueil où doucement repose
Ce bouton tout nouveau, ceste vermeille rose,
Qui fleurissoit encores, et ressemblait Amour

---

[1] Le nom du peintre est ici employé comme un adjectif. Voir 18 v. 209.

[2] Il s'agit vraisemblablement des hommes en général. La rime est par ailleurs approximative. Voir 9 v. 125-126 et TS IX v. 13-14.

[3] Ce pronom relatif se rattache sans doute au groupe nominal « faux Esprits » du vers 239.

[4] Ces deux propositions subordonnées sont à rattacher au « afin qu' » du vers précédent.

[5] 1589 : *de ce dur supplice.*

Au Louvre, et aux combats Mars vainqueur en l'estour,
Qui dés le second jour de sa belle naissance
Nous a fait voir le fruict de sa belle vaillance :
Heureux qui eust peu voir barbe blanche porter
A cét enfant de Mars que l'on doit regretter,
Autant que les François en la France appauvrie
De son petit Hector, demeureront en vie.
Après marche le char où sont quatre coursiers
Sages, couvers de noir, comme autresfois non fiers[1],
Soubs la voix du cocher, qui sentoit là derriere,
Son Maistre, et ses amis en santé toute entiere.
Dedans ce chariot est le corps estendu
Du brave Aristion[2], qui n'a pas attendu
Que son Prince eust mis fin à sa loyalle envie.
„ La fortune cruelle il a trop haut suivie.
„ Volontiers un grand cœur dans le Ciel entreprend.
Voyez ce noir tapis qui jusque en terre pend[3],
Et [voyez] ce manteau, qui d'une main peu chiche[4]
Est par ordre semé d'une despoüille riche, [237 r°]
Des piques, et de dards, de harnois, et d'escus
De braves ennemis qu'il a desja vaincus.
Ses pages vont après, qui orphelin de Maistre
Voudroient, jeunes encor, dedans le cercueil estre.
Voyez les mes amis, lamenter de celuy
Qui ne les peut aimer, ny plus voir aujourd'huy,
A qui le sort mutin a osté l'esperance,
La vie, et les moyens, par sa grande inconstance :
Il ne faut mes amis, il ne faut plus penser
Que vivant il vous puisse un jour rescompenser,
Il n'a plus soing de nous, il neglige la terre,

[1] Il faut comprendre « non fiers comme autresfois ».

[2] Il s'agit sans doute d'un jeu onomastique sur le grec ἀρετή qui peut signifier « le courage, la vertu », en particulier dans le domaine guerrier.

[3] 1589 : *jusques.*

[4] 1589 : *Et ce manteau, qui d'une main peu chiche.*

Où jusques à la mort il a bien fait la guerre.
D'or sont les esperons que l'on porte après eux,
Où sont au vif gravez les quatre beaux neveux
Du premier Escuyer, qui d'une accorte addresse
Ont trouvé des chevaux la force, et la vitesse.
D'un acier reluisant sont les gantelets beaux
Où d'or l'on voit fleurir dix mille fruicts nouveaux,
Soubs lesquels un serpent au mouvement se brise,
Parsemé tout par tout de maint fleur jaune et grise.
Voicy venir après ces gantelets[1]
Une cotte de Mars, tissue d'anelets,
Qui nous retient[2] les yeux, tant belle en est la sorte,
Tristement est vestu celuy-là qui la porte.
L'espée suit après, soubs laquelle trembloit
Ce grand peuple Gaulois. Qui est celuy qui voit
Ceste lame rompue, et n'a point l'ame attainte,
Et le cœur, en faisant en son sein quelque plainte ?
Après marche un guidon, tristement arboré,
Allentour court menu un petit bord doré,
Un seul chiffre d'argent au milieu qui se monstre
Non si audacieux qu'à la fiere rencontre[3], [237 v°]
„ Où celuy qui le porte a fait honneur à soy,
„ Dommage aux ennemis, et preuve de sa foy.
Après[4] le Heaume vient qui jadis sur la teste
De son Maistre passé, ne craignoit la tempeste
Des boulets foudroyans, mais qui crainte de tous
N'aimoit que d'estre enclos aux combats, et aux coups.
Après vont deux genets, qui n'ont la teste haute,
Ils n'ont plus de soucy de faire ceste faute,
Car celuy qui vivant les avoit sceu dompter,

[1] Le vers est faux. On peut proposer la correction suivante : « Voicy venir apres ces [jolis] gantelets ».

[2] 1589 : *retiens*.

[3] Il s'agit peut-être d'une allusion à la bataille de Coutras.

[4] 1589 : *Le Heaume après vient*.

Ne peut plus sur leur flang son esperon porter.
Triste, et les yeux baissez vont la bouche fermée,
Poussant sur le pavé une espaisse fumée,
Signe que la chaleur de leur brusque cerveau
Leur figure leur perte enclose en un tombeau.
Après un genet gris, aimé de son feu Maistre,
Ayant sceu obeyr au vouloir de sa dextre,
Va croussissant[1] son mors, et d'escume blanchit
Le chemin où il passe, outré d'un tel despit,
Qu'il voudroit furieux, piqué d'impatience,
Promptement de son Maistre en avoir la vengeance.
Il se plaint fort dequoy il estoit chastié
De donner à quelqu'un de la dent, ou du pied,
Il en bat le pavé, et balance l'oreille,
Et cuide ouyr la voix de celuy qui sommeille :
Mais quand il se souvient qu'il est mort et transi
Il rehausse son mors, et le resserre ainsi
Qu'un affamé lion serre l'os qui resiste
A sa meurdriere dent. Ce beau genet s'attriste,
Et fait cinquante pas, pensant aux freres morts,
Sans mouvoir ny lascher le canon de son mors.
Il va la teste basse, et l'ayant contre terre,
Il regarde son flang, lors son guide luy serre [238 r°]
La resne, et le menace, il luy fait souvenir
De son Maistre deffunt qui le faisoit bondir.
Alors vaincu de mal, sçachant son impuissance,
Il jette un grand souspir pour toute sa vengeance.
Après suit le drappeau, compagnon du fanal
De la riche Navire, où ce grand Admiral[2]
,, Estimoit d'applanir en despit de Neptune
,, Les flots, et en chasser les vents, et la fortune.
Après l'ancre l'on voit qui est de fin argent,

[1] Sur ce terme voir le glossaire.
[2] Anne de Joyeuse était en effet grand-amiral de France depuis le 1er juin 1582.

Mais non dedans les mers, comme autresfois nageant :
Mais helas ! inutile, à la voûte attachée
D'un Temple tout devot, et non pas accrochée
„ Aux rochers tousjours mols des aziles profonds,
Où vy le beau Dauphin, et maints[1] autres poissons.
Cent et deux Prestres saincts sortiz de Nostre Dame,
Suivent, chantant après, par tout regne la flame.
Le peuple est descouvert devant les sainctes Croix,
Et l'ame accompagnée au son de mille voix,
Un *Tremens factus sum*[2], tonne parmy les nues,
En separant de l'air les plus espaisses nues.
C'est lors que Dieu s'appaise, et que doux se souvient
De l'extresme rigueur quelques fois qu'il nous tient,
Lors par compassion de sa main forte et douce,
Un pardon general dessus nostre chef pousse[3],
Ainsi il s'appaisa, et ne faut point douter
Qu'il n'aye fait là haut ces deux ames monter.
Meschans ! Sçachez que Dieu nous sert de force et d'ælles
Pour approcher, heureux, le nombre des fidelles,
Et qu'en l'obscurité d'une si sombre nuit
Nous nous voyons guidez de son œil qui nous luit.
Au contraire, si luy qui a toute puissance
Ne veut de sa main propre arrester nostre offence, [238 v°]
Nous sommes emportez comme de cent torrents
Au profond des enfers pour jamais aux tourments.
„ Helas à ce jour là, par ta bonté benie,
„ S'il te plaist, ô mon Dieu, sois moy Juge et partie.
Après vient le Recteur[4], et tous les Medecins
Sçavans contre noz maux, non contre les destins.

---

[1] 1589 : *mainte*.

[2] Il s'agit de l'un des vers du *Libera me*, prière qui fait partie du *Requiem*. Il signifie « Voici que je tremble ».

[3] 1589 : *Un pardon général dessus notre chef il pousse*.

[4] Sans doute celui de l'université de la Sorbonne.

La mort les esbloüit, et ces sagettes rudes
Les fait souvent cesser leurs profondes disputes[1].
Après va la Sorbonne, et Evesques après,
Deux Herauts attristez les talonnent[2] de près,
Marchant auprès du lict où la belle effigie[3]
Nous monstre le deffunct, ainsi qu'il fut en vie,
Couché sur un lict d'or, et vestu richement,
Les mains jointes ainsi, regardoit doucement
„ Comme vif un chacun, et telle avoit sa grace,
„ Qui estime avoir veu un ris dedans sa face :
O Amour qui nous pers en nostre affection,
Nous faisant voir le vray de nostre intention :
Il est mort, il est mort, et plus il ne desire
De retourner çà bas souffrir plus de martyre.
Il sçait que vaut le monde, il sçait quelle est la mort,
„ En ce qu'il a vescu, il a bravé le sort,
„ Il a de la Vertu la volonté suivie,
„ Et au grand lict d'honneur il a vosmy sa vie,
„ Celuy est tres-heureux qui ne vit longuement.
Or voicy, mes amis, la Cour de Parlement
De la France, sans pair, que tout le monde honore,
Cour qui plus que cent Rois ce beau Convoy decore.
Ils sont gardes sacrées, et la Justice autour
Repose seurement, non pas en une tour,
Prisonniere enfermée, ains par toute la France,
Quand il luy plaist, soubs eux, change de demeurance[4].

FIN DU CONVOY.

[239 r°]

---

[1] La rime est approximative. Voir 9 v. 125-126 et TS IX v. 13-14.

[2] 1589 : *talonne.*

[3] Cette pratique réservée normalement à la famille royale est adoptée par la haute noblesse dès le début du siècle. Voir M. Chatenet, « Quelques aspects des funérailles nobiliaires au XVIe siècle », *op. cit.*, p. 37-47.

[4] Il s'agit sans doute d'une allusion à l'itinérance pratiquée par la cour jusqu'à la fin du XVIe siècle.

[235] TOMBEAU DE MONSIEUR DE JOYEUSE.

„ Ne demande passant, qui est cil qui demeure[1]
„ Soubs ce marbre pesant, contente toy qu'il fut
„ Le miroir de Vertu, et du destin le but,
„ Qui sans gagner des cœurs ne vesquit pas une heure.

[236] TOMBEAU DE MONSIEUR DE SAINCT SAUVEUR[2].

„ Qu'un avaricieux ne leve ceste pierre
„ Pour y trouver de l'or, ce ne sont que des os,
„ C'est l'honneur de la France, et la peur d'Atropos[3],
„ Car s'il pouvoit revivre, il luy feroit la guerre.

---

[1] 1589 : *qui est celuy qui demeure.*

[2] Il s'agit de Claude de Joyeuse, seigneur de Saint-Sauveur, frère d'Anne de Joyeuse, mort à ses côtés à Coutras. Voir 234 v. 22 et 25.

[3] Atropos est le nom d'une des trois Moires présidant au destin dans la mythologie grecque.

[237] TOMBEAU DE MONSIEUR DE MALAIN, FRERE DU BARON DE LUX[1].

Scaches icy, que Mars, qui congnoist tous les braves,
Desarma ce garçon au combat glorieux,
De peur qu'il ne montast quelque jour dans les Cieux,
Ayant fait icy bas mille Princes esclaves[2].

[238] ADVERTISSEMENT AU LECTEUR.

J'ay fait cét ordre de Convoy[3] à ceste fin seulement, que ceux qui ne l'ont point veu[4], en sçachent quelque chose, ne m'ayant osé eslargir, de peur de faillir à le bien paindre : Quoy que ce soit, mon intention a esté de te faire plaisir, et te prie en rescompense, de ne trouver estrange le chemin que je tiens à t'en monstrer ce pourtraict[5], indigne que tu y

---

[1] Il s'agit sans doute du frère d'Edme de Malain, baron de Lux mort assassiné en 1613. La famille de Malain était bourguignonne et possédait un château à Lux dans l'actuelle Côte-d'or qui se trouve à une cinquantaine de kilomètres du lieu de naissance de Beaujeu.

[2] Ici s'arrête la petite plaquette de 13 pages de 1588 conservée à la BNF sous la cote YE 15117.

[3] Cet avertissement au lecteur ne figure pas dans l'édition de 1588 du *Convoy*. On comprend en revanche pourquoi il a été placé ici, à la fin de ce qui constituait la plaquette originelle, comme un ajout de dernière minute. Voir 233 v. 1.

[4] Le texte se donne donc pour une relation fidèle de la procession qui accompagna le corps d'Anne de Joyeuse.

[5] La formulation est quelque peu alambiquée. Il faut sans doute simplement comprendre que le locuteur demande à son lecteur de la bienveillance vis-à-vis de la manière dont il rapporte l'événement.

jettes les yeux : mais si veritable neantmoins que le tout y est representé au mieux que j'ay peu, Adieu. [239 v°]

[239] TOMBEAU DE PELAGIE[1].

Passant, tu voy icy ma sepulture[2],
Mon cœur n'y est, ains vers cil qui l'aimoit,
Mon corps y gist, et soubs la tombe dure
Rien, sinon luy, de tout ce qu'il avoit[3].
Ma volonté est en un autre endroit,
Mon ame au Ciel en un bel astre emprainte :
Adieu passant, qui est cil qui verroit[4]
Mes tristes plaints, sans avoir l'ame attainte ?

[240] TOMBEAU DE THISBÉE[5].

L'on me disoit que tu estois cruelle,
O Mort, helas ! par trop je me trompois ?
Oncques Venus ne fut si douce et belle,
Si plus de coups encor tu me donnois :
Haste toy, Mort, car desja j'apperçois

---

[1] Il existe deux saintes portant ce nom qui est aussi l'un des surnoms de la déesse Vénus. Rien ne permet cependant de les rattacher à ce huitain.

[2] Le texte du *Convoy*, hétérogène au recueil *Les Amours*, lui est intégré grâce à cette suite de sept tombeaux prolongée par l'élégie 247 dans laquelle apparaissent certaines des connaissances du locuteur.

[3] Le verbe « être » est ici sous-entendu. On pourrait de plus mettre deux points à la fin de ce vers.

[4] 1589 : *Adieu passant qui est celuy qui verrait.*

[5] C'est bien Thisbé qui prend ici la parole. Amante de Pyrame, elle est déjà plusieurs fois apparue dans le recueil. Voir sonnets 38, 39, la pièce 81 v. 299.

Mon cher amy delivré de la Parque,
Qui est bien loing, quel heur si j'arrivois
En mesme temps que luy dedans la barque[1].

[241] TOMBEAU DE MADAMOISELLE DE LA FONDRIERE[2].

Icy gist de mon cœur une moitié cherie,
Soubs ce marbre pesant gisent mes volontez,
De l'object de mes yeux les uniques beautez,
Et en ce froid tombeau mon aise s'est perie.
Ma force par mes pleurs est toute deperie,
Mes poulmons de souspirs, et de feux sont domptez,
Les bois, et les rochers de mes cris surmontez,
Et les oiseaux du bois pleurent ma fascherie.
Tout plaint avecques moy la perte que j'ay faite,
Qui fait qu'à toy, passant, plus de bien je souhaitte, [240 r°]
Car je suis consolé ainsi qu'il plaist à Dieu,
Abandonne des yeux ceste fosse profonde,
Les oz sont pour long temps estenduz en ce lieu,
Mais l'ame est dans le Ciel hors des peines du monde.

---

[1] Pyrame, croyant Thisbé morte après avoir vu son foulard dans la gueule d'une lionne, se tue. Voyant cela, Thisbée fait la même chose.

[2] Sur ce nom voir le titre de la pièce 194 et la note.

[242] TOMBEAU DE MADAMOISELLE DE LA FERTÉ[1].

Icy l'enfant d'Amour, icy ma Nymphe belle
Repose, dont l'esprit en la noire nasselle
Du hazardeux Caron, guide du trespassé,
Poursuivie du sort elle n'a point passé[2].
Mais en despit de luy, son ame, sans envie
Bien-heureuse est montée en l'eternelle vie.
Les Démons portent feux, gardes des tristes bords,
N'ont receu l'esprit sainct, ny Cerbere son corps :
„ Mais deux Anges divins, du grand Dieu ambassades,
L'ont enlevée au Ciel, non les veines malades,
Les oz de mal sechez. Seulement au tombeau
Ont passé ce bouton de roze tout nouveau[3] :
Le Ciel necessiteux de ceste ame si pure
Honore par mes vers sa basse sepulture,
Et l'Amour va pleurant de ceste cruauté,
Despit de n'avoir veu sa future beauté,
La filandiere sœur[4] dont la main engourdie,

[1] Joseph Anselme mentionne une certaine « Anne d'Estampes, morte jeune » fille de Claude d'Estampes, seigneur de la Ferté-Imbault. Voir ici même la pièce 4 et *Histoire généalogique et chronologique de la Maison royale de France*, Paris, par la Compagnie des Libraires Associés, 1733, t. VII, p. 545.

[2] Cette longue proposition subordonnée n'est pas évidente à comprendre. Si l'antécédent de « dont » est sans doute « ma Nymphe belle », le verbe de la proposition doit être « n'a point passé ». La construction reste cependant chaotique. On peut tout de même gloser, au prix d'une rupture de construction, par : « ma Nymphe belle, dont son esprit, elle n'a point fait passer en la noire nasselle [...] parce qu'elle était poursuivie par le sort ».

[3] Ces deux vers sont assez flous. Il faut sans doute comprendre que le Ciel n'a pas reçu le corps marqué par la maladie de la jeune fille mais bien seulement son âme « bouton de roze tout nouveau ».

[4] Il s'agit, par référence à l'une des Parques, de la Mort elle-même mentionnée au vers 19.

Laissa rompre le fil de ceste maladie,
Le voulant renoüer : mais en vain, car la Mort
Avoit à ce signal achevé son effort.
Elle avoit deslasché de sa mortelle fronde[1]
Le caillou endurcy qui tue tout le monde,
Et fait mettre son nom, sur le registre noir
De tous ceux qu'elle envoye en l'eternel manoir :
Passe donc, mon amy, afin qu'un autre vienne
Comme toy deplorer ma Nymphe Delienne[2], [240 v°]
La misere de nous, et ce beau petit corps
Dont l'esprit vy au Ciel, non soubs les ombres morts.

[243] TOMBEAU DE MARGUERITE.

Vous[3] qui de pleurs lavez le marbre de ma tombe,
Mes oz, sçachez cecy, attendent le grand jour.
Nulle ame ne fera dedans son corps retour,
Que[4] tout au rien premier[5] pour revivre ne tombe.

---

1 1589 : *de sa mortelle fonde.*

2 L'adjectif renvoie à l'île de Délos où Vénus était honorée. La périphrase renvoie à la dame.

3 Le locuteur s'adresse à cette dame que l'on trouve de nombreuses fois dans le recueil. Il s'agit peut-être de Marguerite de la Rivière, dame d'Ormoy. Voir TS XIX et XX, les pièces 29 v. 4, 55 v. 4, 83 *passim*, et les élégies 247 et 274 v. 237, 241.

4 « Que » a ici un sens circonstanciel d'« avant que ».

5 Il faut envisager « rien » comme un substantif dont l'adjectif « premier » est épithète : le poète évoque une renaissance possible après que le monde a été complètement détruit.

[244] AUTRE TOMBEAU, POUR LA PETITE LA FERTÉ[1].

La Ferté gist icy, arreste toy qui passe,
Dieu tient entre ses bras l'esprit qu'elle a rendu,
Prie le avecques moy qu'ainsi de nous il face,
Lavant noz grands pechez en son sang respandu.

[245] AUTRE TOMBEAU POUR LE PETIT SIEUR DE LA FERTÉ, FRERE DES DESSUSDITES.

Dieu a voulu de moy jeunement avoir l'ame.
Passant, ce que Dieu veut, il nous le faut vouloir,
Pour avoir, l'attendant, un repos soubs la lame,
Et la vie eternelle en Paradis avoir.

[1] Ni cette jeune fille ni son frère dont le tombeau est le suivant ne sont cités par J. Anselme. Voir J. Anselme *Histoire généalogique et chronologique de la Maison royale de France*, *op. cit.*, t. VII, p. 545.

[246] TOMBEAU DU SIEUR DE GAMACHE[1].

Autresfois, je sçay bien, que les noires fureurs,
Par les traicts ensoulfrez de mes fatales sœurs[2],
Ont assailly les Rois, qu'Apollon tant caresse,
Ne voulant employer ma darde vengeresse.
Le pere vit son fils sur le sable abbattu,
Ayant dedans l'estuy encor mon dard pointu,
Je leur avois donné de long temps la puissance
De tuer les humains, et surtout en la France :
Aux premiers qui faisoient par guerre, et par Amour
Le moindre changement, ils[3] luy ostoient le jour, [241 r°]
Mais sans prendre congé des Dieux, ny des Deesses,
Ils poussoient au cercueil, serviteurs et maistresses.
Mais de tous les hautains, et des vaillans esprits
Qui ont dedans le Ciel, comme en terre entrepris
Le destin general qui tout le monde guide,
Ne sceut oncques donner à Gamache de bride.
Mais n'estant assez fort il[4] m'envoya querir
Pour luy aider icy à le faire mourir.
Autrement il eust fait[5], favorisé des Dames,

---

[1] Voir pièce 152.

[2] Il faut attendre la fin du poème pour savoir exactement qui parle dans cette pièce. C'est la mort, comme le révèle sans doute possible le vers 44. Ces « fatales sœurs » sont les Parques.

[3] Ce pronom renvoie aux humains dont la mort même blâme les pratiques violentes et cruelles.

[4] Il est peu probable que ce pronom renvoie à Gamache lui-même. Il semble plutôt faire référence au « Ciel » mentionné au vers 14.

[5] Cette tournure introduit un long mouvement hypothétique jusqu'au vers 41 qui se construit à la fois sur un subjonctif à valeur de conditionnel, comme ici-même et au vers 22 et sur l'imparfait de l'indicatif des vers 26 à 41. Ce changement de mode en se fait pas sans heurt.

Rougir de sang la Terre, et tous les Cieux de flames,
De crainte les humains, et les grands estonnez
De son authorité fussent abandonnez[1],
Vagabonds sur Neptun, qui, amy de son maistre,
Mescontent de sa gloire, une fois vouloit mettre
Son Trident sur le bord[2], et Jupiter aux Cieux
Luy[3] faisoit faire place entre les anciens Dieux :
La faveur de son Roy, où tout le monde aspire,
Luy promettoit desja quelque puissant Empire,
Il portoit dans le Ciel sa brave ambition,
Et avoit des mortels toute l'affection,
Pluton luy apprestoit aux chambres infernalles
Des licts noirs, retirez des fosses avernalles,
Le tenebreux conseil des vagabonds esprits
De l'Achille nouveau faisoient un fort grand pris :
Ja le vieil Nautonnier en sa barque pourrie[4],
Portoit les belles fleurs de la morte prairie,
Les rouseaux pleins de feu et de souffre bruslans
Estoient ja respanduz sur les bords effroyans,
Luy tout vestu de pourpre accomodoit sa rame
Pour faire à l'advenir un grand honneur à l'ame
De ce mauvais garçon, dont il craignoit la main.
Par la necessité je rompis son dessein. [241 v°]
Je luy fermay les yeux de ma main rigoureuse,
Et à peine je fis fuyr l'ame amoureuse,

---

[1] Ce subjonctif est difficile à justifier. Soit il faut comprendre « se fussent abandonnéz », soit, pour préparer l'arrivée de l'imparfait au vers 23, il faut rétablir, « furent abandonnez ».

[2] Les deux vers précédents et cet hémistiche ne sont pas très clairs. Il faut sans doute comprendre que les « grands » mentionnés au vers 21 sont soudain chassés sur la mer par Gamache. Neptune, bien qu'ami de Jupiter, protecteur du guerrier, menace de porter la guerre « sur le bord », c'est-à-dire sur terre pour régler son compte au turbulent humain.

[3] C'est de Gamache, héros indomptable, dont il s'agit.

[4] Le pilote de ce navire est Charon, chargé de faire passer les âmes d'un bord à l'autre du Styx.

Je l'inhumay icy, afin que toy, passant,
Tu ailles de ce corps tes moites yeux paissans,
Où tu liras ces vers escrits sur ceste tombe :
« „ Il faut que soubs ma main le monde ensemble tombe :
Passe donc, et t'en va, n'arreste plus icy,
Aussi peu, à ta fin, j'auray de toy mercy[1]. »

[247] ELEGIE, QUE L'AUTHEUR FEIT QUAND IL SCEUT LA MORT DE MARGUERITE DE LA RIVIERE, DAME D'ORMOY[2], ETC.

Jamais des folles mers, la grande eau ne s'esbranle,
Ny jamais de Thaon[3] le ferme sein ne tremble,
Jamais les fiers Haut-tans[4] tout un jour ne font bruict,
Sans nous laisser après une effroyable nuict,
Ainsi jamais Amour ne courrouce noz veines,
Ne double noz souspirs, et n'augmente noz peines,
Nous poussant le chagrin à force dans le cœur,
Que cela ne nous soit presage de mal-heur :
Quand pour l'amour de toy, ma belle Marguerite,
Je souspirois absent, ma fortune maudite,

---

[1] Ces deux derniers vers font sans doute parti de l'épitaphe de Gamache mais la mort pourrait, elle aussi, les prononcer.

[2] Il pourrait s'agir de Marguerite de Rouère femme de François, baron de La Rivière, vicomte de Tonnerre, bailli de Nivernais de 1562 à 1564. Leur fils Hubert, mort en 1615 a été gentilhomme ordinaire puis l'un des chambellans du duc d'Alençon. Par ailleurs, le village d'Ormoy se situe à moins de vingt kilomètres de Jaulges en passant par le Mont-Saint-Sulpice. Voir ici même 274 v. 546 et 566 ainsi que A. Boltansky *Les Ducs de Nevers et l'État royal, genèse d'un compromis, ca 1550 – ca 1600*, Genève, Droz, 2006, p. 506.

[3] Voir TS CXII v. 2 note 8.

[4] Il s'agit du vent d'autan. Voir le glossaire.

Quand pour l'amour de toy je devidois les nuits[1]
Soubs l'espineux fardeau de mes tristes ennuits :
Je te pensois bien saine, et n'avois l'ame attainte
Du triste souvenir de ton amitié sainte.
Seulement je pensois à partir dans six jours,
Pour t'aller dire adieu, mes uniques amours.
„ Mais helas ! De ta mort, mon envie est bornée,
Et au regret du tout mon ame abandonnée[2] :
O mort ! Jamais as-tu si laschement surpris
Chorée[3], mon semblable[4] ? As-tu jamais rien pris [242 r°]
De ta main larronnesse ? Ô Mort ! Ô sœur fatalle !
Qui soit, en perte, en dueil, et en misere esgalle ?
Non, non, jamais Hector par les champs espiez
N'a foulé en courroux les Argives[5] aux piedz,
Ny Achille, l'honneur, et la seurté de Grece,
A Troye ne fut si dur, que tu fus – ô tigresse ! –
A ce bel œil, mon jour[6] : Helas ! Quelle pitié
D'avoir tranché le nœud de ma ferme amitié !
Pour jamais, pour jamais, ma liesse est perduë.
Heureux si je n'avois sa parole entenduë !
Heureux si je n'avois tant d'images au cœur,

[1] L'emploi, métaphorique, est à relier avec le mythe des Parques tissant ou coupant le fil de la vie. Ce sens n'est cependant attesté dans aucun dictionnaire consulté. Voir note au vers 2 de la pièce 158 et au vers 6 de la pièce 265.

[2] Les lamentations sur la mort de l'aimée qui viennent ici conclure la série des tombeaux, résonnent évidemment avec les sonnets de Pétrarque concernant la mort de Laure mais aussi avec ceux de Ronsard évoquant la mort de Marie. Voir, par exemple, Pétrarque, *Canzoniere*, *op. cit.*, p. 445, s. 278 et Ronsard, *Œuvres complètes*, *op. cit.*, XVII, 134.

[3] Ce nom est l'un de ceux de Perséphone dont l'enlèvement par le dieu de la mort Hadès provoque la tristesse de Cérès, sa mère. Voir Ovide, *Métamorphoses*, *op. cit.*, V, v. 438-508.

[4] Il semble que « Chorée » et « mon semblable » soient tous les deux compléments d'objet direct du verbe « surprendre ».

[5] Cet adjectif est formé sur l'adjectif latin *argivus* qui signifie « argien », c'est-à-dire natif de l'Argolide, dans le Péloponnèse. Il s'agit d'un des surnoms des grecs lors de la guerre de Troyes car Agamemnon est roi d'Argos.

[6] Cet hémistiche est complément de la locution « être dur » du vers 26.

Ny tant de souvenance ainsi de mon mal-heur !
Hé pourquoy le destin, miserable faussaire,
Qui m'avoit en Amour donné un adversaire,
Pourquoy a-il permis de rompre si soudain
La prison de mon cœur, et le fer de ma main ?
A qui m'en doy-je prendre ? À toy Mort afilée,
Trenchante à mon dommage. Ha tu es defilée !
Douce vie, mon bien, ô bel œil tu es mort !
Doy-je survivre ainsi ce que j'aimois si fort ?
Helas ! Ouy, il le faut, car le destin parjure
Me veut faire souffrir entierement l'injure
Que de si longue main le meschant me brassoit,
Pendant qu'en son giron elle me caressoit :
„ Nous sommes trop subjets à sa cruelle envie,
„ Pour traverser le monde en une heureuse vie.
„ Le doux n'est gueres doux, l'amer est bien amer.
Je ressemble à celuy qui traverse la mer
En un fresle vaisseau, où toute sa richesse
Perit devant ses yeux, où force ny addresse
Ne luy servent de rien, ainsi je ne sçaurois
Faire revivre icy celle que tant j'aimois : [242 v°]
Or puis que le mal-heur contre moy est si ferme,
Et que mon cher thresor en la terre s'enferme,
Que je n'ay plus de joye, et que mon cœur transi,
Jadis bruslant d'Amour, voudroit mourir aussi :
Il me faut, il me faut, suivre ma destinée,
Et la pierreuse voye à mes pas ordonnée.
Rien ne servent mes pleurs, ny mes cris haut jettez,
A mon douloureux mal. Plus ne sont les beautez
De ma Dame, sinon en mes vers en painture,
Mieux j'ay cent mille fois au cœur sa pourtaicture,
Sa parole à l'oreille encores cent fois mieux,
Les delicats retours de ses yeux en mes yeux :
O souvenir heureux ! Jamais, ma souvenance,

Je n'aimeray que vous, vous estes ma deffence
Et ma mort tout ensemble. Voulez vous pas venir
Jusques où est son corps, dites mon souvenir ?
Allons mon cher amy, compagnon de ma vie,
Ayons à tout jamais une pareille envie,
Ne m'abandonnes plus, allons voir le lieu saint
Où de la dure mort, ce beau corps est attaint,
Et dessus son cercueil faire la plainte amere
De ma perte, et ainsi nourissant la misere,
Qui fournit de souspirs aux Amans, et de pleurs,
Nous dirons là du tout noz peines et douleurs :
Que ma vie est fascheuse, et quel autre semblable
Pourroit-on bien trouver qui fust si miserable
Que je suis maintenant ? Or commençons d'icy
A regretter les yeux de mon Amour transy :
O beaux yeux qui m'avez remply le cœur de flame,
Est-il possible, helas ! qu'ayant perdu vostre ame,
Vous ayez tellement jetté voz feux après,
Qu'il ne soit dedans vous resté flames, ny traicts, [243 r°]
„ Et si vous en aviez, revivriez[1] vous encore ?
J'en ay dedans le cœur, ô beaux yeux que j'adore !
Mais il est si serré, et si prest à mourir,
Et de regret si pris qu'il n'en sçauroit sortir,
Outre que ma raison est si fort offensée
Que je ne sçay par où le mettre en sa pensée :
Il a moins de desirs, que vous de regards doux.
Helas ! Ô mes beaux yeux, il est mort comme vous,
Jamais il ne vivra, car sa contente vie
A vostre ame divine, au Ciel astré suivie[2],
Et vous mes beaux cheveux qui m'aviez arresté

[1] Il faut faire une synérèse sur « revivriez » pour que le vers soit juste.

[2] La dissociation de l'auxiliaire et du participe passé rend difficile la compréhension de ce vers. On peut gloser par : « A suivi votre ame divine au Ciel astré ».

Si doucement captif dessoubs vostre beauté :
Dites moy, soye[1] divine, avez vous plus de force ?
Las je voy bien que non ! La dure mort vous force
De mourir maintenant, tandis que dans mon corps
Je sens pour vous aimer, entrer dix mille morts :
Et vous beau front, et vous, qui d'une belle audace
Aviez dedans mon sein pris la meilleure place :
Vous baiseray-je point ? Heureux cil qui apprit
A baiser de si loing ce qu'on aime en esprit :
O beau front delicat, où ma bouche bruslante
A de mille baisers devancé la tourmente
De ma mesadventure, attendez moy beau front,
Je m'en vay vous baiser : Helas ! Le cœur me ront :
„ Miserable est celuy, qui ne peut en sa vie
„ Mourir quand il luy plaist, ou faire son envie :
„ Mal-heureux est celuy qui n'aima jamais rien,
„ Et pire est celuy-là qui voit perir son bien,
„ L'Amour est tout divin, divines sont les transes
Des martyres Amans, les hautes influences
Tombent, et en tombant, comme foudres et feu[2],
Nous fracassent d'un coup, et non pas peu à peu : [243 v°]
„ Damné soit celuy-là qui sa maistresse change,
Puis que quand on la pert le mal est si estrange,
Mal mourir puissent ceux qui pour tousjours changer
Logent pour une nuict Amour comme estranger
Et plus meschant celuy qui tousjours se marie
A ces varietez, et qui tousjours varie.
„ Rien que la fermeté ne donne du tourment,
L'Amour sans fermeté je l'estime du vent.
„ Qui a l'esprit leger, il n'a point de memoire,
„ Qui ne dure en tous lieux, il n'a honneur, ny gloire.

---

[1] Il faut lire « soie ». Il s'agit de la matière à laquelle les cheveux sont comparés.

[2] 1589 : *comme foudre et feu.*

„ Et jamais la valeur ne fut sans fermeté,
„ Nom-plus que le cœur bas n'est sans varieté :
Helas ! Que je sçay bien à mon desadvantage,
Comme ferme j'aimois les traicts de son visage :
Helas ! Que je sçay bien depuis que je l'aimé
Combien de marrissons ont mon cœur enfermé,
Que c'est que patience, et que rage mordante,
Et ô combien Amour[1] un pauvre cœur tourmente :
„ Le doux bien que j'en ay me l'a bien fait sentir,
„ Mais plustost je sois mort, que de m'en repentir :
Les souspirs amoureux que mon ame eschauffée
Poussent dessus son sein, bouffée par bouffée,
Ores me sont venduz bien plus cherement qu'or.
C'est au pris de ma vie, et au pris de ma mort :
„ Bien-heureux est celuy à qui le Ciel demande
„ Pour un plaisir si doux, une semblable offrande,
„ Celuy qui prend en don, est tenu de servir,
Le loyer nous contraint d'aimer et d'asservir
L'ennemy rigoureux, qui plante sur noz testes,
Bien souvent par faveurs ces pesantes conquestes,
Luy vendant nostre cœur de peines enlacé.
Mais moy je n'ay rien pris, mon mal s'est advancé [244 r°]
Et a gagné le port de ma bonne fortune,
Pour y loger les Naux d'une fiere infortune
Qui me repousse en mer, afin que les flots noirs
M'envoyent soubs leur rage aux infernaux manoirs :
Or face le destin avec sa boule ronde
Tout ce qu'il luy plaira maintenant en ce monde,
Qu'il tue, qu'il nourrisse, ou que naistre icy bas
Il face cent Amours, cent Venus, cent Pallas,
Que d'Ilion desert il releve les forces,
Pour voir s'il me prendra en ces folles amorces :
Si jamais j'aime fille ou femme, que le sort,

[1] 1589 : *Et combien Amour.*

Je dy pour l'espouser, qu'il me donne la mort :
Je parle à toy destin qui a filé[1] ma vie,
Pour servir de pasture à ta cruelle envie :
Je veux demeurer veuf, de femme et de plaisir,
Et tousjours de souspirs contenter mon desir :
Je veux porter la here, et m'aller rendre Hermite,
Pour voir si je vaincray ma fortune maudite,
Et de mon Hermitage avoir tout allentour
Des paintures de morts, et non pas de l'Amour :
Mal-heureux est celuy qui congnoist sa misere,
Et tasche à resister à ton envie amere,
Toy qui creves de fiel, et de diversité,
Quand tu voy l'homme haut en sa prosperité :
Ma vie te nuisoit, ô fortune meschante,
Comment l'as-tu peu veoir si longuement contente ?
Ja dix ans sont passez que tu ne fais rien fors
Que d'inventer pour moy mille diverses morts,
Encores celle-cy m'est plus insupportable,
D'autant que je ne suis en Amour variable :
Si je sentois mon cœur addonné à changer,
J'espererois encor de me voir soulager [244 v°]
Par une autre beauté, mais ferme comme roche
Je ne veux seulement que le penser m'approche,
Je ne veux ny d'Amour, ny de ses gayetez,
Je n'aimeray rien plus que les pasles beautez
Qu'un tombeau bien-heureux tient en la fosse creuse.
Oncques la Terre n'eut chose si precieuse,
Ny le Ciel honoré jamais icy ne prit
Pour se faire plus riche un si divin esprit :
O que Dieu tout puissant, moteur de toutes choses,
Qui voit de mon cœur, las ! les richesses encloses
En un petit tombeau, ne se fasche dequoy

[1] Cet emploi est à rapprocher de celui du verbe « defillé » au vers 8 de la pièce 11, par exemple.

Je tire tant de pleurs, et de souspirs de moy :
Las que si je l'offense, helas, si je blaspheme
Sa haute Majesté en mon amour extresme,
Que tout bon il pardonne à la morte, et au vif,
La morte soit honteuse, et le vivant craintif,
Pour ne plus offenser sa deité benie,
Et qu'il mette la morte en l'eternelle vie.
Belle morte qui a si bien gravé son nom
Dedans mon cœur, percé des traicts de Cupidon,
Que je ne puis garder, ainsi que de coustume,
Ma main de luy donner le sçavoir de ma plume :
Mais las ! D'autant qu'elle est en l'eternel repos,
Il n'est plus de besoing de luy donner du los,
Mais il faut attiedir ma douleur tant cruelle,
Et ne faire rien plus que prier Dieu pour elle.
Or sus, mon cœur, prions l'Eternel Dieu des Dieux,
Seigneur qui as puissance, et en Terre, et aux Cieux,
Qui fais naistre et mourir tous ceux que tu assemble
En ce mortel sejour, ainsi que bon te semble :
Faisant ainsi de nous, Pere des triomphans
Vifs, morts, malades, sains, comme de tes enfans : [245 r°]
Exauce moy, mon Dieu, et fais que le sang juste
De JESUS-CHRIST ton Fils, lave l'offense injuste
De ta pauvre servante, et faits par l'amitié
Que tu porte[1] aux humains descendre ta pitié
Sur ses oz engourdiz, et ta divine flame
Conduise seurement[2] là haut au Ciel son ame :
Mets au sein d'Abraham cét esprit qui n'a fait
Tant de bien, en suivant ton commandement fait,
Qu'il puisse meriter ceste beatitude,
Où nul que tes aimez ne font leur habitude :

---

[1] 1589 : *Que tu portes*.

[2] Ce subjonctif de souhait devrait être introduit par « que » au vers précédent puisque « ta divine flame » en est bien le sujet.

Mais en rompant les rets de ces noirs ennemis,
Que de ta propre main, près de toy il soit mis :
Où la sainte lignée a fait de race en race
Foisonner ta bonté pour nous y faire place :
Helas ! Seigneur, Seigneur, c'est nostre dernier but,
Nous n'avons rien si cher que le divin salut :
Le monde est vanité, vanité sont les hommes,
Nous sommes pour si peu aux honneurs où nous sommes,
Que le vent n'est si viste, et l'esclair tortilleux
Ne r'entre, et ne paroist si viste dans les Cieux :
Nostre corps est si fresle, et telle pourriture
A pris avecques luy les gages de Nature,
Que le moindre filet qui se rompt en noz corps
Est bastant d'amener en noz cœurs mille morts :
Mais helas ! Ô mon Dieu, nostre grosse ignorance
Et noz mondanitez privent de congnoissance
Les plus environnez de peuples, et de Rois,
Que je ne sçay comment nous congnoissons tes loix :
„ Il faut quand la mort vient delaisser toute chose
Ainsi qu'un vent gelé vient surprendre une rose
Sortant de son estuy, ainsi l'homme est surpris :
„ L'homme est-il donc, ô Dieu ! quelque chose de pris ? [245 v°]
Helas ! Helas ! Nenny, s'il estoit equitable
Venant chaque matin tout devot à ta table,
D'une ame repentante, et d'un cœur abbaissé,
Il te crieroit mercy de t'avoir offensé :
Bien-heureux est celuy que tousjours tu regarde,
Bien-heureux, ô mon Dieu ! qui en ta sauve-garde
Boit, mange, dort, et fait les œuvres de ses mains,
Non pas comme il luy semble, ains selon tes desseins :
Bien-heureux qui a pris à ton bras asseurance,
Et qui n'a de tes mains aucune deffiance,
Qui te remet sa force, et son cœur, qui sont tiens,
Son ame, et ses enfans, avecques tous ses biens :

Celuy-là donc, Seigneur, qui sa fiance a mise
Sur toy du tout, il est en la voye promise.
Ainsi soit sa pauvre ame, ainsi la mienne aussi,
Ainsi tu ayes, Dieu ! de tes humains soucy[1],
Ainsi de tes bontez toute la race humaine
Puisse monter là haut à ta Cour souveraine.
In te domine speravi[2].

[248] ODE.

Faut-il que mon destin
Face tel bruict qu'une mer inconstante ?
Et que mon mal sans cesser me tourmente
Me parlant de ma fin ?
Je ne veux plus mourir,
Ny me douloir d'une peine si dure,
Qui veut sçavoir pourquoy mon cœur endure,
C'est que je veux guerir. [246 r°]
Le desespoir me point
Quand je ressens mes veines sulphurées
Boüillir en feu, en flames empirées
Mais je ne me rends point.
„ Mon mal-heur me nourrit
Et les travaux que m'apporte l'envie
De mes jaloux, font accroistre ma vie
Qui sans cesse fleurit.

---

1 1589 : *Ainsi tu ayes, ô Dieu.*

2 Cette locution latine ainsi que cette fin de poème poussent jusqu'au bout l'esthétique du discours funèbre. Il rappelle dès lors le tombeau du duc de Joyeuse pendant lequel un *Te deum* est chanté. Le vers « *in te domine speravi* » est l'avant dernier de cette prière chrétienne que l'on prononçait lors des événements extraordinaires. C'est aussi le début du psaume XXXI. Voir ici même pièce 235 et Psaume XXXI.

Mais je ne laisse pas
De tant de morts essayer la pointure,
Mais plus je meurs, et plus ma vie est dure,
Et plus j'ay de trespas.
Je ne voy que tombeaux,
Mes jours ne sont que des noires tenebres[1],
Toutes mes nuicts sont complaintes funebres
Soubs des trespas nouveaux.
Les Amans que je voy
Fuyent ma main, de peur de mon encombre,
Croyent au vray que ne suis qu'un ombre
Qui erre en tout effroy.
Mon visage de blanc
Et mes yeux noirs, croyent qu'ils sont en vie,
Mon ame aussi de mon Amour suivie
Tient tant plus haut son rang.
La beauté que je sers
Me fait mourir, et mourant me fait vivre,
Je fuy tousjours, et fuyant me fait suivre
Ma prison, et mes fers.
Le destin me troublant
S'est tant troublé qu'il a part à ma peine,
Voulant sçavoir si ma Dame est humaine
Il va noz maux doublant. [246 v°]
Ma fortune qui court
Pour se sauver, et non pour me conduire
Contre son gré est contrainte de dire
Que maudit soit Amour.
Le vent qui m'a poussé
Dessus les flots d'une mer si fascheuse,
Est comme moy vestige naufrageuse,
Par luy mesme eslancé.

[1] Pour la seule fois du recueil, le terme est employé au féminin. Voir le glossaire.

L'eau sur qui je suis mis
Pour estonner le monde plein de gloire,
Bruit en cuidant honorer ma memoire,
Comme un de ses amis.
Le fidelle Triton
De son cornet appelle la marine,
Mais il ne sçait si mon Amour divine
Est morte[1], ou Cupidon.
Cupidon estonné,
Comme un enfant non resoulds aux alarmes[2],
Quittant de peur, et sa gloire, et ses armes,
S'en est ja retourné.
Je vogue sur les eaux,
Faisant Neptune estonné de ma vie,
Aussi moy seul j'ay Madame servie
Guidé de ces yeux beaux.
J'ay passé par les monts
Où Thaonice[3] appaisée par crainte,
Ne sçait dequoy j'ay l'ame aussi attainte,
Craignant mes passions.
A force de tourments
Et de baisers, je suis fait un autre homme
Si que le Ciel m'a fait nommer en somme
Le Phenix des Amans. [247 r°]

[1] 1589 : *Est mort.*

[2] Cette forme du participe passé de « résoudre » est attestée par le FEW. Voir FEW X 303b : *resolvere.*

[3] Ce personnage mystérieux revient plusieurs fois dans le recueil, sans qu'il soit possible de comprendre avec assurance qui il est. Voir TS CXII v. 2 note 8.

[249] CHANSON.

O fleur, belle fleur ma mignonne,
Qui dure jusques en l'Autonme[1]
Aime moy :
Car le divin nom que tu porte
Sur ma foy
Rend mon Amour tousjours plus forte.
J'aime celle qui t'a nommée[2]
Elle merite d'estre aimée,
Si les Cieux
Vouloient que je servisse, ô Flore[3],
D'autres yeux
Je mourrois mille fois encore.
J'aimerois mieux mourir fidelle
Que de ne servir plus ma belle,
L'on doit bien
En aimant avoir patience
Au lien
Qui honore nostre constance.
L'Amant n'est jamais miserable
Quand la fin en est honorable,
Le trespas
Honore une dolente vie,
Et non pas
La mort de changement suivie.

---

[1] Il pourrait s'agir de la rose dont certaines variétés fleurissent jusqu'en octobre.

[2] L'identité d'un tel personnage est flou. S'agit-il de Flore ou Déméter, déesse de la nature ?

[3] Si ce nom peut évoquer une déesse romaine de la Nature, il semble ici une simple variation sur le mot « fleur » et permet une nouvelle rime. Voir la note du vers 153 de la pièce 72.

Durons tousjours belle fleurette,
Aimons tousjours ceste Rozette,
Et tousjours
L'on dira qu'elle le merite,
Et l'Amour
Dont je l'aime n'estre petite. [247 v°]

[250] CHANSON.

Mon destin qui fait son sejour
Dedans les cheveux de Madame,
Forge là les traicts dont Amour
Donne tant de mal à mon ame[1].
C'est celuy mesmes qui me pert,
Si vous l'appellez destinée,
Au change ce nom là ne sert[2]
De rien à mon ame damnée.
Autant de fois que je le voy,
Autant de tourments il invente,
Pour me faire quitter de foy
Celle par qui il me tourmente.
Tant que je dureray constant
Il ne pourra forger ma ruine,
La ruine du changer despend
En une amitié si divine.
Toutesfois les Dieux ont changé,
Se plaignans de leur Amour forte,
Mais mon cœur mieux qu'eux engagé
Ne peut changer en ceste sorte.

---

[1] Sur cette métaphore voir 167 v. 4.

[2] Le changement de nom de « destin » à « destinée » n'a aucun effet sur le malheur de l'amant puisque les deux termes recouvrent la même entité.

Leur Amour n'est que plume et vent,
La mienne comme roche dure,
Ils aiment à changer souvent,
Moy il faut tousjours que je dure.
Je me nourris de fermeté,
Ma gloire gist à la durée,
Du mal dont je suis tourmenté
Qui rend mon Amour honorée.
Jamais un Amant n'est repris
Que de lascheté de courage, [248 r°]
Ou bien d'avoir le chemin pris
D'une Amour frivolle et vollage.
Jamais le coüard ne jouyt,
Le changeant jamais ne desire
Plus haut d'un jour, ou d'une nuit
Le fruict aimé, ny le martyre.
Je ne suis changeant, ny paoureux,
J'aime à durer, et entreprendre,
La seule fin doit rendre heureux
Celuy qui veut son bien attendre.
Chacun ne peut pas endurer
Une si fascheuse traverse,
Mais moy j'osé bien esperer
De vaincre Amour, et ma maistresse

LE NOM DE MONSIEUR DE CHANTE-MESLE[1] TOURNÉ AUX PREMIERS MOTS DU VERS, ET CELUY DE SA MAISTRESSE AU DERNIER VERS.

[251] SONET I.

Si l'esclair guide[2] aux nuicts noires et furieuses
Celuy[3] hors du chemin qui erre en desespoir,
Ainsi l'œil qui me fait trop de clarté avoir,
Me perd, environné de flames amoureuses.
Celuy-là ne voit rien soubs les ombres afreuses[4],
Pour trop avoir de jour je ne me sçaurois voir,
Mes yeux craignent tousjours l'homicide miroir[5]
Qui ardant à la mort fait ma nuict tenebreuse.

---

[1] La famille de Chantemesle ou Chantemerle est implantée dans le Brionnais, au château de La Clayette depuis le début du XIVe siècle. Au service des ducs de Bourgogne et des rois de France, la famille se distingue dans les guerres d'Italie avant de prendre des partis opposés pendant les guerres de Religion. Antoine embrasse la cause des « revoltez contre le roy » tandis que son frère Marc reste loyaliste. Beaujeu évoque sans doute ici la figure de Claude de Chantemerle, seigneur de la Clayette, qui fut ligueur puis partisan du roi : loyaliste en 1584, il est ligueur en 1594, aux ordres du prince de Mayenne avant de rallier Henri IV en 1596. Voir P. de Sainct-Julien, *De l'origine des états de Bourgongne [...]*, Paris, Nicolas Chesneau, 1581, p. 349 et surtout H. Mouterde, *La Clayette. Le château, le bourg, la chapelle Sainte-Avoie, les Minimes, de l'origine jusqu'à la Révolution (1258-1802) d'après les archives du château et autres*, Paray-le-Monial, Imprimerie nouvelle, 1931, p. 36-38.

[2] Sur toutes les lettres de ces quatre syllabes, à part le « e » de « guide », on trouve des guillemets dans l'imprimé original. On peut retrouver dans ces lettres une anagramme de « Claude ».

[3] Ce pronom est le complément d'objet direct du verbe « guide ».

[4] Ce vers reprend les vers un et deux du sonnet en continuant la mise en place de la comparaison entre le voyageur perdu dans une nuit d'orage et l'amant.

[5] Cet « homicide miroir » est sans doute une périphrase pour désigner « l'œil » dont la dame tourmente le locuteur.

Je parle de ce feu, feu divin qui esclaire
Les plus obscures nuicts, maistre de son contraire[1],
Qui bel astre[2] de nous cede à ceste lueur :
Vous donc freres jumeaux desir des mers Jellées[3],
Bruslez ainsi luisans les grottes emperlées[4],
Non moy qui suis objet ore de sa[5] chaleur[6]. [248 v°]

[252] SONET II.

Amans qui vous vantez de durer au martyre,
Constans comme mon cœur, approchez vous de moy,
Approchez de mon feu, et mettez y le doy,
Voyez si justement Amour je dois maudire.
Celuy n'endure pas qui si tost se retire
Du mal cuisant, qui peut faire offenser la loy
Et les bons Magistrats, puissances de leur Roy,
Voire desesperez[7], de tout le Ciel mesdire[8].
Ce n'est pas soustenir un mal insupportable

---

[1] Le « contraire » du « feu divin », c'est-à-dire les « nuicts ». Le mot « contraire » a presque ici le sens d'adversaire.

[2] 1589 : *Qui belle astre.*

[3] Le poète fait sans doute allusion à Castor et Pollux, assimilés à la constellation des gémeaux et aux feux de Saint-Elme. Voir 94 v. 11 et la note.

[4] Le groupe nominal « grottes emperlées » est complément d'objet direct de « brulez ». « Luisans » est un participe présent employé comme adjectif qui qualifie « frères jumeaux ». Ce vers fait sans doute allusion à des grottes sous-marines, soumises à l'action des constellations.

[5] Ce pronom possessif renvoie au « belle astre » dont il a été question plus haut, métaphore des yeux de la dame.

[6] Depuis le mot « objet », on trouve dans l'imprimé original des guillemets sous toutes les lettres de cette fin de vers. On peut supposer que ces quelques mots, en usant de l'identité de graphie entre « i » et « j », sont une anagramme du prénom Louise, celui de la femme de Claude de Chantemerle. Voir H. Mouterde, *La Clayette. [...], op. cit.*, p. 38.

[7] Ce participe passé se rapporte aux magistrats.

[8] L'infinitif « mesdire » est régi par la locution verbale « peut faire ».

D'approcher de la fin, et estre variable,
„ De toute la Vertu l'on a perdu le pris.
Il faut tousjours avoir de son mal congnoissance,
„ La Vertu n'a que soy pour toute rescompense,
Les hommes inconstans je les ay à mespris.

[253] SONET III.

Belle main qui m'as fait[1] une playe aggreable,
„ Qui fais passer mon cœur au travers de mes yeux,
Qui me lie les bras, ô chef d'œuvre des Cieux !
Le mal que tu me faits est sur tout desirable :
Que dy-je honneur[2] ? Ma mort c'est ma fin veritable,
Le coup que j'ay receu de ses doigts gracieux
M'envoye en l'autre monde. Ô meurtriers bien-heureux
Puis que je vous pardonne un fait si remarquable !
C'est toy poulce joly, brave doigt, divin poulce,
Qui sers de cruauté à celle qui te pousse
Souvent où ses desir luy font passer le temps :
Ores dedans un cœur pour en arracher l'ame,
Et ores dans un sein[3] pour y mettre une flame,
„ Poulce que ta rigueur me fait mourir long temps !

[249 r°]

---

[1] 1589 : *faite.*

[2] Le mot « honneur » semble découler du fait que le conflit entre la dame et l'amant est trouvé « désirable » par ce dernier qui pense en tirer une gloire posthume.

[3] Ces trois lieux viennent expliciter l'adverbe relatif « où » du vers dix.

[254] SONET IIII.

Les deux freres[1] qui sont protecteurs des Romains,
Feirent le chariot où la loy se hazarde
De voyager le monde avec ce docte barde,
Et le grand fondateur des boulevards Thebains[2] :
Je suis esté poussé par les divines mains
Entre voz bras plus forts, et mis en vostre garde,
Où Dieu, m'ayant guidé, tout joyeux me regarde
Abreger mes procés[3], et braver les destins :
Sus donc que par accords de vostre docte lyre
Cecy soit appointé, pour resister à l'ire
D'un fascheux qui me doibt, et me demande icy :
A la charge, Monsieur[4], que si je vous abuse,
Vous me faciez punir. Nonobstant toute excuse,
J'aime les Justiciers, et la Justice aussi.

[255] SONET V.

Quoy ? Vous me desdaignez triomphante guerriere ?
Hé ! Vous m'avez choisi pour vostre serviteur !
Est-ce par le conseil du petit affronteur[5],
Qui m'a privé de sens par ma faute premiere ?

---

[1] Il s'agit vraisemblablement de Castor et Pollux, divinités très prisées chez les grecs puis chez les romains. Voir 251 v. 11.

[2] Le fondateur de Thèbes est Cadmos.

[3] Sur ce terme voir 49 v. 1.

[4] Ce sonnet est vraisemblablement adressé à un protecteur puissant. S'agit-il du président Brisson ? Voir pièce 3 titre et note.

[5] Il s'agit du dieu Amour.

Je la puis dire faute, helas ! Elle est entiere.
A mon dam je congnois que ce n'est qu'un menteur,
Qui abuse les gens, qui par son chant pipeur
Attire mon esprit à la nuict toute entiere :
Les humains sont aimez des plus puissans des Cieux,
Ne desdaignez donc pas de me prester voz yeux,
Vostre divinité n'est pas toute celeste.
Si vous avez des Dieux, tant de perfections,
Vous devez plus avoir d'humaines passions
Et d'Amour, dont je faits une si chere queste. [249 v°]

[256] SONET VI.

Ça, ça, tournons Amour, faisons teste à ces flames,
A ces beaux ennemis qui nous suivent tousjours,
Faisons donc ferme icy, rendons combat Amour,
Ne t'espouvante point, ce ne sont que des femmes !
Amour n'aye point peur, qui s'asseure aux alarmes,
Peu à peu il s'asseure au foudroyant estour,
Voire à donner tout seul dans le trou d'une tour,
Et retourner sans mal, voire mesmes sans armes :
Ha tu me laisse Amour au milieu de la presse,
Oubliant ton honneur pour craindre ma maistresse,
Je te pensois plus brave, ô plein de lascheté !
O Amour que tu es de mauvaise conduite !
Pour le moins j'ay l'honneur d'avoir tousjours esté
Compagnon des combats, mais non pas de ta fuite !

[257] SONET VII.

Ne m'accusez pourtant compagnons de servage
D'avoir ruiné ma vie avecques mes discours,
Ne pensez que je sois aveugle en mes amours,
Pour faire des-honneur aux forces de mon aage.
Ne pensez que je sois si failly de courage,
Faites moy ce plaisir de penser le rebours,
Sçachez que ma fortune a defilé mes jours,
Appellant le destin pour plus avoir de rage :
Puis qu'Amour sans raison m'est si cruel et brave,
Vivant par sa mercy que je sois fait esclave,
Il faut que je le die : « Helas ! Pourrois-je moins ? »
Si j'ay perdu l'honneur, c'est un Dieu qui me l'oste,
Qui m'a gesné à mort, et m'a lié les mains,
Encores soubs couleur d'estre à ce soir mon hoste. [250 r°]

[258] SONET VIII.

Puis qu'il faut acheter une amitié si chere[1]
Il le faut. Mais dy moy, combien me vendras-tu
Ce combat glorieux où je veux sans vertu
Emporter la victoire, en y mettant l'enchere ?
Ceux qui ont force argent tu leur faits bonne chere,
Ton plaisir seulement consiste en or battu
Du coing de la Morée[2], où l'Empereur vestu

[1] La référence à des relations tarifées entre homme et femme est déjà présente dans la pièce 224 v. 25-27. Voir également TS CVIII.

[2] Ce terme renvoie à l'époque à la péninsule du Péloponnèse en Grèce, contrôlée par les Ottomans depuis 1458-1460 et qui avait auparavant été

D'une robbe à rebras sejourne dans sa chaire[1] :
Ton Amour donc ressemble à la toille subtile,
Qu'araigne pour la mousche en quelque haut lieu file,
Où le freslon s'esgaye aisément au travers[2] :
Tu voudrois mille escus pour faire la chosette,
Moy avoir mis les cus ensemble par mes vers.
„ L'avare n'aime rien, seulement il se preste[3].

[259] SONET IX.

Nous desirons avoir une gloire diverse,
Vous de toute cruelle, et moy de tout humain,
Moy tousjours la pitié, vous le sang à la main,
Vous l'inconstance fiere, et moy toute fermesse.
Moy j'aime les douceurs, vous leur estes adverse,
Vous me lancez voz traicts, moy j'en vuide mon sein,
Je vous suis gracieux, vous estes ce desdain

possession de l'empire romain d'Orient et de Venise. Certaines villes vénitiennes ne sont d'ailleurs conquises que dans les années 1500-1540. La mention ne vaut ici sans doute que pour son caractère exotique mais l'empereur est peut-être Mourad III, sultan de 1574 à 1595. Ce sonnet serait donc postérieur à 1574. Voir 18 v. 133.

1 Il s'agit sans doute d'une allusion à l'empereur romain d'orient, qui figurait sur certaines pièces de monnaie assis sur un trône.

2 Cette métaphore trouve, semble-t-il, son origine dans la métamorphose d'Arachné. Voir élégie 113 v. 409.

3 Cette dernière strophe à la tonalité bien grivoise semble avant tout construite autour du jeu de mots entre « mille escus » et « mis les cus ». Cependant, si le vers 12 se comprend aisément, les vers 13 et 14 sont plus énigmatiques. Le vers 13 renvoie sans doute à la pratique de la poésie érotique par Beaujeu, pourtant peu représentée à l'échelle du recueil. Quant au vers 14, il propose un énoncé moral ayant sans doute pour but de rabaisser la maîtresse mais ses implications sont bien obscures. L'avare est sans doute le locuteur lui-même qui, malgré les insultes subies de la part de sa dame, ne se sent pas blessé. Faut-il comprendre que de la même façon que la dame paie le locuteur avec de faux sentiments intéressés, le poète la paie, non avec de l'argent, mais avec des mots ?

Qui me tue, me perd, me tourmente et me blesse :
Paravant que sur moy vous eussiez la victoire,
J'y pouvois obvier, mais maintenant la gloire
Que j'attends de forcer tant d'inhumanité :
Me promet un haut pris, faisant en ma souffrance
Que l'on me congnoistra par ma fidelité,
Et vous blasmera-on d'orgueil et d'inconstance.

[250 v°]

[260] SONET X.

He que fay-je, en priant une mort secourable ?
Rien, qu'alleger le mal que je desire tant.
Je ressemble à celuy qui de nuict va batant
L'eau craintive qui fuit doucement sur le sable :
En me plaignant si fort je suis moins miserable,
Mon espoir à ma plainte a quelque allegement,
Je combats pour mes jours, et non pour mon tourment
Tant je suis à ma fin pensif et variable :
Il vaut bien mieux tomber entre les dards jettez
Que de souffrir tousjours ces tiedes cruautez,
Ce que je luy demande une mort me le donne.
Je fais donc bien en vain ces prieres icy,
Puis que tout mon bon-heur pour plaisir m'abandonne,
Je ne doy de ma mort avoir autre soucy.

[261] SONET XI.

Je ne m'estonne pas si tu m'es si mauvaise,
  Je ne suis estonné de mon adversité,
  Puis que je sçay qu'Amour par importunité
  M'a rendu ton servant, non sans grande malaise[1] :
Mais je m'estonne bien dequoy tu ne t'appaise,
  Et plus dequoy tu veux avoir ma liberté,
  Je croy que ce n'est rien qu'opiniastreté.
  Ha ce n'est plus Amour, mais cruauté mauvaise :
Amour premierement me força de t'aimer,
  Et tes beaux yeux suivans sceurent bien enflamer
  Mon cœur empoisonné de la flesche premiere :
Or puis que c'est donc force, et que la force peut
  Faire faire à chacun ce que le destin veut,
  La prinse d'Orithie[2] ainsi est coustumiere. [251 r°]

[262] SONET XII.

Je serois bien marry que Madame brunette
  Me fust moins rigoureuse, et pour vray je le dis
  Il me semble voller heureux en Paradis,
  Quant à rebours je voy tourner sa collerette :
Je fais bien le marry quand je la voy seulette
  Se complaindre d'Amour, je luy dy mon advis,
  Mais elle en passion entre sur le devis,

[1] Il s'agit sans doute ici d'une licence poétique puisque le terme est masculin.

[2] Ce personnage était la fille d'Érechtée enlevée par Borée, dieu des vents. Voir TS LXXI titre, 228 v. 55 et Ovide, *Les Métamorphoses*, *op. cit.*, VI, v. 675-721.

Et menasse ce Dieu de qui elle est subjette :
Pardonne à cét enfant, maistresse je te prie,
Sois pitoyable et douce à la voix qui te crie,
Ce pauvre petit Dieu n'y a jamais pensé :
Puis qu'il ne t'a rien fait, à qui en veux-tu belle ?
C'est à moy, c'est à moy qu'il faut estre cruelle,
Tu me prends pour Amour, car je t'ay offensé.

[263] SONET XIII.

Rien n'est si admirable, et rien tant ne m'estonne
Que les douces fureurs de ton œil enflamé,
Dequoy sans rien douter mon cœur l'a tant aimé,
Disputant la victoire avec le mal qu'il donne :
Toutes fois qu'il me voit, il bruit, il pleure, il tonne,
Il me jette des feux, et me rend animé,
Qui donnent[1] force aux maux où je suis consommé[2],
Si que tout mon secours par force m'abandonne :
Les monts ne sont si hauts, ny Thetis si profonde[3]
Que par art l'on ne puisse entourer tout le monde,
Ainsi tant de rigueurs se peuvent surmonter :
Mais non pas sans danger, il faut que je confesse,
Que la mer n'a rien creux, les monts nulle hautesse
Pour le moins que l'on puisse au pair representer[4].

[251 v°]

---

[1] 1589 : *qui donne force.*

[2] Le terme peut avoir à la Renaissance le sens de « consumer » avec qui il partage la même étymologie.

[3] « Thetis » fait ici référence à « Tethys », déesse maritime. Voir ici même 18 v. 1 et suivants.

[4] Si la cruauté de la dame peut être surmontée comme la profondeur de la mer et la hauteur des montagnes, elle n'en reste pas moins d'une rare violence.

[264] SONET XIIII.

Tu n'auras pas mes oz, ô ingrate patrie,
Tu n'auras rien de moy, j'aimerois beaucoup mieux
Qu'ils fussent cendroyer par le feux des hauts Cieux,
Et la cendre espanchée aux champs bruslans d'Otrie[1] :
J'aime mieux empescher les tombeaux de Scythie,
Le rivage des mers, où l'astre radieux
Se plaist à faire honneur aux enfançons des Dieux,
Toy, tout mal et meschef, mal-heurs et tromperie :
Laisse moy donc aller pleine d'ingratitude,
Je ne veux plus icy faire mon habitude,
Ains plustost aux deserts des Cypriennes eaux[2] :
Reçois donc qui voudra se mettre en ta franchise,
Moy je te dy adieu, en montant sur mes Naux
Pour tenir le chemin que tint le fils d'Anchise[3].

[265] SONET XV.

Ne me voyez jamais Madame je vous prie,
Je meurs autant de fois que vous me regardez,
Et sans mourir, je meurs quand vous me desbandez
Ces traicts empoisonnez qui destruisent ma vie :
Las ! Pourquoy vous prend il de me voir tant d'envie ?

---

[1] Ce nom est probablement une anagramme pour Troie.

[2] L'adjectif renvoie à Vénus, qu'on surnommait Cyprine en raison du temple pour elle bâtie dans la ville de Cypris, à Chypre. Voir TS LXXXII v. 1.

[3] Il s'agit d'Énée qui possède le privilège de pouvoir aller aux enfers où il revoit son père. Voir Virgile, *Œuvres complètes*, *Énéide*, *op. cit.*, VI, p. 507 et suivants ainsi que ici même TS LII.

Est-ce ainsi que mes jours de vous sont devidez ?
Pensez vous que la mort que vous me demandez
Soit la totalle fin de vostre jalousie ?
Quand je voy ces beautez, ouvrage sainct des Dieux,
Je sens un mal cruel qui vient saisir mes yeux,
Et jusques à mon cœur ceste douleur s'espanche :
Mon ame bien-aimée, helas ! Je disois bien
Qu'il falloit promptement user d'une revenche,
Mais au pris de ces traicts nostre force n'est rien. [252 r°]

[266] SONET XVI.

Allons peines, allons, faisons tousjours voyage,
Revenons à minuict, et partons avant jour,
Puis qu'il faut obeyr à ce maudit Amour,
Il nous faut bien complaire à ceste ame vollage :
Mais plaignons nous un peu à son brave courage,
Qui en un cœur si dur fait son plus grand sejour,
Parlons un peu aux yeux qui nous bruslent tousjour
Pour voir s'ils cesseroient ce dangereux orage :
Il est bien necessaire, entends nous donc Argive[1],
Que je serve tousjours, et non pas que je vive,
Te servant je merite une vie, et de l'heur :
Mais si je te changeois en devenant rebelle,
Je meriterois lors la mort et le mal-heur
Qui talonnent les pas d'un Amant infidelle.

---

[1] Voir pièce 247 v. 24.

[267] SONET XVII.

Me sera-il permis de dire que tu n'aime
Que pour faire mourir tes pauvres serviteurs,
Que tu n'aimes rien tant que noz cuisans mal-heurs
Et le tourment cruel, où tu me mets toy-mesme ?
A l'envy je me blesse, et me gesne moy-mesme,
Te blasmant toustesfois en contant tes rigueurs,
Publiant de mon cœur les uniques douleurs,
Bref le mal et le doux de mon Amour extresme :
Belle si tu te sens de m'aimer desja lasse,
De mesme je suis las, car par ta bonne grace
Je vivois, et je meurs pour te faire plaisir :
Si je craignois la mort, je ne voudrois ma belle
Te blasmer de tes faits, qui m'est un desplaisir
D'aimer une beauté, et l'appeller cruelle[1]. [252 v°]

[268] SONET XVIII.

Quand je voy vostre sein, et voz beaux yeux Madame,
Admirant tant de lis, de roses, et de feux,
Je guiday[2] lors ma veuë à voz divins cheveux,
Où tout espouvanté je vy voller mon ame :
Amour qui avoit fait de long temps ceste trame
Me vint voir ce jour là que je fus amoureux,

[1] La construction de ce tercet est complexe. Le pronom relatif « qui » a bien pour antécédent « faits ». On attendrait donc plutôt « qui me sont un desplaisir ».

[2] La concordance des temps est ici bouleversée pour former une scène à la fois au présent et au passé, qu'on suppose donc récurrente.

Disant que je serois extremement heureux
Si je voulois jurer de n'aimer autre femme :
Desireux de servir ceste chose si belle,
Je promis en sa main une Amour immortelle,
Luy jurant de mourir soubs sa cruelle loy :
Mais helas ! Je pensois que fussiez plus humaine !
„ Voulant plustost quitter ma vie que ma foy,
Je reçois de bon cœur ceste mort inhumaine.

[269] SONET XIX.

Aggreable despit à ma rude maistresse[1],
Qui rit de ma misere, et qui feint de pleurer
Quand je souffre pour elle, allez sans demeurer,
Fuyez de mon desir, afin que mon mal cesse :
Je ne veux plus souffrir ce mal qui me caresse,
Ny servir celle-là qui me fait endurer
Mille morts en un jour, et tousjours esperer
De vaincre par ma mort la douleur qui me blesse :
Dites luy, beau despit, que c'est une meschante,
Qui du feu de ses yeux les fols humains enchante,
Et qui m'a fait servir sans me resconpenser :
Mais dites luy cela mon despit je vous prie,
J'aime trop mieux mourir que jamais y penser,
„ Car ce ne sont que morts aussi bien que ma vie.

FIN DES SONETS[2].

[253 r°]

---

[1] La volonté de concision donne à ce vers un aspect énigmatique. Il faut sans doute comprendre que le « despit » du locuteur est « aggreable » à la dame.

[2] Cette indication met cette fois définitivement fin à tous les sonnets du recueil contrairement à celles que l'on trouvait déjà à la suite des pièces 68 et 136.

[270] ADVERTISSEMENT AU LECTEUR.

Je me suis apperceu que le peu de soin que nous avons des vers, fait naistre un desir en nostre cœur de voir de la prose, et après la prose les vers, pour nous desennuyer[1] : mais pour mieux dire ce n'est que belle nonchalance et faute d'Amour que jadis noz peres portoient à ceste divine maistresse des arts, laquelle nous devrions cherir et aimer comme nostre cœur, et la source de tout le bon-heur et felicité de nostre vie[2].

Or n'ayant pas esté esleu pour faire une reformation là dessus, ains seulement pour en dire mon advis, je me contenteray en ce que je sçay bien que plusieurs gens de bon entendement verront mes œuvres, non pour y proffiter, mais pour assommer le temps à force de coups[3], et de lire mes Amours, et ces lettres folles, que je te mets icy entremeslées de vers, pour te desguiser un peu la matiere, sçachant bien qu'elle a si peu de goust en soy, que tout cecy ne seroit que bifferie sans cela : Neantmoins, amy Lecteur, je ne laisseray à t'advertir qu'ayant encores plusieurs autres lettres amoureuses, je ne les ay voulu

---

[1] Cette affirmation est à entendre dans deux sens. De fait, cet ensemble de lettres est en prose au milieu d'un recueil de vers mais il est lui-même constitué de vers et prose, formant un prosimètre épistolaire.

[2] Beaujeu semble rappeler ici la désaffection dans laquelle ont été tenus les arts par l'aristocratie guerrière jusqu'au milieu du siècle. La poésie et l'écriture en générale apparaissaient au mieux comme utiles à la séduction, au pire comme marques de faiblesse et de paresse. Voir 5 l. 78.

[3] L'expression, dans sa trivialité hyperbolique, semble parodique. Elle est cependant vraisemblablement issue de la lecture du « Proësme du translateur » rédigé par Amyot pour justifier sa traduction de *L'histoire æthiopique* d'Héliodore. L'helléniste indique qu'il l'a réalisée « ou pour divertir quelque ennuits ou pour en avoir puis apres l'entendement plus delivre et mieux dispos à faire et à lire autres choses meilleures ». On retrouve chez Beaujeu l'idée qu'il faut « desennuyer » les « gens de bon entendement ». Voir Héliodore, *L'histoire æthiopique*, *op. cit.*, p. 161.

mettre en lumiere pour ceste fois, attendant la congnoissance du goust que tu auras trouvé en celles cy, esperant que le subjet et la diversité d'iceluy te donnera quelque contentement, non toutesfois comme je l'eusses desiré[1], Adieu.

[253 v°]

[271] LES CHAPPONS[2] DE L'AUTHEUR.

Il n'est plus possible de celer mon feu, et quoy qu'il en doive advenir, il faut que je vous die que ma patience est vaincuë de mon mal, et que si vous n'y apportez le silence, que bien tost l'on sçaura de quel mal-heur je me plains.

S'il m'estoit permis de demeurer auprès de vous, je n'aurois tant de Vautours à nourrir[3], ny d'impatience et d'ardeur

---

[1] Sans doute faut-il comprendre ici que le locuteur avait volonté de faire plus, ou mieux, mais qu'il ne pense pas avoir réussi.

[2] Le terme est un hapax pour désigner des lettres amoureuses mais renvoie de façon ironique aux « poulets », ces billets doux prisés des amants. Par ailleurs, cette courte section de lettres se veut à la mode : E. Du Tronchet publie son premier recueil de traduction de lettres italiennes en 1569, recueil qui aura un succès certain. Bien plus, en 1586, deux recueils de lettres, dont les auteurs se connaissent bien, voient le jour chez le même imprimeur : les *Lettres* d'E. Pasquier et les *Missives* des Dames des Roches. Il est probable que Beaujeu ait eu accès à l'un ou l'autre de ces ouvrages, lui qui dédicace ses *Amours* au Président Brisson et qui reprend le motif de la puce, développé dans le cercle de Madeleine et Catherine des Roches. Voir ici-même 3 l. 5, 199 v. 45, 73 et 79 et sur la question du prosimètre, *Le Prosimètre à la Renaissance*, Paris, Éditions rue d'ULM, 2005 et, pour les lettres amoureuses, N. Dauvois, *De la* Satura *à la Bergerie, le prosimètre pastoral en France à la Renaissance et ses modèles*, Paris, Honoré Champion, 1998, F. Lecercle, « Un pétrarquisme épistolaire : les lettres amoureuses d'Étienne Du Tronchet » dans *Les Poètes français de la Renaissance et Pétrarque*, études réunies par J. Balsamo, Genève, Droz, 2004, p. 353-362 et M. Des Roches et C. Des Roches, *Les Missives*, édition critique par A. R. Larsen, Genève Droz, 1999, p. 9.

[3] Le locuteur fait sans doute une allusion à Prométhée, condamné à avoir le foie mangé par des vautours.

à gouverner, où je me trouve plus empesché qu'estonné : sçachant bien que mourir pour vous, c'est le comble de ma felicité.

Pour vous tesmoigner donc qu'incessamment je me souviens de vous, et que mon service est l'amitié entiere, aussi esloigné du vent[1] que je suis du repos, que ce n'est que gesne extraordinaire que mon mal, je vous en manderay souvent des nouvelles, afin que soyez asseurée du mauvais portement de vostre malade, qui languira tousjours si vous n'avez pitié de luy, voulant plustost mourir, que guerir sans vostre permission.

A ce deffaut donc, Madame, je vous supplie tres-humblement de voir ma lettre, et donner autant de patience à voz yeux, qu'ils ont de feux et de cruauté, afin de juger que soubs le blanc et noir de mon escriture, mon cœur, mon ame, mes desirs, et mon service, sont fidelles messagers de ma douleur, qui m'empesche par l'impetuosité de ses tourments de vous bien dire mon mal, et vous exprimer les traverses de mon Amour, laquelle sera tousjours guidée d'une telle discretion que vous jugerez l'ame qui tant vous honnore estre aussi ferme comme elle de tourments pour durer constante : Il faut que je die que ce ne sont les riches beautez du Ciel que vous [254 r°] avez dans le visage qui m'ont rendu vostre serviteur, ny ces[2] poignans regards de voz yeux, guidez de voz belles mains, dont la nayve blancheur peut arrester la course violente des hommes sans Amour :

„ Mais un destin qui rit de m'avoir offensé
Par l'alliance inseparable de noz ames
„ Faite là haut avant nostre naissance
„ Dont mon esprit n'a perdu congnoissance[3] :

---

[1] Voir l. 31.

[2] 1589 : *ses.*

[3] Comme il l'avait annoncé, Beaujeu truffe ses lettres de vers, ici d'abord un alexandrin puis deux décasyllabes. Conformément aux normes typographiques de l'époque ces vers sont, dans l'édition originale, en italique.

Et ne veut demeurer ingrat du bien dont elle a esté honnorée, je parle de l'ame qui est en vostre Enfer.

Mais tout ainsi que l'ame servante a plus de mal que l'ame servie, ainsi luy est-il permis de se plaindre du mauvais traittement, comme du mauvais service : Vous sçavez bien si j'ay manqué à mon devoir, vous le sçavez, Madame, je vous empescheray fort bien de vous plaindre justement, par ce que je seray tousjours vostre serviteur si fidelle, que les vents de vostre mespris[1] ne feront mouvoir, ny bransler mon amitié, ferme contre les rigueurs de vous, et d'Amour. Souvenez vous donc de moy, Madame, et si en faveur du Ciel il vous plaist m'escrire, je tiendray ceste lettre aussi chere que ma vie, qui ne seroit si j'avois asseurance que me voulussiez mal. Adieu Madame.

J'ay tant d'envie de mourir de vostre main, que je vous desire autant de cruauté que vous estes belle : Jamais personne ne desire sa mort qu'il ne soit desesperé par la violence de ses douleurs. Ayant tant de mal que j'ay j'en devrois faire ainsi : mais le mal que je souffre pour vous tant aimer m'est si gracieux que je le reçois, et le caresse, encores que j'apperçoive bien au milieu de luy l'image de ma mort.

Je ne fus jamais si content, ny si tourmenté que je suis, n'en ayant aussi jamais eu tant de subjet, encores que j'aye servy des beautez qui se faisoient accroire, non sans occasion, que le plus parfait du monde ne faisoit que son devoir de se mettre à leur service.

Mais je congnois bien qu'il n'y avoit rien semblable à vous Madame, je voy bien maintenant la difference qu'il y a, encores que mon affection aye broüillé mon entendement, si congnois-je bien que le subjet qui m'anime est tout autre que [254 v°] celuy qui avoit allumé premierement mon feu.

Retirez donc les brandons de voz yeux, j'ay assez de flames. Toutesfois si vous que j'adore attendez un contentement de

---

[1] Sans doute trouve-t-on l'explication de l'emploi du terme « vents » à la ligne 8.

ma mort, je finiray ma vie quand il vous plaira. Souvenez vous du manchon et du gand que je trouvay caché au ply de vostre robbe[1], et des prieres que je faisois : Pour asseurance donc des paroles que je vous tins, permettez moy que les effects suivent, si vous voulez que je demeure en vie. Adieu Madame.

Vous me perdez, Madame, en me remerciant de si peu de chose[2], s'il vous plaist d'en sçavoir d'avantage, au moindre de voz commandemens je vous feray paroistre qu'il ne m'est rien impossible pour vous complaire.

Recongnoissant bien que tout ce que j'ay de cher vient de vous, qui me fait mieux aimer mon martyre, que ma vie libre passée : Encores qu'ayez esté la premiere qui a rendu mon cœur miserablement honnoré sur tant d'autres beautez que j'ay servies, et qui à mes yeux ne sont que paintures, quand je viens à les comparer à vostre divine image.

Aimez moy donc, Madame, et rendez moy s'il vous plaist content, par l'advis de vostre brave courage, qui ne voudroit pour une si petite cruauté acquerir une si grande et mauvaise reputation, d'aimer le sang et la ruine de celuy qui vous aime plus que son cœur. Adieu Madame, je suis vostre serviteur.

Helas ! Madame, jusques icy j'ay tousjours creu que mon tourment estoit à sa perfection, et ma vive chaleur en sa plus grande vehemence : mais aujourd'huy ils ont prins un tel accroissement, qu'au lieu d'en discourir, il me faut plaindre : et au mesme lieu où je pensois vivre doucement agité, il me faut mourir.

---

[1] La lettre rappelle ici un cadeau offert à la dame en guise de preuve d'amour.

[2] Le locuteur introduit une référence à une potentielle réponse de la dame. Le « peu de chose » dont il est question peut être interprété de différentes manières : soit il s'agit de l'intérêt que le locuteur porte à la dame, soit d'un cadeau envoyé avec la précédente lettre, soit enfin « du manchon et du gant » mentionnés dans ladite lettre.

Pour l'amour de vous, j'embrasseray amoureusement la mort, et vous jure, Madame, que j'iray au devant d'elle aussi gayement que je m'y offre, afin de vous faire paroistre que si mon tombeau vuide ne vous est aggreable, aussi tost je le fourniray d'un cœur volontiers mort pour vous faire plaisir.

Tenez cela pour fait si je suis une fois absent de voz yeux, ne voulant allonger ma vie pour bien que j'en espere : mais [255 r°] pour avoir seulement loisir de vous supplier, d'eslire le tourment auquel vous voudrez que je meure, bannissant ma vie d'une parole que vous daignerez proferer pour rescompense de mes services.

N'oubliez pas aussi, s'il vous plaist, Madame, à me mander quel langage je tiendray là bas aux gardes espouvantables des fatales eaux[1] : Afin que mon ame encores souvenante de vous avoir servie, pourchasse une charge honnorable, cependant que vous regretterez ma fin bien-heureuse, si que les esprits de mon obeyssance soient voz affectionnez, Madame, qui me faites mourir ce me semble un peu trop legerement : Si vous vous sentez offensée de ce langage, ne m'en accusez pas s'il vous plaist, car c'est la violence du feu chaud de voz yeux qui me tiennent en une continuelle gesne pour avoir aimé leurs esclairs, qui sont de la nature de la foudre, laquelle tue les humains à qui Jupiter se jouë.

Pensez donc comme[2] mon cœur pouvoit subsister, veu qu'il a joint à mon tourment l'envie qu'il a de vous estre aggreable au dernier jour de ma vie, comme aux premiers où vous me gagnastes si aisément. Me voilà donc tout prest de mourir si vous vous en allez, mais pour n'employer pas toutes voz rigueurs, en vous acquerant de l'honneur voyez moy mourir : afin que mon ame ne se desespere en l'aspreté de mes sanglots : Et lors que mes esprits despitez de me

---

[1] Il s'agit de Charon, passeur du Styx vers les enfers et des âmes condamnées à attendre sur les bords du fleuve en raison de leur incapacité à traverser.

[2] L'adverbe a ici le sens de « comment ».

laisser, auront comme athomes vollé en voz cheveux, et que mon ame triste aura laissé ma bouche alterée, et mes yeux endormis sur le chevet du lict, que l'on aura aussi renversé ma couverture sur ma face blesmie, alors, Madame, en me disant adieu, et souspirant un petit, vous pleurerez s'il vous plaist, et monterez en vostre Carosse, priant Dieu de vous pardonner ce meurtre d'aussi bon cœur que je le vous pardonne.

Voilà tout le pis qui honnorablement me sçauroit arriver, mais si vaincuë de mes prieres assiduelles il vous plaist que je vive, permettez moy que je me puisse nourrir des fruicts bien acquis de mon service : Faisant ainsi, vous ne serez pas meurtriere, qui sera un grand bien, quand vous aurez les mains nettes de sang, vous pourrez paroistre devant le Ciel et les hommes. [255 v°]

Juste, douce, belle
Bonne, riche, brave,
La main non cruelle
Sur son pauvre esclave,
Qui n'espere rien
En servant sa Dame,
Que de vivre sien
Ou bannir son ame,
„ Quand il sera commandé
D'un moindre clein de voz yeux,
Aussi tost l'arc desbandé,
Aussi tost l'esprit aux Cieux,

Ou là bas où le destin nous conduit ordinairement[1]. Demeurez donc icy, Madame, afin que vous soyez esleuë par la tristesse de vostre visage, pour porter un coing de mon tapis[2], afin d'honnorer mon convoy : Et si je demeure vivant vous

[1] C'est-à-dire aux enfers.

[2] Bien que ce sens ne semble pas se trouver dans les dictionnaires consultés, le mot est ici employé comme synonyme de « linceul ». La non spécialisation du terme qui équivaut à « pièce tissée que l'on étend sur une quelconque surface » permet un tel usage.

servir[1] de moy selon vostre volonté, m'estant toutes choses possibles pour vous rendre contente. Adieu Madame.

Madame ceste derniere[2] servira, s'il vous plaist, pour vous supplier de croire qu'il n'y a rien au monde qui m'aye peu faire resouldre à ne vous voir point, que le seul commandement que vous m'en avez fait, n'ayant jamais eu autre dessein que de vous obeyr et servir toute ma vie.

Le seul respect que je vous porte, Madame, m'a fait ainsi partir doucement d'avecques vous, en resolution de maintenir mon envie close en l'obeyssance que je vous doibs : Vous voyez la puissance que vous avez sur moy, en rescompense dequoy je vous supplie de me permettre que je m'enquiere de mon mal-heur, et que je me venge de ceux qui ont osé bastir ma misere, afin que la memoire de leur punition (s'ils ne sont Dieux immortels) puisse estre à jamais l'object de leur temerité, n'ayant moins de ressentiment que de courageuse volonté de vous faire service : Mais pour lever l'opinion à tout le monde de mes ardantes poursuittes, je les nommeray Visitations sans Amour[3]. Adieu Madame. [256 r°]

Vostre absence me fait trouver les jours aussi ennuyeux qu'ils m'estoient doux, auparavant que je fusse vostre serviteur : mais la douce esperance qui me guide, perdu dedans mes peines me soulage, et me fait doucement supporter mon mal, qui me seroit aussi gracieux qu'il m'est rude, si je sçavois que vous l'eussiez pour aggreable.

Ce n'est pas cét outrecuidé Démon qui autresfois me tourmentoit soubs ce nom d'Amour : mais c'est vostre meriste,

---

1 Cet infinitif est régi par la conjonction de coordination « afin que ».

2 Il s'agit bien sûr d'une fausse annonce car cette lettre n'est pas la dernière.

3 Ce mot d'esprit renvoie à la Visitation, moment pendant lequel la Vierge rend visite à sa cousine Anne, alors enceinte de Jean-Baptiste, et joue de la froideur de la dame pour faire taire ceux qui trouveraient l'assiduité du locuteur quelque peu inconvenante.

Madame, et l'honneur que vous me faites de m'aimer, si le Ciel veut que je die le bien que je reçois : Le plaisir que j'ay seulement d'y penser, me fait voir avecques ce que je sens l'idée de ma contente vie, et mon service extremement bien employez, et croy que mes premiers ans ont esté bien vainement despenduz, quand je viens à comparer mon bien passé, à mon espoir present.

Si donc les immortels vous ont fait un present de mon cœur, m'ayant livré au destin pour vous rendre contente, croyez qu'ils l'ont fait à bonne occasion, et n'estimez pas que ce soit gallantise que l'on me dit avoir parmy les femmes, mais un dessein par le Ciel attaché à mon devoir, et par la violence de vostre merite, qui surpasse tout autre subject que je puis avoir devant les yeux.

Mon bon-heur de tant plus est incomparable, qui me fait jouyr en mon courage animé d'un extresme plaisir, par l'esperance que j'ay que la fortune me fera faire place au milieu de mes maux ennemis, qui ne se lasseront jamais de me tourmenter, si vous ne leur faites deffence de me plus travailler. Non, non, Madame, laissez les faire, puis que je suis nay pour exercer vostre cruauté permise des Dieux, afin aussi que j'aye si peu de permission qu'il vous plaira de vous faire service. Adieu Madame, je vous souhaitte autant de contentement que je m'en desire, si j'ose me desirer du bien sans vostre permission. Je suis vostre serviteur. Adieu Madame.

Je desire sçavoir que vous faites, Madame, pour voz passions, où je voudrois apporter quelque soulagement s'il vous plaist que j'en sois adverty, desirant plustost vous faire preuve de mon affection par effect, que par les paroles qui avec le vent ne sont que legeretez. Mais le peu que je puis [256 v°] m'enleve l'esperance de me rendre vostre aggreable serviteur, si ce n'est que par voz commandemens j'en sois fait digne.

Recongnoissant bien que par ce bon-heur là je puis me jetter sans danger au milieu de toutes les difficultez du monde, non que je desirasse vous mettre hors de cette affaire jusques à icy, pour avoir ce contentement de veoir ce qu'en mon ame j'adore plus que le Ciel, d'où je suis Madame, la gloire duquel m'a perdu, m'ayant fait laisser de bravade ma maistresse, soubs l'esperance que j'avois de n'en estre si long temps necessiteux.

Et pour mieux ruiner ma vie il[1] me laissa un presomptueux desir pour en faire nouvelle selection d'une qui vous ressemble extresmement : Ses merites estant si semblables aux vostres, que je luy donne vostre nom quand je l'appelle en mon cœur, dont je me plains et desespere si fort que je meurs. Si par la bonté d'une ame si belle je ne suis le but de ses douceurs, et non de sa cruauté, ma perte est toute evidente : Je ne doute point qu'elle n'advienne, par ce qu'en un nombre si infiny de perfections, il ne peut estre qu'il n'y aye de la dureté, que je crains plus que ma mort : Sçachant bien qu'il me faudra mourir autant de fois que je l'aime, pour le moins, avant que d'essayer celle[2] que la nature reserve pour ce cœur infidelle[3], qui doit recevoir sans doute le loyer de son infidelité, avant qu'il soit aussi content que le meschant[4] estoit desdaigneux à sa rebellion. Mais ce dessein si beau luy donne courage, avec ce que je ne le laissay jamais sans honneste temerité, pour aspirer en lieu si digne, et dont la hautesse ne luy[5] peut apporter moins d'honneur, que de contentement, lequel je ne puis avoir sans commencer

---

[1] Ce « il » renvoie au « Ciel » mentionné ligne 155.

[2] Ce pronom renvoie à la mort mentionnée ligne 168.

[3] Il s'agit vraisemblablement de la dame dont la versatilité vis-à-vis de l'amant est prise pour de l'infidélité.

[4] Ce « meschant » est sans doute le dieu Amour qui méprise les tentatives de la dame pour s'extraire de l'attraction amoureuse.

[5] Comme à la ligne précédente ce pronom reprend le groupe nominal « cœur infidelle ».

par ceste offre de mon service, dont je crains que ne soyez offensée, pour devoir estre faite en vous adorant : Mais je faits volontiers ceste faute pour vous laisser en doute de mon asseurance. Outre que j'ay dequoy vous venger si je merite punition, ce qui m'y a d'avantage poussé est que devant voz yeux je n'eusses peu parler, ny escrire de mon mal, comme je faits icy, m'estant apperceu qu'un seul souvenir de vous a fait arrester ma voix et ma main, pour vous dire, Adieu Madame. [257 r°]

L'on dit, Madame, que l'Aigle assailly des ans, se baigne en la mer avec tant de proprieté qu'il reprend des forces nouvelles, et s'asseure contre la mort pour la premiere fois, et puis tout glorieux va porter sur ses ælles neuves la violente foudre du Ciel, qui à force d'esclairs luy fait r'accourcir ses peines, et le contraint encores une autre fois de retourner en l'eau, où cuidant r'ajeunir, il meurt, non sans injurier sa fortune, et le Ciel mesmes, où il avoit tant de credit autresfois, pour estre ainsi surprins et mal-heureusement noyé[1].

Discourant donc sur sa mesadventure, je me suis apperceu de la mienne, me ressouvenant bien que je suis esté autrefois le messager et porte tempeste de ma premiere Dame, que j'ay servie autant qu'elle a veu le jour, et depuis sa mort uniquement aimée et adorée par tout où mon cœur se trouvoit.

Ayant donc ainsi congneu ma perte soubs le desir qui me tenoit premierement eschauffé, je me jettay en une mer infinie de patience, et agitée de mes douleurs, qui croissoient jour à jour par l'assiduelle course de mes larmes, et là Madame, je fus aidé du Soleil de voz yeux, qui me fit remonter au Ciel, où j'ay tant porté et souffert d'ardeurs, que mes peines demy

[1] La proposition circonstancielle de but est introduite par le verbe « injurier » à la ligne 182. Cette anecdote reste par ailleurs énigmatique bien qu'elle puisse venir d'un montage de certains passages de Pline qui, à propos des aigles, rapporte bien leur rapport particulier à la foudre et à l'eau. Voir ici-même 69 v. 124 et 273 ainsi que Pline, *Histoire naturelle*, *op. cit.*, X, 8-11 et 15.

bruslées me tiennent en perpetuelle crainte de mourir, avant que je vous aye plus rendu d'asseurance de mon fidelle service.

Secourez moy donc, Madame, et faites s'il vous plaist que vos yeux, qui m'ont perdu, me bruslent, que me bruslant, ils me sauvent encores une autre fois, si ma vie vous apporte plus de contentement que ma fin, laquelle je desire si elle vous est aggreable. Adieu Madame.

Celles qui ont fait qu'Amour a tant de reputation, ont arresté la fortune et borné son cours, en ne faisant pas toutes choses à sa volonté, ayans acquis par art ce que vous avez de commun, Madame, qui entre les belles, et sur voz serviteurs usez aussi mal de vostre grandeur qu'il est possible, desirant de mourir plustost pour exemple de vostre main, que de vous voir si peu craindre, et mesestimée de ceux qui sont indignes de vous adorer seulement.

Quel besoin estoit-il, Madame, de vous laisser voir à ces importuns d'aujourd'huy de leur avoir parlé si doucement ? [257 v°] Cela devoit estre foudroyé aussi tost qu'ils sont comparus devant vous, afin que d'ores en avant nul ne s'ose presenter devant vous, Madame, qui estes aussi divine, que douce et gracieuse.

Vous plaist-il donc faire un acte de cruauté, en me tuant devant tout le monde, moy qui vous ay tant aimée et servie, afin que vous soyez plus redoutable à voz ennemis, et honorée et crainte de voz amis ? Je suis tout prest de souffrir de toutes les plus cruelles morts un peu, afin que la diversité de mon tourment m'apporte plus de gloire, et à vous d'utilité. Je n'eus jamais une si belle envie que celle-cy, et m'estonne comment elle a peu naistre en mon sein, veu qu'autresfois je vous feis deffendre ma vie par Amour, lorsqu'il me sembloit que me vouliez faire mourir pour me punir de ma temerité. C'eust esté ingratitude, puis que vous estes certaine de ma foy, ayant quand il vous plaira un serviteur à faire mourir de sa bonne volonté, et sans que la furie des Cieux assassinast tous les jours vostre ame de repentance : C'est moy et mes semblables qu'il faut aimer, semblables dy-je, il n'en est point qui ose offrir sa vie ainsi librement que je faits, de laquelle vous pourrez tousjours disposer. Adieu Madame.

J'avois assez d'occasion de maudire Amour, pour les cruautez inhumaines que je souffre encores tous les jours, en ayant esté son autant fidelle serviteur, qu'il a de meschanceté au courage, sans qu'il m'eust aujourd'huy presenté à vous, Madamoiselle, perissant pour jamais ma liberté tant affoiblie soubs la subjection où je suis maintenant. Que puis-je autre chose que me plaindre aux Dieux et aux hommes, estant tombé en un tel inconvenient ? La Justice est elle au Ciel de souffrir les humains miserablement vollez comme ils sont ? L'equité qui tousjours l'accompagne ne doit elle rougir de honte ? Est-ce chose permise de prendre à force les conditions de ma vie, mon ame, mon cœur, ma liberté et mon affection, ne laissant rien en moy, ny à moy que toutes choses inutiles ? Me faisant semblable au pauvre homme destruit soubs les armes ennemies, qui faisant escorte aux feux d'une ville embrasée, nettoyent les ruës de sang, qui demeurent incarnates, en signe d'une ruine commune, laquelle ne laisse à soy mesmes [258 r°] (nomplus qu'à ceux qu'elle foulle aux pieds) que la memoire triste d'un tel accident ?

M'ayant donc icy Amour fait voller si injustement tout ce que j'avois, je suis contraint en me plaignant de recourir au moyen le plus doux, preferant ce qui me sert le plus pour aimer aux autres choses. Je vous supplie donc, Madamoiselle, de me rendre mon cœur, que vous m'avez prins, pour rescompense dequoy je vous donne l'honneur d'avoir mieux choisi que toutes les autres, recongnoissant bien au choix que vous en avez fait, que vostre bon jugement vous a donné la meilleure part de tout ce butin, avec l'envie, ou de m'en recompenser, ou de faire une plus grande cruauté : S'il est ainsi qu'il faille que je meure d'autant de diverses morts que j'ay d'ennemis, retirez toutes mes autres pertes en voz mains, afin que je reçoive une seule mort de vous, et que vous seule aussi ayez ou le blasme, ou l'honneur de m'avoir fait mourir, peut estre que quand vous vous verrez aux mains une telle puissance que vous changerez d'advis, ou bien sçaurez mieux à propos bannir ma vie de ce monde honoré, par le siecle qui vous conduit si dignement en vostre voyage : Vous jugerez bien ce discours icy tel qu'il est, m'ayant autrefois ouy parler d'une autre façon, non que je vueille desfavoriser ceste plainte pour mal qu'elle soit faite, car je pense qu'il n'y a homme au monde qui en puisse encores faire autant, voire mesmes à grande peine proferer un seul mot, n'ayant cœur, ny ame, sens, ny affections qui ne soient prisonnieres et captifs :

„ Sans espoir
„ De les voir
„ Un jour en franchise,
„ Hors des lieux
„ Où mes yeux
„ Ont mon ame mise :

Ainsi donc vous voyez que ma plainte et ma priere sont aussi loin de raison, comme moy de mon salut, ayant ceste ressouvenance encores par grace seule de vostre presence, que les cœurs prins ne se rendent jamais, ains lancez au martyre pour faire passer le temps à l'Amour, sont à tousjours le joüet du [258 v°] destin, qui n'espargne volontiers ceux mesmes qu'il favorise si longuement. Adieu Madamoiselle.

Si les songes ont du credit avec l'Amour, vous ne sçauriez avoir dormy toute la nuict, Madamoiselle, sans vous estre apperceuë à tout le moins de la painture de mon desir, m'ayant semblé que j'ay fait merveille entre voz bras, où je me suis resveillé, et à mesme heure ressenty autant de douleur et de regret, comme la vanité de mon songe m'a despleu[1], s'il vous plaist donc m'oster ceste tristesse du cœur, et sçavoir au vray tout ainsi que je me suis tourmenté : Deffaites vous de bonne heure de ces importuns, et je vous monstreray mon songe ceste nuict aussi veritable qu'il est trompeur. Adieu follion[2].

Ne vous estonnez pas de ma temerité, car ce n'est que ma coustume d'aimer les belles, si vous ne l'estiez, Madame, je ne vous eusse jamais offert mon service, d'autant que mes desirs hautains m'apportent de la gloire, font que mon ame devient tous les jours plus hardie à entreprendre contre les plus fortes places qu'Amour aye encores en sa puissance.

Je sçay bien qu'aux poursuittes d'une si digne entreprinse, qu'il n'y a pas moins de tourments que de longueur, et suis asseuré que l'on advance ses jours, pour servir des ingrates bien souvent : Mais pour tout cela je ne laisseray d'entrer à vostre service, resolu à la mort, comme à la vie, avec une esperance digne d'un si brave dessein, n'en pouvant recevoir dommage qui ne me soit plus honorable, qu'important ma ruine, laquelle sera tant pleine de reputation si vous en estes cause, que je vivray en ma propre mort, et dureray en vostre memoire autant que le monde souffrira parler de voz beautez : Les pauvres amantes aiment les commoditez necessaires à chacun, le Ciel vous a osté de ce rang, les riches en donnent aux mercenaires de leur Amour : Nostre fortune ne vous a point eslevée si haute, ny moy descendu si bas, mais celles qui sont de vostre condition se peuvent servir de mes sembables[3], sans arrester le feu qui fait aimer autre part

---

[1] L'allusion à un rêve érotique semble ici assez claire. Voir aussi TS CVIII.

[2] La rupture de tonalité de la lettre qui se veut sinon érotique, du moins légère, est reprise par cet adieu désinvolte.

[3] Ce passage insère une sorte de donnée sociale dans l'histoire d'amour dans la mesure où le locuteur revendique son appartenance à une classe hiérarchiquement plus élevée que celle de la dame. Il semble même dénoncer l'utilitarisme de la

qu'où il se desire : Ce n'est pas que je me veuille excuser de tous les moyens que je pourrois avoir, pour parvenir à ce que je desire, mais pour vous advertir que si vous changiez mille fois le jour, je changerois [259 r°] autant de fois, pour me rendre vostre aggreable serviteur : Adieu broüillon, je suis tellement vostre vallet que la Rousse[1] n'aura jamais de pouvoir sur moy.

FIN DES CHAPPONS DE L'AUTHEUR.

[272] CHANSON.

Si la violence se monstre
    Immortelle en aucun Amour,
    Voyez cét œil que je vous monstre
    Enflamé pour durer tousjour.
Voyez ces feux, voyez ces flames,
    Oyez les plaints que je vous faits,
    Et vous verrez par mes alarmes
    Qu'un tel mal ne mourra jamais :
L'on dit bien vray que la mort dure
    N'est pas pour la divinité,
    Elle n'en veut qu'à la Nature
    N'ayant rien d'immortalité.
Jamais la fin en telle peine
    N'apporte aucun allegement,
    La fin n'est que pour l'amour vaine
    Qui naist et meurt ensemblément.

---

dame qui se sert de lui pour acquérir des richesses. Cette hiérarchisation entre l'amant et la dame est contraire à celle donnée dans le sonnet 259.

[1] L'allusion est obscure et semble donner une tonalité réaliste à cette dernière missive. Il s'agit sans doute du sobriquet donné à une femme aux cheveux roux.

D'une flame toute divine
J'ay le cœur pour jamais espris,
Je ne crains donc point une ruine
Des liens où je me sens pris.
La flame du Ciel courroucée
Me favorisera tousjour,
L'Amour qui n'est point commencée
Se peut dire immortelle Amour.
Mais la faveur que j'en desire,
C'est que mon mal dure sans fin, [259 v°]
Vivant seul, à jamais martyre
C'est estre plus que le destin.
La cendre de mon cœur vivante
Autant de fois qu'il a de morts,
Fera mon ame plus contente
D'être en un immortel corps[1].
Madame ainsi toute divine
Me fera vivre en mon tourment,
Empeschant que mon mal ne fine
Son nom sera tout permanent.

FIN.

---

[1] Le vers est faux. On peut proposer la correction suivante : « De [vivre] en un immortel corps ».

[273] ODELETTE.

La Colombe dessoubs l'ælle
De l'oiseau qui porte au dos
La foudre y prend son repos
Et force toute nouvelle
Pour mieux eviter les flots[1].
L'oiseau qui l'esclair allume
La voyant à son costé,
D'Amour, et d'honnesteté,
Il enflame moins sa plume,
Et rend son feu escarté[2] :
Mais toy cruelle felonne
Quand j'approche ton giron,
Tu appelles Cupidon
Qui me brusle, et tant me donne
De coups, que je meurs Acron[3].

FIN.

[260 r°]

[1] La pièce est mentionnée dans Martinon *Les Strophes*, *op. cit.*, p. 535, sous la rubrique quintil d'heptasyllabes de forme abbab.

[2] Il ne semble pas que Beaujeu emprunte ici directement à un auteur, mais plutôt qu'il joue sur la symbolique de certains oiseaux. L'identification du premier volatile est cependant délicate. De fait, dans le contexte romain, l'aigle, comme le dit Pline, est « considéré comme le porteur d'armes de Jupiter ». En revanche, le Phénix est utilisé en contexte pétrarquiste. Quel qu'il soit, l'oiseau ici mentionné est lié à l'amante tandis que la « Colombe » est assimilée à l'amant. Voir ici-même 271 l. 176-283 et Pline, *Histoire naturelle*, *op. cit.*, X, 15.

[3] Ce nom mystérieux pourrait renvoyer à celui d'un des rois étrusques vaincus par Romulus après l'enlèvement des Sabines. Homme d'un grand courage, il choisit d'affronter les Romains pour tenter de mettre fin à leur expansion. Il meurt en combattant Romulus. Il s'agirait donc ici d'une allégorie du vaincu honorable. Une autre hypothèse consisterait à dire que ce terme est construit sur l'adjectif grec « acronia » qui signifie « très grande douleur ». Voir Plutarque, *Les Vies des hommes illustres*, *op. cit.*, t. I, *Vie de Romulus*, p. 57, XXV.

[274] ELEGIE.

Escoute, mon Phebus[1], à ce coup mes complaintes,
Et les vives couleurs dont mes Amours sont paintes,
Helas ! que dy-je Amours ? Ce sont calamitez
Que les sorts à tout perdre en mon sein ont jettez
Par l'orage obscurcy de leur viste inconstance :
Depuis que je revins humer l'air de la France,
J'avois tousjours aimé mon peu d'affection
Pour n'estre jamais sot par une passion
Qui lionne en mon cœur se repaist à toute heure
Et tant et si souvent qu'il faut, las ! que j'en meure :
Or attaint à ce coup par un endroict nouveau
Je me congnois blessé en homme de tombeau,
En n'aguieres vivant[2], et mon ame effroyée
Soubs le faix de mes maux par force s'est ployée.
Escoute, donc icy, que Paphis[3] contre moy
„ Jura[4] le mesme Dieu, qu'il jura contre toy,
Et pour mieux me ruiner au pris de sa parole
M'amorça doucement en sa mortelle eschole.
Je t'en escrirois bien les incommoditez
Si Ronsard[5], bien disant, n'avoit paint les beautez
De Cassandre, et l'orgueil de sa belle Marie[6],

---

[1] Il s'agit d'Apollon, dieu de la poésie à qui s'adresse le poète au début de cette élégie.

[2] Il faut comprendre cet hémistiche comme un substantif composé d'un adverbe et d'un adjectif, qui vient gloser l'hémistiche précédent.

[3] Ce nom renvoie au dieu Amour dont la mère, Aphrodite, était révérée dans la ville de Paphos, en Crête. Voir TS LXVI v. 14 et TS XCVI v. 11.

[4] Le terme est employé à la place de sa forme composée « conjurer ».

[5] Voir TS XLVIII v. 4, TS CXV, 41 v. 9, 65 v. 1, 113 v. 147, 202 v. 14, 203 v. 1.

[6] Le locuteur fait référence au deux premières dames chantées par Ronsard dans ses poèmes. La première dans les *Amours*, paru en 1552 et la deuxième dans la *Continuation* et la *Seconde continuation* en 1555-1556. Peut-être faut-il

Dont la fame[1] jamais ne se verra perie.
Mais pour te dire icy, puis qu'il m'en faut mourir,
La peine qu'il[2] me fait, je te veux discourir
Avec tant de raisons, et de complaignant style
Que tu congnoistras bien que les yeux d'une fille
Craintive d'aimer tant, et de tenter le sort
N'ont à mon cœur blessé, donné semblable mort.
Tu verras bien icy qu'un Pere pour congnoistre
Ma chaude affection, n'a point desiré d'estre [260 v°]
Avec sa femme à part pour deviser[3] de moy,
Mais qu'Amour seulement a tramé mon esmoy
Par meurtres, et par sang au Midy de mon aage,
Me faisant amoureux d'un enciergé[4] vefvage[5],
„ D'une beauté paslie, à qui le dueil amer
„ Fournit chaque matin de fiers vents et de mer.
Ainsi mes pauvres yeux ayant pleuré leur perte
Qui ne peut jamais plus estre aussi recouverte,
Volontiers me font voir celles[6] qui d'un tel dueil
Repaissent quelquesfois les regards de leur œil :
„ Car depuis que mon cœur a perdu son semblable
„ Il aime à contempler ce qui est miserable,
„ Il suit le jeune ris et les vives couleurs[7],
Se plaisant à la gesne ainsi de ses douleurs.
O mon cher Appollon ! il faut que je te die

---

conclure de ces vers que la pièce a été écrite avant la parution des *Sonnets pour Hélène* en 1578.

[1] 1589 : *dont la femme.*

[2] C'est bien du dieu Amour dont il s'agit ici.

[3] 1589 : *déviser.*

[4] Il s'agit vraisemblablement d'une création lexicale beaujellienne qui renvoie à l'abondance de cierges utilisés lors du veuvage. Ce terme évoque la situation de la dame dont est tombé amoureux l'amant. Dès lors, il semble qu'il faille privilégier le sens de « entouré de cierges » pour le terme « enciergé ».

[5] Voir ici même 94 et 114 ainsi que 113 v. 240, 274.

[6] Ce pronom fait sans doute référence aux dames par qui le locuteur est séduit.

[7] Sans doute ce vers indique-t-il ici que l'amant se plaît à suivre la dame qui lui échappe pour se faire souffrir.

La source de mes maux, et de ma maladie
Qui me tient engisté, et qui fait sur mon sein
„ Porter dix mille fois par cholere ma main.
Sçaches donc, mon Phebus[1], qu'estant icy forsaire
Aux mers de mes procés[2], qu'Amour mon adversaire
Favorisant je croy, à ceux qui voudroient bien
Sans cause, et à grand tort m'oster et vie, et bien.
Me suivant au Palais[3], comme il a de coustume,
Me souffrit salüer[4] mon Achille de plume,
Auprès de mon Hector qui conte à ton Senat
La juste occasion de mon fascheux debat.
Et mon Ulysse[5] encor qui d'une belle ruse
En tournant son bonnet, mes ennemis abuse.
Après que ce bon-jour fut suivy du propos
Qui sans feu me brullace[6] et nuict et jour les os,
„ Le sainct Prestre vestit sa robbe triomphante,
„ Le peuple se tourna vers la chappelle ardante, [261 r°]
„ Voulant au grand Seigneur l'humble bon-jour donner,
„ Un sainct *Confiteor* commença de tonner
Par toute ceste Salle. Après l'humble priere
Je sentis mon manteau retenu par derriere,
En me cuidant lever j'y addressay mes yeux,
„ Non comme un offensé, mais comme un gracieux,
„ Car jamais au sainct lieu il ne faut de cholere,
„ Ainsi que l'humble enfant entend la voix du Pere

---

[1] Voir ici même v. 1.

[2] Le locuteur se montre ici comme l'esclave de ses procès à travers une métaphore topique des aléas de la vie.

[3] Il s'agit du palais de justice.

[4] Cette locution verbale est la proposition principale de la phrase débutée au vers 49. Le sujet en est « Amour ».

[5] Ces trois noms issus de l'*Iliade* apparaissent ici en antonomase, semble-t-il pour qualifier des alliés de Beaujeu lors de ses démêlés avec la justice quand il a voulu revenir en France au milieu des années 1580, sans qu'il soit bien possible de déterminer qui est qui.

[6] Il s'agit sans doute d'une coquille pour « brûla ».

Qui l'instruit, tout ainsi oyant de Dieu la voix,
Il faut estre plus doux qu'on est aux autres fois.
Là mesme, mon amy, je vy dessoubs un masque
L'œil brillant qui me fait à ceste heure fantasque,
Forcené, plein d'Amour, et de rage enfoncé,
Boüillir[1] dedans ma teste un cerveau offensé,
Qui me fait tant de fiel et de larmes reboire
Que j'en perds tout le sens, contenance et memoire[2].
Aussi tost que ses rets qui comme flesches vont,
M'eurent renfermé l'œil de deux doigts soubs le front[3],
Et que mon ame accorte eut prins une cuirace,
De desdain et d'oubly, des traicts de ceste face,
Je traversay le peuple encore à deux genoux[4],
Me semblant que j'allois à pieds nuds sur des cloux,
Tant ma nouvelle playe estoit empoisonnée
Dès l'œillade, hé helas ! qui m'estoit ja donnée :
Neantmoins asseuré, et ensemble craintif,
Je feis ce que je pus pour n'estre point captif,
Je m'armay contre Amour, qui avec ma maistresse
Lançoit flames et traicts dessus mon sein sans cesse.
Mais en fin repoussez à leur grand des-honneur
Ils machinerent lors la ruine de mon cœur,
Venant tout à propos passer devant ma veue :
Or ceste vefve[5] icy estoit desja congneue [261 v°]
De mon œil effronté, qui presumoit de soy
Bien autant, pour le moins, qu'il hait ores la loy
Où il est asservy. Ainsi la belle passe.

---

[1] Cet infinitif est régi par le verbe « faire » du vers 74.

[2] En ce sens, cette élégie se fait très proche des déclarations bien connues de Pétrarque sur sa rencontre avec Laure à l'église Sainte-Claire d'Avignon, bien que le poète italien ne raconte pas en détail cette rencontre dans le *canzoniere*. Voir Pétrarque, *Canzoniere*, *op. cit.*, p. 29 et p. 55, s. 3.

[3] L'expression est employée à propos de Philomèle en 81 v. 736.

[4] 1589 : *encores à deux genoux.*

[5] Voir v. 34.

Ne me servit de rien ma debile cuirasse[1],
Car Amour, de ma mort le complice maudit,
En flesches, et en feux tout soudain se rendit
Et entra dans mon sein par où mon cœur respire,
Qui fait que maintenant tant de maux je souspire[2].
Celuy qui ne vit onc quelque faon pipollé[3],
Chercher en grand soucy, tournoyant desolé,
Sa mere par un bois, entende ma deffaite.
Et comme je cherchay ma maistresse parfaitte,
Pour la revoir encore[4] au visage une fois,
Avec plus de retours, que le faon par les bois,
Car en un rien ma veuë à[5] la mort obscurcie
Recherchoit ma santé dedans ma maladie,
Et pour me r'afraischir mon cœur ne demandoit
Que de voir les chauds rets du[6] feu qui le brusloit :
Ainsi tant je cherchay sans me donner de treve,
Que je revis encor de près ma belle vefve[7]
Avec un bas tortis de ses brunets cheveux.
Un linouple enroulé blanchissoit dessus eux,
Et sa coiffe de crespe au dueil accoustumée,
Cachoit son front demy, puis sa gorge enfermée
D'une escarure blanche, et sur ses bras mignons
S'estendoient[8] blanchement maintes[9] petits minons.
Voyez en un verger où la riche poinçonne

---

[1] 1589 : *Là ne me servit de rien.*

[2] Ce motif de l'amant résistant vaincu enfin lorsque Amour lui-même se transforme en flèche et vient se loger dans son cœur, se trouve chez Ronsard, dans la *Continuation des Amours*. Voir Ronsard, *Œuvres Complètes*, *op. cit.*, t. VII, sonnet II, p. 117.

[3] Le locuteur est comparé à un cerf au vers 291.

[4] 1589 : *encores.*

[5] La préposition a le sens de « par ».

[6] 1589 : *de.*

[7] Voir v. 34 et 94.

[8] 1589 : *S'estendoit.*

[9] Le terme « minons » est masculin. La licence orthographique permet d'obtenir un alexandrin régulier. Voir ce mot au glossaire.

Maint fruict rare et exquis, heureusement nous donne[1]
Une gaye Bergere[2], avec un pied venteux[3]
Traverser et fossez, et buissons espineux,
Pour desrobber les fruicts qu'en son sein elle cache,
Cependant qu'une poire en sa bouche elle masche, [262 r°]
Voyez luy je vous prie icy mettre en son sein
Deux pommes pour servir à sa future faim,
Et voyez tout ainsi ma maistresse jolie,
Avoir deux monts negeux sur sa gorge polie,
„ Couverts d'un noir satin à l'antique taillé,
Plus bas un beau miroir de noir tout esmaillé,
Pendu d'un cordon noir, et sa noire ceinture
Faire[4], tendue en bas, d'un angle la figure[5].
Sa robbe d'une main relevoit un petit,
Permettant à mes yeux de voir son pied petit
Couvert d'un soulier blanc, où le cizeau adextre
Me faisoit admirer la main d'un si bon Maistre.
Or en ce point vestue, et suivie d'Amour,
Je me doutay bien lors, que c'estoit là le jour
Que de ma liberté je devois faire un change.

---

[1] Si la structure « Voyez [...] Une gaye Bergere » est assurée, la construction de la subordonnée relative introduite par « où » est impossible en l'état du texte. Une possibilité est de considérer que « poiçonne » est une graphie pour « espinçon » qui signifie « branche coupée en élaguant ». C'est sur celle-ci que pousseraient les fruits prisés par le locuteur. On pourrait dès lors gloser par « un verger où la riche branche taillée heureusement nous donne maint fruict ». Une telle hypothèse reste cependant bien fragile. Voir FEW VIII, 545a : **pints-*.

[2] Le substantif « Bergere » est le complément d'objet direct du verbe « voyez » du vers 121.

[3] 1589 : *avecques*. L'expression « pied venteux », signifiant « avoir le pied plus rapide que le vent », vient de Ronsard qui l'emploie dans le « Sonet à son livre » des *Odes*, entre 1567 et 1572. Plus près de Beaujeu, Jamyn évoque un certain Jacques « Qui de ses pieds venteux jamais loing n'abandonne / La meute en tout païs [...] » dans son « Poëme de la Chasse. Au Roy Charles IX ». Voir Ronsard, *Œuvres complètes*, *op. cit.*, t. IV, p. 185, v. 4 et A. Jamyn, *Les Œuvres poétiques*, *op. cit.*, p. 299.

[4] Cet infinitif est le complément de « voyez » au vers 129.

[5] L'expression n'est pas très claire mais il faut supposer que le locuteur décrit la manière dont la ceinture de la dame est nouée.

Plus que jamais piqué d'une douleur estrange,
Je fy de l'honneste homme, et m'advançay d'un pas
Pour luy dire bon-jour, et luy porter le bras[1],
Ayant dedans le cœur la craintive asseurance
Dont l'on doit se servir sur tout en la presence
D'Amour, qui sans avoir nostre consentement
De noz ames et cœurs, quelquesfois fait present
A ces rochs endurcis[2]. Ainsi en frenaisie
Je la guiday tousjours, non comme moy saisie
Du mal dont je me plains, et dont là je t'escris[3]
Pour soulager mon ame et mes pauvres esprits :
Sçaches donc, fils des Dieux[4], que par sinistre augure,
En portant à demy ceste Deesse dure[5],
Me sentant presque tel que dedans le tombeau,
Elle me fit entrer au logis du Corbeau[6],
Où pour l'amour de toy[7] elle s'estoit logée :
Alors tu peux penser si mon ame enragée [262 v°]
Regardant cét oiseau marque de sa maison
Avoit dedans mon cœur laissé quelque raison.
Je te jure, mon tout[8], par la foy dont j'espere
Que je consenty lors à ma triste misere,
Et que devant ses yeux je me mis tout expres
Pour estre devoré incontinent apres

---

[1] Le locuteur, galant homme, offre son bras à la dame.

[2] Cette périphrase se rapporte à la dame.

[3] Le locuteur s'adresse toujours à Phébus. Voir v. 1.

[4] Voir note du vers 151.

[5] Il s'agit de la dame que le locuteur soutient. Voir le vers 144.

[6] Il s'agit vraisemblablement d'une enseigne permettant de reconnaître la maison en question, et que le locuteur devine être signe de mauvais augure.

[7] Voir le v. 1.

[8] Cette expression est énigmatique. Elle renvoie vraisemblablement à Amour, qualifié ainsi en raison de l'importance qu'il possède dans la vie du locuteur. Le sens du substantif « tout » semble être « l'essentiel, l'indispensable ». Le groupe nominal peut s'entendre comme une apposition au pronom personnel objet « te ».

Des feux qu'ils me lançoient. Or alors ma divine
Osta le masque noir de sa face poupine.
Je la congneu[1] alors, et m'estonnay bien fort
Comme un seul de ses yeux ne m'avoit rendu mort.
Je luy baisay la main que je trouvay tant belle,
Et au coing de son lict je mis une escabelle[2]
Et une autre pour moy. Ainsi je commençay
A luy dire comment mon cœur fut offensay :
« Madame, puis que moy esleu des filles sainctes[3]
Pour escrire leurs dits souffre telles contraintes,
Permettez moy, Madame, en vous baignant de pleurs
Que je vous conte icy mes ameres douleurs,
Vous paignant le desir que j'ay dans la cervelle. »
Voilà comme tout sot je parlay devant elle :
„ Il n'est pas bien aisé de dire son mal-heur,
„ Et avoir le tourment aux veines et au cueur,
„ Volontiers l'on se plaint, et bien que l'on s'efforce,
„ C'est en vain, car le mal en parlant se r'enforce
„ Aux fievres dont le feu est un peu vehement.
„ L'on oste le parler au pauvre patient,
„ Et mesmes le regard de la playe animée
„ Fait douleur sans toucher à nostre ame enflamée.
Or ainsi je luy dy : « Depuis quand estes vous
En ceste ville icy ? Je trouve bien plus doux
L'air de nostre pays[4]. Ceste ville m'ennuye
Madame, je vous jure et promets sur ma vie [263 r°]
Que si un sot procés[5] qu'à grand contre-cœur j'ay
Estoit à mon proffit, ou autrement jugé :
Non demain, que je croy, mais avant qu'il fust guiere,

[1] Le verbe est sans doute à entendre au sens de « reconnu ». Voir les v. 94-95.
[2] Cette scène est rejouée de manière plus sensuelle au vers 341.
[3] On reconnaît les Muses sous cette périphrase.
[4] Le locuteur et la dame sont donc du même endroit.
[5] Voir v. 50.

Je m'en irois bien tost amont ceste riviere[1],
Retrouver ma maison. J'en ay si grand desir,
Qu'y penser seulement me pasme de plaisir :
Où là, vostre voisin, et serviteur, Madame,
Je vivrois bien content, non comme icy sans ame,
Si j'avois ce bon-heur d'estre tant seulement
Propre pour vous servir[2]. » Oyez icy comment
Je desguisois mon mal, et faignois comme Dibre[3]
Estre non amoureux, ains de tout Amour libre :
Mais elle qui voyoit mon mal trop mieux que moy,
Me disoit doucement, quand je me r'amentoy,
L'aise que nous avons de voir noz belles prées
D'un million d'œillets, rouge et blanc, diaprées :
« Je desdaigne beaucoup ceste fange et ce bruict
Qui nous fasche le jour, et tourmente la nuict,
Et qui pis est encor, c'est que la maladie
Oste si promptement aux malades la vie,
Paris est beau l'Hyver, l'Esté il est fascheux[4] »
Las ! en disant ces mots elle jetta ses yeux
Sur les miens, estonnez d'une telle lumiere,
En me faisant sçavoir qu'elle estoit belle et fiere,
Car à ce premier ray qui me vint embraser,
Je luy prins la main gauche, et la voulant baiser,
Elle la retira, me faisant une mine
Estrange, pour avoir une ame si divine,
„ Je pensois, quant à moy, que la divinité
„ Eust bien de la douceur, non de la cruauté :
Je prins son chappelet tourné de fine Ebeine[5],

---

[1] La Seine. Ces deux vers sont la proposition principale de la subordonnée du vers 191.

[2] La phrase se termine ici, la suite s'adressant au lecteur et non plus à la dame.

[3] Ce nom reste introuvable qu'il soit une erreur de composition ou modifié pour la rime.

[4] La dame parle depuis le vers 207.

[5] Il s'agit bien sûr de l'ébène, ce bois exotique de couleur noire.

Pour tascher, le baisant, à soulager ma peine, [263 v°]
Et me prins à parler tout bas, en souspirant
De mon mal ennuyeux, et que je cheris tant,
En ceste sorte icy : « Bel œil tout plein de flame,
De traicts et de brandons, œil meurtrier de mon ame,
Que j'aime pour le mal que tu me faits souffrir,
Faits moy ce plaisir là de me faire mourir,
Afin que vivotant, indigne de ta guerre,
Je ne demeure, helas ! inutile sur terre :
Ne me laisse bel œil, sans me donner la mort,
„ Car je croy qu'il est dit de la bouche du sort :
Ou bien plus gracieux cesse, et plus ne m'affolle,
Afin d'entendre mieux une douce parole,
Car mon cœur transpercé[1] des traicts de tes Amours,
Interrompt de souspirs mes amoureux discours. »
L'appellant par son nom : « Ô belle Marguerite[2],
Deesse de mes fleurs, qui du haut Ciel merite
Un Dieu pour ton servant, escoute icy poupon,
Les plaintes de l'enfant du divin Appollon :
Escoute Marguerite, escoute ma Maistresse,
Quelle aigreur me nourrit le cœur plein de tristesse :
„ Quand vous en irez vous ? » « Je m'en iray demain. »
« „ Laissez moy donc baiser un petit vostre main :
Yrez vous, mes Amours ? Baisez moy, dites belle,
Amont ceste douce eau[3] ? » « Je ne sçay, ce dit elle,
Si le temps est paisible, ou qu'il se face beau,
Je voudrois volontiers m'en aller dessus l'eau. »
Quand mon ame captive, en deux jours faite esclave,
Ouyt de mes Amours la response si brave,

[1] 1589 : *transporcé*.

[2] Ce nom est l'un des plus cités parmi ceux des maitresses du locuteur. Il apparaît 28 fois dans les *Amours* parfois en analogie avec le nom de la fleur. Voir le vers 546 et les pièces 243 et 247.

[3] La proposition principale de ce complément de lieu est bien « Yrez vous » au vers précédent.

Elle mourut en moy, sans faire qu'un souspir.
„ L'ame meurt doucement, mourant de desplaisir,
„ Ceste mort est à soy, non pas à la Nature,
„ Car pour la cendroyer il faut un mal qui dure [264 r°]
Tout eternellement. Alors je luy contay
Comme son œil m'avoit cruellement traittay,
Et luy baisant les mains, je dy : « Bon-soir, Madame,
Je vous laisse mon cœur, mon amour et mon ame,
Gardez les ceste nuict, et souvenez vous bien
„ Qu'un present si exquis ne se fait pas pour rien. »
La nuict me fut si rude, et de soing si remplie
Las ! que je maudissois ma mal-heureuse vie,
Discourant à part moy comment le sort mutin
Pourroit haster la nuict, et trouver le matin,
Enlacé des doux bras de sa riche espousée[1] :
Ja le Ciel nous versoit une riche rousée,
Et aux pointes du jour j'oyois sur la maison
A ma Proigne[2] chanter une gaye chanson.
Aussi tost mes vallets estonnez de m'entendre
Tant de larmes des yeux, et de gros souspirs rendre,
Chacun à son devoir se mirent, et moy lors
En poussant mon rideau[3], je les vy tous alors,
L'un tenant mon chappeau, souliers, chausses, chemise,
Pourpoint, mulles, chaussons[4], et les flames esprise
De quatre ou cinq cantres[5] rendre[6] telle lueur

---

[1] Ce mythologisme évoque sans doute les retrouvailles de Phébus, dieu du soleil et de l'Aurore. Voir 24 v. 417-418 ainsi que 81 v. 712-720 et 851 ou 274 v. 264-265.

[2] Il semble qu'il faille comprendre ici le mot comme une antonomase pour l'hirondelle par référence avec le nom propre « Proigne » qu'on lit plusieurs fois dans le texte. Voir 81 v. 297 et 924.

[3] Il s'agit du rideau du lit.

[4] La description du locuteur est ici esquissée et sera reprise, en entier cette fois, aux vers 365-390 avant que les vers 433-454 ne nous montre la dame elle-même à sa toilette.

[5] Ce terme n'existe pas dans la lexicographie. Le sens semble être celui de « chandeliers », sans qu'il soit possible de rattacher ce sens à une racine en particulier.

[6] Cet infinitif est le complément du verbe « vy » du vers 272.

Que je cuiday revoir l'object de ma douleur[1] :
A ce souvenir là fasché contre moy-mesme,
Je demande un miroir[2] pour voir ma face blesme :
„ Celuy qui a d'Amour le poison dans le sein
„ Doit avoir nuict et jour le miroir à la main,
Pour prendre garde à soy, car qui fait son service,
Il faut qu'un jour sa vie subitement perisse :
Outré de desplaisir de voir ainsi mes yeux
Allenter leurs retours, je pensay[3] beaucoup mieux
„ Faire honneur à ma mort, d'aller en sa presence
Rendre mon ame au moins. C'est la seule importance [264 v°]
„ De mourir bravement. La mort est à chacun.
„ Les plus lasches de cœur n'ont que du dard commun.
„ Ainsi je me levay, d'autant plus miserable,
„ Que ma Maistresse est belle, et n'a point de semblable.
Qui a veu d'un taillis le Cerf en rut[4] partir
Cherchant son amitié[5], me voye ainsi sortir
De ma chambre obscurcie, et au travers la rue
Me plaindre, sans esgard, à celuy qui me tue.
Tousjours en murmurant, peu de chemin je fis
Que je gagnay soudain le sinistre logis
Où Madame dormoit à sept heures sonnées,
Après m'avoir au cœur dix mille morts données.
Je touche à ceste porte, et nul ne me respond.
De tristesse, et de dueil, mon cœur en pieces rompt,
J'attends, je me promene. En fin ce faux parjure
Encores ne voulut me faire tant d'injure,

---

[1] La construction paraît ici être issue de la proposition principale « je les vy » à laquelle il faut rattacher l'infinitif « rendre ». En ce qui concerne « l'objet de ma douleur » que les « cantres » rappellent, ce sont vraisemblablement les yeux de l'amante.

[2] 1589 : *Je demanday un miroir.*

[3] 1589 : *pensé.*

[4] 1589 : *ru.*

[5] Le locuteur avait été comparé à un faon au vers 103.

Me traittant en maraut[1]. Onc ne sentit vallet
Un mal si aigre-doux, que mon cœur tant mollet
Banny de la cohorte, où Mars fait ses merveilles.
Neantmoins j'avois Mars et Amour aux oreilles,
Mais Amour plus mutin que le brave guerrier
Avoit tout mon courage envahy le premier.
Ainsi que de ses yeux j'avois à l'œil l'idée,
J'entendy une voix d'une vieille ridée
Disant : « Qui est-ce là, Madame encore au lit[2]
Me deffendit hier de ne faire nul bruict.
Attendez, s'il vous plaist. » Lors j'approchay ma bouche
De la froide muraille, où l'huis chaque nuict touche,
Et jettant des souspirs pour un monde brusler,
Je commençay ainsi doucement à parler :
« Ouvrez moy, s'il vous plaist, ma vieille bonne femme
Si vous avez desir de conserver mon ame, [265 r°]
Cherchant sa triste fin où elle pense avoir
Plus de bien en mourant, que vivre en desespoir. »
« Madame n'est levée. » « Hé ouvrez moy ma mere,
Voulez vous pour si peu que je me desespere ? »
« Non, vous n'entrerez pas, je n'oserois aussi
Vous ouvrir ceste porte. » Ô je pleurois ainsi
Que le Ciel courroucé dequoy[3] la chaleur lente
Des vapeurs de la Terre en Esté le tourmente,
Jette à pleins seaux icy l'eau qu'un vent pluvieux
Supporte doucement par les airs spacieux.
Ainsi au dur refus de ceste femme ancienne,
Mes yeux jettoient des eaux, et ma cruelle peine
Allumoit le brazier de mes chaudes Amours
Qui fait boüillir le sang dans mes veines tousjours :

[1] Ces vers annoncent l'apparition de la servante en 310.
[2] 1589 : *encores*.
[3] Ce relatif composé se rapporte à « courroucé » et signifie ici « par le fait que ».

Je redonnois du doigt aussi tost à la porte,
Prestant l'oreille au son que la parole apporte
Pour ouyr mon salut, ou ma mort au refus.
Alors qu'en me mourant, je n'y pensois ja plus :
J'ouys, en rechignant, ceste vieille ennemie
Devesroüiller cét huis my encore endormie[1].
J'entray afreusement, transporté de mes maux,
Ainsi que le soldat fait aux cruels assaux,
Panthelant, à genoux, je gagnay la ruelle[2]
Pour donner le bon-jour à Madame cruelle,
„ Qui sur son coulde blanc soustenoit d'un beau bras
Le Chef où sont les feux qui causent mon trespas,
Le sein my descouvert, qui d'une nege blanche
Paroissoit à mes yeux. Une mollette hanche[3],
Levoit la couverture, et son pied fretillard
Entre les draps de lin couroit en mainte part.
Une main delicatte, en deffendant sa bouche,
Me venoit au devant, mais Amour qui me touche [265 v°]
Le cœur tousjours à mort, trouva l'invention
De destourner ce bras en mon affliction,

Ainsi que vous voyez qu'en duel l'on destourne
La pointe d'un estoc qui en nostre sein donne.
Si vous voyiez Madame, en ce poinct vous diriez
Que c'est de Jupiter la Junon, et feriez
Trop de difficulté de comparer sans zele
Le mary avec moy, et la femme avec elle,
Car moy ayant au cœur un nouveau souvenir
Que je n'esperois pas de jamais la tenir,
Les yeux me flamboyoient, et ma cervelle ardante
Par ma bouche poussoit une haleine bruslante,

---

1 1589 : *encores.*

2 Voir le vers 170.

3 Sans doute faut-il comprendre ici que le locuteur ne fait que deviner le corps de son amante à demi dissimulé par les draps.

Car de mon cœur perdu ne venoit plus le vent
Qui venteloit jadis mon brazier violent :
J'avois dessus le dos un manteau d'escarlatte[1],
Où d'argent cinq gallons de la main delicatte
De mon subtil tailleur estoient près arrangez,
L'un soubs l'autre sans pair bravement engagez :
Un chappeau Espagnol d'une laine menue,
Ma chemise au collet proprement r'abatue,
Un pourpoint de treillis gallonné de fil d'or
Où les traces estoient de ma cuirace encor,
N'aguieres delaissée, et sur ma cuisse dure
De fueille morte et d'or une belle ceinture :
D'un veloux[2] violet ma chausse estoit après
D'un pasle zizollin, le bas fait tout exprès,
Et la jartiere blanche en cent lieux espanie,
Si bien que l'on diroit que la rose fleurie
En un beau mois de May, tant de grace n'auroit[3]
Si auprès du rozier ceste jartiere estoit :
Un soulier de cabron decouppé par mesure,
Couvroit de mon talon l'ovale que fer dure[4], [266 r°]
Et dessus puis après, la mulle de velours,
Signe qu'Amour m'avoit mis au cueur cent Amours,
Soubs mon bras une espée encores blanchissante
D'argent pur, sur la garde une estoille brillante,
Dessus le clair pommeau la teste d'un lion
Où pendoit d'incarnat et d'argent un cordon,
De chiffres enlacé, d'une autre main cruelle[5],
Mais non pas en beauté si parfaictement belle :
Jettant l'espée en bas d'un leger saut je fus

[1] Voir la note du vers 274.

[2] La graphie est attestée pour « velours ».

[3] Le sujet de ce verbe est « la rose ».

[4] La tournure est sans doute elliptique. Il faut comprendre « l'ovale de mon talon plus dur que le fer ».

[5] L'épée garde les traces des anciennes amours du locuteur.

Sur le lict de ma belle, où d'Amour tout confus,
Ne la voulant fascher, après l'avoir baisée
Tant amoureusement, et deux fois embrassée,
En pleurant j'avois l'oeil sur son sein abbaissée,
La couleur du visage ainsi qu'un trespassé,
Les cheveux herissez de desir, et de crainte.
Je sentois à la mort d'un traict mon ame attainte.
Or je luy dy ainsi : « Aye de moy pitié
Marguerite m'amour, faits que mon amitié
Tant chargée de fleurs, ne soit si mal menée
Des vents de ton mespris, et que pour ceste année
Mon ame si dolente au fort de ses travaux
Ne voye entre ses bras ravir tant de fruicts beaux,
Où elle avoit attente en perdant ma jeunesse,
Pour servir à jamais une telle maistresse :
O mes Amours, combien suis-je heureux quand je voy
Ses beaux yeux qui ont mis tant de flames en moy,
Me brusler de si près, las ! Je n'avois attente
De jouyr une fois de ce qui me tourmente. »
Puis en me respondant[1], dit : « Ô fatalité
Je voy bien maintenant ton infidelité !
Qui pensoit que ma fin sur tout ce qui m'arrive
Eust, à mon grand regret, esté si fort tardive ? [266 v°]
Que de ton inconstance un jour mon cœur trompé
L[2]'eust fait dans le ruisseau de Tantalle trempé[3],
„ Offrant à mes regrets du subjet pour me plaindre,
Par l'accident nouveau que je ne pouvois craindre,
Car je doutois si peu ta violente main
Que je ne pensois pas que tu fusses destin :

---

[1] La maîtresse prend ici la parole. Voir v. 433.

[2] Cette utilisation du pronom qui semble désigner la relation amoureuse, voire sexuelle, entre l'amant et la dame apparaît déjà en 21 v. 600 et 696 ainsi que dans les pièces 51 v. 14, 118 v. 11 et 198 v. 4.

[3] Il s'agit sans doute d'une métaphore de la tentation, sexuelle ici, que la dame a pu éviter jusqu'à l'intrusion du locuteur.

Mon cœur s'est advancé, faute d'experience,
Aux hazards, dont je n'ay que bien peu congnoissance.
O sœurs qui vous vantez d'avoir aux monts cornus[1]
Tant de jumeaux enfans, et tant de belles brus[2],
Faut-il, ô sainctes sœurs, que je sois de la bande
De l'immortalité ? Puis que ma faute grande[3],
Grand est mon desplaisir, et plus grand mon espoir
Pour Meres, et pour Sœurs, un jour de vous avoir,
Car si les sainctes loix ordonnent que je face
Cecy[4], pour acquerir vostre divine grace,
Je sçay bien que le Ciel soigneux de ses humains
Aura pitié de moy, advoüant voz desseins. »
Ainsi levant en haut sa larmoyante veue
Se jetta hors du lict, fors le pied, toute nue,
Eschangeant tout d'un coup en courroux son repos.
Une juppe soudain l'on luy met sur le dos,
Et jusques aux talons, fermeté de la cure,
L'on destresse soudain sa blonde chevelure :
„ Le pigne dentelé fend l'or de ses cheveux,
Et d'une tresse blanche on en fait mille nœuds,
Son corcet est lacé, et sa coiffe tant triste
Aux neges de son front fait une brune piste.
Son collet[5] blanchissant ne fait honte à son sein,
Et sa robbe l'on tient toute preste à la main.
La fille qui la tient modestement s'approche,
Luy jettant dans le col, puis tout soudain l'accroche, [267 r°]

---

[1] C'est le mont Parnasse. Voir par exemple Ronsard, *Œuvres complètes*, *op. cit.*, t. I, p. 56.

[2] Il s'agit vraisemblablement des nymphes dont les multiples amours ont produit de non moins multiples enfants.

[3] Il faut sans doute ici sous-entendre le verbe « est ».

[4] Voir la note du vers 416.

[5] Les cols étaient à la Renaissance des pièces à part ajoutées par-dessus le haut des autres vêtements et souvent très montants.

Et le rabat[1] roidy, d'une paste de blé[2]
Est d'un autre rabat gentillement doublé :
Sa ceinture se serre, et son soulier se lace[3],
Desja les mariniers comparoissent en place,
L'un prend un pesant coffre, et l'autre un grand fardeau,
Cacettes, et tapis, pour porter au bateau
Où ma belle meurtriere, après avoir ma vie,
„ Veut n'estre de tout moy, que de mon œil suivie[4].
Neantmoins je la prins doucement soubs le bras,
Je luy baisay la main, et dressasmes noz pas
Vers la rive ennemie, où le bateau sejourne
Au doux bruict de ces flots qu'un Zephire frizonne[5] :
Or si jamais Amant plein de feux et de trets
Jetta dedans le Ciel de doulouređux regrets,
Ce fut moy, ce fut moy, et pleuray tant ma peine
Que je rendis Madame un peu moins inhumaine.
Mais la trempe cruelle[6] où son cœur fut baigné
Me rendra pour un temps encores desdaigné :
Le criard Marinier leva ses moites voiles,
Voulant fuyr Paris avec ses Damoiselles[7],
Les Hault-tans[8] indignez de mon adversité

---

[1] Il s'agit du terme technique correspondant explicitement au col du « corps piqué, souvent rigidifié par des buscs (fines lames d'ivoire) vena[nt] redresser le buste ». Voir M. Meiss-Even, *Les Guise et leur paraître*, *op. cit.*, p. 55.

[2] Il s'agit sans doute d'un col amidonné.

[3] Cette description de l'habit féminin renaissant correspond en tout point à la vision qu'en donne M. Meiss-Even. Voir M. Meiss-Even, *Les Guise et leur paraître*, *op. cit.*, p. 55-56.

[4] L'expression est complexe mais recouvre une réalité simple. La dame possède la vie du locuteur, amoureux fidèle, qui n'aimera jamais qu'elle. En partant loin de lui, elle ne sera suivie que par le seul œil du locuteur.

[5] La rime est très approximative. Voir en particulier TS IX v. 12-14.

[6] Le terme « trempe » est employé dans son sens technique et renvoie à l'opération consistant à tremper le métal encore chaud dans un bain froid pour le rendre plus dur. Il y a ici syllepse puisque le locuteur pleure effectivement pour émouvoir son amante. Voir TS XXXI v. 3.

[7] Voir 18 v. 14.

[8] Il faut lire « autan ». Voir le glossaire.

Ne daignerent vanter, et le flot despité
De la Seine, qui est de ma mesme patrie,
Contredisoit aussi à ceste departie :
Cependant attristé, le plus de cinq ou six[1],
Auprès d'elle j'estois, en resvassant assis,
Discourant à part moy que[2] je luy devois dire
Du mal que je sentois, et dont fort je souspire
En ceste mienne absence : Ha je luy dis au vray
Le mal qui nuict et jour me tient le cœur serré :
En pleurant sur sa face : « Ô, je luy dis, Madame
Doutez vous de ma mort ? Le dueil qui tout m'entame,
[267 v°]
Me monstre le tableau de mon adversité,
Paint des vives couleurs de vostre cruauté.
Voilà que[3] je feray quand vous serez partie
Du pouvoir de mes yeux, dont la flame amortie
Par la froideur des eaux qui en coulent tousjours,
Me lairra[4] devorer à dix mille Vautours[5],
Sans brusler leur cerceau, ny leur griffe sanglante.
„ Ce sont les souvenirs de toy fidelle Amante,
De toy, ma Cynthienne[6], helas ! que j'aime tant,
Que mon cœur à la mort s'advance tout content :
Je ne plaindrois ma fin si aigrement conceue
Si je pouvois avoir tousjours sur toy la veue,
Je ne plaindrois mes maux, si tes yeux qui m'ont fait
Tant d'inhumanité, me pouvoient voir deffait,

[1] Il s'agit sans doute des « amis » qui le sortiront de l'eau au vers 597. Eux-aussi suivent le cortège et sont attristés.

[2] Le pronom relatif a ici le sens de « de ce que ».

[3] Voir note précédente.

[4] La forme est courante pour « laissera ». Voir 9 v. 429.

[5] Il s'agit probablement d'une référence allusive au mythe de Prométhée que Zeus avait condamné à avoir le foie dévoré par des vautours. Voir le vers 536.

[6] C'est l'une des nombreuses épithètes attribuées à Diane. Voir TS XXXIIII v. 14.

Ou que mes cris haultains peussent sentir frappée
L'oreille à qui je parle en parole couppée
De sanglots inhumains, et ne me chaudroit point
De mourir, ô mon cœur ! si tu ne partois point.
Responds moy, si jamais tu as eu l'ame saine,
Endurant[1] pour t'aimer une si grande peine :
Qu'est-ce qui te conduit à partir si soudain ?
Qui te garde d'attendre ? Encores que demain
Ce soit le sainct Dimanche, après la grande Messe
Tu diras tes adieux, en donnant charge expresse
A ces trois Basteliers de se trouver Lundy
En ce lieu mesme icy, sur onze heures ou midy,
De ma mort deschargée[2]. Et puis tu feras voile,
Emportant le renom d'estre la moins cruelle[3]
Qui soit en ce bas monde. Ô dire tu me peux
Que celuy qui depart du logis est honteux
D'y retourner ainsi ! A cela je replique
Que celuy qui vainquit ceste grand Republique[4], [268 r°]
N'eust voulu hazarder un seul de ses amis
Pour vaincre la moitié de ses fiers ennemis,
Il retourna deux fois reloger son armée,
Pour ne pouvoir mener l'amie bien aimée
Sans en estre honteux, avec un tel arroy
„ Luy qui estoit congneu de tout le monde Roy :
Encore une autre chose. Il faut ma chere vie[5]
Si tu ne veux de moy jamais estre servie.
Va t'en, mon cœur, va t'en, je mourray de bon cœur
Si tu reçois plaisir de ma griefve douleur :

---

[1] C'est bien le « je » du locuteur qui est sujet de ce participe présent.

[2] Le locuteur tente de persuader la dame que si elle reste un jour de plus elle n'aura pas sa mort sur la conscience.

[3] Voir 18 v. 14.

[4] Cette référence à la grandeur de l'esprit d'amitié d'un militaire reste mystérieuse.

[5] 1589 : *encores*.

Mais croy moi[1], ma Maistresse, allons nous en voyage[2]
Aujourd'huy promener au long de ses rivage,
Et quand la nuict viendra ce beau jour ombrager
Nous nous en irons[3] à mon logis loger :
Avant que de sortir de ces vertes prairies
Nous cueillerons des fleurs, puis les tapisseries
Que dans mes coffres j'ay, tendre nous les ferons,
Et de fleurs le plancher nous le parsemerons,
Les tables, et les licts, et les buffets encore.
Faisons doncques ainsi[4], ô belle que j'adore !
J'auray de toy la vie à la tenir tousjours,
Et douces me seront ces tant rudes Amours[5].
Que sera-ce de moy quand tu seras absente ?
Un pauvre forcené, une Nef en tourmente ?
Sans Pilote, et sans mats, un pauvre homme esgaré[6]
Parmy les champs bossus, de son pair[7] separé ?
Que sera-ce de moy ? Un pauvre Prométhée[8],
Non pas sur le rocher de la mer tourmentée[9],
Mais errant à Paris de quartier en quartier,
N'ayant ny le cerveau, ny le cœur tout entier.
Faits moy donc ce plaisir de demeurer, ma belle,
Et tu en acquerras une gloire immortelle, [268 v°]
J'auray de toy la vie à la tenir tousjours,
Et douces me seront ces tant rudes Amours.

---

1 1589 : *Mais croy, ma Maistresse.*

2 1589 : *vollage.*

3 Cet hémistiche est faux et bien difficile à corriger. On peut proposer : « Nous nous arrêterons à mon logis loger ».

4 1589 : *Faisons donc ainsi.*

5 Se met ici en place, pour 4 strophes, un refrain de deux vers qui rappelle les formes de la ballade ou de la chanson. Voir v. 543-544, 555-556 et 567-568.

6 Sur ce motif voir 18 v. 12.

7 Perdu en mer, ce naufragé ne peut plus compter que sur lui-même. Le mot « pair » est à entendre dans le sens de « compagnon ».

8 1589 : *Promothée.* Voir le vers 484.

9 Sur cette image voir élégie 18 v. 8.

Que sera-ce de moy, quand toy douce riviere
Auras malgré mon cœur emporté la RIVIERE[1]
Qui me noye de pleurs ? Et qui de ses regards
Me fiche dans le cœur un million de dards ?
Ce sera un Dedon, un Iphé, un Oborte[2],
Qui moururent d'aimer, tu ne sçay que tu porte
O miserable fleuve ! Ha je n'eusses pensé
Que tu m'eusses peu voir à la mort offensé[3] !
Et quand ce ne seroit que je chante tes plaines
Tu devrois prendre, helas ! en pitié tant de peines !
J'aurois de toy la vie à la tenir tousjours,
Et douces me seroient ces tant rudes Amours[4].
Si j'avois prins plaisir à chanter les ravages
Que font sur les hauts monts les neges si peu sages,
Ils se tiendroient là haut, et peu à peu fondant
Ils ne viendroient au bas de ces rochs en grondant,
Arracher maint Ormeau, maint Sapin[5], et maint Chesne,
Et si auroient pitié de mon extresme peine,
Les rochers autresfois du joly Neuf-Chasteau[6]
Ont ceddé à mon vueil, et ont arresté l'eau

[1] Le nom de la veuve est donc ici totalement éclairci. Il s'agit de Marguerite d'Ormoy, dame de la Rivière dont il a déjà été question dans la pièce 247. Voir les vers 237, 241 et 400.

[2] 1589 : *Ce sera un Dedon, un Iphe, un Oborte.* Aucun de ces trois personnages n'a pu être identifié.

[3] Sur cette expression très concrète voir 107 v. 30.

[4] Voir la note du vers 532.

[5] Voir 120 v. 5.

[6] L'identification précise de ce nom n'est pas aisée et seule la mention, aux vers 566-565, de « l'eau / Qui tous les ans survient au Lyon plein de rage » permet d'avancer l'hypothèse selon laquelle ce « Neuf-Chasteau » serait l'actuelle commune de Neuchâtel-Urtrière, dans le département du Doubs qui fut, jusqu'à la prise de la Franche-Comté par Louis XIV, une place forte importante de la région, que se disputaient les comtes de Bourgogne et de Montbéliard. La position de cette ville sur l'un des affluents de la Saône peut expliquer la mention de « l'eau / Qui tous les ans survient au Lyon ». Derrière cette formulation il faut sans doute entendre que les crues de la Saône se précipitent à Lyon. Voir pièces 1 v. 12, 9 v. 406-410 et 556, 24 v. 106-113, sonnet 55, 95, 97 et 274 v. 563.

Qui tous les ans survient au Lyon plein de rage :
N'emporte donc douce eau, ma RIVIERE vollage,
J'auray de toy la vie à la tenir tousjours,
Et douces me seront ces tant rudes Amours. »
Ainsi je me plaignois tout auprès de Madame,
Ayant entre les dents, le sens, le cœur, et l'ame,
Et prests à les vosmir en son cruel giron
Quand le fascheux Nocher empoigna l'aviron
Pour ramer à mont l'eau, et que les chevaux tristes
Sur les rivages verds eurent reprins leurs pistes[1] : [269 r°]
Là là je me pasmay, et fusse mort alors
Si ma rude Maistresse avec ses bras peu forts
N'eust apporté ma bouche auprès de sa ceinture
Où de son beau miroir pend la glace plus dure.
A la fin resveillé d'un desespoir plus fort[2]
Qu'Amour, et que mon mal, et que mesmes le sort,
Me relevant ainsi que le mort de la biere,
Je tournay mes yeux mols doucement en derriere.
Je vy dessus le pré, mes gens et mes chevaux
Qui alloient tout ainsi que nous portoient les eaux,
Et desja de Paris j'avois perdu la veue,
Par la force des pleurs qui me l'avoient perdue.
Je me tournay vers elle, et ne pouvant parler,
Je luy dy de mes yeux qu'il falloit m'en aller :
Je me mis à genoux, luy baisant la main droicte,
Ayant le cœur espris d'une tristesse estroitte.
Je regarday le Ciel, les eaux, et ces beaux yeux,
Et la recommanday, sans dire mot, aux Dieux[3],

---

[1] Ces vers semblent faire écho à la pratique du halage consistant à tracter un bateau à l'aide de chevaux progressant sur la rive. Le « Nocher » ramant « à mont » c'est-à-dire contre le courant du fleuve accrédite une telle hypothèse.

[2] C'est sans doute la vue de sa propre figure qui réveille le locuteur.

[3] Le titre des pièces 243 et 247, respectivement « Tombeau de Marguerite » et « Élégie que l'autheur fit quand il sçeut la mort de Marguerite de la Riviere, dame d'Ormoy », ainsi plque la mention du « Nocher » au vers 572 de cette

Me jettant du bateau en la riviere creuse
Pour tascher à noyer ma vie mal-heureuse[1],
Mais je ne trouvay là de l'eau que jusqu'au sein[2],
Et puis dessus mon col aussi tost fut la main
„ De l'un de mes amis à qui je ne desire
„ Pour bien qui soit au monde un semblable martyre.

FIN DES AMOURS.

élégie, donnent à ce vers et aux forts accents pathétiques de cette fin de poème, le ton d'une complainte adressée à une morte plutôt qu'à une amante qui s'en va. Le symbolisme du fleuve, frontière traditionnelle entre le monde des vivants et celui des morts, accentue encore cette lecture allégorique.

[1] L'expression « ma vie malheureuse » est employée dans Ph. Desportes, *Les Premières œuvres*, *op. cit.*, p. 86, s. XVII, v. 13 mais c'est le locuteur qui appelle ses yeux, par leurs larmes, à le noyer. On voit ici comment Beaujeu donne au motif un sens tout à fait concret.

[2] 1589 : *jusques*.

REMERCIEMENTS

J'aimerais remercier Michèle Clément qui, depuis presque dix ans, m'aiguille, me relit et me corrige. Cette édition lui doit beaucoup sur le plan de la rigueur et de l'érudition mais ce sont aussi son enthousiasme, sa confiance et ses encouragements qui m'ont permis de la mener à bien. Pour la partie glossaire, je me dois d'exprimer toute ma reconnaissance envers Marthe Paquant et Paul Gaillardon : leur ténacité et leur connaissance encyclopédique des dictionnaires et autres glossaires de la Renaissance ont plus d'une fois triomphé des expressions obscures et des termes de vocabulaire rares que Beaujeu se plait à utiliser. De manière plus général, c'est toute l'équipe du GRAC à Lyon 2 ou à Jean Moulins à Saint-Étienne – Florence Bonifay, Elise Rajchenbach ou Tristan Vigliano – que je tiens à remercier pour leur écoute et leurs idées pertinentes qui m'ont aidé à trouver des solutions aux problèmes rencontrés.

GLOSSAIRE

Au vu de la difficulté du vocabulaire des *Amours*, il m'a semblé nécessaire de donner au lecteur un outil le plus complet possible. J'ai, pour ce faire, tenter de suivre et d'adapter les multiples réflexions sur les glossaires ainsi que les conseils précis d'organisation générale de Sylvie Korfanty, dans sa thèse ample et rigoureuse *Lexicographie et glossographie du français du* XVI*e* *siècle*[1]. J'ai notamment suivi ses recommandations en ce qui concerne la syntaxe des définitions ainsi que sur l'ordre des informations proposées.

Ainsi, pour le terme vedette qui sert d'entrée de glossaire on trouvera les noms, les adjectifs et les participes passés au masculin singulier.

Pour les verbes, j'indique systématiquement l'infinitif. Lorsque des graphies différentes sont présentes en fonction des personnes ou des temps le terme vedette est entre crochets.

J'indique, entre parenthèses, le nombre d'occurrences présentes dans le texte.

Après les éléments de définitions, les occurrences du texte sont mentionnées sous la forme de simples références aux numéros de poèmes[2] et de vers. En revanche pour les verbes, j'indique les différentes formes de conjugaisons (personnes et temps). Elles sont précisées en toutes lettres, en italiques. Si le nombre d'occurrences est élevé, je ne mentionne que trois fois la même forme, la troisième étant suivie d'« etc. ».

---

[1] S. Korfanty, *Lexicographie et glossographie du français du* XVI*e* *siècle, prolégomènes à un dictionnaire du* XVI*e* *siècle*, Strasbourg, 1999, p. 365-378.

[2] Je rappelle ici que j'ai fait le choix de numéroter de 1 à 274 tous les poèmes non numérotés dans l'édition originale avec une seule variante concernant le texte en prose nommé *Les Chapons de l'auteur*, nommé CA272. L'unique exception à cette règle est la suite de poèmes numérotée en chiffres romains dans le texte original qui se nomme *Le Torrent des Sonets* à laquelle je fais référence en faisant précéder les initiales TS du chiffre romain du poème.

abordée (à l'–) (1) loc., au commencement, 223 v. 18 (TLFI, FEW XV-1, 185a : *bord*).

[abrever] (1) v. tr., hâter le terme de, *m'abreve* 3e p. sg. ind. prés. TS LXXXIII v. 8 (DMF, FEW XXIV, 26a : *abbreviare*).

absent (36) adj. 1 en dehors de la présence de, 8 v. 9, 18 v. 204, TS CXXI v. 12, etc. ; **2 – de**, loin de, 53 v. 2, 81 v. 377, 428, etc. ; 3 adj subst., celui qui fait défaut, TS CVII v. 13 (DMF, FEW XXIV, 51b : *absens*).

absenter (8) 1 v. tr., éloigner, écarter, 81 v. 318, 199 v. 377, *absentez* 141 v. 8 ; **2 s' – de** v. pron., s'éloigner de, 24 v. 364, 113 v. 71, 142 v. 8 (DMF, FEW XXIV, 52a : *absenstare*).

[accoisé] (3) p.p. adj., apaisé, calmé, 81 v. 334, 15 v. 18, 25 v. 79 (DMF, FEW II-2, 1470a : **quietare*).

accollée (3) p.p. f., 1 avoir les bras placés autour du cou de qqn., 141 v. 14, 199 v. 44 ; 2 se trouvant l'un à côté de l'autre en parlant de deux éléments juxtaposés, 109 v. 220 (DMF, FEW II-2, 913 : *collum*). V. l'entrée **comphe** et la note du vers cité.

accoustrée (1) p.p. f., préparée, arrangée, 101 v. 232 (DMF, FEW II-2, 1099b, 1100a : **cosutura*).

accroire (faire –) (4) loc. v., chercher à convaincre d'une chose que l'on sait fausse, 9 v. 225, 84 v. 7, 105 v. 38, etc. (DMF, FEW II-2, 1327b : *crescere*).

accroissance (1) n. f., accroissement, élévation de qualités morales, 61 v. 13 (TLFI, DMF, FEW II-2, 1327b).

ache (2) n. f., Bot. *apium graveolens* en latin, qui désignait plusieurs sortes de plantes comme le céleri ou le persil, TS CI v. 11, TS CXVIII v. 3 (TLFI, FEW XXV, 14b : *apium*). Au mot *ache* le TLFI indique : « Dans l'Antiq. gr. et romaine, l'ache était un ornement funèbre, tressé en couronnes déposées sur les tombeaux ; dans les jeux néméens on couronnait d'ache les vainqueurs, en souvenir de l'orig. funèbre de ces fêtes ; les Romains se couronnaient d'ache dans les festins [...] ». V. notes aux vers cités.

acqueté (1) p.p. m., acquis, entré en possession de, 77 v. 39 (DMF, FEW XXIV, 111a : *acquirere*).

adextre (1) adj., agile, 274 v. 137 (DMF, FEW III, 62a : *dexter*).

[adjourner] (3) v. tr., convoquer, *adjournez* p.p. TS XXVII v. 7, *adjourne* 1re p. sg. ind. pres. 9 v. 125, *adjournent* 3e p. plur. ind. pres. 9 v. 46 (DMF, FEW III, 105b : *diurnum*).

affet(t)é (4) 1 p.p. adj., qui est apprêté pour tromper, 9 v. 606, TS XV v. 7, 101 v. 111 ; 2 adj. subst., femme dissimulatrice, 24 v. 140 (DMF, FEW XXIV, 244a : *affactare*).

affranchir (s'-) (1) v. pr., se libérer 9 v. 663 (DMF, FEW XV-2, 164a : *frank*).

affronteur (1) n. m., personne qui trompe impunément, 255 v. 3 (GdfC, FEW III, 820b : *frons*).

afil(l)é (3) adj., tranchant, aiguisé, 81 v. 686, 24 v. 376, 247 v. 37 (DMF, Gdf, FEW III, 526a : *filum*).

ainsi qu'ainsi (2), d'une façon comme de l'autre, 9 v. 800, 81 v. 807 (FEW XI, 575a : *sic*).

ainsi que (16), loc. adv. 1 pendant que, au moment où, 9 v. 15, 655, 18 v. 133, 25 v. 243 ; 2 lorsque, TS III v. 9, 81 v. 943, (DMF, FEW XI, 574b : *sic*).

alarmes (courir aux –) (1) loc. v., se précipiter aux combats, 5 l. 81 (Hug., FEW XXV, 241b : *arma*).

albastrins (1) adj., semblable à l'albâtre, 230 v. 23 (DMF, FEW XXIV, 287b : *alabastrum*).

allenter (1) v. tr., faiblir, 274 v. 284 (DMF, FEW V, 253a : *lentus*).

al(l)icon (3) n. m., alcyon, oiseau de mer fabuleux, au chant plaintif, souvent associé avec le martin pêcheur (mais aussi avec la mouette, le cygne, etc.), 233 v. 17, 233 v. 2 (FEW XXIV, 311b : *alcyon*).

[allicon] V. **al(l)icon.**

amorce (3) n. f., 1 attrait, TS C v. 5 (GdfC, DMF, FEW XXIV, 171a : *admordere*) ; 2 ce qui sert à communiquer le feu à la poudre d'une arme, d'une mine, 130 v. 10 ; 3 embuscade, 247 v. 158.

anelets (1) n. m. plur., petits anneaux, 234 v. 300 (DMF, FEW XXIV, 556b : *anelus*).

anthenne (1) n. f., longue vergue, fixée obliquement au mât par une poulie pour porter une voile latine, TS XCVII v. 10 (DMF, Jal, FEW XXIV, 644a : *antemna*).

apart (d') (1) adv., séparément, tout seul, 105 v. 98 (Hug.).

appannage (1) n. m., ce qui est le propre de qqn., de qqch. 203 v. 4. Le terme a de fortes connotations féodales car il désigne spécifiquement la dotation territoriale faite par le roi à ses frères (ou à ses fils puînés) et qui revient au domaine royal à l'extinction de leur postérité masculine. (DMF, FEW VII, 548a : *panis*).

appareil (2) n. m., préparatif médical, 9 v. 52 et 103 (DMF, FEW XXV, 26a : **apparicuare*).

arene/areine (7) n. m., sable, 31 v. 57, 73 v. 66, 140 v. 39, etc. (FEW XXV, 172b : *arena*).

arroy (1) n. m., Milit. ordre, disposition, 274 v. 515 (DMF, TLFI, FEW XVI, 698b : **reps*).

assenée (– à qqn) (1) p.p., être mariée à qqn., 199 v. 92 (DMF, FEW XVII, 71a : *sinno-*).

[assiduel] (2) adj., persévérant, appliqué à, pratiqué régulièrement, 271 l. 187, 271 l. 96 (FEW XXV, 536b : *assiduus*).

assiette (1) n. f., situation, position topographique, 101 v. 195 (DMF, FEW XI, 397b-401 : *sedere*).

astré (1) p.p., orné d'astres, 247 v. 94 (Gdf., Hug., FEW XXV, 641b : *astrum*).

attante (7) n. f., espoir, (DMF, FEW XXV, 710b : *attendere*).

[attraire] (2) v. tr., attirer, séduire qqn, *attrayant* p.pr. TS CXIII v. 7, *attret* 3e p. sg. ind. prés. TS XC v. 6 (DMF, FEW XXV, 740b : *attrahere*).

auberre (1), n. m., vent violent et chaud du sud ou du sud-est qui souffle en Suisse, 109 v. 47 (graphie *uberre* dans Bonhote ; FEW XXIV, 308b : *albus* : anc. vaudois *auberra*).

aucun (2) pr., certain, 106 v. 110, 272 v. 2 (DMF, FEW XXIV, 322b : *aliquis*).

auge (1) n. m., apogée, 16 v. 3 (DMF, FEW XIX, 12b : *aug*).

augure (5) n. f., signe par lequel on juge l'avenir, pressentiment, 18 v. 222, TS LXIX v. 10, TS LXXXIX v. 13, etc. (DMF, FEW XXV, 896b : *augurium*).

autant (7) adv., 1 très, beaucoup, 3 l. 2, 101 v. 180, 106 v. 136 ; **2 – que**, aussi longtemps que, 9 v. 106, 670, 234 v. 265, 273 v. 184 (DMF, FEW XIII-1, 88b : *tantus*).

avernalles (1) adj., de l'enfer, 199 v. 355, 246 v. 32 (DMF, GdfC).
averne (1) n. m., enfer, TS LXXII v. 10 (DMF, FEW XXV, 1218a : *Avernus*). V. note au vers cité.
avril (5) n. m., jeunesse, début, 21 v. 302, 490, 31 v. 18, 138 v. 32, etc. (DMF, FEW XXV, 59a : *aprilis*).
azile (6) n. m., refuge, 9 v. 206, TS XXXVIII v. 5, 21 v. 317, etc. (DMF, FEW XXV, 647a : *asylum*).

babillard (2) adj., bavard, 9 v. 558, 73 v. 22 (DMF, FEW I, 193a : *bab.*).
bagues (2) n. m., affaires personnelles, 200 v. 21, 228 v. 79 (DMF, FEW I, 204a : **baga*].
ban (1) n. m., proclamation d'une procédure de bannissement hors du territoire concerné (ville, royaume), 81 v. 55 (DMF, FEW XVI 158a : *hariban*).
bander (6) v. tr., se liguer, s'unir contre, 21 v. 264, *bandez* p.p. 49 v. 5, 75 v. 26, *bandez* p.p. adj. 113 v. 175, 151 v. 13, *bandent* 3e p. plur. prés. ind. 25 v. 150 (DMF, FEW XV-1, 54a : *bandwa*).
basilics (1) n. m. plur., serpents venimeux à qui on attribuait la faculté de tuer d'un seul regard, 21 v. 649 (DMF, FEW I, 271a : *basilicus*).
basset (1) adj., qui est un peu bas, 199 v. 146 (DMF, FEW I, 274b : *bassus*).
bassus (1) n. m., les notes, les voix les plus graves, 111 v. 16 (DMF, FEW I, 275b : *bassus*). V. note du vers cité.
bastant (1) adj., suffisant, 247 v. 236 (DMF, FEW I, 277a : **bastare*).
bergerot (2) n. m., jeune berger, 30 v. 53, 9 v. 751 (Hug., FEW XIV, 335a : **vervecarius*).
bichets (1) n. m., mesure de capacité pour les grains, 81 v. 199 (DMF, FEW I, 361a : *bikos*).
bien-heurée (1) adj., qui jouit de la béatitude, 9 v. 452 (DMF, FEW XXV, 892a : *augurium*).
bifferie (1) n. f., chose sans valeur, 271 l. 11 (Hug.).
blanc (1) n. m., centre d'une cible, 81 v. 458 (Hug.).
bonde (lever la-) (1) n. f., fig. donner libre cours à qqc., 169 v. 2 (DMF, sens fig. non attesté dans FEW I, 626a : **bunda*).
bonnet (2) n. m., coiffure des docteurs, des juges, des professeurs, des ecclésiatiques 9 v. 531, 274

v. 58 (DMF, Hug., FEW XXIV, 39b : *abonnis*).

bordage (2) n. m. 1 bord d'une rivière, 146 v. 71 ; 2 ensemble des planches, fer ou acier, qui revêtent le corps d'un bâtiment, 72 v. 107 (FEW XV-1, 181b : **bord*).

borde (1) m. f., maisonnette isolée dans les champs, hutte, 199 v. 150 (DMF, FEW XV-1, 187a : *bord*).

bourgeois (5), habitant d'une ville appartenant aux classes aisées, 21 v. 10, 199 v. 32, 280, *bourgeois* plur. 81 v. 463, *bourgeoise* 146 v. 105 (DMF, FEW XV-2, 18 : **burg-*).

bourrelle (3) n. f., celle qui maltraite (au point de tuer), TS I v. 6, TS XVIII v. 5, 21 v. 1 (DMF, FEW I, 642a : *burra*).

[bourreller] (4) v. tr., tourmenter, *bourrelle* 3e p. sg. prés. ind. 81 v. 906, 106 v. 77, 146 v. 34, etc., (La Curne, FEW I, 642a : *burra*).

brassal (2) n. m., Milit. pièce de l'armure qui protège le bras, 21 v. 597, 9 v. 739 (DMF, Michaud, FEW I, 486b : *brachiale*). Empr. à l'it. *bacciale* depuis le XVIe, v. TLFI.

brassée (3) n. f., embrassade, 81 v. 566, 167 v. 11, 222 v. 51 (DMF, FEW I, 486a : *brachium*).

bravache (1) adj. ou n. m., fanfaron, 21 v. 528 (GdfC., La Curne, FEW I, 248b : *barbaris*). Empr. à l'it. *bravaccio* (av. 1543), v. TLFI.

breche (2) n. m., blessure, TS LXIII v. 8, 87 v. 12 (DMF, FEW XV-1, 263a : **breka*).

brillonnant (1) p.pr. adj., brillant, 116 v. 30, (GdfC., Hug., FEW 1, 339b : *beryllus*). De *brillonner* dérivé de "briller", empr. à l'it. *brillare* depuis la première moitié du XVIe siècle, v. TLFI.

brisées (1) n. f. plur., branches brisées que le chasseur laisse pendantes ou met à terre pour indiquer la voie de la bête, 141 v. 187 (DMF, FEW I, 532a : *brisare*). V. note du vers cité.

brocher (3) v. tr., 1 piquer avec une broche ou un instrument en forme de broche, avec une arme pointue, 199 v. 161, *broche* 1re p. sg. ind. prés. 21 v. 231 ; 2 passer en tissant sur le fond uni d'une étoffe, des fils qui forment un dessin, *broché* adj. 81 v. 431 (Hug., DMF, FEW I, 547b : *broccus*).

broüillon (1) n. m., personne qui embrouille les idées, les sentiments, 271 l. 276 (Hug., FEW XV-1, 296a : **brod*).

buccine (1) n. f., trompette, clairon, 113 v. 202 (DMF, FEW I, 592b : *bucina*).

butter (1) n. m., victime, cible malheureuse, 21 v. 612 (mot non attesté dans la lexicographie, peut-être substantivation d'un verbe « buter » : "être la cible de, être la victime de", v. FEW XV-2, 36a : *butr*).

buyes (1) n. f. plur., cruches à anse, à large panse, 160 v. 10 (DMF, FEW XV-2, 7a : **buka*).

cabinet (9) n. m., petite chambre retirée et intime servant le plus souvent d'accessoire aux grandes pièces d'appartement, 4 v. 11, TS XLIX v. 4, TS LXXVII v. 7, etc. (DMF, FEW II-1, 13b : **cabin*).

cabron (1) n. f., peau de chevreau, 274 v. 381 (Hug., graphie non attestée dans FEW II-1, 296b : *capra*).

cadene (3) n. f., chaîne des forçats, 106 v. 102, 199 v. 4, 213 v. 8 (DMF, FEW II-1, 498b : *catena*).

caillotté (1) p.p., caillé, 22 v. 45 (DMF, FEW II-1, 819a : *coagulum*).

canevars (2) n. m., pièce de canevas, grosse toile écrue servant à divers usages, 81 v. 829, 113 v. 298 (DMF, FEW II-1, 212 : *cannabis*).

canon (2) n. m., Équit. partie du mors qui s'appuie sur la barre, 167 v. 140, 234 v. 340 (Cotgr., FEW II, 200b : *canna*).

cantres (1) n. m., ? ? ?, 274 v. 275 (Gay, FEW II-1, 226a : *cantharus*). V. la note du vers cité et l'annexe du glossaire.

carreau (1) n. m., Milit. projectile d'arbalète ou d'engins similaires à section carrée, 113 v. 207 (DMF, FEW II-2, 1402b).

carriere (3) n. m., 1 grand-route, chemin, 109 v. 212, 208 v. 13 ; 2 **se donner –**, se divertir, 147 v. 32 (Cotgr., Gdf., TLFI).

carteine (fièvre-) (1) n. f., fièvre intermittente caractérisée par un paroxysme le quatrième jour, 44 v. 11 (DMF, FEW II-2, 1427b : *quartus*).

cault (3) adj., subtil, rusé, 81 v. 215, *caute* TS LIII v. 5, 228 v. 45, (DMF, FEW II-1, 547a : *cautus*).

cautelle (1) n. f., ruse, tromperie, 47 v. 8 (DMF, FEW II-1, 546a : *cautela*).

cautement (1) adv., de manière sournoise, déloyale, TS LXVII v. 13 (DMF, FEW II-1, 547a : *cautus*).

cendroyer (8) v. tr., réduire en cendres, 9 v. 188, TS XXVI v. 14, 264 v. 3, etc., *cendroyez* p.p. 109 v. 233, *cendroye* 1re p. ind. prés. 137 v. 3 *cendroye* 3e p. ind. prés. 123 v. 11, 162 v. 13 (Hug., FEW II-1, 686b : *cinis*).

cerceau (1) n. m., arc formé par les plumes du bout de l'aile des oiseaux, voire, par extension, l'aile entière, 274 v. 485 (DMF, Hug., FEW II-1, 699a : *circellus*).

cercher (4) v. tr., chercher, 18 v. 126, *cerche* 1re p. sg. prés. ind. 18 v. 60, *cerche* 3e p. sg. prés. ind. TS III v. 12, *cerchent* 3e p. plur. prés. ind. 9 v. 49 (La Curne, FEW II-1, 695a : *circare*).

cerne (1) n. m., cercle tracé à l'aide d'une baguette par les praticiens de la magie (surtout pour invoquer les démons), 21 v. 331 (DMF, FEW II-1, 701a : *circinus*).

chamades (1) n. f. plur., Milit. batteries de tambour ou sonneries de trompettes pour demander à capituler, 234 v. 209 (FEW II, 730a : *clamare*). Empr. à l'it. du nord *ciamada*, v. TLFI.

change (3) n. m., 1 changement (de point de vue, de sentiments...), 9 v. 730, 761, 250 v. 7 ; **2 donner le–** faire lever une autre bête pour que les chiens en suivent la voie, 159 v. 6 (Hug., FEW II-1, 123b : *cambiare*).

changer (2) n. m., changement, 229 v. 21, 250 v. 15 (substantivation de l'infinitif « changer » attesté seulement dans DMF).

chappons (2) n. m. plur., billets doux, 271 titre, 271. Jeux de mot en lien avec le terme « poullets » qui semble propre à Beaujeu. La Curne seul donne ce sens : « On nommoit *chapons*, les billets doux, dans le sens où nous disons encore aujourd'hui "poulet". » Il indique une unique référence : Goujet, Bibl. fr. T. XIII. p. 302. qui est en fait le passage de la *Bibliothèque Françoise* où l'abbé Goujet évoque Beaujeu. V. **poullets** et note des lignes citées.

chaudiere (1) n. f., marmite, chaudron, TS LXII (DMF, FEW II-1, 75b : *caldaria*).

chere (1) n. f., visage, face, 258 v. 5 (DMF, FEW II-1, 348b : *cara*).

[chesneau] (1) n. m., jeune chêne, 113 v. 308 (DMF, Cotgr., FEW II-1, 460a : **cassanus*).

chiffre (7) n. m., caractère symbolique entrant souvent dans la composition d'un blason ou d'un emblème, 234 v. 309, TS LI v. 1, 72 v. 106, etc. (DMF, FEW XIX, 156a : *sifr*).

chosette (faire la-) (1) n. f., faire l'amour, 258 v. 12 (DMF, FEW II-1, 542a : *causa*).

cinabre (2) n. m., sulfure de mercure de couleur rouge, utilisé notamment dans la fabrication du vermillon, couleur rouge, 72 v. 148, 69 v. 203 (DMF, FEW II-1, 689a : *cinnabaris*).

closture (1) n. f., espace délimité qu'occupe une chose, 25 v. 92 (DMF, FEW II-1, 754b : *clausura*).

coche (1) n. f., bateau de forme arrondie, large à l'avant et à l'arrière, 199 v. 179 (DMF, FEW II-1, 534b : *caudica*).

coing (1) n. m., outil d'acier gravé en creux servant à frapper les monnaies, 258 v. 7 (DMF, FEW II-2, 1533a : *cuneus*).

cois (1) adj., calme, tranquille, 18 v. 29 (DMF, FEW II-2, 1470b : *quietus*).

col (8) n. m., 1 cou, 15 v. 86, TS LXXXI v. 2, 81 v. 885, 979, etc., **[jeter dans le –]** mettre sur les épaules, 274 v. 446 ; 2 partie rétrécie d'une chose, 31 v. 52 (DMF, FEW II-2, 911a/b : *collum*).

collerette (1) n. f., grand col plissé ou froncé placé sur une encolure de robe ou sur un décolleté, 262 v. 4 (DMF, FEW II-2, 894b : *collare*).

collet (3) n. m., 1 **prendre au –**, attraper par le cou, 81 v. 870 ; 2 col d'un vêtement, 274 v. 370, v. 443 (DMF, Hug.).

comphe (1) n. f., il s'agit très vraisemblablement d'une coquille pour « combe », petite vallée encaissée, 109 v. 220 (graphie non attestée dans DMF, FEW II-2, 1524b : *cumba*).

[complaindre] (6) déposer plainte en justice, se plaindre 113 v. 162, 262 v. 6, *complains* 1re p. sg. prés. 25 v. 32, *complaignant* p.pr. 25 v. 252, 31 v. 57, *complaignant* p.pr. adj. 274

v. 25 (DMF, FEW II-2, 979a : **complangere*).

confiture (1) n. m., fruits confits en vue de leur conservation, TS LXXVII v. 1 (DMF, FEW II-2, 1032a : *conficere*).

conjurer (contre –) (1) v. tr., nuire à qqn., conspirer, 144 v. 56 (DMF, FEW II-2, 1055b : *conjurare*).

conquerre (1) v. tr. acquérir, gagner (surtout par la force militaire), 224 v. 11 (Hug., Gdf, FEW II-2, 1058a : *conquirere*).

consistoire (1) n. f., assemblée, 228 v. 138 (DMF, FEW II-2, 1073 : *consistorium*).

contre (1) n. f., voix ou partition d'alto, de haute-contre ou de contre-ténor, 111 v. 12 (DMF, GdfC). V. la note du vers cité.

contrefaire (8) v. tr., 1 imiter qqn., copier son comportement, son langage souvent dans une intention de tromperie, *contrefaits* 2ᵉ p. sg. prés. imp. TS XCVII v. 3, 167 v. 133, *contrefait* 3ᵉ p. sg. prés. ind. 81 v. 81, 113 v. 359, *contrefont* 3ᵉ p. plur. prés. ind. 85 v. 11 ; 2 reproduire en peignant, 147 v. 18, *contrefaite* p.p. sg. 228 v. 159, *contrefit* 3ᵉ p. sg. p. s. 101 v. 59 (DMF, FEW III, 350b : *facere*).

contremont (à-) (1) loc. adv., en remontant (t. de batelier), 103 v. 18 (DMF, FEW II-2, 1112b : *contra*).

controuvées (1) p.p. f. plur., imaginées, inventées mensongèrement, TS XXXIIII v. 1 (DMF, FEW XIII-2, 318b : **tropare*).

convoy (6) n. m., cortège funèbre, 234 titre, v. 16, 402, etc. (DMF, FEW II-2, 1135a : **conviare*).

cordage (1) n. m., grosse corde, 81 v. 696 (DMF, Hug, FEW II-1, 647b : *chorda*).

coriaux (1) n. m. plur., ensemble des personnes chantant à l'office, 81 v. 467 (DMF, FEW II-1, 651b : *chorus*).

cornette (1) n. f., Milit. troupe qui accompagne le chef de l'armée, 113 v. 46 (Hug., FEW II-2, 1195b : *cornu*).

corselet (4) n. m., Milit. cuirasse légère sans manche, 21 v. 673, 199 v. 369, 129 v. 3, etc. (Hug, FEW II-2, 1213b : *corpus*).

corseque (1) n. m., Milit. sorte de lance ayant le fer long et large à deux orillons, 25 v. 268 (Michaux relève que cette arme est surtout présente dans la première moitié du XVIᵉ siècle, FEW II-2, 1236b : *corsica*, 1580a : *cursus*).

couasseresse (1) adj., qui émet des cris rauques et discordants (d'une corneille), 24 v. 11 (TLFI, FEW II-2, 1355b : *kro-*). Sans doute coquille pour « crouasseresse » dérivé de « crouasser » attesté en 1564 dans FEW. On relève le masculin « croässeur » dans Cotgr., la forme féminine du texte n'est pas relevée dans la lexicographie.

coupelle (1) n. f., petit récipient poreux servant à séparer l'or et l'argent des autres métaux avec lesquels il est uni, ici par métaphore « rigoureuse épreuve », 208 v. 8 (Hug, FEW II-2, 1553b : *cuppa*).

courage (64) n. m. 1 le cœur, 21 v. 597, TS LXVIIII v. 14, 138 v. 22, etc. ; 2 le cœur en tant que siège de la conscience de soi, des sentiments, des pensées, 11 v. 13, VI v. 6, 25 v. 118 etc. ; 3 fermeté de sentiment face à l'action, bravoure, vaillance, 5 v. 31, 9 v. 617, 659, etc. (DMF, Hug., FEW II-2, 1175b : *cor*).

courir (qqn. ou qqch.) (8) v. tr., poursuivre qqn. ou qqc. 9 v. 753, 18 v. 29, 101 v. 327, etc. *courons* 4ᵉ p. plur. prés. ind. TS LXXXVIII v. 6, 81 v. 597, *courez à force*, assaillir en grand nombre, 2ᵉ p. plur. prés. ind. 49 v. 3, *cour* 3ᵉ p. sg. prés. ind. 49 v. 13, *cours* 2ᵉ p. sg. prés. imp. 60 v. 13 (DMF, Cotgr., FEW II-2, 1569b : *currere*).

courriere (1) n. f., celle qui annonce la venue de, TS LXX v. 7 (La Curne, FEW II-2, 1573a : *currere*).

courtaux (1) n. m. plur., chevaux de selle courts et forts, 161 v. 11 (DMF, FEW II-2, 1586 : *curtus*).

couvrechef (1) n. m., morceau de toile fine disposé sur les cheveux d'une dame, 38 v. 1 (FEW II-2, 1143b : *cooperire*).

cramoisi (c'est le –) (1) n. m., c'est la façon parfaite, le *nec plus ultra*, 66 v. 9 (FEW 19, 95b : *qirmiz*).

cratere (1) adj., puissant ? 234 v. 173. Voir la note du vers cité.

creance (1) n. f., action de croire, opinion, TS XXXII v. 5 (DMF, FEW II-2, 1303b : *credere*)

crespe (1) n. f., sorte d'étoffe très légère, de laine ou de soie, à l'aspect ondulé, 274 v. 117 (DMF, FEW II-2, 1347b : *crispus*).

croussissant (1) p.pr., faisant grincer son mors, 234

v. 327 (DMF, FEW XVI, 424b-425a : **krussjan*).

crystal (9) n. m., 1 roche dure, TS XXI v. 14, 81 v. 29 ; 2 verre taillé, transparent, 106 v. 155, 172 v. 4, 222 v. 32, etc. ; 3 Litt., eau, élément liquide, 73 v. 50, 114 v. 21, 160 v. 11 (DMF, FEW II-2, 1385b : *crystallus*).

cuider (17) v. tr., croire à tort, *cuidé* p.p. 5 l. 75, 81 v. 617, *cuidant* p.pr. 18 v. 165, 24 v. 102, 271 l. 178 etc., *en cuidant* gér. 18 v. 139, 25 v. 85, 224 v. 10 etc., *cuide* 1re p. sg. ind. prés. 21 v. 132, 25 v. 4, *cuide* 3e p. sg. ind. prés. 234 v. 334, *cuiday* 1re p. sg. p. s. 274 v. 276, *cuida* 3e p. sg. p. simpl. 21 v. 132, 81 v. 56, *cuidoit* 3e p. sg. impft. 25 v. 194 (DMF, FEW II-1, 838b : *cogitare*).

cure (6) 1 n. f., traitement, 274 v. 437 ; 2 loc. v., **(avoir –/ prendre –)** se soucier de qqc., 9 v. 165, 9 v. 641, TS IX v. 8, 59 v. 3, 131 v. 1 (DMF, Hug, FEW II-2, 1557b : *cura*).

curre (1) n. m., char, 228 v. 171 (DMF, FEW II-2, 1575b : *currus*).

daches (1) n. m. plur., diables, 21 v. 305 (FEW III 63b : *diabolus*). *Dache* est toujours attesté en argot dans l'expression "envoyer à daches", "envoyer au diable". V. L. Larchey, *Nouveau supplément au dictionnaire d'argot*, Paris, E. Dentu, 1881, qui précise que *dache* est mis pour *diache*, régionalisme des patois du centre.

dam (à mon – / à son –) (3) n. m., à mes / à ses dépens, TS XCVIII v. 12, 81 v. 710, 255 v. 6 (DMF, Hug, FEW III, 10b : *damnum*).

damacé (4) adj., tissé à la façon du damas, étoffe de soie dont le tissu présente des fleurs en relief, ici le mot qualifie l'herbe ou les plantes, 112 v. 62, 9 v. 521, 13 v. 42, etc. (DMF, FEW III, 9a : *Damascus*).

damas (1) n. m., variété de prune noire, du *prunus domestica* appelé « prunier de Damas », 121 v. 8 (DMF, FEW III, 9a : *Damascus*).

darde (3) n. f., Milit. arme de jet à hampe courte, munie d'une pointe de fer, ici, les flèches du dieu Amour, 146 v. 13, 221 v. 27, 246 v. 4 (DMF, Michaud : *dard*, FEW XV-2, 56a : **daroth*).

darder (1) v. tr., Milit. lancer une arme de jet, *darde* 31

v. 82 3ᵉ p. sg. ind. prés. (DMF, FEW XV-2, 56b-57a : **daroth*).

deceler (8) v. tr., faire connaître (ce qui est secret), révéler l'existence de qqc., TS XLI v. 14, *decelé(e)* p.p. 228 v. 27, 25 v. 186, *decele* 1ʳᵉ p. sg. ind. prés. TS LXXVIII v. 1, *decelle* 3ᵉ p. sg. ind. prés. 106 v. 70, *decelez* 2ᵉ p. plur. ind. prés. 76 v. 13, *decela* 3ᵉ p. sg. p. s. 118 v. 13, *deceleroit* 3ᵉ p. sg. cond. prés. 109 v. 135 (DMF, FEW II-1, 572a : *celare*).

decevoir (21) v. tr., abuser qqn., induire qqn. en erreur 18 v. 236, 24 v. 71, 33 v. 28 etc., *decevant* p.pr. TS IX v. 2, TS XV v. 4, 113 v. 361, *deceu* p.p. TS LXVII v. 13, CIIII v. 5, 24 v. 39, etc. *deceut* 3ᵉ p. sg. p. s. 116 v. 128, *decevoit* 3ᵉ p. sg. impft. 69 v. 43, 113 v. 365 (DMF, FEW III, 25a : *decepire*).

deffense (se mettre en-) (2) loc. v., Milit. se préparer à subir un assaut, 9 v. 2, 143 v. 156 (DMF, FEW III, 29a : *defensa*).

[defil(l)é] (3) p.p., défait comme fil à fil, 258 v. 7, 11 v. 16, 247 v. 38 (DMF, FEW III, 528, 529b : *filum*).

delié (5) adj., fin, délicat, 124 v. 10, 143 v. 108, 24 v. 372, etc. (DMF, FEW V, 325a : *delicatus*).

demeurée (faire –) (1) n. f., fait de rester, séjourner, 80 v. 11 (DMF, FEW III, 38a : *demorari*).

departie (6) 1 p.p., séparée, 167 v. 23 ; 2 n. f., départ, 105 v. 18, 119 v. 14, 141 v. 264, etc. (DMF, FEW VII, 684b/685a : *partire*).

desbander (6) v. tr., 1 détendre ce qui est bandé (d'une arme), tirer, 18 v. 176, *desbandé* p.p. Adj. 271 l. 112, *desbande* 1ʳᵉ p. sg. ind. prés. 9 v. 574, 18 v. 38, *desbandez* 2ᵉ p. plur. ind. prés. 265 v. 3 ; 2 relâcher, *desbande* 1ʳᵉ p. sg. ind. prés. 227 v. 26 (DMF, FEW XV-1, 114a : **bindo*).

desceu (au – de) (2) loc. prép., à l'insu de, 24 v. 375, 160 v. 2 (DMF, FEW XI, 195a : *sapere*).

desclose (3) p. p. adj., ouverte, épanouie, 102 v. 10, 106 v. 91, 146 v. 69 (Hug., FEW II-1, 749b : *claudere*).

desla(s)cher (3) v. tr., décocher (un coup), 69 v. 204, 173 v. 3, *deslasché* p.p. 242 v. 21 (DMF, FEW V, 230b-231a : *laxicare*).

deslier (4) v. tr., dénouer qqch. (une corde, un lien, etc.), 21 v. 16, 116, *deslié* p.p. adj. 98

v. 6, *delié* 122 v. 10, *deliez* 12 v. 37 (v. *delié*) (DMF, FEW V, 325a : *ligare*).

despendre (5) v. tr., employer son temps, sa vie (à telle chose, de telle ou telle manière), 18 v. 189, *despendu* p.p. 81 v. 573, 165 v. 13, 234 v. 111, *despenduz* 271 l. 137 (DMF, FEW III, 97a : *dispendere*).

despens (aux-) (1) loc. adv., au détriment de qqn., TS XXXV v. 4 (DMF, FEW III, 97a : *dispendere*).

despestrer (3) v. intr., dégager une personne de ce dans quoi elle est empêtrée, 66 v. 7, 97 v. 3, 113 v. 103 (TLFI, FEW VII, 761b : *pastoria*).

despit (28) 1 n. m., colère, chagrin, TS LXXIX v. 6, TS CV v. 6, 21 v. 147, etc. ; 2 adj., affligé 21 v. 464, 135 v. 1, 242 v. 16, etc. ; 3 faché 9 v. 1, 212 v. 5, 153 v. 1 ; 4 **(par – de)** loc. prép., au mépris de, TS XCVIII v. 5, 25 v. 139, 340 ; 5 **(faire –)** loc. v., faire subir un affront à qqn., humilier qqn, 9 v. 854 (DMF, FEW III, 54 : *despectus*).

despiter (se-) (24) 1 v. pron., s'indigner, être furieux contre qqch. ou qqn., *en se despitant* gér. 113 v. 271, *me despite* 1re p. sg. ind. prés. 21 v. 589, 138 v. 56, *se despite* 3e p. sg. ind. prés. TS XLIX v. 13, 21 v. 686, 80 v. 29, etc. ; 2 v. tr., traiter qqn. avec mépris, dédaigner qqn., *en despitant* gér. 21 v. 27, 81 v. 411, *despite* p. p. 21 v. 238, 192 v. 3, *despite* 1re p. sg. ind. prés. 163 v. 7, *despite* 3e p. sg. ind. prés. 69 v. 35 ; 3 p.p. adj., affligé *despitée* 63 v. 9, *despite* 155 v. 1, *despitez* 101 v. 145 ; 4 **– contre**, irrité contre, 18 v. 127, v. 173, TS XXVIII v. 13, etc. (DMF, Cotgr., FEW III, 54 : *despectus*).

despravé (2) adj., perverti et inspirant le goût du mal, TS LXV v. 9, 101 v. 169 (DMF, FEW III, 45a : *depravare*).

despriser (1) v. tr., dénigrer (un être divin), rejeter, 210 v. 11 (DMF, FEW IX, 373b : *pretium*).

[desrompre] (1) v. tr., arracher (les cheveux, la barbe), *desrompt* 3e p. sg. ind. prés. 81 v. 847 (DMF, FEW X, 567b : *rumpere*).

[desserrer] (2) v. tr., être lancé, *desserre* 3e p. sg. ind. prés. 223 v. 20 (DMF, Gdf., FEW XI, 503b : *serare*).

[desservir] (3) v. tr., 1 mériter, *desservy* p.p. 24 v. 214, *dessers* 1re p. sg. ind. prés. 102 v. 23 ; 2 en s'acquittant d'un rite funéraire, *en desservant* gér. 65 v. 9 (DMF, FEW XI, 542a : *servire*).

[dessiller] (1) v. tr., détromper qqn., lui ouvrir les yeux, *dessille* 3e p. sg. ind. prés. 9 v. 609 (Hug., FEW II-1, 672a : *cilium*).

dessus (1) n. m., partie haute du chant, 111 v. 17 (DMF, FEW XII, 464a : *sursum*).

[destoupper] (1) v. tr., déboucher, *destouppez* 2e p. plur. imp. prés. 24 v. 219 (FEW XII, 317b : *stuppa*).

devant (8) adv., auparavant, avant 9 v. 191, 414, TS XXVII v. 8, TS LVI v. 2, 25 v. 57, 374, 81 v. 336, 562 (DMF, FEW XXIV, 6b : *abante*).

[devider] (3) v. tr., dérouler le fil et métaphoriquement la vie, *devidez* p.p. 265 v. 6, *devide* 3e p. sg. ind. prés. 158 v. 2, *devidois* 3e p. sg. impft. ind. 247 v. 11 (DMF, FEW XIV, 593a, 594a : **vocitus*). V. notes des vers cités.

devine (1) n. m., ancienne forme féminine de *devin*, 21 v. 242 (DMF, FEW III, 108a : *divinare*).

devis (2) n. m., parole, discours, 145 v. 39, 262 v. 7 (DMF, FEW III, 109a : **divisare*).

dextre (3) n. m., la main droite, 9 v. 289, 223 v. 40, 234 v. 326 (DMF, FEW III, 61b : *dexter*)

dextrement (1) adv., adroitement, 234 v. 234 (DMF, FEW III, 61b : *dexter*)

diaprée (3) p.p. adj., richement nuancée, parsemée de taches de couleurs vives, *diaprée* TS LV v. 7, 83 v. 8, *diaprées* 274 v. 206 (DMF, FEW V, 32b : *jaspis*).

discords (1) n. m. plur., désaccords, TS LXXXIIII v. 7 (DMF, FEW III, 92a : *discordare*). V. note du vers cité.

divorce (1) n. f., séparation, division, TS C v. 1 (Hug, FEW III, 110a : *divortium*).

dolente (10) 1 adj., affligée, triste, 9 v. 510, 81 v. 19, 738 etc. ; 2 adj. subst., malheureuse, 9 v. 280, 81 v. 865, 109 v. 179 (DMF, FEW III, 117b : *dolere*).

[donter] (1) v. tr., dompter, TS IV v. 8, 25 v. 135, 69 v. 216 (DMF, FEW III, 132a : *domitare*).

doucet (5) adj., agréable, 141 v. 133, 199 v. 15, TS XLI

v. 2, etc. (DMF, FEW III, 174b : *dulcis*).

douter (10) v. tr., redouter, 21 v. 318, 81 v. 656, 144 v. 28, etc., *douté* p.p. 9 v. 720, TS LXXXVIII v. 11, 69 v. 166, etc., *doute* 1re p. sg. ind. prés. 21 v. 101, 166 v. 7, *doutois* 1re p. sg. impft. prés. 274 v. 419 (DMF, FEW III, 169 : *dubitare*).

dueil (31) n. m., affliction, chagrin, TS VI v. 3, TS LVII v. 14, TS LIX v. 14, etc. ; en particulier douleur causée par la mort de qqn. et par mét. vêtements portés comme signes de cette douleur 9 v. 24, TS X v. 6, 234 v. 40, etc. (DMF, FEW III, 121a : *dolus*).

duire (2) v. intr., convenir à qqn., *duit* 3e p. ind. prés. 7 v. 7, *duitte* p.p. 81 v. 624 (DMF, Gdf., FEW III, 170b : *ducere*).

ecuminique (1) adj., universel (DMF, FEW VII, 329a : *œcumene*).

egnosigée (1) adj. subst., celui qui ébranle la terre, du grec *ennosigaïos*, 25 v. 353. Ce mot rare apparaît dans le *Microcosme* de Scève et dans *Les Premières centuries* de Nostradamus et est déjà passé dans le latin de Juvénal. (Juvénal, *Satires*, texte établi et traduit par P. de Labriolle et F. Villeneuve, Paris, Les Belles Lettres, 1983, X, v. 182, M. Scève, *Œuvres complètes*, t. V, *Microcosme*, éd. M. Clément, Paris, Classiques Garnier, 2013, p. 209, v. 412 et Nostradamus, *Les Premières centuries ou Prophéties*, par P. Brind'amour, Paris, Droz, 1996, I, 87, v. 1).

elludie (1) n. f., non attesté dans la lexicographie, 25 v. 44.

emblez (1) p.p. plur., volés, TS XLVI v. 3 (DMF, FEW IV, 804b : *involare*).

empennée (1) adj. f., garnie d'une empenne, d'un accessoire métallique en forme de plume, TS XVII v. 9 (DMF, FEW VIII, 527b, 528a : *pinna*).

empesche (1) n. f., obstacle, TS XXXI v. 14 (DMF, FEW IV, 580a : *impedicare*).

empescher (16) v. tr., gêner, embarrasser qqn., 9 v. 300, 15 v. 78, 49 v. 12, etc., *empeschant* p.pr. TS XXXIIII v. 10, 272 v. 35, *empesché* p.p. adj. 271 l. 5, *empeschez* p.p. plur. 222 v. 41, *empesche* 3e p. sg. ind. prés. TS III v. 2, 81 v. 699, 113 v. 279, etc., *empeschent* 3e p. plur.

ind. prés. TS LXXX v. 6, *empescheray* 1re p. sg. ind. fut. 271 l. 30, *empescherez* 2e p. plur. ind. fut. 73 v. 16, *empescha* 3e p. ind. p. s. 4 v. 3, *empescheroit* 3e p. sg. cond. prés. 24 v. 346, (DMF, FEW IV, 579/580a : *impedicare*).

empestrer (s' –) (2) v. pron., enchaîner, lier, TS LXVIII v. 8, *empestré* p. p. m. 113 v. 104 (DMF, FEW VII, 761a : *impetrare*).

emprise (1) p. p., allumé, TS XVII v. 4 (DMF, FEW IV 602a : **imprehendere*).

enciergé (1) adj., ?, 274 v. 34. Le mot n'est pas attesté dans la lexicographie. Dans FEW II-1, 604b : *cereus* on relève un verbe *cierger* : « enduire de cire les bords d'une étoffe pour l'empêcher de s'effiler » et un adjectif *ciergé* : « planté bien verticalement (d'un mat) » mais ces sens sont datés des XVIII et XIXe siècles. Il s'agit peut-être d'un hapax dont le sens serait « entouré de bougies ». V. note du vers cité et l'annexe du glossaire.

encombre (3) n. m., malheur, 248 v. 26, 140 v. 17 ; 2 **(demeurer en –)** loc. v., rester en danger TS LXII v. 5 (DMF, FEW II-2, 939a : **comboros*).

encourtinez (1) p.p., enveloppés de, couverts de, TS LXXX v. 9 (DMF, Hug., FEW II-2, 1237a : *cortina*).

enfançon (2) n. m., enfant en bas âge, TS XXXVII v. 8, 265 v. 7 (DMF, FEW IV, 663b : *infantia*).

enfelonnez (1) p.p. plur., animés, excités, 234 v. 212 FEW XV-2, 124a : **fillo*).

engisté (1) adj., au lit, couché, 274 v. 47. Beaujeu emploie ici de manière quasi-métaphorique un terme de chasse signifiant « gité » en parlant des animaux, uniquement attesté dans Hug. et FEW V, 3b : *jacere*.

[engluer] (1) v. tr., enduire de glue, *englue* 1re p. sg. ind. prés. 24 v. 99. V. **glue**.

enprise (1) n. f., attaque 15 v. 48 (DMF, FEW IV, 602a : **imprehendere*).

[enquerir] (s') (4) v. pron., se renseigner, *enquiers* 1re p. sg. ind. prés. 9 v. 327, *enquiere* 1re p. sg. ind. prés. 21 v. 245, 271 v. 122, *enquiert* 3e p. sg. ind. prés. 81 v. 210 (DMF, FEW IV, 706b : *inquirere*).

enseignes (3) n. f. plur., Milit. 1 emblèmes militaires sous lesquelles se rangent les soldats, 18 v. 237, 81 v. 147 ; 2 troupes, compagnies rangées sous un drapeau, 75 v. 146 (DMF, FEW IV, 715a : *insigna*).

ensepulturez (1) p.p. subst. plur., inhumés, enterrés, 193 v. 4 (DMF, FEW XI, 486a : *sepultura*). Cet emploi n'est pas relevé dans les dictionnaires.

[enserrer] (3) v. tr., emprisonner qqn., *enserrez* p.p. 116 v. 153, *enserre* 3ᵉ p. ind. prés. 81 v. 364, 234 v. 251 (DMF, FEW XI, 500b : *serare*).

entacé (1) adj., entaché, couvert de taches, 107 v. 44 (DMF, FEW XVII, 295b, 296a : *taikns*).

entigré (1) adj., mué, transformé en tigre, TS XLIX v. 8. Adjectif non attesté dans toute la lexicographie, sans doute une création de l'auteur. Voir note du vers cité.

entrecouvert (1) adj., rebrodé, 81 v. 431 (Hug., FEW II, 2 1143b : *cooperire*). Sans doute première attestation sémantique.

entreprendre sur/contre (2) v. tr., s'attaquer à, TS XCIX v. 13, ÇA271 l. 126 (DMF, FEW IX, 349a : *prehendere*).

envie (70) n. f., 1 sentiment de malveillance 9 v. 542, TS XV v. 14, TS XCI v. 5, etc. ; 2 désir 9 v. 661, 15 v. 57, 18 v. 161, etc. (DMF, FEW IV, 799a : *invidia*).

envieux (6) 1 adj., désireux, 75 v. 27, 94 v. 2, 151 v. 2, etc. (DMF, FEW IV, 799a : *invidia*) ; 2 adj. subst., jaloux, 8 v. 13 (DMF, FEW IV, 799a : *invidia*).

escabelle (1) n. f., siège de bois sans bras ni dossier 274 v. 170 (DMF, FEW XI, 260b : *scabellum*).

escaller (1) v. tr., escalader à l'aide d'échelles, attaquer (une position) au moyen d'échelles, TS CXVI v. 12 (DMF, FEW XI 266a : *scala*).

escarlatte (1) n. m., drap fin de qualité supérieure gén. rouge, mais aussi d'autres couleurs éclatantes, 274 v. 365 (DMF, FEW XIX, 149b, 150a : *saqirlat*).

escarure (1) n. f., garniture d'une robe décolletée en carré, 274 v. 119 (DMF, Cotgr., FEW II-2, 1395b : *quadrare*).

eschanger (qqch. / qqn. en qqch. / qqn.) (16) v. tr., changer, transformer qqch., qqn. en qqch. ou qqn., 25 v. 191, 204, 75 v. 11, etc., *eschangé* 81 v. 600, 956, 108 v. 47, etc., *eschangée* 81 v. 15, 95 v. 10, *eschangeant* 116 v. 88, 274 v. 435, *eschange* 113 v. 337, *eschangea* 25 v. 114 (DMF, Hug.).

escorce (13) n. f., 1 couche végétale entourant le tronc d'un arbre, TS LXXXII v. 9, 21 v. 37, 24 v. 76, 81 etc. ; 2 apparence TS C v. 8 ; 3 enveloppe mortelle d'une personne, 62 v. 10, 110 v. 24, 199 v. 244. Ce sens est attesté dans FEW en ancien occitan : *escorça*. (DMF, FEW XI, 328a : *scortea*).

esguilles (1) n. f. plur., timons de carrosse ou de chariot, (DMF, FEW XXIV, 118a : *acucula*). V. note du vers cité.

eslargir (s'-) (1) v. pron., s'étendre au sujet de qqch., 239 v. 4 (DMF, FEW V, 185a : *largus*).

eslite (faire l' –) (1) syntagme nom., faire l'éloge, 21 v. 486 (DMF, FEW III, 213b : *eligere*).

esloigner (4), v. tr., mettre une certaine distance entre soi et qqn, fuir, TS LXXXV v. 3, 101 v. 38, *esloigne* 1re p. ind. prés. 81 v. 752, 228 v. 82 (DMF, FEW V, 414a : *longe*).

esmailler (7) v. tr., parer de couleurs variées (une prairie, en parlant des fleurs ; t. poétique), TS XXXV v. 14, 21 v. 287, *esmaillé* p.p. TS LXV v. 11, *esmaillé* p.p. adj. TS XXIV v. 10, 274 v. 132, *esmailloit* 3e p. sg. ind. impft. 18 v. 136, *esmaillerent* 3e p. plur. p. s. TS XXXIX v. 11 (DMF, Fur., FEW XVII, 155b : **smalt*).

esmerillon (1) n. m., petit faucon remarquable par sa finesse, 116 v. 30 (DMF, FEW XVII, 157a : **smiril*).

espandre (5) v. tr., répandre, 82 v. 897, *espandu(s)* p.p. 18 v. 24, 74 v. 47, *espand* 3e p. sg. ind. prés. TS CXVI v. 7, 81 v. 406 (DMF, FEW III, 302 : *expandere*).

espan(n)ie (3) p.p. adj., ouverte, épanouie, 17 v. 12, 72 v. 139, 274 v. 377 (DMF, FEW XVII, 164a : **spannjan*).

espave (1) adj., égaré, perdu, 6 v. 1 (DMF, FEW III, 305b : *expavidus*).

espieds (2) adj., qui porte des épis de blé, 15 v. 72, 247 v. 23 (DMF, FEW XII, 173b : *spica*, Gdf : *espié* "qui porte des épis").

espinette (1) n. f., Mus. instrument de musique à cordes pincées et à clavier, 81 v. 835. (DMF, FEW XII, 181a : *spina*).

espleurée (2) adj. f., en larmes, 75 v. 53, 60 (DMF, FEW IX, 78a : *plorare*).

[espoinçonner] (3) v. intr., exciter, *espoinçonné* p.p. adj. 25 v. 187, 81 v. 884 *espoinçonne* 1re p. sg. ind. prés. 2 v. 1 (DMF, FEW IX, 583a : **punctiare*).

espreuve (4) n. f.,1 malheur éprouvant, 72 v. 6 ; **2 faire** – vérifier la qualité de qqch. par l'expérience, 25 v. 265, 81 v. 637 (DMF, FEW IX, 405b : *probare*).

esprises (1), adj. f. plur., allumées, TS CXVIII v. 8 (DMF, FEW IX, 347a : *prehendere*).

esprouver (s'-) (3) 1 v. pron., se mettre à l'épreuve, 36 v. 80, *espreuve* 3e p. sg. ind. prés. 81 v. 389, 224 v. 17 ; 2 v. tr., mettre à l'épreuve qqn., *espreuve* 3e p. sg. ind. prés. 106 v. 81 (DMF, FEW IX, 405b : *probare*).

esprouvette (1) n. f., sorte de sonde chirurgicale, 9 v. 75 (DMF, FEW IX, 406b : *probare*).

essartée (1) n. m., ravageur, 13 v. 15. Le substantif masculin et encore moins son orthographe en « -ée », ne sont attestés dans les dictionnaires mais v. « essarter » dans DMF, Gdf.). V. note du vers cité.

essourdement (1) n. m., fait de rendre sourd, TS CXII v. 7. Non attesté dans la lexicographie mais on relève « essourder » dans Gdf et DMF et « essourdir » et « assourdissement », « fait de devenir, de rendre sourd » dans FEW XII, 454a : *surdus*.

estœuf (1) n. f., balle du jeu de paume, TS LXVII v. 7 (DMF, FEW XVII, 249a : **stôt*).

estoffée (1) adj., décorée de qqc., 146 v. 58 (DMF, FEW XVII, 246b : *stopfôn*).

estouppé (1) p.p. adj., bouché, TS XCIX v. 5 (DMF, FEW XII, 316 : *stuppa*).

estour (5) n. m., mêlée, 2 v. 7, 75 v. 137, 93 v. 2, etc. (DMF, FEW XVII, 266b : **sturm*).

estrange (35) adj. ou adj. subst., 1 extraordinaire voire hostile, 4 v. 12, 5 l. 12, 9 v. 729, etc. ; 2 qui vient d'un autre pays, d'une autre contrée TS LVII v. 10, 69 v. 52, 172 v. 1, etc. (DMF, FEW III, 332a : *extraneum*).

estranger (10) adj. ou adj. subst., 1 hors du commun, parfois méchant, TS XXX v. 14, TS XXX v. 14, 72 v. 74 ; 2 qui vient d'un autre pays, d'une autre contrée, 247 v. 120, 228 v. 154, 166 v. 47, etc. (DMF, FEW III, 332a : *extraneum*).

estroit (4) adj., 1 stricte, TS XLI, 73 v. 25 ; 2 pesant TS LXXXV v. 9, 274 v. 37 (DMF, FEW XII, 298b : *strictus*).

estroitement (2) adv. rigoureusement, 73 v. 27, 104 v. 14 (DMF, FEW XII, 298b : *strictus*).

estuy (2) n. m., 1 carquois, 246 v. 6 ; 2 enveloppe du bourgeon, de la fleur, 247 v. 243 (DMF, FEW XII, 310b, 311a : **studiare*).

estuyer (1) v. tr., mettre qqc. dans un étui, *estuya* 3e p. sg. p. s. 9 v. 9 (DMF, FEW XII, 310a : **studiare*).

[e(s)venter] (2) v. tr., 1 écervelé, *esventé* p.p. adj. TS C v. 7 ; 2 faire sortir, *evente* 1re pers. sg. ind. pres. 81 v. 407 (Hug, FEW XIV, 265b : *ventus*).

exercice (2) n. m., acte sexuel, 21 v. 575, 66 v. 11 (Dictionnaire érotique).

exercite (2) n. m., armée, 9 v. 221, 106 v. 130 (DMF, FEW III, 292b : *exercitus*).

faintise (6) n. f., tromperie, dissimulation, TS XV v. 5, 81 v. 80, 82 v. 8, etc. (DMF, FEW III, 553b : *fingere*).

[faire] (– du) (3) loc., contrefaire, *faisois du* 1re p. sg. ind. impft 53 v. 6, *faisoit du* 3e p. sg. ind. impft. TS XIX v. 9, *fis de* 1re p. sg. ind. p. s. 274 v. 143 (DMF, Hug.).

fallace (1) n. f., stratagème, comportement trompeur, 227 v. 12 (DMF, FEW III, 386a : *fallacia*).

fantasie (4) n. f.,1 goût qu'on a pour qqch., 18 v. 170 ; 2 idée obsessionnelle, 18 v. 218, 72 v. 118, 138 v. 40 (DMF, FEW VIII, 360a : *phantasia*).

fantasme (5) n. m., fantôme, TS XIIII v. 5, TS XLI v. 10, 22 v. 46 (DMF, FEW VIII, 364a : *phantasma*).

fantasque (2) 1 adj., fou, bizarre, 274 v. 74 ; 2 n. m., personne qui a des idées extravagantes, TS XL v. 12 (DMF, FEW VIII, 365b : *phantasticus*).

fantastique (8) 1 adj., extravagant, bizarre, TS XLI v. 8, 21 v. 149, 673 ; 2 adj., possédé, 25 v. 101 ; 3 adj. subst., possédé, fou 60 v. 8, 77 v. 25 (DMF, FEW VIII, 365a : *phantasticus*).

farine (3) n. f., 1 neige, 103 v. 24, 141 v. 243 ; 2

tamiser la – du monde, trier et garder ce qu'il y a de meilleur, 113 v. 151 (DMF, Cotgr., FEW III, 419a : *farina*). V. note du vers cité.

faucet (1) n. m., voix de tête, 111 v. 14 (DMF, FEW III, 393a : *falsus*).

faussée (faire –) (1) n. f., Milit. trouer, percer, 115 v. 14 (La Curne, FEW III, 393b : *falsus*).

faux (33) adj., 1 qui est contraire à la vérité, erroné, 9 v. 773, TS I v. 13, TS LXXXIII v. 2 ; 2 qui est trompeur, mensonger, TS v. 7, TS XCVIII v. 6, 24 v. 71, etc. (DMF, FEW III, 392b : *falsus*).

feables (1) adj. plur., fidèles, 81 v. 595 (DMF, FEW III, 504a : *fides*).

ferme (faire-) (2) loc., Milit. tenir bon, 76 v. 100, *faisons [...] ferme* 1re p. sg. ind. prés. 256 v. 3 (DMF, Hug., FEW III, 576b : *firmus*).

fermée (1) adj. f., enfermée, 73 v. 27 (DMF, Hug., FEW III, 569b : *firmare*).

fermesse (2) n. f., 1 fermeté, 259 v. 4 ; 2 signe calligraphique représentant une « s » dont les deux boucles sont fermées par une barre diagonale, TS LI v. 2, v. la note de ce vers (Hug., FEW III, 576b : *firmus*).

fiance (4) n. f., confiance, 9 v. 445, 24 v. 210, 138 v. 19, etc. (DMF, FEW III, 499b : **fidare*).

fiction (3) n. f., mensonge, tromperie 113 v. 126, 180 v. 4, *fictions* 233 v. 50 (DMF, FEW III, 494b).

fier (50) adj., cruel, impitoyable, 9 v. 273, 292, 493, etc. (DMF, FEW III, 479a : *ferus*).

[finer] (1) v. tr., terminer qqc., *fine* 3e p. sg. ind. pres. 272 v. 35 (DMF, FEW III, 558a : *finire*).

flageolet (1) n. m., flûte à bec percée de six trous qu'on a perfectionnée en ajoutant des clefs, 113 v. 90 (DMF, FEW III, 588b : **flabeolum*).

flageot (2) n. m., flûte à bec, 25 v. 203, 30 v. 52 (DMF, FEW III, 588b : **flabeolum*).

flame (3) n. f., banderole à deux pointes qui garnissait les lances de cavalerie française, 18 v. 229, 256 v. 1, 274 v. 81 (La Curne, FEW III, 599b : *flamma*).

fledre (1) n. m., jeune hêtre, 81 v. 446, (sans doute coquille pour « hedre » attesté dans DMF, FEW XVI, 121b : **haisi*). V. note du vers cité.

fleuret (1) n. m., bourre de soie, filoselle, 116 v. 65 (Gdf., Gay, FEW III, 635a : *flos*).

[fleuronner] (1) v. intr., fleurir, *fleuronne* 3e p. sg. ind. pres. 121 v. 1 (DMF, Cotgr., FEW III, 630b : *flos*).

fleurons (1) n. m. plur., petites fleurs, TS XX v. 7 (DMF, FEW III, 630a : *flos*)

follantes (1) n. f. plur., folles ?, 224 v. 72. Le mot n'est pas attesté dans la lexicographie. V. la note du vers cité et l'annexe du glossaire.

follier (1) v. intr., rendre fou, 22 v. 44 (DMF, FEW III, 690a : *follis*).

follion (2) n. m., petit fou, TS IX v. 1, 271 l. 259 (DMF).

forcené (8) adj., qui a perdu la raison, fou (de colère, de chagrin...), 18 v. 77, 21 v. 226, 25 v. 38, *forcenée* adj. f. 160 v. 7 (DMF, FEW XVII, 72a : *sinno-*).

forsaire (2) n. m.,1 esclave, 274 v. 49 ; 2 prisonnier ou condamné astreint à ramer sur un navire TS CIX v. 5 (Gdf, Hug., FEW III, 731b : *fortiare*). Empr. à l'it. *forzaro* (av. 1521), v. TLFI.

fors (8) adv. et prép., dehors, hors de, 18 v. 7, TS XL v. 11, 81 v. 7, etc. (DMF, FEW III, 700b : *foras*).

fort (1) n. m., fourré, TS XLIIII v. 6 (DMF, FEW III, 734a : *fortis*).

foul(l)etot (2) n. m., homme vif, turbulent, 21 v. 427, 85 v. 12 (DMF, FEW III, 689b : *follis*, région. du Doubs, Lyon *foletó*, s'amuser, faire le fou).

fouyer (1) n. m., espace aménagé dans une pièce pour y faire le feu, âtre, 25 v. 328 FEW III, 649a : *focarius*).

fraise (1) n. m., double collerette à plis empesés portée par les hommes et les femmes, de Henri II à Louis XIII, 51 v. 2 (DMF, FEW III, 778b : *fresum*).

franc (3) adj., qui est de condition libre, 9 v. 544, 227 v. 30, 104 v. 36 (DMF, FEW XV-2, 163a : *frank*).

franchise (7) n. f., condition libre, TS XV v. 8, TS CXVIII v. 5, 21 v. 570, etc. (DMF, FEW XV-2, 163b : *frank*).

[fredon] (3) n. m., Mus. ornement mélodique improvisé par le chanteur ou par l'instrumentiste pour agrémenter le chant ou la mélodie, 141 v. 249, 199 v. 354, 234 v. 207 (DMF, FEW III, 813a : *fritinnire*).

[fredonner] (2) Mus. 1 v. tr., chanter en ornant la mélodie de fredons, *fredonne* 2ᵉ p. sing. imp. pres. 111 v. 14 ; 2 v. intr., jouer d'un instrument de manière à produire des sons analogues à des fredons, *fredonne* 3ᵉ p. sing. ind. pres. 2 v. 8, (Hug., FEW III, 813a : *fritinnire*).

frenaisie (7) n. f., agitation violente, état d'excitation, 18 v. 217, TS IX v. 7, TS XXII v. 4, etc. (DMF, FEW VIII, 400a : *phrenesis*).

frenetique (1) adj., furieux, fou-furieux, 81 v. 410 (DMF, FEW VIII, 401b : *phreneticus*).

fretillard (1) adj., agité par un petit mouvement rapide, 274 v. 347 (DMF, FEW III, 785a : *frictare*).

furon (1) n. m., furet 199 v. 146 (DMF, FEW III, 911a : *furo*).

fuseau (2) n. m., 1 petit instrument en bois tourné qui sert à tordre et à enrouler le fil, lorsqu'on file à la quenouille, 78 v. 78 ; 2 jambes longues et menues, 119 v. 7 (DMF, Hug., FEW III, 921b/922a : *fusus*).

gaillard (5) adj., gai, joyeux, 113 v. 367, 202 v. 6, 9 v. 490, etc. (DMF, FEW IV, 30a : **galia*).

gaillardise (1) n. f., vivacité, 147 v. 40 (DMF, Hug., FEW IV, 30b : **galia*).

gallantise (1) n. f., courtoisie, 271 l. 140 (DMF, Cotgr., FEW XVII, 476a : *wala*).

gallonné (1) p. p. adj., orné de fil d'or, 274 v. 371 (GdfC., FEW XVII, 476b : *wala*).

gallons (1) n. m. plur., petits rubans d'ornement en argent sur un manteau, 274 v. 367 (DMF, Hug., FEW XVII, 476b, 477a : *wala*).

gé (1) n. m., jais, 118 v. 4 (DMF, FEW IV, 21a : *gagates*).

genet (7) n. m., petit cheval de race espagnole, TS XLVII v. 14, 62 v. 7, 101 v. 314, etc., *genets* 234 v. 317 (DMF, Gdf., FEW XIX, 207a : *Zanati*).

genitoires (1) n. f. plur., parties génitales mâles, testicules, 109 v. 108 (DMF, FEW IV, 103a : *genitura*).

geniture (2) n. f., descendance, 9 v. 78, 225 v. 56 (DMF, FEW IV, 102b : *genitura*).

gentil (19) adj., 1 qui a la noblesse du cœur et des sentiments, TS XLIX v. 9, 81 v. 144, 141 v. 165, etc. ; 2 agréable à regarder, gracieux, 28 v. 11, 75 v. 138, 101 v. 195, etc. (DMF, FEW IV, 110 : *gentilis*).

gesne (9) n. f., 1 géhenne, supplice, 9 v. 271, 15 v. 86, 105 v. 57, etc. ; 2 peine, souffrance, 81 v. 27 (Hug.,

Fur., FEW XVI, 282 : **jehhjan*).

[gesner] (9) v. tr., tourmenter le corps ou l'esprit *gesné* p.p. TS XX v. 11, 257 v. 13, *gesnez* 234 v. 92, *gesné* p.p. adj. 18 v. 78, 113 v. 104, 227 v. 6, *gesne* 1re p. sg. ind. prés. TS LXIX v. 3, 195 v. 2, 267 v. 5, *gesnois* 2e p. sg. ind. impft. (Gdf., Fur., FEW XVI, 282 : **jehhjan*).

geumaines (1) adj., qui se lamente, 5 l. 16 (Gdf., FEW V, 139a/b : *lamentare*). Adjectif non attesté dans la lexicographie. On relève dans FEW *guementer*, "se lamenter, se plaindre" et *guaiment*, "lamentation".

giron (14) n. m., 1 partie du corps comprise entre la ceinture et les genoux, 81 v. 622, 624, 109 v. 146, etc. ; 2 ventre, 25 v. 63, 81 v. 912 ; 3 être aux côtés de, 13 v. 32, TS LXXVI v. 10, TS LXXXVI v. 7, etc. ; 3 flanc, 274 v. 12 (DMF, Gdf., FEW XVI, 32a : **gêro*).

glas (4) n. m., glace, 50 v. 7, 81 v. 165, 100 v. 7, etc. (DMF, FEW IV, 139a : *glacies*, graphie employée du XIIe au XVIe siècle).

gloute (1) adj., vorace, 199 v. 148 (DMF, FEW IV, 172b : *glutto*).

gluaux (1) n. m., branches enduites de glu pour prendre les petits oiseaux, 24 v. 103 (DMF, FEW IV, 169b : *gluten*).

glue (1) n. f., substance visqueuse obtenue de l'écorce d'un acacia ou du houx pour prendre les oiseaux, 24 v. 101 (DMF, FEW IV, 169b : *gluten*).

gosme (2) n. f., gomme végétale utilisée comme poison 9 v. 13, comme remède 9 v. 51 (DMF, Gdf., FEW IV, 324a : *gumi*).

gouille (1) n. f., petite mare, endroit où la boue séjourne, 141 v. 138. Région. franco-provençal (Savoie, Dauphiné, Franche-Comté, Suisse), (Humbert, Bonhote, FEW t. 16, p. 99-100 : **gullja*).

grief (1) adj., éprouvant, 274 v. 520 *griefve* adj. f. (DMF, FEW IV, 264a : *gravis*).

griefvement (2) adv., gravement, 21 v. 432, 228 v. 98 (DMF, FEW IV, 264a : *gravis*).

grillans (1) adj., sonnant, 9 v. 739 (FEW XVI, 59b : *grillen*).

gringottant (1) v. tr., chantant d'une voix tremblotante, 25 v. 301 (DMF, FEW XXI, 221b-222a : *o.i.*).

grisons (2) adj., qui a la barbe ou les cheveux gris, 21 v. 378, 113 v. 80 (Hug., FEW XVI, 81a : **grîs*).

guarentir (1) v. tr., protéger qqn., 113 v. 416 (DMF, FEW XVII, 563b : **werjan* **wairjan*).

guerdon (3) n. m., récompense, 24 v. 270, 108 v. 30, 225 v. 114 (DMF, FEW XVII, 577b : **wiarlon*).

guidon (1) n. m., enseigne servant en temps de guerre à rallier les hommes d'armes, étendard, 234 v. 303 (DMF, FEW XVII, 602b : **wîtan*).

hantres (1) n. m. plur., antres, 15 v. 70 (DMF. Graphie non attestée dans toute la lexicographie).

harquebuze (1) n. f., ancienne arme à feu portative, 274 v. 137 (DMF, FEW XVI, 126b : *hakebusse*).

harnois (5) n. m., équipement d'un homme d'armes, 18 v. 135, 113 v. 32, 36, 234 v. 137, 279 (DMF, FEW XVI, 202b : **hernest*).

hault-tans/haut-temps (6) n. m., autan, vent du sud-est particulier au Haut-Languedoc et par extension et poétiquement, vent froid, impétueux, annonciateur d'orage, 120 v. 8, 132 v. 1, 274 v. 467, etc. (FEW XXIV, 350b : *altanus*).

have (1) adj., pâle, hideux, 113 v. 81 (DMF, Hug., Cotgr., FEW XVI, 177b : **haswa*).

hazard (15) n. m., 1 risque, danger, 5 l. 41, 34 v. 1, 167 v. 124, *hazards* 9 v. 431, 575, TS XI v. 12, TS LXXV v. 12, etc. ; 2 **au –** au risque de, 5 l. 76, TS IX v. 4 (DMF, Hug., FEW XIX, 203b : *zahr*).

hazardeux (3) adj., qui risque volontiers sa personne, sa fortune, 21 v. 163, 113 v. 357, 242 v. 4 (DMF, FEW XIX, 203b : *zahr*).

[hebereau] (1) n. m., petit oiseau de proie, 199 v. 153 (DMF, FEW XVI, 215b : *hobben*).

here (1) n. f., chemise faite de crin que l'on porte par mortification, 247 v. 165 (DMF : *haire*, FEW XVI, 169a : **harja*).

herissonner (1) v. tr., hérisser ses plumes, 81 v. 979 (DMF, FEW III, 238b : *ericus*).

homicide (18) adj. ou adj. subst., 1 qui tue, TS XXXVI v. 11, TS XC v. 2, TS XCIIII v. 2, etc. ; 2 n. f., meurtrière TS I v. 9, 93 v. 13, 101 v. 40 ; 3 n. m., action de tuer un être humain TS XVII v. 11, TS LXXVIII v. 10, 81 v. 654, etc. (DMF, FEW IV, 453a : *homicidium*).

hot v. ost

hucher (1) v. tr., appeler à voix plus ou moins haute, 20 v. 18 (DMF, FEW IV, 504 : **buccare*).

huis (7) n. f., porte d'une maison, d'un édifice, d'une pièce, d'un jardin, 9 v. 352, TS XCIV v. 14, 24 v. 221, etc., *huits* 114 v. 242 (DMF, FEW VII, 437a : *ostium*).

humeur (5) n. f., 1 sève, 107 v. 13, 2 substance liquide corporelle, 18 v. 191, 69 v. 180, 98 v. 10 (DMF, FEW IV, 512b-513a : *humor*).

hune (1) n. f., plate-forme établie au sommet des bas-mâts, 18 v. 17 (Jal, p. 932).

hydropique (1) adj., qui est atteint d'hydropisie (accumulation de sérosité dans une cavité du corps), 118 v. 12 (DMF, FEW IV, 523a : *hydropicus*).

hysope (2) n. f., plante aromatique et médicinale (*hyssopus officinalis*), 199 v. 100, *ysope* 15 v. 91 (DMF, FEW IV, 528a : *hyssopus*).

impiteux (2) adj., impitoyable, 113 v. 103, 9 v. 242 (DMF, FEW VIII, 443a : *pietosus*).

improsperité (1) n. f., insuccès, 227 v. 23 (Gdf., FEW IX, 467b : *prosper*).

increés (1) adj., qui existent sans avoir été créés, 9 v. 83 (DMF, Gdf.).

indiscret (12) adj. ou adj. subst., 1 qui révèle ce qui devrait rester caché, 37 v. 7, TS LXVII v. 4, 31 v. 8, etc., 2 inopportun, intempestif, TS XC v. 7, 8, 48 v. 2, etc. (DMF, FEW IV, 648a : *indiscretus*).

inelle (1) adj., rapide, 167 v. 140 (DMF, FEW XVII, 159b : **snel*).

inextinguible (1) adj., que rien ne peut éteindre (d'un feu), 81 v. 813 (DMF, FEW IV, 657b : *inextingibilis*).

injure (19) n. f., 1 insulte, 1 v. 1, 9 v. 283, 21 v. 81 ; 2 injustice, 9 v. 854, 18 v. 105, TS II v. 8, etc. (DMF, FEW IV 697b : *injuria*).

innondeux (1) adj., susceptible de déborder (d'un fleuve), TS XXIX v. 9. Non attesté dans la lexicographie, peut-être première attestation pour cette création lexicale sur *inonder* d'après le modèle *onder, ondé* (FEW XIV, 29b/30a : *unda*).

ire (1) n. f., colère vive, 24 v. 117, 25 v. 358, 31 v. 46 (DMF, FEW IV, 811a : *ira*).

istyvien (1) adj., ?, 25 v. 355. Ce terme n'est pas attesté dans la lexicographie. V. note du vers cité et l'annexe du glossaire.

jacinthe (1) n.f., variété de pierre précieuse d'un jaune tirant sur le rouge, 75 v. 37 (DMF, FEW IV, 520b : *hyacinthus*).

jaloux (56) adj. ou adj. subst., 1 qui éprouve un très fort désir ou attachement pour qqn ou qqc. et qui met tout son zèle à l'obtenir ou à le conserver, 9 v. 689, TS I v. 4, TS XXVIII v. 7, etc. ; 2 envieux, TS XL v. 12, 33 v. 7, 23, etc. (DMF, FEW XIV, 658a : *zelosus*).

jartiere (2) n. f., pièce de vêtement (masculin ou féminin) servant à fixer les bas ou les chausses, 274 v. 377, 380 (DMF, FEW IV, 68b : **garra*).

javeline (1) n. f., Milit. arme de jet, longue et mince, 109 v. 148 (DMF, Michaux, FEW IV, 12a : *gabalus*).

javelle (1) n. f., fagot de sarments de vigne, 108 v. 60 (DMF, FEW IV, 15b : **gabella*).

jet (1), n. m., rejeton d'un végétal, 21 v. 444 (DMF, FEW V, 12b : *jactare*).

joran (1), n. m., vent du nord-ouest, spécialement dans les cantons de Vaud et Neuchâtel en Suisse, 109 v. 45 (DMF, Gdf, Humbert, Bonhote).

juppe (1), n. f., tunique surtout portée par les hommes, 274 v. 436 (DMF, FEW XIX, 57b : *gubba*).

lac (2), n. m., nœud coulant pour prendre du gibier, surtout des oiseaux, 25 v. 32, 225 v. 83 (FEW V, 180a : *laqueus*).

laisse (1) n. f., couplet funèbre, 234 v. 45 (DMF, FEW V, 222a : *laxare*).

[laisser] (de –) (2), loc., quitter par, 271 l. 157, *laissay de* 1re p. ind. pres. 18 v. 168 (DMF, FEW V, 221a : *laxare*).

lambrissé (1) p.p., garni de lambris, ici en emploi métaphorique, *teint [...] lambrissé d'incarnat*, orné, rehaussé de rouge, 107 v. 2 (DMF, FEW V, 109a : *labrusca*).

lame (5) n. f., 1 pierre tombale, 9 v. 397, TS XIIII v. 8, 65 v. 10, etc. ; 2 bandes minces et plates d'or entourant un cercueil, 81 v. 365 (DMF, FEW V, 140b, 141a : *lamina*).

larronnesse (2) adj., voleuse, friponne, TS XLIX v. 8, 247

v. 21 (DMF, FEW V, 201a : *latro*).

laxe (1) adj., lâche, peu serré, peu tendu, 13 v. 40 (Hug.).

libans (1) n. m. plur., arbres qui fournissent l'encens, 81 v. 446 (DMF, FEW V, 293b : *libanos*).

linoup(l)e (2) n. f., toile de lin très fine, 51 v. 2, 274 v. 116 (DMF, FEW V, 368b : *linum*).

los (7) n. m., louange, éloge, 15 v. 17, TS XLIX v. 13, 25 v. 323, etc. (DMF, FEW V, 210a : *laus*).

loyer (3) n. m., 1 récompense, 247 v. 144, *au loyer de*, en compensation de, en récompense de, 224 v. 100 ; 2 juste châtiment d'une faute, 271 l. 166 (DMF, FEW V, 390a : *locarium*).

lyriques (2) adj., destinés à l'accompagnement de la lyre, 141 v. 219, 199 v. 326 (DMF, FEW V, 483b : *lyricus*).

mais (1) adv., plus, 113 v. 99 (DMF, FEW VI-1, 28a : *magis*).

male mort (1) n. m., mort cruelle, 44 v. 9 (DMF, FEW VI-3, 142b : *mors*).

malvoisie (2) n. f., vin doux et liquoreux (de Grèce), 15 v. 68, 21 v. 629 (DMF, FEW VI-1, 94b : *Malvesie*).

manche (1) n. f., Milit. manche d'une cotte de maille, 9 v. 11 (DMF, FEW VI-1, 206b, 207b : *manica*).

mandil (1) n. m., casaque de laquais, 234 v. 181 (FEW VI-1, 268a : *mantellum*).

mandore (2) n. f., Mus. espèce de luth dont les cordes étaient en laiton, TS XLVIII v. 4, 167 v. 80 (Gdf., FEW VII, 540b : *pandura*).

manne (2) n. f., nourriture providentielle, 70 v. 5, 199 v. 287 (DMF, FEW VI-1, 232a, 233a : *mande*).

manouvriers (1) n. m. plur., ouvriers qui exécutent les gros travaux, 88 v. 11 (DMF, FEW VI-1, 284a : *manuopera*).

maraut (2) n. m., vaurien, 182 v. 1, 274 v. 303 (DMF, FEW VI-1, 359a : *marm-*).

marmiton (1) n. m., personne au comportement grivois, coquin, TS LV v. 5 (Cotgr., FEW VI-2, 176a : *mit-*).

marquetées (1) adj., tachetées, 147 v. 16 (FEW XVI, 554b : *merki*).

marrisson (5) n. m., affliction, chagrin, TS LXIX v. 7, 25 v. 239, 161 v. 6, 81 v. 965, *marrissons* 247 v. 132 (DMF, FEW XVI, 535a : **marrjan*).

marry (13) adj., affligé, triste, contrarié, 5 v. 23, TS XXXV

v. 1, 5, TS XCVI v. 7, etc., *marrie* 77 v. 13, 223 v. 2 (DMF, FEW XVI, 535a : **marrjan*).

martyrer (1) v. tr., tourmenter qqn. (physiquement ou moralement), 9 v. 268 (DMF, FEW VI-1, 397b : *martyrium*).

masse (2) n. f., 1 amas, 108 v. 52 ; 2 substance compacte d'un corps, 101 v. 23 (DMF, FEW VI-1, 441b, 442b, 443a : *massa*).

maudisson (2) n. m., parole par laquelle on maudit, 81 v. 106, 113 v. 217 (DMF, FEW VI-1, 85a : *maledictio*).

menée (2) n. f., pratique secrète, insidieuse pour arriver à tel ou tel but, 9 v. 530, 74 v. 9 (DMF, FEW VI-2, 102a : *minare*).

mercy (19) n. f., pardon, grâce qu'on accorde par bienveillance, par miséricorde, 9 v. 448, 473, TS XXIX v. 3, TS XXXI v. 7, etc. (DMF, FEW VI-2, 15b : *merces*).

meschef (2) n. m., événement fâcheux, mauvaise fortune, malheur, calamité, 9 v. 720, 264 v. 8 (DMF, FEW II-1, 337b : *caput*).

mesconter (1) v. tr., se tromper, commettre une erreur, *mesconte* 1re p. sg. pres. 98 v. 1 (DMF, FEW II-2, 993b : *computare*).

mignard (8) adj. ou adj. subst. 1 mignon, gentil, gracieux 113 v. 255, 201 v. 67, 65 v. 5, etc. ; 2 femme galante, TS CVIII v. 5, 30 v. 69 (Gdf., Hug., FEW VI-2, 140a : *miñ-*).

mille (1) n. m., grand nombre indéterminé, 224 v. 18 (DMF, FEW VI-2, 89a : *mille*).

minons (1) n. m. plur., poils doux, duvets, 274 v. 120 (DMF, FEW VI/2, 96b : *min-*).

mottet (2) n. m., petit poème destiné à être chanté à deux ou plusieurs voix, 24 titre, 113 v. 244 (DMF, FEW VI-3, 304b : *muttum*).

mulle (3) n. f., sorte de pantoufle laissant le talon découvert, 224 v. 47, 274 v. 383, 274 v. 274 (Gdf., FEW VI/3, 201a : *mulleus*).

musette (2) n. m., sorte de petite cornemuse populaire, 23 v. 10, 81 v. 801 (DMF, FEW VI-3, 282a : *musus*).

musquer (2) v. tr., parfumer au musc, 9 v. 45, *musqué* p.p. TS XXXIII v. 10 (DMF, FEW XIX, 132b : *musk*).

muy (1) n. m., mesure de capacité, ici fig. *[mesuré] au grand muy* (d'un malheur), pour signifier l'importance du malheur, 81 v. 583 (DMF, FEW VI-3, 12a, 13a : *modius*).

naphete (1) n. m., sorte de bitume liquide, volatil et inflammable, qui est un carbure d'hydrogène, TS LXVI v. 9 (Gdf., FEW VII, 9b : *naphtha*).

nard (2) n. m., huile parfumée que l'on tire de la racine d'une plante aromatique, 81 v. 810, 112 v. 68 (DMF, FEW VII, 12b : *nardus*).

nasselle (5) n. f., petite barque sans voile, ni mât, 13 v. 54, TS I v. 3, TS VII v. 1, etc. (DMF, FEW VII, 60b : *navicella*).

nau (7) n. m., bateau, TS XCVI v. 2, 116 v. 74, TS IV v. 3, etc. (DMF, FEW VII, 66b : *nau*).

navré (2) p.p. adj., blessé, 18 v. 101, 81 v. 891 (DMF, FEW XVI, 594a : **nafra*).

nef (6) n. f., navire, TS CXII v. 11, 81 v. 339, 114 v. 23, etc. (DMF, FEW VII, 66b : *navis*).

neveu (3) n. m., descendant, TS XCVI v. 10, 81 v. 924, 234 v. 292 (FEW VII, 94b : *nepos*).

non-pair (1) adj., dissemblable, TS XXVII v. 10 (DMF, FEW VII, 598b : *par*).

norocrittique (1) adj., ?, 15 v. 78, le mot n'est pas attesté dans la lexicographie, sans doute création lexicale de Beaujeu. V. note du vers cité et l'annexe du glossaire.

obvier (1) v. tr., empêcher qqch., 259 v. 10 (DMF, FEW VII, 294b : *obviare*).

ocieux (2) adj., 1 qui dispose à la paresse, TS CV v. 3 ; 2 vain, inutile, 24 v. 378 (DMF, Hug., FEW VII, 444a : *otiosus*).

offusquans (1) adj., aveuglants, 25 v. 123 (DMF, FEW VII, 338a : *offuscare*).

oiselet (2) n. m., oisillon, 111 v. 13, TS XCVIII v. 4 (DMF, FEW XXV, 785a : *aucellus*).

ondoyer (4) v. tr., se mouvoir en lignes sinueuses, comme des vagues, TS XLIII v. 2, 9 v. 181, 21 v. 494, etc. (DMF, FEW XIV, 30b : *unda*).

opinion (11) n. m., 1 manière de penser sur un sujet, avis, 81 v. 25, 81, 271 v. 125, etc. ; 2 réputation, 21 v. 1, 17, 39, etc. (DMF, Est., FEW VII, 373a : *opinio*).

oppresse (2) n. f., action de tourmenter, 29 v. 44, 199 v. 164 (DMF, FEW VII, 377b : *opprimere*).

ord (2) adj., immonde, 81 v. 975, 81 v. 536 (DMF, FEW IV, 486a : *horridus*).

orgique (1) adj., ?, 9 v. 478, création lexicale de Beaujeu sur le mot « orgie ». V. note du vers cité.

ost (5) n. f., armée, 167 v. 60, 18 v. 129, 113 v. 55, etc. (DMF, FEW IV, 500a : *hostis*).

ottroy (1) n. m., concession d'un droit ou d'un privilège, TS XLV v. 7 (DMF, FEW XXV, 819b : **auctorizare*).

ouïr (17) v. tr., entendre, écouter, *oyant* p.pr. 72 v. 44, 81 v. 131, 141 v. 256, etc., *oys* 2e p. sg. ind. prés. 63 v. 14, *oyez* 4e p. plur. ind. prés. 9 v. 179, 308, 419 etc., *oyront* 3e p. plur. ind. fut. 114 v. 30 (DMF, FEW XXV, 837b : *audire*).

oursillons (1) n. m. plur., oursons, 199 v. 138 (Hug., Gdf.).

outré (12) adj., 1 excessif, 69 v. 119 ; 2 (**– de**) dépassé par, plein de, TS XCVI v. 5, 25 v. 95, 239, etc. ; 3 **– d'halene**, hors d'haleine, suffocant, 159 v. 9, (DMF, FEW XIV, 10a : *ultra*).

outrecuidance (4) n. f., confiance excessive en soi-même, arrogance, 9 v. 210, 705, 24 v. 66, etc. (DMF, FEW II-1, 840b : *cogitare*).

outrecuidé (1) adj. arrogant, 271 l. 131 (DMF, FEW II-1, 840b : *cogitare*).

outrefendant (1) p.pr., pourfendant, 113 v. 315 (FEW III, 549a : *findere*).

palus (1), n. m., marécages, TS CXI v. 11 (DMF, FEW VII, 530b : *palud²*).

pampré (1) adj., couvert de pampre, de vignes, 107 v. 25 (Hug., FEW VII, 533b : *pampinus*).

[pantheler] (4) v. tr., haleter convulsivement, *phantelle* 3e p. sg. ind. prés. 9 v. 649, *panthele* 3e p. sg. ind. prés. 81 v. 691, *panthelant* p.pr. 25 v. 73, 188 (Cotgr., FEW VIII, 362b : *phantasicun*).

pantheucres (1) n. m., ?, 21 v. 421, non attesté dans la lexicographie. V. la note du vers cité et l'annexe du glossaire.

paravant (10) adv., antérieurement à, 18 v. 77, TS VII v. 2, TS LXXV v. 6, etc. (DMF, FEW XXIV, 3a : *abante*).

parjurement (1) n. m., violation de serment, 98 v. 12 (FEW VIII, 249a : *perjurare*).

parquet (2) n. m., partie d'une salle de justice où se tienne les juges, 113 v. 183, *parquets*

TS 53 v. 4 (DMF, FEW VII, 666b : *parricus*).

passade (2) n. f., 1 mouvement rapide du bilboquet, 25 v. 103 ; 2 mouvement rapide d'un cheval qui se porte d'une extrémité à l'autre du champ, 234 v. 210 (DMF, Hug., FEW VII, 712a : **passare*).

pastorelles (1) n. f. plur., jeunes bergères, TS XXXVIII v. 1 (DMF, FEW VII, 759a : *pastor*).

pensement (2) n. m., méditation, réflexion, 9 v. 869, 21 v. 466 (DMF, FEW VIII, 195b : *pensare*).

perce-forest (1) n. m., chasseur déterminé, 81 v. 725 (FEW VIII, 288b : **pertusiare* et v. la note 12 p. 291a. Le mot est daté de 1694, faisant de cette occurrence une potentielle première attestation). V. note du vers cité.

perdrigonne (1) n. f., espèce de prune noire, 121 v. 8 (Hug., FEW VIII, 227a : *perdrix*).

pesnon (2) n. m., plume dont on garnit une flèche, 25 v. 283, 81 v. 651 (DMF, FEW VIII, 527b : *pinna*).

petit (un –) (5) loc. adv., un peu, 228 v. 60, 271 v. 92, 274 v. 135, etc. (DMF, FEW VIII, 345b : **pettittus*).

peton (1) n. m., pédoncule de fruit ou de feuille, 9 v. 99 (Cotgr., FEW VIII, 301b : *pes*).

pil(l)e (3) n. f., pile, amas, TS XXIIII v. 11, 198 v. 3, 109 v. 200 (DMF, FEW VIII, 475a, 476 : *pila*).

pinniere (1) n. f., bois planté de pin, TS II v. 3 (Gdf, FEW VIII, 549a : *pinus*).

pipé (1) p.p., trompé, 9 v. 201 (FEW VIII, 562a : **pippare*).

pipeur (2) adj., trompeur, séducteur, 255 v. 7, TS XLIX v. 4 (DMF, Hug., FEW VIII, 562b : **pippare*).

pipollé (1) adj., au poil tacheté, 274 v. 103 (Gdf, FEW VIII, 558b : *pipp-*).

piquer (1) v. tr., éperonner (un cheval, pour accélérer sa marche), 222 v. 1 (DMF, FEW VIII, 463b : **pikkare*).

pitié (59) n. f., 1 compassion, miséricorde, 9 v. 727, 851, 15 v. 39, TS XVIII v. 1, etc. ; 2 malheur, TS C v. 2, 24 v. 268, 104 v. 53 (DMF, FEW VIII, 441a : *pietas*).

pitoyable (être – de) (1) adj., avoir pitié de, 101 v. 211 (Hug.).

plaidasser (1) v. tr., faire de nombreux petits procès, 209 v. 6 (La Curne, FEW IX, 8b : *placitum*).

[pleiger] (1) v. intr., garantir contre, *pleige* 1re p. ind. prés 18 v. 158 (DMF, Gdf, FEW XVI, 633b : **plegan*).

pleureux (1) adj., qui pleure, qui est rempli de pleurs, 24 v. 136 (DMF, FEW IX, 77b : *plorare*).

pointure (3) n. f., piqûre (provenant d'une bête, d'une épine ou d'une arme), 222 v. 47, 248 v. 18, *pointures* 230 v. 60 (DMF, FEW IX, 596b : *punctura*).

portement (2) n. m., état de santé, 199 v. 116, 271 l. 10 (DMF, FEW IX, 206b : *portare*).

porte-poullets(1) n. m. plur., messagers portant des poulets, entremetteurs, 154 v. 1 (La Curne, FEW IX, 538a : *pullus*). V. note du vers cité.

poul(l)ets (2) n. m. plur., billets-doux, 81 v. 535, 154 v. 10 (Hug., FEW IX, 538a : *pullus*).

poupine (2) adj., joli, 128 v. 4, 274 v. 166 (FEW IX, 603a : **puppa*).

poupon (2) n. m., enfant, jeune bébé, 221 v. 1, 274 v. 239 (Cotgr., FEW IX, 603a : **puppa*).

pourpoint (3) n. m., tunique collante, rembourrée et piquée, couvrant le torse et descendant au-delà de la ceinture, 15 v. 29, 274 v. 274, 371 (DMF, FEW VIII, 261b : **perpunctus*).

pourpris (1) n. m., enceinte, lieu clos, 81 v. 436 (Hug., FEW IX, 350 : *prehendere*).

preaux (2) n. m., 1 petits prés, 10 v. 14 ; 2 jardins de plaisance, 116 v. 161 (DMF, FEW IX, 334b : *pratum*).

prée (4) n. f., pré, TS LV v. 2, 83 v. 7, 83 v. 19, etc. (DMF, FEW IX, 334a : *pratum*).

premier/(-que) (2) 1 adv., d'abord, 24 v. 68, 81 v. 452 ; 2 **premier que**, conj., avant que, 60 v. 6 (DMF, Hug., FEW IX, 377b : *primarius*).

presse (4) n. f., foule, mêlée (au combat, à la guerre…), 26 v. 15, 234 v. 223, 229, etc. (DMF, FEW IX, 363b : *pressare*).

presser (16) v. tr., harceler, tourmenter, *pressé* p.p. 9 v. 3, 21 v. 71, 24 v. 170, etc., *pressée* p.p. 31 v. 10, 83 v. 95, *pressant* p.pr. 228 v. 173, *presse* 3e p. sg. ind. prés. TS LIX v. 8, 24 v. 275, 30 v. 18, etc., *pressent* 3e p. plur. ind. prés. 21 v. 642, *pressa* 3e p. sg. ind. p. s. 145 v. 17 (DMF, FEW IX, 362b, 364b : *pressare*).

primeraine (1) n. f., femme exceptionnelle, 101 v. 200 (DMF, FEW IX, 378b : *primarius*).

privauté (1) n. f., familiarité, 48 v. 2 (Hug., FEW IX, 397a : *privatus*).

privé (en son-) (1) n. m., dans l'intimité, 234 v. 194 (DMF, FEW IX, 397a : *privatus*).

privé (2) adj., 1 familier, TS XXIII v. 6 ; 2 avec qui on entretient des relations intimes, TS XXXIIII v. 4 (Hug., FEW IX, 397a : *privatus*).

privément (1) adv., familièrement, amicalement, 21 v. 346 (FEW IX, 397a : *privatus*).

proigne (1) n. f., grille, grillage ou partie inférieure de la porte, 274 v. 268 (Hug., FEW IX, 478a : *prothyrum*). V. la note du vers cité.

prosperité (2) n. f., bonne fortune, état favorable, 83 v. 808, 247 v. 172 (DMF, FEW IX, 467b : *prosperitas*).

puceau (1) n. m., petite puce, 199 v. 79 (FEW IX, 522a : *pulex*).

pucelle (14) n. f., jeune fille, 9 v. 216, 601, 658, etc. (DMF, FEW IX, 525a : **pulicella*).

pudicité (1) n. f., qualité d'une personne pudique, 199 v. 360 (DMF, FEW IX, 509a : *pudicus*).

quartier (1), n. m., lieu où sont établies des troupes de campagne, campement, 75 v. 104. (DMF, FEW II-2, 1425a : *quartus*). V. la note du vers cité.

quenouille (3) n. f., bâton recouvert de matière textile brute destinée à être filée, 9 v. 204, 13 v. 51, 78 v. 78 (DMF, FEW II-2, 928a : *colucula*).

quenouillette (1) n. f., petite quenouille, 78 v. 80 (DMF, FEW II-2, 928b : *colucula*).

ramée (4) n. f., feuillage, 24 v. 411, 69 v. 125, 74 v. 33, etc. (DMF, FEW X, 44a : *ramus*).

[ramentevoir] (2) v. tr., remettre en mémoire, *ramentoy* 1re p. sg. ind. prés. TS LX v. 3, *r'amentoy* 274 v. 204 (DMF, FEW VI-1, 732b : *mente habere*).

r'assaillir (1) v. tr., assaillir à nouveau, 133 v. 2 (DMF, FEW XXV, 504a : **assalire*).

[rebander] (1) v. tr., tendre de nouveau, *rebandoit* 3e p. sg. impft. ind. 9 v. 16 (DMF, FEW XV-1, 114a : **bindo*).

rebours (3) 1 **(à –)** loc. adv., à l'opposé, 76 v. 7, 262 v. 4 ; 2 n. m., le contraire, 257 v. 6, (DMF, FEW XV-1, 114a : *reburrus*).

rebras (1) n. m., bord retroussé, revers, 258 v. 8 (DMF, FEW I, 488a : *brachium*).

[rebrousser] (3) v. tr., 1 revenir en sens contraire, *rebrousse* 3e p. sg. ind. prés. 103 v. 20, *rebroussoit* 3e p. sg. impft. ind. 104 v. 22 ; 2 hérisser, *rebroussez* p.p. 199 v. 135 (DMF, FEW X, 138a : *reburrus*).

[recolter] v. tr., *recoltes* 1re p. sg. ind. prés. 223 v. 11, sans doute coquille pour *revolter*, "regarder qqn., tourner son visage vers qqn." (Gdf.)

recors (1) adj., qui se souvient, 25 v. 375 (DMF, FEW X, 160b : *recordari*).

recours (4) n. m., aide, secours, TS XL v. 1, 25 v. 287, 30 v. 8, etc. (DMF, FEW II-2, 1580a : *cursus*).

[r'eguiser] (1) v. tr., tailler qqch. en forme de pointe, *r'eguise* 3e p. sing. ind. prés. 80 v. 35 (DMF, FEW XXIV, 125b : **acutiare*).

remettre (3) v. tr., pardonner qqch. à qqn., 9 v. 770, *remettant* p.pr. TS LXVII v. 12, *remets* 1re p. sg. ind. prés. 81 v. 189 (Hug., FEW X, 239a : *remittere*).

remonstrer (3) v. tr., exposer, 42 v. 7, *remonstrant* p.pr. 9 v. 602, *remonstre* 1re p. sg. ind. prés. TS XXXV v. 1 (DMF, FEW VI-3, 97b : *monstrare*).

rengregé (1) p.p., aggravé, 234 v. 172 (DMF, Hug., FEW IV, 263a : **graviare*).

rentez (1) adj. plur., dotés d'une rente, 234 v. 163 (DMF, FEW X, 174a : *reddere*).

reprendre (7) v. tr., blâmer, 73 v. 32, *repris* p.p. 21 v. 64, 90 v. 13, 204 v. 7 (DMF, FEW X, 272b : *reprehendere*).

repriser (1) v. tr., estimer une seconde fois, 10 v. 10 (La Curne, FEW IX, 372a : *pretium*).

resne (2) n. f., chacune des courroies de la bride qui servent à diriger un cheval, TS XLVII v. 13, 234 v. 343 (DMF, FEW X, 332a : **retina*).

ret (17) n. m., filet, piège (au fig. à propos du diable, de Fortune, du désir d'amour…), TS XV v. 4, 24 v. 104, 113 v. 414, etc. (DMF, FEW X, 329a : *rete*).

retraire (2) v. tr., 1 se retirer qq. part, 142 v. 26 ; 2 ramener en arrière, *retraissant* p.pr. 18 v. 35 (DMF, FEW X, 341a : *retrahere*).

retraitte (faire sa-) (2) loc., Milit. abandonner le champ de bataille (d'une armée), 9 v. 5, TS XLI v. 7 (DMF,

Hug., FEW X, 341b, 342b : *retrahere*).

[r'étre] (1) v. tr., être à nouveau, *r'étois* 3ᵉ p. sg. impft. ind. 222 v. 16 (DMF, FEW III, 246b : *esse*).

revancher (1) v. tr., se défendre contre une attaque, 99 v. 12 (DMF, FEW XIV, 468a : *vindicare*).

rondelle (3) n. m., Milit. bouclier rond, 75 v. 145, 113 v. 41 116 v. 192 (DMF, Michaux, FEW XIV, 468a : *rotundus*).

rouseau (5) n. m., roseau, 18 v. 25, 25 v. 176, 109 v. 34, etc. (DMF, FEW XVI, 681b : *raus*).

routte (mettre en –) (1) loc. v., mettre en déroute, 116 v. 163 (FEW X, 169a :

ruë (1) n. f., plante herbacée à fleurs jaunes de la famille des rutacées, utilisée comme antidote, 138 v. 8 (DMF, FEW X, 597a : *ruta*).

ruelle (1) n. f., espace compris entre le lit et le mur, 274 v. 341 (DMF, FEW X, 544b : *ruga*).

sagette (4) n. f., flèche, 69 v. 115, 81 v. 457, *sagettes* 9 v. 797, 234 v. 381 (DMF, FEW XI, 58a : *sagita*).

saillir (3) v. tr., 1 sortir, 109 v. 198, *saillirent* 3ᵉ p. plur. ind. prés. 25 v. 70 ; 2 dépasser, *saillant* p.pr. 113 v. 411 (DMF, FEW XI, 93b : *salire*).

saison (il est –) (2) loc. v., quand le moment est venu, TS CV v. 2, il est temps, 24 v. 95 (DMF, FEW XI, 240b : *satio*).

sallade (1) n. f., Milit. casque, 9 v. 739 (DMF, Michaux, TLFI, FEW XIV, 1439a : *caelum*).

saouler (1) v. tr., fig. rassasier TS LXVIII v. 11 (DMF, FEW XI, 247 : *satullus*).

sauteler (3) v. intr., faire de petits sauts, 24 v. 362, 109 v. 65, *sautelantes* p.pr. 9 v. 393 (DMF, FEW XI, 114b : *saltare*).

sceu (1) n. m., fait de connaître, 199 v. 4 (DMF, FEW XI, 195a : *sapere*).

sciatique (1) n. f., névralgie douloureuse du nerf sciatique, 21 v. 164. Ici expression humoristique : *sciatique [au cerveau]*, (DMF, FEW IV, 818b : *ischion*).

senextre (1) n. f., main gauche, 223 v. 42 (DMF, FEW XI, 648b : *sinister*).

seoir (2) v. tr. et pr., s'asseoir, 81 v. 178, 108 v. 87 (DMF, FEW XI, 392b : *sedere*).

serpentes (1) n. f. plur., dragons, monstres, TS LXXXIIII v. 7 (DMF, FEW XI, 520a : *serpens*).

sillé (1) p.p. adj., clos, 9 v. 32, 125 v. 11 (DMF, FEW II-1, 672a : *cilium*).

si/(-que) (13) 1 adv., pourtant, TS CVIII v. 11, 21 v. 105, 22 v. 23, etc. ; 2 **si que**, loc. adv., de telle manière que, TS LXXVII v. 13, TS CII v. 12, 25 v. 143, etc. (DMF, FEW XI, 572a : *sic*).

soing (10) n. m., 1 préoccupation, attention, 9 v. 7, 10 v. 28, TS XXVI v. 4, etc. 2 préoccupation, inquiétude (DMF, FEW XVII, 272a : **sunni*).

soudainetez (1) n. f. plur., impulsivités, TS C v. 6 (DMF, FEW XII, 335a : *subitanus*).

[souloir] (13) v. tr., avoir l'habitude de, *soulois* 1re p. sg. impft. ind. 81 v. 276, 83 v. 61, 109 v. 19, etc., *soulois* 2e p. sg. impft. ind. 199 v. 56, *souloit* 3e p. sg. impft. ind. 25 v. 144, 109 v. 236, 113 v. 235, etc., *souliez* 2e p. plur. impft. ind. 24 v. 392, 106 v. 61, *souloient* 3e p. plur. impft. ind. TS XLI v. 1, 74 v. 63 (DMF, FEW XII, 45a : *solere*).

squadrons (1) n. m. plur., Milit. escadron, TS XXII v. 13 (DMF, FEW II-2, 1397a : *quadrare*). Empr. à l'it. s*quadrone* (av. 1470), v. TLFI.

stygieuse (1) adj., qui a les caractères du Styx, 82 v. 4 (DMF, FEW XII, 324a : *Styx*).

subje(c)t (49) 1 adj., soumis, 9 v. 80, 244, 336, etc. ; 2 n. m., celui qui est soumis à qqn., 6 v. 1, 18 v. 189, 68 v. 13, etc. ; 3 n. m., personne admirée, 11 v. 22, XVIII v. 8, 21 v. 68, etc. ; 4 n. m., thème de la réflexion, 6 v. 14, XXX v. 6, LVIII v. 14, etc. (DMF, FEW XII, 338b/340a : *subjectum/subjectus*).

sucrée (1) adj., femme d'une douceur affectée, 21 v. 560 (DMF, FEW XIX 162b : *sukkar*).

superbité (1) n. f., orgueil, 113 v. 188 (DMF, FEW XII, 437a : *superbus*).

surjon (1) n. m., jaillissement, 226 v. 38 (DMF, FEW XII, 459b : *surgere*).

surpelis (1) n. m., vêtement de toile plissée que portent par-dessus la soutane et en certaines circonstances les prêtres et leurs servants, 234 v. 151 (DMF, FEW VIII, 164a : *pelliceus*).

survenir (2) v. intr., venir en aide à qqn, TS XCI v. 7, 25 v. 123 (DMF, FEW XIV, 245a : *venire*).

[susciter] (3) v. tr., exciter, *suscitez* p.p. 165 v. 6, *suscite* 1re p. sg. ind. prés. 113 v. 47, 46 (DMF, FEW XII, 468a : *suscitare*).

sylvain (5) n. m., divinité des forêts, 224 v. 52, 226 v. 16, 32, *sylvains* 81 v. 804, 821 (DMF, FEW 11, 616a : *sylvanus*).

symboliser (1) v. tr., se ressembler, 214 v. 1 (CNRTL, FEW XII, 485b : *symbolum*).

tablature (1) n. f., Mus. musique écrite à l'aide de lignes, de notes et de signes conventionnels, en particulier pour les instruments à cordes, 81 v. 833 (Hug., FEW XIII/1, 24a : *tabula*). Empr. à l'it. *intavolatura* (1561), v. TLFI).

taille (2) n. f., Mus. voix de ténor, 111 v. 11, 199 v. 239 (FEW XIII-1, 52b : *taliare*).

taiser (2) v. tr., taire, TS XLVII v. 13, *taise* 3e p. sg. ind. prés. 9 v. 28 (DMF, FEW XIII-1, 27b : *tacere*).

tanné (3) adj. ou adj. subst., 1 de couleur brun-roux, 147 v. 13, 230 v. 35 ; 2 drap ordinairement de couleur brune, 234 v. 86, 87 (Hug., FEW XIII-1, 82b : **tanno-*).

targe (1) n. f., Milit. bouclier, TS XLII v. 1 (DMF, Michaux, FEW XVII, 314b : **targa*)

tenebre (10) n. m, obscurité profonde, 9 v. 54, 10 v. 29, TS LXII v. 1, etc. (DMF, FEW XIII-1 203a : *tenebrae*). Beaujeu emploie le terme au masculin contrairement à l'usage courant de l'époque.

tesson (1) n. m., blaireau, 199 v. 149 (DMF, FEW XIII-1, 145a : *taxo*).

tiercement (1) adv., troisièmement, 5 v. 12 (DMF, FEW XIII-1, 267b : *tertius*).

[tirasser] (1) v. tr., tirer violement, *tirasse* 3e p. sing ind. prés 105 v. 9, *tirassent* 3e p. plur. ind. prés. 15 v. 30, *tirassez* p.p. sing 218 v. 12 (GdfCplt, Hug., La Curne).

tirce (1) n. m., javelot entouré de lierre et de fleurs, terminé en pomme de pin (attribut de Bacchus), 81 v. 861 (DMF, FEW XIII-1, 321a : *thyrsus*).

tirrotter (1) v. intr., tirer à tort et à travers pour s'amuser, 9 v. 812. Non attesté dans la lexicographie. Il s'agit probablement d'une création lexicale de Beaujeu.

tonne (1) n. f., berceau de jardin, tonnelle, 113 v. 85

(Hug., FEW XIII-2, 414a : *tunna*).

tortis (1) n. m., torsade, 274 v. 115 (Hug., FEW XIII-2, 88a : *torquere*).

tourte (2) n. f., tourterelle, 9 v. 69, 74 (Hug., FEW XIII-2, 437b : *turtur*).

tout (du –) (11) adv., entièrement, 5 l. 2, 24 v. 303, 69 v. 103, etc. (DMF, FEW XIII-2, 123b : *totus*).

transmué (4) p.p., transformé en qqch., 13 v. 23, 24 v. 133, 223 v. 30, etc. (DMF, FEW XIII-2, 214b : *transmutare*).

travail (20) n. m., peine que l'on supporte, 9 v. 553, 573, 15 v. 7, etc. (DMF, FEW XIII-2, 288b : **tripaliare*).

travailler (3) v. tr., 1 faire souffrir, tourmenter, malmener qqn., 271 v. 140, *travaille* 1re p. sing. prés. ind., *travailla* 3e p. sing. p. s. 5 v. 38, *travaillois* 1re p. sing. impft. 9 v. 153 (DMF, FEW XIII-2, 287b, 288 : **tripaliare*).

traverse (4) n. f., empêchement, obstacle, 250 v. 42, 109 v. 71, 171 v. 1, etc. (DMF, FEW XIII-2, 223b, 225a : *transversus*).

traverse (à la –) (1) loc. adv., de travers, 97 v. 12 (DMF, FEW XIII-2, 223b, 225a : *transversus*).

treillis (1) n. m., tissu formé de mailles entrelacées, 274 v. 371 (DMF, FEW XIII-2, 266b : *trichila*).

trousse (3) n. f., ensemble de flèches, carquois, 9 v. 23 et 415, 146 v. 30 (DMF, FEW XIII-2, 92b : *torquere*).

trucheman (1) n. m., intermédiaire, 81 v. 854 (DMF, FEW XIX, 182a : *targuman*).

vaisselle (1) n. f., vase, 25 v. 72 (Hug., FEW XIV, 192a : *vascellum*).

vandange (2) n. f., raisin récolté, 108 v. 34, 100 (DMF, FEW XIV, 465a : *vindemia*).

variété (3) n. f., inconstance, 113 v. 168, 247 v. 128, *varietez* 247 v. 122 (DMF, FEW XIV, 180b : *varietas*).

venaison (1) n. f., chair de gros gibier, 101 v. 222 (DMF, FEW XIV, 231b : *venator*).

veneur (1) n. m., chasseur, 89 v. 11, 129 v. 7, 199 v. 146, etc. (DMF, FEW XIV, 231b : *venator*).

[venteler] (1) v. tr., être agité par le vent, *venteloit* 3e p. sg. impft. ind. 274 v. 364 (DMF, FEW XIV, 252a : *ventilare*).

venteux (1) adj., rapide comme le vent, 274 v. 123 (Cotgr., Hug., GdfC., FEW XIV, 253b : *ventosus*).

vesprée (3) n. f., soir, TS LV v. 6, 72 v. 132, 101 v. 175 (DMF, FEW XIV, 346a : *vesper*).

vif (au –) (2) loc. adv., d'après le modèle vivant, d'après nature, 5 l. 60, 234 v. 292 (DMF, FEW XIV, 583a : *vivus*).

vignette (1) n. f., jeune vigne, 108 v. 72 (DMF, FEW XIV, 474a : *vinea*).

vineux (3) adj., couvert de vignes, 199 v. 142, 266, 113 v. 85 (DMF, FEW XIV, 480b : *vinum*).

viste (14) adj., rapide, 9 v. 270, TS L v. 6, 81 v. 348, etc. (DMF, FEW XIV, 533a : *vist-*).

vistement (1) adv., rapidement, 24 v. 334 (DMF, FEW XIV, 533b : *vist-*).

voire (5) adv., en verité, TS LXXX v. 8, 25 v. 69, 167 v. 123, etc. (DMF, FEW XIV, 330b : *verus*).

voirement (1) adv., vraiment, 234 v. 133 (DMF, FEW XIV, 330b : *verus*).

voltes (1) n. f., mouvements circulaires que le cavalier fait exécuter à son cheval, 222 v. 9 (DMF, FEW XIV, 622b : *volvere*).

voyagere (1) adj., qui voyage, 224 v. 106 (DMF, FEW XIV, 382a : *viaticum*).

voye (3) n. f., chemin suivi par un animal ou un homme, 223 v. 36, *voyes* 18 v. 238, 81 v. 754 (DMF, FEW XIV, 371a, 378a : *via*).

ysope v. **hysope**

yvrant (1) p.pr., enivrant, 224 v. 101 (DMF, FEW III, 201b : *ebrius*).

yvrongné (1) p.p., livré à l'ivrognerie, 81 v. 164 (DMF, FEW III, 201a : **ebrionia*).

zizollin (1) n. m., couleur d'un violet rougeâtre, 274 v. 376 (Gdf., FEW XIX, 60a : *gulgulan*). Empr. à l'it. *giuggiolena*, "sésame", attesté depuis le XVIe siècle, v. TLFI. Il s'agit peut-être d'une première attestation.

BIBLIOGRAPHIE

Cette bibliographie ne regroupe que les ouvrages ayant strictement à voir avec Beaujeu dans l'objectif d'offrir au lecteur un panorama général des textes critiques, en littérature ou en histoire, qui évoque le poète ou cite un de ses textes.

ANTHOLOGIES

Éros Baroque, Anthologie Thématique de la Poésie Amoureuse, éd. De G. Mathieu-Castellani, Honoré Champion, Paris, 2007 (1986).

Éros Baroque, Anthologie Thématique de la poésie baroque, textes choisis et présentés par G. Mathieu-Castellani, Paris, Gallimard, coll. 10/18, 1979.

L'amour noir, poèmes baroques, recueillis, classés et présentés par Albert-Marie Schmidt, Monaco, Édition du Rocher, 1959.

La poésie française et la maniérisme – 1545-1610(?), textes choisis et présentés par M. Raymond, Genève, Droz, 1971.

Œuvres des poètes français du XVIe siècle, contemporains de Ronsard, publiées avec notices, notes et index par Louis Becq de Fouquières, Paris, G. Charpentier, 1879.

Soleil du Soleil, le sonnet français de Marot à Malherbe. Une anthologie, par J. Roubaud, P.O.L., Paris, 1990.

OUVRAGES DE CRITIQUE LITTÉRAIRE

BARBIER, Jean Paul, *Ma bibliothèque poétique*, partie IV, t. 1, *Contemporains et disciples de Ronsard. D'Aubigné à Des Masures*, Genève, Droz, 2001.

GOUJET, Claude-Pierre, *Bibliothèque françoise*, Paris, chez H.-L. Guérin et P. G. Le Mercier, 1752.

MARTINON, Philippe, *Les Strophes*, Genève, Slatkine, 1989 (1912).

MATHIEU-CASTELLANI, Gisèle, *Les Thèmes amoureux dans la poésie française 1570-1600*, Genève, Klincksiek, 1975.

MATHIEU-CASTELLANI, Gisèle, *Le Rossignol poète dans l'Antiquité et à la Renaissance*, Paris, Classiques Garnier, 2016.

PAIS, Ugo, « *Le Convoy de Monsieur le duc de Joyeuse* de Christofle de Beaujeu : quand la communauté devient un "nous" déchiré », *Missile n°5*, Lyon, 2018.

PAIS, Ugo, « "Le mal de notre guerre" : hydropisie et accouchement dans les *Amours* de Christofle de Beaujeu (1589) », *Réforme, Humanisme, Renaissance*, 2018/2 (n° 87), p. 47-65, (en ligne à l'adresse suivante : DOI : 10.3917/rhren.087.0047. URL : https://www.cairn.info/revue-reforme-humanisme-renaissance-2018-2-page-47.html.

PAIS, Ugo, « "La triste broderie de Philomèle" : réécriture, adaptation, interprétation d'un mythe ovidien dans les Amours de C. de Beaujeu (1589) » dans *Postérités de l'*Ovide moralisé, Brepols Publisher, 2021.

ROSENTHAL, Olivia, *Donner à voir : écritures de l'image dans l'art de la poésie au XVIe siècle*, Paris, Honoré Champion, 1998.

ARCHIVES ET OUVRAGES HISTORIQUES

BERTIN, Jean, *Les Beaujeu de Franche-Comté dans le duché de Bourgogne, l'Auxerrois, le Tonnerrois, la Champagne, etc.*, Dijon, Darantière, 1903.

Choix de chroniques et mémoires sur l'histoire de France : avec notices biographiques, par J.-A.-C. Buzon, Orléans, H. Herluison, 1875.

JOUANNA, Arlette, *Le devoir de révolte : la noblesse française et la gestation de l'État moderne (1559-1661)*, Paris, Fayard, 1989.

JOUGLAS DE MORENA, Henri, *Grand Armorial de France...*, Société du Grand Armorial de France, Paris, 1938.

Les mémoires de Monsieur le duc de Nevers, prince de Mantoue, pair de France, gouverneur et lieutenant général pour les rois Charles IX Henri III et Henri IV en diverses provinces de ce royaume. Enrichis de plusieurs pièces du temps. Premiere partie, Paris, chez Th. Jolly, 1665.

Manuscrit Français 30882-31225, « Dossiers généalogiques, formés aux XVIIe et XVIIIe siècles, cédés au roi par Charles d'Hozier en 1717 et rangés par ordre alphabétique de noms de personnes », [BnF n° 30913].

Manuscrit Français 4019-4020, « Mesmoires servans à l'histoire souz le règne du Roy henry quatre depuis l'an 1600 jusqu'à sa mort qui fust en May 1610 », [BnF n° 4020].

DICTIONNAIRES ET USUELS

BARBIER, Jean Paul, *Dictionnaire des poètes français de la seconde moitié du XVI*e *siècle (1549-1615)*, avec la collaboration de N. Ducimetière et M. Molins, Genève, Droz, 2015, p. 393.

*Grand dictionnaire universel du XIX*e *siècle*, par Pierre Larousse, Slatkine, Genève, 1982 (1re éd. Administration du Grand Dictionnaire Universel, Paris, 1867).

LACHÈVRE, Frédéric, *Les recueils collectifs de poésies libres et satyriques publiés depuis 1600 jusqu'à la mort de Théophile* (1626), Slatkine Reprints, Genève, 1968.

RENOUARD, Philippe, *Imprimeurs parisiens, libraires, fondeurs de caractères et correcteurs d'imprimerie, depuis l'introduction de l'imprimerie à Paris (1470) jusqu'à la fin du XVI*e *siècle : leurs adresses, marques, enseignes, dates d'exercice, notes sur leurs familles, leurs alliances et leur descendance, d'après les renseignements biographiques et les documents inédits*, Paris, A. Claudin, 1898.

VIOLLET LE DUC, Emmanuel Louis Nicolas, *Catalogue des livres composant la bibliothèque poétique de M. Viollet Le Duc*, Hachette, Paris, jusqu'à nos jours, avec les renseignements bibliographiques et l'indication des sources à consulter, sous la direction de M. le Dr Hoeffer, Firmin Didot Frères, Paris, 1852.

INDEX NOMINUM

TABLE DES MATIÈRES

SOCIÉTÉ DES TEXTES FRANÇAIS MODERNES (S.T.F.M.)

Fondée en 1905
Association loi 1901 (J.O. 31 octobre 1931)
Siège social : 1, rue Victor-Cousin – 75005 PARIS

Membre d'honneur : † M. René Pintard

BUREAU : septembre 2023

Président : M. Olivier Millet
Secrétaire général : Mme Anne Régent-Susini
Trésorier : M. Alexandre de Vitry

La Société des Textes Français Modernes (S.T.F.M.), fondée en 1905, a pour but de réimprimer des textes publiés depuis le XVIe siècle et d'imprimer des textes inédits appartenant à cette période.

Pour tout renseignement et pour les demandes d'adhésion, s'adresser au secrétaire général, Mme Anne Régent-Susini, 235 rue La Fayette – 75010 Paris.
anne.regent-susini@sorbonne-nouvelle.fr

LES PUBLICATIONS DE LA SOCIÉTÉ DES TEXTES FRANÇAIS MODERNES SONT EN VENTE À LA LIBRAIRIE DES CLASSIQUES GARNIER
6, rue de la Sorbonne – 75005 Paris
www.classiques-garnier.com

IMPRIM'VERT®

Achevé d'imprimer par Corlet,
Condé-en-Normandie (Calvados),
en Décembre 2023
N° d'impression : 183016 - dépôt légal : Décembre 2023
Imprimé en France

SOCIÉTÉ DES TEXTES FRANÇAIS MODERNES (S.T.F.M.)

À côté des grands noms de la littérature (Ronsard, Corneille, Voltaire ou Chateaubriand) et des œuvres majeures, des collections (Du Bellay, Rotrou, Saint-Evremond, Scarron, Tristan l'Hermite), des auteurs moins connus (Angot de l'Éperonnière, Boindin ou Mareschal) et de nombreux textes rares, souvent en première édition moderne, les textes publiés par la STFM offrent le panorama le plus riche et le plus varié de la littérature française de la Renaissance à l'époque moderne.

Classiques Garnier en imprime et diffuse les volumes.

Retrouvez tous les titres de la STFM en scannant ce code QR :

Et pour recevoir nos dernières actualités, abonnez-vous ici :

tsfm